Mein Bibellexikon

Michael Jahnke (Hrsg.)
Illustrationen Thomas Georg

Impressum

Dieses Bibellexikon gehört

....

2., überarbeitete Auflage 2013

© 2012 by Verlag Bibellesebund, Marienheide, in Kooperation
mit Deutsche Bibelgesellschaft und SCM R.Brockhaus Verlag
Gesamtgestaltung: Georg Design, Münster
Umschlaggestaltung: Georg Design, Münster
Druck: Livonia Print, Riga

ISBN 978-3-87982-962-0 (Bibellesebund)
ISBN 978-3-417-28543-7 (SCM R.Brockhaus)
ISBN 978-3-438-04685-7 (Deutsche Bibelgesellschaft)

Vorwort/Einführung

Vorwort des Herausgebers

Mit diesem dicken Bibellexikon kannst du ...

... Blumen trocknen und pressen; es als Buchstütze für die anderen Bücher in deinem Regal nutzen; Liebesbriefe darin verstecken; deine verknitterten Hausaufgaben plattdrücken; nachschlagen, wenn du was aus der Bibel nicht verstehst oder nicht weißt; eine lästige Mücke erschla ...

Die Idee mit dem Nachschlagen trifft es ganz gut, finde ich. Wir alle haben diese Idee im Kopf gehabt, als wir für *Mein Bibellexikon* geplant, geschrieben, gemalt, geprüft und verbessert haben: Wir wollen dich unterstützen, damit du die großartigen Geschichten aus der Bibel selber entdecken kannst. Und wir wollen dich einladen, dir deine eigenen Gedanken über die biblischen Geschichten zu machen und mit anderen Menschen um dich herum darüber zu reden.
Das Nachschlagen in *Mein Bibellexikon* funktioniert ganz einfach:
Die Begriffe kommen in alphabetischer Reihenfolge darin vor. Wenn du einen Begriff im Kopf hast, blätterst du so lange, bis du ihn gefunden hast. Manchmal wird ein Begriff nicht direkt erklärt. Dann findest du einen → und die Info, wo du ihn findest.
Mit *Mein Bibellexikon* kannst du aber noch viel mehr machen: Wir haben Menschen in deinem Alter und Erwachsene gefragt, ob sie was zu den Begriffen schreiben können. So kannst du entdecken, was die Begriffe aus der Bibel mit dem Leben heute zu tun haben. Wir haben Fragen eingebaut, die dich zum Nachdenken anregen können. Wir haben Rezepte, Rätsel, Spiele und kreative Ideen zu den Begriffen in *Mein Bibellexikon* aufgenommen. Damit kannst du noch mehr zu den Begriffen entdecken.

Wir alle, die an *Mein Bibellexikon* mitgearbeitet haben, wünschen dir gute Entdeckungen mit der Bibel.

Michael Jahnke
(Herausgeber)

Hast du Anregungen, Vorschläge, Kritik, Lob oder noch mehr Fragen? Dann schreib eine Mail an m.jahnke@bibellesebund.de.

Tricks und Kniffe

Sonderseiten
Auf den Sonderseiten geht es um ein besonderes Thema, zum Beispiel Küche, Biblische Feste, Gebet, Könige Israels, Gemüse und Obst und noch ein paar mehr. Dort findest du die Begriffe, die zum Thema gehören. Diese Begriffe werden nicht in der alphabetischen Reihenfolge vom Bibellexikon erklärt, sondern auf der Sonderseite.

Manche länger, manche kürzer
Manche Begriffe werden kurz und knapp erklärt, manche Begriffe haben eine ganze Seite Platz. Wir haben überlegt, welche Begriffe so viel Bedeutung in der Bibel haben, dass sie mehr Platz bekommen müssen. Deshalb bekommt König David eine volle Seite, König Jabin noch nicht mal eine Viertelseite.

Hiob oder Ijob?
Manche Begriffe in der Bibel werden unterschiedlich geschrieben. Die eine geläufige Schreibweise richtet sich nach dem Reformator und Bibelübersetzer Martin Luther (LUT). Die andere richtet sich nach den sogenannten Loccumer Richtlinien. Wir haben uns für die Loccumer Schreibweise entschieden. Wenn in deiner Bibel Hiob (Schreibweise nach Luther) steht, findest du den Begriff auch in *Mein Bibellexikon*. Dort ist dann aber ein Pfeil, der dich auf Ijob (Loccumer Schreibweise) weiterleitet. Bei Ijob steht dann die Erklärung.

Abkürzungen

In *Mein Bibellexikon* gibt es ein paar Abkürzungen. Hier findest du ihre Bedeutung:
AT – Altes Testament
NT – Neues Testament
(GNB) – Gute Nachricht-Bibel in der Bearbeitung von 2000
(LUT) – Luther-Bibel in der Bearbeitung von 1984
v. Chr. / n. Chr. – Unsere Zeitrechnung richtet sich nach der Geburt von Jesus. Dabei ist das Jahr 0 sein Geburtsjahr. Alle Ereignisse vor diesem Zeitpunkt werden mit „vor Christus" (v. Chr.) datiert, alle Ereignisse danach mit „nach Christus" (n. Chr.).
(A) – Apokryphen; das sind sogenannte Spätschriften in der Bibel, die aber nicht in allen Bibeln enthalten sind. Du könntest gleich mal den Begriff nachschlagen.

Einführung

So funktioniert eine Begriffserklärung

Zuerst wird der Begriff genannt. Oft findest du dazu auch noch die Bedeutung des Begriffes.

In den kleinen Bildchen entdeckst du, was für eine Art Begriff es ist.

In den oberen blauen Zeilen kannst du erste Infos zum Begriff lesen.

> **Benjamin** („Sohn des Glücks")
> Sohn von Jakob und Rahel, jüngster von zwölf Brüdern
> Benjamin spielt eine wichtige Rolle bei der Versöhnung zwischen Josef und seinen Brüdern, nachdem diese Josef nach Ägypten verkauft hatten. Juda bietet sich an, anstelle von Benjamin als Gefangener bei Josef zu bleiben. Daraufhin gibt Josef sich seinen Brüdern zu erkennen.
> 💡 Finde heraus, wie Josef seine Brüder auf die Probe stellte.
> 📖 1 Mose 35,18; 1 Mose 42,1-26; **1 Mose 44,1-34**; 1 Mose 45,1-4
> → Jakob, Rahel, Josef, Juda, Ägypten

Zusätzlich kannst du hier Wissenswertes lesen, dich mit Fragen beschäftigen oder weitere Infos rausfinden. Der Text aus der Bibel hilft oft weiter.

Auch diese Begriffe haben was mit deinem Begriff zu tun. Lies auch dort nach, wenn du noch mehr herausfinden willst.

In diesen Zeilen kannst du entdecken, in welchen biblischen Geschichten der Begriff eine Rolle spielt und warum er darin vorkommt.

Bei den genannten Bibelstellen findest du Geschichten und Texte zum Begriff. Bei der fettgedruckten Bibelstelle entdeckst du Antworten auf die Rätsel oder die Fragen. Übrigens: Gute Tipps, wie du in deiner Bibel die Bibelstellen findest, gibt es auf den Seiten 41-44.

Die Bilder vor den Begriffen

 Person, manchmal auch Gruppen von Personen

 Tiere

 Pflanzen

 Städte oder Bauten, die von Menschen gemacht wurden

 Orte, Plätze oder Regionen

 Berge und Gebirge

 Leben im Alltag

 Feste und Religion

 Begriffe aus Glaube und Leben mit Gott

 Essen

A und O – Abendmahl

 A und O („Anfang und Ende")
A und O stehen für Alpha und Omega, den ersten und letzten Buchstaben des griechischen Alphabets
Gott sagt: „Ich bin das A und das O – der ist, der war und der kommt …" (GNB). So wie A und O das ganze Alphabet umschließen, umschließt Gott alles. A und O beschreiben Gottes Unendlichkeit, Vollkommenheit und Allmacht.
💡 Wissenswert: Die Bezeichnung A und O wird auch für Jesus verwendet.
📖 Jesaja 44,6; **Offenbarung 1,8 (LUT)**; **Offenbarung 21,6 (LUT)**
→ Alphabet, Ewigkeit, Allmächtig

 Aaron („groß ist der Name")
Sohn von Amram und Jochebed, aus dem Stamm Levi, Bruder von Mose und Mirjam, Ehefrau Eliseba, hat vier Söhne
Aaron kann gut reden. Er wird von Gott zum Sprecher für Mose und zum ersten Obersten Priester berufen. Er geht mit Mose zum Pharao, fordert die Freilassung des Volkes Israel und hilft Mose beim Kampf gegen das Volk der Amalekiter. Er hilft den Israeliten aber auch, das goldene Kalb zu machen. Aaron stirbt auf dem Berg Hor.
💡 Wissenswert: Nach Aaron ist ein besonderer Segen benannt.
📖 2 Mose 7; 2 Mose 17,8-16; 2 Mose 32,1-8; **4 Mose 6,22-27**
→ Horeb, Kalb, Mose, Priester

Abba → Gott

Abed-Nego → Asarja (Freund von Daniel)

 Abel („Hauch, Nichtigkeit")
Sohn von Adam und Eva, jüngerer Bruder von Kain
Abel ist Schäfer. Er ist in Gottes Augen ein guter und gerechter Mensch. Als Abel Gott ein Tieropfer bringt, freut sich Gott darüber. Das Opfer von Kain gefällt Gott nicht. Da wird Kain neidisch und eifersüchtig auf Abel und ermordet seinen Bruder. Im Neuen Testament wird das Vertrauen Abels zu Gott als beispielhaft beschrieben.
❓ Rate mal: Was gefiel Gott an Abel? a. seine Gestalt b. seine Schafe c. sein Vertrauen (Glaube)
📖 1 Mose 4,1-16; **Hebräer 11,1-4**
→ Vertrauen, Glaube, Kain

 Abel-Mizrajim
Ort zwischen Ägypten und Kanaan, östlich vom Jordan, auch Goren-Atad
Josef hält an diesem Ort Totenklage über seinen verstorbenen Vater Jakob.
💡 Wissenswert: Die einheimischen Kanaaniter gaben dem Ort einen besonderen Namen. Weil so viele Ägypter anwesend waren, nannten sie ihn von nun an „Der Ägypter Klage" oder „Ägyptertrauer" („Abel-Mizrajim").
📖 **1 Mose 50,7-11**
→ Jakob, Josef

 Abendmahl
Feier, die an den Tod von Jesus erinnert und Gottes Liebe zu den Menschen verdeutlicht, nach Martin Luther neben der Taufe eines der beiden Sakramente
Am Abend vor seiner Kreuzigung feiert Jesus das Passamahl mit seinen Jüngern. Dieses Mal feiert er es anders, als es sonst üblich war. Während der Feier spricht Jesus die berühmten Worte, mit denen er für alle Zeit auf der Erde das Abendmahl einsetzt. Dabei bezeichnet er das Brot als seinen Leib, den er aus Liebe zu den Menschen opfern wird. Den Wein im Kelch (Becher) deutet Jesus als sein Blut, das Gott und die Menschen für immer in Gemeinschaft verbindet. Es ist keine fröhliche Feier: Jesus weiß, dass ihn einer von den zwölf Jüngern noch an die-

Abendopfer – Abner

Brot und Wein beim Abendmahl

sem Abend verraten wird. Die Botschaft des Abendmahls ist so wichtig, dass es bis heute gefeiert wird, besonders an hohen christlichen Feiertagen.
- 💡 Wissenswert: Der älteste Abendmahlstext stammt aus den Jahren 54/55 n. Chr. Paulus hat ihn nur etwa 22 Jahre nach dem Tod von Jesus aufgeschrieben.
- 📖 Markus 14,12-25; **1 Korinther 11,23-26**
- → Jesus, Blut, Jünger

 Abendopfer → Sonderseite Opfer, Seite 210+211

 Aberglaube → Glaube

Aberglaube
Immer wieder fällt uns auf, wie viel Aberglaube es gibt. Angst vor Freitag, dem 13., oder ein Glücksanhänger, damit die Klassenarbeit gut wird. So etwas kommt sogar schon in den Kinderbüchern unserer kleinen Schwestern vor. Wir finden es nicht gut, dass sich die Menschen dann auf so etwas verlassen anstatt auf Gott.
Joshua, 9 Jahre, und Richard, 10 Jahre

Abgabe
materielle Dinge wie Korn, Vieh oder Holz, mussten früher, als es noch kein Geld gab, an die Herrscher abgegeben werden
Die Menschen aus dem Volk Israel sind zur Zeit der Bibel aufgefordert, für den Bau der Stiftshütte Silber, Bronze, Wolle, Leinen, Felle, Holz und Öl abzugeben. Auch für den Bau des Tempels, den Unterhalt und für die Opfer im Tempel leisten sie Abgaben.
- 💡 Hast du schon mal von Kirchensteuer gehört?
- 📖 2 Mose 25,1-9; 1 Chronik 29,2-9; Esra 2,68+69
- → Steuer, Stiftshütte

 Abigajil („Vater freut sich")
Frau des reichen Viehbesitzers Nabal, später Frau von David
Abigajil ist eine schöne und kluge Frau. Als David im Streit zu ihrem Mann Nabal kommt, geht sie ihm mit Essen entgegen und hält ihn davon ab, ihren Mann zu töten. Als Nabal von alldem erfährt, trifft ihn ein tödlicher Schlag. Abigajil wird Davids Frau.
- 💡 Finde heraus, was Nabals Name bedeutet.
- 📖 **1 Samuel 25**
- → David

 Abija („mein Vater ist Jahwe")
Sohn von Samuel, Bruder von Joel
Abija wird ebenso wie sein Bruder als Nachfolger von Samuel zum Priester in Israel eingesetzt. Anders als ihr Vater Samuel sind Abija und Joel aber bestechlich und veranlassen die Israeliten, Samuel um einen König zu bitten.
- 💡 Wissenswert: Zunächst sind die Priester auch Richter und damit Machthaber im Volk Israel gewesen.
- 📖 **1 Samuel 8,1-22**
- → Samuel, Priester, Saul

 Abija → Sonderseite Könige Israels, Seite 168-171

 Abimelech („mein Vater ist König")
Philisterkönig in der Stadt Gerar (Beerscheba), lebt zur Zeit Abrahams
Abraham lebt im Königreich Abimelechs. Abimelech hat Interesse an Abrahams Frau Sara. Aus Furcht gibt Abraham sie als seine Schwester aus. Abimelech schließt mit Abraham und später mit Isaak einen Bund des Friedens.
- 💡 Wissenswert: Gott erschien Abimelech im Traum und forderte ihn auf, Sara an Abraham zurückzugeben.
- 📖 **1 Mose 20,1-17**; 1 Mose 26,1-11
- → Abraham, Sara, Isaak, Beerscheba

 Abinadab („mein Vater hat sich freigebig gezeigt")
zweitältester Sohn von Isai, älterer Bruder von David
Als Samuel zu Isai kommt, um einen seiner sieben Söhne zum neuen König zu salben, wird auch Abinadab betrachtet. Aber er ist nicht der von Gott ausgesuchte neue König.
- 💡 Finde heraus, ob Abinadab im Kampf gegen die feindlichen Philister und den Riesen Goliat dabei war.
- 📖 1 Samuel 16,4-8; **1 Samuel 17,1-19**
- → David, Isai

 Abiram („mein Vater ist erhaben")
auch Abiron genannt, Sohn Eliabs, Oberhaupt einer Großfamilie im Stamm Ruben zur Zeit von Mose
Gemeinsam mit seinem Bruder Datan, Korach und 250 weiteren Männern aus dem Volk Israel zettelt Abiram einen Aufstand gegen Mose an. Abiram ist unzufrieden, weil Mose das Volk der Israeliten führt. Gott straft Abiram, Datan und Korach, indem sie samt ihrem Zelt vom Erd-

boden verschluckt werden.
? Rate mal: Was machten die Menschen aus dem Volk Israel nur einen Tag später? a. Gottesdienst feiern b. sich erneut beklagen c. zurück nach Ägypten ziehen
📖 4 Mose 16; **4 Mose 17, 6-15**
→ Korach, Datan, Mose

Abischag
schöne junge Frau aus Schunem in Israel
Abischag pflegt und versorgt König David wie eine Ehefrau, als er ein sehr alter Mann ist. Später will Davids Sohn Adonija sie heiraten und damit beweisen, dass er der richtige Nachfolger des Königs ist.
💡 Stimmt es, dass wegen Abischag ein Mord begangen wurde?
📖 1 Könige 1,1-4; **1 Könige 2,13-25**
→ Adonija, David

Abischai („mein Vater existiert")
Sohn von Davids Schwester Zeruja, Bruder von Joab
Abischai dient mit großem Eifer unter König David als Heerführer. Er hält ihm während der Aufstände von Abschalom und Scheba die Treue und rettet ihm im Kampf gegen einen Riesen in Gob das Leben.
💡 Wissenswert: Abischai wurde als erster von Davids 30 Helden genannt, musste aber manchmal von David in seinem übergroßen Eifer gebremst werden.
📖 **2 Samuel 16,9-12**; 2 Samuel 18,1-18; 2 Samuel 21,15-17
→ Joab, David

Abjatar
(„der Vater ist reich")
Sohn von Ahimelech, Nachkomme von Eli, Priester zur Zeit Davids
Abjatar rettet sein Leben, als König Saul Ahimelech und alle Priester aus der Stadt Nob töten lässt. Er flieht zu David und dient ihm. Später wird er von Davids Sohn Salomo verbannt, weil er Davids erstgeborenen Sohn Adonija als Thronerben unterstützt.
? Rate mal: Welche ehrenvolle Aufgabe hatte König David für Abjatar?
📖 1 Samuel 22,6-23; **2 Samuel 15,24**; 1 Könige 1,1-10; 1 Könige 2,26-27
→ Ahimelech, Priester

Abner ("Vater ist Licht")
auch Abiner genannt, Sohn von Ner und Neffe von Saul, dem ersten König Israels, Heerführer der Soldaten Sauls
Abner macht Isch-Boschet, den Sohn Sauls, zum König über Israel, obwohl Gott David dazu bestimmt hat. Später beleidigt Isch-Boschet ihn, sodass Abner zu David überläuft. Abner wird später vom Heerführer Joab aus Rache ermordet.
? Rate mal: Was passiert, als die Krieger von Abner und Joab aufeinandertreffen? a. Gott erscheint b. sie lassen 12 Männer gegeneinander antreten c. die Ägypter kommen
📖 2 Samuel 2,12-32; **2 Samuel 2,12-17**; 2 Samuel 3,22-38
→ David, Saul, Joab

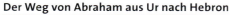
Durftest du schon mal beim Abendmahl mitfeiern?

Der Weg von Abraham aus Ur nach Hebron

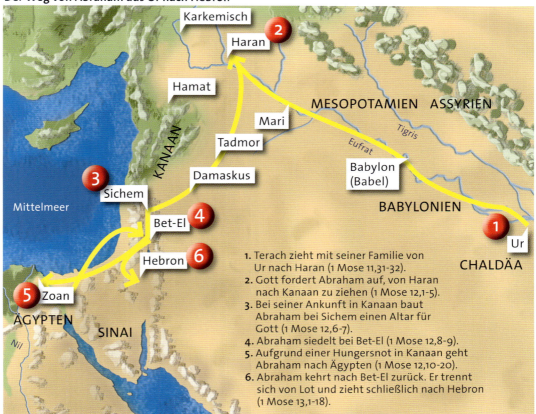

1. Terach zieht mit seiner Familie von Ur nach Haran (1 Mose 11,31-32).
2. Gott fordert Abraham auf, von Haran nach Kanaan zu ziehen (1 Mose 12,1-5).
3. Bei seiner Ankunft in Kanaan baut Abraham bei Sichem einen Altar für Gott (1 Mose 12,6-7).
4. Abraham siedelt bei Bet-El (1 Mose 12,8-9).
5. Aufgrund einer Hungersnot in Kanaan geht Abraham nach Ägypten (1 Mose 12,10-20).
6. Abraham kehrt nach Bet-El zurück. Er trennt sich von Lot und zieht schließlich nach Hebron (1 Mose 13,1-18).

Abraham

Info

Name: Abraham („Vater einer großen Menge"), ursprünglich Abram („Vater ist groß")
Eltern: Vater Terach, Mutter nicht bekannt
Geschwister: die Brüder Nahor und Haran und Halbschwester Sarai/Sara
Familie: erste Frau Sarai/Sara, zweite Frau Ketura und die Söhne Ismael, Isaak, Simran, Jokschan, Medan, Midian, Jischbak, Schuach
Geboren: 10. Generation nach Noach (1 Mose 11,10-26)
Geburtsort: Ur in Chaldäa
Sterbeort: Hebron
Nationalität: Chaldäer
Arbeit: nomadischer Viehbesitzer von Schaf- und Rinderherden, später Anführer der Israeliten und Priester

Ich finde es toll, dass Abraham fast alles für Gott tat. Und dass er viel mit Gott gemacht hat. Dass er mit Gott lebte und ihn liebte.
Jana, 9 Jahre

Das Leben von Abraham

● Sein Vater Terach verlässt mit Abram und dessen Ehefrau Sarai seine Heimatstadt Ur, um nach Kanaan zu reisen. Er kommt aber nur bis Haran. Dort stirbt er (1 Mose 11,26-32).

● In Haran spricht Gott zum ersten Mal zu Abram. Er soll ins unbekannte Land Kanaan ziehen. Bei dieser Berufung gibt Gott Abram drei Versprechen: Abram soll zum Stammvater eines großen Volkes werden; die Nachkommen von Abram sollen das Land Kanaan besitzen; durch Abram sollen alle Völker dieser Erde gesegnet werden (1 Mose 12,1-3). Abram gehorcht und zieht nach Sichem in Kanaan.

● Gott schließt mit Abram einen Bund und gibt ihm einen neuen Namen: Statt Abram („Vater ist groß") heißt er jetzt Abraham („Vater eines großes Volkes"). Als Zeichen dieses Bündnisses sollen alle männlichen Nachkommen beschnitten werden (1 Mose 17,1-27).

● Sara bekommt mit 90 Jahren ihren ersten Sohn Isaak. Abraham ist zu der Zeit bereits 100 (1 Mose 21,1-8).

● Als Isaak noch ein Junge ist, befiehlt Gott Abraham, seinen Sohn zu opfern. Kurz bevor Abraham seinen Sohn töten will, greift Gott ein. Isaak darf leben; ein Schafbock wird stattdessen geopfert (1 Mose 22,1-19).

● Abrahams Enkel sind Jakob und Esau. Abrahams Urenkel sind Josef und seine Brüder. Aus den 12 Brüdern werden später die 12 Stämme Israels. Alle stammen von Abraham ab.

Darum nennt man Abraham bis heute den „Stammvater Israels". Die Juden nennen sich Söhne oder Töchter Abrahams.

Finde heraus, warum Abraham im Brief an die Hebräer als Vorbild herausgestellt wird.

📖 **Hebräer 11,8-13**

→ Isaak, Bund, Beschneidung, Sara, Haran, Kanaan, Hebron, Sichem, Jakob, Esau, Josef

Abraham bekommt eine Verheißung

Absalom → Abschalom

 Absaloms Mal → Abschalom-Stein → Abschalom

Abschalom („Vater ist Friede")
dritter Sohn von König David
Abschalom lehnt sich gegen seinen Vater David auf, um selbst König zu werden. Er beseitigt seinen Bruder Amnon, der die Thronfolge antreten soll. Später macht er sich in Israel beliebt und zettelt Krieg gegen David an. Obwohl David befiehlt, ihn nicht zu töten, wird Abschalom von Heerführer Joab ermordet und in einem Massengrab beigesetzt. Abschalom selber hatte sich eine Gedenkstätte „Abschalom-Stein" errichten lassen, die etwa 400 m von Jerusalem entfernt im Tal „Königsgrund" stand.
💡 Wissenswert: Abschalom wurde gefangen, weil er mit seinen langen Haaren in einem Baum hängen blieb.
📖 2 Samuel 15,1-16; **2 Samuel 18,9-14**; 2 Samuel 18,18
→ David, Joab

 Abschalom-Stein → Abschalom

 Achaia
heutige Landschaft im Nordwesten der griechischen Insel Peloponnes
Zur Zeit von Jesus nennt man das komplette heutige Griechenland Achaia. Seit 27 v. Chr. wird Achaia von den Römern verwaltet. Die Hauptstadt ist Korinth. Paulus ist auf seiner zweiten Missionsreise in Achaia unterwegs.
💡 Wissenswert: In Elis, einer Landschaft neben Achaia, wurden die Olympischen Spiele erfunden.
📖 Apostelgeschichte 18,1-17; 1 Thessalonicher 1,7+8
→ Korinth; siehe Karte Seite 306

 Achaja → Achaia

 Achan
Sohn von Karmis aus dem Stamm Juda, lebt zur Zeit von Josua, auch Achar genannt
Als die Stadt Jericho von den Israeliten eingenommen wird, soll die Beute für Gott bestimmt sein. Achan verstößt gegen diese Anordnung, indem er einen Mantel, Silber und Gold für sich mitnimmt. Zur Strafe unterliegt das Volk Israel beim Kampf gegen die Krieger der Stadt Ai und Achan muss sterben.
💡 Finde heraus, wo Achan beerdigt wurde.
📖 Josua 7,1-5; **Josua 7,11-26**
→ Jericho, Josua, Achor, Ai

 Achisch
Philisterkönig von Gat zur Zeit von David
Die Israeliten und die Philister sind Feinde. Der israelitische König Saul hasst David und so flieht David zum feindlichen Philisterkönig Achisch, um sich vor Saul zu verstecken. Mit König Achisch muss er sogar beinahe in den Krieg gegen seine eigenen Landsleute ziehen.
💡 Finde heraus, warum David doch nicht gegen seine Landsleute kämpfen musste.
📖 1 Samuel 21,11-16; 1 Samuel 27,1-12; **1 Samuel 29,1-11**
→ David, Philister, Saul

 Achior (A) („mein Bruder ist Hoheit")
Feldherr der Ammoniter im Krieg der Assyrer gegen Israel
Achior weist den Oberbefehlshaber der Assyrer, Holofernes, eindringlich darauf hin, dass die Israeliten unbesiegbar sind, wenn sie auf Gott hören.
💡 Finde heraus, was der Dank von Holofernes für diese Warnung war.
📖 **Judit 5,1–6,8**
→ Judit (A), Holofernes (A), Ammoniter, Assyrien

 Achjo („kleiner Bruder")
auch Achio genannt, Sohn von Abinadab und Bruder von Usa
Achjo lenkt mit seinem Bruder Usa den Ochsenwagen, auf dem die kostbare Bundeslade in die Hauptstadt Jerusalem transportiert wird. Auf dem Weg feiern David und das ganze Volk Israel ein riesiges Fest zur Ehre Gottes.
❓ Rate mal: Was befand sich in der Bundeslade?
a. ein Stück Holz aus der Arche b. eine Trompete aus Jericho c. die Steintafeln mit den Zehn Geboten
📖 **2 Mose 25,21**; 2 Samuel 6,3-5; 1 Chronik 13,5-14
→ Bundeslade, Usa

 Achor („Unglückstal, Kummertal")
bei Jericho, Grenze zwischen den Stammesgebieten von Juda und Benjamin, vermutlich heute Wadi Kelt in Israel
Im Achortal muss Achan sterben, weil er Gott bestohlen hat. Der Prophet Hosea verkündet, dass dieses Tal des Unglücks später ein Tal voller Hoffnung werden wird.
💡 Finde heraus, womit das Achortal verglichen wurde.
📖 Josua 7,24-26; **Hosea 2,17**
→ Achan, Hosea

Acker – Ackermann

Acker, Ackerbau
Feld zum Anbau von Getreide oder Gemüse, Säen, Pflegen und Ernten der Pflanzen

Zur Zeit der Bibel sind die Israeliten erst Nomaden, die mit ihren Viehherden durch die Wüste ziehen. Ackerbau ist für sie unwichtig. Nach dem Auszug aus Ägypten wohnen sie in Kanaan und bauen hier alles an, was sie zum Leben brauchen. Angebaut werden Getreide (z. B. Weizen, Gerste), Hülsenfrüchte (z. B. Saubohnen, Kichererbsen), Obst (z. B. Trauben, Datteln), Gemüse (z. B. Zwiebeln, Lauch) und Gewürze (z. B. Koriander, Dill). Neben der Nahrung erbringt die Ernte Material für die Herstellung von Kleidung (z. B. Flachs), Gebrauchsgegenständen (z. B. Seilen, Lampenöl) und für Farbstoffe (z. B. um Kleidung zu färben). Nur ein kleiner Teil (20%) der gesamten Fläche Israels sind zur Zeit der Bibel für den Ackerbau brauchbar. Der Rest ist Wüste. Der große Teil der Bevölkerung lebt direkt vom Ackerbau. Jesus erzählt viele Gleichnisse, die mit dem Ackerbau zu tun haben, z. B. vom Sämann (Matthäus 13,1-9) und vom Unkraut (Matthäus 13,24-30). Die Israeliten feiern ein Fest zum Dank für die Nahrung: das Laubhüttenfest, auch „Sukkot" genannt. Aus diesem entwickelt sich unser Erntedankfest.

💡 **Wissenswert:** Der Name Adam kommt von dem hebräischen Wort „adamah" (Acker).

📖 5 Mose 6,10; Habakuk 3,17-18; 5 Mose 16,13-15
→ Nomaden, Gleichnis, Getreide, Feste

Acker in Israel
Tipp: Ein Experiment zum Thema Wachstum findest du auf Seite 82

 Ackermann → Bauer → Sonderseite Arbeit auf dem Land, Seite 11

Arbeit auf dem Land

Ursprünglich sind die Israeliten Nomaden, also umherziehende Hirten. Nach der Übernahme des Landes Kanaan (um 1.200 v. Chr.) eignen sie sich Kenntnisse über den Ackerbau an. Somit gibt es im alten Israel vor allem Viehzucht und Landwirtschaft. Die Mehrheit der Menschen arbeitet in der Landwirtschaft, doch nur wenige besitzen Land und große Herden. Landwirtschaft meint Anbau von Getreide (meist Gerste und Weizen), von Oliven- und Obstbäumen (Feigen, Granatäpfel, Mandeln, Maulbeeren), Weinbau, Anbau von Gemüse (Bohnen, Linsen, Gurken) und von Flachs zur Herstellung von Kleidern. Auch Gärtnerei wird erwähnt.

📖 1 Mose 24,34-35; 1 Mose 46,31-34

Hirten und Viehzüchter

Ursprünglich hüten Großfamilien/Stämme ihre Herde, doch seit der Königszeit in Israel (um 1000 v. Chr.) sind Hirten meist Lohnarbeiter. Die Aufgabe von Hirten ist es, Herden zu Weideplätzen und Wasserstellen zu führen, vor Räubern und wilden Tieren zu schützen und deren Wachstum zu überwachen. Der Begriff Hirte ist bereits in Ägypten ein Symbol für hohe Beamte und für den Sonnengott Ra. Im Alten Testament wird Gott nun Hirte genannt. Könige werden von Propheten als schlechte Hirten bezeichnet, weshalb die Hoffnung aufkommt, dass bald ein guter Hirte kommen wird. Jesus spricht vom Hirten, wenn er Gottes Mühe um das Volk Israel beschreibt, und wird selbst mit dem Hirten in Verbindung gebracht. Schließlich werden auch Amtsträger in der frühen christlichen Gemeinde Hirten genannt.

📖 1 Samuel 17,34-37; 1 Samuel 25,7; Ezechiël 34,14; Psalm 23; Jeremia 23,1-8; Micha 7,14; Jesaja 56,11; Hesekiel 34,12-16; Lukas 15,1-7; Lukas 19,10; Johannes 10,11; 1 Petrus 5,4
→ Hirte, Schaf

Jäger
Jagd ist zur Zeit der Bibel notwendig, um Äcker vor Wildtieren zu schützen. Gejagt werden Hirsche, Gazellen, Wildziegen und besonders Vögel. Jäger beweisen mit der Jagd Mut und Geschicklichkeit. Ein berühmter Jäger ist Esau. Die Jagd betreibt man mit Pfeil und Bogen, Lanzen, Steinschleudern und Netzen.
📖 Hohelied 2,15; Hosea 9,8
→ Jagd, Esau, Schleuder, Hirsch

Olivenbauern
Sie haben Olivenbäume, die allerdings fast ein ganzes Menschenleben brauchen, um große Mengen an Oliven abzuwerfen. Bauern, die Olivenbäume anbauen, verkaufen nach der Ernte die Oliven roh, legen sie in Öl ein oder pressen sie mit riesigen Ölpressen zu Öl.
→ Sonderseite Gemüse und Obst, Seite 94

Ölmühle

Bauer/Ackermann
Ein Bauer/Ackermann muss den Boden pflügen, die Saat säen, das Korn mit Sicheln ernten und die Ähren einsammeln. Die Ähren werden mit einem Dreschschlitten gedroschen, sodass sich die Körner aus den Ähren lösen. Mit einer Heugabel wird geworfelt – man wirft alles in die Luft, der Wind weht die Spreu weg und die Körner fallen auf den Boden. Die eingesammelten Körner werden gemahlen und zu Brot oder Brei verarbeitet – oder sie werden verkauft oder sind als Abgaben an Herren zu entrichten. In den Gleichnissen vergleicht Jesus Gott mit einem Sämann.
📖 Markus 4,1-20
→ Acker, Ackerbau, Dreschen, Spreu

Handpflug

Weinbauer/Schnitter
Wer Wein anbaut, umgibt seinen Weingarten mit Hecken oder Mauern. Weinreben werden im Frühjahr beschnitten. Im Herbst ist die Weinlese. In einer Kelter aus einem höher und einem tiefer gelegten Becken werden die Trauben mit Füßen gepresst, bis der Traubensaft in das tiefere Becken fließt. In Krügen oder Schläuchen aus Tierhaut muss der Saft gären, bis er zu Wein wird.
→ Wein

Weinpresse

Adam – Agabus

Adam

Info

Name: Adam („Mensch")
Eltern: keine
Geschwister: keine
Familie: Frau Eva und die Söhne Kain und Abel, später weitere Söhne und Töchter, ein Sohn heißt Set (1 Mose 5,1-5)
Geboren: von Gott persönlich geformt und Leben eingehaucht bekommen (1 Mose 2,7)
Geburtsort: Garten Eden
Sterbeort: jenseits von Eden
Nationalität: Nationen gibt es erst später
Arbeit: Landwirt

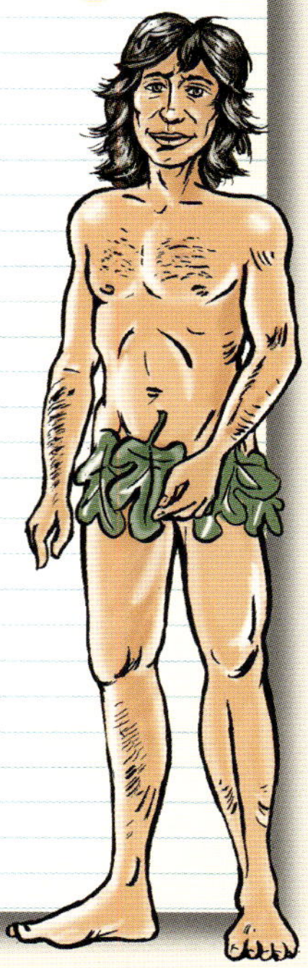

Das Leben von Adam

● Nachdem Gott den Garten Eden angepflanzt hat, bringt er den ersten Menschen in den Garten. Er hat ihn zuvor aus Erde geformt und ihm Leben eingehaucht. Dieser Mensch ist Adam (1 Mose 2,7).

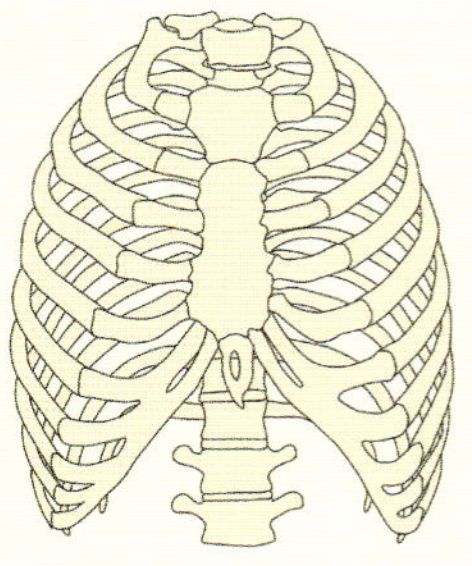

● Gott will nicht, dass der Mensch allein ist. Darum erschafft er zunächst die Tiere und bringt sie zu Adam. Adam gibt jedem Tier seinen Namen. Aber ein wirkliches Gegenüber findet er bei den Tieren nicht (1 Mose 2,18-20).
Da formt Gott aus der Rippe von Adam die erste Frau: Eva. Seitdem gehören Männer und Frauen zusammen (1 Mose 2,21-25).

● Gott hat den ersten Menschen erlaubt, von allen Früchten des Gartens zu essen, außer vom „Baum der Erkenntnis des Guten und des Bösen". Die Schlange im Garten verführt Adam und Eva dazu, von den verbotenen Früchten zu essen. Durch diese erste Übertretung des damals noch einzigen Gebotes zerbricht die Beziehung zwischen Gott und den Menschen. Die Menschen werden aus dem Garten geschickt. Seitdem leben sie außerhalb von Eden, dem Paradies. Die Trennung von Gott ist die Strafe für die Menschen. Diese Trennung hat weitere Folgen: die Arbeit ist mühselig, Geburten sind schmerzhaft und die Menschen müssen sterben (1 Mose 3,1-24).

💡 Finde heraus, welche geheimnisvolle Verbindung es zwischen Adam und Jesus gibt.
📖 **Römer 5,12-21**
→ Eden, Paradies, Eva, Schlange, Sünde, Sündenfall, Erlösung

Adam („Tonablagerungen aus roter Erde")
auch Adma genannt, Stadt am Jordan beim Zusammenfluss mit dem Fluss Jabbok, im Stammesgebiet Gad, heute in der Nähe von Damia (Jordanien)
Bei Adam staut Gott das Wasser des Jordans, damit das Volk Israel unter der Führung von Josua den Fluss überqueren kann.
Wissenswert: In der Stadt Adam wurden die Töpfe und Schalen für den heiligen Tempel in Jerusalem gegossen.
Josua 3,11-17; **1 Könige 7,46**
→ Jordan, Josua; siehe Karte Seite 132

Adar (A)
letzter Monat des Jahres nach dem jüdischen Kalender, bei uns etwa Mitte Februar bis Mitte März
Am 14. und 15. Adar wird seit dem Babylonischen Exil bis heute das Purimfest gefeiert. Einen Tag davor feiert man den Nikanortag zur Erinnerung an den Sieg der Makkabäer gegen Nikanor.
Wissenswert: Es war üblich, zu Beginn des Adar am Eingang der Synagoge ein Schild aufzuhängen, auf dem stand: „Mit dem Kommen des Adar nimmt die Freude zu."
Esra 6,15; Ester 3,3-14; Ester 9,16-23; 1 Makkabäer 7,43.48-49
→ Purimfest, Ester, Nikanor (A), Jahr

Adler
großer, starker Greifvogel
In der Bibel wird dasselbe hebräische Wort für Adler und Geier verwendet, sodass man nicht sicher weiß, welches Tier gerade gemeint ist. Der Adler steht für Schnelligkeit und Stärke.
Rate mal: Wen bewunderte David, weil er so schnell war wie ein Adler? a. den Riesen Goliat b. seinen Freund Jonatan c. seinen Heerführer Abner
Jesaja 40,31; **2 Samuel 1,23**
→ Bibel, Geier

Weißkopfseeadler

 Adoni-Besek („Besek ist mein Herr/Herr von Besek")
König über die Stadt Besek im Land Kanaan zur Zeit von Josua
Adoni-Besek wird beim Einzug des Volkes Israel in das Land Kanaan besiegt und dabei misshandelt. Er selbst hatte zuvor 70 andere Könige verstümmelt. Er stirbt in Jerusalem.
Wissenswert: Die Könige, die Adoni-Besek besiegt hat, mussten sich von den Resten ernähren, die von der Königstafel fielen.
Richter 1,5-7
→ Josua, Kanaan

 Adonija („mein Herr ist Gott")
vierter Sohn von König David
König David hat entschieden, dass sein Sohn Salomo der nächste König wird. Trotzdem versucht Adonija zweimal mit List, König zu werden. Beim ersten Mal verzeiht ihm Salomo, aber nach dem zweiten Versuch lässt er ihn töten.
Finde heraus, ob auch andere Söhne von David ermordet wurden.
2 Samuel 3,4; 1 Könige 1,13-25; **2 Samuel 18,9-18**
→ David, Salomo, Abschalom

 Adoniram („der Herr ist erhaben")
auch Adoram oder Hadoram genannt, Sohn von Abda, hoher Beamter der Könige David, Salomo und Rehabeam
Adoniram ist Beauftragter für die Arbeiter des Königs. Als sich zehn Stämme Israels gegen König Rehabeam auflehnen, schickt er Adoniram um zu verhandeln. Dabei wird Adoniram getötet.
Denk mal! Findest du es klug, dass König Rehabeam einen Aufseher zu Verhandlungen mit den Arbeitern schickte?
1 Könige 12,16-19
→ Rehabeam

 Adoni-Zedek („der Herr ist gerecht")
König von Jerusalem zur Zeit von Josua
Adoni-Zedek beginnt einen Krieg gegen die Stadt Gibeon. Die Leute von Gibeon hatten sich mit Josua und den Israeliten verbündet und sollen nun dafür bestraft werden. Doch Josua greift ein und besiegt Adoni-Zedek.
Rate mal: Gegen wie viele Könige musste Josua in dieser Schlacht kämpfen? a. gegen einen b. gegen drei c. gegen fünf
Josua 10,1-27
→ Jerusalem, Josua

 Agabus („Heuschrecke")
Prophet aus Jerusalem zur Zeit von Paulus
Agabus sagt 44 n. Chr. eine große Hungersnot voraus. Später prophezeit er Paulus, dass er von Juden in Jerusalem gefangen genommen werden wird. Dies trifft wenig später ein. Als Zeichen bindet er sich mit dem Gürtel von Paulus die Füße und Hände.
Wissenswert: Wenige Jahre nach der Prophezeiung gab es Hungersnöte in Palästina, Griechenland, Rom und Ägypten.
Apostelgeschichte 11,27-30; Apostelgeschichte 21,10-14; Apostelgeschichte 21,27-35
→ Paulus

Agag – Akko

Agag
König der Amalekiter, lebt zur Zeit von König Saul, dem ersten König Israels
Weil Agag viele Menschen getötet hat, soll auch Agag getötet werden. So bestimmt Gott es. Saul hält sich nicht an Gottes Weisung und kann deswegen nicht mehr König von Israel sein. Samuel überbringt Gottes Botschaft an Saul und tötet Agag.
💡 Wissenswert: Jeder König der Amalekiter hieß „Agag", genau wie der „Pharao" bei den Ägyptern.
📖 1 Samuel 15,5-9
→ Amalek, Amalekiter

Agrippa → Herodes

Ägypten, Ägypter
an Israel angrenzendes Land am Nil im nordöstlichen Afrika und dessen Bewohner
Der altägyptische Name Kemet bedeutet „schwarzes Land". Der Name kommt von dem schwarzen Schlamm, der durch die Überschwemmung des Nils über das Land verteilt wird. Ägypten ist sehr trocken und besteht zu fast 95% aus Wüste. Sehr wichtig ist heute der Suezkanal, der das europäische Mittelmeer mit dem Indischen Ozean verbindet. Die Hauptstadt von Ägypten ist Kairo. Die Bewohner des Landes, die Ägypter, werden auch „Söhne Hams" genannt, weil sie Nachkommen von Ham, einem der drei Söhne Noachs, sind.
Josef wird nach Ägypten verschleppt und nach einer Hungersnot zieht seine Familie zu ihm. Aber in Ägypten werden sie zu Sklaven gemacht. Mose wird von Gott berufen, um die Israeliten zu befreien. Später ist Ägypten mit Israel verbündet, aber sie führen auch Kriege gegeneinander.
Maria und Josef flüchten nach Ägypten, als ihr Baby Jesus von König Herodes verfolgt wird.
💡 Wissenswert: Der Nil ist mit 6852 Kilometern der längste Fluss der Welt.
📖 1 Mose 10,6; 5 Mose 26,5-9; Matthäus 2, 13-15
→ Pharao, Ham, Josef, Mose

Pyramiden in Ägypten

Ahab → Sonderseite Könige Israels, Seite 168-171

Ahas → Sonderseite Könige Israels, Seite 168-171

Ahasja → Sonderseite Könige Israels, Seite 168-171

Ahasja → Sonderseite Könige Israels, Seite 168-171

Ahasveros → Xerxes

Ahija („mein Bruder ist der Herr')
Prophet in Schilo zur Zeit von König Salomo
Ahija prophezeit, dass Salomos Sohn Jerobeam die Herrschaft über zehn der zwölf Stämme Israels bekommen wird. Als Zeichen dafür zerreißt er seinen Mantel in zwölf Stücke und gibt Jerobeam zehn davon. Er prophezeit auch, dass er sie wegen Ungehorsams gegenüber Gott wieder verlieren wird. Beides trifft ein.
💡 Stimmt es, dass Ahija im Alter blind war?
📖 1 Könige 11,29-31; **1 Könige 14,1-11**
→ Prophet, Jerobeam, Salomo, Schilo

Ägypten und Kanaan zur Zeit von Mose

Ahikam („mein Bruder steht auf")
Sohn des Beamten Schafan am Hof von König Josia
Ahikam beschützt den Propheten Jeremia vor König Jojakim und dem Volk, sodass er nicht hingerichtet wird. Sein Sohn Gedalja wird später Statthalter für das Land Juda.
💡 Finde heraus, welchen bedeutenden Fund im Tempel Ahikam miterlebte.
📖 **2 Könige 22,8-14**; 2 Könige 25,22; **2 Chronik 34,19-21**; Jeremia 26,24
→ Jeremia, Schafan, Joschia, Jojakim, Beamter, König

Ahimelech („mein Bruder ist König")
Priester in der Stadt Nob
David bittet ihn auf der Flucht vor Saul um Hilfe, und Ahimelech gibt ihm zu essen. Als Saul davon erfährt, lässt er nicht nur Ahimelech, sondern gleich alle Einwohner von Nob umbringen.
❓ Rate mal: Was bekam David noch von Ahimelech? a. das Schwert Goliats b. die Krone Sauls c. den Stab Moses
📖 **1 Samuel 21,2-10**
→ David, Saul

 Ahitofel (vielleicht „mein Bruder ist ein Dummkopf")
zuerst Ratgeber, später Gegner von König David
Ahitofel ist Ratgeber von König David. Dann verschwört er sich gegen ihn und berät Davids Sohn Abschalom im Kampf gegen den eigenen Vater. Gott erhört Davids Gebet und vereitelt Ahitofels Plan. Ahitofel begeht schließlich Selbstmord.
💡 Finde heraus, wie viel Ahitofels Rat galt.
📖 2 Samuel 15,7-12.31; **2 Samuel 16,23**; 2 Samuel 17,23
→ David, Abschalom

  Ahnherr
Stammvater eines Geschlechts
Zu wissen, von wem man abstammt, ist für die Menschen in biblischer Zeit sehr wichtig. Daher steht in der Bibel auch oft, wer der Ahnherr bestimmter Personen ist: David ist z. B. Ahnherr der Könige von Juda. Aaron ist der Ahnherr der Priester.
💡 Wissenswert: In der Lutherbibel wird statt „Ahnherr" immer „Vater" verwendet.
📖 2 Könige 18,3
→ Vater, Vorfahre, David, Aaron

 Ai („der Trümmerhaufen")
Ort bei Bet-El in Israel, etwa 30 Kilometer nördlich von Jerusalem
Abram (Abraham) baut in der Nähe von Ai einen Altar für Gott. In der Bibel wird berichtet, dass Ai eine befestigte Stadt ist, als das Volk Israel unter der Führung von Josua das Land Kanaan erobert. Nach dem Bericht in Josua 8 hatte Ai einen eigenen König und etwa 12.000 Einwohner.
💡 Finde heraus, mit welcher ganz besonderen Taktik Josua Ai eroberte.
📖 1 Mose 12,8; **Josua 8,1-29**
→ Altar, Stadt, Abraham, Josua; siehe Karte Seite 132

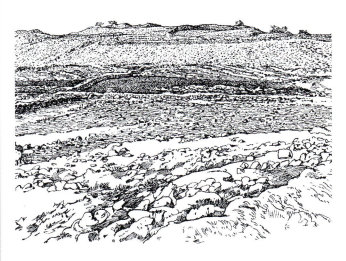

Zeichnung von Ai

 Akko
Hafenstadt in der Nähe der heutigen Stadt Haifa
Der große Hafen am Mittelmeer ist zur Zeit der Bibel wichtig für Handelsschiffe und Kriegsschiffe. Akko wird daher von mehreren Königen erobert. Als Paulus die Christen dort besucht, heißt die Stadt Ptolemaïs.
💡 Finde heraus, was die Israeliten mit den Bewohnern der Stadt Akko machten.
📖 **Richter 1,31-32**; Apostelgeschichte 21,7
→ Mittelmeer, Paulus; siehe Karten Seite 132+307

Blick auf Akko heute

Hast du schon mal einen Stammbaum deiner Familie gesehen?

Alexander – Amor

 Alexander („der Männer abwehrt")
Jude aus Ephesus, lebt zur Zeit von Paulus

In Ephesus wird die Göttin Artemis verehrt. Als dort das Evangelium gepredigt wird, zettelt der Schmied Demetrius einen Aufruhr an. Zwei Mitarbeiter von Paulus werden von der aufgebrachten Menge angegriffen. Alexander soll in diesem Tumult eine Rede halten, um die Juden zu verteidigen und die Schuld an der Unruhe den Christen zuzuweisen.

? Rate mal: Aus welchem Grund zettelte Demetrius den Aufruhr an? a. sein Geschäft mit Götterbildern war in Gefahr. b. Paulus hatte ihn beleidigt. c. die Mitarbeiter von Paulus hatten sich bei ihm über schlechte Arbeit beschwert.

📖 **Apostelgeschichte 19,23-40**
→ Ephesus, Artemis (Diana), Demetrius, Paulus

 Alexander (A) („der Männer abwehrt")
König von 153–145 v. Chr. im Reich der Seleukiden

Alexander macht den Makkabäer Jonatan zum Obersten Priester in Jerusalem und besiegt König Demetrius. Schließlich wird er vom ägyptischen König Ptolomäus VI., seinem Schwiegervater, ermordet.

💡 Wissenswert: Alexander hieß eigentlich Balas und gab sich nur als Sohn von König Antiochus VI. Dionysus aus, um selber König zu werden.

📖 **1 Makkabäer 10,15-21; 1 Makkabäer 10,48-66; 1 Makkabäer 11,8-17**
→ Seleukiden, Makkabäer (A), Demetrius (A), Jonatan (A), Antiochus VI. Dionysus (A)

 Alexandria
große Stadt am Mittelmeer in Ägypten, gegründet von Alexander dem Großen um 331 v. Chr.

In der Blütezeit wird Alexandria mit 700.000 Einwohnern zur zweitgrößten Stadt im römischen Reich. Der riesige Leuchtturm ist eines der sieben Weltwunder und die Bibliothek mit unzähligen Schriftrollen ist weltberühmt. Das Evangelium erreicht Alexandrien. Apollos, ein gebildeter Mann von dort, kommt daraufhin zu den Gemeinden nach Ephesus und Korinth. Er hilft ihnen mit seinem großen Wissen, das Evangelium zu verteidigen.

? Stimmt es, dass Paulus mit einem Schiff aus Alexandria nach Rom übersetzen sollte?

📖 Apostelgeschichte 18,24-28; **Apostelgeschichte 27,1-8**
→ Ägypten, Apollos; siehe Karte Seite 135

Alte Festung in Alexandria

 Alkimus (A) („Gott richtet auf")
Oberster Priester in Jerusalem von 162–159 v. Chr.

Alkimus verklagt die Israeliten beim König Demetrius und richtet im Kampf gegen die Makkabäer viel Unheil an. Er stirbt 159 v. Chr., als er auf dem Tempelgelände eine Mauer einreißen lassen will.

💡 Finde heraus, warum die frommen Juden Alkimus nie erlaubt hätten, Oberster Priester zu werden.

📖 **1 Makkabäer 7,4-25**; 1 Makkabäer 9,54-57
→ Makkabäer (A), Demetrius (A), Judas (A), Bakchides (A)

 Allerheiligstes → Tempel

 Allmächtig
absolut alles können

Allmächtig ist eine Person, die alles auf der Welt gemacht hat und alles kann. Shaddai ist ein Name Gottes. Shaddai bedeutet allmächtig. Die Menschen in der Bibel ehren Gott, weil er allmächtig und so stark ist.

💡 Wissenswert: Im Apostolischen Glaubensbekenntnis wird auch von Gott, dem Allmächtigen, gesprochen. In manchen Bibeln steht nicht „der Allmächtige", sondern „der Gewaltige".

📖 **1 Mose 17,1**; **2 Mose 6,3**
→ Wunder

 Almosen („Barmherzigkeitstaten")
Hilfen für die Armen

Weil Gott barmherzig mit uns umgeht, sollen auch wir anderen helfen. Zur Zeit der Bibel sind Almosen für die wichtig, die sich selber nicht versorgen können. Für Jesus ist das Geben von Almosen selbstverständlich. Niemand soll aber damit angeben, wie viel er spendet.

💡 Finde heraus, warum es verboten war, ein Feld ganz abzuernten.

📖 **3 Mose 23,22**; Matthäus 6,1-4
→ Barmherzigkeit, Armut

 Aloë → Sonderseite Tod, Seite 274

 Alphabet (von den ersten beiden griechischen Buchstaben „Alpha" und „Beta" abgeleitet, deutsch: ABC) alle Buchstaben einer Sprache in einer festen Reihenfolge

Das erste Alphabet wurde vor etwa 4.000 Jahren in Ägypten erfunden. Damit wurde das Schreiben viel einfacher, weil man jedes Wort aus Buchstaben zusammensetzen konnte. Vorher hatten viele Wörter ein eigenes Zeichen. Das hebräische Alphabet besteht nur aus Mitlauten. Das macht es schwierig, das Alte Testament richtig zu lesen. Deshalb haben jüdische Gelehrte später kleine Zeichen für die Selbstlaute ergänzt.

💡 Wissenswert: Das griechische Alphabet hört mit dem Buchstaben O (Omega) auf.

📖 **Offenbarung 21, 6 (LUT)**
→ Schrift, Wort

Altar → Sonderseite Opfer, Seite 210+211

Brandopferaltar in Beerscheba

  Älteste erfahrene Personen mit Verantwortung für eine Kirche/Gemeinde, auch Presbyter oder Bischöfe genannt
Im Alten Testament sind Älteste Sippenhäupter, die Mose helfen. Im Neuen Testament und heute ist es eine kleine Gruppe von Ältesten, die eine Kirche/Gemeinde leiten. Wenn schwierige Fragen auftauchen oder Streit entsteht, wird dies von den Ältesten geklärt. Älteste müssen deshalb nicht unbedingt alt sein, auf jeden Fall aber klug und weise.
💡 Finde heraus, wie viele Älteste Mose für das Volk Israel einsetzte.
📖 5 Mose 31,9; **4 Mose 11,16**; Apostelgeschichte 15,1-6; Apostelgeschichte 20,17.28; Titus 1,5-9
→ Gemeinde, Synagoge

  Amalek, Amalekiter Gebiet in Kanaan; Sohn von Elifas und seiner Nebenfrau Timna, Enkel von Esau; Volk
Das Volk der Amalekiter geht auf Amalek zurück. Das Gebiet der Amalekiter liegt im Südwesten von Kanaan. Nach dem Auszug aus Ägypten müssen die Israeliten durch dieses Gebiet wandern. Dabei werden sie von den Amalekitern überfallen. Danach sind sich die beiden Völker feindlich gesinnt. Auch in der weiteren Geschichte kommt es immer wieder zu Übergriffen, bis König David die Amalekiter endgültig besiegt.
❓ Finde heraus, welcher Prophet das Ende der Amalekiter voraussagte.
📖 2 Mose 17,8-13; **4 Mose 24,20**; 5 Mose 25,17-19; 1 Samuel 30,11-20
→ Esau, Josua, Bileam, David; siehe Karte Seite 132

Amazja → Sonderseite Könige Israels, Seite 168-171

 Amen → Sonderseite Gebet, Seite 88+89

  Amme Frau, die das Kind einer anderen Mutter stillt
Da es früher keine Flaschennahrung gab, war es lebensnotwendig für ein Baby, gestillt zu werden. Frauen, die das nicht konnten oder wollten, brauchten eine Amme.
💡 Wissenswert: Mose wuchs bei einer Amme auf, die gleichzeitig seine Mutter war.
📖 1 Mose 24,54b-60; 2 Mose 2,1-10; 1 Mose 24,59; 1 Mose 35,8; 2 Samuel 4,4; 2 Chronik 22,11
→ Mutter, Mose

 Amminadab („mein Volk hat sich großzügig gezeigt") Vorfahre von König David und Jesus, aus dem Stamm Juda
Amminadab ist wichtig, weil er in den sogenannten „Geschlechtsregistern" als ein Vorfahre von David und Jesus genannt wird.
💡 Finde heraus, wie viele Generationen es von Amminadab bis zu David und bis zu Jesus gibt.
📖 Rut 4,19; **Matthäus 1,4-17**
→ Aaron

  Ammon, Ammoniter Gebiet am Jordan, Nachkommen von Ben-Ammi, dem Sohn von Lot und seiner jüngsten Tochter
Das Gebiet Ammon, in dem die Ammoniter leben, liegt östlich vom Jordan, nördlich vom Toten Meer. Zusammen mit ihrem Brudervolk, den Moabitern, kämpfen die Ammoniter immer wieder gegen das Volk Israel. Gott verbietet seinem Volk jede Gemeinschaft mit ihnen.
💡 Wissenswert: Am Standort der früheren ammonitischen Hauptstadt liegt heute die jordanische Hauptstadt Amman. Schau auf einer Weltkarte nach.
📖 1 Mose 19,30-38; 5 Mose 23,4-7; Zefania 2,9
→ Lot; siehe Karte Seite 132

 Amon → Sonderseite Könige Israels, Seite 168-171

 Amor, Amoriter Urenkel von Noach, auch Hamor genannt; dessen Nachkommen
Die Amoriter sind eines der sieben Völker, die im Land Kanaan wohnen, bevor sich das Volk Israel dort niederlässt. Bereits Jakob wohnt eine Zeitlang im Gebiet der Amoriter und kauft ein Stück Land in Sichem. Dort wird sein Sohn Josef beerdigt, als das Volk Israel aus Ägypten in das Land Kanaan kommt. Beim Einzug besiegt Josua fünf Könige der Amoriter im Süden von Kanaan.
💡 Wissenswert: Die Geschichte von Jesus und der Frau am Brunnen ereignete sich im ehemaligen Land der Amoriter.
📖 1 Mose 10,15-16; 1 Mose 33,17-20; 1 Mose 48,21-22; Josua 24,32; **Johannes 4,5**
→ Jakob, Josua, Kanaan

Amos – Antiochia

Amos („Jahwe hat getragen")
Prophet, lebt etwa 750 v. Chr. in der Stadt Tekoa im Land Juda, 16 km südlich von Jerusalem
Amos ist ein Vieh- und Maulbeerfeigenzüchter. Gott schickt ihm Visionen und beruft ihn zum Propheten, obwohl er keine Ausbildung dazu hat. Seine Aufgabe: Ungerechtigkeit im inzwischen reich gewordenen Land Israel aufdecken und Gottes Gericht verkünden. Die Botschaft von Amos ist sehr unbequem und er wird aus Israel nach Juda zurückgeschickt.
Finde heraus, was der Heuschreckenschwarm in einer Vision von Amos anrichtet.
📖 Amos 1,1; **Amos 7,1-6**; Amos 7,14-15
→ Prophet, Vision, Juda, Israel, Maulbeerbaum

Amt
Dienst oder Aufgabe, manchmal auch gleichzeitig ein Beruf
Ämter sind wichtig, damit das Leben in einer Gruppe von Menschen (Volk, Gemeinde, Heer, Königshof) gelingt. Manche Ämter werden von Gott selbst eingesetzt, manche von Menschen. Ämter im Alten Testament sind zum Beispiel: Heerführer, Propheten, königliche Beamte, Richter, Älteste. Im Neuen Testament sind Ämter Dienste, die das Wachstum der Gemeinde ermöglichen, zum Beispiel: Apostel, Diakone, Evangelisten, Älteste.
Denk mal! Welche Ämter gibt es in deiner Gemeinde/Kirche?
📖 1 Mose 40,1-13; 4 Mose 4,1-4; 2 Timotheus 4,5; Epheser 4,11
→ Dienst, Älteste

Amtleute → Sonderseite Arbeit für einen Herrscher, Seite 158+159

Anak, Anakiter
Sohn von Arba, größter Mann unter den Anakitern; nach ihm benannte riesenhafte Einwohner des Landes Kanaan
Bevor das Volk Israel nach dem Auszug aus Ägypten in Kanaan einzieht, erkunden Spione das Land. Diese berichten, dass die dort wohnenden Anakiter größer und stärker als die Menschen aus dem Volk Israel sind. Die Israeliten bekommen Angst, werden Gott ungehorsam und müssen 40 Jahre durch die Wüste wandern.
Wissenswert: Der Riese Goliat, gegen den David kämpfte, gehörte zum Volk der Philister.
📖 4 Mose 13-14; 5 Mose 9,2; Josua 11,21-22, 1 Samuel 17,4
→ Josua, Kanaan, Goliat, David

Anatot
einer der Orte für die Leviten im Gebiet Benjamin, etwa vier Kilometer nordöstlich von Jerusalem
Als Josua den Stämmen im Volk Israel ihr Gebiet im Land Kanaan zuteilt, bekommen die Leviten kein eigenes Stammesgebiet. Dafür müssen ihnen die anderen Stämme Städte und Weideland zur Verfügung stellen. Die vier Städte Anatot, Gibeon, Geba und Alemet liegen im Gebiet vom Stamm Benjamin.
Finde heraus, welcher Einwohner aus Anatot ein eigenes Buch in der Bibel hat.
📖 1 Chronik 6,45; Josua 20,18; **Jeremia 1,1**
→ Josua, Leviten; siehe Karte Seite 57

Andreas („mannhaft")
Jünger von Jesus, Bruder von Petrus, Sohn von Johannes, Fischer am See Gennesaret
Andreas gehört zu den ersten zwölf Jüngern, die Jesus beruft. Andreas ist Fischer am See Gennesaret und gibt sofort seinen Beruf als Fischer auf, um Jesus nachzufolgen. Ursprünglich kommt Andreas aus dem Ort Betsaida. Er lebt und arbeitet aber in dem Ort Kafarnaum, der nur wenige Kilometer entfernt liegt.
Finde heraus, von wem Andreas die fünf Brote und zwei Fische hatte, mit denen Jesus einige Tausend Menschen satt machte.
📖 Matthäus 4,18-20; Matthäus 10,2; Markus 1,16-18; Markus 1,29; Johannes 1,35-44; **Johannes 6,8-9**
→ Jünger, Petrus, Betsaida, Kafarnaum, Fischer, See Gennesaret, Berufung

Äneas („der Gelobte")
gelähmter Mann aus der Gemeinde in Lydda

Äneas ist seit acht Jahren gelähmt und muss die ganze Zeit im Bett liegen. Als Petrus nach Lydda reist und Äneas begegnet, sagt er zu ihm: „Jesus Christus hat dich geheilt." (GNB) Danach kann Äneas wieder laufen. Durch dieses Wunder werden viele Menschen Christen.

💡 Finde heraus, was Petrus Äneas befahl.

📖 **Apostelgeschichte 9,32-35**

→ Lydda, Petrus

Aner
Mann aus dem Volk der Amoriter, lebt zur Zeit von Abram (Abraham)

Aner und seine beiden Brüder Mamre und Eschkol haben einen Bund mit Abraham geschlossen. Als Abrahams Neffe Lot gefangen genommen wird, helfen die drei Brüder Abraham und seinen 318 kampferprobten Männern, Lot wieder zu befreien.

💡 Finde heraus, wem das Waldstück (der Hain) gehörte, in dem Abraham zu der Zeit wohnte.

📖 **1 Mose 14,13-24**

→ Mamre, Abraham, Lot, Amoriter

Angesicht
vorderer Teil des Kopfes, Gesicht, Gesichtszüge, Miene

Im Angesicht eines Menschen kann man zum Beispiel Freude, Trauer, Wut oder Angst erkennen. Wer sein Angesicht einem anderen zuwendet, sagt damit, dass er den anderen mag und interessiert ist an ihm. Wenn man sein Angesicht von jemand abwendet, bedeutet es so viel wie „Ich will nichts von dir wissen." Im Alten Testament wird davon erzählt, dass Gott sein Angesicht dem Volk Israel zuwendet. Damit zeigt Gott, dass er da ist, mitgeht und segnet.

💡 Wissenswert: Das Gesicht von Jesus hat einmal wie die Sonne geleuchtet.

📖 2 Mose 33,12-23; Prediger 8,1; **Matthäus 17,2**

→ Volk Gottes, Mose

Änon („Quellenort")
Ort an einem Zufluss zum Fluss Jordan

Der Ort Änon liegt westlich von dem Fluss Jordan in Samaria und ist weniger als 5 km vom Jordan entfernt. In Änon gibt es zur Zeit der Bibel viel Wasser, sodass Johannes der Täufer auch in Änon Menschen tauft. Ansonsten tauft er nur im Jordan.

💡 Finde heraus, wo der Ort Änon liegt.

📖 **Johannes 3,23**

→ Johannes der Täufer, Taufe, Jordan, Samaria

Antichrist („Gegenchrist")
Gestalt, die besonders in der letzten Zeit der Welt versucht, Christen von Gott abzubringen

Johannes warnt in seinen Briefen, Christen sollen sich durch „Antichristen" nicht von ihrem Glauben an Jesus und von der Lehre der Bibel abbringen lassen.

💡 Wissenswert: Auch in dem Buch Offenbarung wird von einem furchtbaren Wesen berichtet, das sich gegen Jesus stellt.

📖 1 Johannes 2,18-19; 2 Johannes 7; 2 Thessalonicher 2,3-4; **Offenbarung 13,1-10**

→ Satan

Antiochia
zur Zeit von Paulus Hauptstadt von Syrien, mit ca. 200.000 Einwohnern drittgrößte Stadt des römischen Imperiums, ca. 500 km nördlich von Jerusalem, ca. 30 km vom Mittelmeer entfernt

Alte Hauptstraße in Antiochia

In Antiochia werden die Nachfolger von Jesus zum ersten Mal „Christen" genannt. Die christliche Gemeinde in Antiochia besteht aus Juden und Nichtjuden. Dies führt zu einem Streit, der auf einem Treffen der Apostel (Apostelkonzil) besprochen wird. Barnabas und Paulus lehren die Christen in Antiochia ein Jahr lang. Von Antiochia aus geht Paulus auf seine erste und zweite Missionsreise und kehrt immer wieder dorthin zurück.

💡 Wissenswert: Die Gemeinde in Antiochia sammelte Geld, um die Gemeinde in Jerusalem zu unterstützen. Finde heraus, warum.

📖 **Apostelgeschichte 11,19-30**; Apostelgeschichte 13,1-3; Apostelgeschichte 14,26-28; Apostelgeschichte 15,30-35; Apostelgeschichte 18,22; Galater 2,11

→ Heiden, Christen, Paulus, Barnabas, Apostelkonzil, Syrien, Mittelmeer; siehe Karte Seite 214+215

Antiochus IV. Epiphanes – Araber

Altes Theater in Antiochia

 Antiochus IV. Epiphanes (A) (Epiphanes= „der Erschienene")
König der Seleuziden, lebt von 215–164 v. Chr.
Antiochus kommt 175 v. Chr. mit Unterstützung des römischen Senats an die Macht. Er erobert auch Ägypten und Israel. Er zieht in Jerusalem ein und plündert den Tempel. Zur Festigung seiner Macht besetzen seine Truppen die Burg in Jerusalem. Antiochus lässt jüdische Bräuche verbieten und entweiht die Altäre Gottes. Das löst den sogenannten Makkabäeraufstand der frommen Juden (167– 160 v. Chr.) aus, die schließlich Jerusalem zurückerobern.
Finde heraus, welche wichtigen Bräuche Antiochus in Israel verbieten ließ.
1 Makkabäer 1,11; 1 Makkabäer 1,17-25; 1 Makkabäer 1,30-40; **1 Makkabäer 1,43-52**; 1 Makkabäer 2,39-48
→ Seleuziden (A), Mattatias (A), Judas Makkabäus (A)

 Antiochus V. Eupator (A) (Eupator= „vom edlen Vater")
König der Seleuziden, lebt von 173–162 v. Chr., Sohn von Antiochus IV. Epiphanes
Im Alter von neun Jahren wird Antiochus V. nach dem Tod seines Vaters im Jahr 164 v. Chr. zum König gekrönt. Der Versuch, den Aufstand der Makkabäer unter Kontrolle zu bringen, endet mit dem Verlust der Provinz Kommagene in Kleinasien. Wenig später stirbt Antiochus V. Eupator durch den neuen König Demetrius.
Finde heraus, wer den jungen König in seinem neuen Amt unterstützte.
1 Makkabäer 6,14-17; 1 Makkabäer 6,55-60; 1 Makkabäer 7,1-4
→ Demetrius (A), Lysias (A), Judas Makkabäus (A)

 Antiochus VI. Dionysus (A) (Dionysos = griechischer Gott des Weines)
König der Seleuziden, lebt von 148–142 v. Chr.
Mit vier Jahren wird Antiochus VI. von Tryphon, dem Gegner des herrschenden Königs Demetrius II., zum Thronerben bestimmt. Er regiert nur kurz und stirbt unter geheimnisvollen Umständen.

Finde heraus, wie sich der junge König Antiochus dem jüdischen Volk gegenüber verhielt.
1 Makkabäer 11,38-40; **1 Makkabäer 11,52-59**; 1 Makkabäer 13,31-42
→ Seleuziden (A), Tryphon (A), Jonatan (A)

 Antiochus VII. Sidetes (A) (Sidetes = „aus Side")
letzter Seleuzidenherrscher von 138–129 v. Chr.
Antiochus VII. wirbt zuerst bei den Juden in Israel um Unterstützung für seinen Kampf gegen Tryphon, den Gegenkönig des geteilten Seleuzidenreiches. Er wendet sich aber schließlich gegen die Juden und führt Krieg gegen sie. Während einer seiner Feldzüge wird er bei Medien in einen Hinterhalt gelockt und getötet.
? Rate mal: Welches Recht gestand Antiochus VII. dem Obersten Priester Simon zunächst zu? a. Gesetze zu erlassen b. den Tempel aufzubauen c. eigene Münzen zu prägen
1 Makkabäer 15,1-9; 1 Makkabäer 15,25-31; 1 Makkabäer 16,11-22
→ Tryphon (A), Simon (A), Jonatan (A), Ptolemäus (A)

 Apokryphen („verborgen", „geheim")
auch Deuterokanonische Schriften, verborgene Schriften aus dem Alten Testament
Die Bibel ist vor langer Zeit entstanden. Damals wurden viele Texte und Geschichten von Gott, man nennt sie Schriften, gesammelt. Diese wurden zu einer Sammlung, dem sogenannten Kanon, zusammengefasst. Daraus ist die Bibel entstanden. Manche Schriften, darunter die Apokryphen, kamen nicht mit in die hebräische Bibel hinein. Erst später in der griechischen Übersetzung (Septuaginta) fanden die Apokryphen Platz. In manchen Bibeln kann man auch die Apokryphen lesen. Für die katholische Kirche gehören die Apokryphen mit zur Bibel. Die Apokryphen umfassen folgende Bücher: Das Buch Judit; Die Weisheit Salomos; Das Buch Tobit; Das Buch Jesus Sirach; Das Buch Baruch; Das erste Buch der Makkabäer; Das zweite Buch der Makkabäer; Stücke zum Buch Ester; Stücke zum Buch Daniel; Das Gebet Manasses.
? Rate mal: Von wem wird der Junge Tobias auf seinem Weg in die Stadt Rages im Reich Medien begleitet? a. seiner Mutter b. seinem Großvater c. einem Engel
Tobit 5,5-23
→ Septuaginta, Tobias, Rafael

 Apollonius (A)
Feldherr unter Antiochus IV. Epiphanes
Im Frühjahr 167 v. Chr. schickt Antiochus IV. Epiphanes seinen Feldherrn Apollonius mit dem Auftrag nach Jerusalem, die Stadtmauern niederzureißen. Er lässt nach dem Sieg in Jerusalem eine befestigte Militärsiedlung, die Akra, errichten. Später wird er in einer Schlacht von Judas Makkabäus erschlagen.
Finde heraus, welche gemeine List Apollonius anwendete, um Jerusalem zu erobern.

1 Makkabäer 1,30-40; 2 Makkabäer 4,21-22; **2 Makkabäer 5,24-27**; 1 Makkabäer 3,10-12
→ Antiochus IV. Epiphanes (A), Judas Makkabäus

Apollos
gelehrter, guter Redner aus Alexandria, gründet neue Gemeinden/Kirchen in Asien und Europa

Aquila und Priszilla aus Ephesus nehmen ihn auf und unterrichten ihn. Mit Empfehlung der Gemeinde reist Apollos nach Korinth, um eine von Paulus gegründete Gemeinde zu leiten. Es kommt zu Schwierigkeiten, weil sich eine Gruppe in der Gemeinde ausschließlich nach ihm richtet.

💡 Finde heraus, warum es zwischen Apollos und Paulus zu Unstimmigkeiten kam.

Apostelgeschichte 18,24–19,1; **1 Korinther 1,11-12**; 1 Korinther 3,5-7; 1 Korinther 16,12
→ Paulus, Aquila, Priszilla, Alexandria, Korinth

 Apostel („Gesandter", „Botschafter", „Missionar") Person, die direkt von Jesus beauftragt worden ist, das Evangelium weiterzusagen

Jesus wählt zwölf junge Männer aus. Sie werden zu seinen Mitarbeitern und sind mit ihm in enger Gemeinschaft unterwegs. Sie sagen weiter und schreiben nieder, was sie von Jesus lernen. Sie sind seine Gesandten, die das Predigen, Lehren und Heilen vervielfältigen. Ein Gesandter von Jesus zu sein, ist zur Zeit der Bibel gefährlich. Viele Apostel werden umgebracht.

Liste der Apostel
nach Aufzeichnung von Matthäus

Simon (Petrus)	Thomas
Andreas	Matthäus
Jakobus	Jakobus
Johannes	Thaddäus
Philippus	Simon
Bartolomäus	Zelot Judas Iskariot

Nach dem Tod und der Auferstehung von Jesus bleibt es nicht bei den zwölf Aposteln. Für Judas, der sich das Leben genommen hat, wird Matthias in den Kreis der Apostel gewählt. Später kommen weitere, wie zum Beispiel Barnabas, Andronikus und Junia, dazu. Paulus muss später um seine Anerkennung als Apostel kämpfen. In der Bibel wird davon berichtet, dass es auch falsche Apostel gab.

💡 Denk mal! Wenn du wie die Apostel anderen Menschen von Gott erzählen solltest, was würdest du sagen?

Matthäus 10,2-4; Markus 3,16-19; Johannes 13,16; Römer 16,7; Apostelgeschichte 14,14; Hebräer 3,1; Apostelgeschichte 1,21; Offenbarung 2,2
→ Jesus

 Apostelkonzil
Versammlung der Apostel in Jerusalem, Petrus, Jakobus, Paulus und Barnabas nehmen auch teil

Weil es zwischen den jüdischen und nichtjüdischen Christen einen Streit gibt, versammeln sich die Apostel und Gemeindeleiter in der Gemeinde in Jerusalem. Sie wollen klären, ob die Nichtjuden alle jüdischen Gesetze befolgen müssen, wenn sie Christen geworden sind. Petrus sagt, dass man nicht dann zu Gott gehört, wenn man alle Gebote erfüllt, sondern wenn man an Jesus glaubt. Das finden alle in der Versammlung richtig. Auf seiner nächsten Missionsreise erzählt Paulus auch anderen Gemeinden davon.

💡 Finde heraus, welche vier Gebote die nichtjüdischen Christen einhalten sollten.

3 Mose 17,7-10; Apostelgeschichte 15; **Apostelgeschichte 15,19-20**; Apostelgeschichte 16,4
→ Apostel, Gebot, Paulus, Petrus

Aquila („Adler")
Jude aus Rom, glaubt an Jesus, verheiratet mit Priszilla

Kaiser Claudius lässt das Ehepaar aus Rom vertreiben. In Korinth treffen sie Paulus und verdienen gemeinsam als Zeltmacher Geld. In Ephesus unterrichten sie junge Christen und in ihrem Haus treffen sich Jesusnachfolger zu Gottesdiensten.

💡 Finde heraus, was Paulus über Aquila und Priszilla sagte.

Apostelgeschichte 18,2; Apostelgeschichte 18,18-26; 1 Korinther 16,19; **Römer 16,3-4**
→ Priszilla, Paulus, Korinth, Ephesus

 Araber, Arabien („Wüsten- oder Steppenbewohner", auch „Morgenländer")

Nachkommen von Abrahams Sohn Ismael und seinem Enkel Esau; Sammelbegriff für die Stämme der Amalekiter, Edomiter, Hagariter, Ismaeliter, Midianiter und anderer

Die Könige Salomo und Joschafat bekommen zwar Geschenke und Steuerabgaben von arabischen Königen, es gibt aber auch immer wieder Kriege zwischen den Israeliten und den Araberstämmen. Das Gebiet Arabien ist reich an aromatischen Gewächsen, Gold und Edelsteinen.

💡 Finde heraus, woher die weisen Männer an der Krippe kamen.

1 Könige 10,15; 2 Chronik 17,11; 2 Chronik 21,16-17; 2 Chronik 22,1; 2 Chronik 26,7; Nehemia 2,19; **Matthäus 2,1-2**
→ Ismael, Hagar, Esau; siehe Karte Seite 135

Aram – Ararat

  Aram, Aramäer, Aramäisch
Land; Volk und dessen Sprache, wahrscheinlich Muttersprache von Jesus

Laban, der Schwiegervater von Jakob, benennt ein Erinnerungsmal aus Steinen in aramäischer Sprache: Jegar-Sahaduta. Die aramäische Sprache verdrängt die hebräische Sprache immer mehr, sodass zur Zeit von Jesus vorrangig aramäisch gesprochen wird. Die Geschichten des Neuen Testaments werden auf Griechisch aufgeschrieben, weil diese Sprache noch weiter verbreitet ist.

💡 Wenn du Lust hast zu hören, wie sich die Sprache anhört, kannst du „Aramäisch" und „Vater unser" bei YouTube eingeben.

📖 1 Mose 31,47
→ Laban, Jakob

Aramäische Schriftzeichen

 Ararat
Berg im Osten der heutigen Türkei

Ararat ist der Name eines 5.137 Meter hohen Berges, auf dem die Arche von Noach nach der Sintflut zum Stehen gekommen sein soll.

💡 Finde heraus, was in der Zeit der Bibel noch mit dem Namen Ararat bezeichnet wurde.

📖 1 Mose 8,4; **2 Könige 19,37**; **Jesaja 37,38**
→ Noach, Arche

So könnte die Arche auf dem Ararat gestanden haben

Wie hoch war der höchste Berg, auf den du gestiegen bist?

Rätsel

Unglaublich, aber wahr

Manchmal gibt es Geschichten, die hören sich unglaublich an, sind aber doch wahr.

1. Kann ein Hagelkorn 10 kg schwer sein?
In der Schweiz gab es im Jahr 1972 ein Hagelkorn, das schwerer als 10 kg war.

2. Gibt es einen Samen, der auch nach 1.000 Jahren noch keimen kann?
Der Samen einer Lotusblüte kann das.

3. Gibt es ein Lebewesen mit einem Auge, das größer als 50 Zentimeter im Durchmesser ist?
Das Auge eines Riesenkraken kann so groß werden.

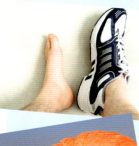
4. Gibt es Menschen, die größer als 2,50 Meter werden?
Der Amerikaner Robert Wadlum wurde 2,72 Meter groß.

5. Kann ein Kürbis schwerer als ein Auto sein?
Das Serienauto Smart wiegt 720 kg. Der schwerste Kürbis wurde am 29.9.2007 in Amerika mit 766,8 kg gewogen.

Erstaunlich, oder?

Arbeit und Beruf

Von vielen „Berufen" liest man in der Bibel – von Bauern und Hirten, Lehrern und Richtern, von Töpfern und Zimmermännern. Doch darf man Berufe unserer Zeit nicht mit denen der biblischen Zeit vergleichen. Es gibt zu biblischen Zeiten meist keine freie Berufswahl und Berufsausbildung. Man wird, was man zu Hause gelernt hat: Bauernkinder werden Bauern, Priesterkinder Priester … Auch ist die Arbeit anders. Wenn wir sagen, dass Jesus „Zimmermann" gewesen ist, ist dies nur teilweise richtig. Er ist ein Bauhandwerker, der alle Holz- und Maurerarbeiten macht, also auch die Arbeit heutiger Zimmerleute (siehe Sonderseite Handwerkliche Arbeit, Seiten 110+111)
📖 Markus 6,3; Matthäus 13,55

Zu Arbeit und Beruf muss man auch wissen, dass es nur wenige „Arbeitgeber" gibt, aber viele, die von ihnen abhängig sind. „Arbeitgeber" sind Grundbesitzer, Herdenbesitzer, der König oder ein Verwalter (siehe Sonderseite Arbeit für einen Herrscher, Seiten 158+159) und der Tempel oder ein Heiligtum (siehe Sonderseite Arbeit für Gott und die Religion, Seiten 266+267). Bedienstete haben in biblischen Zeiten kaum Rechte. Doch gibt es verschiedene Stufen eines Dienstverhältnisses. So gibt es Sklaven, Frondiener, Diener und Tagelöhner.

→ Sonderseite Arbeit auf dem Land, Seite 11
→ Sonderseite Arbeit auf dem Wasser/Handel, Seite 242
→ Sonderseite Arbeit im Haus, Seite 97
→ Sonderseite Handwerkliche Arbeit, Seite 110+111
→ Sonderseite Arbeit für einen Herrn, Herrscher oder den Staat, Seite 158+159
→ Sonderseite Arbeit für Gott und die Religion, Seite 268+305

Sklaven
Die sind Menschen, die jemandem „gehören" – weil sie Kriegsgefangene sind, verkauft wurden (z. B. Josef) oder wegen Schulden Dienste verrichten müssen.

Diener/Knechte
Sie bekommen ein festes, aber kein großes Gehalt. Herren können zu biblischer Zeit über ihre Diener/innen verfügen. Als Beispiel können Abraham und Jakob gelten, die mit den Dienerinnen ihrer Frauen Kinder haben.
→ Hagar, Bilha, Silpa

Frondienst
Dies ist ein Dienst, den ein Freier für den Herrn des Landes verrichten muss. Da über die Israeliten in Ägypten Fronvögte (siehe Sonderseite Arbeit für einen Herrscher, Seiten 158+159) gesetzt werden, sind sie also Freie, die dazu gezwungen werden, Städte für die Ägypter zu bauen.
📖 2 Mose 1,11

Tagelöhner
Tagelöhner sind Menschen, die sich jeden Tag um Lohnarbeit bemühen müssen. Die Propheten klagen an, dass Reiche armen Bauern Land wegnehmen und Herdenbesitzer großer Herden den Kleinnomaden ihr Vieh. So arbeiten die meisten Menschen für einen kargen Lohn, mit dem sie ihre Familien durchbringen müssen. Auch Kinder sind davon betroffen, denn sie müssen mitarbeiten, damit die Familie überlebt.

Arche – Armut

🏠 Arche

Info

Name: Arche („Kasten")
Passagiere: Noach, seine Frau und ihre drei Söhne Sem, Ham und Jafet mit ihren Ehefrauen, von allen Tieren je ein Paar, von manchen Tieren sieben Paare bzw. sieben Stück
Erbauer: Noach baut das Schiff nach Gottes Anweisung
Bauort: nicht bekannt
Baubeginn: nicht bekannt
Bauzeit: nicht bekannt
Bauweise: Noach baut die Arche aus Goferholz (Tannenholz). Als Abdichtung verwendet er innen und außen einen Anstrich aus Harz, Pech oder Asphalt. In der Arche gibt es Kammern für die Tiere, eine Tür und eine Dachluke. Insgesamt drei Stockwerke. Die Arche ist 135–150 Meter lang, 22,5–25 Meter breit und 13,5–15 Meter hoch.
Geschichte: Die Arche ist der einzige Ort, wo die Sintflut überlebt werden kann.

Noach und die Arche

● In der biblischen Erzählung findet sich kein Hinweis darüber, wie lange Noach mit seinen Söhnen an der Arche baut. Nachdem alle Passagiere in die Arche gehen, Gott die Tür von außen verschließt und es zu regnen beginnt, dauert es etwa ein Jahr, bis Noach, seine Familie und die Tiere wieder trockenen Boden betreten.

● An diesem Tag setzt Gott den Regenbogen als ein Zeichen dafür an den Himmel, dass er die Erde nie wieder zerstören, sondern in Frieden mit seiner Schöpfung leben möchte.

💡 Wissenswert: Die Arche von Noach und das Schilfrohrkästchen von Mose werden mit demselben hebräischen Begriff „tebah" bezeichnet. Beide retten Leben.

📖 1 Mose 7–9; 2 Mose 2,3
→ Noach, Sintflut

Die Arche war eher ein „Kasten", kein Schiff mit einem gekrümmten Rumpf

Archelaus („Herrscher des Volkes")
ältester Sohn von Herodes dem Großen und der Samaritanerin Malthake, ab Jahr 4 v. Chr. Fürst von Idumäa, Judäa, Samaria

Archelaus wird mit seinem Bruder Herodes Antipas in Rom erzogen. Nach dem Tod seines Vaters tritt er eine brutale Herrschaft in Judäa, Samaria und Idumäa an. Archelaus regiert zehn Jahre, bis er nach Gallien (Südfrankreich) verbannt wird.

Finde heraus, warum Archelaus dafür verantwortlich war, dass Jesus in dem Ort Nazaret im Land Galiläa aufwuchs.

Matthäus 2,22-23
→ Herodes, Judäa

Archippus („Herr über die Pferde")
lebt in Kolossä zur Zeit von Paulus

Paulus nennt Archippus seinen „Mitstreiter". Er nimmt offensichtlich ein Amt in der Gemeinde wahr. Archippus wird zweimal in den Briefen von Paulus erwähnt.

Finde heraus, wo sich die Gemeinde in Kolossä traf.

Kolosser 4,17; Philemon 2
→ Paulus

Areopag („Areshügel" oder „Marshügel")
schmaler Felshügel in der Stadt Athen, auf dem sich zur Zeit von Paulus Altäre für griechische Götter befinden

Paulus hält auf dem Areopag eine berühmte Rede. Er erkennt an, dass die Griechen religiös sind, viele Götter haben und vorsichtshalber sogar einem unbekannten Gott einen Altar gebaut haben. Dann stellt Paulus ihnen den Gott Israels als den bisher unbekannten Gott vor, der mächtiger ist als all die anderen.

? Rate mal: Was befand sich ebenfalls auf dem Areopag? a. ein Gerichtsplatz b. eine Sportarena c. die Akropolis

Apostelgeschichte 17,16-34
→ Paulus, Athen

Blick auf Athen mit dem Areopag im Vordergrund

 Arimathäa
Heimatort von dem Ratsherrn Josef, 14 km von der Stadt Lydda entfernt

Pontius Pilatus erlaubt Josef, einem angesehenen Ratsherrn aus dem Jüdischen Rat in Jerusalem, den Leib von Jesus vom Kreuz abzunehmen und in seinem eigenen neuen Grab zu begraben. Es wird vermutet, dass Arimathäa mit der Stadt Rama identisch ist.

Finde heraus, in welcher Beziehung Josef zu Jesus stand.

Matthäus 27,57-60; Markus 15,42-46
→ Pontius Pilatus, Jüdischer Rat, Kreuz, Rama; siehe Karte Seite 134

 Arioch (vielleicht „Edelmann")
Befehlshaber der Leibwache von König Nebukadnezzar in Babylon

Arioch soll alle Weisen und Wahrsager in Babylonien töten, weil sie einen Traum des Königs nicht deuten können. Daniel bittet um Aufschub und lässt sich wenig später von Arioch zu Nebukadnezzar bringen, um dem König den Traum zu erklären.

Finde heraus, was Daniel während der erbetenen Frist tat.

Daniel 2,12-25
→ Daniel, Nebukadnezzar

 Aristarch („ausgezeichneter Herrscher")
Christ aus Thessalonich, Reisebegleiter von Paulus

Gefährlich wird es für Aristarch, als es in einer Goldschmiede in Ephesus zum Aufruhr kommt. Dort hat man Angst, dass es durch die Evangelisation von Paulus zu Einbußen im Geschäft mit den hergestellten Götzenfiguren kommt. Aristarch wird mit seinem Freund Gaius von der wütenden Menge gekidnappt.

? Rate mal: In welcher Unterkunft verbrachte Aristarch gemeinsam mit Paulus einige Zeit? a. Hotel b. Jugendherberge c. Gefängnis

Apostelgeschichte 19,29-31; Kolosser 4,10
→ Paulus, Gaius, Ephesus

 Arjoch → Arioch

 Armut
zu wenig oder nichts haben von lebensnotwendigen Dingen wie Nahrung, Kleidung und Wohnung; Gegenteil von Reichtum

In der Bibel werden arme Menschen oft erwähnt. Häufig haben sie keine Familie mehr, die sich um sie kümmert, so wie die Witwen und Waisen. Schon im Alten Testament fordert Gott die Israeliten auf, Armen zu helfen. Auch Jesus ist es sehr wichtig, dass die Armen versorgt werden von denen, die genug haben.

Finde heraus, wie Gott bei der Ernte für die Armen sorgen ließ.

3 Mose 23,22; 5 Mose 15,7-11; Matthäus 19,21; Johannes 13,29; Apostelgeschichte 2,44-45
→ Almosen, Reichtum

Arnon – Aschdod

> **Armut**
> Wir wohnen am Rande von Deutschlands Hauptstadt, Berlin. Wenn wir einkaufen gehen, stehen vor dem Eingang der Supermärkte meistens Obdachlose, die eine Zeitung verkaufen, um nicht zu betteln. Wir haben es uns angewöhnt, ihnen Brötchen, Bananen oder Schokolade zu kaufen. Fahren wir in die Innenstadt, begegnen uns viele bettelnde Menschen in der S-Bahn, am Straßenrand. Menschen, denen man ansieht, dass ihr Leben traurig, hoffnungslos ist. In Berlin ist jeder siebte Einwohner von Armut bedroht – das ist total viel! Unsere Gemeinde unterstützt einige der vielen christlichen Projekte, die tatkräftig helfen und den Leuten das Gefühl geben, dass sie etwas wert sind, dass Gott sie liebt. Wir leben in einem reichen Land, verglichen mit vielen anderen auf dieser Welt, wo es auch genug zu helfen gibt. Aber Armut ist auch ganz nah, und ich möchte hinsehen und etwas tun, nicht wegschauen und so tun, als gäbe es den Mann, der am Boden sitzt, nicht.
> **Beate Tumat**

Arnon („mit Lorbeer gesäumter Fluss")
Grenzfluss zwischen Moab und Ammon, später Moab und Israel, heute el-Modschib
Der Arnon entspringt in der Wüste im Ostjordanland und fließt durch bis zu 500 Meter tiefe Schluchten ins Tote Meer. Er ist reich an Fischen und an seinen Ufern wächst duftender Rosenlorbeer. Heute gehört der Arnon zum Land Jordanien.
? Rate mal: Wen traf Barak, der König der Moabiter, am Arnon, um das einziehende Volk Israel verfluchen zu lassen? a. Samuel b. Elia c. Bileam
📖 4 Mose 22,36-41; **4 Mose 23,11-12**; 5 Mose 3,16
→ Barak, Bileam

 Arphaxad (A) („einer, der erlöst")
König der Meder, der von den Assyrern besiegt wird
Arphaxad lässt die große Stadt Ekbatana bauen. Nebukadnezzar, der König von Assyrien, besiegt Arphaxad, tötet ihn und wird so Herrscher über das Land zwischen Eufrat und Tigris.
💡 Wissenswert: Die Sprachwendung „das Gesetz der Meder und Perser" meint, dass etwas unumstößlich ist.
📖 Judit 1,1-16; **Ester 1,19**; **Daniel 6,9**
→ Judit (A), Holofernes (A), Nebukadnezzar, Meder, Assyrer, Eufrat, Tigris

 Artahsasta → Artaxerxes

 Artaxerxes
(Longimanus = „Langhand")
Perserkönig, Sohn und Nachfolger von Xerxes, regiert 465–423 v. Chr.

Artaxerxes lässt Esra und andere nach Babylon verschleppte Juden heimkehren, um das jüdische Gesetz und den Tempeldienst im zerstörten Jerusalem wieder einzuführen. Er erlaubt Nehemia, die Stadt Jerusalem neu aufzubauen.
💡 Finde heraus, welchen Namen Artaxerxes dem für ihn fremden Gott Israels gab.
📖 **Esra 7,11-26**; Nehemia 2,1-10
→ Esra, Nehemia

 Artemis → Sonderseite Götter, Seite 104+105

  Arzt
stellt Krankheiten fest und behandelt sie
Im Gegensatz zu ägyptischen Ärzten haben die Ärzte in Israel keine eigenständige Medizin entwickelt. Die Israeliten vertrauen darauf, dass Gott ihr Arzt ist. Dennoch finden Behandlungen gegen Bezahlung statt. Wunden werden gereinigt, mit Wein desinfiziert und verbunden. Es gibt Augensalbe. Knochenbrüche werden geschient und verbunden. Bei Geschwüren werden Pflaster aus Feigen aufgelegt und der Liebesapfel soll gegen Unfruchtbarkeit helfen. Wein dient auch als Stärkungsmittel für den Magen und bei Gemütskrankheiten wird Musik zur Beruhigung eingesetzt. Im Vordergrund steht aber, dass die Israeliten bei einer Krankheit auf die Hilfe Gottes vertrauen. Ahasja und Asa, die mit ihrer Krankheit die Ärzte aufsuchen und ihre Hilfe nicht bei Gott suchen, sterben sogar.
💡 Fällt dir ein Satz ein, gebildet aus den Anfangsbuchstaben A R Z T?
📖 2 Mose 15,26; 2 Mose 21,19; Jesaja 1,6; Lukas 10,34; Offenbarung 3,18; Ezechiel 30,21; Jesaja 38,21; 1 Mose 30,14; 1 Timotheus 5,23; 1 Samuel 16,16; 2 Könige 1,6; 2 Chronik 16,12
→ Ahasja, Asa

Kreatives

Ringelblumensalbe herstellen

Ringelblumensalbe ist eine Salbe für alle Fälle. Sie eignet sich bei Verletzungen, Schürfwunden, Verbrennungen oder trockener Haut. Ringelblumensalbe kannst du selber herstellen:

Du brauchst:
- 250ml Olivenöl
- 50g Bienenwachs (Apotheke)
- 50g Sheabutter oder Kakaobutter (Drogeriegeschäft)
- 5 Tropfen Vitamin E-Acetat (Apotheke)
- 2 Hände voll getrockneter und kleingehackter Ringelblumenblüten (Apotheke)
- Topf

So geht's:
→ Zunächst musst du alle Fette vorsichtig in einem Topf erhitzen.
→ Füge dann die Ringelblumenblüten hinzu.
→ Diese Masse musst du erneut bei geringer Hitze (ca. 10 Minuten) leicht köcheln lassen. Danach den Topf vom Herd nehmen und die fettige Masse einen Tag stehen lassen.
→ Am nächsten Tag erwärmst du die Mischung erneut, bis sie flüssig ist.
→ Durch ein Leinentuch kann nun die fertige Salbe in Cremedosen gefüllt werden.
→ Wenn die Salbe etwas abgekühlt ist, verteilst du das Vitamin E-Acetat auf die verschiedenen Dosen und rührst dieses vorsichtig ein. Es verhindert, dass die Salbe ranzig wird.

 Asa → Sonderseite Könige Israels, Seite 168-171

 Asaf („Sammler")
Levit, Leiter der Tempelmusik unter König David in Jerusalem
Asaf und seine Nachkommen sind Sänger und Musiker zuerst in der Stiftshütte und später im Tempel von Salomo. Dieses Amt üben die Nachkommen von Asaf auch nach der Heimkehr aus der Babylonischen Gefangenschaft aus. Über den Psalmen 50 und 73–83 steht der Name von Asaf.
💡 Finde heraus, womit Asaf Israel in einem Psalm verglich.
📖 **Psalm 80,9**; 1 Chronik 16,4-5; 1 Chronik 25,1-2; Esra 2,1.41
→ David, Bundeslade, Tempel, Stiftshütte

> Hast du einen Lieblingspsalm?

 Asaja („Jahwe hat gemacht")
hoher Beamter von Königs Joschija in Juda
Joschija bittet ihn und vier andere Hofbeamte, Gott über ein biblisches Gesetzbuch zu befragen, das im Jerusalemer Tempel gefunden worden ist. Die fünf wenden sich an die Prophetin Hulda, die Unheil über Juda voraussagt.
💡 Finde heraus, ob Asaja von Beruf Schreiber oder Vertrauter (Kämmerer) des Königs war.
📖 **2 Könige 22,12-14**
→ Joschija, Hulda

 Asar-Haddon („Assur hat einen Bruder gegeben")
von 681–669 v. Chr. König von Assyrien und Babylonien, Lieblingssohn und Nachfolger von König Sanherib
Asar-Haddon besiegt seine Brüder, die ihren Vater ermordet haben, und baut das von Vater Sanherib zerstörte Babel wieder auf. Als hervorragender Feldherr und Politiker erweitert er das assyrische Reich und erobert sogar Ägypten.
💡 Wissenswert: König Sanherib wurde von seinen Söhnen Adrammelech und Sarezer umgebracht, weil er ihren Bruder Asar-Haddon bevorzugte.
📖 2 Könige 19,36-37; Esra 4,1-4
→ Assyrer, Assyrien, Sanherib

 Asarja („Jahwe hat geholfen")
Freund von Daniel in Babylonischer Gefangenschaft
Asarja wird mit anderen jungen Judäern auf Befehl des babylonischen Königs Nebukadnezzar zu Palastdienern ausgebildet. Er wird gemeinsam mit zweien seiner Freunde Verwalter der Provinz Babylon. Als er und seine Freunde sich weigern, ein Götzenbild anzubeten, werden sie in einen glühenden Ofen geworfen. Ein Engel Gottes rettet sie.
💡 Finde heraus, welchen babylonischen Namen Asarja erhielt.
📖 **Daniel 1,6-7**; Daniel 2,49; Daniel 3,1-30
→ Daniel, Nebukadnezzar

 Asarja → Sonderseite Könige Israels, Seite 168-171

 Aschdod
bedeutende Stadt der Philister, mit Hafen und Tempel des Gottes Dagon, liegt heute zwischen Jaffa und Gaza am Mittelmeer
In einem Kampf gegen das Volk Israel erobern die Philister die Bundeslade und stellen sie im Tempel ihres Gottes Dagon auf. Als daraufhin die Bewohner von Aschdod von Krankheiten heimgesucht werden, geben die Philister die Bundeslade mit Geschenken zurück.
💡 Finde heraus, wer die Botschaft von Jesus Christus in Aschdod predigte.
📖 1 Samuel 5; 1 Samuel 6,17; Apostelgeschichte 8,40
→ Philister, Dagon, Bundeslade; siehe Karte Seite 133

So könnte die Stadt Aschdod zur Zeit der Bibel ausgesehen haben

Asche – Auferstehung

Asche
grau-schwarzer Staub, der nach einem Feuer von dem verbrannten Material übrig bleibt

In der Bibel wird Asche an mehreren Stellen genannt. Wenn jemand sehr traurig ist, streut er sich Asche auf seinen Kopf oder wälzt sich ganz in Asche. Ein Mensch kleidet sich in „Sack und Asche", wenn ihm leid tut, dass er etwas Schlechtes getan hat. Dabei zieht er ein dunkles Trauerkleid an und bestreut sich mit Asche.

Wissenswert: Asche reinigt und ist heute in vielen Pflegeprodukten und Hautcremes enthalten.

2 Samuel 13,19; Ijob 42,6; Psalm 102,10; Jeremia 25,34
→ Sack

Asche

Ascher („glücklich nennen, preisen")
Sohn von Jakob und Nebenfrau Silpa

Ascher ist der achte der zwölf Söhne von Jakob, nach denen die Stämme Israels benannt werden. Von Ascher stammen alle Menschen ab, die zu diesem Stamm gehören. Über 50.000 wehrfähige Männer stellt der Stamm Ascher zu besten Zeiten. Neben Sebulon ist Ascher der einzige Stamm, aus dem keine Richter oder bedeutenden Männer hervorgehen. Das Gebiet Ascher liegt im Norden Israels.

Finde heraus, welche Prophetin aus dem Stamm Ascher stammte.

1 Mose 30,9-12; **Lukas 2,36-38**
→ Jakob, Silpa

Aschera → Sonderseite Götter, Seite 104+105

Aschkelon
eine der fünf Hauptstädte der Philister, im südwestlichen Teil von Kanaan, direkt am Mittelmeer

Ruinen der Stadt Aschkelon

Die Stadt Aschkelon wird im 12. Jahrhundert v. Chr. von den Philistern erobert. Die Philister sind Feinde von Israel. Immer wieder müssen die Israeliten gegen die Philister kämpfen. Heute gibt es nur noch Ruinen von der Stadt, etwa 20 km nordöstlich der Stadt Gaza.

Es gibt einen Philister, den fast jeder kennt. Wer ist es?

1 Samuel 6,17; **1 Samuel 17,48-51**
→ David, Goliat, Kanaan; siehe Karte Seite 133

Aschpenas („Gastfreund")
oberster Hofbeamter vom babylonischen König Nebukadnezzar

Aschpenas soll begabte junge Israeliten unter den Gefangenen auswählen und sie drei Jahre lang ausbilden, damit sie zu guten Dienern des Königs werden. Daniel bittet Aschpenas, die fremden Speisen nicht essen und den Wein nicht trinken zu müssen.

Finde heraus, was Aschpenas Daniel und seinen Freunden zu essen gab.

Daniel 1,3-21
→ Daniel, Nebukadnezzar; siehe Karte Seite 133

Aseka
Stadt in Juda, nordwestlich von Hebron, zur Stadt ausgebaut von König Rehabeam

In der Nähe von Aseka befindet sich der Kampfplatz, an dem Goliat gegen David kämpft. Später belagert König Nebukadnezzar die Stadt. Als die Judäer aus der Gefangenschaft heimkehren, wird Aseka wieder bewohnt. Man vermutet, dass sich Überreste der Stadt Aseka heute im Hügel Azeqa befinden.

Finde heraus, welche Feinde der Israeliten ihr Lager in der Nähe von Aseka aufschlugen.

1 Samuel 17,1-7; Josua 15,20-21.35; Jeremia 34,7
→ Goliat, David, Nebukadnezzar; siehe Karte Seite 133

Asenat („der Göttin Neith angehörig")
Tochter des ägyptischen Sonnenpriesters Potifera aus On, Frau von Josef

Der ägyptische Pharao gibt Josef, den er als Verwalter über ganz Ägypten einsetzt, Asenat zur Frau. Die beiden bekommen zwei Söhne, Manasse und Efraïm.

Finde heraus, was die Namen der Söhne von Asenat und Josef bedeuten.

1 Mose 41,45; **1 Mose 41,51-52**
→ Manasse, Efraïm, Josef

Asien
heute Erdteil, zur Zeit der Bibel eine Region an der Westküste Kleinasiens (heutige Türkei)

Die Region Asien wird 133 v. Chr. Provinz des Römischen Reiches und umfasst Mysien, Lydien, Phrygien und Karien. Ephesus ist ihre Hauptstadt. In den Städten Pergamon, Smyrna und Ephesus werden erste christliche Gemeinden gegründet, später kommen andere dazu.

Asche – Auferstehung

Paulus ist auf seinen Missionsreisen in der Provinz Asien unterwegs und über zwei Jahre in Ephesus tätig.
- Wissenswert: Paulus schrieb auch Briefe an die Gemeinden in der Region Asien.
- Apostelgeschichte 19,8-10; Römer 16,5; 1 Korinther 16,19; Epheser 1,1
→ Ephesus, Paulus; siehe Karte Seite 214+215

Asser → Ascher

Assyrien, Assyrer
zur Zeit der Bibel Reich im nördlichen Mesopotamien, dem heutigen Irak, die Bewohner nennt man Assyrer
Die Assyrer sind ein kriegerisches Volk und machen Assyrien insbesondere in den Jahren 912–612 v. Chr. zum Weltreich. Der Prophet Jesaja sagt voraus, dass der assyrische König mit seinen Soldaten in das Land Israel einfallen wird. Ahas, ein König von Juda, geht ein Bündnis mit dem assyrischen König Tiglat-Pileser III. im Kampf gegen Israel und Damaskus ein.
- Finde heraus, was König Ahas nach einem Besuch bei König Tiglat-Pileser III. nachbauen ließ.
- **2 Könige 16,10-18**; Jesaja 8,4; 2 Könige 15,19-20; 1 Chronik 5,25-26; 2 Könige 17,4-6; 2 Könige 18,13–19,37
→ Ahas, Salmanassar, Sanherib, Ninive; siehe Karte Seite 57

Assyrische Krieger

Astarte → Sonderseite Götter, Seite 104+105

Asyl, Asylrecht („sicher")
Zufluchtsort, Schutz bei Gefahr und Verfolgung
Zur Zeit der Bibel werden in Israel bestimmte Asylstädte eingerichtet. Dort finden Menschen Schutz, die unabsichtlich einen Menschen getötet haben (Asylrecht). So kann sich keiner an ihnen rächen. Auch der Altar im Tempel in Jerusalem hat Asylbedeutung.
- Wissenswert: In Deutschland hat jeder Mensch das Recht, um Asyl zu bitten, wenn er in seinem Land verfolgt wird und sein Leben in Gefahr ist.
- Josua 20,1-9; 1 Könige 1,49-53
→ Josua, Salomo, Adonija

Atalja → Sonderseite Könige Israels, Seite 168 -171

Athen
Hauptstadt Attikas in Griechenland, benannt nach der Göttin Athene, heute ca. 650.000 Einwohner
Zur Zeit von Paulus treffen sich die Menschen auf dem Marktplatz von Athen, um über religiöse Fragen zu diskutieren. Paulus predigt bei seiner zweiten Missionsreise dort und erzählt den Griechen von Jesus. Als die Menschen mehr wissen wollen, hält Paulus eine wichtige Rede auf dem Areopag. Einige Griechen werden Christen, darunter Dionysius und eine Frau mit Namen Damaris.
- Wissenswert: In Athen gab es viele Götterstatuen und die Griechen glaubten an viele Götter.
- Apostelgeschichte 17,16-34
→ Areopag, Paulus, Dionysius; siehe Karte Seite 214+215

Blick auf Athen

Äthiopien, Äthiopier
im Alten Testament auch Kusch, Land südlich von Ägypten, heute eines der ärmsten Länder der Welt; dessen Bewohner
Auf der Rückreise von Jerusalem liest der äthiopische Finanzverwalter der Königin Kandake eine Schriftrolle von Jesaja. Unterwegs trifft er Philippus, der ihm die Bedeutung erklärt. Als er versteht, dass Jesus für ihn gestorben ist, lässt er sich kurzentschlossen von Philippus taufen.
- Finde heraus, warum der äthiopische Finanzverwalter in Jerusalem war.
- **Apostelgeschichte 8,26-40**; Jesaja 18,1-2
→ Philippus, Eunuch

Auferstehung
zentraler Begriff der Bibel, wesentliche Grundlage des christlichen Glaubens
Jesus wird von Gott drei Tage nach seiner Kreuzigung vom Tod auferweckt. Er sagt von sich selbst, dass er die Auferstehung ist. Wer an Jesus glaubt, hat nach dem irdischen Leben ewiges Leben bei Gott. Es wird deutlich: Gott ist stärker als der Tod. Im Alten Testament schreiben Daniel und Jesaja bereits von der Auferstehung der Toten.
- Finde heraus, was Jesaja von Gott in Bezug auf den Tod erhofft.
- 1 Korinther 15,12-22; Johannes 11,25; **Jesaja 26,19**; **Jesaja 25,8**; Daniel 12,2
→ Jesus, Kreuzigung

Auferweckung der Toten – Babylonien

Auferstehung
Ich finde es einfach cool, dass Jesus wegen unserem Mist, den wir gebaut haben, gestorben ist. Aber er ist auch wieder auferstanden! Eigentlich hätten wir sterben müssen! Aber Jesus hat es uns abgenommen! Weil er uns so lieb hat!
Das finde ich echt voll cool! **Annika, 11 Jahre**

Auferweckung der Toten
wie Auferstehung
Gott hat die Macht, Tote wieder lebendig zu machen. Auch Jesus, Gottes Sohn, erweckt bereits in seiner Wirkungszeit einige Menschen vom Tod auf.
- Finde heraus, welche Menschen Jesus vom Tod auferweckt hat.
📖 Johannes 5,21; **Matthäus 9,18-26**; Lukas 7,11-17; **Johannes 11,17-44**
→ Auferstehung, Lazarus, Jaïrus

 Aufseher → Sonderseite Arbeit für einen Herrscher, Seite 158+159

Auge
Sinnesorgan, mit dem Lebewesen sehen
Mit dem Auge nimmt der Mensch seine Umwelt wahr und gibt das an das Gehirn weiter. An den Augen kann man erkennen, ob jemand fröhlich, traurig, wütend, müde oder eingebildet ist. Menschen können nicht in einen anderen Menschen hineinschauen. Gott kann das. Er sieht, was mit uns los ist und wie es uns geht.
- Finde heraus, wie Gott seine Leute so beschützt.
📖 1 Samuel 16,7; **Sacharja 2,12**
→ Blindheit

Denkmal von Augustus

Augustus („der Anbetungswürdige, der Erhabene")
erster römischer Kaiser, geboren 63 v. Chr., gestorben 14 n. Chr., Großneffe und Haupterbe von Gaius Julius Caesar
Sein eigentlicher Name ist Gaius Julius Caesar Octavianus. Der römische Senat verleiht ihm den Ehrentitel Augustus, als er 35 Jahre alt ist. Er ist den Juden in seinem Reich freundlich gesinnt und lässt auf seine Kosten zweimal täglich im Tempel opfern.
- Finde heraus, warum Josef und Maria nach Betlehem reisen mussten.
📖 **Lukas 2,1-20**

 Aussätziger
wegen einer Hautkrankheit aus der Gesellschaft Ausgestoßener
Im Alten Testament wird genau beschrieben, woran Aussatz (eine Art Schuppenflechte) zu erkennen war. Aussätzige gelten für die Dauer ihrer Erkrankung als unrein und dürfen nicht an der Gemeinschaft des Volkes und am Gottesdienst teilnehmen. Sie müssen sich während der Wüstenwanderung außerhalb des Lagers, später vor den Stadtmauern aufhalten. Die Genesung vom Aussatz muss vom Priester bestätigt werden.
- Finde heraus, was der Aussätzige erlebte, der mit seiner Erkrankung zu Jesus kam.
📖 3 Mose 13; 3 Mose 13,46; 2 Könige 7,3; **Markus 1,40-45**
→ Arzt, Medizin, Krankheit

Auszug
auch Exodus, Befreiung der Nachfahren von Jakob (auch Volk Gottes oder Volk Israel) aus der Sklaverei in Ägypten
Durch Josef ist die Familie von Jakob (von Gott später „Israel" genannt) in Ägypten ansässig geworden. Anfäng-

Der Auszug aus Ägypten und der Weg nach Kanaan

Route 1 und 2
Es ist nicht ganz klar, auf welcher Route das Volk Israel aus Ägypten nach Kanaan zog.

Route 1
Auf kürzestem Weg führt die so genannte Meeresstraße am Mittelmeer entlang von Ägypten nach Kadesch-Barnea.

Route 2
Die biblischen Texte beschreiben die Route von Ramses über Sukkot zum Berg Sinai. Dort gibt Gott Mose und dem Volk Israel die Zehn Gebote. Von dort geht es nach Ezjon-Geber und weiter nach Kadesch-Barnea. In der Wüste der Halbinsel Sinai lebt das Volk Israel ca. 40 Jahre, bevor es in das versprochene Land Kanaan zieht.

Weg (3) der Kundschafter
Der Weg der Kundschafter ist schwer nachzuvollziehen. Sie ziehen von Kadesch-Barnea aus los und erkunden das Gebiet um Hebron (5 Mose 1,19-46). In 4 Mose 13 wird berichtet, dass sie das ganze Gebiet Kanaan erkunden.

Auferweckung der Toten – Babylonien

lich von den Ägyptern geehrt, werden sie später als Sklaven benutzt. Auf ihre Gebete hin schickt Gott Mose. Er führt das Volk schließlich aus der Gefangenschaft in die Freiheit.

💡 Finde heraus, wodurch die Israeliten beschützt wurden, als Gott alle erstgeborenen Söhne der Ägypter sterben ließ.

📖 2 Mose 1,1-14; 2 Mose 3,1-12; **2 Mose 12,1-14**; 2 Mose 12,31-42

→ Jakob, Josef, Mose, Pharao, Plagen, Ägypten

Blick in die Wüste Negev

 Baal → Sonderseite Götter, Seite 104+105

 Babel („Verwirrung")
andere Bezeichnung für die Stadt Babylon

Babel ist die erste Stadt, die in der Bibel nach der Sintflut erwähnt wird. Der Name der Stadt wird in erster Linie mit dem Turmbau zu Babel in Verbindung gebracht.

💡 Wissenswert: Die Stadt Babel hat ihren Namen bekommen, weil Gott die Menschen wegen des Turmbaus unterschiedliche Sprachen sprechen ließ.

📖 **1 Mose 11,1-9**

→ Babylonien, Turm von Babel; siehe Karte Seite 7

Turmbau in Babel

Babylon
Hauptstadt von Babylonien, zur Zeit der Bibel die bedeutendste Stadt im Vorderen Orient, etwa 90 km südlich von Bagdad im heutigen Irak

Im Laufe der Jahrhunderte wird Babylon nicht nur von den Babyloniern selbst, sondern auch von anderen Herrschern regiert, so zum Beispiel von den Assyrern oder den Kassiten. Sehr mächtig wird Babylon, als der babylonische König Nebukadnezzar II. den Thron besteigt. Zu dieser Zeit ist Babylon eine wunderschöne Stadt mit prunkvollen Gebäuden. Mit ihrem König Nebukadnezzar II. belagern die Babylonier Jerusalem und plündern 597 v. Chr. die Stadt. Die Oberschicht, gelehrte und reiche Judäer, aber auch Kriegsleute und Handwerker werden nach Babylon verschleppt. Der Tempel von Jerusalem wird 587 v. Chr. von den Babyloniern zerstört. Wieder werden viele Israeliten nach Babylon gebracht, wo sie im Exil leben. 539 v. Chr. wird die Stadt von dem Volk der Perser erobert und schließlich ganz zerstört. Heute gibt es diese Stadt nicht mehr.

💡 Finde heraus, welcher Prophet das Ende von Babylon vorhersagte.

📖 Daniel 4,27; 2 Könige 24,8–25,21; **Jeremia 50,35-40**

→ Daniel, Babylonien, Nebukadnezzar; siehe Karte Seite 57

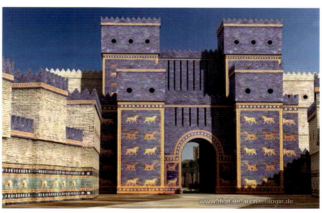
Ischtar-Tor in Babylon, Nachbildung

 Babylonien
auch Nimrod oder Sumer und Akkad, Gebiet am Unterlauf der Flüsse Eufrat und Tigris, das Zentrum ist Babylon

Begründet von dem Volk der Sumerer und der Akkader, wird Babylonien ab 612 v. Chr. unter König Nebopolassar zu einer Großmacht. Das Land Juda und die Hauptstadt Jerusalem werden erobert und viele Judäer nach Babylonien verschleppt. Das stolze und tempelverwüstende Babylonien verkörpert in der Bibel eine Macht gegen Gott und gegen Jesus Christus.

💡 Wissenswert: Die Propheten Jesaja und Ezechiël haben vorausgesagt, dass das Volk Israel aus der Babylonischen Gefangenschaft zurückkehren wird.

📖 **Jesaja 40,1-11**; Ezechiël 39,25-29

→ Babel, Babylon, Daniel, Nebukadnezzar; siehe Karte Seite 57

Bäcker – Batseba

 Bäcker → Sonderseite Arbeit im Haushalt, Seite 97

 Backschüssel → Sonderseite Küche, Seite 176+177

 Backtrog → Sonderseite Küche, Seite 176+177

 Baden → Waschen

 Baesa → Sonderseite Könige Israels, Seite 168-171

 Bakchides (A) („Verehrer von Bakchos" = griechischer Gott des Weins)
General in der seleuzidischen Armee von König Demetrius
Bakchides gelingt es 160 v. Chr., Judas, den Führer des Makkabäeraufstandes, in der Schlacht von Elasa zu töten.
💡 Wissenswert: In der syrischen Armee gab es ausgebildete Steinschleuderer.
📖 1 Makkabäer 7,8-20; **1 Makkabäer 9,1-22**
→ Seleuziden, Makkabäer (A), Demetrius (A), Judas (A), Alkimus (A)

Balak („Gott hat verwüstet")
Sohn von Zippor, König der Moabiter zur Zeit der Wüstenwanderung des Volkes Israel
König Balak hat Angst vor dem näher kommenden Volk der Israeliten. Deswegen soll der Seher Bileam das Volk Gottes verfluchen.
❓ Rate mal: Was muss König Balak erleben? a. Bileam segnet das Volk Israel. b. Bileam lässt es Frösche regnen. c. Die Moabiter werden mit Pest bestraft.
📖 4 Mose 22,2-6; **4 Mose 23,11-12**
→ Moab, Moabiter, Bileam

Balsam
aromatisches Harz aus Pflanzen zum Herstellen von Salbölen, Parfümen, auch Heilmittel bei der Wundbehandlung
Der kleinwüchsige Balsamstrauch stammt aus den südarabischen Küstengebieten. Das bräunliche Harz tritt aus oder wird durch Anritzen gewonnen. Bei En-Gedi gibt es zur Zeit der Bibel eine Balsamplantage, in Gilead werden Salben hergestellt.
💡 Finde heraus, wer König Salomo eine große Menge Balsam-Öl zum Geschenk machte.
📖 **1 Könige 10,1-2.10**; Jeremia 8,22; Jeremia 46,11
→ Gilead, Araber

 **Bann** → Fluch

 Bär
lebt bis heute vereinzelt in Israel, Pflanzenfresser, aber auch Raubtier
Als der Prophet Elischa von einer Horde Jungen als Glatzkopf verspottet wird, kommen zwei Bären und töten viele von den Jungen. Das Reich der Meder und Perser wird in der Bibel mit einem Bären verglichen.
💡 Wissenswert: Kühe und Bären werden friedlich in Gottes neuem Reich zusammenliegen.
📖 2 Könige 2,23-24; 2 Samuel 17,8; Daniel 7,5; **Jesaja 11,7**
→ Elischa, Daniel, Meder, Perser

Braunbär

 Barabbas („Sohn des Vaters")
Mörder im Gefängnis von Jerusalem
Wie es üblich ist, will der Statthalter Pontius Pilatus anlässlich des Passafestes einen Gefangenen freilassen. Die Juden fordern die Freilassung von Barabbas, nicht die von Jesus.
💡 Finde heraus, wer die Volksmenge anstiftete, die Freilassung von Barabbas zu verlangen.
📖 Johannes 18,38b-40; **Markus 15,6-15**
→ Jesus, Oberster Priester

 Barak („Blitz")
Sohn von Abinoam aus dem Stamm Naftali
Barak bekommt den Auftrag von Gott, nach 20 Jahren der Unterdrückung gegen Jabin, den übermächtigen König der Kanaaniter, zu kämpfen. Barak will nur ziehen, wenn die Prophetin Debora mitkommt. Zusammen erringen sie den Sieg.
💡 Finde heraus, wie der Feldherr des kanaanitischen Heeres hieß.
📖 **Richter 4,6-16**
→ Debora, Prophet, Naftali, Sebulon, Sisera

 Bar-Jesus („Sohn von Jesus")
Magier und falscher Prophet, lebt zur Zeit von Paulus auf Zypern
Bar-Jesus versucht, den römischen Statthalter auf Zypern vom Glauben abzuhalten. Auf das Wort von Paulus wird er für eine Zeit lang blind und Sergius Paulus, der Statthalter, kommt zum Glauben an Jesus.
💡 Finde heraus, wie sich Bar-Jesus auch nannte.
📖 **Apostelgeschichte 13,6-12**
→ Paulus, Barnabas, Prophet, Sergius Paulus

Barmherzigkeit
auch Mitleid oder Erbarmen, wichtige Eigenschaft von Gott

Im Alten Testament erleben die Israeliten Gottes Barmherzigkeit dadurch, dass Gott sich ihnen zuwendet, sie schützt und ihnen Gutes tut, obwohl sie das nicht verdient haben. Im Neuen Testament wird Gottes Barmherzigkeit für alle Menschen dadurch sichtbar, dass Gott seinen Sohn Jesus am Kreuz sterben lässt, obwohl die Menschen diese Strafe verdient hätten. Wer dies glaubt, kann auch barmherzig mit anderen Menschen umgehen.

 Finde heraus, warum ein Mann aus Samarien als barmherziger Samariter bezeichnet wurde.
 Psalm 103,8.13; 2 Mose 34,6-7; Lukas 6,36; **Lukas 10,29-37**
→ Samariter, Juden

 Barnabas („der Mann, der anderen Mut macht")
eigentlich Josef, Levit aus Zypern

Barnabas stellt als frühes Mitglied der Gemeinde in Jerusalem seinen Besitz zur Verfügung und vermittelt zwischen dem gerade bekehrten Paulus und der misstrauischen Gemeinde. Die Gemeinde sendet Barnabas nach Antiochia. Dorthin nimmt er Paulus mit. Sie lehren Gottes Wort und sammeln Spenden gegen die Hungersnot ein, die sie wiederum in Jerusalem an Arme verteilen. Anschließend werden Barnabas und Paulus auf Missionsreise geschickt.

 Wissenswert: Paulus und Barnabas stritten und trennten sich später.
 Apostelgeschichte 4,36-37; Apostelgeschichte 9,26-27; Apostelgeschichte 11,20-30; **Apostelgeschichte 15,36-41**
→ Apostel, Paulus, Jerusalem, Antiochia, Leviten

 Bart
Haare im Gesicht

Zur Zeit der Bibel sind die Ägypter und Philister glatt rasiert, aber in Israel ist es üblich, dass die Männer einen Bart tragen. In der Bibel wird von Schnurrbart, Vollbart und Kinnbart erzählt. Der Bart ist ein Zeichen für Männlichkeit und Stärke. Wenn jemand traurig ist, schneidet er seinen Bart ab.

 Wissenswert: Es war eine große Kränkung, jemandem den Bart abzuschneiden.
 3 Mose 13,45; 2 Samuel 10,4-5; **Esra 9,3**; Jeremia 41,5
→ Ägypter, Philister

 Bartholomäus („Sohn des Talmai")
Jünger von Jesus, möglicherweise auch Natanaël genannt

In der Bibel wird Bartholomäus gemeinsam mit Philippus genannt. Als sich die Jünger nach der Himmelfahrt von Jesus in Jerusalem treffen, um einen Jünger als Nachfolger für Judas Iskariot zu wählen, ist Bartholomäus dabei.

 Wissenswert: Von Bartholomäus wird in der Bibel ansonsten nichts erwähnt.
 Markus 3,13-18; Apostelgeschichte 1,13
→ Apostel, Philippus, Himmelfahrt

 Bartimäus („Sohn von Timäus")
blinder Bettler aus Jericho

Als Bartimäus Jesus kommen hört, ruft er laut nach ihm und bittet um seine Hilfe. Weil Bartimäus Jesus vertraut, kann er wieder sehen und folgt Jesus auf seinem Weg.

 Finde heraus, wie die umstehenden Menschen auf das Geschrei von Bartimäus reagierten.
 Markus 10,46-52
→ Jesus, Heilung, Glaube

 Baruch („der Gesegnete")
Sohn von Nerija, Sekretär/Schreiber und Vertrauter des Propheten Jeremia

Weil der Prophet Jeremia den Tempel nicht betreten darf, schreibt Baruch Gottes Worte an Jeremia auf und liest sie zunächst dem Volk, später auch König Jojakim vor. Dieser vernichtet die Buchrolle zornig, aber Baruch schreibt Gottes Worte an Jeremia erneut nieder.

 Wissenswert: Baruch musste nach der Zerstörung von Jerusalem gemeinsam mit Jeremia nach Ägypten ziehen.
 Jeremia 36,4-32; **Jeremia 43,1-7**
→ Jeremia, Jojakim, Prophet

 Batseba („Tochter der Fülle")
Tochter von Eliam, verheiratet mit Urija, später Frau von David, Mutter von König Salomo

König David verliebt sich in Batseba, doch die ist mit dem Soldaten Urija verheiratet. David schickt Urija in den Kampf, sodass Urija getötet wird und er Batseba heiraten kann. Als Strafe lässt Gott das gemeinsame erste Kind sterben. Batseba bringt später Salomo zur Welt.

 Finde heraus, mit welchem gemeinen Plan David für den Tod von Urija sorgte.
 2 Samuel 11,1-27; 2 Samuel 12,15-25
→ David, Salomo, Urija, Natan

Bauer – Benjamin

 Bauer → Sonderseite Arbeit auf dem Land, Seite 11

 Bauleute → Sonderseite Handwerkliche Arbeit, Seite 110+111

 Baum der Erkenntnis
Baum im Garten Eden, wer von den Früchten isst, erkennt, was gut und was böse ist
Als Gott den Garten Eden anlegt, verbietet er den Menschen, von diesem Baum zu essen. Als die aber doch davon probieren, wissen sie plötzlich, wie es sich anfühlt, wenn man etwas Verbotenes tut: Sie schämen sich und verstecken sich vor Gott.
💡 Finde heraus, ob die Menschen seitdem beide Fähigkeiten in sich haben: das Gute und das Böse zu tun.
📖 **Römer 7,18-19**; 1 Mose 2,9
→ Eden, Paradies, Baum des Lebens

 Baum des Lebens
Baum im Garten Eden, dessen Früchte unvergängliches Leben schenken
Nachdem Adam und Eva von dem Baum mit den verbotenen Früchten gegessen haben, treibt Gott sie aus dem Garten. Sie sollen nicht vom Baum des Lebens essen und auf diese Weise von ihm getrennt für immer und ewig leben.
💡 Finde heraus, wann die Menschen, die an Gott glauben, vom Baum des Lebens essen dürfen.
📖 1 Mose 2,9; Offenbarung 2,7; **Offenbarung 22,14**
→ Baum der Erkenntnis, Paradies, Eden

 Beamter → Sonderseite Arbeit für einen Herrscher, Seite 158+159

 Becher → Sonderseite Küche, Seite 176+177

 Beduinen
arabische Wüstenbewohner, Viehzüchter, leben in Zelten, zur Zeit der Bibel kriegerisch
Auf der Suche nach Weideplätzen ziehen die Beduinen mit ihren Viehherden durch die Wüste oder karge Steppe. Gideon muss gegen sie kämpfen.
💡 Wissenswert: Abraham, Isaak und Jakob waren ebenfalls wandernde Viehzüchter, die in Zelten lebten.
📖 Richter 6,3-5; Richter 7,12; Ijob 1,15; Ezechiël 25,4-5
→ Wüste, Gideon, Zelt

Beduinenzelt in der Wüste heute

 Beer-Lahai-Roï („Brunnen des Lebendigen, der mich sieht")
Brunnen in der Wüste auf dem Weg nach Schur, zwischen Kadesch und Bered nahe an der Grenze zu Ägypten
Sarais (später Sara) Magd Hagar erwartet ein Kind von Sarais Mann Abraham. Weil Sarai sie schlecht behandelt, läuft sie in die Wüste davon. An einem Brunnen begegnet Hagar einem Engel Gottes. Er sagt ihr, dass Gott ihr helfen wird. Deshalb nennt sie den Brunnen „Brunnen des Lebendigen, der mich sieht".
💡 Finde heraus, was Gottes Engel Hagar am Brunnen versprach.
📖 **1 Mose 16,1-15**; 1 Mose 21,9-21
→ Hagar, Ismael, Abraham, Sara

 Beerscheba („Schwurbrunnen")
Ort im Süden von Juda, am Rande der Wüste Negev, heute 200.000 Einwohner
Abraham und später sein Sohn Isaak schließen dort einen Friedensvertrag mit Abimelech, dem König von Gerar, den sie mit einem Schwur bestärken.
❓ Rate mal: Was wurde im Jahr 2005 in Beerscheba ausgetragen? a. Schach-Mannschaftsweltmeisterschaft b. Eishockeyweltmeisterschaft c. Olympische Winterspiele
📖 1 Mose 21,22-33; 1 Mose 26,23-33
→ Isaak, Abraham, Abimelech; siehe Karte Seite 137

Ausgrabung in Beerscheba

 Befreier
eine Person, die andere Menschen aus ihrer Unfreiheit in die Freiheit führt
Jesus wird Befreier oder auch Erlöser genannt, weil er die Menschen, die an ihn glauben, aus der Gefangenschaft ihrer Schuld befreit. Damit sind sie frei und können das ewige Leben mit Gott genießen.
💡 Finde heraus, welcher Apostel eine wundersame Befreiung aus dem Gefängnis erlebte.
📖 Jesaja 63,16; Johannes 8,36; Lukas 4,18; Römer 6,22; Römer 8,33; Galater 5,1; 1 Petrus 2,16; **Apostelgeschichte 12,6-8**
→ Jesus

Begräbnis → Sonderseite Tod, Seite 274

 Begrüßungskuss
Form der Begrüßung zwischen Menschen, heute noch z. B. in Frankreich üblich
Zur Zeit der Bibel ist es üblich, dass sich Familienmitglieder oder Freunde in einer Umarmung mit einem Kuss auf beide Wangen begrüßen. Dabei greift man zuweilen in den Bart des anderen.
💡 Finde heraus, wie Judas Jesus im Garten Getsemani an die Soldaten verriet.
📖 1 Mose 29,11; 2 Mose 18,7; 2 Samuel 20,9; **Markus 14,44**; Lukas 7,45
→ Judas, Jesus, Getsemani

 Bekehrung
Lebenswende, Entscheidung für ein Leben mit Gott, auch Umkehr genannt
Die Bekehrung bezeichnet die Entscheidung eines Menschen, an Gott zu glauben, Gottes Vergebung durch Jesus anzunehmen, Gott zu lieben und nach seinem Willen zu leben. Vor dieser Lebenswende steht die Aufforderung Gottes zur Umkehr von einem Leben ohne ihn. Die Bekehrung ist das „Ja" des Menschen auf das Rufen Gottes und ein „Nein" zu einem Leben ohne Gott.
💡 Finde heraus, wie Paulus seine Umkehr zu Jesus erlebte.
📖 Apostelgeschichte 2,38; **Apostelgeschichte 9,1-19**; Apostelgeschichte 16,25-34; Apostelgeschichte 8,26-39
→ Paulus, Hananias, Heiliger Geist, Taufe, Glaube

> **Bekehrung**
> *Jeder Mensch lernt Gott anders kennen: Die einen werden mit ihm groß; sie können sich ein Leben ohne Gott kaum vorstellen. Andere lernen ihn erst als Erwachsene richtig kennen und können dann oft sogar Tag und Uhrzeit sagen, wo sie sich für ein Leben mit Gott entschieden haben. Kein Weg ist besser als der andere. Jeder ist einmalig. Ich habe erst als Teenager Kontakt zu Christen bekommen. Irgendwann habe ich gefühlt, dass ich mich entscheiden muss, ob ich mit oder ohne Jesus leben will. Es war ein Prozess von vier Jahren bis zu meiner Bekehrung und dem Start in mein spannendes neues Leben mit Jesus.* **Nicole Sturm**

 Bekenntnis
öffentliches Aussprechen einer Wahrheit oder einer Überzeugung
In der Bibel werden zwei Arten von Bekenntnissen beschrieben. Beim Sündenbekenntnis gesteht ein Mensch vor Gott und anderen Menschen ein, dass er schuldig geworden ist. Beim Bekenntnis des Glaubens spricht ein Mensch öffentlich aus, dass er an Jesus Christus glaubt.
💡 Finde heraus, was Jesus den Menschen versprochen hat, die vor anderen bekennen, dass sie an ihn glauben.
📖 Sprichwörter 28,13; 1 Johannes 1,9; **Matthäus 10,32**; Römer 10,9-10
→ Vergebung, Ewiges Leben

 Belsazar → Belschazzar

 Belschazzar
Nachfahre von König Nebukadnezzar II., regiert in Babylon, gestorben 539 v. Chr.
Belschazzar sieht bei einem Festgelage plötzlich eine Botschaft von Gott als Schrift an der Wand. Erst der Prophet Daniel kann die Botschaft deuten: Sie besagt, dass die Herrschaft von Belschazzar zu Ende gehen wird.
💡 Finde heraus, was die Nachricht „Mene mene tekel u-parsin" wörtlich übersetzt bedeutet.
📖 Daniel 5,1-6; **Daniel 5,24– 6,1**
→ Daniel, Nebukadnezzar, Darius

 Beltschazar → Belschazzar

 Beltschazzar → Belschazzar

 Ben-Hadad („Sohn des Hadad")
syrischer König zur Zeit von Elija und Elischa, Gegner von König Ahab
Ben-Hadad belagert das Nordreich Israel und wird trotz seines überlegenen Heeres von Ahab besiegt. Bei einer weiteren Belagerung durch Ben-Hadad kommt es zur Hungersnot in Samaria. Durch Gottes Einfluss hören die Belagerer nachts Lärm und fliehen vor Angst.
💡 Finde heraus, wonach der nächtliche Lärm klang.
📖 1 Könige 20,1-34; **2 Könige 6,24– 7,7**
→ Elia, Elischa, Syrien, Ahab

 Benjamin („Sohn des Glücks")
Sohn von Jakob und Rahel, jüngster von zwölf Brüdern
Benjamin spielt eine wichtige Rolle bei der Versöhnung zwischen Josef und seinen Brüdern, nachdem diese Josef nach Ägypten verkauft hatten. Juda bietet sich an, anstelle von Benjamin als Gefangener bei Josef zu bleiben. Daraufhin gibt Josef sich seinen Brüdern zu erkennen.
💡 Finde heraus, wie Josef seine Brüder auf die Probe stellte.
📖 1 Mose 35,18; 1 Mose 42,1-26; **1 Mose 44,1-34**; 1 Mose 45,1-4
→ Jakob, Rahel, Josef, Juda, Ägypten

Benjamintor – Bethel

🏠 Benjamintor
zur Zeit der Bibel Stadttor in Jerusalem, im Norden oder Nordosten der Stadt, genaue Lage ist unbekannt

Der Prophet Jeremia will Jerusalem durch das Benjamintor auf dem Weg zu seinen Verwandten verlassen. Er wird aber verdächtigt, zu den feindlichen Babyloniern überlaufen zu wollen, und wird ins Gefängnis geworfen.

💡 Finde heraus, wie heute die Stadttore in Jerusalem heißen.

📖 Jeremia 37,11-16; Jeremia 38,7-13
→ Jeremia, Zidkija, Babylonien

abc Bergpredigt
wichtige Rede von Jesus

In der Bergpredigt nennt Jesus wichtige Regeln für das Zusammenleben: Die Menschen sollen anderen Gutes tun, verständnisvoll miteinander umgehen, demütig sein, Gott gehorchen und ihm völlig vertrauen. Jesus gibt auch wichtige Hinweise für das Gebet und erklärt verschiedene Gebote aus dem Alten Testament so, wie Gott sie wirklich gemeint hat.

? Rate mal: Mit wem verglich Jesus einen Menschen, der ihm vertraut und das tut, was Jesus von ihm möchte?
a. kluger Hausbauer b. geschickter Weingärtner
c. erfolgreicher Fischer

📖 Matthäus 5,1-12; **Matthäus 7,24-27**; Matthäus 6,9-15
→ Demut, Gesetz, Seligpreisungen, Vaterunser

Auszug aus der Bergpredigt

Ihr seid das Salz für die Welt. Wenn aber das Salz seine Kraft verliert, wodurch kann es sie wiederbekommen? Es ist zu nichts mehr zu gebrauchen. Es wird weggeworfen und die Menschen zertreten es.
Ihr seid das Licht für die Welt. Eine Stadt, die auf einem Berg liegt, kann nicht verborgen bleiben.
Auch zündet niemand eine Lampe an, um sie dann unter einen Topf zu stellen. Im Gegenteil, man stellt sie auf den Lampenständer, damit sie allen im Haus Licht gibt. Genauso muss auch euer Licht vor den Menschen leuchten: Sie sollen eure guten Taten sehen und euren Vater im Himmel preisen.
Matthäus 5,13-16 (GNB)

🏠 Beröa
zur Zeit der Bibel Ort in Mazedonien, heute Verria in Nordgriechenland

Während seiner zweiten Missionsreise reist Paulus mit Silas und Timotheus nach Beröa. Viele Menschen kommen dort zum Glauben an Gott. Später kamen Juden aus Thessalonich und hetzen die Menschen in Beröa gegen Paulus auf.

💡 Finde heraus, wohin Paulus von Beröa aus floh.

📖 **Apostelgeschichte 17,10-15**
→ Paulus, Silas, Timotheus, Thessalonich; siehe Karte Seite 306

abc Berufung
Aufforderung Gottes, an ihn zu glauben, ihm zu gehorchen und den Auftrag zu erfüllen, den er gibt

Gott beruft alle Menschen dazu, durch Jesus Christus zu seinen Kindern zu werden. Er teilt ihnen das zum Beispiel durch die Bibel, andere Christen, manchmal auch durch besondere Umstände oder Träume mit. Darüber hinaus gibt es spezielle Berufungen für bestimmte Dienste und Aufgaben.

? Rate mal: Warum sollte Mose seine Schuhe ausziehen, als Gott ihm mitteilte, welchen besonderen Auftrag er für ihn hat? a. weil die Schuhe schmutzig waren b. weil der Boden durch Gottes Gegenwart heilig war c. weil der Boden nass war

📖 1 Mose 12,1-4; **2 Mose 3,1-10**; 1 Chronik 25,1; Matthäus 4,18-22; Apostelgeschichte 9,1-6; Apostelgeschichte 13,2; Römer 1,6; Römer 15,16
→ Abraham, Mose, Jesaja, Paulus, Petrus, Jünger, Nachfolge

Berufung
Ich habe mir einmal überlegt, was meine „Berufung" für mein Leben ist und welchen „Beruf" ich zum Beispiel einmal lernen will. Dabei hat es mir geholfen, mich zu fragen: Was kann ich besonders gut, was mache ich wirklich gern, wofür „schlägt mein Herz"? So gelang es mir, Schritt für Schritt herauszufinden, welchen Plan Gott für meine Zukunft hat, welchen Weg er mich führen will und für welche Aufgabe er mich „berufen" hat.
Martina Merckel-Braun

🕎 Beschneidung
operative Entfernung der Vorhaut des männlichen Glieds

Als Gott mit Abraham einen Bund schließt, ordnet er als sichtbares Zeichen die Beschneidung aller seiner männlichen Nachkommen an. Seitdem ist die Beschneidung das Zeichen für die Zugehörigkeit der Juden zum Volk Gottes. Weil die ersten Christen beschnittene Juden sind, entsteht eine Streitfrage: Müssen sich Menschen, die keine Juden sind, beschneiden lassen, wenn sie Christen werden? Paulus meint: Es kommt nicht auf die Beschneidung, sondern auf den Glauben an. Ein Treffen der Apostel bestätigt: Die nichtjüdischen Christen müssen sich nicht beschneiden lassen.

💡 Finde heraus, ob auch Jesus beschnitten wurde.

📖 1 Mose 17,10-11; **Lukas 2,21**; Galater 5,2-6; Apostelgeschichte 15,1-12
→ Bund, Abraham

abc Besessenheit
ein Mensch steht unter der Herrschaft von bösen Mächten

Wer besessen ist, von dem hat ein böser Geist (auch Dämon genannt) Besitz ergriffen. Er ist nicht mehr selbst

Herr seiner Sinne, sondern wird von bösen Mächten getrieben, die gegen Gott arbeiten. Ein solcher Mensch tut Dinge, die er gar nicht möchte und die ihm schaden. Wenn Jesus solchen Menschen begegnet, schreien die bösen Geister in ihnen auf und setzen sich zur Wehr. Jesus kann den bösen Geistern befehlen, die Menschen zu verlassen.

💡 Finde heraus, was passierte, als Jesus gleich eine ganze Gruppe von bösen Geistern austrieb.

📖 **Markus 5,1-20**; Lukas 4,31-37
→ Vollmacht, Reich Gottes

 Besitz → Eigentum

 Betanien („Haus des Armen")
Dorf 3 km südöstlich von Jerusalem

Betanien ist das Heimatdorf der Geschwister Maria, Marta und Lazarus. Jesus erweckt dort Lazarus aus seinem Grab auf, obwohl dieser schon seit vier Tagen tot ist.

❓ Rate mal: Was erlebt Jesus noch in Betanien? a. Er wird gesalbt. b. Er stillt einen Sturm. c. Er begegnet Zachäus.

📖 Johannes 11,1; Johannes 11,17-44; **Matthäus 26,6-13**
→ Maria, Marta, Lazarus, Auferweckung; siehe Karte Seite 134

Zeichnung von Betanien

 Beten → Sonderseite Gebet, Seite 88+89

 Betesda („Haus der Barmherzigkeit")
Name einer Teichanlage in Jerusalem

Dem Wasser in den fünf Säulenhallen wird heilende Wirkung zugeschrieben. Jesus heilt dort einen Mann, der seit 38 Jahren gelähmt ist, allerdings ohne das Wasser aus dem Teich zu benutzen. Weil dies am Sabbat geschieht, regen sich einige führende Männer über Jesus auf.

💡 Finde heraus, wann die wartenden Kranken in den Teich gingen.

📖 **Johannes 5,1-10**
→ Jesus, Jerusalem

 Betfage („Feigenhaus")
Ort 1 km östlich von Jerusalem am Ölberg

Hier beschaffen die Jünger den Esel für Jesus, auf dem er nach Jerusalem hinein reitet.

💡 Wissenswert: Die Franziskanermönche ließen eine Kirche über den Stein bauen, von dem aus Jesus den Esel bestiegen haben soll.

📖 Matthäus 21,1-7
→ Esel, Jesus, Ölberg, Jerusalem; siehe Karte Seite 134

 Bet-El („Haus Gottes")
Ort 17 km nördlich von Jerusalem, Stadt der Kanaaniter, vorher Lus

Als Jakob vor seinem Bruder Esau flieht, bleibt er über Nacht an einem Ort names Lus. Im Traum sieht er eine Leiter zum Himmel. Er weiht die Stelle mit Öl und nennt sie Bet-El, also „Haus Gottes", weil er trotz seines Betrugs an seinem Bruder Gott begegnen darf.

💡 Wissenswert: Schon Abraham, der Großvater von Jakob, hatte an dieser Stelle einen Altar errichtet.

📖 **1 Mose 13,3-4**; 1 Mose 28,10-19
→ Jakob, Esau, Abraham; siehe Karte Seite 137

 Bethel → Bet-El

Bethlehem – Beute

 Bethlehem → Betlehem

 Betlehem („Brothaus")
kleine Stadt in Israel, grenzt heute im Norden an Jerusalem, früher Efrata

Im Alten Testament wird berichtet, dass Jakob seine Frau Rahel in Betlehem begräbt. Elimelech, der Schwiegervater von Rut, sowie deren späterer Mann Boas und auch König David kommen von dort. Im Neuen Testament wird von Josef berichtet, der mit Maria nach Betlehem reist. Er muss sich dort in Steuerlisten eintragen lassen. Maria bringt Jesus in Betlehem zur Welt. So erfüllt sich die Prophezeiung aus Micha 5,1: „ ... aus dir wird der künftige Herrscher über mein Volk kommen." (GNB) Diese Prophezeiung ist wohl auch die Ursache dafür, dass König Herodes nach dem Besuch der weisen Männer Angst vor einem neuen Rivalen hat: Er lässt alle Jungen unter zwei Jahren töten. Weil Josef im Traum von einem Engel Gottes gewarnt wird, entkommt Jesus diesem Anschlag durch die Flucht der Familie nach Ägypten.

Wissenswert: Der Eingang der Geburtskirche von Jesus in Betlehem ist früher so klein gebaut worden, dass kein Mensch eintreten konnte, ohne sich zu bücken.

1 Mose 35,19; Rut 1,1; 1 Samuel 16,1; Matthäus 2,1-18
→ Rahel, Rut, Elimelech, Boas, David, Josef, Maria, Jesus, Micha; siehe Karte Seite 133+134

Blick auf Betlehem

 Betsaida („Haus der Fischerei")
zur Zeit der Bibel Ort am See Gennesaret, erst nach 1988 wieder ausgegraben

Heimatdorf der Brüder Petrus und Andreas sowie von Philippus, den Jüngern von Jesus. Jesus lernt sie bei ihrer Arbeit als Fischer kennen. Nach dem wunderbaren Fischfang verlassen die Fischer ihre Familien und gehen mit Jesus.

Finde heraus, warum die Ruinen von Betsaida heute gar nicht mehr direkt am See liegen, sondern 1,5 km landeinwärts.

Johannes 1,44; Lukas 5,1-11
→ Petrus, Andreas, Philippus, Fischer, Fisch; siehe Karte Seite 134

 Bet-Schean („Haus der Ruhe, Totenstadt")
Stadt im Stammesgebiet von Manasse

Obwohl die Stadt zu Manasse gehört, befindet sie sich bis zur Zeit von König Salomo in der Hand der Philister. Bet-Schean ist der Ort, an dem König Saul und seine Söhne im Kampf sterben.

Finde heraus, welchen traurigen Befehl König Saul seinem Waffenträger in seinem letzten Kampf gab.

Josua 17,11; Richter 1,27; **1 Samuel 31,1-13**
→ Manasse, Saul, Salomo, Philister; siehe Karte Seite 133

 Bet-Schemesch („Sonnenhaus")
Name mehrerer Städte im Stammesgebiet von Israel

Die bekannteste von diesen Städten liegt an der Nordgrenze von Juda und ist Schauplatz einer wichtigen Schlacht zwischen König Amazja von Juda und König Joasch von Israel.

Finde heraus, wer einmal einen Wagen mit der Bundeslade ganz allein nach Bet-Schemesch gezogen hat.

1 Samuel 6,1-15; 2 Könige 14,8-14
→ Bundeslade, Amazja, Joasch; siehe Karte Seite 133

 Bett → Sonderseite Zimmer, Seite 300+301

  Bettler
armer Mensch, der um sein tägliches Essen auf belebten Straßen oder an öffentlichen Plätzen bittet

Zur Zeit der Bibel gibt es Menschen, die sich nicht durch eigene Arbeit ernähren können. Oft sind es Witwen, Waisen, Fremde, Behinderte und Kranke. Bettlern etwas zu geben (Almosen), gilt als gute Tat. Es wird deutlich, dass Bettler auf Gottes Zuwendung hoffen können.

Bethlehem – Beute

💡 Denk mal! Mönche in einem Bettelorden wählen bewusst die Armut, damit Geld und Besitz sie nicht von Gott ablenken.
📖 5 Mose 15,7-11; Johannes 9,1-11
→ Armut, Almosen, Bartimäus

Betuël (vielleicht „Haus Gottes")
Sohn von Nahor und Milka, Neffe von Abraham
Der Aramäer Betuël kommt aus Paddan-Aram. Als Vater von Rebekka wird er auch Schwiegervater von Isaak, als dieser Rebekka heiratet.
❓ Rate mal: In welchem Verwandtschaftsverhältnis stand Betuël zu Isaak, bevor er sein Schwiegervater wurde? a. Cousin b. Onkel c. Schwager
📖 **1 Mose 21,1-3**; **1 Mose 22,20-24**; 1 Mose 24,24; 1 Mose 25,20
→ Abraham, Isaak, Rebekka

Betulia (A) (griechisch: „bet eloah" = „Haus Gottes")
befestigte Stadt auf einem Berg in der Nähe von Dotan im Norden von Israel
Das Buch Judit handelt von der Rettung Betulias. Die Stadt wird von einem großen assyrischen Heer belagert. Letztlich rettet Judit die Stadt vor den Assyrern.
💡 Finde heraus, wer in der Nähe von Betulia (Dotan) an Sklavenhändler verkauft wurde.
📖 Judit 7,1-5; Judit 8,1-17; Judit 13,1-8; Judit 15,1-7; **1 Mose 37,17-28**
→ Judit (A), Assyrer, Holofernes (A); siehe Karte Seite 152

abc Beute
alle Gegenstände, Menschen und Tiere, die ein siegreiches Heer mitnehmen kann
Im Alten Testament gilt Gott als der oberste Kriegsherr in Israel. Ihm gehört die gesamte Beute. Wenn die Beute Gott nicht geopfert wird, nimmt sich jeder, was er will. König David setzt fest, dass die Beute gleichmäßig unter allen Soldaten aufgeteilt wird.
💡 Denk mal! Findest du es richtig, Beute zu machen und sie Gott zu opfern?
📖 1 Samuel 30,24-25; **4 Mose 31,26-54**
→ David, Opfer, Mose

Kreatives
Dreidel

Ein Dreidel ist ein Kreisel mit viereckigem Körper. An den Seiten ist er mit hebräischen Buchstaben beschriftet. Ein Dreidel ist ein traditionelles jüdisches Spielzeug, mit dem die Kinder auch heute noch beim Chanukka-Fest um Süßigkeiten spielen. Du kannst dir einen Dreidel selber bauen.

Du brauchst:
- die Faltvorlage (Abbildung)
- ein Holzstäbchen
- 20 kleine Süßigkeiten für jeden Mitspieler (z.B. Gummibärchen)
- eine kleine Schüssel („Pot")

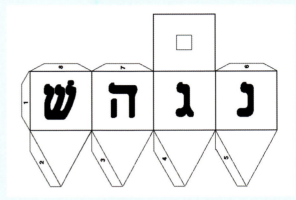

So geht's:
→ Kopiere die Faltvorlage auf dickes Papier und schneide sie aus.
→ Male den Dreidel nun bunt an. So sieht er besonders schön aus, wenn er sich dreht.
→ Klebe dann die Kanten zusammen.
→ Stecke den Holzstab an der Stelle in den Dreidel, die mit einem kleinen Viereck gekennzeichnet ist. Klebe den Stab fest, wenn es nötig ist.

Bevor das Spiel losgeht müssen die Süßigkeiten unter allen Spielern aufgeteilt werden, sodass jeder Spieler 20 davon hat. Der „Pot" wird in die Mitte gestellt und jeder Mitspieler legt eine Süßigkeit hinein.

Nun dürfen alle den Dreidel abwechselnd drehen. Die Seite, die oben liegt, zählt:

נ Nun = man gewinnt nicht, verliert aber auch nichts
ג Gimel = man gewinnt den gesamten Inhalt des Pots
ה He = man gewinnt die Hälfte des Pots
ש Schin = man muss ein Stück in den Pot legen

Nach Gimel muss erneut jeder Spieler eine Süßigkeit in den Pot legen. Wer nichts mehr in den Pot legen kann, scheidet aus.

Bibel

Info

Name: Bibel („Die Bücher")
Weitere Namen: Heilige Schrift, Gottes Wort
Leser: alle Menschen
Aufbau: Die Bibel ist eigentlich eine Bücherei. Sie besteht aus 66 verschieden dicken Büchern. Davon bilden 39 den ersten Teil, das sogenannte Alte Testament, die restlichen 27 den zweiten Teil, das Neue Testament. Die katholische Kirche zählt zur Bibel noch ein paar Bücher mehr, die sogenannten Spätschriften des Alten Testaments, die auch Apokryphen genannt werden. Sie waren allerdings nicht im „Original" der hebräischen Bibel enthalten.
Autor: David, Jesaja, Lukas, Paulus und viele andere
Zeit der Verfassung: Der älteste Buchteil ist vor rund 3.500 Jahren geschrieben worden, der jüngste vor gut 1.900 Jahren.
Bedeutung: Die Bibel ist für Christen Gottes Wort, das völlig zuverlässig ist. Es beschreibt, wie Gott ist, was er getan hat und wie sehr er die Menschen liebt. Es zeigt auf, wie die Menschen leben sollen, damit es ihnen gut geht und sie Gott gefallen.

Entstehung und Inhalt

- Die Bibel heißt auch „Heilige Schrift" oder „Gottes Wort".
- Die Personen, die an ihr geschrieben haben, lebten zu unterschiedlichen Zeiten in unterschiedlichen Ländern. Und doch bilden ihre Schriften eine Einheit. Das kommt daher, weil Gott ihnen „eingegeben hat", was sie schreiben sollten. Wie genau das vor sich ging, wissen wir nicht. Gott hat auch dafür gesorgt, dass die einzelnen biblischen Schriften über einen langen Zeitraum sorgfältig überliefert und zusammengestellt wurden zu der Bibel, wie sie uns vorliegt (2 Mose 17,14; Josua 24,25-28; 2 Könige 22,8-13; Jeremia 30,1-2, Offenbarung 1,11).
- Die Bibel berichtet über Gottes Plan mit der Welt von der Schöpfung an. Mittelpunkt ist Jesus Christus. Schon im Alten Testament wird sein Kommen angekündigt und im Neuen Testament dreht sich alles um ihn (2 Timotheus 3,14-17).
- Diejenigen, die die Bücher des Alten Testaments verfassten, schrieben auf Hebräisch (und einige wenige Kapitel auf Aramäisch), die Schreiber des Neuen Testaments auf Griechisch. Wir können die Bibel auf Deutsch lesen. Damit man bestimmte Sätze gut finden kann, ist die Bibel vor etwa 800 Jahren in Kapitel und vor gut 460 Jahren in Verse eingeteilt worden.

Wusstest du, dass die vollständige Bibel in mehr als 470 Sprachen übersetzt worden ist? Und das Neue Testament noch einmal in über 1.230 andere?

→ Sonderseite Biblische Bücher, Seite 41-44, Jesus

Bibel
Die Bibel ist ein Buch, in dem besondere Erlebnisse von Jesus erzählt werden. In der Bibel stehen manche Geschichten, die Kinder noch nicht so richtig verstehen können, aber auch viele, die gut für Kinder sind. Die Bibel ist ein gutes Buch, weil man auch aus diesen Geschichten lernen kann. **Marit, 8 Jahre**

> Kennst du jemanden, der die Bibel schon ganz durchgelesen hat?

Biblische Bücher

Die Bibel besteht aus 66 Büchern: 39 im Alten Testament und 27 im Neuen Testament. In katholischen Bibelausgaben finden sich zusätzliche Bücher, die sogenannten Apokryphen. Jedes Buch enthält mehrere Kapitel und jedes Kapitel viele Verse. Die Bibelstelle Johannes 5,2 bedeutet zum Beispiel, dass du diese Stelle im Buch Johannes, im 5. Kapitel im 2. Vers finden wirst.

Man kann die biblischen Bücher in verschiedene Arten einteilen:

Altes Testament
- Geschichtliche Bücher
- Bücher in dichterischer Form
- Bücher der Propheten

Neues Testament
- Geschichtliche Bücher
- Die Briefe des Apostels Paulus
- Die übrigen Briefe
- Das prophetische Buch

In der Bibel erfährst du:
- wie Gott ist
- was Menschen mit Gott erlebt haben
- was Gott von dir möchte und wie dein Leben gut gelingt
- wie du Gott kennenlernen und zu seiner Familie gehören kannst

Weil wir in der Bibel alles lesen können, was Gott uns mitteilen möchte, kann man auch sagen: Gott spricht zu uns, wenn wir in der Bibel lesen. Gott wird dich immer wieder entdecken lassen, was gerade für dich wichtig ist: eine Ermutigung, eine Antwort auf eine Frage oder etwas anderes.

Das Alte Testament

Geschichtliche Bücher

1 Mose/Genesis
Hier fängt alles an: die Welt, die Familie, die Sünde und der Rettungsplan Gottes. Das Volk Israel entsteht.

2 Mose/Exodus
Gott befreit Israel durch Mose aus Ägypten. Er schließt mit dem Volk einen Vertrag und gibt die Zehn Gebote und Pläne für ein Heiligtum.

3 Mose/Levitikus
 Gott erklärt, welche Opfer nötig sind, was die Priester zu tun haben und was Israel im Alltag und bei Festen beachten soll.

4 Mose/Numeri
 Die Israeliten erleben auf ihrer langen Reise ins versprochene Land Abenteuer. Sie hören: In Kanaan kann man gut leben.

5 Mose/Deuteronomium
 Israels Führer Mose wiederholt die Zehn Gebote und anderen Gesetze, bevor das Volk seine neue Heimat betritt.

Josua
 Mit Posaunenschall und Kriegsgeschrei wird Jericho erstürmt. Damit beginnt die Eroberung Kanaans.

Richter
 Israel kämpft gegen Kanaans Ureinwohner. Es wird von Richtern regiert, von denen Simson besonders stark ist.

Rut
 Rut und Boas, die Urgroßeltern von König David, lernen sich bei der Getreideernte kennen.

1 Samuel
 Israel bekommt seinen ersten König: Saul. Der versagt. Sein Nachfolger David bewährt sich im Kampf.

2 Samuel
 David wird König über ganz Israel und führt erfolgreiche Kriege. Doch Aufstände machen ihm das Leben schwer.

1 Könige
 König Salomo fängt gut an und hört schlecht auf. Darum wird das Land geteilt in das Nordreich (Israel) und das Südreich (Juda).

2 Könige
 Israel wird erobert, später auch Juda. Der Tempel wird zerstört und Judas Einwohner in das Land Babylonien verschleppt.

1 Chronik
 Israels Familiengeschichte bis zum ersten König Saul. David regiert erfolgreich und bereitet den Tempelbau vor.

2 Chronik
 Der Tempel wird gebaut. Die meisten Könige von Juda gefallen Gott nicht. Sehr gut sind aber Hiskija und Joschija.

Esra
 Ein Teil der Judäer kehrt aus der Babylonischen Gefangenschaft zurück und baut einen neuen Tempel.

Nehemia
 Nehemia lässt die Stadtmauer von Jerusalem neu aufbauen. Das Volk fängt an, Gott wieder zu gehorchen.

Ester
 Königin Ester verhindert, dass der böse Haman die Juden ausrottet, und bringt ihn an den Galgen.

Bücher in dichterischer Form

Hiob/Ijob
Ijob ist ein guter Mensch. Trotzdem muss er leiden. Er sieht ein, dass er Gott zu Unrecht anklagt. Am Ende geht es ihm wieder gut.

Psalmen
Lieder und Gebete. Darin geht es um: Freude und Klage, Not und Hilfe, Dank und Lob, Zweifel und Vertrauen.

Die Sprüche/Sprichwörter
Salomo und andere weise Männer zeigen den Schlüssel zu einem guten Leben, das Gott gefällt.

Prediger/Kohelet
Alles hat seine Zeit. Wer sich nach Gottes Geboten richtet, lebt sein Leben richtig.

Hohelied
König Salomo besingt die Liebe zwischen einem Mann und einer Frau.

Bücher der Propheten

Jesaja
Gott kündigt seinem Volk die verdiente Strafe an. Ein Neubeginn wird durch das „Lamm Gottes" möglich. Am Ende erschafft Gott eine neue Welt.

Jeremia
Der Prophet Jeremia warnt das Volk in Gottes Auftrag. Doch keiner hört auf ihn.

Klagelieder
In diesen Liedern klagen die Juden über die Zerstörung Jerusalems und ihre Verschleppung und bitten Gott um Hilfe.

Hesekiel/Ezechiël
In der Gefangenschaft warnt Ezechiël davor, gegen Gottes Gebote zu verstoßen. Einmal wird Gott ihnen ein neues Herz geben.

Daniel
Daniel bleibt Gott auch in Babylonien treu. Gott zeigt ihm in Visionen, was in der Zukunft geschehen wird.

Hosea
Gott vergleicht Hoseas untreue Frau mit Israel und zeigt durch Hosea, dass er sein Volk trotzdem noch liebt.

Joël
Gottes Gericht ist wie eine Zerstörung durch Heuschrecken. Aber wer umkehrt, wird gerettet und bekommt den Geist Gottes.

Amos
Gott möchte nicht, dass die Israeliten nur opfern und fromm singen. Sie sollen den Armen helfen, statt sie auszubeuten.

Obadja
Gott wird die feindlichen Edomiter vernichten wie brennendes Stroh. Israel aber wird gerettet werden.

Jona
Gott stoppt Jonas Flucht durch einen großen Fisch. Der Prophet verkündet Ninive Gericht – die Leute bereuen und bleiben am Leben.

Micha
Gott wird böse Reiche, Richter und Propheten bestrafen, verheißt aber auch einen Retter (Jesus).

Nahum
Nahum kündigt die endgültige Zerstörung der Stadt Ninive an, weil die Menschen sich doch nicht gebessert haben.

Habakuk
Habakuk versteht Gottes Handeln nicht. Doch Gott zeigt ihm, dass er die Ungerechten bestrafen und die Gerechten belohnen wird.

Zefanja
Gott wird die Götzenanbeter in seinem Volk bestrafen. Der Rest wird gerettet. Weltweit werden Menschen Gott anbeten.

Haggai
Wenn das Volk Gottes Mahnung, am Tempel weiterzubauen, ernst nimmt, wird Gott ihnen wieder Gutes tun.

Sacharja
In schwierigen Zeiten verheißt Gott ein Friedensreich, das von einem besonderen König (Jesus) aufgerichtet wird.

Maleachi
Gott wirft seinem Volk vor, ihn zu betrügen. Er kündigt an, dass er selbst kommen wird (Jesus). Ein Bote wird ihm den Weg bahnen.

Die Spätschriften/Apokryphen

Tobit
Tobits Sohn Tobias macht eine Reise, um für seinen Vater Geld zurückzuholen. Ein Engel begleitet ihn.

Judit
Judit tötet durch eine List den Heerführer der assyrischen Feinde. Dadurch werden die Juden mutig und gewinnen den Krieg.

Weisheit
Anleitung zu einem weisen Leben: Gott gehorchen und vertrauen, keine Götzenbilder anbeten. Gott wird die Bösen bestrafen und die Gläubigen belohnen.

Jesus Sirach
Ratschläge, Erfahrungen und Verhaltensregeln. Damit sollen Menschen lernen, nach Gottes Willen zu leben.

Baruch
Das Volk Israel trauert in der Gefangenschaft über die Zerstörung von Jerusalem. Es bekennt seine Schuld und bittet um Gottes Erbarmen und um Rettung.

1 Makkabäer/2 Makkabäer
Unter der Führung von Judas Makkabäus bekämpfen die Juden siegreich die Syrer, die sie unterdrücken. Dann bringen sie den Tempel und ganz Jerusalem wieder in ihre Gewalt und reinigen alles vom Götzendienst der Fremden.

Das Gebet Manasses
König Manasse bekennt Gott seine schlimmen Sünden und bittet ihn um Vergebung. Gleichzeitig lobt er ihn für seine große Liebe und Geduld.

Das Neue Testament

Geschichtliche Bücher

Matthäus
Die Geschichte von Jesus. Er ist der angekündigte Erlöser. Seine bekannteste Predigt hält er auf einem Berg.

Markus
Die Geschichte von Jesus. Er tut viele Wunder, stillt sogar einen Sturm. Jesus kann das, weil er Gottes Sohn ist.

Lukas
Die Geschichte von Jesus. – Er wird in ärmlichen Verhältnissen geboren und liebt besonders Außenseiter.

Johannes
Die Geschichte von Jesus. Er stirbt für die Menschen, wird wieder lebendig und kehrt zu seinem Vater in den Himmel zurück.

Apostelgeschichte
Der Heilige Geist kommt und die Mission beginnt. Viele Menschen werden Christen. Ihr Geheimzeichen ist der Fisch.

Die Briefe des Apostels Paulus

Römer
Das Volk Gottes ist wie ein Baum. Seit Jesus können auch Nichtjuden dazugehören. Dieses Geschenk bietet Gott jedem an.

1 Korinther
Die Gemeinde soll sich nicht streiten. Sie bekommt wichtige Regeln für ihr Leben in der Gemeinde und zu Hause.

2 Korinther
Paulus verteidigt seine Arbeit und Lehre gegenüber falschen Aposteln und erzählt sehr persönliche Dinge aus seinem Leben.

Galater
Nichtjüdische Christen müssen sich nicht an jüdische Vorschriften halten. Wer es doch tut, gibt seine Freiheit durch Jesus auf.

Epheser
Wie sich Christen innerhalb und außerhalb der Familie verhalten sollen und wie sie sich gegen Angriffe des Teufels schützen können.

Philipper
Paulus schreibt aus dem Gefängnis. Trotzdem macht er Mut, sich in jeder Lage zu freuen. Das ist möglich wegen Jesus.

Kolosser
Jesus ist wie ein Schatz, mit dem man alles hat, was man als Christ braucht. Paulus nennt Regeln für ein christliches Leben.

1 Thessalonicher
Jesus wird wiederkommen. Wer dann lebt und zu ihm gehört, wird ihm auf Wolken entgegengeführt.

2 Thessalonicher
Paulus ermutigt verfolgte und leidende Christen. Sie sollen durchhalten, bis Jesus wiederkommt, auch wenn es lange dauert.

1 Timotheus
Tipps, wie Timotheus die Gemeinde „hüten" soll: Männer, Frauen, Witwen, Sklaven, Reiche, Gemeindeleiter und Irrlehrer.

2 Timotheus
Am Ende seines Lebens fasst Paulus zusammen, was ihm wichtig ist und worauf Timotheus bei der Gemeindeleitung achten soll.

Titus
Wertvolle Hinweise für Titus, wie er die Gemeinde auf Kreta leiten und was er über das Christsein lehren soll.

Philemon
Paulus setzt sich bei Philemon für dessen geflohenen Sklaven Onesimus ein. Herr und Sklave sind nämlich jetzt Glaubensbrüder.

Die übrigen Briefe

Hebräer
Ermutigung für verunsicherte Juden. Ihre Entscheidung für Jesus war richtig, denn der hat alle Zusagen des Alten Testaments erfüllt.

Jakobus
Gottes Wort ist wie ein Spiegel. Nur reingucken verändert nicht. Was tun! Nicht fluchen und streiten, sondern geduldig sein und beten.

1 Petrus
Leidende Christen werden ermutigt, Jesus treu zu bleiben und zu leben, wie es ihm gefällt. Die Hoffnung macht's möglich.

2 Petrus
Voraussagen im Alten Testament bringen Licht ins Dunkel. So kann man als Christ richtig leben, bis Jesus eine neue Welt erschafft.

1 Johannes
Wie Gott uns liebt, sollen wir die anderen lieben. Je näher Radspeichen der Mitte (Gott) sind, desto näher sind sie auch einander.

2 Johannes
Wer Falsches über Jesus verbreitet, soll in der Gemeinde nichts sagen dürfen.

3 Johannes
Gajus' Gastfreundschaft gegenüber durchreisenden Missionaren ist ein Vorbild, das Verhalten von Diotrephes genau das Gegenteil.

Judas
Warnung vor Leuten, die falsche Sachen über Gott sagen und unmoralisch leben. Christen sollen an Gottes Wort festhalten.

Das prophetische Buch

Offenbarung
Jesus gibt Johannes Einblicke in die Zukunft. Gott wird die Welt richten, die Christen retten und eine neue Welt schaffen.

Drei Ideen, wie du die Bibel lesen kannst:

Idee 1: Entdecke den Bibeltext mit dem „Entdecker-Würfel"

So geht's:
- Kopiere den unten abgebildeten Würfel (etwas vergrößert) und klebe ihn auf festen Tonkarton (oder male ihn ab).
- Schneide dann die Würfelvorlage aus und klebe sie an den entsprechenden Laschen zusammen.

Hier findest du die Bedeutung der Bilder:

Bibel Entdecker-Würfel

 An welchem Ort spielt die biblische Geschichte?
 Wird eine Tageszeit im biblischen Text erwähnt?
 Was passiert in der biblischen Geschichte?
 Kommen Gott, Jesus oder der Heilige Geist im biblischen Text vor?
 Welche Personen kommen im biblischen Text vor?
 Was verstehst du im biblischen Text nicht?

Idee 2: Erforsche den Bibeltext mit den *POZEK-Worten*

Personen, die beteiligt sind
Ort der Handlung
Zeit des Geschehens
Ereignis, von dem berichtet wird
Kontext, in dem etwas geschieht

- Personen: Wie viele sind beteiligt und was tun sie?
- Ort: Wo ist der Ort des Geschehens?
- Zeit: Wann findet das Ereignis statt?
- Ereignis: Was geschieht?
- Kontext: Welche Folgen hat das Geschehen?

Idee 3: Gestalte dein Bibellesen mit diesen fünf Schritten

1. Beten
Bitte Gott vor dem Lesen, dass er dir hilft, das zu verstehen, was du gleich in deiner Bibel lesen wirst.

2. Lesen
Lies einen Abschnitt in der Bibel.

3. Denken
Denke über den Text nach, den du gerade gelesen hast. Folgende Fragen helfen dir dabei:
- Erfahre ich etwas über Gott, Jesus oder den Heiligen Geist?
- Kommt ein gutes oder schlechtes Beispiel von Menschen vor?
- Finde ich eine Aufforderung, ein Versprechen oder eine Warnung darin?

4. Entdecken
Überlege, was du besonders wichtig für dich persönlich findest und ob es etwas gibt, was du ganz praktisch umsetzen möchtest.

5. Beten
Rede zum Schluss noch einmal mit Gott. Sag ihm, was dich an dem Gelesenen gefreut hat und wofür du ihm danken oder ihn bitten möchtest.

Biene

Insekt, lebt in großer Zahl in sogenannten Staaten zusammen, sammelt Nektar aus Blüten und verarbeitet ihn im Bienenstock zu Honig

Johannes der Täufer lebt zurückgezogen in der Wüste und ernährt sich dort von Honig und Heuschrecken. Bienenzucht wird in der Bibel nicht erwähnt.

? Rate mal: Wie nennt man fruchtbares Land in der Bibel? a. Land, in dem frisches Wasser fließt b. Land, in dem Milch und Honig fließen c. Land, in dem alles wächst

📖 Matthäus 3,4; **2 Mose 3,8**
→ Johannes der Täufer

Europäische Honigbiene

Bigtan ("Gottesgabe")

Befehlshaber der Torwache von König Xerxes

Bigtan und sein Kollege Teresch halten im Palastbezirk von König Xerses Wache. Sie planen den Mord am König. Mordechai, der Cousin von Ester, hört dies und warnt König Xerxes. Bigtan und Teresch werden hingerichtet.

💡 Finde heraus, wer dem König die Warnung von Mordechai überbringt.

📖 **Ester 2,21-23**; Ester 6,1-2
→ Ester, Mordechai, Xerxes, Teresch

Bildad ("Sohn des Wettergottes")

Freund von Ijob, stammt aus Schuach in Nordarabien

Gemeinsam mit seinen beiden Freunden tröstet Bildad Ijob in seinem Leid. Er hält aber auch drei Reden, um Ijob in seinem Leid zu ermahnen. Bildad muss feststellen, dass Gott zornig über seine Reden ist und zu Ijob steht.

💡 Finde heraus, was Bildad tun musste, um Gottes Zorn zu besänftigen.

📖 Ijob 2,11-13; Ijob 8,1-22; Ijob 18,1-21; Ijob 25,1-6; **Ijob 42,7-9**
→ Ijob, Elifas, Zofar

Bileam ("Herr des Volkes", auch "Volksverderber")

Prophet, Sohn von Beor, lebt zur Zeit von Mose

König Balak von Moab will Bileam holen lassen, damit er das Volk Israel verflucht und die Israeliten aus seinem Land verschwinden. König Balak hat Angst vor dem großen Volk Israel, das sein Lager im Land Moab aufgeschlagen hat. Bileam weigert sich zuerst, doch dann reitet er auf seiner Eselin los. Ein Engel Gottes stellt sich Bileam in den Weg. Schließlich hört Bileam auf Gott: Zum Entsetzen von König Balak segnet er das Volk Israel, anstatt es zu verfluchen.

💡 Finde heraus, wer den Engel zuerst erkennen konnte.

📖 4 Mose 22,1-8; **4 Mose 22,20-35**; 4 Mose 24,10-11
→ Balak, Prophet, Israel, Segen, Fluch

Bilha ("Sorglosigkeit")

Magd/Dienerin von Rahel, der Frau von Jakob

Da Rahel keine Kinder bekommt, gibt sie ihrem Mann Jakob die Magd Bilha zur Nebenfrau. Zur Zeit des Alten Testaments war dies nicht ungwöhnlich. Die Kinder von Bilha und Jakob, Dan und Naftali, gelten so als Rahels Söhne.

💡 Finde heraus, auf welchen Bruder Naftali und Dan eifersüchtig waren.

📖 1 Mose 29,29; 1 Mose 30,1-8; **1 Mose 37,1-4**
→ Rahel, Jakob, Magd

Bischof ("Aufseher")

wichtiges Amt, schon in den ersten Gemeinden gab es Bischöfe

Bischöfe leiten eine Gemeinde/Kirche. Sie sorgen für Lehre, Predigt und Ermahnung, stärken die Christen im Glauben und treffen wichtige Entscheidungen. Bischöfe sollen ein vorbildliches Leben führen, gastfreundlich und geduldig sein und von Christen und Nichtchristen geachtet werden. In der Gemeinde in Philippi gibt es zur Zeit von Paulus sogar mehrere Bischöfe.

💡 Wissenswert: Die Begriffe Älteste (= Presbyter) und Bischöfe bedeuten in der Bibel das Gleiche.

📖 Apostelgeschichte 20,17.28; 1 Timotheus 3,1-7; **1 Petrus 5,1-5**; Philipper 1,1
→ Ältester, Hirte

Bischof

Für Bischöfe ist es das Wichtigste zu predigen, also den Menschen zu sagen, was Gott von uns will und was er uns schenkt, nämlich seine Liebe. Daneben habe ich als Bischof versucht, die verschiedenen Gruppierungen beisammen zu halten und wo nötig Brücken zu bauen. Ich habe unsere Kirche in der Öffentlichkeit repräsentiert und war ein Seelsorger für die Pfarrer und Pfarrerinnen und die anderen Mitarbeitenden. Und ich habe versucht, einen sehr guten Kontakt zu den anderen Kirchen zu halten.
Pfarrer Dr. Johannes Friedrich, Landesbischof a.D. der Evangelisch-Lutherischen Kirche in Bayern

Bithynien – Boot

Bithynien
römische Provinz im Nordwesten von Kleinasien am Schwarzen Meer, heute Teil der Türkei
Als Paulus in die Provinz Mysien kommt, versucht er in die Provinz Bithynien weiterzureisen, aber Gottes Geist lässt ihn nicht. In Bithynien entsteht später eine Gemeinde, an die der erste Petrusbrief geschickt wird.
? Rate mal: Wer war der Begleiter von Paulus?
a. Silas b. Timotheus c. Lukas
📖 Apostelgeschichte 16,6-8; 1 Petrus 1,1; **Apostelgeschichte 16,1-3**
→ Paulus, Mysien; siehe Karte Seite 306

Bittgebet → Sonderseite Gebet, Seite 88+89

Blatt → Feigenbaum

Blei
schon früh bekanntes, schweres Metall, das in der Bibel als nicht besonders wertvoll gilt
Blei entsteht als Abfallprodukt beim Schmelzen von Silber und wird unter anderem beim Hausbau und in der Seefahrt verwendet.
💡 Wissenswert: Matrosen können mithilfe von Blei die Wassertiefe messen.
📖 2 Mose 15,10; **Apostelgeschichte 27,27-29**
→ Silber

Blindheit
Verlust der Sehfähigkeit, angeboren, auch durch Unfall oder Krankheit
Blindheit ist in der Bibel nicht nur eine körperliche Behinderung, die von Jesus geheilt werden kann. Die syrischen Soldaten werden von Gott mit Blindheit geschlagen, sodass sie den Angriff gegen Israel abbrechen müssen. Menschen, die Jesus nicht verstehen können, sind im übertragenen Sinn blind.
💡 Finde heraus, wie lange Paulus blind war, nachdem ihm Jesus begegnet war.
📖 Markus 10,46-52; 2 Könige 6,8-22; Johannes 12,36b-41; **Apostelgeschichte 9,3-9**; Matthäus 15,14
→ Heilung, Krankheit, Elischa, Bartimäus

Blitz
helles Leuchten durch Entladung einer elektrischen Spannung beim Gewitter
In der Bibel ist der Blitz oft ein Ausdruck von Gottes Majestät und Herrlichkeit. Aber auch Gottes Engel wird mit einem Blitz verglichen, als er am Grab von Jesus erscheint. Vor Schreck fallen die Wächter wie tot zu Boden.
💡 Finde heraus, von wem Matthäus schreibt: „ ... wird kommen wie ein Blitz" (GNB).
📖 2 Mose 20,18-19; **Matthäus 24,27**
→ Donner, Jesus

Blitz

Blut
Blut bedeutet Leben, es besiegelt, schützt und rettet
Nach biblischer Vorstellung ist im Blut das Leben eines Menschen. Es ist kostbar. Das Blut bei der Beschneidung besiegelt den Bund zwischen Gott und den Menschen. Das Blut der Lämmer, das kurz vor dem Auszug aus Ägypten an die Türpfosten gestrichen wird, schützt die Israeliten vor Gottes Todesengel. Aber die wichtigste Eigenschaft von Blut: Es rettet Leben. Denn jeder Mensch, der wie Adam und Eva nicht nach Gottes Geboten handelt, verdient Strafe und müsste diese Strafe mit seinem Blut (seinem Leben) bezahlen. Gott erlaubt seinem Volk im Alten Testament, ein Tier zu opfern, damit dessen Blut stellvertretend für das Blut der Menschen vergossen wird. Im Neuen Testament ist es Jesus, dessen Blut am Kreuz vergossen wird. Er ist das Opfer, das stellvertretend für alle Menschen und alle Zeiten die Strafe auf sich nimmt.
💡 Denk mal! Wie findest du es, dass Gott die Strafe, die eigentlich die Menschen tragen müssten, von seinem eigenen Sohn tragen lässt?
📖 1 Mose 9,5; Hebräer 9,22; 3 Mose 17,11; Römer 3,25
→ Opfer, Schuld, Jesus, Beschneidung

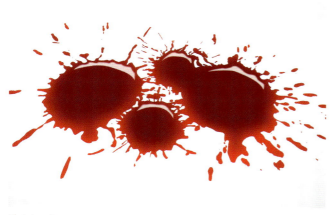
Blutstropfen

Blutacker
auch Hakeldamach, Töpferacker, Bodenfläche südöstlich von Jerusalem
Judas gibt die 30 Silberstücke, die er für den Verrat an Jesus bekommt, voll Reue zurück. Die Obersten Priester kaufen davon den Acker, auf dem dann ausländische Juden beerdigt werden.
Wissenswert: Die 30 Silberstücke von Judas heißen auch Blutgeld.
Matthäus 27,3-10; Sacharja 11,12-13; Apostelgeschichte 1,19
→ Judas, Oberster Priester

Blutrache
Vergeltung für ein Verbrechen
Im Alten Testament gilt das Recht der Blutrache. Wer mit Absicht das Blut eines Unschuldigen vergießt, wird von der Familie des Opfers verfolgt und getötet. Im Neuen Testament fordert Paulus dazu auf, nicht Vergeltung zu üben, sondern das Böse mit dem Guten zu überwinden.
Finde heraus, für wen die Freistädte bestimmt waren, die Josua einrichten ließ.
1 Mose 9,5-6; 4 Mose 35,16-21; **Josua 20,1-6**; Römer 12,19-21
→ Rache, Blut

Blutschuld
Schuld, die jemand durch einen Mord auf sich nimmt
Das Leben eines Menschen ist bei Gott so viel wert, dass es im Alten Testament das Gesetz von Blutschuld und Blutrache gibt. Wer einen unschuldigen Menschen umbringt, muss dafür mit seinem eigenen Leben büßen.
Stimmt es, dass Blutschuld in jedem Fall zu Blutrache führte?
1 Mose 9,5-6; **4 Mose 35,16-25**; 5 Mose 19,1-13
→ Blutrache, Mord, Schuld

Boas („in ihm ist Stärke")
angesehener Mann aus Betlehem, Mann von Rut, Verwandter von Noomi
Boas hilft seiner Verwandten Noomi und ihrer Schwiegertochter Rut, nachdem deren Männer gestorben sind. Später heiratet Boas Rut und bekommt mit ihr den Sohn Obed.
? Rate mal: In welchem Verwandtschaftsverhältnis steht Boas zu König David? a. Urgroßvater b. Cousin c. Vater
Rut 2,1; Rut 3,1-18; **Rut 4,13-22**
→ Noomi, Rut, Witwe

Bogen
mit einem Pfeil wird der Bogen zu einer Waffe
Der Bogen wird aus einem biegsamen Holzstab und einer Sehne gefertigt. Esau geht mit Pfeilköcher und Bogen auf die Jagd. David zieht mit Schwert und Bogen in den Kampf gegen die Feinde.
Finde heraus, von wem David seinen Bogen geschenkt bekam.
1 Mose 27,1-4; **1 Samuel 18,3-5**; 1 Chronik 12,1-2
→ Jagd

Bogenschützen

Bogenschütze → Sonderseite Arbeit für einen Herrscher, Seite 158+159
Bohnen → Sonderseite Gemüse und Obst, Seite 94

Boot
Fahrzeug, das auf dem Wasser schwimmt und Menschen und Sachen transportiert; Fischer nutzen das Boot für den Fischfang
Jesus lässt sich oft mit einem Boot auf den See hinausfahren, um besser zu den vielen Menschen sprechen zu können. Häufig nutzt Jesus das Boot, um auf die andere Seite vom See Gennesaret zu kommen. Einmal ist Jesus mit seinen Jüngern im Boot unterwegs, als ein Sturm aufkommt. Die Jünger bekommen große Angst, doch Jesus schläft. Als die Jünger ihn wecken, befiehlt Jesus dem Sturm, sich zu legen. Ein anderes Mal sehen die Jünger von ihrem Boot aus, wie Jesus auf dem Wasser geht.
Finde heraus, welcher Arbeit Petrus nachging, bevor er ein Jünger von Jesus wurde.

Böse – Brot

📖 Markus 4,35-41; Johannes 6,16-21; **Lukas 5,1-7**
→ Fischer, Fisch, Fischfang, Jünger, See Gennesaret

Holzboot auf dem See Gennesaret

abc **Böse**
feindliche Haltung Gott gegenüber, die sich oft in Taten zeigt; Gegenteil von gut

Als Gott die Welt erschafft, ist alles gut. Doch die Menschen entscheiden sich, nicht auf Gott zu hören. Sie handeln nicht nach Gottes Willen, halten sich nicht an Gottes Gebote, fragen nicht nach Gottes Plänen und tun einander schlimme Dinge an. Gott urteilt über die Menschen: Die Menschen sind durch und durch böse. Jesus überwindet das Böse durch seinen Tod und seine Auferstehung. Dadurch können Menschen vom Bösen frei werden. Im Vaterunser bitten Menschen darum.

💡 Finde heraus, wer im Neuen Testament mit „der Böse" auch gemeint ist.

📖 1 Mose 1,31; 1 Mose 6,5-6; **Matthäus 13,19**
→ Vaterunser, Schöpfung, Satan

abc **Böse Geister** → Besessenheit

Bote
Überbringer einer mündlichen oder schriftlichen Botschaft, auch Gesandter

Jakob schickt Boten mit einer Nachricht an seinen Bruder Esau, um das schwierige Wiedersehen vorzubereiten. König Amazja von Juda schickt Boten mit einer Kriegserklärung an König Joasch von Israel. Propheten beginnen ihre Botschaft von Gott oft mit den Worten: „So spricht der Herr ..."

💡 Wissenswert: In der Bibel überbringen oft auch Engel eine Botschaft von Gott.

📖 1 Mose 32,4; 2 Könige 14,8; Jesaja 37,24; **Lukas 1,26-38**
→ Prophet, Engel

Brandopfer → Sonderseite Opfer, Seite 210+211

Brief („kurzes Schreiben")
geschriebene Nachricht, von einem Boten überbracht

Die Briefe im Alten Testament enthalten besondere Aufträge oder Botschaften. Ein Brief kann aber auch ein Kaufvertrag oder eine Scheidungsurkunde sein. Die Briefe werden auf Tontafeln und später auf Pergament geschrieben. Viele Briefe im Neuen Testament sind von Paulus. Er hat sie entweder selbst geschrieben oder sie wurden in seinem Namen verfasst.

💡 Finde heraus, wie viele Briefe es im Neuen Testament gibt.

📖 2 Samuel 11,14; 1 Könige 21,8; Römer 16,22; Galater 6,11
→ Paulus, Pergament, Scheidung, Bibel

So könnten beschriebene Seiten zur Zeit des Neuen Testamentes ausgesehen haben

Bronze → Erz

Brot

Info

Name: Brot
Bedeutung: lebenswichtige Speise, Hauptnahrungsmittel
Herstellung: Teig aus Mehl, Wasser und weiteren Zutaten, wird auf heißen Steinen oder Backplatten im Ofen gebacken
Mehlsorten: Gerste, Weizen, Roggen
Geschmack: je nach Teigart unterschiedlich, manche sind mit Sauerteig angesetzt andere ungesäuert
Brotformen: Fladenbrot, Ringbrot, selten Brotlaibe
Aufbewahrung: gedroschenes Getreide wird gelagert; jeden Tag wird nur so viel Mehl aus den Körnern gemahlen, wie für den täglichen Verzehr nötig ist
Essweise: wird mit der Hand zerrissen und dann gegessen

Brot in der Bibel

● Zum Brotbacken müssen zuerst die Getreidekörner zu Mehl zerrieben oder gemahlen werden. Das Mehl wird mit Salz, Wasser, Sauerteig oder Hefe in einem Backtrog zu einem Teig geknetet. Dann wird das Brot als Fladen- oder Ringbrot auf heißen Steinen oder Platten in einer durch Feuer vorgeheizten Backgrube gebacken.

● Zum Essen wird das Brot nicht geschnitten, sondern es werden Stücke davon abgebrochen. Das Vorbereiten und Backen von Brot ist Aufgabe der Frauen. Bäcker gibt es selten in Israel, manchmal findet man sie an den Königshöfen.

● Im Tempel zur Zeit der Bibel liegen auf einem Tisch zwölf Brote, die an die zwölf Stämme von Israel erinnern. Man nennt sie Schaubrote (3 Mose 24,5-9).

● Im Neuen Testament sagt Jesus von sich selbst, dass er das Brot ist, das Leben schenkt (Johannes 6,32-35.48.51.58). Damit meint er, dass Christen nach dem Tod für immer bei Gott leben. Auch im Abendmahl bezeichnet Jesus seinen Körper als Brot (Matthäus 26,26). So wie das Brot in Stücke gebrochen wird, so wird auch der Leib von Jesus „gebrochen", als er am Kreuz stirbt.

● Wenn wir im Vaterunser um unser tägliches Brot bitten, ist damit alles gemeint, was wir zum Leben brauchen (Matthäus 6,11).

💡 Finde heraus, mit wie vielen Broten Jesus 5.000 Menschen satt machte.

📖 1 Mose 18,6; 1 Mose 14,18; 1 Samuel 8,13; **Johannes 6,5-12**

→ Abendmahl, Getreide, Vaterunser

Brotfladen

Brot in einem Brotofen

🏺 Brot und Gebäck

Brot
Brot ist zur Zeit der Bibel das Hauptnahrungsmittel der Menschen. Es wird zu allen Mahlzeiten gegessen. Die Frauen müssen mehrere Stunden täglich aufwenden, um Brot herzustellen. Zu besonderen Anlässen wird auch Kuchen oder Gebäck hergestellt.

Die wichtigste Zutat zum Backen von Brot und Gebäck ist das Mehl.

Getreidesorten
Am häufigsten werden Weizen- und Gerstenmehl verwendet. Aber auch Dinkel- und Roggenmehl sind zur Zeit der Bibel bekannt.
📖 2 Könige 4,42; 2 Könige 7,1

Weizen

Gerste

Dreschen und worfeln
Um Mehl herzustellen, wird zuerst das Getreide aus den Ähren geschlagen (dreschen). Danach wird die Spreu vom Getreide getrennt. Das wird mit der Worfel gemacht. Das ist eine Art flacher Korb. Das Gemisch aus Getreidekörnern und Spreu wird aus dem Korb in die Luft geworfen und wieder aufgefangen. Dabei weht der Wind die Spreu fort und die Getreidekörner fallen in den Korb zurück. Auch eine Worfschaufel ist bekannt. Das ist eine Art Schüppe, mit der Getreidekörner und Spreu in die Luft geworfen werden. Auch hier bläst der Wind die Spreu fort.

Dreschflegel

Spreu

Mahlen
Das Getreide wird gelagert. Jeden Tag wird ein wenig Korn gemahlen, aber nie mehr als nötig ist. Gemahlen wird das Getreide mit Mahlsteinen. Unten liegt ein flacher Mahlstein mit einer Vertiefung. Die Getreidekörner werden auf den unteren Stein gegeben. Mit einem zweiten Stein werden die Getreidekörner zwischen dem oberen und unteren Stein so lange zerrieben, bis Mehl entsteht. Je nach Aufwand ist das Mehl grober oder feiner.
Auch Handmühlen und Rundmühlen sind zur Zeit der Bibel bekannt, in denen sich der obere runde Mahlstein auf dem unteren Mahlstein dreht. Diese können kleiner oder größer sein.
📖 1 Mose 18,6; 1 Samuel 8,13

Handmühle

Mehlsorten
Gerstenmehl gilt zur Zeit der Bibel als das weniger wertvolle Mehl. Es wird als Futter genutzt und ist für Menschen schwer verdaulich, da Gerste das Brot nicht aufgehen lässt. Ärmere Menschen ernähren sich davon, während die wohlhabenderen Menschen das Brot aus Weizenmehl essen. Für die besonderen Speiseopfer wird immer das feinere Weizenmehl verwendet.
📖 3 Mose 2,1; 4 Mose 5,15; 2 Könige 7,1

Sauerteig
Bei der Zubereitung wird zum frischen Teig ein Stück gesäuerter Teig hinzugegeben. Gesäuerter Teig ist ursprünglich Teig aus Mehl, Wasser und Salz, der jedoch vom letzten Backen übrig blieb. Er wird in Wasser aufbewahrt bis neues Brot gebacken wird. Dadurch gärt er. Durch das gesäuerte Stück Teig geht der gesamte Teig auf und das Brot wird lockerer. Während des Passafestes darf nur ungesäuertes Brot gegessen werden. Bei diesem Fest wird an den Auszug aus Ägypten erinnert. Kurz vor dem Aufbruch war nicht genug Zeit, den Teig aufgehen zu lassen. Deshalb wurde das Brot aus ungesäuertem Teig gebacken.

Brot backen

Die einfachste Backart zur Zeit der Bibel besteht darin, aus dem Teig Brotfladen zu formen und diese auf flache Steine zu legen, auf denen vorher ein Feuer entzündet worden ist. Die Glut wird beiseite gefegt und die Brotfladen backen auf der heißen Oberfläche der Steine. Manchmal werden die Teigfladen auch einfach in die Glut gelegt. In der Regel wird das Brot aber auf Backplatten aus Ton und später aus Eisen gebacken. Diese werden auf Steine gelegt und darunter ein Feuer entzündet. Die Fladen müssen rechtzeitig gewendet werden. Zur Zeit der Bibel sind auch kegelförmige oder runde Brotöfen bekannt, die aus Steinen und Ton gebaut werden. Im Ofen wird zunächst ein Feuer entzündet. Ist Hitze entstanden, werden die Brotfladen an die Ofenwände „geklebt" und dort gebacken. Neben diesen Brotfladen ist zur Zeit der Bibel auch das Ringbrot bekannt. Dabei handelt es sich auch um einen Brotfladen, der aber in der Mitte ein Loch hat. So kann das Ringbrot zum Schutz gegen Schmutz und Schimmel an Stangen aufgehängt werden.

Brotofen

📖 1 Könige 19,6; Jesaja 44,19; 3 Mose 2,5; 3 Mose 6,14

Bagels

Kuchen

Wenn wir heute an Kuchen denken, meinen wir süße Gebäckstücke oder Torten. Die gibt es zur Zeit der Bibel nicht. Bekannt sind der Ölkuchen und der „Fruchtkuchen". Auch ein Honigkuchen wird erwähnt. Im Unterschied zum Brotfladen entsteht der Kuchen (Ölkuchen) aus einem Teig aus feinem Mehl und Öl. Die Zubereitungsweise ist ansonsten mit der des Brots vergleichbar. In der Zeit von König David werden auch Feigen- und Rosinenkuchen genannt. Sie bestehen aus getrockneten und zusammengepressten Früchten. Der Geschmack von Manna wird mit dem Geschmack von Honigkuchen verglichen.

📖 3 Mose 2,4; 2 Mose 29,23; 1 Samuel 25,18; 2 Samuel 16,1; 2 Mose 16,31

→ Honig, Hamantaschen, Rezept auf Seite 109

Rezept

„Ungesäuerte" Brotfladen

Du brauchst:
- 450 g Weizenvollkornmehl
- 220 ml Wasser
- eine Prise Salz
- etwas Olivenöl

So geht's:
Mehl, Wasser und Salz werden sorgfältig in einer Schüssel mit einem Holzlöffel verrührt. Anschließend wird der Teig kräftig auf der Arbeitsplatte mit den Händen, die vorher mit Mehl bestäubt worden sind, geknetet. Der Teig wird in sechs bis acht gleich große Stücke geteilt und zu Kugeln geformt. Danach wird ein Backblech dünn mit Olivenöl eingeölt. Die Teig-Kugeln werden auf das Backblech gelegt und mit der flachen Hand zu einem dünnen Fladen (Durchmesser ca. 10 cm) gedrückt. Zum Schluss werden die Fladen mit einer Gabel eingestochen, damit beim Backen keine Blasen entstehen. Im vorgeheizten Backofen bei 250 Grad 10 Minuten backen. Der Brotfladen wird dünn mit Olivenöl bestrichen.

Rezept

Honigkuchen

Du brauchst:
- 4 Eier (Eigelb und Eiweiß trennen; Eiweiß zu Schnee schlagen)
- 1 Glas Zucker
- 1 Glas Honig
- 1 Glas Öl
- 3 Gläser Mehl
- 2 kl. Löffel Backsoda
- 2 kl. Löffel Backpulver
- 1 kl. Löffel Salz
- 1 Löffel Zimt
- 1 Löffel gemahl. Nelken
- 1 Löffel gerieb. Muskatnuss
- 1 Glas starker Tee

Honigkuchen

So geht's:
Eier, Zucker schaumig rühren, Öl langsam dazu mischen, schließlich Honig und die übrigen Zutaten langsam einrühren. Abschließend Schnee unterrühren. In einer runden Form langsam backen, ca. 45 min.

Bruder – Christus

Bruder
Junge, der mit anderen Kindern zur selben Familie gehört

Haben Eltern mehrere Kinder, so sind diese untereinander Bruder oder Schwester. Der Begriff wird aber nicht nur in der Familie gebraucht. Auch die Menschen, die zur selben Gemeinschaft gehören, nennen sich gegenseitig „Bruder" oder „Schwester". Damit drücken sie aus: Wir gehören zusammen. Im Alten Testament begrüßen sich die Angehörigen vom Volk Israel mit „Bruder". Im Neuen Testament redet Paulus die Leser seiner Briefe mit „Brüder" an. Damit meint er oft nicht nur die Männer, sondern auch die Frauen. Sie sind für ihn wie Geschwister, denn sie alle haben Gott zum Vater.

💡 Überleg dir mal, wie riesengroß Gottes Familie ist. Unglaublich, oder?

📖 Matthäus 12,50; **Markus 3,35**; 1 Korinther 1,10
→ Schwester, Gemeinde

Brunnen
tiefes Loch in der Erde, um Trinkwasser zu schöpfen

In Israel regnet es wenig, daher sind Brunnen wichtig. Viele Orte werden nach dem Brunnen benannt, der dort zuerst gegraben wurde. Es gibt Brunnen, aus denen man Grundwasser holt, oder Brunnen, die ihr Wasser von einer Quelle bekommen. Die Brunnen werden innen mit Steinen ummauert. Auf die Brunnen wird eine Platte gelegt, damit niemand hineinfallen kann. Um das Wasser herauszuholen, benötigen die Frauen einen Eimer an einem langen Seil. Bei den Brunnen stehen auch Viehtränken für Schafe und Ziegen. Die Brunnen sind ein beliebter Treffpunkt vor der Stadt.

💡 Wissenswert: Die Brunnen in Israel sind bis zu 30 Meter tief.

📖 1 Mose 21,30; 1 Mose 24,1-22; 1 Mose 26,19-22
→ Zisterne

Alter Brunnen

Brunnen des Lebendigen → Beer-Lahai-Roi

Buch des Lebens
Buch, in dem die Namen von all denen stehen, die zu Jesus gehören

Diese Menschen werden später nach ihrem Tod nicht in den „See von Feuer" geworfen, sondern dürfen in dem neuen himmlischen Jerusalem wohnen, wo Gott selbst sein wird.

💡 Wissenswert: Laut Bibel gibt es am Ende der Welt eine Gerichtsverhandlung, bei der alle Menschen nach ihren Taten beurteilt werden.

📖 **Offenbarung 20,11-15**; Lukas 10,20; Offenbarung 21,27
→ Gericht, Erlösung, Himmel, Hölle

Buchrolle mit sieben Siegeln
besonderes Buch, das in der Offenbarung beschrieben wird

In seiner Vision vom Ende der Welt sieht Johannes eine Buchrolle mit sieben Siegeln. Jesus selbst (hier „Lamm" genannt) öffnet die Siegel. Jedem geöffneten Siegel folgt ein Ereignis, das das Ende der Welt einleitet.

💡 Wissenswert: Siegel verschließen ein Buch oder Dokument wie ein Schloss.

📖 Offenbarung 5
→ Offenbarung, Vision, Jesus

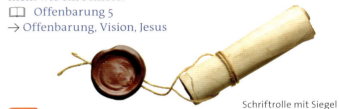

Schriftrolle mit Siegel

Bürge
ein Bürge steht für Schulden oder Versprechen eines anderen Menschen ein

Juda will als Bürge für seinen jüngeren Bruder Benjamin einstehen, wenn es auf der Reise nach Ägypten Probleme gibt. Er verspricht seinem Vater Jakob: „Mein Leben lang soll die Schuld auf mir lasten, wenn ich ihn dir nicht hierhin zurückbringe!"

💡 Stimmt es, dass in der Bibel vor einer Bürgschaft gewarnt wird?

📖 1 Mose 43,1-10; **Sprüche 11,15**; Ijob 17,3
→ Jakob, Benjamin, Josef

Bürger, Bürgerrecht
Angehöriger eines Staates oder einer Stadt; dessen Rechte und Pflichten

Zur Zeit der Bibel bekommen im Römischen Reich nur die Menschen automatisch das Bürgerrecht, die dort geboren sind. Andere müssen sich das Bürgerrecht erkaufen. Als römischer Bürger hat der Apostel Paulus das Recht auf eine faire Verhandlung vor dem römischen Kaiser in Rom.

💡 Finde heraus, wer ein Bürgerrecht im Himmel hat.

📖 Apostelgeschichte 16,35-39; Apostelgeschichte 22,22-29; **Epheser 2,19-22**; Philipper 3,20
→ Paulus, Himmel

Bund
eine Art Vertrag oder enge dauernde Verbindung, zum Beispiel Ehe, meist von einem Versprechen und einem Zeichen begleitet

Nachdem Gott Noach und seine Familie gerettet hat, schließt er einen Bund mit ihnen. Gott verspricht, dass es nie wieder eine Sintflut geben soll. Der Regenbogen erinnert daran. Auf dem Berg Sinai schließt Gott mit Mose und dem Volk Israel einen Bund. Das Volk verspricht, sich an Gottes Regeln (Zehn Gebote) zu halten. Gott verspricht, immer zu seinem Volk zu stehen. Der „Neue Bund" meint Gottes Bund mit uns: Weil Jesus gestorben und auferstanden ist, können die Menschen versöhnt mit Gott leben.
💡 Finde heraus, welches Zeichen es für den „Neuen Bund" gibt.
📖 1 Mose 9,8-17; 1 Mose 17,1-27; 2 Mose 24,3-8; **Lukas 22,14-20**
→ Abendmahl, Jesus, Zehn Gebote, Noach, Abraham

 Bundesgesetz → Zehn Gebote

 Bundeslade
eine Art Truhe, darin die Steintafeln mit den Zehn Geboten
Mit Hilfe von zwei Tragestangen wird die Bundeslade vom Volk Israel in der Zeit der Wüstenwanderung mitgenommen. Weil sich die Zeichen von Gottes Bund mit seinem Volk in der Bundeslade befinden, ist sie heilig. Als David König wird, holt er sie nach Jerusalem. Salomo, sein Sohn, stellt sie später im Tempel auf.
💡 Finde heraus, welche Figuren sich auf der Abdeckplatte der Bundeslade befanden.
📖 2 Mose 25,10-22; 1 Chronik 15,25-29; 1 Könige 8,1-9
→ Zehn Gebote, Bund

 Bundeslade

 Bundeszeichen → Beschneidung, Regenbogen

 Burg
Befestigungsanlage mit dicken, geschlossenen Mauern; bietet Sicherheit für die Bewohner
Gott wird in der Bibel oft mit einer Burg verglichen. In den Psalmen erzählen Menschen, dass sie Gott in der Not als Burg erleben und sich sicher und geborgen fühlen.
💡 Wissenswert: Martin Luther hat die Bibel auf der Wartburg ins Deutsche übersetzt.
📖 Psalm 31,1-4; Psalm 71,1-3; Psalm 18,3; Psalm 91,2-4; Psalm 144,1-2
→ Psalmen

 Buße
bedeutet so viel wie Wiedergutmachung
Für Buße steht im Alten Testament „zu Gott umkehren" und im Neuen Testament „seinen Sinn ändern". Beides meint: falsches Tun erkennen und bereuen, um Vergebung bitten und so leben, wie Gott es will. Das gilt für eine grundlegende Entscheidung, ein Leben mit Gott zu beginnen, und für das Handeln an jedem Tag.
? Rate mal: Wie heißt das Strafgeld, das man bei einem Fehler im Straßenverkehr zahlen muss? c. Zinsen b. Bußgeld c. Hypothek
📖 Matthäus 3,1-6; Lukas 24,44-48 (LUT)
→ Vergebung, Taufe, Bekehrung

 Cäsarea
zu neutestamentlicher Zeit bedeutende Hafenstadt mit fast 50.000 Einwohnern; heute Keisarija, Dorf an der Mittelmeerküste zwischen Haifa und Tel Aviv
Paulus flieht aus Jerusalem nach Cäsarea, um von dort mit dem Schiff nach Tarsus zu reisen. Aufgebrachte Juden in Jerusalem wollen ihn umbringen. Später kommt Paulus auf seinen Reisen immer wieder in Cäsarea vorbei.
💡 Finde heraus, wen Petrus in Cäsarea taufte.
📖 Apostelgeschichte 9,26-30; **Apostelgeschichte 10,1-8.34-48**
→ Kornelius, Taufe, Petrus, Paulus; siehe Karte Seite 214+215

Küste bei Cäsarea

 Cäsarea Philippi
Stadt am nördlichen Ende der Golanhöhen, im Grenzgebiet von Israel; heute Banyas
In der Nähe von Cäsarea Philippi stellt Jesus seinen Jüngern eine entscheidende Frage: „Für wen haltet ihr mich?"
💡 Finde heraus, was die Jünger auf die Frage antworteten.
📖 Matthäus 16,13-20
→ Jesus, Jünger; siehe Karte Seite 134

 Chaldäa
Land im Süden von Babylonien, zwischen dem Fluss Eufrat und dem Persischen Golf
In Chaldäa leben die Nachkommen von Sem, dem Sohn von Noach. In der Stadt Ur in Chaldäa wohnt Abraham. Er zieht mit seiner Familie nach Kanaan, weil Gott ihm den Auftrag gibt. Später wird Chaldäa Babylonien genannt.
💡 Finde heraus, wer sich mit Abraham auf den Weg nach Kanaan macht.
📖 **1 Mose 11,28-31**; Ezechiël 1,3
→ Abraham, Ur, Noach, Sem, Babylonien; siehe Karte Seite 7

Cherubim → Engel

 Christus → Jesus

Christen

Info

Name: Christen (von „Jesus Christus")
Bedeutung: Christen sind Menschen, die an Jesus glauben und ihm nachfolgen. Die Gesamtheit aller Christen wird Christenheit genannt. Die christliche Religion heißt Christentum. Anzahl der Christen: Zum Christentum zählen sich weltweit etwa 2,26 Milliarden Menschen (2.260.000.000 Menschen). In Deutschland gibt es etwa 58 Millionen Christen (Stand 2009) in der evangelischen und der katholischen Kirche und den Freikirchen.
Geheimzeichen: Fisch
Treffpunkt: früher an geheimen Orten, heutzutage in Gemeinden und Kirchen
Konfessionen: Zur Zeit der Bibel gibt es jüdische Christen und heidnische Christen. Innerhalb des Christentums entstehen seitdem viele unterschiedliche Glaubensausrichtungen (Konfessionen) und Kirchen. Diese lassen sich in vier große Gruppen bündeln: die römisch-katholische Kirche, die orthodoxen Kirchen, die protestantischen (evangelischen) und die anglikanischen Kirchen.
Geschichte: Zur Zeit des Neuen Testaments werden die Nachfolger von Jesus zum ersten Mal in Antiochia als Christen bezeichnet.

Christen in der Bibel

- In der Apostelgeschichte wird erzählt, dass Barnabas und Paulus nach Antiochia reisen und ein Jahr in der Gemeinde bleiben. Die Jesusnachfolger werden dort zum ersten Mal Christen genannt (Apostelgeschichte 11,19-26).
- Ebenso wie die Christengemeinden breitet sich auch die Bezeichnung Christen schnell aus und wird von Jesusnachfolgern genauso verwendet wie von Feinden.
- Zu den Christen zählen seit der Zeit des Neuen Testaments Juden und Heiden.
- Schon bald werden Menschen, die sich Christen nennen, ausgegrenzt, benachteiligt und sogar verfolgt (Apostelgeschichte 26,24-32; 1 Petrus 4,12-19).
- Auch heute werden die Anhänger von Jesus Christen genannt. Das Christentum ist eine Weltreligion.

Finde heraus, was das geheime Zeichen der Christen bedeutet.

→ Jesus, Paulus, Barnabas, Antiochia, Heiden, Juden

 Es ist wunderbar, dass wir als Christen den Namen von Jesus tragen! Wenn ich das Wort Christen höre, dann denke ich an Gemeinschaft, Friede und Freude. Aber es gibt auch eine andere Seite. Es gibt Traurigkeit, Leid, Not und Verfolgung. Doch wenn man Gemeinschaft mit Christus und anderen Christen erlebt, kommen Friede und Freude ins Herz. Das finde ich echt super!
Cornelia, 13 Jahre

Ichthys („Fisch")
geheimes Zeichen von verfolgten Christen
Die Abkürzung Ichthys setzt sich aus den Anfangsbuchstaben der folgenden griechischen Wörter zusammen:
ΙΗΣΟΥΣ: Iēsous (neugr. Iisús) „Jesus"
ΧΡΙΣΤΟΣ: Christós „Christus" (d.h. „der Gesalbte")
ΘΕΟΥ: Theoú „Gottes"
ΥΙΟΣ: Hyiós (neugr. Iós) „Sohn"
ΣΩΤΗΡ: Sōtér (neugr. Sotíras) „Retter"/„Erlöser"

Damit versteckt sich in dem kurzen Wort ein Glaubensbekenntnis: Jesus Christus, Gottes Sohn, Retter. Das Symbol Fisch wird bei den ersten Christen als ein Hinweis auf das Abendmahl verstanden. Es bezieht sich auf die wundersame Vermehrung von Brot und Fisch, durch die Jesus mehr als 5.000 Menschen satt machte. Im Abendmahl ist das Brot das Zeichen für den Leib von Jesus. Es wird angenommen, dass der Fisch von den verfolgten Christen als Geheimzeichen verwendet wird: Eine Person zeichnet einen Bogen in den Sand, die andere vollendet das Symbol mit dem Gegenbogen zum Fisch und zeigt sich damit als Bruder oder Schwester in Christus. Heute findet sich der Ichthys-Fisch auf vielen Autos, die von Christen gefahren werden.

Dach → Sonderseite Stadt, Seite 254+255

Dämon → Besessenheit

Dagon → Sonderseite Götter, Seite 104+105

Damaskus
sehr alte Stadt östlich vom Gebirge Hermon, wird bereits bei Abraham erwähnt; heutige Hauptstadt von Syrien
Vor den Toren von Damaskus begegnet Jesus dem Christenverfolger Saulus (auch Paulus genannt). Er wird Christ. In Damaskus wird er selber verfolgt und flieht, indem er sich nachts in einem Korb über die Stadtmauer abseilen lässt.
- Finde heraus, warum Saulus vor Damaskus zu Boden fiel.

1 Mose 15,2; **Apostelgeschichte 9,1-9**; Apostelgeschichte 9,19b-25
→ Paulus, Hananias; siehe Karte Seite 214+215

Blick auf Damaskus

Dan
fünfter Sohn von Jakob, wird von der Magd Bilha geboren, weil Jakobs Frau Rahel bis dahin keine Kinder bekommen kann
Als Rahel ihren ersten Sohn durch ihre Magd Bilha bekommt, sagt sie: „Der Herr hat mir Recht verschafft", und nennt ihn Dan. Dan und seine Nachkommen werden zu Richtern und Kriegern in der Geschichte von Israel.
- Finde heraus, welchen Segen Jakob für seinen Sohn Dan sprach.

1 Mose 30,1-6; **1 Mose 49,16-17**
→ Bilha, Rahel, Jakob

Dan
durch den Stamm Dan eroberte Stadt im äußersten Norden von Israel
In den Büchern Samuel und Könige wird für das Land Israel die Umschreibung „von Dan bis Beerscheba" gebraucht. Die beiden Städte markieren den nördlichsten und südlichsten Punkt des Landes.
? Rate mal: Welchen schwerwiegenden Fehler hat König Jerobeam in Dan begangen? a. Er stellte Götzenbilder auf. b. Er heiratete eine hinterlistige Frau. c. Er verbündete sich mit falschen Freunden.

Josua 19,40-48; **1 Könige 12,26-32**
→ Jerobeam, Dan; siehe Karte Seite 30

Rätsel
Das kleine Daniel-Rätsel

Damit du das Rätsel lösen kannst, solltest du zuerst den Bibeltext aus Daniel 6,2-29 in der Fassung der Gute Nachricht-Bibel lesen.

1. Darius berief 120 _____ (Vers 2).
2. Daniel _____ auf Gott (Vers 24).
3. Es durfte niemand außer König _____ angebetet werden (Vers 7).
4. Daniel betete ____ Mal am Tag (Vers 11).
5. König Darius ließ Daniel in die _____ werfen (Vers 17).
6. Das Fenster, an dem Daniel betete, zeigte in Richtung _____ (Vers 11).
7. Daniel sollte Bevollmächtigter über das _____ Reich werden (Vers 4).
8. Nachdem Daniel aus der Grube befreit worden war, gab König Darius einen neuen Befehl. Nur noch _____ durfte angebetet werden (Vers 27).
9. Daniels Feinde brachten König Darius dazu, dass er ein unwiderrufliches _____ erließ (Vers 13).

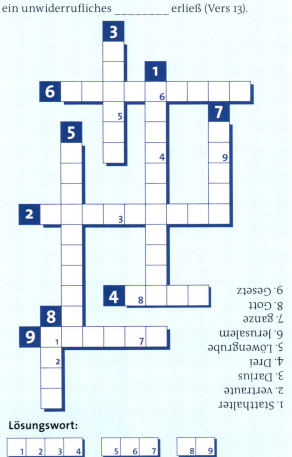

1. Statthalter
2. vertraute
3. Darius
4. Drei
5. Löwengrube
6. Jerusalem
7. ganze
8. Gott
9. Gesetz

Lösungswort:

Daniel – Dattelpalme

Daniel

Info

Name: Daniel („Gott ist mein Richter")
Eltern: entstammen einem vornehmen jüdischen Geschlecht
Geschwister: nicht bekannt
Familie: nicht bekannt
Geboren: ist zu Beginn der Regierungszeit von König Jojakim, 605 v. Chr., ein junger Mann
Geburtsort: nicht bekannt
Sterbeort: lebt noch in Babylon, als der Perserkönig Kyrus die Stadt im Jahr 539 v. Chr. erobert
Nationalität: Israelit aus dem Stamm Juda
Arbeit: Prophet, Berater am babylonischen Königshof, Statthalter

Das Leben von Daniel

- Im dritten Regierungsjahr von König Jojakim, im Jahr 605 v. Chr., wird Daniel als junger Mann mit vielen anderen gebildeten jungen Israeliten aus Israel nach Babylon verschleppt (Daniel 1,1-4).
- In Babylon bekommen Daniel und seine Freunde Hananja, Mischael und Asarja babylonische Namen und werden drei Jahre lang zu Dienern am Königspalast ausgebildet (Daniel 1,5-7).
- Daniel und seine Freunde weigern sich, Speisen von der Königstafel zu essen. Diese gelten nach jüdischen Maßstäben als unrein. Sie ernähren sich zehn Tage lang von Gemüse und Wasser und sind danach kräftiger als die anderen jungen Leute (Daniel 1,8-16).
- Mit Gottes Hilfe deutet Daniel einen Traum von König Nebukadnezzar. Dieser erkennt Gottes Größe und ernennt Daniel zum Statthalter der Provinz Babylon und zum ersten königlichen Ratgeber (Daniel 2,19-49).
- Daniel deutet bei einem Festmahl von König Belschazzar eine rätselhafte Schrift an der Wand und prophezeit ihm das Ende seiner Herrschaft. In derselben Nacht wird Belschazzar vom Mederkönig Darius umgebracht (Daniel 5,13-30).

Mene mene tekel u-parsin

- König Darius ernennt Daniel zu einem der drei einflussreichsten Bevollmächtigten in seinem Reich. Die beiden anderen Bevollmächtigten sind neidisch auf Daniels Überlegenheit und stellen ihm eine Falle: Weil Daniel trotz Verbot weiter zu Gott betet, wird er in eine Grube mit Löwen geworfen (Daniel 6,2-17).
- Gott beschützt Daniel vor den hungrigen Löwen. König Darius erkennt Gottes Macht und ordnet an: „In meinem gesamten Reich soll man den Gott Daniels fürchten und vor ihm zittern; denn er ist der lebendige, ewige Gott" (GNB) (Daniel 6,18-29).
- Gott zeigt Daniel in drei Visionen, was er mit der Welt vorhat und was in der Zukunft passieren wird (Daniel 7–12).

💡 Finde heraus, welchen babylonischen Namen Daniel bekam.
📖 **Daniel 1,7**
→ Babylonien, Jojakim, Hananja, Mischael, Asarja, Nebukadnezzar, Belschazzar, Darius, Kyrus, Vision, Statthalter

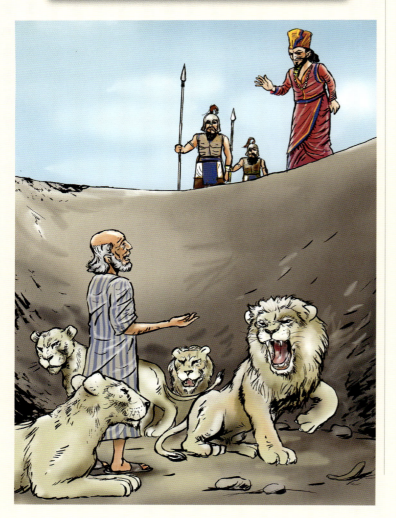

Daniel in der Löwengrube

Daniel – Dattelpalme

 Dankgebet →
Sonderseite Gebet, Seite 88+89

Darius („Besitzer des Guten") medischer König, Sohn von Xerxes
Der Mederkönig Darius erobert die babylonische Hauptstadt Babylon. Er setzt 120 Statthalter in seinem Reich ein, die von drei Bevollmächtigten beaufsichtigt werden. Einer davon ist Daniel. Durch eine List der anderen beiden Bevollmächtigten wird Daniel in die Löwengrube geworfen.
💡 Finde heraus, wie es König Darius ging, als er Daniel in die Löwengrube warf.
📖 Daniel 5,30–6,3; Daniel 6,4-13; **Daniel 6,15-28**
→ Xerxes, Daniel, Meder, Perser, Babylon

Die Assyrer und Babylonier bedrängen Israel

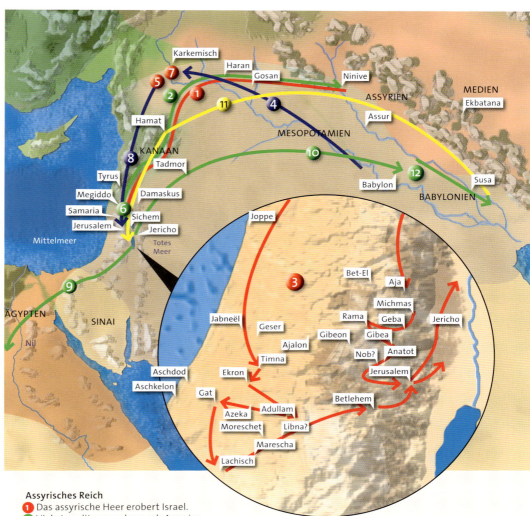

Assyrisches Reich
❶ Das assyrische Heer erobert Israel.
❷ Viele Israeliten werden nach Assyrien verschleppt.
❸ Das assyrische Heer erobert Juda. Jerusalem bleibt verschont.

Babylonisches Reich
❹ Das babylonische Heer greift das assyrische Reich an.
❺ Die Assyrer verbünden sich mit Ägypten.
❻ König Josia von Juda unterliegt den Ägyptern in Megiddo.
❼ In Karkemisch unterliegt das Bündnis der Ägypter und Assyrer dem babylonischen Heer.
❽ Das babylonische Heer marschiert in Juda ein und erobert 587 v. Chr. Jerusalem.

❾ Viele Menschen aus dem Volk Israel werden mit dem Propheten Jeremia nach Ägypten verschleppt.
❿ Viele Menschen aus dem Volk Israel werden nach Babylon verschleppt.

Persisches Reich
⓫ Die Meder und Perser erobern das babylonische Reich. Viele Menschen aus dem Volk Israel, unter ihnen auch die Propheten Esra und Nehemia, kehren auf unterschiedlichen Wegen nach Israel zurück.
⓬ Es gibt auch Menschen aus dem Volk Israel, die sich in Persien ansiedeln.

Datan („stark") Mann aus dem Stamm Ruben, Sohn von Eliab, Bruder von Abiram
Datan schließt sich mit seinem Bruder und anderen Männern aus dem Volk Israel einem Aufstand gegen Mose und Aaron an. Er wirft Mose vor, das Volk nicht in das verheißene Land gebracht zu haben. Als Strafe für diesen Aufstand öffnet Gott die Erde und Datan wird mitsamt seiner ganzen Familie von der Erde verschluckt.
💡 Finde heraus, wer der Anführer bei dem Aufstand war.
📖 **4 Mose 16,1-15**; 1 Mose 16,23-34
→ Ruben, Eliab, Abiram, Mose

 Dattel → Sonderseite Gemüse und Obst, Seite 94

 Dattelpalme → Palme

David – Demut

 # David

Info

Name: David („Liebling", „Geliebter")
Eltern: Vater Isai, Mutter nicht bekannt
Geschwister: die Brüder Eliab, Abinadab, Schima, Netanel, Raddai, Ozem und einen weiteren mit unbekanntem Namen
Familie: die Frauen Ahinoam, Abigajil, Maacha, Haggit, Abital, Egla, Bathseba und weitere. 21 Söhne, darunter Salomo, Adonija und Abschalom und mindestens eine Tochter mit Namen Tamar
Regierungszeit: ca. 1004–965 v. Chr.
Geboren: ca. 1000 v. Chr.
Geburtsort: Betlehem
Sterbeort: Jerusalem
Nationalität: Israelit aus dem Stamm Juda
Arbeit: Hirte, König

Das Leben von David

- David wird von dem Propheten Samuel zum König gesalbt (1 Samuel 16,11-13). Er kommt als Harfenspieler und später als Waffenträger an den Hof von König Saul (1 Samuel 16,18-21).
- Das Volk Israel wird von den Philistern und dem Riesen Goliat bedroht (1 Samuel 17,4). David kann Goliat besiegen, weil er auf Gott vertraut (1 Samuel 17,45-50). Weil David beim Volk sehr beliebt ist, wird Saul eifersüchtig auf David (1 Samuel 18,5-16).
- Jonatan, Sauls Sohn, beginnt eine lebenslange Freundschaft mit David (1 Samuel 18,1-4; 1 Samuel 20,1-23).
- David heiratet Michal, Sauls Tochter (1 Samuel 18,20-29). Später heiratet er Ahinoam und Abigajil (1 Samuel 25,42-43). Außerdem hat David noch viele andere Frauen.
- Als David 30 Jahre alt ist, wird er König über das Land Juda. Dort regiert er sieben Jahre lang (2 Samuel 2,4.11). Danach wird David auch König über Israel. Von Jerusalem aus regiert er 33 Jahre über Israel und Juda (2 Samuel 5,3-5). Gott verheißt David einen Nachkommen, dessen Königreich für immer und ewig bestehen wird (2 Samuel 7). Das ist Jesus.
- David begeht Ehebruch mit Batseba und lässt Urija, ihren Ehemann, töten. Gott zieht David zur Verantwortung. David bekennt seine Sünden und bekommt Vergebung von Gott, aber Batsebas erster Sohn stirbt (2 Samuel 11–12).
- David stirbt in Jerusalem. Sein Sohn Salomo (Batsebas zweiter Sohn) wird König (1 Könige 2,1-12).
- David schreibt in seinem Leben viele Lieder, auch Psalmen genannt. Sein bekanntester Psalm ist der Psalm 23 über den guten Hirten.

💡 Finde heraus, gegen welche Tiere David als Hirte kämpfen musste.

📖 **1 Samuel 17,31-40**

→ Abschalom, Goliat, Harfe, Jerusalem, Jonatan, König, Krone, Salomo, Samuel, Urija

David kämpft gegen Goliat

Davidsstadt
Jerusalem, Stadt, die von König David erobert wurde
König David regiert als König in zwei Städten: Hebron und Jerusalem. Die Stadt, in der er am längsten regiert und die er von den Jebusitern erobert, wird auch als Davidsstadt bezeichnet. Gebräuchlicher ist aber die Bezeichnung Jerusalem.
? Rate mal: Wie viele Jahre regierte König David von seinen 40 Regierungsjahren in „seiner" Stadt? a. 21 b. 33 c. 39
📖 2 Samuel 5,6-9; **1 Könige 2,10**
→ Jerusalem, Jebusiter; siehe Karte Seite 133

 Debora („Biene")
Prophetin und Richterin im Volk Israel, Frau von Lappidot
Debora sitzt unter einer Palme an der Straße zwischen Bet-El und Rama im Gebirge Efraïm. Sie entscheidet bei Streitfällen im Land Israel. Gemeinsam mit Barak besiegt sie Sisera, den Heerführer vom feindlichen König Jabin. Sie dankt Gott in einem Lied für seine Hilfe.
💡 Finde heraus, wie Debora noch genannt wurde.
📖 Richter 4,1-24; **Richter 5,1-8**
→ Sisera, Jabin, Barak

Dattelpalmen

 Deborapalme
Palme, unter der die Richterin Debora Recht spricht
Debora ist eine Richterin in Israel. Die Israeliten kommen zu ihrem Sitz unter der Palme zwischen Rama und Bet-El im Gebirge Efraïm, um sich dort von ihr Recht sprechen zu lassen.
💡 Wusstest du, dass auch andere Orte in der Bibel nach einem bestimmten Menschen benannt wurden? Hier zwei Beispiele: Jakobsbrunnen, Davidsstadt. Findest du noch andere?
📖 Richter 4,4-5
→ Richter, Debora, Palme

 Dekapolis → Zehn Städte

 Demas („Mann aus dem Volk")
Mitarbeiter von Paulus
Demas lässt Philemon und die Gemeinde in der Stadt Kolossä aus Rom grüßen. Später verlässt er Paulus, weil er „die Welt lieb gewonnen hat" und geht nach Thessalonich.
💡 Finde heraus, welche Mitarbeiter von Paulus Philemon noch grüßen ließen.
📖 2 Timotheus 4,10; **Philemon 24**
→ Paulus, Rom

 Demetrius („der Göttin Demeter gehörig" = griechische Göttin des Ackerbaus)
Silberschmied aus der Stadt Ephesus
Demetrius stellt kleine silberne Nachbildungen der Göttin Artemis her und verkauft sie. Als Paulus in Ephesus von Jesus erzählt, befürchtet Demetrius Einbußen bei seinem Geschäft und zettelt einen Aufstand gegen Paulus und seine Mitarbeiter an, bei dem die ganze Stadt mitmacht.
💡 Finde heraus, was die Menschen in Ephesus zwei Stunden lang riefen.
📖 **Apostelgeschichte 19,23-40**
→ Paulus, Artemis, Ephesus

Demetrius (A) („der Göttin Demeter geweiht" = griechische Göttin des Ackerbaus)
König von 162–150 v. Chr. im Reich der Seleuziden, ältester Sohn des Königs Seleukus IV.
Angestiftet durch den Obersten Priester Alkimus führt Demetrius Krieg gegen die Makkabäer. 150 v. Chr. stirbt er im Kampf gegen Alexander.
💡 Finde heraus, wer dafür sorgte, dass die Stadtmauern von Jerusalem weiter befestigt werden konnten.
📖 1 Makkabäer 7,1-5; **1 Makkabäer 10,1-14**; 1 Makkabäer 10,46-50; 2 Makkabäer 14,1-10
→ Makkabäer (A), Alkimus (A), Judas (A), Bakchides (A), Alexander (A)

Demetrius II. (A) („der Göttin Demeter geweiht" = griechische Göttin des Ackerbaus)
König von 145–138 v. Chr. und 129–125 v. Chr. im Reich der Seleuziden, Sohn von Demetrius I.
Demetrius II. erobert das Reich seines Vaters zurück. Er verbündet sich eine Zeit lang mit den Makkabäern Jonatan und Simeon und kämpft gegen Alexander und Tryphon.
💡 Wissenswert: Demetrius II. hatte dieselbe Frau wie sein Erzfeind Alexander.
📖 1 Makkabäer 10,67; **1 Makkabäer 11,8-19**; 1 Makkabäer 11,38-53; 1 Makkabäer 13,31-42
→ Makkabäer (A), Demetrius (A), Alexander (A), Jonatan (A), Apollonius (A), Simeon (A), Tryphon (A)

 Demut
Haltung von Bescheidenheit vor Gott und Menschen
Demut ist das Gegenteil von Hochmut und ist eine gute Eigenschaft. Demütige Menschen kennen ihre eigenen Fehler. Ein demütiger Mensch ist nicht unterwürfig. Er versteckt seine eigenen Stärken und Fähigkeiten nicht, gibt aber auch nicht damit an.
💡 Finde heraus, ob Jesus auch demütig war.
📖 1 Petrus 5,5-6; 1 Korinther 4,7; **Mathäus 11,25-30**
→ Hochmut

Derbe – Dornenkrone

 Derbe
Stadt in Lykaonien/Galatien, ca. 100 km südöstlich von Lystra; heute Türkei
Paulus besucht Derbe auf seiner zweiten und dritten Missionsreise und gründet dort eine Gemeinde. Gaius, ein Reisegefährte von Paulus, stammt aus Derbe.
💡 Wissenswert: Von Derbe ist heute nur noch ein Ruinenhügel übrig. Dieser befindet sich bei der türkischen Stadt Kerti Hüyük.
📖 Apostelgeschichte 14,6.21; Apostelgeschichte 16,1; Apostelgeschichte 20,4
→ Galatien, Gaius, Paulus; siehe Karte Seite 306

 Diakonie, Diakone („Dienst", „Diener")
Grundhaltung, aber auch Amt in der Gemeinde, Ausführer des Amtes
Nach dem Vorbild von Jesus soll jeder Christ einen dienenden Lebensstil haben und Diener von Jesus sein. In den ersten Gemeinden wird neben dem Bischofsamt auch das Amt des Diakons eingeführt. Diakone übernehmen den Tischdienst bei den Abendmahlsfeiern, kümmern sich fürsorgend um notleidende Gemeindeglieder, unterstützen den Bischof bei Verwaltungsaufgaben und verkündigen auch das Evangelium in der Gemeinde.
💡 Wissenswert: Stephanus war ein Diakon, der später für seinen Glauben ermordet wurde.
📖 Markus 10,43-45; Philipper 1,1; 1 Timotheus 3,8-13; Apostelgeschichte 6,1-7; Apostelgeschichte 7,54-60
→ Gemeinde, Amt, Stephanus

Diakonie
Meine Aufgaben sind vielfältig. Ich arbeite in zwei verschiedenen Bereichen: Zum einen bin ich verantwortlich, viele Ehrenamtliche für die sehr unterschiedlichen Aufgaben in Kirchengemeinden zu gewinnen und zu schulen. Sie sind aktiv z. B. bei den Konfirmanden, im Kinder- und Familiengottesdienst, im Kirchenvorstand, bei Besuchen von Senioren und Trauernden oder bei der Tafel. Zum anderen begleite ich Berufsanfänger, die nach dem Studium selbst Diakon werden möchten. Aufgrund der unterschiedlichen Gaben und Interessen ist Diakon nicht gleich Diakon. So besuche ich diese Personen in ihren kirchlichen Einrichtungen und leite Seminare, um ihre Fragen zu beantworten. In beiden Bereichen vertrete ich die Interessen sowohl der Ehrenamtlichen, als auch der Berufsanfänger. Das macht mir Freude, diesen Menschen in der Kirche zu begegnen.
Elke Hartebrodt

Diana → Artemis → Sonderseite Götter, Seite 104+105

 Diebstahl
Dinge wegnehmen, die einem nicht gehören
In Israel werden zur Zeit der Bibel mehrere Arten von Diebstahl unterschieden. Stiehlt jemand zum Beispiel ein Tier oder lebenswichtige Güter, muss er es doppelt, vierfach oder sogar fünffach ersetzen. „Stiehlt" jemand das Leben eines anderen Menschen (tötet ihn), muss er dafür sein eigenes Leben geben.
💡 Denk mal! Findest du harte Strafen für Diebe gerecht? Kennst du auch andere Regeln für den Umgang mit Dieben?
📖 2 Mose 20,15; 2 Mose 21,37; 2 Mose 22,1-14; **Epheser 4,28**
→ Blutrache, Zehn Gebote

 Dienen
gehorsam eine aufgetragene Arbeit erledigen, einem anderen Menschen Gutes tun, Gott ehren
In der Bibel gehören unterschiedliche Bedeutungen zum Wort „dienen": Menschen tun freiwillig etwas für andere Menschen, Sklaven werden zum Dienen gezwungen. Dienende Menschen führen Aufträge eines Herrn aus, Christen tun Gottes Willen und ehren ihn damit. Beim Dienen ist Jesus Vorbild für alle Christen: Er will nicht bestimmen oder befehlen, sondern den Menschen Gutes tun und Gottes Willen erfüllen.
💡 Finde heraus, wie Jesus seinen Jüngern diente.
📖 Markus 10,35-45; **Johannes 13,3-17**; Lukas 22,24-27
→ Dienst, Diener, Sklave, Macht, Fußwaschung, Gottesdienst

Dienen
Wenn man dient, hilft man. Manchmal werden Leute gezwungen, anderen zu dienen oder es ist deren Beruf. Dienen, kann unangenehm sein, man erniedrigt sich und opfert Zeit. Gott schickte seinen Sohn Jesus auf die Erde, um uns zu dienen. Dabei erniedrigte er sich. Gott möchte, dass wir ihm auch dienen. Deborah, 13 Jahre

Diener
stellt sich freiwillig und manchmal gegen Bezahlung unter die Anordnung eines Höhergestellten
Wer sich unter Gottes Anordnungen stellt, kann sich als Diener Gottes bezeichnen. Auch Diakone (das griechische Wort für Diener), Priester und Bischöfe verstehen sich als Diener.
💡 Finde heraus, ob Jesus sich als Herr der Welt oder als Diener gesehen hat.
📖 **Matthäus 20,28**
→ Diakon, Dienen, Priester, Bischof

Dienst
eine Tätigkeit, Aufgabe von Personen, um anderen Menschen Gutes zu tun

Paulus versteht das Handeln von Jesus als Dienst. Er schreibt den Christen in Korinth, dass alle Gaben eines Menschen von Gott kommen. Diese sollen für die ganze Gemeinde von Nutzen sein. Dabei kommt es nicht darauf an, wer eindrucksvolle Gaben besitzt. Die Gaben sollen beim Aufbau der Gemeinde helfen. Paulus sagt auch, dass alle Christen einander dienen sollen.

Denk mal! Wie kannst du deine Gaben so einsetzen, dass andere Menschen etwas davon haben?

Matthäus 25,37-40; 1 Korinther 12,5-7; 1 Petrus 4,10-11
→ Paulus, Korinth, Gaben des Heiligen Geistes, Amt, Dienen

Dina („Streit um das Recht")
Tochter von Jakob und Lea

Dina muss etwas Schlimmes erleben. Sie wird von einem Mann mit Namen Sichem vergewaltigt. Für ihre Brüder ist das unverzeihlich. Sie töten Sichem und alle Männer der Stadt. Jakob verurteilt diese grausame Tat. Dina bleibt unverheiratet und lebt bei ihren Eltern.

Finde heraus, was Sichem als Brautpreis für Dina geben sollte.

1 Mose 30,21; **1 Mose 34,11-15**
→ Jakob

Dinkel → Getreide

Dionysius („dem Dionysos gehörig", Dionysos = „Gott des Weines")
Christ, gehört zu einem kleinen Kreis angesehener Bürger in Athen

Dionysius hat Stimmrecht beim höchsten Gerichtshof und erteilt vermutlich die Genehmigung für öffentliche Vorträge. Er wird durch die Predigt von Paulus auf dem Areopag gläubig und später zum ersten Bischof der Christengemeinde von Athen gewählt.

Finde heraus, wo in deiner Umgebung eine Kirchengemeinde diesen Namen trägt.

Apostelgeschichte 17,32-34
→ Areopag, Paulus, Athen

Distelblüte

Distel
Pflanze im trockenen Palästina, wächst im Überfluss

Die Distel ist außen stachelig, innen ist sie samtweich. Als Unkraut erstickt sie häufig den jungen Weizen, sodass er nicht wachsen kann.

Finde heraus, was mit dem Feld eines faulen Bauern geschah.

1 Mose 3,17-19; **Sprichwörter 24,30-34**
→ Palästina, Weizen

Donner
lautes Geräusch beim Gewitter

Donner entsteht, wenn die vom Blitz zerteilten Luftmassen zusammenprallen. In der Bibel ist der Donner oft ein Zeichen für das Reden Gottes und für seine Macht und Größe.

Finde heraus, wie Gott den Israeliten einmal im Kampf half.

1 Samuel 7,2-11; Ijob 40,9; Psalm 77,16-21; Joel 4,16
→ Blitz

Dornbusch
wächst als stacheliger Strauch in der Wüste

Als Mose sich in der Wüste aufhält, sieht er einen brennenden Dornbusch, der trotz des Feuers nicht verbrennt. Mose hört Gottes Stimme aus den Flammen und erhält den Auftrag, das Volk Israel aus der Gefangenschaft in Ägypten zu befreien.

Finde heraus, was Mose tun sollte, um den heiligen Boden zu würdigen.

2 Mose 3,1-10
→ Mose, Dornenkrone, Ägypten, Distel

Dornbusch

Dornenkrone
Kranz aus Dornenzweigen

Bevor Jesus ans Kreuz genagelt wird, statten ihn die Soldaten zum Spott mit den Zeichen eines Königs aus: einem Purpurmantel, einem Rohr als Zepter und einer Dornenkrone. Sie tun dies, weil Jesus auch „König der Juden" genannt wird.

Wissenswert: In Israel gibt es das „dornige Bäckerkraut", aus dem möglicherweise die Dornenkrone geflochten wurde.

Matthäus 27,27-29
→ Kreuzigung

Kranz aus Dornenzweigen

Drache – Ehe

abc Drache
gefährliches Ungeheuer, auch Seeungeheuer, Krokodil, Schlange oder großer Fisch
In der Bibel wird der Drache als ein fürchterliches Wesen beschrieben. Er ist ein Gegner von Gott. In der Offenbarung steht der Drache stellvertretend für Satan.
? Rate mal: Wie heißt der Erzengel, der mit dem Drachen kämpft? a. Raphael b. Michael c. Gabriel
 Psalm 74,14; Ezechiël 29,3; 1 Mose 1,21; **Offenbarung 12,3-9**
→ Leviatan, Satan

abc Dreieinigkeit → Gott

Dreschflegel

abc Dreschen
Arbeit, bei der Getreidekörner aus den Ähren gelöst werden
Zum Dreschen braucht man zur Zeit der Bibel einen Stock, einen Dreschflegel oder eine Walze, die von einem Tier über die ausgebreiteten Getreideähren gezogen wird. Beim Dreschen werden Ähren in Stroh, Spreu und Körner getrennt. Aus den Körnern wird das Mehl gemahlen.
? Wie wird heute Getreide gedroschen?
 Hosea 10,11; 1 Korinther 9,8-10
→ Getreide, Ernte, Sonderseite Brot und Gebäck, Seite 50+51

Arbeit mit dem Dreschschlitten

Drusilla
Tochter von König Herodes Agrippa I. von Judäa
Drusilla ist verheiratet mit dem römischen Statthalter Felix. Sie begegnet Paulus im Gefängnis von Cäserea. Ihr Ehemann kann sich nicht entscheiden, ob er für oder gegen Paulus sein will.
 Finde heraus, wofür Drusilla bekannt war.
 Apostelgeschichte 24,24-27
→ Felix, Judäa, Statthalter, Paulus, Herodes

abc Ebenbild Gottes
Mensch als geschaffenes Gegenüber Gottes auf der Erde
Gott erschafft Mann und Frau nach seinem Bild. Mit dem Bild ist nicht die äußere Ähnlichkeit gemeint. Gott macht den Menschen zu seinem Gegenüber auf der Erde, mit dem er reden kann. Gott überträgt ihm die Verantwortung für alles, was er geschaffen hat. Mit diesem göttlichen Auftrag sind Mann und Frau gemeinschaftlich fähig, ihr Leben und das Leben in der Natur zu gestalten. Dabei steht der Mensch unter Gottes Segen.
 Finde heraus, wer in der Bibel noch als Gottes Ebenbild bezeichnet wird.
 1 Mose 1,26-28; **Kolosser 1,15-20**
→ Schöpfung, Segen, Jesus

abc Eckstein
Grundstein, tragender Stein eines Mauerwerkes, Abschlussstein
Ein Stein von größerem Gewicht wird unten in die Mauerecke eingebaut, damit ein Bauwerk einen festen Halt hat und nicht einstürzt. Auch der Schlussstein in einem gemauerten Bogen oder Gewölbe wird als Eckstein bezeichnet. Er hält den ganzen Bogen zusammen. In der Bibel erfahren wir, dass Jesus wie solch ein Eckstein ist.

Schlussstein im Mauerbogen

Damit ist gemeint, dass er der Allerwichtigste ist. Er ist die Grundlage für alle Christen. Ohne ihn hält das Haus der christlichen Gemeinde nicht.
 Wissenswert: Matthäus, Markus und Lukas erzählen die gleiche Geschichte.
 Psalm 118,22; **Jesaja 28,16**; Matthäus 21,33-42; Epheser 2,20
→ Jesus

Eden
ein Gebiet, in dem Gott einen paradiesischen Lebensraum für Adam und Eva schafft
Für Gott ist der Mensch so kostbar, dass er für ihn einen geschützten Ort der Fülle schafft. In Eden entspringt ein Fluss, der sich in vier Hauptarme teilt: Tigris und Eufrat sind heute noch bekannt, während Pischon und Gihon nicht mehr zu bestimmen sind. Das Land ist bewässert. Adam und Eva leben glücklich und erfüllt in diesem Traumgarten: Alles gibt es in Fülle. Menschen und Tiere leben in Frieden und ungestört miteinander und mit Gott. Doch dann wollen Adam und Eva selbst sein wie Gott. Sie

Drache – Ehe

wollen so viel wissen und verstehen wie Gott und nicht mehr auf Gott hören. Beide essen verbotenerweise die Früchte vom Baum der Erkenntnis, der mitten im Garten steht. Wie Gott es angekündigt hat, müssen Adam und Eva den Garten verlassen: Die Gemeinschaft mit Gott ist zerstört. Das Gebiet von Eden lässt sich heute nicht mehr bestimmen.
 Finde heraus, welche einzige Regel Gott dem Menschen für das Leben im Garten Eden gab.
 1 Mose 2,8-17; 1 Mose 3,1-15; 1 Mose 3,16-24
→ Paradies, Adam, Eva, Baum der Erkenntnis, Schuld

Kannst du die Bildausschnitte auf dem Bild wiederfinden? Was fällt dir auf dem Bild auf?

 Edom, Edomiter („rot, rötlich")
Land nahe des Toten Meeres; Nachkommen von Esau, dem Zwillingsbruder von Jakob
Durch eine List des jüngeren Bruders Jakob verliert Esau den Erstgeburtssegen seines Vaters Isaak. Er lebt in Edom, südöstlich des Toten Meeres, auch Seïr genannt. Seine Nachkommen heißen Edomiter. Nach der Zerstörung Jerusalems im Jahre 70 n. Chr. verschwinden die Edomiter, die nun als Idumäer bezeichnet werden, aus der Geschichte.
 Finde heraus, wie das Land der Edomiter beschaffen war.
 1 Mose 27,35-40; **Jeremia 49,14-16**
→ Esau, Jakob, Erstgeburtsrecht, Totes Meer, Seïr; siehe Karte Seite 133

 Efraïm („doppelt fruchtbar")
Sohn von Josef und Asenat, Enkel von Jakob
Bevor die sieben Hungerjahre in Ägypten beginnen, werden Efraïm und sein Bruder Manasse geboren. Diese beiden Söhne Josefs hat Jakob als seine Söhne angenommen und gesegnet. Damit gehört Efraïm mit seinen Nachkommen zu den zwölf Stämmen Israels.
 Finde heraus, wer von beiden der Ältere ist: Efraïm oder Manasse?
 1 Mose 41,50-52; 1 Mose 48,8-20
→ Israel, Kanaan

 Efraïm („doppelt fruchtbar")
Bezeichnung für die Nachkommen Efraïms und ihr Siedlungsgebiet in Israel, im Westen Kanaans
Bei der Verteilung des Landes bekommt der Stamm Efraïm ein Gebiet in der Mitte, vom Jordan bis zum Mittelmeer. Efraïm gehört später zum Nordreich Israel.
 Wissenswert: Das Gebiet ist so bergig, dass es auch Gebirge Efraïm genannt wurde.
 Josua 17,14-18; Sacharja 9,10
→ Israel, Kanaan; siehe Karte Seite 133

 Efrata → Betlehem

 Efron
Sohn von Zohar, lebt im Land Kanaan zur Zeit von Abraham, gehört zum Volk der Hetiter
Efron verkauft Abraham ein Stück Land bei Hebron. Auf dem Land ist eine Höhle, in der Abraham seine Frau Sara begraben will. Efron will Abraham das Land schenken, doch dieser bezahlt ihm 400 Silberstücke.
 Finde heraus, wer später in dieser Höhle ebenfalls begraben wurde.
 1 Mose 23,1-20; **1 Mose 25,1-11**; 1 Mose 49,28-33
→ Abraham, Kanaan, Hebron, Hetiter, Sara

 Ehe
feste Verbindung von Mann und Frau
In der Ehe bilden Mann und Frau eine leibliche und geistige Gemeinschaft. Sie teilen ihr Leben und zuweilen auch ihre Arbeit miteinander und sorgen für ihre Kinder. Im Alten Testament ist immer wieder davon die Rede, dass ein Mann mehrere Frauen hat (Vielehe); im Neuen Testament gehören ein Mann und eine Frau zusammen (Einehe). Als heiratsfähig gelten zur Zeit der Bibel Jungen und Mädchen mit 12 bzw. 13 Jahren. Tatsächlich wird aber

Ehud – Elia

im durchschnittlichen Alter von 18 Jahren geheiratet. Die Hochzeitsfeierlichkeiten dauern bis zu sieben Tage und werden mit Essen, Trinken, Gesängen, Tanzspielen und Rätseln gestaltet.
- Kannst du das Rätsel lösen, das Simson den Gästen auf seiner Hochzeit stellte: „Vom Fresser kam Fraß, vom Starken kam Süßes."?

📖 Epheser 5,22-32; 5 Mose 5,1-8; **Richter 14,1-18**
→ Hochzeit

Eheringe

Kreatives
Mache ein Interview mit einem Ehepaar

Hier sind Fragen, die du stellen kannst:
- Wie habt ihr euch kennengelernt?
- Wann wusstet ihr, dass ihr heiraten wollt?
- Was war das Schönste auf eurer Hochzeit?
- Was findet ihr wichtig in eurer Ehe?
- Würdet ihr euch noch einmal heiraten?

 Ehud
Richter in Israel, Sohn von Gera, aus dem Stamm Benjamin
Weil Ehud als Linkshänder sein Schwert auf der ungewohnten Seite trägt, kann er es unbemerkt zum König der Moabiter schmuggeln und ihn töten. Die Israeliten besiegen daraufhin die Moabiter und haben für 80 Jahre Frieden.
- Finde heraus, was die Geschichten von Ehud und Zachäus gemeinsam haben.

📖 Richter 3,12-30; Lukas 19,1-10
→ Richter, Moab, Moabiter, Jericho

 Eiche
Baum, meist Symbol für Stärke und Schutz
Als Gott Abraham befiehlt, in ein neues Land zu gehen, zieht er nach Hebron. Unter den Eichen des Ortes Mamre baut er einen Altar für Gott. Unter Eichen werden zur Zeit der Bibel auch Tote beerdigt.
- Wissenswert: In der Bibel wird von einer Klage-Eiche berichtet.

📖 1 Mose 13,18; **1 Mose 35,8**; Amos 2,9
→ Abraham, Debora, Altar, Mamre

 Eichental → Eichgrund

 Eichgrund
auch Eichental, Tal mit Eichen und Äckern an der Westgrenze von Juda
Der Eichgrund ist zur Zeit von David ein Einfallstor für die feindlichen Philister. Hier stellen die Israeliten sich zum Kampf. Ein riesiger Philister mit Namen Goliat fordert einen Gegner. Nur der Hirtenjunge David traut sich, gegen ihn anzutreten, und siegt.
- Wissenswert: Heute gibt es in Israel kaum noch Eichenwälder.

📖 1 Samuel 17,1-11; 1 Samuel 17,48-52
→ David, Goliat, Philister

 Eid
eine Art Schwur zur Bestätigung der eigenen Aussage, wird auf den Namen Gottes abgelegt
Weil bei einem Eid der Name Gottes benutzt wird, ist eine Lüge (ein „Meineid") ein Verstoß gegen das dritte Gebot und zieht eine Strafe Gottes nach sich. Das Volk Israel gewöhnt sich an, auf andere Dinge (z. B. den Tempel) zu schwören. Jesus fordert in der Bergpredigt dazu auf, immer die Wahrheit zu sagen. Damit werden Eide überflüssig.
- Wissenswert: Ein Eid bei Gericht wird heute immer noch auf den Namen Gottes abgelegt.

📖 2 Mose 20,7; 1 Samuel 14,39; Matthäus 5,33-37
→ Zehn Gebote, Schwur, Bergpredigt

Eifer
Energie und Kraft, mit der sich ein Mensch für jemanden oder etwas besonders stark einsetzt
Eifer kann positiv wirken. Das geschieht dann, wenn jemand für eine Sache total begeistert ist, die dem Leben dient. Es gibt aber auch Eifer, der das Leben zerstört. Schon Eifersucht kann viel Schaden anrichten. In der Bibel wird von Gottes Eifer erzählt. Im 2. Gebot sagt Gott selbst von sich: Ich bin ein eifernder Gott. Damit meint er seine tiefe und grenzenlose Liebe zu den Menschen. Mit diesem liebenden Eifer wirbt Paulus um die Gemeinde in Korinth.
- Finde heraus, mit welchem Naturelement der Psalmbeter Gottes Eifer vergleicht.

📖 2 Mose 20,5; 2 Mose 34,14; 5 Mose 4,24; Johannes 2,17; Römer 10,2-3; 2 Korinther 11,1-2; **Psalm 79,5**
→ Gebot

 Eigentum
auch Besitz, das, was jemandem gehört und worüber er bestimmen darf, auch Habe
In der Bibel ist die Schöpfung Gottes Eigentum. Aber auch das Volk Israel gehört Gott, weil er es so sehr liebt. Gott hat das Volk aus der Sklaverei in Ägypten befreit. Nach der langen Wanderung durch die Wüste erreichen die Israeliten den Berg Sinai. Hier schließt Gott mit sei-

nem Volk einen Bund, in dem Regeln für beide Seiten vereinbart werden. Die Israeliten erhalten die Zehn Gebote, die sie befolgen sollen. Gott verspricht, die Israeliten zu beschützen und immer bei ihnen zu sein.
- Finde heraus, wer im Neuen Testament mit Gottes Eigentum gemeint ist.
📖 2 Mose 19,3-8; 2. Mose 20,1-17; 3 Mose 25,23; **Titus 2,14**; **1 Petrus 2,9**
→ Besitz, Gebot, Sinai, Bund

Eisen
chemisches Element, das sich vom lateinischen Wort „aes" („Erz") ableitet, findet sich zum Beispiel in Erz oder Meteoritensteinen, kann verarbeitet werden zu Waffen, Werkzeugen und anderen Gegenständen
Bis zur Zeit von König Saul werden in Israel Gebrauchsgegenstände aus Bronze hergestellt. Erst durch die Philister lernen die Israeliten das Eisen schmieden. Von einem der Söhne Kains heißt es, dass alle Eisenschmiede von ihm abstammen. Allgemein wird Eisen als Zeichen für Festigkeit und Unbeugsamkeit benutzt.
- Stimmt es wirklich, dass ein Sohn von Kain Schmied war?
📖 **1 Mose 4,22**; 5 Mose 19,5; Josua 17,16; 1 Samuel 17,7; Jesaja 48,4
→ Pflugschar, Philister

Ekbatana (A) („Zusammenkunft")
größte Stadt des Mederreiches auf dem Weg von Mesopotamien nach Persien
Ekbatana ist zur Zeit des Alten Testaments eine wichtige Handelsstadt. Der Mederkönig Arphaxad lässt sie zu einer großen Festung ausbauen. Tobit (Tobias) heiratet seine Frau Sara in dieser Stadt.
- Wissenswert: Man hat bis heute nicht genau herausgefunden, wo sich Ekbatana befand.
📖 Judit 1,1-5; Tobit 3,7; Tobit 7,1-17
→ Judit (A), Tobias (A), Meder, Arphaxad (A); siehe Karte Seite 57

Ekron
Stadt der Philister; heute „Tel Miqne", ca. 30 km westlich von Jerusalem
König Ahasja schickt Boten zu Baal-Sebub, dem Gott der Stadt Ekron, um zu fragen, ob seine Verletzung wieder heilen wird. Elija tritt ihnen in den Weg und kündigt Ahasja seinen Tod an, weil er sich an fremde Götter wendet.
- Finde heraus, wo die Bundeslade untergebracht war.
📖 Richter 1,18; 2 Könige 1,1-8; **1 Samuel 5,1-12**
→ Ahasja, Elija, Philister, Bundeslade; siehe Karte Seite 57

Ela → Sonderseite Könige Israels, Seite 168-171

Hast du schon mal einen Schwur abgelegt?

Elam, Elamiter
Land im Südwesten des heutigen Iran mit der Hauptstadt Susa; Nachkommen von Noachs Sohn Sem
Elam ist zur Zeit des Alten Testamentes nacheinander unter der Herrschaft der Assyrer, der Meder und der Perser. Gott kündigt durch Jeremia die Vernichtung von Elam an.
- Finde heraus, welche Menschen die Predigt von Petrus an Pfingsten hörten.
📖 1 Mose 10,22; Jeremia 49,34-39; **Apostelgeschichte 2,9**
→ Sem, Susa, Jeremia, Assyrer, Meder, Perser, Petrus, Pfingsten; siehe Karte Seite 57

El-Bethel → Bet-El

El-Bet-El → Bet-El

Eleasar („Gott hat geholfen")
Oberster Priester, Sohn von Moses Bruder Aaron, Vater von Pinhas
Auf dem Berg Hor zieht Mose in Gottes Auftrag Aaron die Priesterkleider aus und überträgt mit den Kleidern das Amt auf Eleasar. Eleasar hilft bei der Zählung des Volkes und führt später mit Josua die Verteilung des Landes Kanaan durch.
- Finde heraus, wo Eleasar begraben wird.
📖 4 Mose 20,22-29; 4 Mose 34,16-29; **Josua 24,33**
→ Mose, Aaron, Josua, Oberster Priester

Eleasar (A) („Gott hat geholfen")
angesehener, frommer Schriftgelehrter
Der alt gewordene Eleasar soll gezwungen werden, Schweinefleisch zu essen. Weil dies Juden verboten ist, weigert er sich trotz Androhung von Folter und Tod. Auch den Vorschlag, heimlich das Fleisch zu vertauschen und so zu tun, als würde er den Befehl befolgen, lehnt Eleasar ab. Er wird hingerichtet.
- Wissenswert: Eleasar sah noch mit neunzig Jahren gut aus.
📖 **2 Makkabäer 6,18-31**
→ Schriftgelehrter, Märtyrer

Eli („hoch, erhaben")
Oberster Priester in Schilo, Richter über Israel, Vater von Hofni und Pinhas
Eli bildet den Jungen Samuel zum Priester aus und bereitet ihn so auf seine Aufgabe als Prophet vor. Weil Elis Söhne ihr Priesteramt missbrauchen, müssen sie beide am selben Tag sterben.
- Wissenswert: Eli fiel im Alter von 98 Jahren vom Stuhl und brach sich das Genick.
📖 1 Samuel 2,18-26; 1 Samuel 4,1-11; **1 Samuel 4,12-18**
→ Samuel, Hanna, Hofni, Pinhas

Elia → Elija

Elija – Elisabeth

Elija

Info

Name: Elija
(„mein Gott ist Jahwe")
Eltern: nicht bekannt
Geschwister: nicht bekannt
Familie: nicht bekannt
Geboren: zur Zeit des Königs Ahab, also im 9. Jahrhundert v. Chr.
Geburtsort: Tischbe in der Landschaft Gilead
Sterbeort: am Jordan
Nationalität: Israelit aus dem Nordreich
Arbeit: Prophet

Das Leben von Elija

● Elija kündigt in Gottes Auftrag eine Zeit großer Dürre an und muss sich vor König Ahab verstecken. Gott versorgt den Propheten zuerst durch Raben, die ihm Brot bringen, später durch eine Witwe, die mit ihm ihr letztes Brot teilt. Bis zum Ende der Dürre wird ihr Mehltopf nicht leer (1 Könige 17,1-16).

● In einem Wettstreit rufen 450 Priester des Gottes Baal ihren Gott um Feuer für ein Opfer an, ohne dass etwas passiert. Elija lässt seinen Altar und sein Opfertier mit viel Wasser übergießen. Gott lässt Feuer vom Himmel fallen (1 Könige 18,16-40).

● Elija muss vor dem Zorn von König Ahab und der bösen Königin Isebel in die Wüste fliehen (1 Könige 19,1-5).

● Als Elija aufgeben will, erscheint ihm Gott. Dies geschieht aber nicht in Sturm oder Feuer, wie er erwartet hat, sondern in einem sanften Hauch. Gott gibt Elija einen neuen Auftrag (1 Könige 19,10-18).

● Als Elija mit seinem Schüler Elischa am Jordan unterwegs ist, kommt ein Pferdewagen aus Feuer und nimmt Elija vor den Augen seines Nachfolgers mit in den Himmel. Elischa hebt den zurückgelassenen Mantel Elijas auf und übernimmt sein Amt (2 Könige 2,1-15).

💡 Finde heraus, was Elija und Johannes der Täufer miteinander zu tun haben.

📖 **Matthäus 17,10-13**
→ Prophet, Ahab, Isebel, Baal, Elischa

Rabe

Elija streitet mit den Baals-Priestern

Eliab („Gott ist Vater")
ältester Sohn von Isai und Bruder von David
Eliab hat noch sieben jüngere Brüder und zwei Schwestern. Der Prophet Samuel hält ihn zuerst für den neuen König von Israel, weil er groß ist und gut aussieht. Der Auserwählte ist aber Eliabs kleiner Bruder David.
💡 Finde heraus, was Eliab tat, als David bei ihm auftauchte, um beim Kampf gegen Goliat zu helfen.
📖 1 Samuel 16,1-7; **1 Samuel 17,13-30**
→ David, Isai, Samuel, Goliat

 Eliëser („Gott ist Hilfe")
oberster Knecht von Abram (später Abraham), stammt aus Damaskus
Abraham wählt Eliëser als Erben aus, falls er keine Kinder bekommt. Abraham bekommt aber später noch einen Sohn namens Isaak.
💡 Finde heraus, was Eliëser für Abrahams Sohn Isaak suchte.
📖 1 Mose 15,1-6; **1 Mose 24,1-4**
→ Abraham, Rebekka

 Elifas („Gott siegt")
Freund von Ijob, stammt aus Teman
Elifas, Bildad und Zofar sind drei der Freunde von Ijob. Sie wollen ihn trösten und über sein Leid reden. Doch vorher sitzen sie sieben Tage und sieben Nächte ganz still einfach bei ihm.
❓ Rate mal: Wessen Nachkomme könnte Elifas sein?
a. Esau b. Johannes der Täufer c. Paulus
📖 Ijob 2,11-13, Ijob 4,1–5,27; Ijob 15,1-35; Ijob 22,1-30; **1 Mose 36,9-10**
→ Ijob, Bildad, Zofar, Elihu

 Elihu („Gott ist er")
weiterer Freund von Ijob, Nachkomme von Nahor, dem Bruder von Abraham
Elihu ist der Jüngste und spricht erst, als Elifas, Bildad und Zofar nichts mehr zu sagen haben. Er meint, dass Gott alles richtig macht und Ijob das Unglück passiert ist, weil er Fehler gemacht hat.
💡 Finde heraus, was Elihu über die anderen drei Freunde von Ijob dachte.
📖 **Ijob 32,1-10**; Ijob 34,1-12
→ Ijob, Elifas, Bildad, Zofar

 Elimelech („Gott ist König")
Mann von Noomi, stammt aus Betlehem im Land Juda
Elimelech wandert in der Hungersnot mit seiner Familie nach Moab aus. Nach seinem Tod und dem Tod der Söhne Machlon und Kiljon geht seine Frau Noomi mit der Schwiegertocher Rut zurück nach Juda.
💡 Finde heraus, wie die andere Schwiegertochter von Elimelech hieß.
📖 **Rut 1,1-14**
→ Noomi, Rut

 Elisa → Elischa

 Elisabet („Gott ist Fülle/Vollkommenheit")
Mutter von Johannes dem Täufer, Frau vom Priester Zacharias
Elisabet ist verwandt mit Maria. Sie kann lange keine Kinder bekommen. Als sie schon sehr alt ist, kommt der Engel Gabriel zu Zacharias und kündigt Elisabet und Zacharias ein Kind an. Dieses Kind sollen sie Johannes nennen. Als Maria erfährt, dass sie mit Jesus schwanger ist, besucht sie Elisabet.
❓ Rate mal: Zacharias kann nicht glauben, dass seine Frau schwanger wird. Deshalb kann er bis zur Geburt nicht mehr
a. laufen b. schreiben c. reden
📖 Lukas 1,5-7; **Lukas 1,11-20**; Lukas 1,39-45
→ Zacharias, Johannes der Täufer, Maria

Elisabeth → Elisabet

> Wie alt war deine Mutter, als du geboren wurdest?

Elija fährt in den Himmel auf

Elischa – Epaphras

 Elischa („Gott hat geholfen")
Prophet, Nachfolger von Elija, Sohn von Schafat
Elischa stammt aus einer reichen Bauernfamilie. Er pflügt gerade mit seinen Ochsen den Acker, als Elija seinen Mantel über ihn wirft. Damit ist er Elijas Nachfolger. Nach Elijas Tod beginnt Elischa als Prophet zu wirken, hauptsächlich während der Regierung von König Joram. Sein Handeln zeigt Gottes Barmherzigkeit: Er heilt einen Mann namens Naaman von einer schlimmen Hautkrankheit und vermehrt das Öl einer Witwe. So kann sie das Öl verkaufen und ihre Kinder ernähren. Elischa rettet das Heer von König Joram aus einer gefährlichen Notlage beim Feldzug gegen die Moabiter. Weil König Joram aber nicht Gott, sondern fremden Götzen vertraut, muss Elischa Gottes Gericht ankündigen. Erst vierzig Jahre später kündigt Elischa auf dem Sterbebett eine Zeit an, in der Gott Israel helfen wird.

? Rate mal: Welches Werkzeug spielte bei einem Wunder von Elischa eine Rolle? a. Säge b. Axt c. Hammer

📖 1 Könige 19,19-21; 2 Könige 3,9-20; 2 Könige 4,1-7; 2 Könige 5,1-19; **2 Könige 6,1-7**; 2 Könige 13,14-19

→ Elija, Joram, Joasch, Prophet

 Elischama („Gott hat gehört")
Schreiber von König Jojakim
Die Tätigkeit des Schreibers ist zur Zeit der Bibel sehr angesehen. Elischama hat ein großes Zimmer im Palast. Er steht dem König nah und ist ein enger Vertrauter.
💡 Finde heraus, welcher kostbare Gegenstand im Zimmer von Elischama aufbewahrt wurde.
📖 Jeremia 36,12; **Jeremia 36,20-21**
→ Jeremia, Jojakim

 Eljakim („Gott baue auf")
Staatsdiener zur Zeit von König Hiskija, Sohn von Hilkija
Eljakim wird nach Schebna der oberste Staatsdiener im Palast. In seinem Amt soll er für Jerusalem und Juda wie ein Vater sorgen. Er wird Zeuge, als der assyrische König Sanherib Jerusalem belagert.
💡 Finde heraus, wer Eljakim für sein Amt aussuchte.
📖 **Jesaja 22,15-23**, 2 Könige 18,13-18
→ Hiskija, Schebna, Jesaja, Sanherib, Assyrer

 Eljaschib („Gott führe zurück")
Oberster Priester, Sohn von Jojakim, lebt zur Zeit von Nehemia
Eljaschib ist Oberster Priester in Jerusalem. Mit den anderen Priestern baut er beim Wiederaufbau unter anderem das Schaftor in den nördlichen Teil der Stadtmauer. Seine Söhne sind Johanan und Jojada.
💡 Wissenswert: Durch das Schaftor wurden die Schafe gebracht, die Gott geopfert werden sollten.
📖 Nehemia 3,1; Nehemia 12,10
→ Nehemia, Oberster Priester

 Elkana („Gott hat geschaffen")
Vater des Propheten Samuel, Mann von Hanna und Peninna, stammt aus Rama
Elkanas Frau Hanna kann im Gegensatz zu Peninna, der anderen Ehefrau, keine Kinder bekommen. Aber Elkana liebt Hanna sehr. Schließlich bringt Hanna Samuel und noch weitere fünf Kinder zur Welt.
? Rate mal: Wie zeigte Elkana Hanna seine Liebe?
a. Er küsste sie im Tempel. b. Er schenkte ihr Blumen zum Hochzeitstag. c. Er gab ihr ein Extrastück Fleisch.
📖 **1 Samuel 1,1-11**; 1 Samuel 2,18-21
→ Samuel, Hanna, Peninna

 Elnatan („Gott hat gegeben")
Staatsdiener am Palast von König Jojakim in Jerusalem
Elnatans Tochter Nehuschta wird die Frau von König Jojakim. Ihr Sohn Jojachin wird später für drei Monate Thronfolger seines Vaters.
💡 Finde heraus, wen Elnatan auf Befehl von König Jojakim aus Ägypten abholte.
📖 2 Könige 24,8; **Jeremia 26,20-24**; Jeremia 36,12-25
→ Jeremia, Jojakim, Jojachin, Ägypten

Elymas → Bar-Jesus

Emmaus (abgeleitet von Hammat = „warm")
Ort etwa 12 km von Jerusalem entfernt

Der Ort, zu dem zwei Jünger nach dem Tod von Jesus laufen, ist nach dem Evangelisten Lukas ungefähr 60 Stadien, das sind etwa 12 km, von Jerusalem entfernt. Wo Emmaus genau liegt, weiß man bis heute nicht.
- Wissenswert: Emmaus wurde so genannt, weil dort warme Quellen zu finden waren.
- Lukas 24,13-35
→ Jesus, Lukas

So könnte der Weg nach Emmaus ausgesehen haben

Endzeit → Zeit

Endgericht → Gericht

En-Gedi („Zickleinquelle")
Oase in der Wüste von Juda am Toten Meer

In En-Gedi wachsen Zypernblumen (Hennastrauch) und Weintrauben. David versteckt sich dort in den Bergen vor Saul, von dem er verfolgt wird.
- Wissenswert: En-Gedi gibt es noch, es heißt heute Ein-Gedi. Dort gibt es ein großes Naturschutzgebiet.
- 1 Samuel 24,1-23; Hohelied 1,14
→ David, Saul; siehe Karte Seite 134

Tempelruinen in En-Gedi

Engel („Bote", „Gesandter")
Boten oder Gesandte von Gott, überbringen Nachrichten und beschützen

Von Engeln wird immer wieder im Alten und im Neuen Testament berichtet. In Gestalt von fremden Männern kommen Engel zu Abraham und kündigen Sara und Abraham einen Sohn an. Im Neuen Testament sagt ein Engel Zacharias und Elisabet, dass sie einen Sohn namens Johannes bekommen werden. Auch Maria erfährt durch einen Engel von ihrem Sohn Jesus. Als Jesus vom Tod auferweckt wird, verkündigt das ein Engel im Grab. Meistens werden die Engel in den biblischen Berichten als menschliche Gestalten beschrieben.
Im Alten Testament werden auch Cherubim und Serafim erwähnt. Dies sind Engelsgestalten mit Flügeln, die sich in der Nähe Gottes aufhalten.
Die Erzengel sind eine Gruppe von Engeln, die in Gottes Nähe wachen. Zu ihnen gehören zum Beispiel Gabriel, Michael oder Rafael (A).
- Finde heraus, wie der Engel heiß, der Maria einen Sohn ankündigte.
- 1 Mose 18,1-5; Psalm 91,11-12; Lukas 1,8-20; **Lukas 1,26-38**; Markus 16,1-8; 1 Mose 3,24; 2 Mose 25,17-20; Jesaja 6,1-7
→ Bote, Gabriel, Michael, Rafael (A)

> **Engel**
> Bei Engel denke ich an fliegende, strahlende Geschöpfe Gottes, die wie Menschen aussehen, nur mit Flügeln. Ich glaube, dass sie schöne Stimmen haben. **Esther, 9 Jahre**

Enosch („der Mensch")
Enkel von Adam und Sohn von Set

Enosch ist der älteste Sohn von Set. Er lebt 905 Jahre. Zu seiner Lebenszeit beginnen die Menschen damit, Gott mit dem Namen Jahwe anzureden.
- Finde heraus, wie alt Enosch war, als sein erster Sohn Kenan geboren wurde.
- **1 Mose 4,26**; 1 Mose 5,9-11
→ Adam, Set, Jahwe

Epaphras („liebreizend" oder „bezaubernd", Kurzform von Epaphroditus)
Freund und Mitarbeiter von Paulus

Zusammen mit Paulus erzählt Epaphras Menschen von Jesus und gründet einige Gemeinden, zum Beispiel die Gemeinde in Kolossä. Außerdem besucht er Paulus im Gefängnis und bringt ihm Nachrichten von den Gemeinden.
- Wissenswert: Paulus erwähnte das Gebet von Epaphras in einem Brief.
- **Kolosser 4,12**; Kolosser 1,7; Philemon 23
→ Paulus

Epaphroditus – Ermahnung

 Epaphroditus („liebreizend" oder „bezaubernd")
Bote zwischen der Gemeinde in Philippi und Paulus
Epaphroditus besucht Paulus im Gefängnis in Rom und bringt ihm von der Gemeinde in Philippi etwas mit, was Paulus sehr freut. In Rom wird er todkrank und hat so sein Leben riskiert.
💡 Finde heraus, wie Epaphroditus wieder in Philippi angekommen ist.
📖 **Philipper 2,25-30**
→ Philippi, Paulus

 Ephesus
Hauptstadt der römischen Provinz Asia, im Westen der heutigen Türkei, etwa 80 km südlich von Izmir
Ephesus ist zur Zeit des Apostels Paulus eine der bedeutendsten Handelsstädte in Kleinasien. Dort blühen Zauber- und Kaiserkulte. Außerdem steht dort der Tempel der Göttin Artemis (Diana), der größte Tempel der Antike, eines der Sieben Weltwunder. Paulus bleibt bei seiner dritten Missionsreise einige Zeit in Ephesus und ruft zum Glauben an Jesus auf. Mit seiner Predigt zieht er sich vor allem den Zorn der Silberschmiede zu, die mit kleinen Modellen vom Tempel der Artemis viel Geld verdienen und jetzt um ihr Geschäft fürchten. Später schreibt Paulus der Gemeinde dort einen Brief, den Epheserbrief. Die Ruinen von Ephesus liegen heute ca. 10 km vom Mittelmeer entfernt, der Hafen ist längst versandet.
❓ Rate mal: Wie lange blieb Paulus in Ephesus?
a. 2-3 Wochen b. 2-3 Monate c. 2-3 Jahre
📖 **Apostelgeschichte 19,8-12**; Apostelgeschichte 19,23-40
→ Artemis (Diana), Götze, Paulus; siehe Karte Seite 307

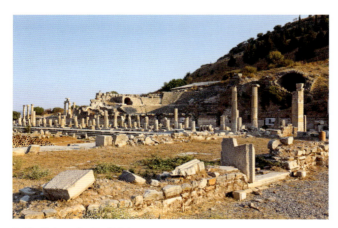
Antike Ruinen der Stadt Ephesus

 Ephraim → Efraïm (Person)

 Ephraim → Efraïm (Landschaft)

 Epikureer
Anhänger des griechischen Philosophen Epikur
(ca. 340-270 v. Chr.) und seiner Lehren
Im Mittelpunkt der Lehre steht das Interesse an einem ungestörten, sorgenbefreiten Leben, indem man das genießt, was einem zur Verfügung steht. Dabei will man sich nicht von der Angst vor dem Tod oder den Göttern erschüttern lassen. In Athen diskutiert Paulus mit ihnen und einigen Stoikern über den Glauben an Jesus.
💡 Denk mal! Ist ein sorgenfreies Leben wünschenswert?
📖 **Apostelgeschichte 17,16-34**
→ Stoiker, Areopag, Paulus, Athen

 Epileptiker
verliert anfallsweise das Bewusstsein durch bestimmte elektrische Impulse im Gehirn
Ein Anfall kann das Ausschlagen mit Armen und Beinen und Schaum vor dem Mund beinhalten. Die Verletzungsgefahr ist sehr groß. Zu biblischen Zeiten gehen die Menschen davon aus, dass eine Besessenheit von bösen Geistern die Ursache für alle Arten von Anfällen ist. Dies ist aber nicht immer der Fall.
💡 Finde heraus, was mit den Epileptikern geschah, die die Menschen in Galiläa zu Jesus brachten.
📖 **Matthäus 4,24**; Matthäus 17,15
→ Arzt, Medizin, Krankheiten

 Erastus („geliebt", „liebenswert")
Mitarbeiter von Paulus, Finanzbeamter in Korinth
Erastus lebt vermutlich zwei Jahre lang mit Paulus in Ephesus, dann wird er zusammen mit Timotheus nach Mazedonien geschickt. In Korinth treffen die beiden Paulus wieder. Dort bleibt Erastus auch, während Paulus in Rom ist.
💡 Wissenswert: Am Ende des Römerbriefes steht auch ein Gruß von Erastus.
📖 Apostelgeschichte 19,22; **Römer 16,23**;
2 Timotheus 4,20
→ Ephesus, Korinth, Mazedonien, Paulus, Timotheus

 Erbarmen → Barmherzigkeit

 Erbbesitz
auch Erbe
Mit Erbbesitz sind das Vermögen, aber auch die Rechte und Pflichten gemeint, die nach dem Tod einer Person auf eine andere, meist auf Verwandte, übergehen. Boas übernimmt den Erbbesitz von Noomis verstorbenem Mann Elimelech und muss deshalb auch Noomis Schwiegertochter Rut heiraten.
💡 Finde heraus, von welchem Erbbesitz für alle Christen Paulus schrieb.
📖 Rut 4,1-12; **Galater 3,29–4,7**
→ Erbe, Rut

Epaphroditus – Ermahnung

abc Erbe
Vermögen, Rechte und Pflichten, die ein Verstorbener seinen Angehörigen hinterlässt

Das Erbe ist der Anteil eines einzelnen Israeliten am gesamten Besitz einer Sippe (= Erbteil). Stirbt ein Mann, erben in der Regel die Söhne das Eigentum. Töchter erben nur, wenn ein Mann keine Söhne hat. Wenn jemand aus Not sein Erbe verkaufen muss, hat der nächste Verwandte die Pflicht, dieses auszulösen. Der Apostel Paulus spricht oft von Erbe im übertragenen Sinn und meint damit das ewige Leben.

💡 Wissenswert: Der Bruder eines Verstorbenen hatte die Pflicht, dessen Frau zu heiraten, wenn sie kinderlos war.

📖 **5 Mose 25,5-6**; 1 Könige 21,1-16
→ Ewiges Leben

abc Erkenntnis
Vorgang, durch den es zum Kennen oder Verstehen kommt, auch Ergebnis eines Vorgangs von Nachdenken und Erfahrung

Etwas zu erkennen bedeutet, einen Menschen oder eine Sache mit Sinnen und Verstand zu begreifen. Ein gutes Beispiel dafür ist Gottes Beziehung zu Adam und Eva: Gott kennt Adam und Eva durch und durch. Adam und Eva erkennen Gott, weil sie in seiner Nähe leben. Jesus ist auf die Welt gekommen, um jedem Menschen eine Beziehung zu Gott zu ermöglichen. Durch ihn können alle Menschen erkennen, wie sehr Gott sie liebt.

💡 Wissenswert: Im Garten Eden gab es einen Baum, der einen erkennen ließ, was gut und böse ist.

📖 Römer 1,19-20; Kolosser 1,9-11; **1 Mose 2,9**
→ Vernunft, Baum der Erkenntnis

abc Erlassen
staatliche Anordnung; Befreiung von einer Schuld

Ein Herrscher kann Gesetze anordnen (erlassen), an die sich seine Untergebenen halten müssen. Jesus erzählt von einem Mann, dem ein Herrscher barmherzig seine große Schuld erlässt. Weil der Mann nicht bereit ist, einem anderen eine geringe Schuld zu erlassen, wird er für seine Schulden doch bestraft.

💡 Finde heraus, was es mit dem „Erlassjahr" auf sich hatte.

📖 **3 Mose 25,8-10**; Matthäus 18,23-35
→ Barmherzigkeit, Erlassjahr, Schuld

🕎 Erlassjahr
auch Jubel- oder Jobeljahr genannt (hebräisch „schenat hajobel"), besonderes Jahr in Israel zur Zeit der Bibel

Es wird nur alle fünfzig Jahre gefeiert. In diesem Jahr soll nichts geerntet werden. Das Land darf sich ausruhen. Wer so arm ist, dass er ein Stück Land oder sogar sich selbst als Sklaven verkaufen musste, der soll sein Land wiederbekommen und freigelassen werden. So kann man verhindern, dass die Leute zu arm werden. Israel wird daran erinnert, dass alles Land Gott gehört.

❓ Wie haben sich die Menschen in diesem Jahr eigentlich ernährt?

📖 **3 Mose 25,8-22**
→ Sabbatjahr

abc Erlösung
Befreiung von Sünde, Not, Unterdrückung, Leid oder Qualen

Im Alten Testament wird berichtet, dass die Menschen, die Gott geschaffen hat, nicht nach Gott fragen. Sie leben so, als gäbe es Gott, ihren Schöpfer, nicht. In der Bibel wird dies als Sünde bezeichnet. Als Folge davon ist die Welt voller Leid, Krieg und Not. Menschen sehnen sich danach, von diesem Zustand der Trennung von Gott erlöst zu werden. Paulus erklärt in seinem Brief an die Gemeinde in Ephesus, dass Gottes Sohn Jesus stellvertretend für alle Menschen die Trennung von Gott durch seinen Tod am Kreuz überwunden hat. Wer dies glaubt, lebt befreit und freut sich darauf, dass er einmal ganz und gar bei Gott sein kann.

💡 Finde heraus, wie es zu der Trennung zwischen Gott und den Menschen kam.

📖 **1 Mose 3,1-24**; 1 Mose 6,5-6; Epheser 4,25-32
→ Sünde, Vergebung, Jesus, Kreuz

abc Ermahnung
auf etwas aufmerksam machen, was nicht gut ist; auch zurechtweisen

Ermahnt zu werden kann unangenehm sein. Man wird auf etwas aufmerksam gemacht, was nicht in Ordnung ist. Eine Ermahnung kann aber helfen, sich zum Guten zu verändern. In diesem Sinn ermahnt z. B. der Apostel Paulus die Leser seiner Briefe, ihr Verhalten zu überdenken. Sein Ziel ist, den Christen Mut zu machen, so zu leben, wie Jesus Christus es vorgemacht hat.

💡 Finde heraus, wie Christen sich gegenseitig helfen können.

📖 **1 Thessalonicher 3,2**; 1 Timotheus 5,1; Kolosser 3,16; Hebräer 3,13
→ Paulus, Apostel

Ermahnung
Eine Ermahnung ist, wenn die Eltern sagen: „Jetzt mach doch endlich mal deine Hausaufgaben, sonst darfst du eine Woche kein Fernsehen gucken." Oder: „Jetzt iss endlich dein Mittagessen, sonst darfst du heute nichts Süßes!" Oder „Pack endlich deine Koffer, sonst fahre ich dich nicht zu Oma und Opa!" Das nervt mich, wenn die Mama oder der Papa mich ermahnen. Und jeden Samstag muss ich Treppe putzen, sonst bekomme ich kein Taschengeld. Aber eigentlich ist eine Ermahnung schon gut, dann hat man seine Sachen erledigt und kann schöne Sachen machen. Es gibt ja den Spruch: Erst die Arbeit, dann das Vergnügen. **Kari, 12**

Erneuerung – Esau

abc Erneuerung
ein Neuanfang, den Gott macht

Besonders der Apostel Paulus betont: Wer an Jesus Christus glaubt, fängt noch einmal neu an. Es ist so, als ob Gott den Menschen neu schafft. Das alte Leben ist dann vorbei und ein ganz neues Leben beginnt. Eine solche Erneuerung kann sich jeder Mensch von Gott schenken lassen.

💡 Wissenswert: Einmal soll eine Zeit kommen, in der Gott wirklich alles neu machen will.

📖 2 Korinther 5,17; Galater 2,20; **Offenbarung 21,5**
→ Schöpfung

abc Erniedrigung, Erhöhung
Gott macht sich klein und kommt in die Welt; später kehrt er in die Himmelwelt zurück

Gott ist dort, wo kein Mensch aus eigener Kraft hinkommen kann. Und doch wendet er sich den Menschen liebevoll zu. In seinem Sohn Jesus Christus zeigt sich Gott. Wie jedes Kind wird Jesus geboren (Erniedrigung). Und als erwachsener Mann kehrt er zu seinem Vater in die Himmelwelt zurück (Erhöhung). So wie Gott sich klein macht, sollen sich auch die Menschen klein machen – um anderen zu helfen und für andere da zu sein.

💡 Wissenswert: Auch in der Weihnachtsgeschichte zeigt sich die Erniedrigung Gottes.

📖 **Lukas 2,1-21**; Philipper 2,6-11
→ Herrlichkeit, Himmel, Himmelfahrt

Ernte
Einsammeln reifer Gewächse und Früchte

Die Ernte ist in Israel mit Festen verbunden, die die Menschen daran erinnern, dass Gott für sie sorgt. Im Jahresverlauf werden mehrere Erntefeste gefeiert. Im Neuen Testament wird das Bild von der Ernte auch symbolisch verwendet, wenn Jesus Menschen als seine Nachfolger beruft oder auch dafür, wenn Gott Gericht hält.

💡 Wissenswert: Schon Kain hat eine Art Erntefest gefeiert.

📖 **1 Mose 4,3**; 2 Mose 23,16; Lukas 10,1-2; Johannes 4,35-38; Matthäus 13,36-43; Offenbarung 14,14-20
→ Sonderseite Biblische Feste, Seite 76+77

Kreatives

Kresse pflanzen

Wenn du Wachstum beobachten und Ernte einbringen willst, kannst du dies am einfachsten mit Kresse tun.

Du brauchst:
- Kressesamen
- etwas Erde
- Schale

So geht's:
Fülle etwas Erde in eine Schale und säe die Kressesamen aus. Stelle sicher, dass die Erde nun immer schön feucht bleibt. Nach ein paar Tagen siehst du die ersten Sprossen und kannst die Kresse schon bald ernten.

Kresse

Tipp: Schmeckt besonders gut auf einem Butterbrot.

abc Erquickung
der Seele Mut machen

Das Wort „Erquickung" findet sich nur noch in manchen Bibeln. Jeder Mensch erlebt Situationen, in denen er sich müde, schwach und ausgelaugt fühlt. Das kann nicht nur für den Körper, sondern auch für die Seele des Menschen gelten. Wenn Gott den Menschen erquickt, dann erlebt der, wie er erfrischt wird und neuen Mut fasst.

💡 Wissenswert: König David hat ein Lied darüber geschrieben, wie Gott ihn erquickt hat.

📖 **Psalm 23**; Psalm 119,50
→ Psalmen, Seele

abc Erscheinung
Gott wird für Menschen sichtbar

Gott ist immer und überall. Trotzdem ist er für die Menschen nicht sichtbar. Manchmal wählt Gott einen bestimmten Weg, sich selbst oder seine Gedanken für Menschen sichtbar zu machen. Dies kann z. B. durch einen Traum, eine Vision oder einen Boten geschehen. Ziel einer solchen Erscheinung ist, eine Nachricht oder eine wichtige Botschaft weiterzugeben.

💡 Finde heraus, wem Gott durch einen Engel im Traum erschien, um Jesus zu retten.

📖 1 Mose 40,1-23; 1 Könige 3,5; **Matthäus 2,13-15**; Apostelgeschichte 16,9
→ Engel, Traum, Vision

Erstgeborener
der erste Sohn einer Familie, das erste männliche Tier, das geboren wird, oder die erste Ernte, die eingebracht wird

Alles Erstgeborene gehört zur Zeit der Bibel Gott. Während die ersten Früchte oder das erstgeborene männliche Tier

Gott geopfert werden, wird der erstgeborene Sohn durch einen Geldbetrag ausgelöst. Der erstgeborene Sohn hat besondere Rechte.

Finde heraus: Wie viel Geld mussten Eltern für die Auslösung ihres ersten Sohnes bezahlen?

📖 2 Mose 13,1-2; 2 Mose 23,16; 2 Mose 34,19-22; **4 Mose 18,14-16**; 4 Mose 3,45-47

→ Erstgeburtsrecht

Erstgeburtsrecht („Segen")
der Erstgeborene genießt besondere Rechte

Er erhält den ersten Platz nach dem Vater und steht über seinen Brüdern. Er allein bekommt einen speziellen Segen von seinem sterbenden Vater zugesprochen. Außerdem folgt er ihm als Familienoberhaupt und erhält den doppelten Anteil vom Erbe (der erstgeborene von zwei Brüdern erhält somit 2/3, der jüngere 1/3).

? Rate mal: Mit welchem Essen hat sich Jakob Esaus Erstgeburtsrecht erkauft? a. Lammeintopf b. Linsengericht c. Nudelauflauf

📖 **1 Mose 25,29-34**

→ Erstgeborener, Erbe

Erwählung
zu einem besonderen Zweck ausgesucht sein

Im Alten Testament wird von Salomo berichtet, der von Gott dazu erwählt wird, ihm ein Haus (den Tempel) in Jerusalem zu bauen. Gott erwählt auch die Menschen aus dem Stamm Levi, um als Priester in der Stiftshütte und später im Tempel zu dienen. Im Neuen Testament erwählt Jesus sich seine Jünger. Paulus wird dazu erwählt, in anderen Ländern von Gott zu erzählen. Jesus ist von Gott erwählt, anstelle der Menschen die Strafe für die Sünde auf sich zu nehmen.

? Finde heraus, wen Gott sich als Gegenüber erwählte.

📖 **1 Mose 1,26-27**; 1 Chronik 28,10; 5 Mose 18,5; Lukas 6,13; Apostelgeschichte 9,15; Johannes 3,16

→ Ebenbild Gottes, Sünde

Erweckung
Gott weckt Menschen auf und setzt sie in Bewegung, damit sie seinen Willen tun

Eine Erweckung durch Gott ist wie ein Weckruf, der einen Menschen wach macht. Im Alten Testament erweckt Gott zum Beispiel Propheten, Richter und Könige, damit sie seinen Willen weitersagen und tun. Petrus rüttelt im Neuen Testament die Christen auf, in ihrem Glauben an Gott nicht müde zu werden und einzuschlafen.

Wissenswert: In manchen Bibeln wird für „erwecken" das Wort „berufen" oder „erstehen" verwendet.

📖 5 Mose 18,15; Richter 2,16-19; 2 Petrus 1,12-21

→ Berufung

Erz (auch „Kupfer" oder „Bronze")
Mischung aus Stein und Metall, wird von Bergleuten abgebaut

Zur Zeit der Bibel bestehen Teile vom Altar in der Stiftshütte aus Erz (Bronze). Auch das „kupferne Meer" (ein riesiges Waschbecken für Priester) und andere Geräte im Tempel sowie Waffen, Nägel, Ringe oder Kessel entstehen aus Erz (Bronze).

Finde heraus, wozu Erz (Kupfer) auch noch verwendet wurde.

📖 2 Mose 38,1-8; 1 Könige 7,23-36; **Matthäus 10,9**

→ Geld, Stiftshütte, Tempel Salomos

 Erzengel → Engel

Erziehung
Begleitung eines Kindes bei seiner Entwicklung

Das wichtigste Ziel der Erziehung zur Zeit der Bibel ist es, dass Kinder auf ein Leben mit Gott gut vorbereitet werden. Dazu gehört es, Gottes Regeln zu lernen. Dies geschieht vor allem in der Familie, nach dem Babylonischen Exil auch in der Synagoge. Die Eltern sollen oft von Gott erzählen und die Gebote erklären. Außerdem sollen sie darauf achten, dass die Kinder sich an Gottes Regeln halten. Dabei ist besonders wichtig, dass die Eltern selbst ein gutes Vorbild sind. Zur jüdischen Erziehung gehören auch die Feste. Wenn ein Fest gefeiert wird, wird erzählt, woher dieses Fest kommt. Dadurch lernen die Kinder, was Gott für die Menschen getan hat. Zur Zeit der Bibel werden die Jungen meistens auf die Arbeit des Vaters vorbereitet. Sie lernen von ihrem Vater, als Bauer, Viehzüchter oder Handwerker zu arbeiten. Die Mädchen lernen von ihrer Mutter, sich um den Haushalt und um kleinere Kinder zu kümmern. Nicht nur die Eltern, sondern auch alle anderen Mitglieder der Großfamilie erziehen gemeinsam die Kinder. Schulen gibt es noch nicht, nur Bibelunterricht in der Synagoge.

Finde heraus, ob Jesus als Kind immer „brav" war.

📖 **Lukas 2,41-52**

→ Familie, Gebot

Erziehung
Ich finde Erziehung gut, denn damit bringen unsere Eltern uns Benehmen bei. Wie man sich in der Schule benimmt, ist sehr wichtig. Ich möchte einen guten Abschluss machen. In der Erziehung geht es ja nicht nur um die Schule, sondern auch um das Verhalten gegenüber Mitmenschen. In der Erziehung bekommen wir unterschiedliche Werte beigebracht, wie z. B. nicht zu lügen, nicht zu klauen und hilfsbereit zu sein. **Carlotta, 12 Jahre**

 Esau („rau, behaart")
der erste Sohn von Isaak und Rebekka, geboren vor seinem Zwillingsbruder Jakob, auch Edom („rot")

Esau ist Isaaks Lieblingssohn. Als Erstgeborener hat er ein Anrecht auf das Erbe seines Vaters. Jakob wird von Rebekka bevorzugt, so sind beide oft neidisch aufeinander. Als Esau hungrig von der Jagd nach Hause kommt, verkauft er

Eschkol – Eutychus

Jakob sein Erstgeburtsrecht für ein Linsengericht. Als Jakob später Esau mit einer List um den Segen des Vaters betrügt, will Esau ihn töten. Jakob muss fliehen. Erst als es ein schlimmes Ende zu geben droht, versöhnen sie sich: Esau verzeiht Jakob und Jakob will den Segen mit ihm teilen. Aus den Nachkommen von Esau erwächst das Volk der Edomiter.

💡 Finde heraus, wie die beiden Großväter von Esau hießen.

📖 **1 Mose 25,19-34**; 1 Mose 27,1-40; 1 Mose 33,1-16
→ Jakob, Edom, Edomiter, Erbe, Erstgeburtsrecht

 Eschkol („Traube")
Bruder von Aner und Mamre, aus dem Volk der Amoriter
Zur Zeit von Abram (später Abraham) gibt es viele Könige, die gegeneinander Krieg führen. Bei einer Schlacht im Tal Siddim gerät Lot, der Neffe von Abram, in Gefangenschaft. Abram verbündet sich mit Eschkol und dessen Brüdern und befreit Lot.

💡 Finde heraus, wie viele Männer Eschkol und Abram zusammentrommelten.

📖 **1 Mose 14,8-24**
→ Abraham, Aner, Lot, Mamre, Siddim

 Eschkol („Traubenbach")
Bach in der Nähe der Stadt Hebron im Land Kanaan
Beim Auszug der Israeliten aus Ägypten sendet Mose Kundschafter aus, um das Land Kanaan zu erkunden. An einem Bach bei Hebron finden sie Reben mit Weintrauben, die so groß sind, dass sie über eine Stange gehängt und von zwei Leuten getragen werden müssen. So bekommt der Bach den Namen Eschkol, „Traubenbach".

💡 Finde heraus, wer Hoschea ist, der auch zu den Kundschaftern gehörte.

📖 **4 Mose 13,16-24**
→ Auszug, Kanaan, Josua

 **Esel**
Haustier zum Reiten und zum Transport von Lasten, Jungtier wird „Füllen" genannt
Schon bei Abraham und Jakob gehören Esel zu den Begleitern des Menschen. Esel gelten in der Bibel gar nicht als dumm, sondern als edle Tiere. Der Prophet Sacharja sagt voraus, dass der Friedenskönig einst auf einem Esel nach Jerusalem kommen wird. An diese Prophezeiung erinnern sich die Menschen, als Jesus auf dem Füllen einer Eselin in Jerusalem einzieht, und bejubeln ihn mit Palmzweigen und Hosianna-Rufen.

💡 Wissenswert: Ochse und Esel kommen in der biblischen Weihnachtsgeschichte gar nicht vor, sondern stehen wegen eines Jesajawortes heute an vielen Krippen.

📖 1 Mose 12,16; 4 Mose 22,21-33; 2 Könige 4,22; **Jesaja 1,3**; Sacharja 9,9; Matthäus 21,1-11
→ Bileam, Jerusalem, Sacharja

Esel

 Esra („Gott hilft")
Priester, Nachkomme des Obersten Priesters Aaron
Esra, der als jüdischer Schriftgelehrter in Babylon arbeitet, wird etwa im Jahr 458 v. Chr. vom persischen König Artaxerxes nach Jerusalem gesandt. Dort soll er dafür sorgen, dass die Gesetze von Mose besser eingehalten werden. Ausgestattet mit Gold und Silber kehrt er zurück und ordnet das religiöse Leben in Jerusalem. Besonders stört ihn dort, dass einige Israeliten andersgläubige Frauen aus fremden Völkern geheiratet haben und Gottes Geboten untreu geworden sind.

💡 Wie findest du es, dass Esra von diesen Männern verlangte, Frau und Kinder wegzuschicken?

📖 Esra 1,1-4; Esra 7,1-10; Esra 9; **Esra 10,1-17**
→ Schriftgelehrter, Artaxerxes, Babylon, Jerusalem

 Essig → Sonderseite Gewürze, Seite 99

Essig-Experiment

Für das Experiment brauchst du:
- rohes Hühnerei
- Essig
- Glas

Fülle das Glas mit Essig und lege das Hühnerei über Nacht hinein.

Was, glaubst du, passiert?
- Das Ei verschwindet über Nacht.
- Das Ei platzt.
- Die Schale des Eies löst sich auf.

 **Ester** („Stern", hebräischer Name „Hassada" = Myrte)
jüdische Waise, Vater Abihajil, Cousin und Adoptivvater: Mordechai
Nachdem der persische König Xerxes die Königin Waschti wegen Ungehorsams vom Hof verwiesen hat, werden Jungfrauen in den Palast gebracht, aus denen eine neue Königin ausgewählt werden soll. Die Wahl des Königs fällt auf die schöne Ester, die ihre jüdische Abstammung verheimlicht. Esters Cousin Mordechai weigert sich, sich

vor dem hohen Regierungsbeamten Haman zu verbeugen. Voller Zorn bringt Haman den König dazu, die Vernichtung aller Juden im Perserreich zu befehlen. Ester gelingt es aber, dies zu verhindern. Ihr Volk erhält das Recht, sich gegen seine Feinde zu verteidigen. So werden viele Tausend Männer, die zuvor die Juden bedroht haben, getötet.
- Wissenswert: Das Purimfest erinnert an die Rettung der Juden durch Ester.
- Ester 2,1-18; Ester 3,1-15; Ester 8,3-12
→ Haman, Mordechai, Xerxes, Purim, Juden

 Etam → Schur

 Etan („der Starke", auch „der Beständige")
Musiker am Hof von König David
In der Bibel werden mehrere Männer mit dem Namen Etan genannt. Einer davon ist ein Levit, der als Sänger und Zimbelspieler am Hof von König David tätig ist. Er leitet die Sänger an und versieht seinen Dienst am Heiligen Zelt und am Altar in der Stadt Gibeon.
- Finde heraus, wie die anderen Leiter der Sängergruppen hießen.
- 1 Chronik 6,18-29; **1 Chronik 15,16-17**
→ Psalmen, Musikinstrument, Leviten, Stiftshütte

 Etbaal
phönizischer König von Sidon im 9. Jahrhundert v. Chr.
Etbaal und sein Volk glauben nicht an den Gott Israels, sondern beten zu den Göttern Baal und Aschera. Trotzdem heiratet Ahab, König von Israel, Etbaals Tochter Isebel. Gott missfällt, dass Ahab nun auch die fremden Götter verehrt.
- Wissenswert: Das erste Gebot lautet: „Du sollst keine anderen Götter neben mir haben."
- 1 Könige 16,29-33; **2 Mose 20,3**
→ Ahab, Aschera, Baal, Isebel

 Eufrat
Fluss mit fast 3.000 km Länge, entspringt im armenischen Hochland der heutigen Türkei und fließt über Syrien und den Irak in den Persischen Golf
Der Eufrat ist bereits zur Zeit der Bibel für Schifffahrt und Bewässerung sehr wichtig und wird manchmal als Ostgrenze von Israel angesehen. Ein zweiter großer Fluss namens Tigris fließt von Norden her mit dem Eufrat zusammen. Das fruchtbare Land dazwischen nennt man Zweistromland.
- Finde heraus, was der Eufrat mit dem Paradies zu tun hat.
- **1 Mose 2,14**
→ Eden; siehe Karte Seite 7

 Eunuch („der das Bett hütet")
Junge oder Mann, dem die Hoden entfernt wurden (Kastration)
In manchen Kulturen können zur Zeit der Bibel nur Eunuchen bestimmte Ämter am Hof des Königs übernehmen. Bei Juden und Christen ist die Kastration strikt verboten. Ein Eunuch darf weder Jude werden, noch am Tempelgottesdienst teilnehmen. Philippus jedoch tauft einen Finanzverwalter aus Äthiopien, obwohl er Eunuch ist.
- Wissenswert: Dieser Finanzverwalter wurde der erste Christ, der kein Jude war.
- Apostelgeschichte 8,26-40
→ Philippus, Taufe

 Eupator (A) → Antiochus V. Eupator (A)

 Euphrat → Eufrat

 Eutychus („der Glückliche")
zunächst unglücklicher Predigtschläfer
An einem Sonntagabend versammeln sich Christen im dritten Stock eines Hauses in der Stadt Troas. Sie wollen Paulus predigen hören. Auch ein junger Mann namens Eutychus ist dabei und setzt sich in ein offenes Fenster. Doch Paulus predigt so lange, dass er einschläft und drei Stockwerke hinabstürzt. Alle sind erschrocken, denn es gibt kein Lebenszeichen mehr von Eutychus. Aber als Paulus sich auf ihn legt, wird er wieder lebendig.
- Wissenswert: Auch die Propheten Elija und Elischa haben zwei Kinder auf ähnliche Weise wieder zum Leben erweckt.
- Apostelgeschichte 20,7-12; **1 Könige 17,17-24**; **2 Könige 4,32-37**
→ Elija, Elischa, Paulus, Troas

Fluss Eufrat

> Bist du im Gottesdienst auch schon einmal eingeschlafen?

🕎 Biblische Feste

Feste
Die Israeliten feiern jedes Jahr viele Feste, die Gott festgelegt hat. Sie werden begangen, um ihm entweder für die Ernte zu danken oder für seine großen Taten in der Geschichte ihres Volkes. Zur Zeit der Bibel wird Gott anlässlich des Festes im Tempel ein Opfer mit Tieren und Früchten des Landes gebracht. Es gibt aber auch einen Tag, an dem die Israeliten fasten und trauern. Und es gibt Feste, die andere festgelegt haben, weil sie für die Israeliten wichtig sind.
→ Tempel, Opfer

Passafest (hebräisch: Pessach)
Passa heißt „vorübergehen". Das Fest wird sieben Tage lang im März/April zur Erinnerung an den Auszug aus Ägypten gefeiert. Beim Passamahl werden auch festgelegte Speisen gegessen, zum Beispiel Horoset, das an den Lehm erinnert, aus dem die Israeliten in Ägypten Ziegel fertigen mussten.

Horoset

Der biblische Hintergrund: Das Volk Israel leistet Sklavendienste in Ägypten. Gott ordnet an, dass alle israelitischen Familien am Abend vor dem Auszug ein einjähriges, fehlerloses Ziegen- oder Schafböckchen opfern sollen. Mit dem Blut des Lammes sollen sie die Türrahmen bestreichen. An diesen Häusern geht Gott vorüber. Als schlimme Strafe dafür, dass der Pharao das Volk Israel nicht aus seinem Land weggehen lassen will, sterben in jeder ägyptischen Familie die erstgeborenen männlichen Kinder und Tiere.
📖 2 Mose 12
→ Auszug, Mose, Lamm, Pharao
Ein Rezept für Horoset findest du auf Seite 212.

Purimfest
Purim bedeutet „Los". Beim Purimfest, das im Februar/März gefeiert wird, lesen die Juden das Buch Ester.

Hamantaschen

Der biblische Hintergrund: Dieses Fest erinnert sie daran, wie ihre Vorfahren in Persien vor dem bösen Haman gerettet werden, der sie umbringen lassen will. Bei diesem fröhlichen Fest ziehen sie Kostüme wie beim Karneval an, verteilen Geschenke und essen besondere Speisen, zum Beispiel die Hamantaschen.
📖 Ester 3,1-7; Ester 9,20-32
→ Ester, Haman
Ein Rezept für Hamantaschen findest du auf Seite 109.

Neumondfest/Neumondstag
Dieses Fest feiern die Juden, wenn ein neuer Monat beginnt, um sich daran zu erinnern, wie Gott die Welt wunderbar geordnet geschaffen hat.
📖 4 Mose 28,11-14

Sabbat (Ruhe- und Feiertag der Juden)
Gott hat den Sabbat eingeführt. Er beginnt am Freitagabend nach Sonnenuntergang und endet am Samstagabend nach Sonnenuntergang. Am Sabbat wird nicht gearbeitet. Die Menschen gehen zum Gottesdienst in den Tempel oder die Synagoge. Die Pharisäer haben sich viele strenge Zusatzregeln für den Sabbat ausgedacht. Deshalb sind sie empört, wenn Jesus am Sabbat Menschen gesund macht.
📖 Markus 2,23-27; 2 Mose 20,8-11
→ Synagoge, Tempel

Fest der Tempelweihe/Tempelweihfest (hebräisch: Channukka)
Es wird auch „Lichterfest" genannt und im Dezember gefeiert. Es erinnert an den Sieg Israels über den syrischen König Antiochus N. Epiphanes 164 v. Chr., der den Glauben der Israeliten an Gott ausrotten will. Nachdem Jerusalem befreit ist, wird der Tempel gereinigt und erneut Gott geweiht. Das Fest wird acht Tage lang gefeiert. In den Häusern werden Kerzen angezündet und es gibt besondere Speisen wie Kartoffelpuffer und Schokoladenmünzen. Kinder spielen mit dem Dreidel, einem Kreisel mit vier Seiten.
📖 Johannes 10,22
→ Antiochus IV. Epiphanes (A), Tempel, Jerusalem

Dreidel

Kreatives: Bau dir einen Dreidel, Seite 39

Fest der Ungesäuerten Brote (hebräisch: Mezzot)

Es beginnt am zweiten Tag des Passafestes im März/April und erinnert an die ungesäuerten Brote, die beim Passafest gegessen werden.
Biblischer Hintergrund: Die Brote (Mazzen) sind ungesäuert, also ohne Sauerteig gemacht, weil die Israeliten Ägypten schnell verlassen sollen.

📖 3 Mose 23,5-8
→ Auszug, Mose

Mazzen

Fest der Erstlingsgarbe (hebräisch: Chag Ha Bikurim)

Das Fest der Erstlingsfrüchte ist Bestandteil des Passafestes. Es ist das erste von den drei Erntefesten im Jahr. Das zweite Erntefest ist das biblische Pfingstfest/Wochenfest Schawuot und das dritte ist das Laubhüttenfest Sukkot. Es wird während der Zeit der ungesäuerten Brote immer am ersten Wochentag, dem Sonntag, gefeiert.
Biblischer Hintergrund: Die Israeliten bringen Gott die ersten Früchte der Gerstenernte dar.

📖 3 Mose 23,9-14

Gerste

Pfingsten/Pfingsttag („der 50. Tag", auch „Wochenfest" (Schawuot) oder „Fest der Ernte")

Dieses Fest beginnt fünfzig Tage nach dem Passafest, also im Mai/Juni.
Biblischer Hintergrund: Pfingsten ist eins der drei Wallfahrtsfeste (Pfingstfest, Laubhüttenfest und Passafest), an dem jeder israelitische Mann zum Tempel in Jerusalem gehen muss, als es ihn noch gibt. Zum Abschluss der Getreideernte danken die Menschen Gott für die Ernte, indem die Priester zwei Brotlaibe aus frischem Mehl zusammen mit Tieren opfern. In der Apostelgeschichte wird berichtet, wie der Heilige Geist am Pfingstfest die Jünger von Jesus in Jerusalem begeistert.

📖 2 Mose 34,22; 2 Mose 23,16; Apostelgeschichte 2,1-13
→ Pfingsten, Priester, Heiliger Geist

Neujahrstag/Neujahrsfest (hebräisch: Rosch ha-Schana)

Die ersten beiden Tage des neuen Jahres werden im September/Oktober gefeiert. In der Hoffnung auf ein „süßes" neues Jahr gibt es zum Beispiel Honigkuchen zu essen.
Biblischer Hintergrund: Das Neujahrsfest bereitet die Israeliten auf den Versöhnungstag zehn Tage später vor. Es sind ruhige Tage, in denen die Menschen daran denken, dass Gott der Herrscher über die ganze Welt ist.

📖 3 Mose 23,23-25

Honig

Laubhüttenfest (hebräisch: Sukkot)

Das Laubhüttenfest ist ein Erntedankfest, das im September/Oktober sieben Tage lang gefeiert wird.
Biblischer Hintergrund: Es ist das fröhlichste aller Feste und eins der drei Wallfahrtsfeste (Pfingstfest, Laubhüttenfest und Passafest), an dem jeder israelitische Mann zum Tempel in Jerusalem gehen muss. Während des Laubhüttenfestes übernachten die Menschen in Gärten oder auf Hausdächern in einer Hütte aus Baumzweigen. Die Hütten erinnern an die Zeit, als die Israeliten auf dem langen Heimweg durch die Wüste von Ägypten nach Kanaan in Hütten leben müssen.

📖 3 Mose 23,39-43
→ Tempel, Jerusalem, Wüstenwanderung

Versöhnungstag (hebräisch: Jom Kippur)

Das ist der höchste Feiertag der Juden, der im September/Oktober gefeiert wird. An diesem Tag fasten sie und bekennen Gott all das Böse, was sie getan und gesagt haben, und bitten ihn um Vergebung.
Biblischer Hintergrund: Als der Tempel noch steht, nimmt der Oberste Priester einen Ziegenbock und überträgt ihm die Sünden der Israeliten, indem er ihm die Hände auflegt. Dann lässt er den Bock in die Wüste jagen, wo er sterben muss, damit die Sünden ein für allemal weg sind. So wird der Ziegenbock zum Sündenbock. Er opfert sein Leben für die Sünde der Menschen und Gott vergibt seinem Volk die Schuld.

📖 3 Mose 16,20-22; 4 Mose 29,7-11
→ Sünde, Vergebung

Eva

Info

Name: Eva („die Belebte")
Eltern: keine
Geschwister: keine
Familie: Mann Adam und die Söhne Kain, Abel, Set und weitere namentlich nicht genannte Söhne und Töchter (1 Mose 4,1-2.25; 1 Mose 5,3-5)
Geboren: wurde nicht geboren, sondern als zweiter Mensch der Welt von Gott aus einer Rippe von Adam geschaffen
Geburtsort: Garten Eden
Sterbeort: jenseits von Eden
Nationalität: Nationen gibt es erst später
Arbeit: Hausfrau und Mutter

Feigenblatt

Das Leben von Eva

● Der Schöpfungsbericht in 1 Mose 1 erzählt, wie Gott am sechsten Schöpfungstag den Menschen - Mann und Frau - zu seinem Ebenbild erschafft. Beide bekommen Gottes Segen und den Auftrag, sich zu vermehren und über die Erde zu herrschen (1 Mose 1,27).
● In 1 Mose 2 erfahren wir, wie Gott aus Lehm einen Menschen formt, ihm den Lebensatem einhaucht und dann aus dessen Rippe die erste Frau erschafft (1 Mose 2,18-25). Später bekommt die Frau von Adam den Namen Eva, weil von ihr alles menschliche Leben abstammt (1 Mose 3,20).
● Im Garten Eden lässt Eva sich von einer Schlange dazu verführen, vom verbotenen Baum der Erkenntnis zu essen. Auch Adam isst von der Frucht. Beide verbergen ihre Nacktheit mit Schurzen aus Feigenblättern, weil sie sich plötzlich schämen. Dann verstecken sie sich. Als Gott Adam zur Rede stellt, schiebt dieser die Schuld auf Eva – und diese schiebt die Schuld auf die Schlange. Alle drei werden von Gott bestraft. Adam und Eva werden aus dem Paradies vertrieben. Eva soll von nun an darunter leiden, dass sie unter Schmerzen Kinder gebären muss, und sie wird ihrem Mann untergeordnet. Adam soll mit großer Mühe für die Ernährung sorgen. Die Schlange soll ihr Leben lang auf dem Bauch kriechen und Staub fressen.
● Adam und Eva bekommen zunächst zwei Söhne, Kain und Abel (1 Mose 4). Von ihren anderen Söhnen und Töchtern wird nur noch Set mit Namen genannt. Er wird geboren, als Adam und Eva schon 130 Jahre alt sind. Wann Eva starb, wird nicht berichtet – Adam ist 930 Jahre alt geworden (1 Mose 5,5).

? Rate mal, welches der einzige Baum ist, den es im Garten Eden sicher gegeben haben muss. a. Apfelbaum b. Birnbaum c. Feigenbaum

📖 **1 Mose 3,7**

→ Adam, Schöpfung, Schlange, Eden, Paradies

Schlange

Eva – Fackel

Evangelien
vier Bücher in der Bibel, in denen es um die Gute Nachricht von Jesus Christus geht
In den Evangelien dreht sich alles um das Leben, Sterben und die Auferstehung von Jesus Christus. Die Einzahl „Evangelium" bedeutet „Gute Nachricht". Insgesamt enthält das Neue Testament vier Evangelien: Matthäus, Markus, Lukas und Johannes. Sie sind am Anfang des Neuen Testaments zu finden.
Finde heraus, an wen Lukas sein Evangelium schrieb.
Lukas 1,1-4
→ Jesus, Matthäus, (Johannes) Markus, Lukas, Johannes

Evangelium („Gute Nachricht")
Bericht über Leben, Sterben und Auferstehung von Jesus Christus
Das Wort kommt vom griechischen Wort „eu-angelion" und bedeutet „Gute Nachricht". Gemeint ist die gute Botschaft, die Jesus den Menschen verkündet. Das Wort „Evangelium" steht aber auch für seinen Tod am Kreuz und seine Auferstehung. Dadurch hat Jesus den Menschen die Rettung gebracht. Sie können von ihrer Schuld befreit werden und im Frieden mit Gott leben.
Finde heraus, wem Jesus den Auftrag gegeben hat, allen Menschen die Gute Nachricht weiterzusagen.
Matthäus 28,18-20; Markus 1,14-15; 1 Korinther 15,1-4
→ Versöhnung

Evodia („die, die den guten Weg geht")
Christin in Philippi
Evodia und Syntyche gehören zu den ersten Christinnen in der Stadt Philippi. Beide unterstützen Paulus bei der Missionsarbeit, streiten sich aber. Paulus ermahnt sie, sich zu vertragen.
Finde heraus, was Paulus über die beiden Frauen noch sagt.
Philipper 4,2-3
→ Paulus, Philippi, Syntyche

Ewiges Leben
das Leben mit Gott, das bereits auf der Erde beginnt und nach dem Tod weitergeht
Als Nikodemus Jesus nachts besucht, erzählt Jesus ihm, warum er auf diese Welt gekommen ist. Jesus will, dass Menschen für alle Zeit in Gemeinschaft mit Gott leben können. Gott bereitet einen neuen Himmel und eine neue Erde vor, wo diese Gemeinschaft ganz und gar möglich ist. Für Christen beginnt das ewige Leben schon auf der Erde und geht nach dem Tod im Himmel und auf der neuen Erde weiter.
Finde heraus, wie man ewiges Leben bekommt.
Johannes 3,1-18
→ Ewigkeit, Gnade, Bekehrung, Nikodemus

Ewigkeit
Zeit ohne Anfang und Ende
Gott ist ewig. Er ist nicht an eine Lebenszeit gebunden wie die Menschen. Christen glauben, dass sie nach dem Ende ihres Lebens auf der Erde bei Gott und mit Gott für alle Zeit weiterleben können.
Kannst du dir Ewigkeit vorstellen?
Johannes 4,1-14
→ Ewiges Leben

Exil → Verbannung

Ezechiël („Gott soll stark machen")
Prophet zur Zeit des Alten Testaments
Ezechiël wirkt in Juda. Im Jahr 597 v. Chr. wird er zusammen mit König Jojachin und vielen anderen von Judäern nach Babylonien ins Exil verschleppt. Erst dort wird er nach fünf Jahren zum Propheten berufen. Er soll dem Volk Israel sagen, was Gott von den Menschen erwartet. Ezechiël wirkt mindestens 22 Jahre lang. Ansonsten ist über sein Leben wenig bekannt – aber das, was er im Auftrag Gottes dem Volk Israel verkündet, füllt in der Bibel ein ganzes Buch.
Finde heraus, wie Ezechiël zum Propheten wurde.
2 Könige 24,10-16; **Ezechiël 1,1-3**; Ezechiël 20,1
→ Prophet

Fackel
Lichtquelle, bestehend aus einem Stock, mit Lappen umwickelt, die mit Fett oder Pech getränkt werden
Da es zur Zeit der Bibel keine Taschenlampen gibt, brauchen die Menschen Fackeln, um sie als Leuchten im Freien zu verwenden. Im Krieg dienen sie auch dazu, das Lager oder die Stadt der Feinde in Brand zu setzen.
Wissenswert: Die Soldaten trugen Fackeln, als sie Jesus im Garten Getsemani festnahmen.
Johannes 18,3; Richter 7,16-22
→ Gideon, Getsemani

Brennende Fackel

Familie – Fisch

  Familie
Vater, Mutter, Kinder und Verwandte oder Sippe

Der Begriff Familie kommt in der Bibel nur selten vor. Im Alten Testament entspricht der Familie von heute am ehesten der Begriff „Haus" (auch Vaterhaus). Damit ist die Gruppe von Menschen gemeint, die in einer Gemeinschaft zusammen leben. Dazu zählen zwar Vater, Mutter und Kinder, zusätzlich aber auch die verwandten Familien (meistens vom Vater), zuweilen auch die noch umfangreichere Sippe (das Geschlecht). Mehrere Sippen bilden dann den Stamm (z. B. den Stamm Benjamin oder Ruben). Eine „Kleinfamilie" wird ganz am Anfang der Bibel erwähnt: ein Mann verlässt Vater und Mutter, um mit seiner Frau zu leben (und Kinder zu bekommen). Auch im Neuen Testament geht es bei der Familie eher um die gesamte „Hausgemeinschaft". Dazu gehören neben dem Familienvater, der Frau und den Kindern auch die Angestellten. Als Paulus und Silas durch ein Wunder aus dem Gefängnis in Philippi freikommen, will sich der Gefängniswärter zunächst das Leben nehmen. Als Paulus mit ihm redet, beginnt er an Gott zu glauben und lässt sich samt seinem ganzen Haus, seiner Familie und den Dienstleuten taufen. Zu Gottes Haus können sich alle Christen zählen.

💡 Finde heraus, wie viele Brüder von Abimelech zum Haus Gideon gehörten.

📖 Josua 7,24; **Richter 9,1-5**; 1 Mose 2,24; 1 Samuel 17,25; Apostelgeschichte 16,34; Epheser 2,19
→ Bruder, Schwester

Familie

 Fasten
freiwilliger Verzicht auf Nahrung, manchmal auch auf Getränke

In der Bibel wird oft davon berichtet, dass einzelne Menschen oder ein ganzes Volk für einen kurzen Zeitraum auf Nahrung verzichten. Für das Fasten gibt es unterschiedliche Gründe. Wenn jemand gestorben ist, fastet man als Zeichen der Trauer. König David fastet, als sein Sohn sterbenskrank ist, weil er sich von Gott Hilfe erhofft. Viele Menschen der Bibel fasten aber auch, wenn ihnen etwas leidtut und sie Gott um Vergebung bitten wollen oder wenn sie Gott besonders nahe sein wollen.

💡 Wissenswert: Sowohl Mose als auch Elija und sogar Jesus fasteten 40 Tage lang.

📖 **2 Mose 34,28**; **1 Könige 19,8**; **Matthäus 4,1-2**; 1 Samuel 31,13; 2 Samuel 12,16; 1 Könige 21,27; Jona 3,4-10
→ Mose, Jesus, David, Ninive

 Feigen → Sonderseite Gemüse und Obst, Seite 94

Feigenbaum
am Mittelmeer weit verbreiteter Baum, bis sieben Meter hoch, mit großen fünfzackigen Blättern, trägt dreimal im Jahr Früchte (Feigen)

Als Jesus Natanaël das erste Mal begegnet, sagt er ihm, dass er ihn schon gesehen habe, als er unter dem Feigenbaum saß und der Jünger Philippus ihm etwas über Jesus erzählte. Natanaël glaubt daraufhin, dass Jesus Gottes Sohn ist.

Feigenbaum

💡 Finde heraus, wann der Feigenbaum erstmalig in der Bibel erwähnt wird.

📖 **1 Mose 3,7**; Johannes 1,48
→ Mittelmeer, Natanaël, Philippus

 Feind
Gegner, Gegenteil von Freund

Seit dem Ungehorsam von Adam und Eva gegen Gott (Sündenfall) spricht man von einer Feindschaft zwischen Gott und den Menschen. Auch zwischen Menschen gibt es Feindschaft, Streit und Krieg. Durch den Tod von Jesus wird die Feindschaft zwischen Gott und den Menschen aufgehoben. Die Versöhnung mit Gott ermöglicht es den Menschen, auch untereinander Frieden zu schließen.

💡 Denk mal! Wie findest du es, dass Christen sogar dazu aufgefordert sind, ihre Feinde zu lieben?

📖 1 Mose 3,15; Matthäus 5,44; Römer 8,7; Römer 5,10; Epheser 2,14-16
→ Adam, Eva, Sünde, Nächster

 Feld → Acker

 Felix („der Glückliche")
voller Name Marcus Antonius Felix, von 52/53 bis 60 n. Chr. römischer Statthalter von Judäa in Israel

Als Paulus in Cäsarea im Gefängnis ist, wird er von Felix verhört, der ihn im Gefängnis behält und seine Gerichtsverhandlung hinauszögert.

Familie – Fisch

? Rate mal: Wie hieß die Frau von Felix?
a. Susanne b. Drusilla c. Annette
📖 **Apostelgeschichte 23,24–24,27**
→ Statthalter, Paulus, Judäa, Cäsarea

 Feste → Sonderseite Biblische Feste, Seite 76+77

 Fest der Tempelweihe → Sonderseite Biblische Feste, Seite 76+77

 Festgewand → Sonderseite Kleidung, Seite 164+165

 Festung
Verteidigungsanlage, die vor Angriffen schützt
Eine Festung kann eine Burg sein, in der Menschen leben. Durch hohe Mauern und Türme werden die Menschen geschützt. Es gibt aber auch Festungen, die unbewohnt sind und nur bei einem Angriff mit Soldaten besetzt werden.
💡 Finde heraus, wer in der Bibel als Festung oder Burg bezeichnet wird.
📖 **Joel 4,16**; 1 Könige 9,15-19
→ Salomo, Zion

Ruine einer Festung in Akko

Festus
Porzius Festus, von 59/60 bis 62 n. Chr. römischer Statthalter in Judäa und der Nachfolger von Felix
Als Paulus in Judäa im Gefängnis ist, leitet Festus die Verhandlungen. Da Paulus aber von seinem römischen Bürgerrecht Gebrauch macht und vom Kaiser verhört werden will, lässt Festus ihn nach Rom schaffen.
💡 Finde heraus, mit welchem König Festus über den Fall Paulus sprach.
📖 **Apostelgeschichte 25,13-22**; Apostelgeschichte 15,11-12
→ Felix, Paulus, Rom

 Feuer
Voraussetzung für menschliche Kultur, seit Jahrtausenden Wärme- und Lichtspender und Mittel zum Kochen

In der Bibel wird das Feuer zum ersten Mal in Verbindung mit Brandopfern erwähnt. Feuer dient zur Metallverarbeitung, als Opferfeuer, zur Verbrennung von Leichen und als Reinigungsmittel. Feuer ist außerdem ein Zeichen der Gegenwart Gottes: Gott erscheint Mose in einem brennenden Dornbusch oder führt sein Volk nachts in einer Feuersäule durch die Wüste.
💡 Wissenswert: Das Feuer auf dem Altar im Heiligtum wurde sogar einmal von Gott selbst entzündet.
📖 1 Mose 4,4; 1 Mose 8,20; **3 Mose 9,24**
→ Dornbusch, Feuersäule, Sintflut

 Feuersäule
von Gott geschickte Säule aus Feuer, die dem Volk Israel bei seinem Zug durch die Wüste vorausgeht
Eine Wolkensäule bei Tag und eine Feuersäule bei Nacht zeigt an, wann das Volk lagern oder aufbrechen soll. Durch das Leuchten der Säule können die Israeliten Tag und Nacht wandern. Außerdem beschützt die Säule die Israeliten vor der ägyptischen Armee.
💡 Wissenswert: Die Säule war während der ganzen Wüstenwanderung mit den Israeliten unterwegs.
📖 **2 Mose 13,21-22**; 2 Mose 14,19-20
→ Wolkensäule, Israeliten, Wüste

 Finsternis
Dunkelheit, Abwesenheit von Licht
Dadurch, dass Gott das Licht von der Finsternis schied, entstand die Nacht im Gegensatz zum Tag. In der Bibel sind Finsternis und Nacht aber auch Bilder für Schrecken und Unglück. Im übertragenen Sinn beschreibt die Bibel mit Finsternis die Situation eines Menschen, der nichts mit Gott zu tun haben möchte. Es wird dann im Leben von einem Menschen hell, wenn er beginnt, an Jesus zu glauben.
💡 Wissenswert: Die Finsternis während der Kreuzigung ist ein Zeichen dafür, dass Jesus am Kreuz ganz und gar von Gott verlassen wurde.
📖 1 Mose 1,4-5; Iiob 3,4-7; Lukas 1,78-79; Matthäus 27,45
→ Licht, Kreuzigung

Fisch, Fischfang
die Bezeichnung Fisch umfasst in der Bibel alle im Wasser lebenden Tiere

Fischen mit dem Netz

In den Gewässern in Israel gibt es zur Zeit der Bibel viele Fische, vor allem im See Gennesaret und im Jordan. Meistens wird mit Netzen gefischt, die beste Zeit dafür ist die Nacht. Der Fisch ist das Symbol der frühen Chris-

Fischer – Freiheit

ten, da die Buchstaben des griechischen Wortes „Ichthys" (= Fisch) als Abkürzung für „Jesus Christus Gottes Sohn Retter" stehen. Häufig werden Fische im Neuen Testament erwähnt, da Jesus sich oft am See Gennesaret aufhält und die ersten Jünger, die er beruft, Fischer sind.
? Rate mal: In welchem Buch der Bibel ist von einem ganz ungewöhnlichen Fisch die Rede? a. Nehemia b. Jona c. Daniel
📖 Johannes 6,1-13; Lukas 5,1-13; **Jona 1–2**
→ Fischer, See Gennesaret, Jordan, Petrus, Andreas, Johannes, Jakobus

 Fischer → Sonderseite Arbeit auf dem Wasser, Seite 242

 Fischhändler → Sonderseite Arbeit auf dem Wasser, Seite 242

 Fittiche → Flügel

Flachspflanzen

  Flachs alte Kulturpflanze, die in Ägypten und Palästina angebaut wird
Aus ihren festen Fasern wird durch entsprechende Bearbeitung Leinen (Leinwand) hergestellt, aus dem Samen gewinnt man Leinöl. Die Kleidung der Priester im Alten Testament und einige Teile der Stiftshütte waren aus Leinen hergestellt, z. B. Teppiche, Vorhänge und Decken.

💡 Wissenswert: Die Tücher, die man Jesus nach seinem Tod am Kreuz umgewickelt hat, waren aus Leinen gemacht.
📖 2 Mose 26,1.31.36; **Matthäus 27,59**
→ Stiftshütte, Priester

Flachsgarn

 Fladenbrot → Brot

Kreatives
Das Wachstum der Mungbohne

Du brauchst:
- Mungbohnen
- Gips
- einen durchsichtigen Plastikbecher
- etwas Wasser

So geht's:
Rühre den Gips nach Anweisung recht flüssig an. Fülle eine Handvoll Mungbohnen in den Plastikbecher und gieße den Gips darüber, sodass die Mungbohnen ganz bedeckt sind. Stelle den Becher mit dem Inhalt an eine warme Stelle und warte ein paar Tage ab.

Flöte → Sonderseite Instrumente und Musik, Seite 126+127

Fluch
auch Bann; Unheilsspruch durch Menschen oder durch Gott

Mit einem Fluch spricht ein Mensch oder Gott Unheil aus: über eine oder mehrere Personen, ein Volk, ein Land oder eine Sache. Dieses Unheil soll sofort oder in einer bestimmten Zukunft den oder die Verfluchten treffen. Das Volk Israel muss auf dem Weg nach Kanaan durch das Land Moab ziehen. Die Moabiter haben große Angst vor Israel. Sie bitten Bileam, einen Gottesmann, dass er Israel verflucht. Dadurch soll Israel den Kampf gegen Moab verlieren. Da Israel aber von Gott gesegnet ist, darf Bileam Israel nicht verfluchen. Er muss es segnen.

Finde heraus, wer zu Bileam spricht und ihn auf den Engel des Herrn aufmerksam macht.

4 Mose 22; 4 Mose 23; 1 Mose 3,14; 5 Mose 27,11–28,68
→ Bann, Bileam, Esel, Segen

Henne mit Küken

Flügel
auch Fittiche, Bild für Schutz, Kraft und Mittel zur Flucht

In der Bibel wird gesagt, dass Gott sein Volk wie eine Henne schützend unter seine Flügel nimmt. Wer von Gott neue Kraft bekommt, ist beflügelt und kann Feinden entkommen.

Finde heraus, welche interessanten Wesen mit Flügeln in der Bibel vorkommen.

Matthäus 23,37; Psalm 36,8; Jesaja 40,31; Psalm 55,7; **Jesaja 6,2**
→ Cherubim, Serafim

Frau
weiblicher Mensch, erste Frau: Eva

Gleich zu Beginn der Bibel wird erzählt, wie der erste Mensch geschaffen wird. Damit er nicht allein ist, bildet Gott aus seiner Rippe die Frau. Nur weil sie da ist, kann der Mensch zum Mann werden. Umgekehrt gilt: Nur weil der Mann da ist, hat die Frau ihr Gegenüber. So wird zum Ausdruck gebracht: Mann und Frau haben eine einzigartige Beziehung, sie sind von Gott füreinander geschaffen. Doch dann geschieht das Unglück: Durch den Sündenfall zerbricht die enge Beziehung zwischen Gott und Mensch. Darunter leidet auch die Beziehung zwischen Mann und Frau. Besonders zur Zeit des Alten Testamentes bestimmen die Männer über alles, was geschieht. Trotzdem – und das ist ungewöhnlich für diese Zeit – wird in der Bibel von vielen tapferen Frauen berichtet, z. B. Debora, Ester und Rut. Manche haben sich mutig für Gott eingesetzt, andere als treue Mütter für ihre Kinder oder ihre Rechte gekämpft. Im Neuen Testament gehören Frauen selbstverständlich zum Jüngerkreis von Jesus dazu. Sie halten zu ihm, auch als es schwierig wird: Als Jesus am Kreuz hingerichtet wird, bleiben einige Frauen in seiner Nähe; am Morgen der Auferstehung gehen sie zu seinem Grab. Auch in den ersten christlichen Gemeinden spielen Frauen eine tragende Rolle.

Wissenswert: Debora, Ester und Rut sind berühmte Frauen in der Bibel.

1 Mose 2,21-24; **Richter 4,4**; **Ester 2,15-17**; **Rut 1,16**; Lukas 10,38-42; Lukas 8,1-3
→ Eva, Mann, Sünde

Freiheit
Grundrecht von Menschen, Gegensatz von Gefangenschaft, Knechtschaft, Sklaverei

Als das Volk Israel aus Ägypten auszieht, wird es frei von der Sklaverei. Es wird dazu befreit, als Volk Gottes zu leben. Weil Jesus am Kreuz stirbt, können alle Mensch frei von der Sünde werden. Sie werden dazu befreit, als Kinder Gottes zu leben. Die Freiheit besteht darin, nicht mehr das tun zu müssen, was Gott nicht gefällt. Sie besteht darin, nicht mehr Gesetze und Vorschriften einhalten zu müssen, Opfer zu bringen oder bei einem Priester vorzusprechen, um Gott zu gefallen und mit ihm zu sprechen. Und die Freiheit besteht darin, nicht mehr auf einen ewigen Tod zu warten, sondern auf ein ewiges Leben bei Gott.

Wissenswert: Freiheit ist eine Grundeigenschaft Gottes.

Johannes 8,31-36; 1 Korinther 8,9; 2 Korinther 3,17; Galater 5,1.13; 1 Petrus 2,16
→ Jesus, Gesetz, Sünde, Paulus

Freiheit
Für mich bedeutet Freiheit auf dieser Erde, denken und sagen zu dürfen, was ich will. Freiheit bedeutet, mich überallhin bewegen zu dürfen, meinen Hobbys und Interessen nachgehen zu dürfen. Freiheit bedeutet vor allem, die Menschen, die ich liebe, immer dann sehen zu können, wenn ich will. Ich habe zwei Söhne und für sie da sein zu dürfen und sie bei mir zu haben, ist das Wichtigste für mich. Sobald ich aus dem Gefängnis bin, unabhängig bin, meine Söhne bei mir habe und einen Beruf habe, also von niemandem abhängig bin, bin ich wieder frei.
Klaus, Insasse im Strafvollzug

Fremder – Fußwaschung

 Fremder, Fremdling
Mensch, der außerhalb seines Heimatlandes lebt oder unterwegs ist

In der Bibel handelt es sich dabei meistens um Personen, die als Fremde bei den Israeliten wohnen und sich unter ihren Schutz stellen. Wenn sie die Gesetze des Volkes Israel respektieren, genießen sie Rechte. Im Neuen Testament werden Christen als Fremdlinge in der Welt bezeichnet. Sie gehören zu Gottes Volk, ihre Heimat ist der Himmel. Trotzdem leben sie auf der Erde.

? Rate mal: Wie lange wohnten die Israeliten als Fremdlinge in Ägypten? a. etwa 40 Jahre b. über 400 Jahre c. 4.000 Jahre

📖 **2 Mose 12,40**; 5 Mose 10,18-19; Philipper 3,20
→ Himmel, Ägypten, Israeliten

Fremder
Ein Fremder ist eine Person, die zu einer Einladung oder einem Event geht, wo sie niemand kennt – und keiner kennt sie. Ein Fremder kann aber auch jemand sein, der den Glauben an Jesus nicht kennt. Immer wo einer fremd ist, fühlt er sich einsam und alleine gelassen. Ich habe mich fremd gefühlt, als ich auf die weiterführende Schule kam. Viele kannten sich untereinander, aber ich kannte keinen. Man fühlt sich dann alleine und möchte am liebsten wieder zu Leuten, die man kennt. **Malte, 13 Jahre**

Fremder
Fremd ist man zum Beispiel, wenn man in eine andere Gemeinde geht und niemanden kennt. Ein Fremder fühlt sich alleine, weil die anderen nicht mit ihm sprechen. Das macht keinen Spaß. Ich war neu in einer Jungschar und die anderen wollten nichts mit mir zu tun haben. Da habe ich mich sehr alleine gefühlt. **Nelly Leona, 10 Jahre**

abc Freude
Gefühl, froh zu sein, manchmal sogar unabhängig davon, was um einen herum passiert

Paulus ist übel zusammengeschlagen worden und sitzt im Gefängnis und wartet dort auf seine Verurteilung. Trotzdem ist er glücklich, weil er Jesus kennt, sich in seinem Leben für ihn einsetzen konnte und an ihn glauben darf.
💡 Denk mal! Was ist deiner Meinung nach der Unterschied zwischen der Freude über ein Geburtstagsgeschenk und der Freude, die Paulus im Gefängnis erlebt?
📖 Philipper 4,1-7; Matthäus 13,44-45; Psalm 1,2; Psalm 4,8; Psalm 16,11; Lukas 19,6
→ Glaube, Frieden

abc Frevel
Boshaftigkeit, unverzeihliche Tat, Verbrechen, Verstoß gegen göttliche und menschliche Regeln

Als Frevler wird jemand bezeichnet, der mit Absicht etwas Böses tut oder eine Regel nicht beachtet und sich damit gegen Gott auflehnt. Besonders im Alten Testament ist dann von Frevel die Rede, wenn die Menschen sich von Gott abwenden und selbstbezogen ihre eigenen Ziele verfolgen. Der Prophet Amos kündigt dem Volk Israel deswegen Strafen an. Auch Jona predigt in Ninive so.
💡 Finde heraus, welchen Frevel das Volk Israel begangen hat. Warum kündigt Amos Strafen an?
📖 **Jesaja 1,11-15**; Amos 2,6-8; Amos 5,21-24; Jona 3,3-4
→ Amos, Jona

abc Frieden
Zustand der inneren Gelassenheit und äußeren Ruhe, auch Harmonie mit Mitmenschen und mit Gott

Kurz vor der Kreuzigung von Jesus machen sich seine Jünger Sorgen um die Zeit, in der Jesus nicht mehr bei ihnen sein wird. Jesus verspricht, dass er ihnen den Heiligen Geist schicken und ihnen seinen Frieden schenken wird. Wer an Jesus glaubt, braucht keine Angst mehr zu haben: Er kann im Frieden mit Gott und meistens auch mit seinen Mitmenschen leben.
💡 Finde heraus, wann man nicht im Frieden mit seinen Mitmenschen leben kann.
📖 Johannes 14,25-28; Philipper 4,4-7; Epheser 2,14-17; **Römer 12,18**
→ Freude, Heiliger Geist

abc Frömmigkeit
Art und Weise, wie man den Glauben auslebt

Viele Pharisäer machen zur Zeit des Neuen Testamentes angeberisch auf ihren Glauben aufmerksam. Die anderen Leute sollen sehen, wie fromm (wie gläubig) sie sind und wie sehr sie sich für Gott anstrengen. Jesus findet das nicht gut. Er wünscht sich, dass die Menschen ihre Frömmigkeit nicht zur Schau stellen.
💡 Finde heraus, zu welcher Gruppe Paulus früher gehörte.
📖 Matthäus 6,1-6.16-18; **Apostelgeschichte 26,5**
→ Glaube, Paulus, Pharisäer, Heuchelei

 Fronarbeiter → Frondienst

abc Frondienst
erzwungene Arbeit eines Menschen für einen Herrscher

Zur Zeit des Alten Testaments müssen die Israeliten Fronarbeit für den Herscher von Ägypten leisten, bevor sie in das verheißene Land ziehen. Auch der König Salomo verpflichtet 30.000 Israeliten zum Frondienst, als er den Tempel in Jerusalem bauen lässt.
💡 Finde heraus, wie die ägyptischen Aufseher genannt wurden, die die Israeliten zur Fronarbeit zwangen.
📖 2 Mose 1,11; **1 Könige 5,27-32**
→ Joch, Salomo

Frosch
Tier, lebt auf dem Land und im Wasser, ist zuweilen eine Plage
Die Uferbereiche des Nils sind zur Zeit der Bibel oft sumpfig, dort leben Frösche. Die Ägypter verehren den Nil, der das Land fruchtbar macht. Einer ihrer Götter wird mit dem Kopf eines Frosches dargestellt. Frösche werden in der Bibel als zweite Plage genannt, als der Pharao nicht bereit ist, die Israeliten aus Ägypten wegziehen zu lassen.
- Finde heraus, wo die Frösche bei der Plage überall waren.
- **2 Mose 7,26–8,10**
→ Ägypten, Nil, Plage

Frosch

Frucht des Heiligen Geistes
das, was im Leben eines Menschen entsteht, wenn er zu Jesus gehört und Gottes Geist in sich trägt
Ein Apfelbaum bringt als Frucht einen Apfel hervor. Aus einem Leben ohne Jesus wächst Frucht, die niemandem gut tut: Streit, Wutausbrüche, Neid usw. Wer zu Jesus gehört und sich von seinem Heiligen Geist verändern lässt, in dem wächst gute Frucht: Liebe, Freude, Frieden, Geduld, Freundlichkeit, Güte, Treue, Bescheidenheit und Selbstbeherrschung.
- Denk mal! Welche Frucht vom Heiligen Geist findest du besonders brauchbar?
- Galater 5,19-24
→ Heiliger Geist

Rotfuchs

Fuchs
Raubtier, das zur Zeit der Bibel häufig vorkommt
Der Fuchs gilt als klug, weil er beim Jagen seiner Beute sehr geschickt vorgeht. Seine Nahrung besteht hauptsächlich aus Früchten, Insekten, Vögeln und Mäusen. Jesus spricht davon, dass Füchse Gruben haben, in denen sie wohnen, dass er aber keinen Platz hat, wo er sich zur Ruhe legen kann. Damit meint er, dass es nicht einfach ist, ihm nachzufolgen.
- Wissenswert: Füchse und Dachse wohnen manchmal zusammen in einem Bau.
- Matthäus 8,20
→ Menschensohn, Schakal

Furcht
bezeichnet die Angst des Menschen vor bekannter Gefahr
Jeder Mensch fürchtet sich vor verschiedenen Dingen, z. B. dem Tod oder der Ungewissheit. Nur Gott kann von dieser Furcht wirklich befreien und sagt mehrmals: „Fürchte dich nicht!"
- Finde heraus, aus welchem Grund die Jünger von Jesus große Furcht hatten.
- Jesaja 41,10; Jesaja 43,1; **Markus 6,45-52**
→ Tod

Fürst
Anführer und Herrscher
Bei der Wüstenwanderung des Volkes Israel werden die Anführer der Stämme Stammesfürsten oder auch Stammesoberhaupt genannt. Sie werden für das Amt ausgewählt. Fürsten sind aber auch Herrscher von Städten oder Gebieten.
- Finde heraus, über welche Städte die fünf Fürsten der Philister herrschten.
- 4 Mose 1,1-16; 1 Samuel 29,1-11; **Josua 13,1-5**
→ Wüstenwanderung, Stämme Israels, Volk Gottes, Mose, Philister

Fuß
ist der Körperteil des Menschen unterhalb des Beines
In der Bibel wird der Fuß für verschiedene Bilder und Bedeutungen verwendet. Jemandem zu Füßen fallen bedeutet Ergebung, Bitte und Verehrung. Ein Schüler sitzt zu Füßen seines Lehrers. In Psalm 119 heißt es, dass Gottes Wort das Licht ist, das unserem Fuß leuchtet.
- Finde heraus, was die Füße zum restlichen Körper sagen.
- Josua 10,24; **1 Korinther 12,14-27**; Psalm 119,105
→ Fußwaschung, Schuh

Fußwaschung
ist zur Zeit der Bibel beim Betreten eines Hauses üblich, da man gewöhnlich barfuß oder in offenen Sandalen auf staubigen Straßen unterwegs ist
Seinem Gast Gelegenheit zu geben, sich die Füße zu waschen oder sie ihm durch einen Diener waschen zu lassen, ist eine Geste der Gastfreundschaft und der Ehrerbietung. Jesus wäscht die Füße seiner Jünger beim letzten Abend-

Gabaël – Gastfreundschaft

mahl. Damit zeigt er ihnen seine Liebe und gibt ein Beispiel, dem die Jünger folgen sollen.
💡 Finde heraus, womit Maria die Füße von Jesus trocknete.
📖 **1 Mose 18,1-5**; Johannes 13,4-17; **Johannes 12,3**
→ Abendmahl, Schuh

 Gabaël (A) („Gott ist erhaben")
Vetter von Tobit und Raguël, lebt in Rages im Land Medien
Tobit gibt Gabaël auf einer Dienstreise für den assyrischen König 10 Talente Silber zur Aufbewahrung. 20 Jahre später holt der Engel Rafael das Geld bei Gabael ab und gibt es Tobias, Tobits Sohn.
💡 Finde heraus, bei welcher Gelegenheit Gabaël seine Schuld bei Tobit begleicht.
📖 Tobit 5,1-3; **Tobit 9,1-6**
→ Apokryphen, Tobit (A), Raguël (A), Rafael (A), Tobias (A), Medien, Assyrer

 Gaben des Heiligen Geistes
Gaben von Gott für ein Leben mit Gott und anderen Christen
Der Heilige Geist gibt Christen Gaben, damit sie so leben können, wie Gott es sich vorstellt. Jeder soll seine Gabe(n) zum gemeinsamen Nutzen und zu Gottes Ehre einsetzen. Hier eine Auswahl: handwerklich geschickt arbeiten, Kranke heilen, Bedürftigen helfen, Wunder tun, Gottes Wort für eine spezielle (zukünftige) Situation weitergeben (weissagen), in unbekannten Sprachen reden, diese Sprachen übersetzen, die Bibel verständlich und interessant erklären und zeigen, was es für den Alltag bedeutet.
💡 Finde heraus, ob jeder Christ alle Gaben des Heiligen Geistes hat.
📖 2 Mose 35,30-35; Apostelgeschichte 9,32-35; Apostelgeschichte 10,44-46; 1 Korinther 12,1-11; **1 Korinther 12,28-31**; 1 Petrus 4,10
→ Heiliger Geist, Gemeinde

 Gabriel („meine Kraft ist Gott")
ist einer der wenigen in der Bibel mit Namen genannten Engel
Erst erscheint er Daniel und erklärt ihm eine Vision. Später verkündet er Zacharias im Tempel die Geburt seines Sohnes Johannes. Ein halbes Jahr danach überbringt er Maria die Botschaft, dass Gott sie zur Mutter von Jesus erwählt hat.
💡 Weißt du, was dein Name bedeutet?
📖 Daniel 8,15-17; Lukas 1,26-38
→ Engel, Michael, Johannes

 Gad („Glück")
siebter Sohn von Jakob und Silpa, der Magd von Lea
Als Gad mit Jakob nach Ägypten zieht, hat er sieben Söhne. Bevor Jakob stirbt, segnet er Gad und kennzeichnet ihn als Krieger. Die Nachfahren von Gad zählen später zum Stamm Gad und erhalten ein Gebiet in Kanaan.
💡 Finde heraus, wie viele Brüder Gad hatte.
📖 1 Mose 30,10-11; 1 Mose 46,16; **1 Mose 49,1.19.28**
→ Jakob, Lea

 Gad
Stammesgebiet in Kanaan
Als das Volk Israel Kanaan einnimmt und das Land an die zwölf Stämme verteilt wird, erhält der Stamm Gad ein Gebiet im fruchtbaren Ostjordanland. Die Landschaft liegt im Osten von Israel, zwischen dem Jordan, dem Stammesgebiet von Manasse, den Ammonitern und dem Gebiet des Stammes Ruben. Durch die Grenzlage ist der Stamm Gad immer wieder in Kriege verwickelt.
💡 Finde heraus, wie viele wehrfähige Männer zum Stamm Gad gehörten.
📖 **4 Mose 1,25**; 4 Mose 32,1-5; Josua 13,24-28
→ Ammoniter, Manasse, Ruben, Jordan; Sonderseite Stämme Israels, Seite 256+257; siehe Karte Seite 132

 Gaius
Reisebegleiter von Paulus
Gaius schließt sich Paulus an, als dieser auf seiner dritten Missionsreise in Mazedonien unterwegs ist. Gaius reist mit Paulus nach Ephesus, wo er von der wütenden Menge, die der Goldschmied Demetrius aufgestachelt hat, in das Stadion gezerrt wird.
💡 Finde heraus, was weiter im Stadion passierte.
📖 **Apostelgeschichte 19,29-40**; Apostelgeschichte 20,4; 1 Korinther 1,14; Römer 16,23; 3 Johannes 1
→ Ephesus, Mazedonien, Paulus

Gabaël – Gastfreundschaft

 Gajus → Gaius

Galatien
Region im Gebiet der heutigen Türkei, ungefähr dort, wo sich die türkische Hauptstadt Ankara befindet
Zu Galatien gehören zu neutestamentlicher Zeit z. B. die Städte Antiochia, Ikonion und Lystra. Der Apostel Paulus reist auf jeder seiner drei Missionsreisen durch Galatien. Er schreibt einen Brief an die Gemeinden, die er dort gegründet hat: den Galaterbrief.
Wissenswert: Der Name Galatien geht darauf zurück, dass die Region im 3. Jh. v. Chr. von gallischen Eroberern eingenommen wurde.
Apostelgeschichte 16,6-10; Apostelgeschichte 15,36–18,23
→ Antiochia, Ikonion, Lystra; siehe Karte Seite 214+215

Galiläa
großes Gebiet im Norden des heutigen Staates Israel
Galiläa ist eine wichtige Region im Leben von Jesus: dort wächst er in der Stadt Nazaret auf, vollbringt sein erstes Wunder in Kana und hält sich häufig in Kafarnaum am See Gennesaret auf. Von Pontius Pilatus wird Jesus zu Herodes Antipas geschickt, der Landesfürst von Galiläa ist und damit auch zuständig für Gerichtsverfahren gegen galiläische Bürger.
Wissenswert: Der See Gennesaret wird auch Galiläisches Meer genannt.
Matthäus 4,12-22; Markus 1,9-20; Lukas 4,14-37; Johannes 2,1-12; Lukas 23,7-12
→ Kana, Kafarnaum, Nazaret, Herodes; siehe Karte Seite 134

Blick auf den See Gennesaret von den Golan-Höhen in Galiläa

 Gamaliël („Gott hat Gutes getan")
angesehener Pharisäer und Schriftgelehrter im Jüdischen Rat zur Zeit von Jesus
Mitglieder des Jüdischen Rates verhaften Petrus und die anderen Apostel und wollen sie töten, weil sie Geschichten von Jesus erzählen. Gamaliël überzeugt die Ratsmitglieder davon, das nicht zu tun, sondern die Apostel laufen zu lassen.
Wissenswert: Paulus war als junger Mann, bevor er Christ wurde, ein Schüler von Gamaliël.
Apostelgeschichte 5,34-42; **Apostelgeschichte 22,1-3**
→ Jüdischer Rat, Pharisäer, Schriftgelehrter

 Garten
Platz z. B. vor oder hinter dem Haus
Gärten haben zu biblischen Zeiten mehrere Funktionen: sie werden zum Anbau von Lebensmitteln genutzt, in den sonnigen und heißen Gebieten sind besonders Schatten spendende Bäume sehr beliebt. Da Gärten auch abgelegen an Brunnen oder Wasserquellen liegen, werden sie zudem als Badeplätze gern benutzt.
Finde heraus, was sich im Garten Nahe Golgota befand.
Johannes 18,1-2; **Johannes 19,41+42**; 1 Mose 2,8-9; Lukas 13,19
→ Eden, Getsemani

  Gärtner → Sonderseite Arbeit auf dem Land, Seite 11

  Gast → Gastfreundschaft

Gastfreundschaft
Gastfreundschaft besitzt zu biblischen Zeiten einen hohen Stellenwert, sie ist sogar ein Recht
Gäste werden mit großem Respekt aufgenommen. Bedienstete kümmern sich um sie und zur Begrüßung werden ihnen die Füße gewaschen. Bei Tisch erhält der Gast einen Ehrenplatz und die besten Fleischstücke. Paulus erinnert in seinen Briefen die Christen mehrfach daran, gastfreundlich zu sein. In Psalm 23 wird Gott selbst als Gastgeber beschrieben.
Denk mal! Was heißt es heute, gastfreundlich zu sein?
1 Mose 18,1-8; 1 Mose 19,1-3; 2 Könige 4,8-11; Römer 12,13; Hebräer 13,2
→ Fußwaschung

> Was tust du, damit sich deine Gäste wohlfühlen können?

Gebet

Wer betet, redet mit Gott. Es gibt Gebete, die man auswendig kann oder abliest. Und es gibt Gebete, die man sich ausdenkt und frei spricht. Beim Beten sagen Menschen Gott laut oder leise in ihren Gedanken, was sie beschäftigt oder bedrückt. Man kann mit Gott über alles reden. Im Gottesdienst und bei Festen beten Menschen gemeinsam. Gott antwortet zwar nicht immer so, wie der Beter sich das vorstellt, aber er hört jedes Gebet.

Zu wem kann man beten?
Normalerweise beten Christen zu Gott, dem Vater von Jesus Christus. Sie können aber auch mit Jesus reden.
- Wissenswert: Nur die Juden und Christen kennen Gott als Vater.
- Lukas 11,2; 1 Korinther 1,2

Wie kann man Gott anreden?
Jesus hat Gott mit „Vater" und „Abba", das heißt „Papa", angesprochen.
Gott ist auch unser himmlischer Vater. Deshalb dürfen wir ihn genauso ansprechen.
- Matthäus 7,7-11; Römer 8,15

Wie betet man?
Man kann nicht nur mit Worten oder in Gedanken, sondern auch mit seinem Körper ausdrücken, was man beim Beten empfindet. Manche Menschen heben die Arme, um Gott zu loben. Andere Menschen knien sich hin, um Gott zu zeigen, dass er groß und mächtig ist. Wieder andere falten die Hände und schließen die Augen, um beim Beten nicht abgelenkt zu werden.
? Finde heraus, wie Daniel gebetet hat.
- Daniel 6,11
→ Daniel, Gott

Welche Arten von Gebet gibt es?
Es gibt verschiedene Arten von Gebet:
- Gott loben (Lob). Zum Beispiel so: „Du bist groß und mächtig. Du meinst es gut mit mir."
- Gott danken (Dank). Zum Beispiel so: „Danke, dass du mich heute vor einem Unfall bewahrt hast."
- Gott klagen (Klage). Zum Beispiel so: „Ich bin traurig, dass mein Freund mich nicht mehr mag."
- Gott für mich und andere bitten (Bitte/Fürbitte). Zum Beispiel so: „Bitte mache meine Mama wieder gesund." Oder zum Beispiel so: „Bitte hilf mir, dass ich in Mathe eine gute Note schreibe."
- Apostelgeschichte 16,25; Römer 1,8; Psalm 74,1; 2 Korinther 12,8; Kolosser 1,3
→ Gott, Lob, Klage

Wo kann man beten?
Man kann nicht nur im Gottesdienst beten, sondern überall – im Klassenzimmer, unter der Dusche, auf dem Fußballplatz, im Bett, im Schwimmbad.
? Finde heraus, wo Jesus überall gebetet hat.
- Markus 1,35; Markus 14,22; Markus 14,32
→ Jesus

Gibt es Gebetszeiten?
Man kann immer beten, weil Gott nie schläft und immer hört. Die Juden und die ersten Christen haben feste Zeiten am Tag, an denen sie beten, und zwar um neun, zwölf und fünfzehn Uhr im Tempel. Die ersten Christen richten sich danach. Es ist gut, wenn man sich angewöhnt, zu bestimmten Zeiten zu beten: morgens vor dem Aufstehen, abends im Bett, vor einer Mahlzeit. Man kann mit Gott aber auch mitten in der Nacht reden.
- Wissenswert: Fünfzehn Uhr ist zur Zeit der Bibel die 9. Stunde.
- Apostelgeschichte 3,1; Daniel 6,11; Daniel 9,21

Warum sagt man „Amen" am Ende eines Gebets?
Das ist hebräisch und bedeutet „Wahrlich, so soll es sein!". Damit bekräftigt man, was gesagt wurde. Jesus benutzt es manchmal, damit die Leute wisssen: Was Jesus jetzt sagt, ist ganz wichtig.
- Wissenswert: Jesus sagt zu allen Versprechen, die Gott gemacht hat, „Amen".
- Psalm 41,14; Johannes 1,51; Johannes 3,3; 2 Korinther 1,20

Dein Gebet
Willst du dein eigenes Gebet schreiben? Hier kannst du es tun:

Psalmen

Das sind Lieder im Buch der Psalmen im Alten Testament. Die 150 Psalmen sind das Gebet- und Liederbuch der Juden. Viele wurden von David geschrieben. Bis heute gehören sie zu Gottesdiensten und Festen dazu. Auch Jesus betet mit den Worten von Psalmen. Kennst du diesen Psalm?

*Der Herr ist mein Hirte,
mir wird nichts mangeln.*

 Finde heraus, wie der Psalm weitergeht.
Matthäus 27,46; Psalm 22,2; **Psalm 23**

Tischgebet

*Für dich und mich
ist der Tisch gedeckt,
hab Dank, lieber Gott,
dass es uns jetzt schmeckt.
Amen.*
Verfasser unbekannt

Vaterunser

*Unser Vater im Himmel!
Dein Name werde geheiligt.
Dein Reich komme.
Dein Wille geschehe wie im Himmel so auf Erden.
Unser tägliches Brot gib uns heute.
Und vergib uns unsere Schuld,
wie auch wir vergeben unseren Schuldigern.
Und führe uns nicht in Versuchung,
sondern erlöse uns von dem Bösen.
Denn dein ist das Reich und die Kraft
und die Herrlichkeit in Ewigkeit.
Amen.*
In der Fassung nach Luther 1984

Abendgebet

*Eins und zwei,
jetzt ist der Tag vorbei.
Drei und vier,
er war schön, lieber Gott,
ich danke dir.
Fünf, sechs, sieben und acht,
behüte mich in dieser Nacht.
Neun und zehn
und lass mich morgen froh aufstehn.
Amen.*
Monika Büchel, Gummersbach

Gastrecht – Gefangenschaft

 Gastrecht → Gast

Gaza („Festung")
Stadt an der Südgrenze von Kanaan, Hafenstadt am Mittelmeer
Gaza ist zur Zeit der Bibel ein wichtiger Versorgungsstützpunkt für Karawanen, die dort Proviant kaufen, bevor sie in die Wüste Richtung Ägypten ziehen. Gaza ist in viele Kriege verwickelt und steht unter ganz unterschiedlicher Herrschaft. Gaza wird als eine der fünf Städte der Philister genannt. Unter dem König David kommt Gaza unter israelitische Herrschaft, später fällt die Stadt an Assyrien.
Finde heraus, was Muskelprotz Simson mit dem Stadttor von Gaza anstellte.
Apostelgeschichte 8,26; **Richter 16,1-3.23-30**; 1 Samuel 6,17
→ Philister, David, Assyrien, Simson; siehe Karte Seite 133

Gebäck → Sonderseite Brot und Gebäck, Seite 50+51

Gebet → Sonderseite Gebet, Seite 88+89

Gebet
Beten ist Reden mit Gott. Man kann immer mit ihm reden. Gott erhört Gebet und antwortet durch Taten und sein Wort. Ich habe Folgendes erlebt: Mein Opa war so schwer krank, dass er fast gestorben wäre. Viele haben für ihn gebetet. Opa wurde wieder gesund. Jetzt feierten meine Großeltern Goldene Hochzeit. **Guido, 9 Jahre**

Mann mit Gebetsriemen

Gebetsriemen (hebräisch „Tefillin") besteht aus zwei Riemen mit kleinen Kapseln, enthält Bibelverse
Zum Gebet wird ein Riemen an der Stirn und ein Riemen am Arm befestigt. In der Stirnkapsel steckt in vier Fächern je ein Zettel mit einer Bibelstelle, die auf die Gesetzestexte verweist. Ein einziger Zettel Pergament mit allen vier Bibelstellen befindet sich in der Kapsel am Arm. Die Bibelstellen sind: 2 Mose 13,3-10; 2 Mose 11-16; 5 Mose 6,4-9 und 5 Mose 11,13-21. Die Kapseln werden beim Anlegen geküsst.
Finde heraus, warum die Juden diese Texte beim Gebet am Arm und an der Stirn tragen.
Matthäus 23,5; **5 Mose 6,6-9**
→ Gebet, Gesetz

Spiel

Mikadospiel basteln

Mikado ist ein Geschicklichkeits- und Geduldsspiel. Gespielt wird mit mehreren bunten Holzstäbchen.

Du brauchst:
- Holzspieße (23 Stück)
- Filzstifte in den Farben Blau, Grün, Rot, Gelb und Schwarz

So geht's:
Male die Holzspieße so an (das Muster ist egal), dass du folgende Stückzahlen von jeder Farbe hast:

Anzahl	Farbe	Wert
11 Stück	Gelb	2 Punkte
6 Stück	Grün	3 Punkte
3 Stück	Rot	5 Punkte
2 Stück	Blau	10 Punkte
1 Stück	Schwarz	20 Punkte

Spielregeln:
Das Spiel wird am besten auf dem Tisch gespielt. Ein Spieler hält alle Stäbe gleichzeitig in der Hand und lässt sie schnell fallen. Die Stäbe müssen durcheinander auf dem Tisch liegen.
Nun beginnt der erste Spieler und muss versuchen, einen Stab nach dem anderen aus dem Durcheinander zu ziehen. Die Stäbe dürfen gerollt, gezogen oder herausgehoben werden. Bewegen darf sich aber immer nur der Stab, der herausgezogen werden soll. Bewegt sich einer der anderen Stäbe, ist der Spielzug zu Ende und der nächste Spieler ist an der Reihe. Wenn kein Mikadostab mehr in der Tischmitte liegt, werden die Punkte (siehe Tabelle) gezählt und aufgeschrieben. Der Spieler mit den meisten Punkten gewinnt.

Gastrecht – Gefangenschap

Gebot
Anweisung von Gott

Ein Gebot hilft, ein Leben zu führen, wie Gott es sich vorstellt. Ein gutes Beispiel dafür sind die Zehn Gebote. Sie beschreiben, wie sich ein Mensch Gott und seinen Mitmenschen gegenüber verhalten soll. An Gottes Gebote sind Versprechen geknüpft, die Gott wahr machen will, wenn Menschen seine Worte befolgen.

Bevor König David stirbt, legt er seinem Sohn Salomo ans Herz, Gottes Anweisungen zu befolgen. Wenn Salomo treu ist, wird Gott sein Versprechen einlösen und nur Könige aus der Familie von David auf den israelitischen Thron setzen.

📖 3 Mose 19,32; Lukas 10,27; 2 Mose 20,15; 3 Mose 19,14
→ Zehn Gebote, Verbot, David, Salomo, König

❓ Rate mal: Welche der folgenden Gebote stehen wirklich in der Bibel?
Steh ehrerbietig auf, wenn ein Mensch mit grauem Haar zu euch tritt.
Du sollst dir vor dem Essen die Hände waschen.
Liebe den Herrn, deinen Gott, von ganzem Herzen, mit ganzem Willen und mit aller deiner Kraft und deinem ganzen Verstand.
Du sollst dir deine Fingernägel regelmäßig schneiden.
Du sollst nicht stehlen.
Du sollst einem Blinden keine Knüppel in den Weg legen.

📖 **1 Könige 2,1-4; 5 Mose 5,1-21**

Gebote sind wie Warnschilder

Geburt
ein Lebewesen kommt zur Welt

Von der Entstehung menschlichen Lebens im Mutterleib wissen die Menschen in biblischer Zeit nicht viel, doch sie erkennen darin Gottes wunderbares Wirken im Verborgenen. Die Geburt eines Kindes ist mit Schmerzen (Wehen) für die Mutter verbunden. Bei der Geburt ihrer Kinder werden die Mütter von Nachbarinnen, Verwandten oder Hebammen unterstützt. Unmittelbar nach der Geburt erhält das Kind seinen Namen. Jungen werden am achten Tag nach der Geburt beschnitten (Lukas 2,21). Eine Mutter vieler Kinder gilt als glücklich und gesegnet – eine unfruchtbare Frau dagegen als bedauernswert oder von Gott gestraft.

💡 Finde heraus, ob zur Zeit der Bibel Geburtstage gefeiert wurden.
📖 Psalm 139,13; 1 Samuel 4,19-20; Lukas 1,63; Matthäus 14,6
→ Beschneidung

Gedächtnis
Speicher für Erinnerungen

Seit der Zeit der Bibel erinnern sich Menschen an Gottes große Taten. Oft geschieht dies in besonderen Festen, so zum Beispiel beim Passafest. Es erinnert die Juden bis heute an die Befreiung aus der Sklaverei in Ägypten. Beim Abendmahl erinnern sich Christen an das Leiden und Sterben von Jesus.

💡 Finde heraus, was Jesus seinen Jüngern beim letzten Abendessen sagte.
📖 2 Mose 12,1-14; **Lukas 22,14-20**
→ Abendmahl, Feste, Passa

Geduld
auch Langmut; meint beherrscht sein und abwarten können

Geduld kommt in der Bibel oft in Verbindung mit Gott vor. Seine Geduld mit den Menschen ist erstaunlich. Sie wird in besonderer Weise durch Gottes Sohn Jesus Christus sichtbar. Jesus bekommt die Strafe, die Gott in seiner Barmherzigkeit und Geduld nicht den Menschen zumutet.

💡 Wissenswert: Im Neuen Testament wird Geduld als positive Eigenschaft von Christen beschrieben.
📖 4 Mose 14,17-19; Psalm 103,8; 1 Timotheus 1,15-17; Römer 12,12-14; Galater 5,22
→ Güte, Jesus, Gott

Tipp: Eine Bastelanleitung für ein Mikadospiel findest du auf Seite 90.

Gefangenschaft
einem Menschen oder einem Volk wird seine Freiheit absichtlich weggenommen

Josef, Daniel, Jesus oder Paulus müssen ins Gefängnis, weil sie treu zu Gott stehen. Das Volk Israel gerät in Gefangenschaft, weil es sich von Gott abwendet. So ist es bei der Babylonischen Gefangenschaft. Nebukadnezzar, der König der Babylonier, erobert Jerusalem und führt viele Judäer in das ferne Babylon. Es dauert siebzig Jahre, bis sie wieder in ihre Heimat zurückkehren können.

💡 Finde heraus, was als erstes Gefängnis verwendet wurde.
📖 **1 Mose 37,12-36**; 2 Könige 25,1-21; Jeremia 29,10; Psalm 137; Apostelgeschichte 16,23-40
→ Josef, Daniel, Paulus, Babylonien, Assyrien

Gehasi – Gemeinde

Gefangenschaft
Gefangenschaft bedeutet für mich, der Freiheit beraubt zu sein. Zu Beginn meiner Gefangenschaft hatte ich große Probleme mit der Unfreiheit, ich wollte mich sogar umbringen. Inzwischen käme mir der Gedanke gar nicht mehr, weil ich ja frei genug bin, zu denken und zu glauben, dass es besser wird. Hinzu kommt, dass ich mir irgendwie und irgendwo die Freiheit erhalten habe. Man mag mich hier gefangen halten hinter hohen Mauern, Gittern und Stacheldraht, aber ich bin trotzdem frei genug zu denken und zu lieben, wen oder was ich will. Seitdem ich in Gefangenschaft bin, sind all die materiellen Dinge, die ich draußen hatte, beinahe völlig unwichtig. Ein Stück Freiheit sind hier drin schon die Besuche meiner Kinder, meiner Familie und meiner Freunde und die Möglichkeit, mit den Menschen, die man liebt, sprechen zu können. Ich lerne derzeit das Leben irgendwie auch neu zu schätzen. Insofern ist die Gefangenschaft derzeit auch ein Weg zu neuer Freiheit.
Klaus, Insasse im Strafvollzug

Gehasi („Verneiner")
Diener des Propheten Elischa
Als der aramäische Feldhauptmann Naaman den Anweisungen von Elischa folgt und vom Aussatz geheilt wird, verlangt Gehasi gegen Elischas Willen eine Belohnung von Naaman. Dafür wird Gehasi selber mit Aussatz bestraft.
Finde heraus, was Gehasi vergeblich bei dem toten Jungen aus Schunem versuchte.
2 Könige 4,8-37; 2 Könige 5,19-27; 2 Könige 8,1-6
→ Elischa, Naaman

Gehorsam
In der Bibel wird Gehorsam vor allem in drei Beziehungen beschrieben: Das Volk Israel muss den Aufsehern in Ägypten gehorchen, die sie zur Sklavenarbeit zwingen. Kinder sollen ihren Eltern gehorsam sein. Menschen sollen auf Gott hören, der Gutes mit ihnen vorhat.
Finde heraus, wie der Gehorsam von Abraham belohnt wird.
2 Mose 1,8-14; Sprichwörter 1,8-19; Epheser 6,1-3; Römer 1,5; **1 Mose 22,15-18**
→ Segen, Ewiges Leben, Sklave, Kind, Familie

Geier
großer Raubvogel, der sich von Aas ernährt
Geier werden in der Bibel als unreine Vögel bezeichnet. Erwähnt werden drei nicht eindeutig zu unterscheidende Arten: Aasgeier, Bart- oder Lämmergeier und Gänsegeier. Mitunter können mit diesen Begriffen auch kleinere Raubvögel gemeint sein, wie etwa der Habicht.
Finde heraus, um welche Geierart es sich in 1 Samuel 17,44 handelte.

Gänsegeier

3 Mose 11,13-19; 5 Mose 14,12-13; Micha 1,16; Matthäus 24,28
→ Vogel

Gelähmter
durch Krankheit, Unfall oder Verstümmelung beim Gehen Beeinträchtigter oder Gehunfähiger
Gelähmte Menschen sind zur Zeit der Bibel auf Hilfe von anderen Menschen angewiesen. Sie können sich nicht selbst versorgen. Im Neuen Testament wird von einem Gelähmten berichtet, den seine vier Freunde zu einem Haus bringen, in dem Jesus von Gott erzählt. Weil so viele Menschen da sind, gibt es kein Durchkommen. Die vier Freunde steigen auf das flache Dach, machen ein Loch in die Decke und lassen ihren gelähmten Freund an Seilen direkt vor Jesus hinunter.
Finde heraus, was mit dem Gelähmten geschah.
Markus 2,1-12
→ Arzt, Krankheit, Medizin

Geld
auch Mammon, Zahlungsmittel in Form von Metallen und Münzen
Zur Zeit des Alten Testaments wird das Geld nicht gezählt, sondern gewogen. Deshalb handelt es sich bei der Bezeichnung Schekel (etwa 11,4 Gramm Silber), Gera, Beka, Mine oder Talent zunächst um eine Gewichtseinheit und erst später um einen Geldbetrag. Silber ist das gängige Zahlungsmittel. Da es in Palästina wenig Silbervorkommen gibt, wird es über die Phönizier eingeführt. Gold transportiert man in Form von Armreifen, Barren, Staub oder Stücken (Groschen). Als Geldbeutel dient ein Leder- oder Stoffbeutel. Als im 7. Jahrhundert v. Chr. die Münzprägung entwickelt wird, verwendet man dazu Gold, Silber und Kupfer. Durch verschiedene Machthaber kommen vielfältige Währungen nach Israel. Nach der Babyloni-

schen Gefangenschaft benutzt man die persische Darike. Als die Griechen die Macht übernehmen, kommen griechische Drachmen in den Umlauf. 140 v. Chr. wird Simon Makkabäus erlaubt, das erste jüdische Geld (Schekel) zu prägen. Und unter römischer Herrschaft hält der römische Denar Einzug. Da so viele Währungen im Umlauf sind, gibt es auch viele Geldwechsler.
 Finde heraus, was als Erstes in der Bibel mit Geld gekauft wurde.
 1 Mose 23,1-16; 1 Mose 37,28; Matthäus 21,12
→ Simon (A)

Unterschiedliche Münzen

Geldwechsler → Sonderseite Arbeit für Gott, Seite 268

Gelübde
freiwilliges Versprechen zur Unterstützung einer Bitte
Von Gelübden wird vor allem im Alten Testament berichtet. Vor seiner langen Reise zu seinem Onkel Laban legt Jakob ein Gelübde vor Gott ab: Wenn Gott ihn auf seiner Reise behütet und versorgt, will Jakob ihn zu seinem Gott machen, ihm ein Heiligtum errichten und ihm von allem Besitz den zehnten Teil geben.
 Finde heraus, welche verzweifelte Frau ebenfalls ein Gelübde ablegte und erfüllte.
 1 Mose 28,20-22; **1 Samuel 1,1-11.24-28**
→ Jakob, Laban, Hanna

Gemarja („Jahwe hat ausgeführt")
Sohn von Schafan, lebt zur Zeit von Jeremia
Gemarjas Sohn Micha berichtet seinem Vater und anderen Männern von Jeremias Gerichtsworten. Daraufhin lassen sie sich den Inhalt vorlesen und entscheiden, diese Botschaft auch an König Jojakim weiterzuleiten. Doch der König verbrennt die Buchrolle mit den Gerichtsworten.
 Finde heraus, welcher Arbeit der Vater von Gemarja nachging.
 Jeremia 36,10-25; Jeremia 29,3
→ Jeremia, Jojakim, Nebukadnezzar, Zidkija

Gehasi – Gemeinde

Was gefällt dir in der Kirche/Gemeinde?

Gemeinde („die Herausgerufene")
im biblischen Zusammenhang ist mit Gemeinde eine Gruppe von Menschen gemeint, die Gott in die Gemeinschaft mit sich ruft
Im Alten Testament gilt dies für das Volk Israel. Im Neuen Testament sind alle Christen gemeint. So entsteht die erste neutestamentliche Gemeinde aus den Jüngerinnen und Jüngern, die mit Jesus unterwegs gewesen sind. Das sind mehr als die zwölf Jünger. Nach Himmelfahrt und Pfingsten finden sie sich als erste Gemeinde zusammen. Sie verkünden das Evangelium in Jerusalem und darüber hinaus. Die Leitung der Gemeinde übernehmen die zwölf Apostel. Sie verkünden Gottes Wort und regeln das Gemeindeleben. Schwierige Fragen entscheiden sie gemeinsam mit den Ältesten. Die Ältesten sind vorbildliche, erfahrene Christen, die ausgesucht werden, um für die Gemeinde zu sorgen. Der Apostel Paulus gründet und besucht bei seinen Missionsreisen viele neue Gemeinden in Kleinasien und Europa.
 Finde heraus, womit Paulus eine christliche Gemeinde verglich.
 1 Korinther 12,12-27; Apostelgeschichte 2,37-47; Apostelgeschichte 15,22-29
→ Apostel, Paulus, Jünger, Ältester

In einer Gemeinde bilden unterschiedliche Menschen eine Gemeinschaft

Was kostet wie viel?

Unter römischer Herrschaft hält die römische Silbermünze Denar Einzug in Israel. Ein Arbeiter in einem Weinberg verdient 1 Denar am Tag.
1 Denar = viele Zitronen, Trauben und Granatäpfel
1 Denar = eine Amphore Olivenöl
1 Denar = 12 Brote
1 Denar = ein Maß Mehl (7,2 Liter)
4 Denar = ein Lamm
8 Denar = ein Widder
20 Denar = ein Kalb
25 Denar = ein Sack Weizen (220 Liter)
100 – 200 Denar = ein Ochse

🍴 Gemüse und Obst

Obst ist nicht erst seit heute ein wichtiges Grundnahrungsmittel. Das war es schon zu biblischen Zeiten. Neben dem hier beschriebenen Obst sind auch Melonen, Feigen und Weintrauben bekannt. Zur Zeit des Neuen Testamentes werden auch Zitrusfrüchte, Nüsse z. B. Mandeln und Rosinen gegessen. Als Gemüse bereichern neben Zwiebeln und Lauch auch Bohnen, Gurken und Linsen den Speiseplan.

Liebesapfel
Frucht der Alraune
Die Alraune ist ein Nachtschattengewächs, wie zum Beispiel die Tomate. Die Pflanze hat große Blätter, die sich über den Boden ausbreiten. Im Winter wachsen aus der Mitte der Blätter blaue, glockenartige Blüten. Der Liebesapfel ist eine kleine runde Frucht. Wenn sie reif ist, färbt sie sich gelblichrot und ist sehr saftig. Die Blüte und die Frucht riechen sehr stark. Zu biblischer Zeit genießt man ihren süßen Duft und Geschmack. Zwischen Jakobs Frauen Rahel und Lea kommt es wegen Liebesäpfeln zum Streit.
💡 **Wissenswert:** Martin Luther erfand den Begriff Liebesapfel. Er nannte die Frucht so, weil ihr eine belebende Wirkung nachgesagt wurde.
📖 1 Mose 30,14-16; Hohelied 7,14

Linsen
Samen kleiner Hülsenfrüchte, die an einer hohen blaublütigen Pflanze wachsen
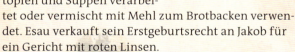
Neben Getreide gehört die Linse zu den Grundnahrungsmitteln der biblischen Zeit. Linsen werden zu Eintöpfen und Suppen verarbeitet oder vermischt mit Mehl zum Brotbacken verwendet. Esau verkauft sein Erstgeburtsrecht an Jakob für ein Gericht mit roten Linsen.
💡 **Wissenswert:** David und sein Heer bekamen auf der Flucht vor Abschalom unter anderem Linsen zur Stärkung.
📖 1 Mose 25,34; 2 Samuel 17,28; 2 Samuel 23,11

Granatapfel
mehrstämmiger Strauch mit einer Höhe von bis zu zwei Metern
Der Granatapfelbaum bringt karminrote Blüten hervor und im Spätsommer den rosa, gelb und purpurrot gefärbten Granatapfel. Die vielen Samenkörner sind in eigenen Saftsäcken eingeschlossen und gelten als Symbol der Fruchtbarkeit.

Olive
Frucht des Olivenbaumes

Zunächst ist die Olive grün, wird aber mit der Reife schwarz. Zur Ernte wird die Olive gepflückt oder auf ausgebreitete Tücher geschüttelt. Gegessen wird sie frisch oder eingelegt in Salz. Besonders bedeutsam ist der hohe Fettanteil der Frucht, aus dem Öl gewonnen wird.
💡 **Wissenswert:** König Salomo ließ für seinen Tempel Engelsfiguren aus dem Holz des Olivenbaumes anfertigen.
📖 1 Könige 6,23-28

Bohnen
bezeichnen die in der biblischen wie nachbiblischen Zeit weit verbreiteten Puff- und Saubohnen
Die einjährige Pflanze mit dem bis zu einem Meter hohen, kantigen und am Ende verzweigten Stängel bringt weiße Blüten und im Sommer Hülsen mit drei bis sechs Samen hervor. Bohnen sind ein sehr verbreitetes Nahrungsmittel, das auch David auf der Flucht von Abschalom angeboten wird. Zerstampft werden Bohnen zu Brei oder Suppe verarbeitet oder in einem Getreide-Hülsenfrüchtegemisch zu Brot verbacken. Daneben werden auch ganze Bohnen gekocht und verzehrt. In nachbiblischer Zeit gelten Bohnen als Speise der Armen.
📖 2 Samuel 17,28; Ezechiël 4,9

Datteln
sind die zwei bis vier Zentimeter langen Früchte der Dattelpalme, bestehend aus süßem Fruchtfleisch und einem großen Samen

Wegen ihrer Süße geschätzt, werden Datteln frisch oder gekocht gegessen oder zu einem honigartigen Sirup verarbeitet. Da Zucker zu biblischer Zeit unbekannt ist, ist der Dattelsirup ein wichtiger Bestandteil der Nahrung. Zur Zeit der Bibel sind auch Malvenfrüchte bekannt.
📖 Hohelied 7,8
Ein Rezept für gefüllte Datteln findest du auf Seite 163.

Genezareth → Gennesaret

 Gennesaret
Ort am nordwestlichen Ufer vom See Gennesaret
Mit Gennesaret kann aber auch die fruchtbare Ebene (Ginnosar) gemeint sein, die sich am steilen nordwestlichen Ufer des Sees erstreckt. Vermutlich legen die Jünger von Jesus mit ihrem Boot dort an, nachdem Jesus ihnen auf dem Wasser entgegengekommen ist.
💡 Wissenswert: Bereits im Alten Testament ist von Gennesaret (Kinneret) die Rede.
📖 **Josua 19,35**; **4 Mose 34,11**; Matthäus 14,22-36; Markus 6,53-56
→ See Gennesaret; siehe Karte Seite 134

Kinneret
Ich durfte im Jahr 1998 an Grabungen in Kinneret teilnehmen und habe neben vielen Knochen und Scherben einen bronzenen Dolch gefunden. Kinneret ist eine Siedlung, die im Alten Testament erwähnt wird und nach der auch der See Gennesaret benannt wurde. Man hat den Ort direkt am See, am „Tell el-Oreme", in vielen archäologischen Grabungen erforscht. Dabei fand man Überreste von Häusern, Straßen, Maueranlagen und viele Gefäße. Menschen lebten in dieser Stadt schon vor und dann während der Zeit der Richter und Könige, also bereits vor über 3.000 Jahren. Die Ergebnisse der Grabungen zeigen, wie die Menschen zur Zeit des Alten Testaments lebten, wie sie wohnten, mit wem sie handelten usw.
Beate Tumat

 Gerber → Sonderseite Handwerkliche Arbeit, Seite 110+111

Gerechtigkeit
Eigenschaft von Gott; auch eine Ordnung, in der alle so behandelt werden, wie es ihrem Verhalten entspricht
Gott ist gerecht. Ein gerechter Mensch ist der, der mit seinem Leben einwandfrei vor Gott bestehen kann. Dazu dürfte dem Menschen kein Fehler passieren, noch nicht mal ein kleiner. Gerecht kann der Mensch von sich aus nicht sein. Deshalb sendet Gott seinen Sohn Jesus. Mit seinem Tod am Kreuz sorgt er dafür, dass die Fehler der Menschen vor Gott nicht mehr zählen und der Mensch gerecht dasteht.
💡 Denk mal! Was findest du ungerecht?
📖 Römer 3,10-18; Römer 4,3
→ Gericht, Recht, Rechtfertigung

 Gericht
Ort, an dem ein Richter das Verhalten von Menschen beurteilt
Wenn Jesus auf diese Welt zurückkehrt, werden alle Menschen von Gott vor Gericht gestellt. Alle müssen ihm Rede und Antwort zu dem stehen, was sie in ihrem Leben gemacht oder angestellt haben. Jeder, der an Jesus glaubt, wird freigesprochen.
💡 Wissenswert: Jesus wird 1.000 Jahre auf dieser Welt herrschen, bevor es zum Weltgericht kommt.
📖 Matthäus 25,31-46; Apostelgeschichte 17,31; 2 Korinther 5,10; Römer 14,10; **Offenbarung 20,6**; Offenbarung 20,11-15
→ Gerechtigkeit, Ewiges Leben

 Gerschom („ein Fremdling dort")
erster Sohn von Mose
Auf der Flucht vor den Ägyptern lässt sich Mose in Midian beim Priester Jitro nieder. Dieser gibt ihm seine Tochter Zippora zur Frau. Das Ehepaar hat zwei Söhne: Gerschom und Eliëser.
💡 Wissenswert: Die Nachkommen von Gerschom wurden zu den Leviten gezählt.
📖 2 Mose 2,22; **1 Chronik 23,14-16**
→ Mose, Midian

 Gesalbter → Salbung

 Gesandter → Bote

 Geschem („Regenguss")
zusammen mit dem persischen Verwalter Sanballat um das Jahr 445 v. Chr. in Jerusalem ein Gegner von Nehemia
Nehemia bemüht sich, die Stadtmauer um Jerusalem wieder aufzubauen. Geschem wirft Nehemia vor, dass er sich gegen den persischen König auflehnt und einen Volksaufstand anzetteln will. Er plant, Nehemia zu ermorden.
💡 Finde heraus, ob Geschem seinen Plan umsetzte.
📖 **Nehemia 2,19**; Nehemia 6,1-9
→ Nehemia, Sanballat

 Geschenk
freiwillige Gabe an eine andere Person
Durch das Schenken zeigt man zur Zeit der Bibel seinen Reichtum, seine Zuneigung oder verspricht dem Beschenkten, dass man ihm treu ergeben ist. Oft wird eine Gegengabe erwartet. Geschenke sind Geld (Silber oder Gold), Duftstoffe (Weihrauch, Myrrhe), Kleider, aber auch Vieh.
💡 Denk mal! Fällt dir eine Geschichte ein, in der Jesus beschenkt wurde?
📖 **Matthäus 2,9-11**; 1 Mose 24,10.22.53; 1 Mose 32,14-17
→ Gnade, Weihrauch

 Geschmeide → Schmuck

Geschur – Gethsemane

 Geschur, Geschuriter
Gebiet nordöstlich vom See Gennesaret und dessen Bewohner
Die Israeliten vertreiben die Geschuriter zunächst nicht, als sie das Land einnehmen. Erst David erobert Geschur und heiratet Maacha, die Tochter von König Talmai von Geschur. Davids und Maachas Sohn Abschalom flüchtet vor seinem Vater zu seinem Großvater.
💡 Finde heraus, warum Abschalom vor seinem Vater flüchtete.
📖 Josua 13,13; 1 Samuel 27,8; 2 Samuel 3,3; **2 Samuel 13,28-39**; **Samuel 15,1-13**
→ David, Abschalom; siehe Karte Seite 132

 Gesetzbuch
die fünf Bücher Mose, auch Thora genannt
Die fünf Bücher Mose enthalten nicht nur Berichte von der frühen Geschichte Gottes mit der Welt und besonders mit seinem Volk (von der Schöpfung bis Mose). Darin finden sich auch Regeln für das Zusammenleben der Israeliten untereinander und den Umgang mit Gott. Sie sind so wichtig, dass Eltern sie ihren Kindern unbedingt beibringen und die Priester sie dem Volk immer wieder erklären sollen. Als Josua die zwölf Stämme Israels in ihre Gebiete im Land Kanaan ziehen lässt, verpflichtet er sie, sich an das Gesetzbuch zu halten.
💡 Finde heraus, was passieren sollte, wenn die Israeliten sich nicht an das Gesetzbuch hielten.
📖 3 Mose 10,8-11; **Josua 23,2-16**
→ Gebot, Verbot, Thora, Mose, Josua

Thora-Rolle mit Zeigestab

 Gesetzeslehrer → Sonderseite Arbeit für Gott, Seite 305
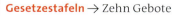 **Gesetzestafeln** → Zehn Gebote
 Gethsemane → Getsemani

🍴 Getränke

Getränke spielen im Alltag Israels eine bedeutende Rolle. Eine ausreichende Flüssigkeitszufuhr ist gerade angesichts der oft großen Hitze überlebensnotwendig. Getränke werden zu jeder Mahlzeit gereicht. Sie werden Besuchern angeboten und bei Feierlichkeiten genossen.

Wasser
Das gewöhnliche Getränk der Israeliten zur Zeit der Bibel ist Wasser. Es wird aus Brunnen oder Zisternen geschöpft. Zuweilen wird das Wasser mit Essig vermischt, damit es schmackhafter wird.
📖 Jeremia 2,13; Markus 15,36

Milch
Milch ist ein beliebtes Getränk. Verwendet wird Milch von Kühen, Ziegen, Schafen und Kamelen. Nicht nur frische, sondern auch sauer gewordene Milch wird getrunken. Sauermilch gilt als ein besserer Durstlöscher als Wasser. Milch wird in Schläuchen aufbewahrt und aus Schalen getrunken.
💡 Wissenswert: Durch das Schütteln der Milch in einem Ziegenfell wurde zur Zeit der Bibel bereits Butter hergestellt und es gab auch schon Quark.
📖 Joel 4,18; 1 Petrus 2,2; 2 Mose 3,8; Sprüche 27, 26-27

Most
Most ist unvergorener oder leicht vergorener Fruchtsaft. Er wird vor allem aus Trauben, aber auch aus Granatäpfeln und anderen Früchten gewonnen. Da die Gärung recht bald einsetzt, gibt es frischen Most nur zur Erntezeit.
💡 Wissenswert: Es gibt Grund zur Freude, wenn Most vorhanden ist, denn es ist ein Zeichen für eine gute Ernte.
📖 Psalm 4,8; Jesaja 24,7

Wein
Aus den Trauben der Weinpflanze wird Fruchtsaft gemacht, der gegoren zu Wein wird. Wein gehört zu den alltäglichen Lebensmitteln der vornehmen und reichen Menschen und wird neben der Milch als häufigstes Getränk in der Bibel erwähnt. Im Neuen Testament wird der Wein zum bedeutenden Symbol für das Blut von Jesus.
📖 Lukas 22,20; Johannes 2,3-11; 1 Mose 9,21
→ Wein

Arbeit im Haus

Arbeit im Haus gibt es viel: Wasserholen, Saubermachen, Kleider herstellen, Kochen und Backen. Einfache Arbeiten verrichten oft Kinder. Frauen sind für die Herstellung von Kleidung (Spinnen und Weben) und für das Brotbacken verantwortlich.

Kleider herstellen/Weber

Kleider stellt man sich selbst her aus Schafswolle, Leder oder aus Flachs. Frauen spinnen Wolle oder Flachs zu Fäden, die dann mit einem Webstuhl gewebt werden. Nur in größeren Städten gibt es Webbetriebe und professionelle Weber (siehe auch Tuchmacher/Zeltmacher, Sonderseite Handwerkliche Arbeit, Seiten 110+111).
→ Flachs, Sonderseite Kleidung, Seite 164+165

Flachspflanze

Speisekarte Alltagsessen

Fladenbrot
Olivenöl zum Eintunken
Gerstenbrei
gekochte Linsen
getrocknetes Obst
Getränk: Wasser mit Essig

Speisekarte Festessen

Fladenbrot
Olivenöl mit Kräutern zum Eintunken
in Öl eingelegtes Gemüse
gekochtes Lammfleisch, Hühnerfleisch oder gebratener Fisch
frisches Obst
Getränke: mit Honig gesüßte Milch, Wein

Brot backen/Bäcker

Viel Zeit am Tag verschlingt die Herstellung des Hauptnahrungsmittels Brot, das es zu allen Mahlzeiten gibt. Zuerst müssen die Frauen Körner für das „täglich Brot" mahlen. Dafür gibt es einfache Steinplatten  und Reibsteine, wobei das Mehl kleine Steinreste enthalten kann und die Arbeit sich über Stunden hinzieht. Zur Zeit des Neuen Testaments gibt es Rundmühlen, die mit der Hand gedreht werden. Damit geht die Arbeit leichter und schneller. Das Mehl müssen die Frauen dann mit Wasser und Sauerteig vermengen. Sie lassen es gären, formen den Teig und backen das Brot in einem offenen Ofen. Männer und Kinder müssen das Feuerholz besorgen. Bäcker gibt es nur am Königshof und in großen Städten – beispielsweise in Jerusalem in der Zeit von Jeremia. Dort gibt es sogar eine Straße der Bäcker.
1 Mose 18,6; 1 Könige 17,12-14; Jeremia 7,18; 1 Mose 40; Jeremia 37,21
→ Brot, Sonderseite Küche, Seite 176+177

Getreide – Gewürze

 Getreide
Grundnahrungsmittel des Menschen, wächst aus der Erde

Zur Zeit der Bibel werden vor allem die Getreidesorten Weizen, Gerste, Spelt (Dinkel) und Hirse angebaut. Aus dem daraus gewonnenen Mehl wird Brot gebacken. Die Getreidekörner werden aber auch als Brei oder über dem Feuer geröstet gegessen.

💡 Finde heraus, wie Josef das Leben der Ägypter rettete.

📖 1 Mose 41,14-36

→ Brot

So geht's:
→ Die Zwiebel in Würfel schneiden und mit etwas Butter in einem großen Topf andünsten.
→ Gemüse klein schneiden, dazugeben und ca. 5 Minuten mitdünsten.
→ Dann die Gerste/Graupen hinzufügen.
→ Alles mit der Brühe ablöschen.
→ Bei mittlerer Hitze mindestens 1 Stunde köcheln lassen.
→ Dann die Sahne unterrühren und mit Salz und Pfeffer abschmecken.
→ Schnittlauch klein schneiden und über die Suppe streuen.

Rezept
Gerstensuppe

Du brauchst:
- 175 g Graupen
- 1 kleine Stange Lauch
- 1 große Karotte
- 1 Zwiebel
- 800 ml Gemüsebrühe
- 1 Becher Sahne
- etwas Schnittlauch
- Salz und Pfeffer

Sehr alter Olivenbaum im Garten Getsemani

Getsemani
(„Ölkelter"/„Ölpresse") großer Garten mit vielen Olivenbäumen nahe Jerusalem am Fuß des Ölbergs

Am Abend seiner Verhaftung geht Jesus mit seinen Jüngern in diesen Garten um dort zu beten. Drei seiner Jünger schlafen ein, während Jesus betet. Judas verrät inzwischen den Männern des Jüdischen Rates, wo sie Jesus finden und gefangen nehmen können.

💡 Finde heraus, welche drei Jünger im Garten einschliefen.

📖 **Markus 14,32-42**; Matthäus 26,36-56; Johannes 18,1-3

→ Ölberg

Die Jünger schlafen im Garten Getsemani

Gewand → Sonderseite Kleidung, Seite 164+165

Gewicht
Gewicht bezeichnet, wie schwer etwas ist; heute wird in Kilogramm und Gramm gemessen

In biblischer Zeit gibt es sehr unterschiedliche Gewichtseinheiten. Die bekanntesten sind Talent und Schekel. Man kann nur ungefähre Werte für ein Talent/Zentner (ca. 40 kg) und einen Schekel/Lot (ca. 12 g) ausmachen. Bekannt sind auch Mine, Beka/halbes Lot und Gera/Gramm. Es gilt: 1 Talent = 60 Minen = 3.000 Schekel = 6.000 Beka = 60.000 Gera.

💡 Schaffst du es, dein Gewicht in biblischen Gewichtseinheiten anzugeben?

📖 **1 Mose 23,16**; 5 Mose 25,13-16; Hesekiel 45,10-12; Micha 6,10-11

→ Geld, Maße

Waage

Gewissen
die innere Stimme, die an das Richtige erinnert

Wer nicht auf sein Gewissen hört, sondern etwas tut, wovon er weiß, dass es nicht richtig ist, hat anschließend ein schlechtes Gewissen. Menschen, die immer wieder gegen ihr Gewissen handeln, hören die innere Stimme immer weniger. Sie stumpfen ab und bringen ihr Gewissen zum Schweigen.

💡 Finde heraus, warum David ein schlechtes Gewissen König Saul gegenüber hatte.

📖 **1 Samuel 24,3-7**; Römer 2,15; 1 Timotheus 4,2

→ David, Saul

Gewissen
Wenn ich etwas getan habe, von dem ich weiß, dass es schlecht oder gemein war, hab ich anschließend ein schlechtes Gewissen. Manchmal treibt mich mein schlechtes Gewissen dazu, auf andere zuzugehen und mich bei ihnen zu entschuldigen. Und ich sage Gott im Gebet, dass es mir leid tut. Dann merke ich, wie es mir wieder leichter ums Herz – und im Gewissen – wird. Es gibt Leute, die wissen, dass etwas schlecht ist, und tun es trotzdem. Wenn man nie auf sein Gewissen hört, dann stumpft es irgendwann ab. „Gewissenlos" sagt man dann über solche Menschen. Ich bitte Gott immer wieder, dass er mir ein „reines Gewissen" erhält, das mich rechtzeitig erinnert, wenn ich was Blödes gemacht habe. Am liebsten sogar noch, bevor ich es tue, damit ich es gar nicht erst tue. **Harry Voß**

Gewürze

Neben den hier erklärten Gewürzen, Kräutern und Süßungsmitteln werden zum Beispiel Minze, Wacholder, Senf, Safran, Thymian, Lorbeer, Dill, Kümmel, Fenchel und natürlich Salz in der Bibel genannt.

→ Salz

Koriander
Koriander ist schon früh als Gewürz und Arzneimittel bekannt und wird in Ägypten und Israel angebaut. Der kleine, runde gelblich-weiße Samen schmeckt getrocknet nach Anis. Er wird gemahlen und über Brot und Gebäck gestreut.

💡 Wissenswert: Die Israeliten in der Wüste erinnerte das Manna an Koriandersamen.

📖 2 Mose 16,31

Zimt
In der Bibel wird der chinesische Zimt erwähnt, der über Mesopotamien und Phönizien nach Israel eingeführt wird. Die getrocknete und gerollte Rinde des Zimtbaums wird allerdings zunächst nicht zum Würzen benutzt. Kleidung und Betten werden mit dem Zimt ebenso parfümiert wie das Salböl. Auch Narde, Krokus, Myrrhe, Weihrauch und Aloë werden als Duftstoffe verwendet.

📖 2 Mose 30,23; Sprüche 7,17

Honig
Da es Zucker zur Zeit der Bibel noch nicht gibt, süßt man Speisen mit Bienenhonig. Er wird ausgepresst und manchmal sogar mit der Wabe gegessen. In späterer Zeit ist auch der Traubenhonig bekannt. Dies ist stark eingedickter Traubensaft. Auch Dattelsirup ist bekannt.

📖 Richter 14,18; Matthäus 3,4; 1 Könige 14,3; Richter 14,9

Essig
Mit Essig bezeichnet man sauer gewordenen, gegorenen Wein. Er wird zum Eintunken von Brot und zum Würzen gebraucht. Die römischen Soldaten machen das Trinkwasser vielfach durch Essig schmackhaft. In der Bibel wird geschildert, dass Jesus während der Kreuzigung Wasser mit Essig in einem Schwamm gereicht bekommt.

📖 Rut 2,14; Markus 15,36; Psalm 69,22

Gibea – Gold

🏠 **Gibea** („Hügel")
Ort im Süden Israels im Stammesgebiet Benjamin
Saul, der erste König Israels, kommt aus Gibea und nutzt den Ort als seinen Herrschaftssitz.
❓ Rate mal: Wer hat Saul zum König gesalbt? a. Salomo b. Samuel c. Mose
📖 **1 Samuel 10,1**; Josua 18,21-28; 1 Samuel 10,26; 1 Samuel 15,34; 1 Samuel 22,6
→ Saul; siehe Karte Seite 133

🏠 **Gibeon** („Hügelort")
bedeutende Stadt im Gebiet des Stammes Benjamin, nordwestlich von Jerusalem
Nachdem die Israeliten bei der Eroberung Kanaans Jericho und Ai vernichtend geschlagen haben, erschleichen sich die Bewohner von Gibeon ein Friedensabkommen mit Josua. In der Nähe von Gibeon wird auch die Stiftshütte vorübergehend aufgestellt.
💡 Finde heraus, worum Josua in seinem Gebet vor der Schlacht gegen die Amoriter um die Stadt Gibeon bat.
📖 **Josua 10,1-2.12**; Josua 18,25; Josua 21,17; 2 Chronik 1,3
→ Josua, Stiftshütte

Schafvlies

👤 **Gideon**
Sohn von Joasch aus dem Stamm Manasse, ein Richter in Israel
Gideon lebt in der Zeit in Israel, als das Volk Israel das Land zwar schon erobert hat, aber häufig von den umliegenden Völkern angegriffen wird. Als die Midianiter immer wieder die Ernten der Israeliten vernichten, beruft Gott Gideon durch einen Engel. Gideon wird auch Jerubbaal („Baal streitet mit ihm") genannt, weil er die Altäre, die dem heidnischen Gott Baal gewidmet sind, zerstört. Gideon wird als Heerführer bekannt, der Gottes Stimme unter anderem in Träumen deutlich hört. Mit einer kleinen Truppe von Soldaten vertreibt er die Midianiter zumindest zeitweise aus Israel. Gideons Leben endet aber nicht gut: Er lehnt zwar die Königswürde ab, die ihm angetragen wird, stellt aber aus eingesammeltem Gold eine Götzenstatue her, die angebetet wird. Die Geschichte von Gideons Nachkommen ist voller Gewalt: sein Sohn Abimelech tötet seine Geschwister. Gideon selbst stirbt in hohem Alter in seinem Heimatort Ofra
💡 Finde heraus, wie Gideon Gott um ein Zeichen bat.
📖 **Richter 6,33-40**; Richter 6,11–8,35; Hebräer 11,32-34
→ Richter, Midian, Midianiter

💧 **Gihon** („Strom")
Quelle östlich von Jerusalem
Unter König Hiskija wird eine technische Meisterleistung vollbracht: Das Wasser dieser Quelle wird durch einen unterirdischen Kanal von 533 m Länge direkt ins Stadtgebiet von Jerusalem geleitet.
💡 Rate mal: Wer wurde an der Gihon-Quelle zum König gesalbt? a. Saul b. David c. Salomo
📖 **1 Könige 1,33-48**; 2 Chronik 32,27-30
→ Schiloach, Hiskija

Gihonquelle

⛰️ **Gilead**
hügeliges und gebirgiges Ostjordanland
Gilead wird durch den Fluss Jabbok in einen südlichen und einen nördlichen Teil geschieden. Der höchste Berg ist der Nebo (808 m). Gilead ist zur Zeit der Bibel bewaldet und bekannt für seine Heilsalbe. Die Stämme Manasse und Gad siedeln dort.
💡 Finde heraus, welche biblische Geschichte mit Gilead zu tun hat.
📖 **1 Mose 31,20-22**; 5 Mose 34,1; 5 Mose 3,12.16; Josua 12,2.5; Josua 13,31
→ Gad, Jabbok, Manasse; siehe Karte Seite 132

Gilgal („Wagenrad")
Ort zwischen Jericho und dem Jordan

Eben im Land Kanaan angekommen, errichtet das Volk Israel zwölf Gedenksteine am Jordan, schlägt sein Heerlager auf und beschneidet die erste Generation des Volkes, die nicht in Ägypten geboren worden ist. Hier feiert das Volk Israel auch das erste Passafest im verheißenen Land.

Finde heraus, warum Gilgal für den Propheten Samuel wichtig war.

Josua 4,19-20; Josua 5,1-12; **1 Samuel 10,8**
→ Beschneidung, Samuel, Passa; siehe Karte Seite 132

Ginsterstrauch → Wacholder

Ginsterstrauch

Girgaschiter
Volksstamm, der vor den Israeliten in Kanaan lebt

Die Girgaschiter stammen von Noachs Sohn Ham ab. Beim Einzug der Israeliten werden sie aus Kanaan vertrieben.

Finde heraus, wie die anderen Söhne von Noach hießen.

1 Mose 7,13; 1 Mose 10,6-20; 5 Mose 7,1; Josua 3,9-13
→ Kanaan, Noach

Glaube
vertrauensvolle Überzeugung

In der Umgangssprache bedeutet Glaube so viel wie Vermutung: „Ich glaube, dass wir morgen frei haben." Der christliche Glaube ist dagegen nichts Unsicheres. In der Bibel wird er so erklärt: „Der Glaube ist ein Überzeugtsein von der Wirklichkeit unsichtbarer Dinge." Gott können wir nicht sehen. Trotzdem können wir überzeugt davon sein, dass es ihn gibt – und dass er so ist, wie er in der Bibel beschrieben wird. Doch der Glaube an Gott ist noch viel mehr, nämlich eine vertrauensvolle, freundschaftliche Beziehung. Ohne solch einen Glauben kann niemand vor Gott bestehen. „Glaube an Jesus, den Herrn, und du wirst gerettet werden", sagt Paulus zum Gefängnisaufseher von Philippi. Das gilt für alle Menschen. Dieser Glaube kann nicht durch ein gutes Leben ersetzt werden, aber er wird sich in einem guten Leben ausdrücken. Aberglaube dagegen ist der Glaube, der sich nicht auf Gott bezieht, sondern auf andere Götter.

Wissenswert: In der Bibel gibt es ein Extrakapitel mit vielen Glaubensvorbildern.

Hebräer 11; Johannes 3,16; Johannes 20,24-29; Apostelgeschichte 16,25-34; Römer 3,28; Römer 10,17
→ Jesus, Vertrauen

Glaube

Der Schauspieler und Filmregisseur Woody Allen soll einmal gesagt haben, er könne sich das Leben ohne sich gar nicht mehr vorstellen ... Ich gebe zu, ich kann mir das Leben ohne Gott gar nicht vorstellen. Felsenfest bin ich davon überzeugt, dass Menschen geschaffen wurden, um mit Gott, nicht ohne ihn, zu leben. Absolut gewiss bin ich mir, dass wir uns die kostbarsten Dinge des Lebens nicht selbst erarbeiten können. Liebe, Vergebung und Treue zum Beispiel. Die will Gott schenken. Glaube bedeutet für mich, nicht mit geballten Fäusten, sondern mit offenen Händen und einem dankbaren Herzen zu leben. Es bedeutet, mein Leben Gott zurückzugeben, mit Haut und Haaren, damit er mich ausfüllt, verwandelt, gebraucht, führt. Glauben heißt, über den Horizont hinaus zu sehen und zu wissen, Gott hält mich und diese ganze Welt in seinen Händen.
Dr. Michael Diener, Präses des Gnadauer Gemeinschaftsverbandes

Gleichnis
bildliche Rede: ein Beispiel, ein Rätsel, ein Sprichwort oder ein Vergleich aus dem Alltagsleben

Jesus erzählt viele Gleichnisse, um den Menschen zu erklären, wie es im Reich Gottes zugeht. Hier ist eine kleine Auswahl von Gleichnissen: Hausbau (Lukas 6,46-49), Aussaat (Markus 4,2-20), Senfkorn (Markus 4,30-34), verlorenes Schaf (Lukas 15,1-7), verlorenes Geldstück (Lukas 15,8-10), Vater und seine zwei Söhne (Lukas 15,11-32), Richter und Witwe (Lukas 18,1-8), böse Weinbergpächter (Matthäus 21,33-46).

Wissenswert: Auch manche Propheten aus dem Alten Testament erzählten Gleichnisse.

2 Samuel 12,1-12; Ezechiel 34,1-24; Lukas 15,1-32
→ Reich Gottes

Gnade
etwas erhalten, was man nicht verdient hat

Gott schafft die Menschen, damit sie mit ihm in Gemeinschaft leben. Doch die Menschen fragen nicht nach Gott und leben ohne ihn. Eigentlich hätten sie dafür Gottes Strafe verdient. Weil Gott die Menschen so sehr liebt, ist er gnädig: Er erlässt den Menschen ihre Strafe. Gottes Sohn Jesus nimmt die Strafe auf sich und stirbt am Kreuz. Weil Gott gnädig ist, wendet er sich den Menschen immer wieder neu zu.

Wissenswert: Diese Worte hängen eng mit „Gnade" zusammen: Liebe, Erlösung, Glauben, Vergebung.

1 Mose 19,19; Matthäus 20,1-16; Epheser 2,8
→ Erlösung, Jesus, Glaube, Vergebung, Liebe

Gold
wertvolles Edelmetall, seit Jahrtausenden verwendet als Zahlungsmittel und Schmuck, zur Herstellung und Verzierung besonderer Gegenstände, z. B. der Bundeslade

Goldenes Kalb – Gott

Gold wird in der Bibel oft erwähnt, um den Wert und die Bedeutung von etwas zu beschreiben. Auch bei der Beschreibung des himmlischen Jerusalem spielt Gold eine wichtige Rolle.
💡 Finde heraus, welche edlen Geschenke die Weisen aus dem Morgenland dem neugeborenen König mitbrachten.
📖 **Matthäus 2,1-12**; 2 Mose 37; Psalm 119,72.127; Offenbarung 21,18-21
→ Goldenes Kalb, Stiftshütte, Bundeslade, Tempel

Goldenes Kalb

 Goldenes Kalb
Götzenbild für das Volk Israel
Als die Israeliten in der Wüste unterwegs sind und Mose längere Zeit weg ist, um auf dem Berg Sinai die Steintafeln mit den Geboten von Gott zu empfangen, drängen sie Aaron dazu, ein Bild von Gott herzustellen. Aaron sammelt Goldschmuck ein und gießt daraus ein Stierbild. In der Zeit der Bibel steht ein Jungstier für Kraft, Stärke und Fruchtbarkeit und wird gerne als Symbol für eine Gottheit verwendet. Als Mose mit den Tafeln vom Berg herabsteigt und das Götzenbild sieht, ist er so zornig über das Volk, dass er die Tafeln zerschmettert.
💡 Finde heraus, warum Mose so zornig war.
📖 **2 Mose 20,4**; 2 Mose 32,1-6; 2 Mose 32,15-24
→ Mose, Aaron, Volk Gottes, Wüste, Sinai, Zehn Gebote, Götze

 Golgatha → Golgota

 Golgota („Schädelplatz")
Hinrichtungsstätte außerhalb der Stadtmauern von Jerusalem
Der Name „Schädelstätte" ist wohl auf die Form des kahlen Hügels zurückzuführen, der heute weitgehend abgetragen ist. Auf diesem Golgota-Hügel steht zur Zeit des Neuen Testaments das Kreuz, an dem Jesus sterben muss. Der Ort der Kreuzigung lässt sich nicht mit Sicherheit festlegen.
💡 Wissenswert: Jesus wurde vermutlich nur etwa 70 Meter von Golgota entfernt bestattet.
📖 Matthäus 27,32-33; Markus 15,20-41; Lukas 23,26-49; Johannes 19,16-42
→ Kreuzigung

Golgota

 Goliat
Riese aus Gat, Soldat im Heer der Philister, der Feinde von Israel
In der Bibel wird beschrieben, dass Goliat über drei Meter groß ist. Er trägt einen Helm, einen Schuppenpanzer und Beinschienen aus Bronze. Der Hirtenjunge David tötet ihn nur mithilfe seiner Steinschleuder. Damit besiegt David nicht nur Goliat, sondern das ganze Heer der Philister.
❓ Rate mal: Wie schwer war allein der Brustpanzer von Goliat? a. 10 kg b. 25 kg c. über 50 kg
📖 **1 Samuel 17,1-9**; 1 Samuel 17,41-54
→ David, Philister, Krieg

 Gomorra
eine von fünf Städten im Tal Siddim, heute wahrscheinlich vom Toten Meer bedeckt
Lot, der Neffe von Abraham (Abram), wählt diese fruchtbare, wasserreiche Gegend als Weideland für seine Herden. In den Städten Gomorra, Sodom, Adma, Zebojim und Bela/Zoar herrscht große Bosheit, deshalb werden sie durch Feuer und Schwefel vom Himmel zerstört (außer Zoar). Abraham versucht, das Urteil Gottes über diese Städte abzuwenden, indem er mit Gott verhandelt.
💡 Wissenswert: Sodom und Gomorra werden in der Bibel als Beispiel für das direkte Gericht Gottes genannt.
📖 1 Mose 14,1-3; 1 Mose 18,16-33; 1 Mose 19; **2 Petrus 2,6**
→ Sodom, Abraham, Lot; siehe Karte Seite 7

 Goren-Atad → Abel-Mizrajim

 Gorgias (A)
Heerführer von König Antiochus IV. Epiphanes
Gorgias kämpft 165 v. Chr. gegen die Juden. An seiner Seite kämpfen 5.000 Fußsoldaten und 1.000 Reiter. Mit Gottes Hilfe und einer klugen Kriegstaktik gewinnt das Volk Israel unter der Führung von Judas Makkabäus den Kampf.
💡 Finde heraus, welche Taktik Judas Makkabäus anwendet.
📖 1 Makkabäer 4,1-25
→ Juda, Israel, Judas Makkabäus (A)

 Goschen
Gebiet in Ägypten zwischen dem östlichen Nildelta und dem heutigen Suezkanal
Der Pharao bietet Josef an, sich mit seinem Vater und seinen Brüdern in Goschen anzusiedeln. Dort leben die Israeliten bis zu ihrem Auszug aus Ägypten.
💡 Wie findest du es, dass der Pharao Josef das Land Goschen richtig aufdrängen musste, obwohl es der beste Teil des Landes war?
📖 **1 Mose 47,1-12**
→ Josef, Pharao; siehe Karte Seite 152

Gott

Info

Name: HERR (hebräisch: „Jahwe")
Mose hat Gott seinen Namen so erklärt:
„Ich bin da!" (2 Mose 3,14)
Bedeutung: Der Name erklärt, was Gott tut:
Er steht zu dem, was er versprochen hat.
Er ist der Retter.
Familie: Eine Familie wie wir sie kennen, hat Gott nicht. Doch es gibt die Dreieinigkeit: Gott ist drei in einem, denn Gott ist Gott-Vater, Gott-Sohn (= Jesus) und Gott-Heiliger Geist.
Geboren: Es gibt Gott schon immer und wird ihn immer geben (Jesaja 40,28; 1 Timotheus 6,16a). Gott ist ewig.
Wohnort: Gott wohnt im Himmel, also in der unsichtbaren Welt. Die ist nicht irgendwo über den Wolken, sondern um uns herum (Psalm 123,1).
Arbeit: Gott macht ganz viel. Zum Beispiel bestimmt er, was in der Welt geschieht und hört die Gebete der Menschen und antwortet darauf.
Wissenswert: Christen glauben an den einen lebendigen Gott, der der himmlische Vater von Jesus Christus ist. In der Bibel kann man von ihm lesen. Menschen können Gott nicht beweisen, aber erleben, weil er sich ihnen mitteilt.

Kreuz

Gott
Vor kurzem habe ich auf einer Karte gelesen: „Ich bin immer da. Gott" Das heißt, ich bin nie allein, nirgends, weil Gott immer bei mir ist. Gerade wenn ich Angst habe, denke ich daran, dass Gott mir das versprochen hat.
Monika Büchel

Der Gott der Bibel

Wie sieht Gott aus?
Gott kann man genauso wenig sehen wie den Wind. Er ist von einem so hellen Licht umgeben, dass sich ihm niemand nähern kann, ohne zu sterben. Zwei Ausnahmen sind Mose und Elija (2 Mose 33,18-23; 1 Könige 19,11-13a).

Wie ist Gott?
- Er ist heilig (Jesaja 6,3).
- Er hat Gefühle, kann sich also freuen, aber auch zornig sein (5 Mose 30,9; Jesaja 57,17).
- Er ist Liebe, ist gut, barmherzig, geduldig, gerecht und treu (Psalm 103,8; 1 Johannes 4,16).
- Er vergibt, wenn Menschen ihn darum bitten (1 Johannes 1,9).

Was macht Gott?
- Er hat das Weltall geschaffen, die Erde mit ihren Tieren und Pflanzen und die Menschen. Alles Leben beginnt durch ihn.
- Er bestimmt, was auf der Welt geschieht, wie zum Beispiel beim Auszug aus Ägypten.
- Er hat den Menschen gute Regeln für das Leben gegeben.
- Er schickte seinen Sohn Jesus auf die Erde, um die Sünden aller Menschen wiedergutzumachen und sie mit Gott zu versöhnen.
- Er hat Wohnungen im Himmel vorbereitet, in die die Christen nach ihrem Tod einziehen werden (Johannes 14,2).
- Er wird eines Tages einen neuen Himmel und eine neue Erde schaffen (Offenbarung 21,1).

Wie können wir Gott anreden?
Jesus hat ihn Abba genannt. Das ist Aramäisch und bedeutet „Vater". Damit hat Jesus ausgedrückt, wie eng er mit seinem Vater im Himmel verbunden ist. Auch wir dürfen Gott so anreden. Deshalb heißt es im Vaterunser „Vater unser im Himmel …".

Das sagen Menschen aus der Bibel über Gott, weil sie ihn so erlebt haben:
- Mein Fels, auf dem ich fest stehen kann (Psalm 18,3).
- Meine Burg, in der ich sicher bin (Psalm 71,3).
- Mein Retter, der mir hilft (Jesaja 12,2).
- Mein Schutz vor denen, die es böse mit mir meinen (Sprüche 30,5).
- Mein Hirte, der mich gute Wege führt (Psalm 23,1).
- Mein Vater, der mir immer wieder Mut gibt (2 Korinther 1,3-4).
- Unser Vater, der uns sehr liebt (1 Johannes 3,1).

💡 **Wissenswert:** Menschen können Gott mit „Vater" anreden, genau wie es Jesus getan hat

📖 Matthäus 6,9

→ Mose, Elija, Schöpfung, Heiliger Geist, Jesus, Zehn Gebote, Vergebung, Versöhnung, Himmel

🕎 Götter und Götzen

Die Israeliten leben zur Zeit der Bibel unter Völkern, die nicht an den Gott Israels, sondern an andere Götter glauben und vor deren Götzenbildern niederknien. Gott dagegen verbietet, dass Menschen sich ein Bild von ihm machen. Er will, dass sein Volk ihn anbetet – niemanden sonst, auch wenn er selbst unsichtbar ist. Der Prophet Jesaja beschreibt im Alten Testament, dass die Götter tote Götzen sind, die nicht handeln und helfen können. Paulus warnt im Neuen Testament davor, dass Menschen, die Götter verehren, dadurch sogar in Kontakt mit bösen Mächten kommen können.
📖 2 Mose 20,3-5; 5 Mose 6,4-5; Jesaja 44,9-20; 1 Korinther 10,14-22

Götze
Götzen sind Statuen und Bilder in Tier- und Menschenform aus Holz, Eisen oder Stein, die einen fremden Gott darstellen. Menschen schaffen sie, um sich an etwas Sichtbarem „festhalten" zu können. Weil sie tote Figuren sind, können sie weder sehen, noch hören, noch helfen.
📖 Psalm 96,5; Jesaja 44,9-20

Hausgott
Hausgötter sind kleine Götterfiguren, von Menschen hergestellt, die zum Beispiel das Haus beschützen sollen. Rahel, Jakobs Frau, stiehlt den Hausgott ihres Vaters, als sie ihre Familie verlässt, um mit Jakob nach Israel zu gehen.
📖 1 Mose 31,30-35

Aschera
Aschera wird zur Zeit der Bibel als Göttin der Fruchtbarkeit für Felder und Tiere von den Völkern im und um das Land Kanaan verehrt. Zuerst glaubt man, sie sei die Mutter vieler Götter, die sie zusammen mit dem Gott El zeugt. Später gilt sie als Ehefrau von Baal. Sie wird in Bildern aus Holz dargestellt. Königin Isebel verehrt Aschera und versorgt 400 ihrer Propheten mit Nahrung.
📖 Richter 3,7; 1 Könige 18,19
→ Kanaan, Isebel

Astarte
Sie ist die Göttin der Fruchtbarkeit, der Liebe und des Krieges und wird zur Zeit der Bibel zum Beispiel in Phönizien verehrt. Manche meinen, Astarte sei nur ein anderer Name für Aschera. König Salomo lässt ihr sogar einen Altar bauen, den König Joschija später abreißt. Zur Zeit des Propheten Jeremia wird sie als „Himmelskönigin" bezeichnet.
📖 2 Könige 23,13; Jeremia 7,18
→ Phönizien, Salomo, Joschija, Jeremia

Baal („Herr", „Gebieter", „Besitzer")
So heißen zur Zeit der Bibel mehrere Götter in Kanaan. Der oberste Baal ist der Wettergott, von dem man glaubt, er schenke gute Ernten. Baal werden Altäre gebaut, auf denen ihm sogar die Israeliten, die nicht mehr nach Gott fragen, Opfer bringen. Er wird besonders unter König Ahab von Israel verehrt, nachdem er Isebel geheiratet hatte.
📖 1 Könige 16,29-32; 1 Könige 18,16-40
→ Kanaan, Altar

Kemosch
So heißt zur Zeit der Bibel der Gott der Moabiter, für den König Salomo eine Opferstätte bauen lässt.
📖 1 Könige 11,7
→ Salomo, Moabiter

Milkom (vielleicht „König")
Milkom ist zur Zeit der Bibel der höchste Gott der Ammoniter. Salomo betet ihn neben anderen fremden Göttern an. Gott bestraft ihn dafür, indem sein großes Königreich nach seinem Tod geteilt wird.
📖 1 Könige 11,3-13.33
→ Ammoniter, Salomo

Moloch (vielleicht „Schande", um Verachtung für diesen fremden Gott auszudrücken, oder einfach „Opfer")
Moloch könnte zur Zeit der Bibel ein Gott der Ammoniter gewesen sein. Ihm opfern Menschen ihre eigenen Kinder, vor allem im Hinnom-Tal bei Jerusalem. Sie werden zuerst getötet und dann auf einem Altar des Moloch verbrannt. Die Könige Ahas und Manasse bringen ein solch schreckliches Opfer. Doch Gott hat das nie gewollt.
📖 3 Mose 18,21; 2 Könige 21,1.6; 2 Chronik 28,1-3

Rimmon („Donnerer")
Rimmon ist ein Gott der Assyrer, den der Feldherr Naaman verehrt.
💡 Wissenswert: Gott sagt über die fremden Götter: „Sie sind alle Nichtse!" (so wörtlich)
📖 2 Könige 5,18; **Psalm 96,5**

Zeus („Himmelsgott")
Er ist zur Zeit der Bibel der oberste der griechischen Götter. Als Paulus und Barnabas die Stadt Lystra besuchen, finden sie dort auch einen Zeus-Tempel. Paulus erzählt von Gott und heilt mit Gottes Kraft einen gelähmten Mann. Die Menschen, die das sehen, meinen, die Götter seien zu ihnen gekommen. Deshalb wollen sie Barnabas als Zeus verehren. Paulus soll der griechische Gott Hermes sein (der Götterbote).
📖 Apostelgeschichte 14,8-13; 2 Makkabäer 6,2

Nisroch
Nisroch ist zur Zeit der Bibel ein eher unbekannter Gott aus Assyrien. Während der Assyrer Sanherib ihn eines Tages im Tempel anbetet, wird er von zwei seiner Söhne umgebracht.
📖 2 Könige 19,37
→ Sanherib

Artemis
Artemis wird bei den Griechen zur Zeit der Bibel als Göttin der Jagd verehrt. Der ihr geweihte Tempel befindet sich in Ephesus. Die Menschen glauben, dass ihr Standbild direkt vom Himmel in den Tempel gefallen ist. Die Silberschmiede in Ephesus verdienen viel Geld, indem sie Figuren von Artemis nachbilden und verkaufen. Deshalb wollen sie nicht, dass Paulus sagt: „Es gibt nur einen Gott, den Vater von Jesus Christus." Bei den Römern entspricht der Göttin Artemis die Göttin Diana.
📖 Apostelgeschichte 19,23-40
→ Ephesus

Gottes Kinder – Hagar

Gottes Kinder
Begriff, der in der Bibel für die Menschen gebraucht wird, die an Gott glauben

Paulus sagt, dass die Christen, die ihr Leben in Gemeinschaft mit Jesus leben, dadurch zu Kindern von Gott werden.

Wissenswert: Gott zeigt uns seine Liebe dadurch, dass wir Gottes Kinder heißen sollen und es auch sind.

1 Johannes 3,1
→ Paulus, Christen

Gottes neue Welt
Welt, die ganz nach Gottes Vorstellungen geschaffen ist

In Gottes neuer Welt sollen Friede und Freude herrschen und keine Tränen sollen mehr vergossen werden. Krankheit, Hunger, Not und den Tod wird es nicht mehr geben. Oft wird in der Bibel auch von einem neuen Himmel und einer neuen Erde gesprochen.

Kannst du dir vorstellen, dass in Gottes neuer Welt Gottes Wohnung bei den Menschen sein wird?

Offenbarung 21,1-3; 2 Petrus 3,13
→ Himmel

Gottesdienst
Feier für und mit Gott; auch das Leben mit ihm

Das Wort bringt zum Ausdruck, worum es geht: In einer Feier „dienen" die Menschen Gott und Gott „dient" ihnen. Im Alten Testament enthält der Gottesdienst verschiedene Bausteine, die aber nicht immer alle vorkommen müssen: Singen, Beten, Loben, Lesen von Texten (z. B. Psalmen), Opfer, Bekenntnis von Schuld und Bitte um Vergebung. Im Neuen Testament treffen sich auch die Christen zum Gottesdienst. Sie ehren Gott, erinnern sich an Jesus Christus und seine Botschaft. Sie feiern gemeinsam das Abendmahl und loben Gott. Die Bibel gibt keinen genauen Ablauf vor. Jesus ist sehr wichtig, dass der Gottesdienst aus dem Herzen kommt. Er darf keine Pflichterfüllung sein. Für den Apostel Paulus ist Gottesdienst viel mehr als sich zu treffen. Er fordert die Christen dazu heraus, ihr ganzes Leben wie einen Gottesdienst zu gestalten. So wird Gott im Leben von Christen sichtbar und andere Menschen entdecken, wer er ist.

Wissenswert: Christen feiern sonntags Gottesdienst, weil Jesus an einem Sonntag vom Tod auferstanden ist. So erinnert jeder Sonntag an das Osterfest.

Markus 16,9; Römer 12,1; Johannes 4,23-24; Epheser 1,12
→ Abendmahl, Gebet, Gemeinde, Ostern

Was findest du blöd im Gottesdienst?

Gottesdienst

Man hört von Gott und trifft andere Menschen, die an Gott glauben. Gottesdienst findet in einer Kirche oder Gemeinde statt. Die Bibel wird von einem Pfarrer/Pastor/Prediger erklärt, wie in Gottes Schule. Wie im Wort schon angedeutet, dient man Gott. Man verbringt Zeit mit Gott und lernt ihn kennen. Es gibt auch Gottesdienst für Kinder: Kindergottesdienst. **Maren, 12 Jahre, und Till, 9 Jahre**

Gotteslästerung
alles, was Gott entehrt

Gotteslästerung ist zum Beispiel verächtliche Beschimpfung, Verhöhnung oder Verfluchung Gottes oder des Gottesnamens. Unglaube, Götzendienst und die Auflehnung gegen Gottes Ordnungen ist ebenfalls Gotteslästerung.

Finde heraus, was in Psalm 97 über Menschen steht, die Götzen anbeten.

Psalm 97,7
→ Gott

Götze → Sonderseite Götter und Götzen, Seite 104+105

  Grab → Sonderseite Tod, Seite 274

Grabhöhle

 Granatapfel → Sonderseite Gemüse und Obst, Seite 94

 Gras
steht in der Bibel oft für Pflanzen, die nach dem Regen wachsen und in der Hitze schnell verwelken. Zu Gras zählen Grasbüschel, Blumen, Kräuter und selten auch Sträucher und Bäume. Gras ist zur Zeit der Bibel wichtig für die Nahrung der Rinder- und Schafherden. Im Neuen Testament wird mehrfach das Gras erwähnt, auf dem Menschen lagern, die Jesus zuhören.

Finde heraus, woran Gott schon bei der Erschaffung der Pflanzen gedacht hat.

Gottes Kinder – Hagar

📖 **1 Mose 1,11-12**; Psalm 129,6; Psalm 147,7-9; Johannes 6,10-11
→ Pflanzen

 Griechenland, Griechen, Griechisch
Land im Süden Europas, dessen Bewohner werden auch als Ionier, Kittäer und Hellenen bezeichnet; Sprache

Griechen werden im Alten Testament als dessen Bewohner bestimmter Inseln im Mittelmeer und der Westküste von Kleinasien beschrieben (Kittäer = Zyprer, Rodaniter = Bewohner von Rhodos). Als Griechen bezeichnet; Sprache man Menschen von griechischer Sprache und Bildung. Im jüdischen Sprachgebrauch werden Nichtjuden als Griechen und somit als Heiden bezeichnet. Die Römer teilen Griechenland in die Provinzen Achaja und Mazedonien ein. Paulus bereist Griechenland auf seiner zweiten und dritten Missionsreise und spricht zu Juden und Griechen.

💡 Wissenswert: Griechisch war zur Zeit des Neuen Testaments die Weltsprache für Handel und Kultur.

📖 1 Mose 10,4-5; Römer 1,16; 1 Korinther 1,22-24; Apostelgeschichte 20,1-3
→ Mazedonien, Paulus, Heiden, Aramäisch

 Groschen → Geld

 Gurke → Sonderseite Gemüse und Obst, Seite 94

 Güte
Frucht des Heiligen Geistes

Als Güte (von gut) bezeichnet man eine wohlwollende und nachsichtige Einstellung gegenüber anderen. Güte bringt man zum Ausdruck, wenn man Gutes tut, gnädig oder barmherzig ist. Güte ist, darüber hinwegzusehen, dass die Geschwister alle Kekse alleine aufgegessen haben, und die nächste Packung trotzdem mit ihnen zu teilen.

💡 Finde heraus, ob Güte auch eine Eigenschaft von Gott ist.

📖 Galater 5,22; **Römer 2,1-4**
→ Heiliger Geist, Barmherzigkeit, Erbarmen, Gnade

Gürtel → Sonderseite Kleidung, Seite 164+165

Haar
lange Hornfäden, entstehen in den Haarwurzeln unter der Haut

Zur Zeit der Bibel tragen in Israel auch die Männer lange Haare, die manchmal geschnitten werden. In der Öffentlichkeit muss die Frau ihre Haare mit einem Tuch oder Schleier bedecken, ansonsten gilt sie als Ehebrecherin. In der Zeit, als Paulus seine Briefe an die Korinther schreibt, gilt im Gottesdienst folgende Vorschrift: Beim Mann darf der Kopf nicht durch einen Hut bedeckt sein, wenn er betet. Bei der Frau aber muss er bedeckt sein. Ist er das nicht, gilt dies als Schande.

💡 Finde heraus, was Haare und Gottes Liebe miteinander zu tun haben.

📖 4 Mose 6,5; 2 Samuel 14,26; **Matthäus 10,30-31**; 1 Korinther 11,6
→ Bar

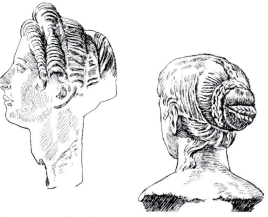

Frisuren zur Zeit der Bibel

 Habakuk („Umarmer")
Prophet aus Juda zur Zeit der Könige Joschija und Jojakim

Über Habakuk weiß man nur sehr wenig, noch nicht mal, wann er genau gelebt hat. Womöglich ist er einer der levitischen Sänger im Tempel. Deshalb ähnelt das Buch Habakuk den Psalmen.

💡 Finde heraus, ob es zur Zeit von Habakuk den Tempel in Jerusalem noch gab.

📖 Habakuk 1,1-4; **Habakuk 2,20**
→ Prophet, Tempel

 Habe → Eigentum

 Haderwasser → Meriba

  Händler → Handel, Händler

 Hagar („Flucht/Flüchtling")
ägyptische Sklavin, gehört zu Abrahams Gefolge

Abrahams Frau Sara kann keine Kinder bekommen. Sie bittet Abraham, ihre Sklavin Hagar zur Frau zu nehmen. Hagar soll für Sara ein Kind zur Welt bringen. Als Hagar schwanger wird, ist Sara eifersüchtig auf sie. Die beiden Frauen streiten sich so sehr, dass Hagar wegläuft. In der Wüste begegnet ihr ein Engel, der sie auffordert, wieder zu Abraham zurückzukehren. Also geht Hagar zurück. Ihren Sohn nennt sie Ismael. Als Sara später ihren Sohn Isaak bekommt, fordert sie Abraham auf, Hagar und Ismael

Haggai – Hand

wegzuschicken. Hagar und Ismael verlaufen sich in der Wüste und drohen zu verdursten. Da begegnet Hagar wieder ein Engel und rettet sie und Ismael.
💡 Finde heraus, wie Hagar in der Wüste gerettet wurde.
📖 **1 Mose 16**; 1 Mose 21,1-21
→ Abraham, Isaak, Ismael, Sara, Beer-Lahai-Roï

 Haggai („der Festliche")
Prophet in der Zeit nach der Babylonischen Gefangenschaft
Über Haggai weiß man nicht viel. Man weiß nicht, wo er geboren wurde. Er könnte an einem Festtag geboren worden sein, worauf sein Name schließen lässt. Haggai arbeitet mit dem Propheten Sacharja zusammen. Im Vergleich zu Sacharja, der drei Jahre lang als Prophet wirkt, weissagt Haggai nur knapp vier Monate lang.
💡 Finde heraus, welcher König zur Zeit von Haggai an der Macht war.
📖 **Haggai 1,1-11**; Esra 5,1-2
→ Prophet, Sacharja

 Hahn
männliches Huhn
Der Hahn wird in der Bibel nur selten erwähnt, am eindrücklichsten im Zusammenhang mit Petrus. Bevor der Hahn kräht, soll Petrus Jesus drei Mal verleugnen. So sagt Jesus es ihm voraus. Zur Zeit der Bibel halten die römischen Soldaten in vier Schichten zu je drei Stunden Nachtwache. Diese Schichten heißen Abend, Mitternacht, Hahnenschrei und Morgen. Als Petrus den Hahn krähen hört, ist es ungefähr drei Uhr morgens.
💡 Finde heraus, was in den Sprichwörtern über den Hahn gesagt wird.
📖 **Sprichwörter 30,29-31**; Johannes 13,36-38; Johannes 18,25-27
→ Petrus

 Hakeldamach → Blutacker

 Halleluja („Lobt Gott!")
Manche Psalmen in der Bibel beginnen und enden mit einem „Halleluja". Im Alltag der Juden ist der Ruf Teil des Gottesdienstes und ist es bis heute auch in der christlichen Liturgie. Es wird wie das „Amen" nicht in andere Sprachen dieser Welt übersetzt.
💡 Hör dir doch einmal das „Halleluja" im Film „Shrek, der tollkühne Held" an. Du findest es im Internet auf YouTube.
📖 Psalm 106; Psalm 113; Psalm 135; Psalm 146–150
→ Amen, Gebet

 Halljahr → Erlassjahr

Ham („heiß")
jüngster Sohn von Noach, Stammvater der Hamiten
Ham zählt nach den biblischen Texten zu den acht Menschen, die die Sintflut überleben. Weil Ham seinen betrunkenen Vater entdeckt, wird er von ihm verflucht. Hams Söhne Kusch, Mizrajim, Put und Kanaan werden erst nach der Sintflut geboren.
💡 Finde heraus, was Ham tat, als er seinen Vater betrunken im Zelt liegen sah.
📖 1 Mose 6,9-10; **1 Mose 9,18-27**; 1 Mose 10,6
→ Noach, Sem, Jafet

 Haman
Sohn von Hammedata, Nachkomme von Agag
Der Jude Mordechai will sich nicht vor dem höchsten Regierungsbeamten des persischen Königs Xerxes verbeugen, er will nur Gott anbeten. Haman veranlasst bei Xerxes einen Beschluss, wonach alle Juden getötet werden dürfen. König Xerxes weiß nicht, dass seine Frau Ester Jüdin ist. Als sie erklärt, dass durch diesen Beschluss auch ihr Leben bedroht ist, lässt Xerxes Haman und seine Söhne hinrichten.
💡 Wissenswert: Während des jüdischen Purim-Gottesdienstes wird in den Synagogen zur Erinnerung an diese Ereignisse das Buch Ester gelesen.
📖 **Ester 3,1-6**; Ester 7,1-7; Ester 7,8-10
→ Xerxes, Ester, Mordechai

 Hanani (Kurzform von Hananja = „Jahwe ist gnädig")
Bruder von Nehemia, Befehlshaber in Jerusalem
Hanani besucht seinen Bruder Nehemia in Persien und berichtet ihm, dass die Stadtmauer und die Stadttore von Jerusalem zerstört sind. Daraufhin bittet Nehemia beim persischen König Artaxerxes um Erlaubnis, die Mauern von Jerusalem wieder aufbauen zu dürfen. Hanani wird von Nehemia die oberste Befehlsgewalt über Jerusalem anvertraut.
💡 Finde heraus, wer neben Hanani die Befehlsgewalt über Jerusalem bekam.
📖 **Nehemia 1,1-3**; Nehemia 7,2
→ Nehemia, Persien, Artaxerxes

Hanani (Kurzform von Hananja = „Jahwe ist gnädig")
Prophet in Juda, lebt etwa 850 v. Chr., Vater des Propheten Jehu

Hanani warnt König Asa, der sein Vertrauen auf den König von Syrien setzt, anstatt sich auf den Gott Israels zu verlassen. Daraufhin lässt Asa ihn ins Gefängnis sperren.

? Rate mal: Was prophezeite Hanani König Asa? a. Du wirst sterben. b. Du wirst ständig Krieg haben. c. Es wird eine Dürrezeit anbrechen.

📖 **1 Könige 16,1**; **2 Chronik 16,7-10**
→ Asa, Prophet

 Hananias („Jahwe ist gnädig")
gehört mit seiner Frau Saphira zur ersten Christengemeinde in Jerusalem

In der ersten Gemeinde in Jerusalem ist es üblich, sich gegenseitig zu unterstützen. Hananias verkauft einen Acker. Einen Teil des Geldes behält er für sich, einen Teil spendet er der Gemeinde. Er tut aber so, als habe er den ganzen Betrag gespendet. Weil Hananias nicht bereit ist, seine Lüge zu bekennen, fällt er tot um.

💡 Finde heraus, was mit Saphira, der Frau von Hananias, passierte.

📖 **Apostelgeschichte 5,1-11**
→ Petrus, Saphira

 Hananias („Jahwe ist gnädig")
Jünger von Jesus, lebt in Damaskus

Hananias wird von Jesus beauftragt, Saulus von seiner Blindheit zu befreien. Hananias hat Angst vor Saulus. Er weiß, dass er die Christen verfolgt. Dennoch macht sich Hananias auf, findet Saulus im Haus eines Mannes namens Judas, legt ihm die Hände auf, befreit ihn von der Blindheit und tauft ihn.

💡 Finde heraus, wie Hananias Saulus ansprach.

📖 **Apostelgeschichte 9,10-18**
→ Paulus, Damaskus

 Hananja („Jahwe ist gnädig")
wird zusammen mit Daniel, Mischaël und Asarja nach Babylon an den Königshof von Nebukadnezzar verschleppt

Hananja erhält in Babylon den Namen Schadrach. Als er sich weigert, ein Götzenbild anzubeten, lässt Nebukadnezzar ihn mit Mischaël und Asarja in einen Feuerofen werfen. Gott rettet die drei Freunde.

💡 Finde heraus, wie Nebukadnezzar auf die Rettung der drei Freunde reagierte.

📖 **Daniel 1,1-7**; **Daniel 3,16-30**
→ Asarja, Daniel, Mischaël, Nebukadnezzar

abc Hand
Körperteil, steht oft für den ganzen Menschen, zum Beispiel bedeuten reine Hände einen reinen Menschen

In der Bibel ist viel von Gottes Hand die Rede. Die Menschen sind durch Gottes Hände geschaffen. Unsere Zeit steht in Gottes Händen. Gott hält uns an der Hand. Oft wird die rechte Hand erwähnt. Sie gilt als Zeichen für Stärke und Macht. Gottes rechte Hand tut Wunder.

💡 Finde heraus, ob David lieber in Gottes Hand fallen wollte als in die der Menschen.

📖 **2 Samuel 24,10-14**; Psalm 8,4; Psalm 31,16; Psalm 73,23; Jesaja 66,2
→ Macht, David, Gott

Rezept

Hamantaschen

Du brauchst für den Teig:
- 250-300g Mehl
- 150g Fett
- 125g Zucker
- 2-3 Esslöffel Milch oder Wasser
- 1 Ei
- 1/2 Teelöffel Vanille
- 1 Teelöffel Backpulver

Alle Zutaten miteinander verkneten und im Kühlschrank ruhen lassen.

Du brauchst für die Füllung:
- 300g Mohnsamen
- 125g Honig
- 60g brauner Zucker
- 1 Prise Salz

Diese Zutaten in einen Topf geben und unter häufigem Rühren aufkochen, bis eine weiche, cremige Masse entsteht.

- 30g Walnüsse oder Mandeln (gemahlen)
- 1 Esslöffel Zitronensaft
- 1/2 Teelöffel Zitronenschale

Zum Schluss die Nüsse, Zitronensaft und –schale mit in den Topf geben und gut verkneten.

Den Teig 3 mm dick ausrollen und 8-10 cm breite Streifen ausradeln. Jeden Teigstreifen in gleichseitige Dreiecke schneiden. Etwas Füllung in die Mitte der Dreiecke geben. Teigränder mit Eiweiß bestreichen, die Ecken nach oben zusammenziehen und gut zusammendrücken. Mit verquirltem Ei bestreichen.
In 2,5 cm Abstand auf ein gefettetes Backblech setzen.
In 15-20 Minuten bei 200°C goldbraun backen.

Handwerkliche Arbeit

Arbeit am Haus

Wer sein Haus zur Zeit der Bibel nicht selbst baut, beschäftigt Bauhandwerker/Bauleute (griechisch: Tekton).

Sonstige handwerkliche Arbeit

Neben den Arbeiten am Haus gibt es weitere Arbeiten, aus denen sich das Handwerk entwickelt. Ganze Handwerkszweige gibt es allerdings wohl erst nach dem Babylonischen Exil, wobei manchmal ganze Sippen und Orte einem Handwerk nachgehen und den Bedarf im Land decken.
📖 2 Mose 35,30-35; Nehemia 11,35

Töpfer

Gefäße aus Ton (Teller, Schalen, Kannen und Krüge) braucht man zur Zeit der Bibel jeden Tag. Selbst Kochtöpfe und Öfen sind aus Ton. Töpfer sammeln die Tonerde und bringen sie in die Werkstatt. Man wässert und reinigt den Ton, mischt ihn mit Häcksel (Strohreste), Sand, zerriebener Keramik oder Kalk, je nachdem, was man herstellen will. Auf einer Töpferscheibe formt man Gefäße, die in der Sonne getrocknet, bemalt oder geritzt („gekämmt") werden. In einem Töpferofen werden sie dann gebrannt, also gehärtet. Dafür braucht man viel Erfahrung.

Kleiner Getreidetopf | Krug, 8. Jahrhundert v. Chr.

Bauhandwerker/Bauleute

Diese können mit Holz, Lehm und Steinen umgehen. Martin Luther übersetzt das Wort mit „Zimmermann", doch gibt es diese Spezialisierung zur Zeit der Bibel noch nicht. Ein Bauhandwerker ist sowohl Zimmermann, Maurer und Steinmetz. Bauhandwerker stellen auch einfache Möbel her und sind somit auch Möbelschreiner. Ziegelmacher ist ebenfalls kein Beruf, eher eine einfache Arbeit, die Sklaven, Diener oder Kinder verrichten. Ziegel macht man, indem man Lehm und Strohreste (Häcksel) mischt und in der Sonne trocknen lässt. Eigene Steinmetze/Steinschneider braucht man jedoch, um einen Palast oder den großen Tempel zu errichten. Sie gehen mit großen Steinen um, die genau aufeinandergeschichtet werden müssen.
📖 Jesaja 3,3; 2 Samuel 5,11; 2 Könige 12,13; Esra 3,7
→ Ziegel

Tuchmacher/Zeltmacher/Tuchfärber
Tücher für Kleider herzustellen ist in biblischer Zeit eigentlich Sache der Frauen (siehe Sonderseite Arbeit im Haus, Seite 97). Große Tücher und die festen Stoffe für Zelte herzustellen ist jedoch auch Arbeit für Spezialisten. Aus Wolle, Ziegenhaar und Flachs werden Tücher angefertigt und gefärbt oder robuste und wasserabweisende Zeltplanen hergestellt. Der bekannteste Zeltmacher ist Paulus, die bekannteste Tuchfärberin ist Lydia.

📖 Apostelgeschichte 18,2-4; Apostelgeschichte 16,14
→ Paulus, Lydia, Zelt

Gerber/Lederhersteller
Leder braucht man auch für den täglichen Bedarf, besonders für Schuhe, Gürtel und Taschen. Es wird aus Tierhäuten mithilfe von Urin hergestellt. Nach jüdischen Vorstellungen ist dies eine unreine Arbeit, die außerhalb des Ortes durchgeführt werden muss. So meidet man Gerber. Petrus besucht einen Gerber und setzt sich über diese Vorschrift hinweg.

📖 Apostelgeschichte 9,43
→ Petrus

Metallarbeiter/Schmiede
Ungewöhnlich ist, dass neben den Hirten und Ackerbauern Kain und Abel bereits in 1 Mose 4 mit Tubal Kain der Stammvater der Schmiede benannt wird. In der Zeit von König Saul gibt es durch die Philister ein Verbot, Metall herzustellen. Auch später gibt es Metallarbeiter wohl vor allem in den Hauptstädten Jerusalem und Samaria. Im Neuen Testament gibt es Schmiede in vielen großen Ortschaften. Sie stellen Waffen, Messer, Sicheln und Pflugscharen, Nadeln und Metallgefäße her. Dazu brauchen sie ein Kohlebecken oder Öfen mit einem Blasebalg, der die Kohle so erhitzt, dass Erz schmelzen kann. Mit Hammer und Amboss wird das Metall in Form gebracht und mit Wasser gehärtet. Da diese Arbeit anstrengend ist, müssen Schmiede Kraft haben.

📖 1 Mose 4,22; 1 Samuel 13,19; 2 Samuel 5,11; 1 Könige 5,21; 1 Timotheus 4,14; Jesaja 44,12; Jesaja 54,16
→ Eisen, Erz, Pflugschar

Handpflug

Gold- und Silberschmiede
Sie sind Kunsthandwerker, die Schmuck, Amulette und Geräte für den Tempel herstellen. Silberschmiede braucht man bereits beim Bau des Tempels Salomos und sie werden schon in der Geschichte vom Auszug aus Ägypten erwähnt. Im Neuen Testament führt der Aufruf zur Abkehr von den fremden Göttern zum Aufstand der Kunstschmiede in Ephesus.

📖 1 Chronik 22,16; 2 Mose 35,30-35; Apostelgeschichte 19,23-40
→ Demetrius, Ephesus

Salbenhersteller/Salbenbereiter
Über Salbenhersteller ist kaum etwas bekannt, doch dienen ihre Produkte dem Wohlbefinden, der Schönheitspflege und der Heilung. Darüber hinaus wird in biblischer Zeit dem König mit Salböl Macht verliehen, wodurch er den Namen „Gesalbter" bekommt und unter Gottes Schutz steht. Als Grundlage für eine Salbe verwendet man Olivenöl, das man mit Gewürzen und Duftstoffen mischt, und Fett. Im Neuen Testament wird Jesus mehrfach gesalbt und später als der Gesalbte (Messias = Christus) bezeichnet.

📖 Psalm 23; Rut 3,3; Markus 6,13; 1 Samuel 16,12-13; Lukas 7,36-50; 2 Korinther 1,21
→ Salbung, Salböl

Willst du selber Salbe herstellen? Du findest ein Rezept für Ringelblumensalbe auf Seite 26.

Salbenfläschchen

Handel – Haus

  Handel, Händler
Kauf und Verkauf von Ware; Umherziehende, die Waren kaufen und verkaufen
Die Israeliten sind zur Zeit der Bibel ein Nomaden- und Bauernvolk. Fremde, die in Israel kein eigenes Land haben, leben vom Handel und tauschen zunächst Ware gegen Ware. Unter König Salomo wird internationaler Handel mit den Phöniziern, den Ägyptern und den Babyloniern gepflegt. Jesus verjagt Händler aus dem Tempel in Jerusalem, weil diese mit ihrem Handel den Tempel entweihen.
💡 Finde heraus, an welchem Ort einer Stadt man sich handelseinig werden konnte.
📖 Johannes 2,13-16; 1 Mose 37,26-28; **2 Könige 7,1**; Amos 8,4-8
→ Nomaden, Salomo, Tempel Herodes des Großen

Handpauke → Sonderseite Instrumente und Musik, Seite 126+127

 Hanna („Anmut")
Ehefrau von Elkana, Mutter von Samuel
Hanna ist kinderlos, im Gegensatz zur zweiten Ehefrau von Elkana, Peninna. Die ärgert Hanna damit und macht sie sehr traurig. Hanna legt ein Gelübde vor Gott ab und verspricht, dass sie ihr Kind Gott überlassen wird. Als Hanna ihren Sohn Samuel zur Welt bringt, erfüllt sie das Gelübde und bringt ihn im Alter von drei Jahren zum Priester Eli. Später bekommt sie noch drei Söhne und zwei Töchter.

💡 Finde heraus, was der Priester Eli im Tempel über Hanna dachte.
📖 1 Samuel 1,1-28; 1 Samuel 2,18-21; **1 Samuel 1,12-18**
→ Eli, Elkana, Samuel, Gelübde

 Hanna („Anmut")
alte Prophetin im Tempel von Jerusalem, Witwe nach nur sieben Jahren Ehe
Hanna verbringt viel Zeit im Tempel, um Gott mit Fasten und Beten zu dienen. Jesus wird als Baby von seinen Eltern in den Tempel gebracht. Als Hanna Jesus sieht, lobt sie Gott und erzählt laut von Jesus, dem Erlöser.
💡 Rechne nach, wie alt Hanna mindestens war, als sie Jesus im Tempel sah.
📖 **Lukas 2,36-38**
→ Jesus, Prophet

 Hanna (A) („Anmut")
Frau von Tobit, Mutter von Tobias
Als Tobit erblindet, verdient sie den Lebensunterhalt durch Webarbeiten. Sie ist zunächst nicht damit einverstanden, dass ihr Sohn Tobias eine weite Reise unternimmt, und wartet jeden Tag sehnsüchtig auf seine Rückkehr.
💡 Kennst du jemanden, der ebenfalls seinem Sohn entgegenläuft und ihm um den Hals fällt?
📖 Tobit 2,11-12; Tobit 5,17-23; Tobit 11,5-9; **Lukas 15,20**
→ Apokryphen, Tobit (A), Tobias (A)

 Hannas (Kurzform von Hananja = „Jahwe ist gnädig")
Oberster Priester von 6 n. Chr. bis 15 n. Chr. in Jerusalem, Schwiegervater von Kajaphas
Hannas und fünf seiner Söhne sind zu verschiedenen Zeiten Oberste Priester. Jesus wird zum Verhör zu ihm gebracht. Auch Petrus und Johannes werden von Hannas verhört.
💡 Finde heraus, was Hannas von Petrus und Johannes wissen wollte.
📖 **Apostelgeschichte 4,5-22**; Lukas 3,2; Johannes 18,12-14; Johannes 18,19-24
→ Oberster Priester, Kajaphas

 Haran
Sohn von Terach, Bruder von Abram (Abraham) und Nahor, Vater von Lot und Milka
Haran stirbt noch vor seinem Vater Terach in Ur in Chaldäa.
💡 Finde heraus, wer Harans Opa war.
📖 **1 Mose 11,24-28**
→ Abraham, Lot, Ur

 Haran
wichtige Handelsstadt in Mesopotamien, ca. 500 km nordöstlich von Damaskus am Fluss Balich gelegen, einem Nebenfluss des Eufrat
Über Haran zieht Terach mit Abram und Lot, als sie aus Ur in Chaldäa kommen. Abrams Familie bleibt erst dort wohnen. Terach stirbt in Haran. Mit 75 Jahren zieht Abram mit seiner Familie weiter nach Kanaan.
💡 Wissenswert: Einige Häuser in der Altstadt von Haran haben noch heute die Form von Bienenstöcken.
📖 **1 Mose 11,31-32**; 1 Mose 12,1-4
→ Abraham, Lot, Mesopotamien, Eufrat; siehe Karte Seite 7

Bienenstock-Häuser

 Harfe → Sonderseite Instrumente und Musik, Seite 126+127

Handel – Haus

Hasaël ("Gott hat gesehen")
Hofbeamter des syrischen Königs Ben-Hadad, später selber syrischer König um 841 v. Chr.
Hasaël ermordet den kranken König Ben-Hadad mit einem feuchten Tuch, nachdem der Prophet Elischa ihm gesagt hat, dass er König von Syrien werden wird. Hasaël führt als syrischer König vierzig Jahre lang Krieg gegen Israel und Juda. Danach wendet sich Gott seinem Volk wieder zu. Hasaël stirbt und sein Sohn wird sein Nachfolger.
💡 Finde heraus, was Hasaël seinem König vom Propheten Elischa ausrichten sollte.
📖 **2 Könige 8,7-15**; 1 Könige 19,15; 2 Könige 13,3
→ Elischa, Ben-Hadad

Hasidäer (A)
fromme jüdische Gruppierung, die sich dem Aufstand der Makkabäer anschließt
Die Hasidäer wollen ihr Leben im völligen Einklang mit den Geboten und Verboten Gottes gestalten. Ihr Einfluss und ihr Ansehen sind groß. Die hasidäische Bewegung zerfällt im späten 2. Jahrhundert v. Chr., aus ihr gehen später die Pharisäer hervor.
💡 Wissenswert: Der Begriff Hasidäer kommt vom hebräischen „hasidim" und bedeutet „die Frommen".
📖 1 Makkabäer 2,42; 1 Makkabäer 7,12-18
→ Makkabäer (A), Mattatias (A), Pharisäer

Hass
starkes Gefühl der Ablehnung, Gegenteil von Liebe
Hass selbst ist nicht unbedingt gut oder schlecht. Es kommt darauf an, was Menschen mit dem Gefühl von Hass machen. Hass kann dazu führen, dass Menschen anderen Menschen sehr weh tun. Im Neuen Testament fordert Jesus dazu auf, die Feinde zu lieben. Andererseits möchte Gott aber, dass Menschen das Böse hassen, das, was von Gott wegbringt.
❓ Rate mal: Was hat Jesus gesagt? „...., die euch hassen."
a. Bestraft die b. Übersieht die c. Tut denen Gutes
📖 Psalm 34,22; Psalm 45,8; Psalm 119,128; Matthäus 5,43-44; **Lukas 6,27**; 1 Johannes 3,15
→ Feinde

Hass
Jemanden nicht mögen. Auf jemanden sauer sein, sich verärgert fühlen. Wut auf einen anderen haben, jemanden anlügen. Über jemanden lästern, mit jemandem streiten und sich gegenseitig ärgern. **Celina, 12 Jahre, und Fiona, 11 Jahre**

Hatach
Diener vom persischen König Xerxes und Königin Ester
Hatach wird von Ester zu ihrem Cousin Mordechai geschickt, der eine schlimme Nachricht erfahren hatte: die Juden im Persischen Reich sollen vernichtet werden. Weil Mordechai den Palastbezirk nicht betreten darf, bringt Hatach mehrere Nachrichten hin und her.
💡 Finde heraus, wo Hatach Mordechai fand.
📖 **Ester 4,3-17**
→ Ester, Mordechai

Hauptmann
Anführer oder Befehlshaber
Im Heer des römischen Reiches führt ein Unterhauptmann (Centurio) 100 Mann an. Auf den Oberhauptmann (Tribunus militum) hören 1.000 Männer. Der oberste Hauptmann befehligt ein ganzes Lager. Jesus heilt einmal den Knecht eines Hauptmanns, der glaubt, dass Jesus schon allein durch seine Worte helfen kann.
💡 Finde heraus, wo dieser Hauptmann stationiert war.
📖 **Matthäus 8,5-13**; Apostelgeschichte 22,26-29; Apostelgeschichte 27,1; 4 Mose 14,4
→ Rom, Römer

Haus → Sonderseite Stadt, Seite 254+255

Vierraumhaus zur Zeit der Bibel, Nachbildung

Haus des Herrn – Heil

 Haus des Herrn → Tempel Salomos

 Hausgemeinschaft
größere Gruppe von Personen, die in einem Haus leben, bestehend aus Familie und Dienerschaft
In Philippi werden Paulus und Silas ins Gefängnis gesperrt. Als sie durch ein Wunder befreit werden, ist der Gefängniswärter so beeindruckt, dass er sich mitsamt seiner ganzen Hausgemeinschaft taufen lässt.
💡 Finde heraus, wessen ganze Hausgemeinschaft ebenfalls durch ein Wunder zum Glauben an Jesus kam.
📖 Apostelgeschichte 16,23-34; **Johannes 4,43-54**; 1 Korinther 1,16
→ Familie

 Hausgesinde („Dienerschaft")
Knechte, Mägde, Sklaven im Haus oder auf dem Hof eines Herrn
Für den Lebensunterhalt und Schutz der Dienerschaft ist der (Haus-)Herr verantwortlich. Irgendeiner vom Gesinde ist praktisch immer im Haus anzutreffen.
💡 Kennst du die kritische Situation aus dem Leben von Josef, als gerade kein Gesinde im Haus Potifars war?
📖 **1 Mose 39,7-18**
→ Familie, Hausgemeinschaft, Josef, Potifar

 Hausgott → Sonderseite Götter, Seite 104+105

 Hazor („Hürde", „Siedlung")
Hauptstadt der Kanaaniter im Norden von Kanaan
Als das Volk Israel unter der Führung von Josua das Land Kanaan erobert, besiegt es auch König Jabin von Hazor und nimmt die Stadt Hazor ein. König Salomo lässt Hazor zur Festung gegen feindliche Übergriffe aus Damaskus und Assyrien ausbauen.
💡 Finde den Namen des assyrischen Königs heraus, der Hazor einnahm.
📖 Josua 11,1-11; **2 Könige 15,27-29**; 1 Könige 9,15
→ Salomo, Assyrien, Damaskus

Ausgrabung bei Hazor

 Heber
Keniter, Nachkomme von Hobab, dem Schwager von Mose, Ehemann von Jaël
In einer Schlacht mit den Israeliten flieht Sisera, der Hauptmann von dem feindlichen König Jabin, in das Zelt von Hebers Frau Jaël. Die tötet Sisera und die Richterin Debora lobt sie dafür in ihrem Siegeslied.
💡 Finde heraus, an welchem Ort Heber sein Zelt aufgeschlagen hatte.
📖 **Richter 4,11-24**; Richter 5,24
→ Debora, Richter, Jabin, Hazor

 Hebräer, Hebräisch
Volk; Sprache, in der bis auf wenige Kapitel die Bücher des Alten Testaments geschrieben sind
Zur Zeit des Alten Testaments werden die Israeliten auch Hebräer genannt. Meist von anderen, die nicht zu ihrem Volk gehören, oder wenn sie sich Leuten aus anderen Völkern vorstellen. Abraham wird als „der Hebräer" beschrieben. Als die Israeliten in Ägypten leben, spricht der König dort zu den „hebräischen" Hebammen und sie sprechen ihm gegenüber von den „hebräischen" Frauen. Auch Jona stellt sich den Schiffsleuten als „Hebräer" vor. In der Apostelgeschichte im Neuen Testament wird unterschieden zwischen griechisch sprechenden Juden und Hebräern. Hebräer scheinen dabei Juden zu sein, die auch Hebräisch als Muttersprache sprechen.
💡 Finde heraus, wer sich im Neuen Testament selbst als Hebräer bezeichnete.
📖 1 Mose 14,13; 2 Mose 1,15-22; Jona 1,9; Apostelgeschichte 6,1; **Philipper 3,5**
→ Aramäisch, Abraham, Jona, Juden

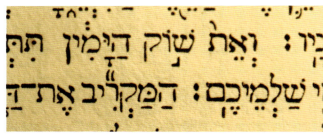

Hebräische Schriftzeichen

 Hebron („Bündnis")
Stadt, die 30 km südlich von Jerusalem an der Straße nach Beerscheba liegt; Kirjat-Arba ist der ältere Name der Stadt
Abraham lebt längere Zeit in Hebron und erwirbt hier sein Familiengrab. Die Kundschafter, die Josua in das Land Kanaan schickt, kommen bis nach Hebron.
❓ Rate mal, wer in Hebron zum König gesalbt wurde.
a. Saul b. David c. Salomo
📖 **2 Samuel 2,2-4**; 2 Samuel 5,3; 1 Mose 13,18; 4 Mose 13,17-22
→ Abraham, Josua; siehe Karte Seite 7

Haus des Herrn – Heil

Blick auf Hebron heute

Heer
Gruppe bewaffneter Männer, die ihr Volk schützen und gegen Feinde kämpfen

Zur Zeit des Alten Testaments wird ein Heer oft nur dann zusammengerufen und aufgestellt, wenn es wirklich gebraucht wird. König Saul wählt 3.000 Männer als „stehendes Heer". Als Jesus auf der Erde lebt, sind Soldaten des römischen Weltreiches auch in Israel stationiert.

Finde heraus, in welcher Geschichte ein Heer aus Engeln vorkommt.

Lukas 2,13; Richter 4,4-14; 1 Samuel 13,2; Josua 5,14; Matthäus 26,53

→ Krieg

Heerführer
ein Heerführer sagt den Kämpfern, wer was zu tun hat

Heerführer in Israel sind Richter, Könige oder auch erfahrene, bewährte Soldaten. Zu Davids Königszeit ist Joab Heerführer. In der Geschichte des Volkes Israel kommt es mehrmals vor, dass Gott den Heerführern sagt, was sie tun sollen.

Finde heraus, was Heerführer Gideon mit den Soldaten machte, die Angst vor dem Kampf hatten.

Richter 6,33-40; **Richter 7,3**

→ Krieg

Hegai
Hofbeamter von König Xerxes in Persien

König Xerxes lässt schöne junge Frauen aus seinem Land zum Palast bringen, um sich eine von ihnen als Königin auszusuchen. Diese Frauen leben unter Hegais Obhut im Frauenhaus der Burg Susa. Hegai sorgt für sie und ihre besondere Schönheitspflege. Ein ganzes Jahr bekommen sie Massagen mit duftenden Ölen und Salben.

? Rate mal, wen Hegai besonders gut versorgte.
a. Königin Waschti b. Ester c. Mordechai

Ester 2,1-18

→ Ester, Xerxes

Heiden
im Alten Testament Menschen außerhalb des jüdischen Volkes Israel; „Heiden" kann auch einfach „Völker" bedeuten

Kennzeichnend für Heiden ist, dass sie Gott nicht kennen. Sie kennen und beachten auch seine Gebote nicht und leben nicht danach. Schon im Alten Testament gibt es Beispiele dafür, dass Heiden sich zu Gottes Volk hielten. Durch Jesus wird endgültig deutlich, dass Gott alle Menschen zu sich einlädt. Nach seiner Auferstehung schickt Jesus seine Jünger in die ganze Welt, damit alle Völker das Evangelium hören und Jünger von Jesus werden können.

Finde heraus, welche Heidin zu Gottes Volk gehören wollte.

Josua 2; Rut 1,6-16; 2 Könige 16,3; Matthäus 28,18-20

→ Christen, Volk Gottes

Heidenchristen
Nichtjuden, die zum Glauben an Gott kommen

Während einer Predigt von Petrus kommt der Heilige Geist auch zu Nichtjuden. Die Christen jüdischer Herkunft staunen sehr darüber. Es wird deutlich, dass Gott sich nicht nur den Juden zuwendet, sondern allen Menschen. Vor allem durch den Apostel Paulus wachsen danach heidenchristliche Gemeinden. Zunächst lassen sich die Heidenchristen nach jüdischem Brauch beschneiden. Paulus erklärt, dass die Beschneidung für Christen nicht wichtig ist, sondern der Glaube.

Finde heraus, in wessen Haus Petrus seine Predigt hielt.

Johannes 10,16; **Apostelgeschichte 10,34-48**; Römer 4,12

→ Apostelkonzil, Glaube, Petrus, Paulus, Judenchristen

Heil
so sein, wie Gott es sich vorgestellt hat

Heil meint in der Bibel so viel wie Rettung und das damit verbundene Glück. Die Beziehung zwischen Gott und den Menschen ist durch den Sündenfall zerbrochen. Alle menschlichen Versuche, diese kaputte Beziehung zu heilen, sind vergeblich. Weder Opfer noch gute Taten können die Menschen wieder in die Gemeinschaft mit Gott zurückbringen. Nur Jesus konnte diesen Bruch wieder heil machen. Er hat das getan, indem er für die Sünden der Menschen am Kreuz starb. Wer an ihn glaubt, erlebt dieses Heil. Ein Beispiel dafür ist der oberste Zolleinnehmer Zachäus. Als er an Jesus glaubt, sagt dieser zu ihm: „Heute ist diesem Hause Heil widerfahren." Eine andere Möglichkeit, heil zu werden, gibt es nicht. Der Apostel Petrus hat das so ausgedrückt: „Jesus Christus und sonst niemand kann die Rettung bringen. Auf der ganzen Welt hat Gott keinen anderen Namen bekannt gemacht, durch den wir gerettet werden könnten."(GNB)

Finde heraus, was Gott für alle Menschen will.

Johannes 14,6; Lukas 19,1-10; Apostelgeschichte 4,12; 1 Timotheus 1,15; **1 Timotheus 2,4**

→ Schuld, Jesus, Auferstehung, Erkenntnis

Heiland → Jesus

 Heilig/Heiligkeit („Gott gehören" oder „für Gott da sein")
ohne Schuld und Fehler sein

Gott ist heilig, durch und durch. Er will, dass auch die Menschen heilig sind. Nur so können sie Gemeinschaft mit ihm haben. Christen werden „Heilige" genannt, weil Jesus sie durch seinen Tod am Kreuz heilig gemacht hat. Wer heilig ist, soll auch heilig leben, also nach Gottes Willen.

Wissenswert: In der Bibel ist auch von heiligen Orten („Heiligtum") oder heiligen Gegenständen zu lesen.

3 Mose 19,1-2; Römer 1,7; Römer 6,22; Kolosser 1,22; **2 Mose 30,22-33**

→ Heil, Jesus

 Heilige Schrift → Bibel

 Heiliger Geist
ein Teil von Gott; tröstet, ermutigt und hilft, Gott zu verstehen

Die Taube gilt als Zeichen für den Heiligen Geist

Jesus hat ihn einmal als „Finger Gottes" bezeichnet. Der Heilige Geist ist sozusagen der „verlängerte Arm" Gottes. Jedenfalls ist er kein Gespenst. Auch keine unpersönliche Kraft wie zum Beispiel Strom. Der Heilige Geist ist eine unsichtbare Person, die „dritte Person des dreieinigen Gottes". Im Alten Testament bekommen nur ganz wenige Menschen den Heiligen Geist, vor allem Richter, Propheten und Könige, zum Beispiel David. Seit der „Ausgießung" des Heiligen Geistes an dem Pfingstfest vor rund 2.000 Jahren bekommt ihn jeder, der an Jesus Christus glaubt. Er ist wie ein Siegel, mit dem Gott sein Eigentum kennzeichnet. Der Heilige Geist hilft Christen, so zu leben, wie Gott es will. Aber er zwingt niemand dazu. Der Heilige Geist lässt Geistesfrüchte wie Freude und Frieden wachsen und teilt Gaben zu.

Finde heraus, wobei der Heilige Geist hilft.

1 Samuel 16,13; Johannes 14,16-18; Johannes 16,5-15; Apostelgeschichte 2,1-21; Apostelgeschichte 2,38; **Römer 8,26**; 1 Korinther 12; Epheser 1,13-14

→ Frucht des Heiligen Geistes, Gaben des Heiligen Geistes

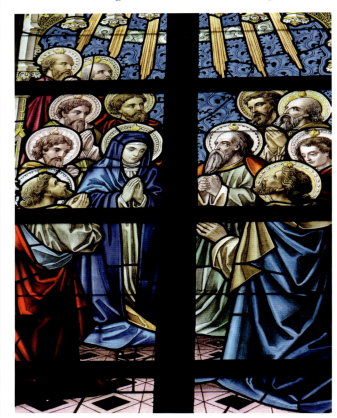
Kirchenfenster mit der Pfingstszene

Heiliger Geist
Heiliger Geist, das heißt für mich: Gott ist mir ganz nahe. Denn der Heilige Geist ist ja Gottes Geist. Durch ihn ist Gott bei mir, auch wenn ich ihn nicht sehe. Gottes Geist sagt mir, dass ich Gottes Kind bin. Ich kann wissen, ich gehöre ganz zu ihm. Gottes Geist zeigt mir, dass Gott mich liebt, mehr noch, er legt mir diese Liebe in mein Herz hinein. Das gibt mir die Kraft, dass auch ich ihn lieben kann, und nicht nur ihn, sondern auch all die anderen Menschen, die Gott liebt. Weil mich Gottes Geist bewegt, kann ich mich zu Jesus bekennen und Gott von ganzem Herzen loben.
Dr. Walter Klaiber, Bischof a. D. der Evangelisch methodistischen Kirche

Heiliges Volk („abgesondert", „nicht gewöhnlich")
ausgewähltes Volk Gottes; Menschen, die zu Gott gehören

Gott ist heilig. So soll auch sein Volk sein. Gott hat sich ein Volk ausgesucht und erwählt: Israel. Mit Abraham macht er den Anfang und dessen Nachkommen gehören dazu. Sie sollen sich unterscheiden von anderen Menschen, den Heiden. Gott gibt seinem Volk Gebote, die zu einem guten Leben helfen: in der Beziehung zu Gott und im Zusammenleben mit anderen Menschen.

💡 Finde heraus, wozu durch Jesus alle Menschen gehören können.
📖 **Epheser 2,11-19**; Epheser 3,6; 2 Mose 19,6; 3 Mose 19,2; Jeremia 7,23
→ Heiden, Gesetz, Abraham

 Heiliges Zelt → Stiftshütte

 Heiligtum → Tempel Salomos

 Heilung
gesund werden am Körper und an der Seele
Vor allem Jesus hat Menschen geheilt. Oft werden die Kranken allein schon dadurch gesund, dass Jesus etwas sagt und sie ihm vertrauen. So können z. B. Blinde sehen, Gelähmte wieder gehen. Jesus nimmt sich für die Kranken Zeit, sieht ihre Not und hilft. Er heilt nicht nur den Körper, sondern auch die Seele. Denen, die dies miterleben, zeigt er dabei Gottes Kraft.
💡 Finde heraus, wie vier Freunde dazu beitrugen, dass ein Gelähmter gesund wurde.
📖 **Markus 2,1-12**; Markus 10,46-52; Johannes 5,1-9; Apostelgeschichte 3,1-10
→ Heil, Arzt

 Heliodor (A)
Beamter von König Seleukus
Heliodor soll den Tempelschatz in Jerusalem beschlagnahmen. Im Tempel erscheinen ihm plötzlich ein Reiter mit seinem Pferd und zwei Männer. Heliodor wird verprügelt und muss sein Vorhaben aufgeben.
💡 Finde heraus, was Heliodor König Seleukus berichtete.
📖 2 Makkabäer 3,13-30; **2 Makkabäer 3,35-39**
→ Tempel Salomos, Onias (A)

 Heman („treu")
Sohn von Joël, Enkel von Samuel, Sänger und Musiker aus dem Stamm Levi, auch Prophet
Heman ist namentlich bestimmt, zu Gottes Ehre zu singen und zu musizieren. Als David die Bundeslade nach Jerusalem bringt und als Salomo den Tempel einweiht, singt Heman mit vielen anderen. Auch Hemans 14 Söhne werden Sänger.
💡 Finde heraus, welches Instrument Heman spielte.
📖 **1 Chronik 15,14-19**; 1 Chronik 6,16-18; 1 Chronik 25,4-6; 2 Chronik 5,2-14
→ David

Heiland – Hermon

  Henker → Sonderseite Arbeit für einen Herrscher, Seite 158+159

 Henoch („der Geweihte", „der Eingeweihte")
Sohn von Jered, Nachkomme von Adam in der siebten Generation
Weil Henoch so großes Vertrauen zu Gott hat, wird er im Alter von 365 Jahre, ohne sterben zu müssen, von Gott in den Himmel genommen. Sein Vertrauen ist so beispielhaft, dass er im Hebräerbrief erwähnt wird.
💡 Wissenswert: Es gibt im Judentum ein eigenes Buch, das nach Henoch benannt wurde, in dem Weissagungen über die letzte Zeit der Welt stehen.
📖 1 Mose 5,21-24; Hebräer 11,5
→ Paulus, Hebräer, Adam

 Herberge
Unterkunft und Übernachtungsmöglichkeit für Reisende
Zu biblischen Zeiten wird Gastfreundschaft sehr wichtig genommen. Daher kommen Reisende oft in Privathäusern unter. Öffentliche Herbergen sind einfach eingerichtet: Um einen Innenhof mit Brunnen herum befinden sich Räume ohne Möbel. Der Reisende schläft auf dem Boden und deckt sich mit seinem Mantel zu. Manchmal kann er dort etwas zu essen kaufen.
💡 Wissenswert: Das Wort Herberge bedeutete ursprünglich „Heerlager" oder „Unterkunft für das Heer".
📖 Richter 19,15-21; Lukas 2,7; Lukas 10,34-35
→ Gastfreundschaft

Gasthaus in der Wüste Negev

 Herbstfasten → Versöhnungstag → Sonderseite Biblische Feste, Seite 76+77

 Herd → Sonderseite Küche, Seite 176+177

 Hermon
Bergmassiv, bei dem heute die Länder Syrien, Libanon und Israel aneinander grenzen
Der höchste der drei Gipfel ragt 2.814 m hoch. Der Hermon ist teilweise bewaldet, an manchen Stellen liegt das ganze Jahr Schnee. Das Schmelzwasser speist die Jordanquellen. Nach Israels Einzug ins Land Kanaan reicht die eine Hälfte

Herodes – Himmel

des Stammesgebietes bis zum Berg Hermon.
- Finde heraus, welche Tiere auf dem Hermon lebten.
- Hoheslied 4,8; Psalm 133,3; 5 Mose 3,8
→ Jordan, Israel, Libanon, Syrien; siehe Karte Seite 132

Bergmassiv Hermon

Herodes („heldenhaft")
mehrere Herrscher oder Könige tragen diesen Namen, sie sind miteinander verwandt, unterscheiden sich aber durch einen zweiten Namen oder Namenszusatz

● Herodes der Große (37–4 v. Chr.): Als er König ist, kommen die Weisen aus dem Morgenland und fragen nach dem neugeborenen König (Jesus). Herodes hat Angst um seinen Thron. Weil er will, dass Jesus ganz sicher stirbt, ordnet er an, dass alle kleinen Kinder in Betlehem getötet werden.
● Herodes Antipas, Sohn von Herodes dem Großen, herrscht von 4 v. Chr. – 39 n. Chr.. Er lässt Johannes den Täufer gefangen nehmen und töten. Jesus wird ihm vorgestellt, nachdem der von Pilatus verhört worden ist.
● Philippus, Bruder von Herodes Antipas (siehe auch Herodias)
● Herodes Agrippa I., Enkel von Herodes dem Großen: Von ihm wird in der Apostelgeschichte erzählt. Er lässt den Jünger Jakobus töten und Petrus gefangen nehmen.
● Herodes Agrippa II., Sohn von Herodes Agrippa I.: ihm wird der Apostel Paulus als Gefangener vorgestellt. Herodes hält ihn aber für unschuldig.
- Finde heraus, wie Gott Petrus vor Herodes Agrippa I. in Sicherheit brachte.
- Apostelgeschichte 12,1-17; Matthäus 2; Lukas 3,1; Lukas 23,6-12; Matthäus 14,1-12; Apostelgeschichte 25,13-27; 26,1-32
→ Herodias, Jesus, Johannes der Täufer, Jakobus, Petrus, Pilatus

Herodias
Enkelin von Herodes dem Großen
Herodias heiratet ihren Onkel Philippus (Bruder von Herodes Antipas). Später verlässt sie ihn und ist mit ihrem anderen Onkel (Herodes Antipas) zusammen. Als Johannes der Täufer sagt, dass das nicht in Ordnung ist, sorgt Herodias dafür, dass Johannes ins Gefängnis kommt und getötet wird.
- Finde heraus, wem Herodias diese schlimme Idee ins Ohr flüsterte.
- Markus 6,17-29
→ Herodes, Johannes der Täufer

Herrlichkeit
Gottes Heiligkeit und Macht werden sichtbar
Ursprünglich meint das hebräische Wort für Herrlichkeit „Gewicht haben". Es geht also darum zu zeigen, dass ein Herrscher besonders wichtig ist. Wenn von Gottes Herrlichkeit gesprochen wird, geht es um mehr: Es geht darum, wie seine Heiligkeit, seine Ehre, sein Ruhm in einem (Licht-) Glanz deutlich werden. Im Neuen Testament wird Jesus als der vorgestellt, durch den Gott in seiner Herrlichkeit gesehen werden kann. Weil der Heilige Geist in der Gemeinde wirkt, erkennt man die Herrlichkeit und Heiligkeit Gottes auch an ihr.
- Finde heraus, wer einmal Gottes Herrlichkeit hautnah erleben durfte und wie das war.
- 2 Mose 33,18-23; Psalm 104,31; Markus 9,2-10
→ Heiliger Geist, Gemeinde, Heiligkeit

Herrscher
Oberhaupt eines Stammes, Volkes oder Landes
Die Bibel beschreibt Gott als den Herrscher über alles. Wie ein mächtiger König kann er bestimmen, was geschehen soll. Aber seine Macht geht weit über diese Erde hinaus. Er regiert auch über die Welt, die die Menschen nicht sehen können. Dabei ist Gott kein Herrscher, der alleine herrschen möchte. Deshalb gibt er z. B. dem Menschen den Auftrag, sich um die Erde zu kümmern und sie zu bebauen und zu bewahren – also über sie zu herrschen.
- Wissenswert: Gottes Reich ist ein Friedensreich.
- 1 Mose 1,28; Psalm 145,13; **Jesaja 9,5-6**; Matthäus 6,10
→ Reich Gottes, Vaterunser

Herz
Organ, in der Bibel aber auch Sitz der Gefühle, des Wissens und des Willens
Das Herz beschreibt ganz vieles, was in uns Menschen vorgehen kann. Josefs Brüdern rutscht es in die Hose, d. h. sie bekommen Angst. Der Pharao macht sein Herz hart. Es kann betört werden, erfreut, verzagt, zerbrochen, rein oder falsch sein. Was im Herzen ist, wissen nur wir selbst und Gott. Er weiß, was wir vorhaben, was wir denken und fühlen. Vor allem weiß er, wer wir sind und wie wir sind. Wo „Herz" steht, könnte manchmal auch „ich" stehen. So heißt z. B. „Danach sehnt sich mein Herz" eigentlich: „Danach sehne ich mich." Das Herz steht also für den ganzen Menschen, für das, was er fühlt, wünscht, plant und will.
- Wissenswert: Auch Gottes Herz kann voller Liebe, Schmerz und Mitleid sein.

📖 5 Mose 6,4-5; 1 Samuel 16,7; 1 Könige 2,9; Hiob 19,27; Lukas 6,45; Hosea 11,8

Hesekiel → Ezechiël

Het, Hetiter
Urenkel von Noach und zugleich ein Name für ein Volk
Het gehört zur Familie von Noach. Hets Vater Kanaan ist ein Enkel von Noach. Als Noach mit seinen Söhnen die Arche verlässt, besiedeln seine Söhne Sem, Ham und Jafet und deren Kinder das Land. Sie breiten sich immer weiter aus. Auch Het, seine Familie und seine Nachkommen besiedeln ein Gebiet. Das Volk, das dort entsteht, wird „Hetiter" genannt. Bei den Männern, die David auf der Flucht vor König Saul begleiten, ist der Hetiter Ahimelech dabei. Und im Harem von König Salomo befinden sich hetitische Frauen.
💡 Finde heraus, welchen Hetiter König David umbringen ließ.
📖 1 Mose 10,15; 1 Mose 15,1-20; 1 Samuel 26,6; **2 Samuel 11,14-27**; 1 Chronik 1,13
→ Noach, Josua, David, Uria

abc Heuchelei
Vortäuschen von Gefühlen, die man in Wahrheit gar nicht empfindet
Die Vortäuschung wird genutzt, um daraus einen Vorteil zu ziehen. In der Bibel wird Heuchelei oft auch in Bezug auf den Glauben verwendet. Wer Gott vortäuscht, sich für ihn zu interessieren, ohne wirklich an ihn zu glauben, heuchelt Gott etwas vor.
💡 Finde heraus, warum ein Mensch Gott nichts vorzumachen braucht.
📖 Psalm 78,36-39; **Psalm 139,1-18**
→ Gott, Lüge

Heuchelei
Wenn ich ehrlich bin, muss ich zugeben, dass ich manchmal ein Heuchler bin. Wenn ich Menschen treffe, die ich nicht mag, tue ich manchmal so, als würde ich mich über die Begegnung freuen. Oder ich bin besonders freundlich zu Menschen, weil ich etwas von ihnen will. Das ist eigentlich nicht richtig. Ich finde es aber gar nicht leicht, immer die Gefühle zu zeigen, die ich gerade habe. Besonders dann, wenn ich Menschen dadurch verletzen würde, wenn sie wüssten, was ich gerade wirklich fühle oder über sie denke.
Michael Jahnke

Heuschrecken
hüpfendes oder fliegendes Insekt aus der Ordnung der Kurzfühlerschrecken
In der Bibel wird die Heuschrecke unter zehn verschiedenen Namen erwähnt. Die Schwärme der Wanderheuschrecken

Heuschrecke

sind gefürchtet, weil sie die Felder kahlfressen. So erleben die Ägypter dies als achte Plage, die Gott als Strafe dafür schickt, dass der Pharao das Volk Israel nicht aus der Sklaverei freilassen will. In Salzwasser gekocht oder getrocknet, gemahlen und zum Brotgetreide gemischt werden Heuschrecken zur Zeit der Bibel gegessen.
💡 Finde heraus, wer sich von Heuschrecken und Honig ernährte.
📖 2 Mose 10,1-20; **Matthäus 3,4**
→ Plagen, Pharao, Ägypten

Hilkija („mein Besitz ist Gott")
ein Oberster Priester aus der Zeit um 620 v. Chr.
Während der Renovierung des Tempels in Jerusalem findet Hilkija eine Buchrolle. Sie enthält Gottes Gesetze. Hilkija sorgt dafür, dass König Joschija diese Buchrolle bekommt. Beim Lesen entdeckt Joschija: Wir leben nicht so, wie Gott es sich wünscht. Hilkija soll daraufhin mit anderen zusammen Gott befragen, was nun zu tun ist. In der Folge wollen sich Joschija und das Volk Israel wieder an Gottes Gesetze halten.
💡 Wissenswert: Gott wollte, dass jeder König von Israel Gottes Gesetze immer in seiner Nähe hat, damit er sie regelmäßig liest und sie ihm bei seinen Aufgaben helfen.
📖 **5 Mose 17,18-19**; 2 Könige 22–23; 2 Chronik 34
→ Oberster Priester, Joschija, Schafan

abc Himmel
Raum über der Erde und Ort, an dem Gott ist
Die Bezeichnung Himmel kann zwei unterschiedliche Bereiche bezeichnen: Zum einen meint „Himmel" den Raum, der sich über der Erde befindet. Das ist der Lebensraum für die Vögel oder der Ort, wo sich Sonne, Mond und Sterne befinden. Zum anderen bezeichnet „Himmel" den Bereich, an dem Gott zu finden ist. Das Kommen von Jesus auf die Erde wird als „Herabsteigen" oder seine Rückkehr zu Gott als „Himmelfahrt" beschrieben. Das heißt aber nicht, dass Gott nur im Himmel ist. Er hat alles geschaffen, also kann er auch überall sein. Aus Sicht des Menschen sind Gott und Himmel miteinander verbunden: Beides ist größer, höher und mächtiger. Aus diesem Grund ist Gott dort zu finden, gleiches gilt für seine Engel. Christen glauben, dass sie nach dem Leben auf der Erde bei Gott sind – ohne dass dieser Ort dort zu finden ist, wo die Wolken sind.
💡 Finde heraus, was es im Himmel reichlich gibt.
📖 5 Mose 4,39; Psalm 2,4; Matthäus 6,9; Jesaja 57,15; **1 Korinther 6,19**; Galater 2,20
→ Engel, Ewigkeit

Himmelfahrt – Hobab

Himmel
Bei Himmel denke ich an Feste mit Gott. Es soll dort ganz viel Kuchen geben. Und ich will auf einem weißen Pferd blitzschnell reiten. Es wäre auch schön, wenn dort ein großes Trampolin stünde. Haushoch würde ich dann springen. Den Himmel stelle ich mir sehr schön vor. **Hanna, 9 Jahre**

Himmel
Man kommt in den Himmel, wenn man an Jesus glaubt und ihm vertraut. Jesus kam vom Himmel als Mensch auf die Erde und von der Erde ging er wieder in den Himmel. Gott lebt im Himmel und wartet sehnsüchtig auf uns. Er hat schon für jeden Menschen ein Haus gebaut, sogar richtige Luxusvillen! Und das Coolste: Im Himmel wird niemand krank oder verletzt! Wenn man im Himmel ist, ist es auf jeden Fall schön dort! Alles ist schön dort. **Luise, 9 Jahre**

 Himmelfahrt
Jesus geht zu seinem Vater in den Himmel zurück
Jesus kehrt 40 Tage nach seiner Auferstehung zu Gott in den Himmel zurück. Dort sitzt er und regiert als König. Ihm ist alle Macht gegeben, im Himmel und auf der Erde. Wenn er auf die Erde zurückkommt, wird diese Herrschaft für alle Menschen sichtbar werden. Jesus bereitet seine Jünger auf dieses Ereignis nach seiner Auferstehung vor und verspricht ihnen, dass der Heilige Geist zu ihnen kommen und für immer bei ihnen sein wird.
- Finde heraus, wo die Himmelfahrt von Jesus stattfand.
- Matthäus 28,18; Epheser 1,19-22; **Lukas 24,50-52**; Apostelgeschichte 1,6-11
→ Auferstehung, Pfingsten, Heiliger Geist, Wiederkunft

 Hiob → Ijob

 Hiram
König der Hafenstadt Tyrus zur Zeit von David und Salomo
Er regiert als König in der Zeit von etwa 970 bis 940 v. Chr. Unter seiner Herrschaft erlebt Tyrus als Handelsstadt eine besonders erfolgreiche Zeit. Deshalb kann Hiram König David dabei unterstützen, den Königspalast zu bauen. Davids Sohn Salomo hilft er bei der Erstellung des Tempels. Er liefert kostbare Bauhölzer und bekommt dafür Weizen und Öl.
- Finde heraus, wie die Leute damals die großen Mengen Holz transportiert haben.
- 2 Samuel 5,11; **1 Könige 5,15-26**; 1 Chronik 14,1
→ Tyrus, David, Salomo, Tempel

 Hirsch
männliches Damwild
In Israel gibt es zur Zeit des Alten und Neuen Testaments mindestens drei Arten von Wild: Gazellen, Dam- und Rotwild. Wenn in der Bibel von „Hirschen" die Rede ist, ist vermutlich an die männlichen Tiere des Damwilds gedacht. Sie werden gejagt und ihr Fleisch dient als Nahrung. Zugleich sind sie Symbol für Anmut, Schnelligkeit und Kraft. Dam- und Rotwild sind heute in Israel ausgestorben.
- Finde heraus, womit ein Hirsch verglichen wird.
- 1 Könige 5,3; Psalm 42,2; **Hohelied 2,8-9**
→ Tiere, Jagd

Hirsch

 Hirse → Getreide

  Hirte
bewacht und versorgt die Tiere seiner Herde
Hirte zu sein ist eine Arbeit mit viel Verantwortung. Schafe und Ziegen müssen vor wilden Tieren beschützt werden und sie benötigen Nahrung und Wasser. Manchmal verirren sie sich und müssen gesucht werden. Schafe und Ziegen sind nicht anspruchsvoll, sie fressen sowohl Gräser als auch frische Blätter.

Wenn die Weide leer gefressen ist, führt der Hirte sie weiter. Sie folgen seiner Stimme, wenn er sie ruft. Um ihrer Aufgabe gewachsen zu sein, müssen Hirten stark, zuverlässig und selbstlos sein. Das Bild von einem guten Hirten wird im Alten Testament als Vergleich für einen guten König gebraucht. Aber es wird auch auf Gott übertragen: So wie sich ein Hirte um jedes seiner Tiere kümmert, so sorgt Gott für jeden Menschen. Einige berühmte Leute der Bibel sind Hirten: David, der später König wird, oder auch Amos, der zum Propheten berufen wird. Hirten sind es, die in der Weihnachtsgeschichte Jesus mit als erste sehen dürfen. Im Neuen Testament vergleicht sich Jesus mit einem Hirten: Ein guter Hirte ist dazu bereit, sich mit aller Kraft und seinem ganzen Leben für seine Tiere einzusetzen. Genauso setzt sich Jesus für die ein, die an ihn glauben.

💡 Finde heraus, wer der erste Hirte in der Bibel war.
📖 **1 Mose 4,2**; Psalm 23; Jeremia 50,6; Lukas 2,8-20; Johannes 10,11-15
→ Schaf, Stecken, Stab, Ziege, David, Amos, Prophet

Hirte mit traditioneller Kleidung auf einem Hügel in Galiläa

Interview mit Schäfer Peter Schlegert

Wie groß ist deine Herde und wie versorgst du sie?
Ich habe fast 300 Schafe in meiner Schafzucht. Ich sorge dafür, dass die Tiere genug Nahrung finden. Dazu treibe ich sie auf gute Weideplätze. Ich bleibe aber nicht die ganze Zeit dabei, sondern stecke den Weideplatz mit einem Zaun ab. Wenn ein Schaf krank wird, rufe ich meine Frau auf dem Handy an. Die holt das kranke Tier dann mit dem Auto ab und bringt es in den Stall. Dort kümmert sich der Tierarzt darum.

Musst du oft Wölfe und Bären verjagen?
Die gibt es in Deutschland nur selten. Aber streunende Hunde. Die bringen meine Herde durcheinander. Wenn einer kommt, muss ich ihn so lange festhalten, bis der Besitzer kommt. Oder ich verscheuche ihn mit meinem Hirtenstab. Da ist unten eine kleine Schaufel dran. Damit schleudere ich Dreck auf den Hund. Der erschreckt sich dann und verschwindet.

Was machst du, wenn dir ein Schaf verloren geht?
Dann rufe ich es und suche es. Die Schafe kennen meine Stimme. Meistens kommt das Schaf, wenn es meine Stimme hört. Und wenn nicht, dann suche ich so lange, bis ich es gefunden habe. Mir ist jedes einzelne Schaf wichtig.

 Hiskia → Hiskija → Sonderseite Könige Israels, Seite 168-171
 Hiskija → Sonderseite Könige Israels, Seite 168-171
 Hiwiter
eins der Völker, die vor dem Volk Israel in Kanaan wohnen

Als das Volk Israel in das von Gott versprochene Land einzieht, finden sie es nicht unbewohnt vor. Verschiedene Völker haben sich vorher dort angesiedelt. Zu diesen Völkern gehören die Hiwiter. Als das Volk Israel das Land erobert, werden nicht alle Hiwiter vertrieben und leben weiter in Kanaan. Einige Hiwiter werden als Arbeiter beschäftigt, um z. B. König Salomos Palastbauten zu errichten.

💡 Wissenswert: Die Hiwiter hatten noch Jahrhunderte nach der Eroberung eigene Städte im Norden Israels.
📖 5 Mose 7,1; **2 Samuel 24,5-7**; 1 Könige 9,20
→ Israel, Salomo, Tempel, Kanaan

 Hobab („Liebling")
Schwager von Mose

Mose ist mit der Midianiterin Zippora verheiratet. Hobab ist ihr Bruder. Er kennt sich sehr gut in den Wüstenregionen seiner Heimat aus. Deshalb bittet Mose ihn, das Volk Israel beim Auszug aus Ägypten durch die Wüste zu führen. Als sie schließlich im Land Kanaan ankommen, siedelt Hobab sich mit seiner Familie im südlichen Teil des Landes Juda an.

❓ Was meinst du? Wollte Hobab gleich mit Mose mitkommen?
📖 **4 Mose 10,29-32**; Richter 1,16
→ Mose, Zippora, Midian, Auszug, Kanaan

Hast du schon mal einen Hirten mit einer Herde gesehen?

Hochmut – Hosea

abc Hochmut
Überheblichkeit, Angeberei, Einbildung

Hochmut bedeutet, dass man sich selbst für besonders wichtig und toll hält. Man tut den anderen gegenüber so, als sei man etwas Besseres. Hochmütig ist aber auch der, der andere als schlecht, dumm und minderwertig betrachtet. Das Gegenteil von Hochmut ist Demut. Gott möchte nicht, dass wir schlecht von unseren Mitmenschen denken. Wir sollen uns selbst nicht wichtiger nehmen als die anderen.

💡 Was bedeutet das Sprichwort „Hochmut kommt vor dem Fall"?

📖 Sprichwörter 16,5; **Sprichwörter 16,18**; 1 Petrus 5,5
→ Demut

Hochzeitskleid

Hochzeit
Feier zu Beginn einer Ehe

Mit der Hochzeit endet die Verlobungszeit und beginnt die Ehe. Dieses wichtige Ereignis wird mit einem großen Fest gefeiert, denn die Frau und der Mann versprechen sich gegenseitig, für den Rest des Lebens zusammenzubleiben. Meist dauert dieses Hochzeitsfest eine Woche. Am Tag der Hochzeit schmückt und verschleiert sich die Braut. Dann wartet sie darauf, dass ihr Mann sie in einem Festzug abholt. Anschließend führt er sie in sein Haus und dort findet dann auch die große Hochzeitsfeier statt. Während dieser Feier wird das Paar für seine Ehe gesegnet. Meist haben sich die Ehepartner nicht selbst ausgesucht. Es ist die Aufgabe der Väter, für ihre Kinder den richtigen Mann bzw. die richtige Frau zu finden. In einem Vertrag wird dann die Ehe beschlossen und die Verlobungszeit beginnt. Diese dauert bis zur Hochzeit. Gott hat den Menschen als Mann und Frau und füreinander geschaffen. Deshalb ist die Hochzeit nicht nur Ausdruck einer menschlichen Verbindung. Sie ist zugleich Zeichen dafür, dass Gott aus zwei Menschen eine neue Einheit schafft, die nicht wieder aufgelöst werden soll.

💡 Finde heraus, wie Jesus ein Hochzeitspaar vor einer großen Blamage bewahrte.

📖 1 Mose 1,27; 1 Mose 2,24; Jesaja 61,10; Matthäus 5,27-32; **Johannes 2,1-11**
→ Ehe, Scheidung

 Hofbeamter → Sonderseite Arbeit für einen Herrscher, Seite 158+159

abc Hoffnung
fest darauf vertrauen, dass Gott seine Zusagen erfüllt

Im Alten Testament bedeutet „Hoffnung" zu haben, Gott zu vertrauen. Er kann z. B. eine schlimme Situation zum Guten wenden und in Notsituationen helfen. Von dieser Erfahrung ist besonders in den Psalmen zu lesen. Im Neuen Testament schenkt Gott durch seinen Sohn Jesus Christus Hoffnung, die über diese Welt hinausreicht. Wer ihm vertraut, erlebt Gottes Hilfe in dieser Welt. Aber er darf auch darauf hoffen, nach dem Tod aufzuerstehen und bei Gott zu sein.

💡 Wissenswert: Glaube, Liebe und Hoffnung gehören eng zusammen.

📖 Psalm 62; 146; Römer 5,1-5; **1 Korinther 13,13**
→ Glaube, Liebe, Auferstehung

Hoffnung
Hoffnung zu haben ist gut, denn wer keine Hoffnung hat, kann auch nicht glauben. Meine ganze Familie glaubt an Gott und wir alle haben Hoffnung. Papas Arbeitskollege ist sehr schwer krank und dies ist vielleicht sein letztes Lebensjahr. Wir alle hoffen, dass Gott sein Leben verlängert.
Rosalie, 9 Jahre

Hofni („Kaulquappe")
ungehorsamer Priester, Sohn von Eli

Zusammen mit seinem Bruder Pinhas arbeitet Hofni als Priester am Heiligtum von Schilo. Sie sind für die Opferung der Tiere zuständig. Doch anstatt das Fleisch für Gott zu opfern, nehmen sie sich die besten Stücke, um sie selbst zu essen. Weil ihr alt gewordener Vater Eli sie dafür nicht bestraft, muss Gott es tun. Er kündigt Eli an, dass beide Söhne an ein und demselben Tag sterben werden.

💡 Finde heraus, wie Eli von Gottes Plan erfährt.

📖 1 Samuel 2,12-17.22-36; **1 Samuel 3,10-18**; 1 Samuel 4,10-11
→ Pinhas, Eli, Priester, Samuel, Schilo

 Hoher Rat → Jüdischer Rat

 Hohepriester → Oberster Priester

abc Hölle (griechisch: „Gehenna", „Ort der Feuerqualen")
Ort für die, die nach Gottes Gericht Gottes Strafe erleiden müssen

Jesus nennt diesen Ort Feuerofen, in dem Heulen und Zähneklappern herrscht. Alle, deren Namen nicht im Buch des Lebens stehen, werden in den „See aus Feuer" geworfen.

💡 Wissenswert: Jesus hat gesagt: „Wer sich an den Sohn Gottes hält, wird nicht verurteilt." (GNB)

📖 **Johannes 3,16-18**; Matthäus 10,28; Matthäus 13,40-42; Offenbarung 20,15
→ Strafe, Gericht, Buch des Lebens

Holofernes (A)
Feldherr des assyrischen Königs Nebukadnezzar
Holofernes ist seinem König treu. Er ist nur von der Macht seines Königs und seiner eigenen überzeugt. Die jüdische Witwe Judit tötet ihn in seinem eigenen Lager und befreit so ihre Heimatstadt Betulia.
Wissenswert: Das ganze eroberte Reich hatte Angst vor Holofernes.
Judit 2,4-18; Judit 7,1-3; Judit 13,1-11
→ Achior (A), Nebukadnezzar, Assyrien, Judit (A), Betulia (A)

 Honig → Sonderseite Gewürze, Seite 99

 Honigkuchen → Sonderseite Brot und Gebäck, Seite 50+51

Hor
Berg, auf dem Aaron stirbt
Wo der Berg Hor liegt, ist nicht ganz sicher. Einige vermuten ihn an der Grenze zum Land Edom. Heute gehört diese Region zu Jordanien. Mose steigt mit Aaron und dessen Sohn Eleasar auf diesen Berg. Dort übergibt Aaron seine Priesterkleidung an Eleasar und stirbt. Vermutlich wird er dort auch begraben.
Wissenswert: Auch Aarons Bruder Mose starb auf einem Berg.
4 Mose 20,22-29; **5 Mose 32,48-50**
→ Edom, Mose, Aaron, Eleasar, Priester; siehe Karte Seite 30

 Horeb („Trockenheit")
der Berg, auf dem Gott Mose und Elija begegnet, wird auch Berg Sinai genannt

So könnte der Berg Horeb ausgesehen haben

Der Horeb ist ein ganz besonderer Berg. Auf ihm begegnet Mose Gott. Er darf erleben, wie Gott an ihm vorüberschreitet. Anschließend gibt Gott Mose die Zehn Gebote. Später kommt es für den Propheten Elija am Horeb zu einer Begegnung mit Gott. Auch er darf erleben, wie Gott ihm ganz nahe kommt. Der Horeb trägt auch den Namen „Gottesberg". Wo genau er liegt, weiß man allerdings nicht.

Finde heraus, wie sich Gott Elija zeigte.
2 Mose 19,12–20,2; 2 Mose 24,1.9-11; 2 Mose 33,18-23; **1 Könige 19,8-12**
→ Sinai, Mose, Wüstenwanderung, Zehn Gebote, Elija

 Horiter
Bewohner des Gebirges Seïr
Sie sind Nachkommen von Seïr im Land Edom. Das Gebirge Seïr besteht aus Sandstein, in dem es viele Höhlen gibt, die die Horiter wahrscheinlich als Wohnungen benutzen. Zur Zeit von Abraham und Lot sind sie in einige Kämpfe verwickelt.
Finde heraus, wer die Horiter später vertrieben hat.
5 Mose 2,12; 1 Mose 14,6; 1 Mose 36,20-30
→ Edom, Abraham, Lot, Jakob, Esau

 Horn → Sonderseite Instrumente und Musik, Seite 126+127

Mann bläst Schofar

 Hoschea → Josua

 Hoschea → Sonderseite Könige Israels, Seite 168-171

 Hosea (Kurzform von Hoschaja = „Gott hat geholfen")
Prophet in Israel zur Zeit von König Jerobeam II.
Hosea lebt als Prophet in Israel in der Zeit, als Israel und Juda geteilt sind und Jerobeam II. König von Israel ist. Durch Hosea will Gott seinem Volk sagen, dass er es liebt, wie ein Mann seine Frau liebt, und dass es ihm sehr weh tut, wenn die Menschen sich anderen Göttern zuwenden. Deshalb soll Hosea eine Frau heiraten, die ständig andere Männer hat. Mit jedem Kind, das von seiner Frau Gomer geboren wird, ist eine Botschaft an Gottes Volk verbunden.
Wissenswert: Propheten sprechen nicht nur, sondern sagen auch mit Zeichenhandlungen ihre Botschaft.
Hosea 1; Jeremia 19,1-2.10-13
→ Hosea, Prophet, Israel, Juda, Jerobeam II.

Hosianna – Ijob

Hosianna („Hilf doch!" oder „Rette doch!") lobender Ausruf, Willkommensgruß

Der Ruf „Hosianna" klingt zuerst nach einer Bitte. Es ist aber vielmehr ein Ausruf des Lobes für jemanden, der stark und mächtig genug ist, um retten zu können, und der auch tatsächlich hilft. Viele Menschen rufen Jesus „Hosianna" zu, als er in Jerusalem einzieht, und loben ihn als den von Gott gesandten König.

Wissenswert: Hosianna wird häufig mit „gepriesen sei" in den biblischen Texten übersetzt.

Matthäus 21,15-16; Johannes 12,12-14; Psalm 118,26
→ Halleluja, Psalm

Hüfte besteht aus dem rechten und dem linken Hüftgelenk, befindet sich zwischen dem Oberschenkelknochen und dem Becken

In der Nacht vor dem Wiedersehen mit seinem Zwillingsbruder Esau kämpft Jakob am Fluss Jabbok mit einem unbekannten Gegner. Er bekommt einen Schlag auf die Hüfte und kann danach nur noch humpeln. Der unbekannte Gegner segnet ihn und gibt ihm einen neuen Namen: Israel.

Wissenswert: Juden essen seitdem bei einem Tier nicht das Muskelfleisch über dem Hüftgelenk.

1 Mose 32,23-33
→ Jakob, Jabbok

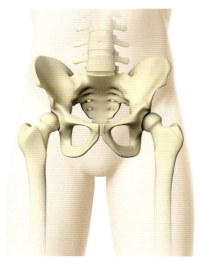

Hüfte in einem Skelett

Hulda („Maulwurf") Prophetin zur Zeit von König Joschija, Ehefrau von Schallum, einem Beamten, der die Kleider des Königs verwaltet

Als im Tempel eine Schriftrolle gefunden wird, erschrickt der König über deren Inhalt. Er lässt die Prophetin Hulda fragen, was Gott ihm und dem Volk damit sagen will. Hulda gibt zwei Antworten, die beide später in Erfüllung gehen.

Wissenswert: In der Bibel werden noch weitere Prophetinnen erwähnt.

2 Mose 15,20; Richter 4,4; Nehemia 6,14; 2 Könige 22,12-20; 2 Chronik 34,20-28
→ Prophet, Joschija, Schallum

Hund gilt im Alten und im Neuen Testament als unreines Tier

Hunde werden zur Zeit der Bibel nicht als Haustiere gehalten. Sie leben draußen, fressen tote Tiere und wühlen im Müll. Menschen, die nicht zu Gottes Volk zählen, werden geringschätzig als „Hunde" bezeichnet

Wissenswert: Für Juden war es schlimm, wenn sie von Hunden berührt wurden.

Lukas 16,19-21; 1 Könige 22,38; 2 Könige 8,13; Psalm 22,17; Matthäus 15,26-27
→ Unrein

Hunger/Hungersnot Mangel an Nahrungsmitteln, meist aufgrund von schlechten oder fehlenden Ernten nach zu wenig Regen oder Vernichtung der Ernte durch Krieg

Aufgrund von Hungersnöten verlassen Menschen in der Bibel ihre Heimat. So kommt z. B. das Volk Gottes nach Ägypten. Hungersnöte werden als Gottes Eingreifen oder Strafgericht verstanden. Er ist der Herr über die Natur. Das wird auch deutlich, als Jesus den Hunger von 5.000 Menschen stillt.

Denk mal: Wie findest du es, dass viele Menschen viel zu wenig und viele Menschen viel zu viel zu essen haben?

Jesaja 58,7; Matthäus 25,31-40; 1 Mose 42,1-5; 43,1-2; 2 Könige 4,38-44; Rut 1,1; Psalm 104,27-28; Matthäus 24,7; Apostelgeschichte 11,27-30
→ Brot, Ernte, Almosen, Armut

Hur („glänzend weiß" oder „adelig") vermutlich Mirjams Ehemann, also der Schwager von Mose

Als das Volk Israel gegen die Amalekiter kämpft, betet Mose für sein Volk mit erhobenen Armen. Weil die ihm schwer werden, halten Aaron (sein Bruder) und Hur ihm die Arme hoch – so gewinnen die Israeliten diesen Kampf mit Gottes Hilfe.

Finde heraus, welche Verantwortung Hur am Berg Sinai übertragen bekommt.

2 Mose 17,10-12; 2 Mose 24,14
→ Aaron, Amalekiter, Josua, Mirjam, Mose, Sinai

 Hure → Prostituierte

Ichthys → Christen

Idumäer (A)
arabisches Volk, das nicht den jüdischen Stämmen angehört

Die Idumäer leben zwischen Betlehem und Beerscheba und vom Toten Meer bis zur Küstenebene im Westen. Im Alten Testament wird das Volk Edomiter genannt. Judas Makkabäus erobert das Gebiet. König Herodes kommt aus einer idumäischen Familie

💡 Finde heraus, warum König Herodes bei den Juden nicht akzeptiert wurde.

📖 1 Makkabäer 5,1-3; **5 Mose 17,15**
→ Herodes, Edomiter, Esau, Volk Gottes, Judas Makkabäus (A)

Ijob („auf die Probe gestellt")
Mann aus dem Alten Testament, der in seinem Glauben sehr herausgefordert wird

Ijob ist ein wohlhabender und weiser Mann, der Gott aus tiefstem Herzen liebt. Er lebt im Land Uz und hat eine große Familie. Doch dann geschieht etwas Schreckliches: Mit Gottes Erlaubnis darf Satan Ijob großen Wohlstand, Kinder und Gesundheit nehmen. Alle Leute denken: „Ijob muss etwas Schlimmes getan haben, sonst würde ihn Gott nicht bestrafen." Ijob ist ganz verzweifelt. Und doch weiß er: „Ich habe nichts Schlimmes getan." Drei seiner Freude mit Namen Elifas, Bildad und Zofar, später auch Elihu besuchen Ijob. Zunächst trauern sie eine Woche lang mit ihm. Doch dann diskutieren sie mit ihm die Gründe für sein Leiden. Obwohl ihm alle etwas anderes einreden wollen, bleibt er dabei: „Gott straft mich nicht." Er bleibt mit Gott verbunden und vertraut ihm – auch wenn Ijob mit Gott darüber streiten möchte, warum ihm so schreckliche Dinge passieren. Am Ende wendet sich Gott Ijob und den drei Freunden zu. Er stellt sich auf Ijobs Seite und sagt ihnen: „Ijob hat recht und ihr liegt falsch mit euren Vorstellungen." Gott hilft ihm aus seiner Not, indem er alles neu schenkt, was er vorher hatte – und noch viel mehr.

💡 Wissenswert: Man erzählte sich bis zur Zeit des Neuen Testaments Ijobs Geschichte und berichtete von seiner Treue zu Gott.

📖 Ijob 1; Ijob 2; Ijob 42; Ezechiël 14,14; **Jakobus 5,11**
→ Uz, Leid, Treue, Sonderseite Biblische Bücher, Seite 41-44

Basteln

Bau dir ein Kistenkino

Du brauchst:
- große Pappkiste (aus dem Supermarkt)
- Papierrolle oder Tapete
- Stifte oder Farben

So geht's:
Schneide vorne in die Pappkiste ein möglichst großes Loch hinein. In beide Seiten musst du zudem einen Schlitz schneiden, durch den später das Papier gezogen werden kann.
Male einige Szenen aus einer biblischen Geschichte auf die Papierrolle. Die Bilder können auch auf einzelne Papierblätter gemalt und später zusammengeheftet werden.
Ziehe die Bilderfolge durch das Kisten-Kino, während die Geschichte gelesen wird.

Wie findest du, was mit Ijob geschieht?

Instrumente und Musik

*Lobt ihn mit Pauken und Tanz,
lobt ihn mit Flöten und Saitenspiel!
Lobt ihn mit hellen Zimbeln.
(Psalm 150,3-5)*

So steht es im letzten der 150 Psalmen, dem Liederbuch in der Mitte der Bibel. Musik wird groß geschrieben – damals und heute.

Im Buch der Psalmen sind viele Lieder des Alten Testaments gesammelt: Dank-, Lob- und Vertrauenslieder sowie Klage- und Bußlieder, Weisheitslieder und Lieder, die zu Wallfahrten oder Prozessionen gesungen wurden. Spannend ist, dass in Psalmen Angaben zu Instrumenten gemacht werden. Auch wird die Weise erwähnt, wie das Lied zu spielen ist.

Zimbeln und Paarbecken
Zimbeln und Paarbecken aus Metall wurden verwendet, um helle und klatschende Geräusche zu einem Rhythmus zu machen. Zimbeln werden mit den Fingern, Paarbecken mit den Händen gespielt.

Posaune, Horn
Die Posaune entstand aus dem Horn eines Tieres (Widderhorn). Dieses Schofar benutzen Juden noch heute an Neujahr oder an ihrem Feiertag „Jom Kippur". In der Geschichte von der Eroberung Jerichos (Josua 2-6) werden diese Widderhörner erwähnt – sieben Tage soll das Volk Israel sie geblasen haben, bis die Mauern der Stadt einstürzten.
Später wurden im Tempel auch Posaunen aus Metall verwendet - die Chazozra. Diese gehörten zu den Geräten, die die Römer bei der Zerstörung des Tempels von Jerusalem im Jahre 70 n. Chr. nach Rom verschleppten – wie man heute noch am Titusbogen in Rom entdecken kann.

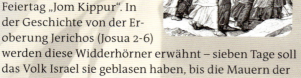

Sistrum
Das Sistrum ist ein sehr altes Instrument, denn schon die Ägypter hatten die Göttin Isis im 3. Jahrtausend v. Chr. damit dargestellt. Zunächst werden kleine Scheiben aus Ton, dann welche aus Metall auf eine kleine Stange gezogen und umrahmt. Mit einem Sistrum macht man rhythmische und rasselnde Geräusche.

Leier

Die Leier ist ein Instrument mit Saiten. Es wird gezupft oder die Saiten werden mit einem Stab geschlagen. Ein altes Wandbild in Ägypten zeigt wandernde Nomaden. Einer davon spielt auf dem Marsch eine solche Leier. Man kann die Leier aber auch im Sitzen spielen, indem man sie auf den Schoß legt.

Weitere Musikinstrumente

Es gibt viele weitere biblische Musikinstrumente: Flöten wurden ursprünglich aus Knochen gemacht. Später fertigte man Flöten auch aus Holz an. Klappern, Rasseln, Glöckchen und Holzstöckchen (Klangstäbe) waren Rhythmusinstrumente. Trommeln wurden mit Tierfellen bespannt und mit Stöcken oder mit Händen geschlagen.

Folgende Lieder aus dem „Liederbuch der Bibel", den Psalmen, sollte man genauer kennen:
Der Herr, mein Hirte (Psalm 23)
Der Leidenspsalm Jesu (Psalm 22)
Die Bitte um Vergebung (Psalm 51)
Lobe den Herrn! (Psalm 103)
Behütet sein (Psalm 121)
Du erforschest mich (Psalm 139)

Auch im Neuen Testament finden sich Lieder.
Der Lobgesang Marias (Lukas 1,46-55) wird auch Magnifikat genannt. Er beschreibt die Erwartungen an den kommenden Retter der Welt, den Messias – wie auch der Lobgesang des Zacharias (Lukas 1,68-79) und des Simeon (Lukas 2,29-32).
Vereinzelt ist von Lobgesängen die Rede (Markus 14,26; Kolosser 3,16; Epheser 5,19).

Schließlich gibt es mehrere Lobgesänge auf Jesus Christus, sogenannte Christushymnen:
Johannes 1,1-18; Philipper 2,5-11; 1 Timotheus 3,16; Kolosser 1,15-20; Epheser 1,3-14 und Hebräer 1,3.

Harfe

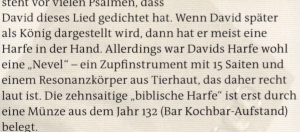

Eine Harfe (auch Zither) wird gezupft. Als Saiten verwendet man Tiersehnen. Die Harfe erinnert an König David, der als Knabe am Hof von König Saul den zornigen König durch sein Harfenspiel beruhigt haben soll. David gilt als großer Liederdichter. Daher steht vor vielen Psalmen, dass David dieses Lied gedichtet hat. Wenn David später als König dargestellt wird, dann hat er meist eine Harfe in der Hand. Allerdings war Davids Harfe wohl eine „Nevel" – ein Zupfinstrument mit 15 Saiten und einem Resonanzkörper aus Tierhaut, das daher recht laut ist. Die zehnsaitige „biblische Harfe" ist erst durch eine Münze aus dem Jahr 132 (Bar Kochbar-Aufstand) belegt.

1 Samuel 16

Erklärungen aus: Die Bibel elementar, erzählt und erklärt von Michael Landgraf, Stuttgart 2010

Ikonion
heute Konya, Stadt in der Türkei etwa 200 km südlich von Ankara in der Ebene von Konya

Als Paulus und Barnabas in Ikonion, der Hauptstadt von Lykaonien, predigen, werden viele Juden und Griechen gläubig. Aber sie werden von denen angegriffen, die nicht an Jesus glauben. Man will sie steinigen. Deshalb fliehen sie in die Städte Lystra und Derbe.

Finde heraus, ob Paulus in Ikonion tatsächlich gesteinigt wurde.

📖 **Apostelgeschichte 14,19-20**; 14,1-7; 16,1-5
→ Derbe, Lystra, Lykaonien; siehe Karte Seite 214+215

Immanuël → Jesus

INRI
Abkürzung von „Iesus Nazarenus Rex Iudaeorum" (lateinisch), das heißt „Jesus von Nazaret, König der Juden"
Der römische Statthalter Pontius Pilatus lässt I. N. R. I. in drei Sprachen als Titel an das Kreuz von Jesus schreiben. So kennt jeder den Grund für die Kreuzigung. Die Obersten Priester hätten gerne gelesen, dass Jesus nur behauptet habe, König der Juden zu sein.

Finde heraus, in welchen drei Sprachen der Titel geschrieben war.

📖 **Johannes 19,19-22**
→ Jesus, Kreuzigung, Pontius Pilatus

Kreuz mit Inschrift INRI

Insekten („eingeschnitten")
kleine Tiere, auch Gliederfüßer genannt, von ihnen gibt es die meisten verschiedenen Arten

Zu den Insekten gehören unter anderem die Fliegen und Mücken. Als der Pharao das Volk Israel nicht aus Ägypten ziehen lässt, schickt Gott Plagen. Einmal ist das ganze Land voller Stechmücken, ein anderes Mal voller Stechfliegen.

Wissenswert: Jesus warf den Pharisäern und Schriftgelehrten vor, Mücken auszusieben, aber Kamele zu verschlucken.

📖 2 Mose 8,12-13.20; **Matthäus 23,24**
→ Pharisäer, Schriftgelehrter, Pharao, Plagen

Rätsel

Was weißt du über Jakob?
📖 **2 Mose 1,1-14**

1. Sohn von Jakob, der als Dritter genannt wird.
2. Welcher Sohn war zuerst in Ägypten?
3. Ältester Sohn von Jakob.
4. Eine der zwei Städte, die die Israeliten bauen müssen (Vers 11).
5. Die andere der beiden Städte.
6. Wie nennt sich der ägyptische König?
7. Aus Jakob und seinen Söhnen wurde das Volk der …
8. Wer muss die Israeliten überwachen?
9. Material zum Ziegelbrennen.
10. Jüngster Sohn von Jakob.

Die Ägypter haben Angst vor den Israeliten. Dieses fremde Volk in ihrem Land wird immer größer! Mit Gewalt, Unterdrückung und Zwangsarbeit versuchen sie zu erreichen, dass das Volk nicht mehr wachsen kann. Aber in Vers 12 kannst du nachlesen, dass das alles nichts nützt. Ganz im Gegenteil: Das Volk Israel wird immer größer. Warum wohl?

Gott hat Abraham (dem Großvater von Jakob) ein dickes _ _ _ _ _ _ _ _ _ _ _ _ (Lösung aus dem Kreuzworträtsel) gegeben. Welches, erfährst du in 1 Mose 22,17.

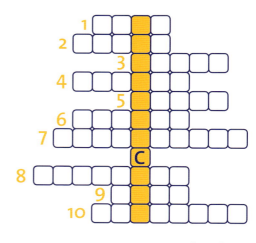

Lösung: Versprechen

Ikonion – Israel

 Isaak („Lächeln" oder „er lacht")
von Gott verheißener und von Abraham und Sara lang ersehnter Sohn, Vater von Jakob und Esau
Erst im hohen Alter bekommen Abraham und Sara den vor vielen Jahren versprochenen Sohn. Als Isaak älter ist, soll Abraham seinen geliebten Sohn Gott opfern. Im letzten Moment darf er ihn verschonen. Mit Rebekka, seiner Frau, bekommt Isaak Zwillinge: Esau und Jakob. Rebekka und Jakob überlisten Isaak, als er schon sehr alt und fast blind ist. Rebekka hilft Jakob dabei, den Segen des Vaters zu bekommen, der dem zuerst geborenen Esau zusteht. Isaak und Jakob zählen zu den Urvätern vom Volk Israel: Gott wird immer wieder der „Gott Abrahams, Isaaks und Jakobs" genannt.
 Finde heraus, woher die Bedeutung von Isaaks Namen kommen könnte.
 1 Mose 17,19; **1 Mose 18,9-15**; 1 Mose 21,1-7; 1 Mose 24; 1 Mose 25,19-27.40; 1 Mose 35,27-29
→ Abraham, Sara, Rebekka, Esau, Jakob, Segen

 Isai
Vater von David, Enkel von Rut und Boas
Isai lebt in Betlehem und hat zwei Töchter und acht Söhne. Als der Prophet Samuel einen seiner Söhne zum neuen König in Israel salben will, stellt Isai ihm alle Söhne vor – nur seinen jüngsten Sohn David nicht. Doch genau den hat Gott zum Nachfolger von König Saul ausgewählt.
 Wissenswert: Isai gehörte zu den Vorfahren von Jesus.
 1 Samuel 16,1-13; 1 Chronik 2,13-16; Rut 4,17; **Matthäus 1,1-17**
→ Boas, Rut, Obed, David, Samuel, Saul, Betlehem

 Isch-Boschet („Mann der Schande")
vierter Sohn von König Saul, heißt ursprünglich Eschbaal
Nach dem Tod von Saul werden Isch-Boschet und David gleichzeitig von ihren Anhängern zum König erhoben. David regiert über Juda und Isch-Boschet über Israel. Isch-Boschet wird nach zwei Jahren von seinen eigenen Leuten während seines Mittagsschlafs umgebracht. David wird König über ganz Israel.

 Finde heraus, wie lange Isch-Boschet König über Israel war.
 2 Samuel 2,8-10; 4,5-8; 1 Chronik 8,33
→ David, Saul

 Isebel („Wo ist der Fürst?")
Frau von König Ahab, Mutter von Ahasja und Joram
Isebel ist die Tochter von Etbaal, dem König von Sidon und Phönizien. Als Königin an der Seite von Ahab bekämpft sie mit großem Eifer Gottes Propheten in Israel. Sie unterstützt den Götzendienst für den Götzen Baal. Auch der Prophet Elija muss um sein Leben fürchten, weil Isebel ihn töten will.

 Finde heraus, welches traurige Ende Isebel fand.
 1 Könige 16,31-33; **2 Könige 9,30-37**
→ Phönizien, Ahasja, Joram, Israel, Prophet, Baal, Elija

 Ismael, Ismaëliten („hören möge Gott")
Sohn von Abraham und Hagar, der ägyptischen Magd von Abrahams Frau Sara, Halbbruder von Isaak; Nomadenstämme in Nordarabien
Ismael und seine Mutter werden von Sara und Abraham verstoßen und von Gott in der Wüste vor dem Verdursten gerettet. Von Ismael stammen nach islamischem Verständnis die Muslime ab, die Abraham ebenfalls als Stammvater verehren. Ismaeliter heißen zur Zeit der Bibel einige Nomadenstämme im Norden von Arabien und in der Wüste Sinai. Sie leben vor allem von Kleinviehzucht, Kamelhandel und gelegentlichen Raubüberfällen. Sie sind Feinde des Volkes Israel, sind aber auch friedliche Händler.
 Wissenswert: Ismaelitische Gewürzhändler brachten Josef nach Ägypten.
 1 Mose 16; **1 Mose 37,25**; 1 Mose 39,1
→ Abraham, Sara, Hagar, Araber, Isaak, Josef, Ägypten

 Israel → Jakob

Kennst du einen Menschen, der an Allah glaubt?

Israel – Israeliten

🌱 Israel

Info

Name: Name: Israel („Gottesstreiter" oder „Gott streitet für sein Volk"), ursprünglich Kanaan
Weitere Namen: Heiliges Land, Gelobtes Land
Bewohner: Israeliten
Hauptstadt: Jerusalem
Lage: liegt auf einer Landbrücke zwischen Asien und Afrika am östlichen Rand des Mittelmeeres, zählt zu Vorderasien; siehe Karte Seite 135
Gründungsdatum: nicht bekannt
Nachbarn: heute im Norden der Libanon, im Nordosten Syrien, im Osten und Südosten Jordanien und im Südwesten Ägypten, im Süden grenzt Israel an den Golf von Akaba und damit ans Rote Meer
Größe: vom Norden bis zum Süden 470 km; die breiteste Stelle misst 135 km, die schmalste 15 km; etwa so groß wie das Bundesland Hessen, zur Zeit der Bibel ist die Größe unterschiedlich
Landschaft: lässt sich in vier Regionen einteilen: die Mittelmeerküste, die Hügellandschaft im Zentrum, das Jordantal und die Wüste Negev
Geschichte: Mehr über die Geschichte Israels findest du im Text nebenan.
Regierung: Zuerst wird Israel von Richtern regiert, dann von Königen. Zeitweise auch von Feinden wie den Römern, die Israel besetzt hatten.

Israel in der Geschichte der Bibel

● Das Gebiet des späteren Israel wird dem Erzvater Abraham als Gelobtes Land von Gott versprochen (1 Mose 12,7).
● Da Israel zunächst von den Kanaanitern und etlichen anderen Völkern bewohnt wird, heißt es ursprünglich Kanaan. Die zwölf Stämme Israels nehmen es nach und nach ein und besiedeln es (Josua 11,16-23).
● Durch Streitigkeiten um das Königtum Davids wird das Land in ein Nord- und ein Südreich aufgeteilt. Das Nordreich heißt „Israel", das Südreich „Juda" mit der Hauptstadt Jerusalem, in der der Tempel steht (1 Könige 12,1-20).

Mittelmeerküste

● Jesus von Nazaret durchwandert mit seinen Jüngern das Land und wird auch „König von Israel" genannt.
● Als die Römer 135 n. Chr. ganz Israel besiegen und unterwerfen, nennen sie es Palästina (Land der Philister). Sie wollen damit den Namen Israel oder Juda vermeiden, um so die verheerende Niederlage der Juden zu demonstrieren. Selbst der Name darf nicht mehr an die Vergangenheit von Israel und Juda erinnern.
● Im Laufe seiner langen Geschichte hat das Land, das Israel bewohnte, wechselnde Grenzen und Ausdehnungen. Bis heute gibt es Auseinandersetzungen mit seinen Nachbarn. Manche Staaten erkennen das Land Israel nicht an.
💡 **Wissenswert:** Das Tote Meer in Israel liegt 422 Meter unter dem Meeresspiegel und ist der weltweit niedrigste Ort der Erdoberfläche

→ Jakob, Ägypten, Abraham, Kanaan, Königtum, Juda, Jerusalem, Tempel, Römer, Philister, Palästina, Mittelmeer

Hügellandschaft im Zentrum Israels

Fluss Jordan

Israeliten

Info

Name: Israeliten („Gottesstreiter" oder „Gott streitet für sein Volk")
Bedeutung: Israeliten ist der Name für die Mitglieder der zwölf Stämme, die von Jakob abstammen.
Die zwölf Stämme Israels: Ruben, Simeon, Levi, Juda, Sebulon, Issachar, Dan, Gad, Ascher, Naftali, Josef, Benjamin
Geschichte: Die Israeliten stammen von den zwölf Söhnen Jakobs ab. Dessen Vater war Isaak und dessen Großvater Abraham. Zum Volk wurden die Israeliten, als sie wegen einer Hungersnot nach Ägypten zogen und dort Sklaven des Pharaos wurden. Unter der Führung von Mose kehrten sie über 400 Jahre später wieder in ihr Land Kanaan zurück. Auf dem Weg dorthin gab Gott ihnen die Zehn Gebote und schloss einen Bund mit ihnen.
Wissenswert: Israeliten sind nach der Bibel die Nachkommen (Juden) der zwölf Stämme Israels, Israelis dagegen sind die heutigen Einwohner Israels.

Das Volk Gottes

- Jakob bekommt nach seinem Kampf am Jabbok von Gott den Namen „Israel" („Gottesstreiter" oder „Gott herrscht"). Seine Nachkommen heißen deshalb auch „Kinder Israels" in der Bibel (1 Mose 32,23-33).
- Ihre Geschichte beginnt mit Jakobs Großeltern Abraham und Sara. Sie wandern aus ihrer Heimat aus, weil Gott ihnen zahlreiche Nachkommen verheißt und ihnen verspricht, sie ins Gelobte Land führen (1 Mose 12,1-9).
- Gott befreit die Israeliten aus der Knechtschaft in Ägypten und führt sie 40 Jahre als Nomaden durch die Wüste. Er schließt mit ihnen einen Bund am Sinai und erklärt sie zu seinem auserwählten Volk. Die Israeliten versprechen, sich an Gottes Gebote und Regeln zu halten (2 Mose 12,31-42; 2 Mose 20,1-17).
- Das Volk Israel besiedelt schließlich das Land Kanaan. Die ersten drei Könige der Israeliten sind Saul, David und dessen Sohn Salomo (Josua 11,16-23; 1 Samuel 10,17-27; 2 Samuel 5,1-5; 1 Könige 1,32-40).
- Später kommt es in Israel zur Spaltung in ein Nord- und Südreich (Israel und Juda) und zum Kampf gegeneinander. Während dieser Zeit treten immer wieder Propheten auf, die die Israeliten bzw. Judäer zur Umkehr und zum Vertrauen auf Gott aufrufen. Die Israeliten des Nordreichs werden 722 v. Chr. von den Assyrern besiegt und verschleppt.
- Der Begriff „Juden" entsteht, als die Bewohner von Juda in Babylonischer Gefangenschaft sind. Später kehren sie in ihr Land zurück. (A) Auch das Königreich Juda gerät unter wechselnde Herrschaften (2 Könige 17,7-23; 2 Könige 24,8–25,21).
- Als sich die Juden unter römischer Besatzung befinden, wird Jesus in Betlehem als Jude geboren (Lukas 2,1-20).
- Im weiteren Verlauf der Geschichte werden die Juden fast völlig aus ihrem Land verbannt und in alle Länder der Erde verstreut. Erst 1948 kommt es wieder zur Gründung des Staates Israel.

Wissenswert: Gott hat sich mit dem Volk Israel das kleinste unter den damals lebenden Völkern ausgewählt.
→ Kanaan, Sinai, Bund, Jakob, Stämme, Jabbok, Abraham, Sara, Betlehem, Jesus, Sonderseite Stämme Israels, Seite 256+257

Tanzende Männer vor dem Damaskus-Tor

Wüste in Judäa

Gebet an der Klagemauer

Israel zur Zeit der Besiedlung

Israel zur Zeit Davids

Israel zur Zeit von Jesus

1. Jesus wird in Betlehem geboren (Lukas 2,1-20).
2. In Nazaret und Umgebung wächst Jesus auf (Lukas 2,39-40).
3. Mit 12 Jahren reist Jesus mit seiner Familie zum Passafest nach Jerusalem. Im Tempel diskutiert er mit den Gesetzeslehrern (Lukas 2,41-52).
4. Jesus wird von Johannes im Fluss Jordan getauft (Matthäus 3,13-17).
5. Jesus nimmt sich einen Wohnsitz in Kafarnaum (Matthäus 4,12-17). In Kafarnaum begegnet er auch dem römischen Hauptmann und heilt dessen Diener (Lukas 7,1-10).
6. Am See Gennesaret beruft Jesus Petrus, Andreas, Jakobus und Johannes zu seinen Jüngern (Matthäus 4,18-22). Auf dem See Gennesaret stillt er den Sturm (Matthäus 23,23-27) und geht auf dem Wasser (Matthäus 22,22-33).
7. In Kana sorgt Jesus auf einer Hochzeit dafür, dass der Wein nicht ausgeht (Johannes 2,1-12).
8. Jesus weckt einen Mann von den Toten auf (Lukas 7,11-17).
9. Jesus heilt einen besessenen Menschen (Lukas 8,26-39).
10. Jesus begegnet der Frau am Jakobsbrunnen (Johannes 4,4-42).
11. In der Nähe von Betsaida versorgt Jesus mehr als 5.000 Menschen mit fünf Broten und zwei Fischen (Lukas 9,10-17).
12. Jesus segnet die Kinder (Lukas 18,15-17) und diskutiert mit einem reichen jungen Mann, der gerne zu Jesus gehören möchte (Lukas 18,15-17).
13. In Jericho begegnet Jesus Zachäus und ist bei ihm zu Gast (Lukas 19,1-10).
14. In Jerusalem wird Jesus gefangen genommen, verurteilt, gekreuzigt und in ein Grab gelegt (Lukas 22-23). Am dritten Tag steht Jesus von den Toten auf (Lukas 24,1-12).
15. Nach seiner Auferstehung begleitet Jesus zwei seiner Jünger bis nach Emmaus (Lukas 24,13-35).
16. In der Nähe von Betanien wird Jesus in den Himmel empor gehoben (Lukas 24,50-53).

Das Römische Reich

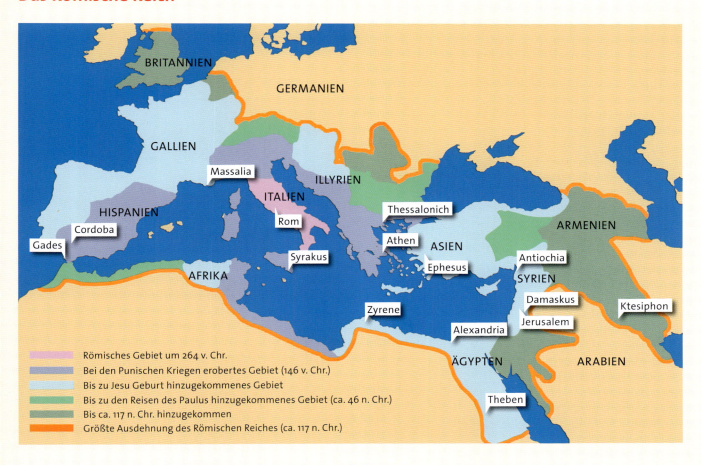

Issachar – Jaïrus

 Issachar („Gott gibt Lohn")
neunter Sohn von Jakob und der fünfte Sohn seiner Frau Lea
Mit seinem Vater und den Geschwistern wandert Issachar aus dem Land Kanaan nach Ägypten aus, wo sie Aufnahme bei seinem jüngeren Bruder Josef finden. Er ist der Vorfahre einer der zwölf Stämme Israels, der nach seinem Namen „Issachar" benannt wird.
💡 Wissenswert: Issachar hatte noch sechs Halbbrüder.
📖 **1 Mose 35,22b-26**; 2 Mose 1,1-5
→ Jakob, Lea, Ägypten, Josef, Kanaan, Sonderseite Stämme Israels, Seite 256+257

 Italien
seit Julius Caesar die Bezeichnung des heutigen Italien
Italien ist eine Halbinsel, ca. 1.200 Kilometer lang, die sich im Süden von Europa ausbreitet und mit Israel durch das Mittelmeer verbunden ist. Im Neuen Testament wird berichtet, dass Paulus seine letzte Reise als römischer Gefangener nach Italien unternimmt, um sich in der Hauptstadt Rom vor dem Kaiser für das Evangelium zu verantworten.
❓ Woran erinnert dich die Form des Landes?
📖 Apostelgeschichte 27,1; Apostelgeschichte 28,11-15
→ Paulus, Rom; siehe Karte Seite 135

 Ittai („Gott ist mit mir")
ausländischer Anführer des Heeres von König David in Israel
Ittai hält auch noch zu David, als dieser von seinem Sohn Abschalom gestürzt werden soll.
💡 Finde heraus, wie viele Soldaten Ittai zur Unterstützung von König David anführte.
📖 **2 Samuel 15,13-22**
→ David, Abschalom

 Jabbok („der blaue Fluss")
Fluss in Israel, entspringt im heutigen Jordanien
Der Jabbok ist ein Nebenfluss des Jordan und mündet in ihn 40 Kilometer nördlich des Toten Meeres. Auf seinem Weg vom ostjordanischen Hochland in den Jordangraben überwindet er einen Höhenunterschied von insgesamt 1.126 Meter.
💡 Wissenswert: Jakob hatte am Jabbok einen unheimlichen Kampf und hinkte danach.
📖 **1 Mose 32,23-32**
→ Jordan, Totes Meer; siehe Karte Seite 137

 Jabin („der Einsichtige")
König von Kanaan zur Zeit von Josua, herrscht in der Stadt Hazor, Feind Israels
Jabins Heerführer Sisera unterdrückt die Israeliten 20 Jahre lang mit Gewalt. Dann aber wird das Heer von Jabin und Sisera durch das viel kleinere Heer der Israeliten unter Josuas Führung vernichtend geschlagen. Die Israeliten hatten sich Gott wieder zugewendet und auf seine Stärke vertraut.
💡 Finde heraus, wie groß die Streitmacht von Jabin war.
📖 **Josua 11,1-15**
→ Kanaan, Hazor, Sisera, Josua, Heer, Heerführer, Streitwagen

 Jafet („er gebe weiten Raum")
gehört mit seinem älteren Bruder Sem und dem jüngeren Ham zu den Söhnen Noachs
In der Arche überlebt die ganze Familie als einzige die Sintflut. Jafet wird in der Bibel als der Ahnherr der Völker in Kleinasien und rund um das nordöstliche Mittelmeer angesehen.
💡 Finde heraus, welche peinliche Situation Jafet mit seinem Vater Noach erleben musste.
📖 1 Mose 6,9-10; **1 Mose 9, 18-27**
→ Sem, Ham, Noach, Arche, Sintflut, Ahnherr

 Jafo („die Schöne")
sehr alte Hafenstadt am Mittelmeer, auch Joppe
Nach Jafo wird kostbares Zedernholz aus dem Libanon für den Bau des Tempels durch König Salomo geliefert und nach Jerusalem weitertransportiert. Von Jafo aus will der Prophet Jona nach Tarschisch fliehen. Zur Zeit des Neuen Testaments heißt Jafo Joppe. Petrus wohnt längere Zeit dort und weckt die Jüngerin Tabita vom Tod auf.
💡 Wissenswert: Jafo heißt heute Jaffa und ist ein Vorort von Tel Aviv, der Hauptstadt Israels.
📖 Jona 1,3; Apostelgeschichte 9,36-41
→ Zeder, Libanon, Tempel, Jerusalem, Jona, Tarschisch, Petrus, Tabita; siehe Karte Seite 134

Blick auf Jafo

 Jagd
Fangen und erlegen von Wildtieren
Zur Zeit der Bibel wird mit Pfeil und Bogen, Schlinge und Netz gejagt. Vögel werden mit einer Art Bumerang erlegt. Häufig werden die Ansiedlungen der Menschen durch wilde Tiere wie Löwe, Schakal, Fuchs, Hyäne, Bär, Schlan-

ge, Leopard, Wolf oder Krokodil bedroht. Für diese Tiere errichtet man meistens Fanggruben, die durch Netze abgedeckt werden, in denen sich die Tiere dann in der Grube verfangen.

? Rate mal: Wer war Jäger? a. Petrus b. Abraham c. Esau
📖 **1 Mose 25,27**
→ Esau, Sonderseite Arbeit auf dem Land, Seite 11

Jäger bei der Jagd

Jahr
Zeiteinteilung

Das Jahr wird in Israel nicht nach der Sonne (365 Tage), sondern nach dem Mond berechnet. So haben die 12 Monate jeweils 29 oder 30 Tage. Dadurch ist das Jahr 11 Tage kürzer. Zum Ausgleich wird von Zeit zu Zeit ein Schaltjahr mit 13 Monaten eingeschoben. In biblischen Zeiten liegt der Jahresanfang im Frühjahrsmonat Nisan (nach unserer Zählung etwa März/April). Der Jahresablauf richtet sich nach der Saat- und Erntezeit. Festtage zum Gedenken an Gottes Taten prägen das Jahr. Darüber hinaus werden in der Bibel Regierungsjahre der Könige oder besondere Ereignisse als Orientierung verwendet.

💡 Finde heraus, mit welchem Ereignis der jüdische Kalender beginnt (3761 v. Chr.).
📖 **1 Mose 1,1**; 2 Mose 23,14-19; Amos 1,1
→ Monat, Tag

Jahwe → Gott

Jaïrus („Erleuchteter")
Vorsteher der Synagoge in Kafarnaum, Vater einer schwerkranken Tochter

Jaïrus bittet Jesus, schnell zu ihm ins Haus zu kommen, damit er die Tochter wieder gesund macht. Jesus aber lässt sich auf dem Weg durch eine kranke und ebenfalls Hilfe suchende Frau aufhalten. Inzwischen ist das Mädchen gestorben. Doch Jesus weckt sie vom Tod auf.

? Rate mal: Wie alt war die Tochter von Jaïrus?
a. 4 Jahre b. 12 Jahre c. 15 Jahre
📖 **Markus 5,21-43**
→ Kafarnaum, Synagoge

Die Reise von Jakob nach Haran und zurück

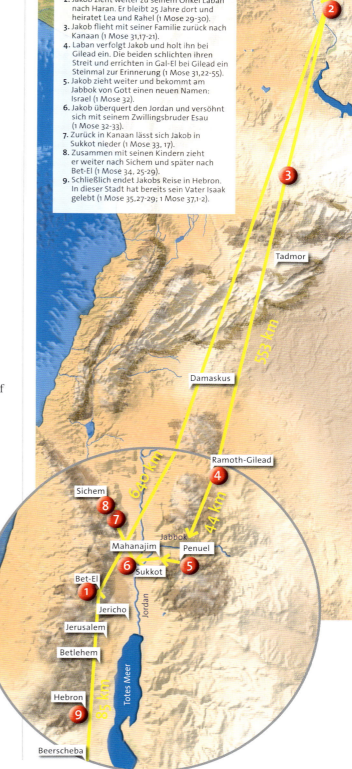

1. In Bet-El träumt Jakob von einer Leiter, die bis in den Himmel reicht (1 Mose 28,10-22).
2. Jakob zieht weiter zu seinem Onkel Laban nach Haran. Er bleibt 25 Jahre dort und heiratet Lea und Rahel (1 Mose 29-30).
3. Jakob flieht mit seiner Familie zurück nach Kanaan (1 Mose 31,17-21).
4. Laban verfolgt Jakob und holt ihn bei Gilead ein. Die beiden schlichten ihren Streit und errichten in Gal-El bei Gilead ein Steinmal zur Erinnerung (1 Mose 31,22-55).
5. Jakob zieht weiter und bekommt am Jabbok von Gott einen neuen Namen: Israel (1 Mose 32).
6. Jakob überquert den Jordan und versöhnt sich mit seinem Zwillingsbruder Esau (1 Mose 32-33).
7. Zurück in Kanaan lässt sich Jakob in Sukkot nieder (1 Mose 33, 17).
8. Zusammen mit seinen Kindern zieht er weiter nach Sichem und später nach Bet-El (1 Mose 34, 25-29).
9. Schließlich endet Jakobs Reise in Hebron. In dieser Stadt hat bereits sein Vater Isaak gelebt (1 Mose 35,27-29; 1 Mose 37,1-2).

Jakob – Jebus

Jakob

Info

Name: Jakob („er hält die Ferse fest", auch „er betrügt"), später Israel („er kämpft mit Gott", auch „Gott soll herrschen")
Eltern: Vater Isaak und Mutter Rebekka
Geschwister: Zwillingsbruder Esau
Familie: Frauen Lea und Rahel und die zwölf Söhne Ruben, Simeon, Levi, Juda, Dan, Naftali, Gad, Ascher, Issachar, Sebulon, Josef, Benjamin und mindestens eine Tochter mit Namen Dina
Geboren: ca. 1900 v. Chr.
Geburtsort: Hebron
Sterbeort: Goschen (in Ägypten), wird aber in seiner Heimat Kanaan begraben (1 Mose 50,12-13)
Nationalität: Hebräer
Arbeit: Viehzüchter, Stammvater und Namensgeber des Volkes Israel

Das Leben von Jakob

- Als Jakob zur Welt kommt, hält er die Ferse seines Zwillingsbruders fest. Deshalb geben ihm seine Eltern den Namen Jakob. Der ursprüngliche Sinn des Namens ist wohl „Gott möge (dich) schützen" (1 Mose 25,19-26).
- Jakob verschafft sich durch Lüge und Hinterlist einen Vorteil und erkauft sich für ein Linsengericht das Erstgeburtsrecht von seinem Bruder Esau. Um nicht von Esau umgebracht zu werden, flüchtet Jakob zu seinem Onkel Laban (1 Mose 25,27-34; 1 Mose 27).
- Bei Laban arbeitet Jakob sieben Jahre, um dessen Tochter Rahel heiraten zu dürfen. Doch Laban gibt ihm stattdessen die ältere Schwester Lea zur Frau. Um Rahel doch noch heiraten zu können, muss Jakob weitere sieben Jahre arbeiten (1 Mose 29,14b-30).
- Gott spricht zu Jakob und fordert ihn auf, in seine Heimat zurückzukehren. Unterwegs begegnet ihm Gott als Engel in Menschengestalt. Es kommt zu einem Kampf, bei dem Jakob verletzt wird. Trotzdem will er seinen Gegner nur loslassen, wenn er ihn segnet. Jakob erhält von Gott einen neuen Namen. Er heißt von nun an Israel (1 Mose 32,23-33).
- In der Heimat erwartet ihn sein Bruder Esau. Wegen der damaligen Ereignisse hat Jakob große Angst vor ihm. Doch Esau hat Jakob längst verziehen und erwartet ihn mit offenen Armen (1 Mose 33).
- Jakob bleibt von nun an in seiner alten Heimat. Zwischen seinen zwölf Söhnen gibt es Neid und Streit. So kommt es, dass Josef, einer der beiden Lieblingssöhne, von seinen Brüdern als Sklave nach Ägypten verkauft wird (1 Mose 37,12-36).
- Weil in Jakobs Heimat eine Hungersnot ausbricht, schickt er seine Söhne nach Ägypten, um Nahrungsmittel zu kaufen. Dort kommt es zum Wiedersehen mit Josef. Schließlich siedelt die ganze Familie nach Ägypten über. Dort bleibt Jakob, bis er im Alter von fast 147 Jahren stirbt (1 Mose 46,28-34; 1 Mose 47,28).

Finde heraus, wie Jakob vor seinem Tod seine zwölf Söhne für ihren weiteren Lebensweg segnet.
📖 **1 Mose 49,1-28**
→ Erstgeburtsrecht, Rebekka, Isaak, Rahel, Esau, Israel

Linsen

Jakob – Jebus

 Jakobs Brunnen
Stück Land mit einem Brunnen am Fuße des Berges Garizim in Samarien, in der Nähe von Sichem
Jakob übergibt dieses Grundstück seinem zweitjüngsten Sohn Josef. Im Neuen Testament wird von einem Gespräch zwischen Jesus und einer Frau aus Samarien an diesem Brunnen berichtet. Dabei geht es um Fragen der Frau und um das Verhältnis zwischen Juden und Samaritern.
💡 Wissenswert: Jesus hat gesagt: „Das Heil kommt von den Juden."
📖 Josua 24,32; **Johannes 4,5-29**
→ Samariter, Jakob, Jude

Jakobus („Gott schützt")
Sohn von Alphäus; einer der zwölf Jünger von Jesus, mit seinem Bruder Johannes auch „Donnersöhne" genannt
Nach Tod und Auferstehung von Jesus gehört er zum Kreis der Apostel, die in Jerusalem die erste judenchristliche Gemeinde bilden.
💡 Wissenswert: Für Jakobus gibt es in der katholischen und evangelischen Kirche einen Gedenktag am 3. Mai.
📖 Matthäus 10,1-4; Apostelgeschichte 1,13-14
→ Jünger, Apostel, Jakobus, Andreas

Jakobus („Gott schützt")
ältester der (Halb-)Brüder von Jesus
Erst nach der Auferstehung von Jesus schließt er sich dem Jüngerkreis an. Er gehört neben Petrus zu den Mitbegründern der ersten judenchristlichen Gemeinde in Jerusalem. Auf dem sogenannten Apostelkonzil spielt er eine führende Rolle. Jakobus setzt sich dafür ein, dass die Gemeinschaft aus Juden und Heiden, die zum Glauben an Jesus Christus gekommen sind, erhalten bleibt. Er wird wahrscheinlich 62 n. Chr. gesteinigt. Wegen seines vorbildlichen Lebenswandels bekommt er den Beinamen „Jakobus, der Gerechte".
💡 Wissenswert: Jakobus gehörte zu den Augenzeugen, die Jesus nach der Auferstehung gesehen haben.
📖 Matthäus 13,55; **1 Korinther 15,7**
→ Paulus, Apostelkonzil, Juden, Heiden

Jakobus schreibt den Jakobusbrief

Jason („der Heilende")
gehört zur christlichen Gemeinde in der griechischen Hafenstadt Thessalonich
Jason beherbergt für einige Wochen Paulus und dessen Begleiter Silas. In dieser Zeit predigt Paulus immer wieder in der Synagoge und verursacht einen Aufstand in Thessalonich. Weil Paulus und Silas nicht auffindbar sind, wird Jason von einer aufgebrachten Menge vor die Stadtverwaltung geschleppt.
💡 Finde heraus, was weiter mit Jason geschah.
📖 **Apostelgeschichte 17,1-10**
→ Paulus, Silas, Synagoge

Jason (A)
gottloser Oberster Priester, Bruder von Onias
Jason besticht König Antiochus IV. Epiphanes, um anstelle von Onias Oberster Priester zu werden. Er schafft die jüdischen Gesetze ab und führt stattdessen griechische Sitten ein. Jason wird drei Jahre später selber durch Bestechung aus dem Amt des Obersten Priesters verdrängt und nach Ägypten verstoßen.
💡 Finde heraus, wie es mit Jason weiterging.
📖 2 Makkabäer 4,7-13; 2 Makkabäer 4,23-26; **2 Makkabäer 5,5-10**
→ Antiochus IV. Epiphanes (A), Onias (A), Oberster Priester, Makkabäer (A)

Jebus, Jebusiter („Trockenplatz")
alte Bezeichnung für die Stadt Jerusalem und ihre Bewohner
Das Volk der Jebusiter lebt schon vor den Israeliten in Kanaan. Sie siedeln im Gebirge und bauen die Stadt Jerusalem (Salem) aus. Jerusalem gehört zu den ältesten Städten in Israel. Später wird die Stadt von König David erobert und zur Hauptstadt seines Reiches gemacht. Auf dem Südosthügel bei der Gihonquelle errichten sie eine Burg, die uneinnehmbar erscheint. Doch David gelingt es, Stadt und Burg zu erobern, indem er mit seinen Männern durch einen Wasserschacht in die Stadt gelangt.
💡 Finde heraus, warum sich die Jebusiter über David lustig machten.
📖 Josua 15,63; Richter 19,10; **2 Samuel 5,6-9**
→ David, Jerusalem, Gihon

> Magst du Linsensuppe?
> Auf Seite 203 findest du ein Rezept für ein Linsengericht

Jechonja – Jerusalem

 Jechonja → Jojachin → Sonderseite Könige Israels, Seite 168-171

 Jeftah → Jiftach

 Jehu → Sonderseite Könige Israels, Seite 168-171

Jeremia („der Herr möge aufrichten")
Prophet in Israel von 627 bis 587 v. Chr., Sohn von Hilkija

Jeremia wird um 650 v. Chr. geboren. Im Auftrag Gottes fordert er die Menschen im Südreich Judäa dazu auf, ihr Leben zu ändern und auf Gottes Wege zurückzukehren. Die Menschen haben sich von Gott abgewandt und verehren Götzen. Diese Untreue bringt ihnen viel Kummer. 587 v. Chr. zerstören die Babylonier unter König Nebukadnezzar die Stadt Jerusalem und den Tempel.

Weil das Volk nicht auf Gott und seinen Propheten hören will, muss auch Jeremia viel leiden. Er wird verspottet, geschlagen und ins Gefängnis geworfen. Einige wollen ihn sogar umbringen lassen.

Mit seiner Botschaft kündigt Jeremia aber nicht nur das Gericht Gottes und die Strafe für den Ungehorsam des Volkes an. Im Buch Jeremia finden sich auch Texte, die von einem neuen Anfang erzählen, den Gott mit seinem Volk machen möchte. Es ist die Rede von einem „neuen Bund", den Gott mit seinem Volk schließen will.

Wissenswert: Jeremia wird im Neuen Testament zitiert, als es um den Verrat an Jesus durch seinen Jünger Judas geht.

📖 Jeremia 1,1-3; Jeremia 31,31-34; **Matthäus 27,9-10**

→ Prophet, Tempel, Bund

Jericho („Palmenstadt")
Stadt in der Nähe vom Fluss Jordan, ca. 12 km vom Nordende des Toten Meeres entfernt in einer Wüstenlandschaft

Zur Zeit des Alten Testaments hat Jericho starke Mauern und ist dadurch gut vor Angreifern geschützt. In der Bibel wird erzählt, wie das Volk Israel Jericho mit Gottes Hilfe erobert. Im Neuen Testament wird der blinde Bettler Bartimäus in Jericho von Jesus geheilt. Jesus begegnet in Jericho außerdem dem Zolleinnehmer Zachäus.

Wissenswert: Jericho war bereits 10.000 Jahre vor Christus eine Siedlung und liegt 250 Meter unter dem Meeresspiegel.

📖 2 Könige 2,19-22; Markus 10,46-52; Lukas 19,1-10

→ Bartimäus, Totes Meer, Zachäus; siehe Karte Seite 134

Blick auf Jericho heute

 Jerobeam I. → Sonderseite Könige Israels, Seite 168-171

 Jerobeam II. → Sonderseite Könige Israels, Seite 168-171

Blick auf Jerusalem bei Nacht

🏠 Jerusalem

Info

Name: Jerusalem („Gründung des Friedens")
Weitere Namen: Davidsstadt, Tochter Zion, Zionsstadt, Zionsberg, Zion
Lage: die Stadt liegt auf der Höhe des Gebirges Juda, ungefähr 760 m über dem Meer und etwa 25 km westlich des Nordendes vom Toten Meer; siehe Karte Seite 134
Erste Nennung in der Bibel: zur Zeit von Abraham unter dem Namen Salem (= „Friede")
Größe: Zur Zeit von Jesus schätzte man eine Einwohnerzahl von 30.000–50.000.
Geschichte: Jerusalem ist seit 1000 v. Chr. die Hauptstadt von Israel.

Jerusalem in der Bibel

● Zur Zeit von Abram (später Abraham) gibt es den Ort Salem bereits. Dort herrscht König Melchisedek. Es wird von ihm geschrieben, dass er dem höchsten Gott als Priester dient (1 Mose 14,18-20).
● Als Stadt der Jebusiter wird Jerusalem (Jebus) auch zur Zeit der Richter erwähnt. Zu dieser Zeit hat das Volk Israel das Land Kanaan bereits erobert. Jerusalem ist dabei zunächst vom Stamm Juda eingenommen und in Brand gesteckt worden (Richter 1,8). Dennoch halten die Jebusiter die Stadt Jerusalem (Richter 1,21).
● Jerusalem wird unter König David die Hauptstadt von Israel. Deshalb wird Jerusalem auch als Davidsstadt bezeichnet (2 Samuel 5,6-12).
● König Salomo, der Sohn von König David, baut Gott einen Tempel in Jerusalem. Der Tempel ist Gottes Wohnung. Dort steht auch die kostbare Bundeslade mit den Zehn Geboten. Die Israeliten pilgern zum jährlichen Passafest nach Jerusalem, um dort im Tempel und in den Häusern zu feiern.
● Von den Babyloniern wird es 587 v. Chr. nach zweijähriger Belagerung zerstört und später wieder unter der Perserherrschaft auch durch Nehemia wieder aufgebaut. Dann wird Jerusalem durch Alexander den Großen erobert und griechisch, später unter dem römischen Herrscher Pompejus römisch.
● Lebenswichtig für jede Stadt ist die Wasserversorgung. Die wichtigste Quelle bei Jerusalem ist der Gihon im Kidrontal. Durch einen Wassertunnel und später durch andere Leitungen kommt das Wasser in die Stadt. Auch Regenwasser wird in Zisternen gesammelt und verbraucht.
● Jerusalem spielt im Leben von Jesus eine wichtige Rolle. In der Zeit des Neuen Testaments steht Jerusalem unter römischer Herrschaft. Hier wird Jesus gefangen genommen, verurteilt und gekreuzigt. Hier steht er wieder von den Toten auf und kehrt in den Himmel zurück.
● Im jüdischen Krieg (ca. 70 n. Chr.) wird Jerusalem vollständig zerstört und erst später wieder aufgebaut. Auch danach ist Jerusalem unter verschiedener Herrschaft. Seit 1952 ist Jerusalem offiziell wieder die Hauptstadt Israels.
● Gott verspricht, in der Ewigkeit ein neues Jerusalem aufzubauen. In dieser himmlischen Stadt wird es keine Tränen, keinen Schmerz und keine Traurigkeit mehr geben.

? Rate mal: Wie heißt der erste König von Salem?
a. Melchior b. Melek c. Melchisedek d. Melonichick
→ Davidsstadt, Jebusiter, David, Salomo, Bundeslade, Tempel, Passa, Nehemia

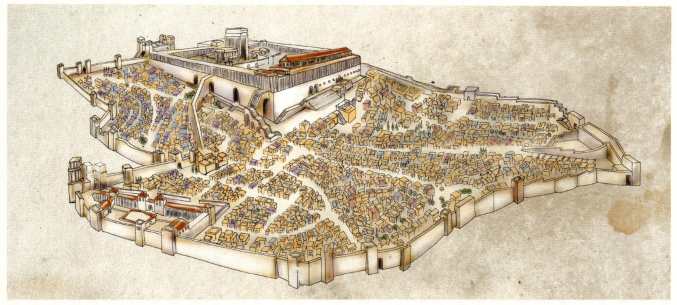

Jerusalem zur Zeit des Neuen Testaments

Jesaja – Jesus

Jesaja („Jahwe ist Rettung")
Prophet von 736 v. Chr. bis etwa 681 v. Chr., Sohn von Amoz, in Juda zu Hause, verheiratet mit einer Prophetin, mindestens zwei Söhne

Jesaja hat eine Vision. Er sieht Gott auf seinem himmlischen Thron sitzen. Der gibt ihm den Auftrag, seine Worte weiterzusagen. Von da an arbeitet Jesaja über 50 Jahre lang als Gottes Prophet. Zunächst muss er seine Landsleute hauptsächlich warnen und ihnen Strafgerichte ankündigen. Später geht es in seinen Reden besonders um Trost und Hoffnung. Über seinen Tod steht nichts in der Bibel.

Sieh mal nach auf Seite 169, welche Könige zur Zeit Jesajas regiert haben.
Jesaja 6,1-13; Jesaja 7,3-9; Jesaja 8,3-8
→ Prophet

Jeschua („der Herr ist Hilfe")
erster Oberster Priester in Jerusalem nach der Gefangenschaft in Babylon

Nach der Zeit der Babylonischen Gefangenschaft gehört Jeschua zu den ersten, die nach Jerusalem zurückkehren. Zusammen mit dem Regierungsbeauftragten Serubbabel und den anderen Priestern baut er den zerstörten Altar wieder auf, führt regelmäßige Gottesdienste ein und beginnt mit dem Wiederaufbau des Tempels.

Wissenswert: Die Zurückgekehrten mussten ihre Opfer unter ständiger Lebensgefahr darbringen.
Esra 3,2-9; Sacharja 3,1-10
→ Oberster Priester, Serubbabel, Babylon, Tempel

Jesreel („Gott sät")
Stadt in der nach ihr benannten Ebene südwestlich vom See Gennesaret

Jesreel liegt im Hochland zwischen der Mittelmeerküste und dem Fluss Jordan. Wegen des günstigen Klimas und der strategisch guten Lage wird Jesreel zum zweiten Sitz der Könige von Israel. Hier hat z. B. König Ahab einen Palast. Heute heißt die Stadt Zerin.

Finde heraus, welches Grundstück an König Ahabs Palast grenzte und was Ahab und seine Frau Isebel unternahmen, um es in ihren Besitz zu bekommen.
Josua 19,18; 1 Könige 18,46;
1 Könige 21,1-16
→ Ahab, Elija, Jordan

Alter Tempelbezirk in Meggido in der Jesreel-Ebene

Kennst du eine Geschichte von Jesus? Welche?

Jesus
Jesus ist der Sohn Gottes. Er wurde von Gott auf die Erde geschickt, um für uns am Kreuz zu sterben. Jedem, der an ihn glaubt, vergibt er seine Sünden und schenkt ihm das ewige Leben. Er hat viele Wunder getan, z. B. Lazarus von den Toten auferweckt oder Blinde, Lahme und Taube geheilt.
Tom Justin, 9 Jahre

Jesus

Info

Name: Jesus („Jahwe ist Retter")
Weitere Bezeichnungen: Christus, Messias, Sohn Gottes, Menschensohn, Heiland, Immanuel, Opferlamm Gottes
Eltern: Vater Gott, Stiefvater Josef und Mutter Maria
Halbgeschwister: die Brüder Jakobus, Josef, Simon, Judas und mindestens zwei Schwestern
Familie: keine Frau und keine Kinder
Geboren: um 5 v. Chr.
Geburtsort: Betlehem
Sterbeort: Jerusalem
Nationalität: Israelit aus dem Stamm Juda
Arbeit: Zimmermann, später Prediger und Heiler

Das Leben von Jesus

- Jesus ist mehr als ein Mensch. Vor seiner Geburt ist er bei Gott und ein Teil von Gott. Er wird ein Mensch, indem Gott Maria schwanger werden lässt. Jesus hat also keinen Menschen als Vater. Marias Ehemann Josef ist nur sein Stiefvater (Johannes 1,1-3; Kolosser 1,15-17; Lukas 1,26-33; Matthäus 1,18-25).
- Als er noch ein Baby ist, versucht König Herodes ihn umzubringen. Maria und Josef fliehen mit Jesus nach Ägypten. Dort leben sie wenige Jahre, bis die Gefahr vorüber ist. Dann kehren sie zurück nach Israel und leben in Nazaret (Matthäus 2,13-23).

So könnte die Krippe ausgesehen haben (hier mit Dornenkrone und Tuch)

Jesus – Joasch

- Mit zwölf Jahren reist Jesus mit seinen Eltern zum Passafest nach Jerusalem. Dort fällt er den Schriftgelehrten durch sein erstaunliches Wissen auf (Lukas 2,41-52).
- Als er etwa dreißig Jahre alt ist, beginnt er für rund drei Jahre durch Israel zu reisen. Er lehrt die Menschen, wie Gott sich ihr Leben vorstellt, und fordert sie auf, auch ihm als dem Sohn Gottes zu vertrauen. Um zu „beweisen", dass er wirklich von Gott gesandt ist, tut er viele Wunder (Matthäus 4,12-17; Markus 2,1-12).
- Begleitet wird er von etlichen Männern und Frauen, von denen zwölf Jünger eine besonders enge Beziehung zu ihm haben (Markus 1,16-20).
- Ständig bekommt er Streit mit den Schriftgelehrten, die ihn für einen Gotteslästerer halten und ihn am liebsten tot sehen möchten (Markus 3,1-6).
- Er stirbt am Kreuz für die Sünden der Menschen und steht am dritten Tag von den Toten auf (Matthäus 27,1–28,20).
- Vierzig Tage nach seiner Auferstehung kehrt Jesus zu seinem Vater in die unsichtbare Welt zurück. Dort sitzt er an der rechten Seite Gottes auf dem himmlischen Thron. Irgendwann wird er mit seinen Engeln in großer Herrlichkeit wiederkommen (Lukas 24,50-53; Apostelgeschichte 1,9-11; Matthäus 24,29-31; Matthäus 25,31-46).

💡 Wissenswert: „Christus" ist nicht der Nachname von Jesus, sondern bedeutet so viel wie „König".

→ Gott, Maria, Betlehem, Nazaret, Jünger, Kreuz, Auferstehung, Himmelfahrt

Jesus
*Zu Jesus fällt mir ein, dass er für unsere Sünden gestorben ist. Mir fällt auch ein, dass er Gottes Sohn ist. In der Bibel im Neuen Testament erzählt er viel von Gott und heilt viele Menschen. Er hatte zwölf Jünger, für die er ein großes Vorbild war. **Julia, 13 Jahre***

Fünf Brote und zwei Fische; Jesus macht daraus durch ein Wunder ein Essen für mehr als 5.000 Menschen

Jesus Sirach (A)

mit vollem Namen Jesus Ben Eleazar Ben Sira (Sohn von Sirach), schreibt um 180 v. Chr. das Buch Jesus Sirach auf Hebräisch

Das Buch gehört zu den Apokryphen des Alten Testaments und zur Weisheitsliteratur. Es enthält Mahnungen, Verheißungen, Erfahrungen und Lebensregeln in Spruchform. Sein Enkel hat es in Ägypten später ins Griechische übersetzt.

💡 Weißt du, woher die Weisheit kommt und wo sie wohnt?

📖 **Sirach 1,1-2**

→ Apokryphen, Verheißung, Weisheit

Jiftach („Gott möge öffnen")
Richter in Israel

Jiftach ist sechs Jahre lang Richter in Israel. Als die Israeliten von den Ammonitern angegriffen werden, führt er das Heer der Israeliten erfolgreich in den Kampf. Vor der Schlacht gibt er Gott das Versprechen: „Wenn ich mit deiner Hilfe siege und zurückkehre, schenke ich dir, was mir zuerst aus meinem Haus entgegenkommt."

💡 Finde heraus, welche schrecklichen Folgen dieses Versprechen hat.

📖 **Richter 11–12**

→ Richter, Ammon

Jirija („der Herr sieht")

Wachoffizier in Jerusalem zur Zeit des Propheten Jeremia

Als der Prophet Jeremia zu einem Verwandtenbesuch aufbrechen möchte, wird er überraschend von Wachoffizier Jirija am Verlassen der Stadt gehindert. Jirija unterstellt ihm, dass er zu den Feinden des Volkes Israel, den Babyloniern, überlaufen und sein Volk verraten will. Als Folge wird Jeremia für längere Zeit ins Gefängnis geworfen.

💡 Finde heraus, wie Jeremia wieder aus dem Gefängnis kam.

📖 Jeremia 37,13-16; **Jeremia 37,17-21**

→ Jeremia, Prophet

Jitro („Vertrauter Gottes")

Schwiegervater von Mose, Priester, auch Reguël genannt, stammt aus Midian

Jitro ist als Schwiegervater von Mose eine bedeutende Person. Er lebt auf der arabischen Halbinsel und begleitet den Weg von Mose, der das Volk Israel aus Ägypten führt. Dabei staunt er, wie Gott das Volk rettet.

💡 Wissenswert: Jitro züchtete neben seiner Tätigkeit als Priester Schafe und Ziegen.

📖 **2 Mose 3,1**; 2 Mose 18,1-12

→ Reguël, Midian, Priester, Mose

Joab („Gott ist mein Vater")

Neffe von David, Heerführer

Joab ist ein Sohn von Zeruja, der Halbschwester von David. Er begleitet König David fast sein ganzes Leben lang. Er wird als Führer über einen Teil des Heeres Davids gesetzt und zeichnet sich besonders als Soldat und Hauptmann aus. Joab stirbt am Altar im Heiligtum in Jerusalem.

💡 Finde heraus, welchen Sohn von König David Joab in einer Schlacht tötet.

📖 **2 Samuel 18,1-18**; 1 Könige 2,26-34

→ David, Abschalom

Joach („Gott ist mein Bruder")

Kanzler von König Hiskija, Sohn von Asaf

Joach dient als Kanzler am Hof von König Hiskija und wird von ihm als Berater und Unterstützer eingesetzt. Dabei verhandelt er auch im Krieg mit den Assyrern über die Einnahme und Übergabe der Hauptstadt Jerusalem.

❓ Rate mal: Welche zwei Sprachen beherrschte Joach?
a. Syrisch und Hebräisch b. Hebräisch und Aramäisch
c. Aramäisch und Arabisch

📖 2 Chronik 34,8; **2 Könige 18,26-37**

→ Hiskija, Asaf

Joahas → Sonderseite Könige Israels, Seite 168-171

Joasch → Sonderseite Könige Israels, Seite 168-171

Joasch („Gott hat gegeben")

Vater von Gideon

Gideon zerstört als Richter Götzenbilder von Baal und Aschera. Als die Menschen in Ofra Gideon dafür töten wollen, stellt sich Joasch vor seinen Sohn und schützt ihn. Er wird in einem Grab in der Stadt Ofra beerdigt. Gideon wird später neben ihm bestattet.

💡 Finde heraus, mit welchen klugen Argumenten Joasch seinen Sohn Gideon schützte.

📖 **Richter 6,29-32**

→ Gideon, Baal, Aschera, Richter, Ofra

Ist dir schon aufgefallen, dass Namen früher eine bestimmte Bedeutung hatten? Kennst du die Bedeutung deines Namens?

Joch – Johannes

Ochsen im Joch eingespannt

Joch
Holzbalken, der zumeist zwei Tieren auf den Nacken gelegt wird, um sie gemeinsam vor einen Wagen oder ein landwirtschaftliches Gerät zu spannen
Mit Joch wird in der Bibel aber auch alles bezeichnet, was eine große Last umschreibt. Diese Last liegt wie ein Joch auf den Schultern eines Menschen oder einer Gruppe von Menschen.
Wissenswert: Nach dem jüdischen Gesetz durften nur gleiche Tiere an einem Joch ziehen.
📖 **5 Mose 22,10**; 1 Könige 19,19; 1 Könige 12,1-15
→ Gesetz

Joch

Jochebed
Frau von Amram, Mutter von Mose, Aaron und Mirjam
Der Pharao in Ägypten hat Angst vor der wachsenden Anzahl der Israeliten in seinem Land. Deshalb lässt er alle ihre männlichen Babys umbringen. Die Mutter von Mose versteckt ihn in einem Korb und setzt ihn auf dem Fluss Nil aus.
Finde heraus, warum Jochebed Mose nur wenig später wieder zurückbekam.
📖 **2 Mose 2,1-10**; 2 Mose 6,20
→ Mose, Pharao, Aaron, Mirjam, Jakob

Joël ("Jahwe ist Gott")
Sohn von Petuël, Prophet
Außer seinem Namen ist über den Propheten Joël nicht viel bekannt. In seiner Aufgabe als Prophet ruft er Israel zur Umkehr und Buße auf. Eine Heuschreckenplage soll das Volk zum Nachdenken bewegen. Der Inhalt seiner Botschaft reicht von dem aktuellen Ereignis der Heuschreckenplage bis zu dem Tag, der am Ende aller Zeiten kommen wird. Dabei kündigt Joël an, dass Gott als Richter auftreten wird. Joël beschreibt schon im Alten Testament das Geschenk des Heiligen Geistes. An Pfingsten trifft dies ein.
Wissenswert: Heuschreckenschwärme können tatsächlich ganze Felder in wenigen Minuten abfressen.
📖 Joël 1; Joël 3,1-5; Apostelgeschichte 2,16-17
→ Heuschrecke, Heiliger Geist, Buße, Pfingsten, Gericht

Joël ("Jahwe ist Gott")
ältester Sohn von dem Propheten Samuel, wohnt in Beerscheba
Joël wird von seinem Vater Samuel zusammen mit seinem Bruder Abija als Richter über Israel eingesetzt. Bei Urteilen lassen sie sich bestechen und achten nur auf ihren eigenen Vorteil. Schließlich fordert das Volk von Samuel, seine Söhne durch einen König zu ersetzen.
Wissenswert: Samuel setzte seine Söhne als Richter ein, weil er zu alt geworden war.
📖 **1 Samuel 8,1-3**
→ Samuel, Richter, Beerscheba

Johanan (A)
auch Johannes Hyrkanus genannt, Sohn von Simon Makkabäus
Johanan und sein Bruder Judas kämpfen mit 20.000 Fußsoldaten und einer Reitertruppe gegen das Heer von Antiochus VII. Sidetes aus Syrien. Sie gewinnen und nach dem Tod von Simon wird Johanan der Heerführer aller jüdischen Soldaten.
Wissenswert: Johanan entdeckte eine Verschwörung gegen sich.
📖 1 Makkabäer 16,1-10; **1 Makkabäer 16,18-24**
→ Syrer, Antiochus VII. Sidetes (A), Simon (A)

Johanna ("Gott ist gnädig")
Jüngerin von Jesus, Frau von Chuza, einem Beamten
Johanna gehört zu den Jüngerinnen von Jesus, die im Lukas-Evangelium genannt werden. Sie wird von Jesus geheilt. Johanna sorgt mit anderen Frauen durch ihren Besitz für den Unterhalt von Jesus und seinen Jüngern.
Wissenswert: Johanna gehörte zu den ersten, die von der Auferstehung von Jesus erfuhren.
📖 Lukas 8,1-3; **Lukas 24,1-10**
→ Jesus, Besitz, Heilung, Jünger

Johannes

Info

Name: Johannes („der Herr ist gnädig")
Eltern: Vater Zebedäus und Mutter Salome, wahrscheinlich eine Schwester Marias, der Mutter von Jesus
Geschwister: Bruder Jakobus
Familie: nicht bekannt
Geboren: nicht bekannt
Geburtsort: nicht bekannt
Sterbeort: vermutlich Ephesus, bis heute besuchen Leute dort den Ort, wo sein Grab vermutet wird
Nationalität: Israelit
Arbeit: Fischer

Das Leben von Johannes

- Johannes arbeitet mit seinem Bruder Jakobus in der Fischerei seines Vaters. Sie gehören zu den Jüngern von Johannes dem Täufer, einem Cousin von Jesus.
- Als Johannes Jesus kennenlernt, verlässt er mit Jakobus den Betrieb des Vaters, um Jesus nachzufolgen (Markus 1,19-20). Jesus gibt beiden den Beinamen „Söhne des Donners" (Markus 3,17). Der Grund dafür könnte sein, dass sie in einigen Situationen heftig reagieren. Als beispielsweise die Samariter Jesus nicht als Gast aufnehmen wollen, fordern Johannes und Jakobus ihn auf, Feuer vom Himmel regnen zu lassen (Lukas 9,54).
- Johannes, Jakobus und auch Petrus haben unter den Jüngern eine besondere Rolle. Als Jesus ein Mädchen vom Tod auferweckt, lässt er nur diese drei Jünger mitkommen (Markus 5,35-42). Auch als Jesus am Abend vor seiner Kreuzigung im Garten Getsemani beten möchte, sollen sie in seiner Nähe sein und mit ihm wach bleiben (Matthäus 26,36-46). Bei der Kreuzigung ist Johannes nah dabei und gehört zu den ersten, die das leere Grab sehen und an die Auferstehung glauben (Johannes 20,1-10).
- In der Folge gehört er mit Petrus und Jakobus zu den Vorstehern der ersten Gemeinde in Jerusalem. Später wird er auf die Insel Patmos vertrieben. Dort empfängt er besondere Einsichten von Gott, die im Buch Offenbarung zusammengefasst sind (Offenbarung 1,1-2). Es gibt zuverlässige Aussagen darüber, dass er Patmos später wieder verlässt und schließlich in Ephesus eine Gemeinde leitet.
- Johannes ist wohl der Autor einiger Schriften, die zur Bibel gehören. Er hat das Johannes-Evangelium, die drei Johannesbriefe und das Buch Offenbarung verfasst. Im Johannes-Evangelium wird er bezeichnet als „Jünger, den Jesus liebt" (Johannes 13,23).

💡 **Wissenswert:** Johannes sollte sich um Maria, die Mutter von Jesus, kümmern.

📖 Matthäus 17,1-9; Matthäus 20,20-28; Matthäus 26,36-46; **Johannes 19,25-27**
→ Jakobus, Jesus, Jünger

Fischernetze

Blick auf den Garten Getsemani

Johannes der Täufer – Jona

Johannes der Täufer

Info

Name: Johannes („der Herr ist gnädig")
Namenszusatz: der Täufer
Eltern: Vater Zacharias und Mutter Elisabet, eine Verwandte Marias, der Mutter von Jesus
Geschwister: nicht bekannt
Familie: nicht bekannt
Geboren: um 5 v. Chr.
Geburtsort: eine Stadt in Juda
Sterbeort: Hinrichtung in einem Gefängnis, vermutlich in der Gegend des Toten Meeres
Nationalität: Israelit
Arbeit: Prediger

Das Leben von Johannes

● Noch bevor Johannes geboren ist, erscheint der Engel Gabriel Zacharias, dem Vater von Johannes. Er verkündet ihm, dass Johannes einmal große Dinge vollbringen und von Geburt an mit dem Heiligen Geist erfüllt sein wird (Lukas 1,5-25). Über die Kindheit und Jugend von Johannes ist leider nichts bekannt. Erst im Alter von etwa 34 Jahren tritt er dann wieder in Erscheinung.

● Johannes lebt und verkündet in der Wüste. Viele Menschen strömen zu ihm, um ihn zu hören. Manche folgen ihm als Jünger. Er fordert alle dazu auf, ihr Leben zu ändern. Als Zeichen dafür sollen sie sich taufen lassen. Mit dem, was er tut, möchte er darauf hinweisen: „Nach mir kommt einer, der ist viel mächtiger als ich" (Markus 1,3-8).

Stelle im Fluss Jordan, an der Johannes getauft haben könnte

● Auch Jesus lässt sich von Johannes taufen (Matthäus 3,13-17). Dabei kommt der Heilige Geist wie eine Taube vom Himmel herab und eine Stimme sagt: „Dies ist mein Sohn, ihn habe ich lieb, an ihm habe ich Freude" (Matthäus 3,17).

● Das Leben von Johannes endet tragisch: König Herodes Antipas heiratet die Frau seines Bruders Philippus. Johannes weist ihn öffentlich zurecht und erinnert ihn daran, dass das verboten ist. Herodes und seiner neuen Frau Herodias gefällt das gar nicht. Herodes lässt Johannes deshalb ins Gefängnis werfen (Matthäus 14,3-5). An Herodes Geburtstag tanzt Salome für ihn. Sie ist die Tochter von Herodias. Er ist so fasziniert davon, dass er ihr verspricht, ihr einen Wunsch zu erfüllen. Angestachelt von der Mutter fordert sie den Kopf von Johannes. Herodes ist entsetzt, lässt ihn aber trotzdem im Gefängnis hinrichten (Matthäus 14,6-12).

💡 Finde heraus, welche Kleidung Johannes trug und wovon er sich ernährte, als er in der Wüste lebte.

📖 **Matthäus 3,4**; Lukas 1,80

→ Jesus, Jünger, Taufe, Herodes, Herodias, Salome

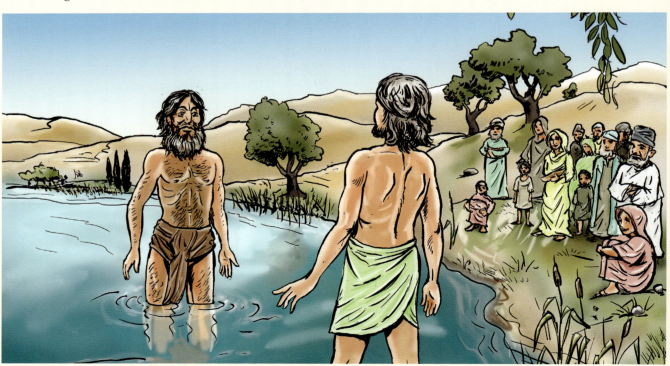

Johannes tauft Jesus im Jordan

Johannes der Täufer – Jona

 Johannes Markus (Johannes = „Gott ist gnädig", Markus = „Hammer")
Cousin von Barnabas, Reisebegleiter von Paulus
Johannes Markus wird von Paulus und Barnabas auf ihre erste Missionsreise mitgenommen. Er trennt sich aber schon nach kurzer Zeit in Perge von ihnen. Paulus will Johannes Markus daraufhin auf seiner zweiten Reise nicht mehr mitnehmen und wählt Silas zu seinem Begleiter. Barnabas hält aber zu Johannes Markus und sie reisen gemeinsam weiter. Paulus versöhnt sich später wieder mit Johannes Markus. Ihm wird das Markus-Evangelium zugeschrieben.
Wissenswert: Petrus bezeichnete Johannes Markus als „Sohn", obwohl die beiden leiblich nicht verwandt waren.
Apostelgeschichte 12,25–13,5; Apostelgeschichte 15,36-39; Kolosser 4,10; 2 Timotheus 4,11; **1 Petrus 5,13**
→ Paulus, Barnabas, Silas, Petrus, Perge

Johannisbrotbaum

Johannisbrotbaum immergrüner, nützlicher Baum, wächst in Vorderasien und im Mittelmeerraum
Aus den Früchten kann man „wilden Honig" gewinnen. Den isst Johannes der Täufer, als er in der Wüste lebt. In einem Gleichnis von Jesus fressen Schweine Schoten. Wahrscheinlich ist auch hier von der schmackhaften Frucht des Johannisbrotbaumes die Rede.
Finde heraus, um welches Gleichnis es sich handelt.
Lukas 15,11-32; Matthäus 3,4
→ Johannes der Täufer

 Jojachin → Sonderseite Könige Israels, Seite 168-171

 Jojakim → Sonderseite Könige Israels, Seite 168-171

Palastruinen in Petra

Jokteel auch Sela, später Petra, Handelsstadt in Edom, etwa 80 km südlich vom Toten Meer
König Amazja erobert die Stadt, die zu dieser Zeit noch Sela heißt, und nennt sie Jokteel.
2 Könige 14,7
→ Edom, Amazja

 Jom Kippur → Versöhnungstag → Sonderseite Biblische Feste, Seite 76+77

 Jona („Taube")
Prophet im nördlichen Teil von Israel, Sohn von Amittai
Jona bekommt von Gott den Auftrag, den Menschen in der feindlichen Stadt Ninive zu sagen, dass ihr Verhalten Gott nicht gefällt. Jona flieht vor diesem Auftrag und sucht sich ein Schiff, das ihn weit wegbringen soll. Ein Sturm durchquert Jonas Pläne. Nachdem ein Los ihn als Schuldigen für den Sturm bestimmt hat, wird er über Bord ins Meer geworfen. Ein großer Fisch verschluckt Jona und rettet sein Leben. Als der Fisch Jona wieder an Land spuckt, folgt Jona Gottes Auftrag und kündigt den Menschen in Ninive Gottes Strafe an. Doch die Menschen in Ninive ändern sich und Gott verschont sie. Das gefällt Jona nicht. Er fragt, warum er Gottes Strafe ankündigen sollte, wenn Gott die Strafe schließlich doch nicht vollzieht. Gott macht Jona deutlich, dass er die Menschen aus Liebe verschont.
Finde heraus, was Jona im Bauch des Fisches tat.
Jona 1,1-3; **Jona 2,1-11**; Jona 4,1-4
→ Prophet, Ninive

Jona wird ins Meer geworfen

Jona
Jona – das ist doch der mit dem Wal? Eine seltsame Geschichte! Stimmt! Der Prophet Jona bekommt einen Auftrag von Gott, den er auf keinen Fall ausführen will. Er flieht zunächst vor seiner Aufgabe, bezahlt seinen Irrweg fast mit dem Leben und zweifelt zuletzt sogar an Gott. Man könnte auch sagen: Jona ist einer wie wir. Er ist kein strahlender Held, sondern ein ganz normaler Mensch mit ganz normalen menschlichen Schwächen. Das macht ihn so sympathisch. Sein Beispiel sagt uns: Wir sind auch mit Fehlern und Schwächen in Ordnung. Und: Gott selbst sieht uns diese Unzulänglichkeiten nach. Er steht zu uns, wie er auch an Jona und an seinem Auftrag festhält – sogar auf ganz unglaubliche Art und Weise. Gott sei Dank, dass das so ist. Denn sonst gäbe es ja auch die wunderbaren Jona-Darstellungen nicht, auf denen der Prophet nach vielen feuchten Tagen endlich aus seinem „Fischgefängnis" entlassen wird, damit er den Menschen in Ninive die Botschaft Gottes bringen kann.
Marga Beckstein und Dr. Günther Beckstein, Bayerischer Ministerpräsident a. D.

Jonatan – Josef

 Jonatan („Gott hat gegeben")
ältester Sohn von König Saul, bester Freund von David

Nachdem David Goliat besiegt hat, lernen sich David und Jonatan näher kennen und schließen eine enge Freundschaft. Jonatan ist ein treuer und selbstloser Freund. Er warnt David, als sein Vater, König Saul, David umbringen will. Jonatan weiß, dass David der nächste König in Israel werden wird. Obwohl er als Sohn von König Saul ein Anrecht auf die Thronfolge hätte, steht er seinem Freund ohne Neid zur Seite. In einem Kampf mit den Philistern stirbt Jonatan.

- Finde heraus, wie Jonatan seinen Freund David warnte.
- 1 Samuel 18,1-4; **1 Samuel 20,16-22**; **1 Samuel 20,30-42**
→ David, Saul, Bogen, Goliat

Jonatan (A)
Feldherr der Makkabäer, Sohn von Judas Makkabäus und jüngster von fünf Brüdern

Jonatan wird von den Juden ausgewählt, um das jüdische Volk wieder auf Gott auszurichten. Er regiert lange und erreicht viel Gutes. Durch eine List wird er umgebracht.
- Wissenswert: Das jüdische Volk musste wegen Jonatan keine Steuern mehr zahlen.
- 1 Makkabäer 9,28-33; 1 Makkabäer 9,43-49; 1 Makkabäer 9,65-73; **1 Makkabäer 11,20-29**
→ Makkabäer (A), Bakchides (A), Demetrius II. (A)

 Joppe → Jafo

 Joram → Sonderseite Könige Israels, Seite 168-171

Jordan („der herabsteigende Fluss")
251 km langer Fluss in Israel, fließt durch den See Gennesaret und mündet ins Tote Meer, heute der Grenzfluss zwischen Israel und Jordanien

Da der Jordan immer Wasser führt, ist er in Israel für die Versorgung mit Trinkwasser und in der Landwirtschaft sehr wichtig. Die Israeliten überqueren nach ihrer langen Wanderung durch die Wüste den Jordan, um in das Land Kanaan zu kommen. Johannes der Täufer tauft im Fluss Jordan die Menschen. Im Jordan lässt auch Jesus sich von Johannes taufen.
- Finde heraus, wie das Volk Israel über den Fluss Jordan gekommen ist.
- **Josua 3,14-17**; Matthäus 3,13-17; Johannes 1,28
→ Johannes der Täufer, Taufe

Fluss Jordan

Joschafat → Sonderseite Könige Israels, Seite 168-171

Joschija → Sonderseite Könige Israels, Seite 168-171

Josef („Gott möge hinzufügen")
Ehemann von Maria, Sohn von Jakob, Nachkomme von König David, lebt in Nazaret, arbeitet als Zimmermann

Josef ist verlobt mit Maria. Als Maria durch einen Engel von Gott erfährt, dass sie Jesus, den Sohn Gottes, zur Welt bringen soll, zweifelt Josef zuerst daran. Doch dann kommt auch zu ihm ein Engel, der ihm von Gottes Plan erzählt. Daraufhin heiratet Josef Maria. Josefs leibliche Söhne heißen Jakobus, Josef, Simon und Judas. Die Namen seiner mindestens zwei Töchter sind nicht bekannt.
- Noch zwei Mal erscheint Josef ein Engel, der ihm sagt, was er tun soll. Finde heraus, warum.
- Matthäus 1,16.18-24; **Matthäus 2,13-21**; Matthäus 13,55-56; Lukas 1,27; Lukas 2,39
→ Maria, Zimmermann

Josef („Gott möge hinzufügen")
Sohn von Maria und Josef, Bruder von Jesus

Josef, der Bruder von Jesus, wird nur in einer Geschichte in der Bibel genannt. Jesus kommt nach Nazaret und erzählt den Leuten dort von Gott. Die Menschen wundern sich darüber, dass Jesus Wunder tun kann.
- Finde heraus, wie die anderen Brüder von Jesus und Josef heißen.
- **Matthäus 13,55**
→ Nazaret

Josef

Info

Name: Josef („Gott möge hinzufügen")
Eltern: Vater Jakob und Mutter Rahel
Geschwister: ein Bruder und zehn Halbbrüder und mindestens eine Halbschwester
Familie: Frau Asnat und die Söhne Josef und Efraïm
Geboren: etwa sechs Jahre bevor Jakob beschließt, wieder in seine Heimat Kanaan zurückzugehen
Geburtsort: Haran, die Heimat von Jakobs Onkel Laban
Sterbeort: Ägypten
Nationalität: Israelit
Arbeit: Stellvertreter des Pharaos in Ägypten

Das Leben von Josef

- Josef kommt als elfter Sohn von Jakob und als erster Sohn von Jakobs Lieblingsfrau Rahel zur Welt (1 Mose 30,22-23).
Jakob liebt Josef mehr als seine anderen Söhne, bevorzugt ihn und lässt ihm ein prächtiges Kleid anfertigen. Die Brüder sind sehr eifersüchtig und beginnen, Josef zu hassen (1 Mose 37,3-5).

- Als Josef 17 Jahre alt ist, hütet er zusammen mit seinen Halbbrüdern die Herden seines Vaters. Josef sieht in einem Traum, wie die gebundenen Ähren der Brüder sich vor ihm verneigen, ebenso Sonne, Mond und Sterne (1 Mose 37,5-11). Weil Josef so eingebildet ist, werden seine Brüder immer zorniger. Eines Tages beschließen sie, Josef umzubringen, und werfen ihn in eine leere Zisterne.
- Als Kaufleute vorbeikommen, verkaufen die Brüder Josef für 20 Silberstücke. Das Kleid von Josef wälzen sie in Tierblut und erzählen ihrem Vater später, Josef sei von einem wilden Tier gefressen worden (1 Mose 37,31-33).
- Die Händler nehmen Josef mit nach Ägypten, wo er Diener von Potifar wird, einem Hofbeamten des Pharaos (1 Mose 37,27-28.36).
- In Ägypten steht Gott Josef zur Seite. Auch hier deutet Josef Träume und sagt dem Pharao sieben gute und sieben schlechte Jahre voraus. Der Pharao kann so genug Vorräte sammeln und eine Hungersnot verhindern. Deshalb ernennt er Josef zu seinem Stellvertreter (1 Mose 41,14-45).
- Während der Hungersnot hat Ägypten so viele Vorräte, dass auch Leute aus anderen Ländern kommen, um dort Getreide zu kaufen. Auch Jakob schickt seine Söhne nach Ägypten (1 Mose 42,1-5).
- Als Josefs Brüder in Ägypten ankommen, erkennt er sie wieder, sie ihn aber nicht (1 Mose 42,6-8). Er stellt sie auf eine harte Probe (1 Mose 42,19-20). Dabei erkennt Josef, dass sich seine Brüder zum Guten verändert haben, gibt sich zu erkennen und versöhnt sich mit ihnen (1 Mose 45,1-3).
- Josef holt seinen Vater Jakob und die ganze Familie zu sich nach Ägypten (1 Mose 46,28). Dort lebt er mit ihnen und stirbt mit 110 Jahren (1 Mose 50,22-26).

💡 Finde heraus, warum Jakob seinen Sohn Josef mehr liebte als die anderen.

📖 **1 Mose 37,3**

→ Jakob, Rahel, Zisterne, Pharao

Josef gibt sich seinen Brüdern zu erkennen

Josef – Josua

Die Reise von Josef nach Ägypten

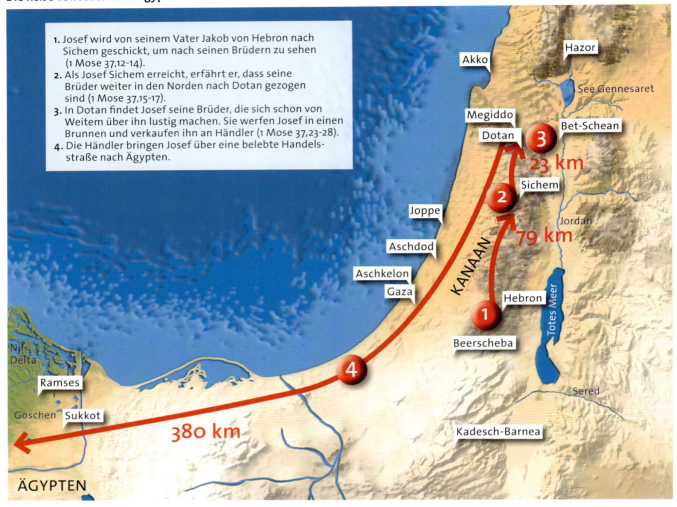

1. Josef wird von seinem Vater Jakob von Hebron nach Sichem geschickt, um nach seinen Brüdern zu sehen (1 Mose 37,12-14).
2. Als Josef Sichem erreicht, erfährt er, dass seine Brüder weiter in den Norden nach Dotan gezogen sind (1 Mose 37,15-17).
3. In Dotan findet Josef seine Brüder, die sich schon von Weitem über ihn lustig machen. Sie werfen Josef in einen Brunnen und verkaufen ihn an Händler (1 Mose 37,23-28).
4. Die Händler bringen Josef über eine belebte Handelsstraße nach Ägypten.

 Josef („Gott möge hinzufügen")
hat den Beinamen Justus, wird auch Barsabbas („Sohn von Sabbas") genannt
Nachdem Judas Jesus verraten und sich dann selbst getötet hat, fehlt bei den Jüngern von Jesus eine Person. Petrus schlägt vor, einen Nachfolger zu suchen. Josef Justus und Matthias werden vorgeschlagen. Matthias wird gewählt.
💡 Finde heraus, wie die Jünger einen Nachfolger wählten.
📖 **Apostelgeschichte 1,21-26**
→ Judas, Jünger

 Josef von Arimathäa
reicher Jude und Mitglied des Jüdischen Rates
Josef aus Arimathäa glaubt an Jesus, hält das aber aus Angst geheim. Als im Jüdischen Rat beschlossen wird, dass Jesus getötet werden soll, stimmt Josef nicht zu. Nachdem Jesus am Kreuz gestorben ist, ist Josef mutig und nimmt die Leiche von Jesus vom Kreuz ab, wickelt sie in Tücher und legt sie in sein eigenes Felsengrab.

💡 Finde heraus, wer Josef half, den Leichnam von Jesus in das Grab zu bringen.
📖 Matthäus 27,57-59; Lukas 23,50-51; **Johannes 19,38-41**
→ Jüdischer Rat

 Joses
Sohn von Maria und Josef, Bruder von Jesus
Joses ist die griechische Übersetzung des hebräischen Namens „Josef". Nur Markus nennt in seinem Evangelium den Namen Joses, während in den anderen Evangelien Josef steht. Das kann daran liegen, dass Markus die Geschichten über Jesus für nichtjüdische Leser aufgeschrieben hat.
📖 Markus 6,3
→ Josef, Maria

 Josia → Joschija → Sonderseite Könige Israels, Seite 168-171

Josua

Info

Name: Hoschea, später Josua („Gott hilft")
Eltern: Vater Nun, Mutter nicht bekannt
Geschwister: nicht bekannt
Familie: nicht bekannt
Geboren: zu der Zeit, als die Nachkommen von Jakob in Ägypten Sklavenarbeit leisten
Geburtsort: Ägypten
Sterbeort: Timnat-Serach, im Bergland des Stammesgebietes Efraïm
Nationalität: Israelit aus dem Stamm Levi
Arbeit: Helfer von Mose, später sein Nachfolger als Anführer der Israeliten

Das Leben von Josua

- Nach dem Auszug aus Ägypten führt Josua die Männer im Kampf gegen die Krieger aus Amalek an und siegt mit Gottes Hilfe (2 Mose 17,9-13). Später bewacht Josua das Heilige Zelt Gottes im Lager des Volkes Israel (2 Mose 33,11).
- Josua ist einer der beiden Kundschafter, die begeistert und voller Vertrauen auf Gott aus dem Land Kanaan zurückkommen. Die anderen zehn Männer raten davon ab, das Land zu erobern (4 Mose 14,6-10). Josua und Kaleb überleben die 40-jährige Wüstenwanderung als Belohnung für ihre Treue und das Vertrauen zu Gott.
- Mose legt Josua die Hände auf und bestimmt ihn zu seinem Nachfolger. Das Volk gehorcht von nun an ihm (5 Mose 34,9). Gott verspricht Josua seine Unterstützung und fordert ihn mehrmals auf: „Sei mutig und entschlossen!" (Josua 1,1-9).
- Josua erobert das Land Kanaan mit Gottes Hilfe (Josua 6,1-21). Er verteilt das Land an die Menschen der zwölf Stämme Israels. Josua erinnert das Volk an das Gute, das Gott ihnen getan hat. Er fordert sie auf, Gott auch weiterhin zu vertrauen und ihm zu dienen (Josua 24,1-28).
- Josua ist 110 Jahre alt, als er stirbt (Josua 24,29).
- **Wissenswert:** Die Namen „Josua" und „Jesus" haben die gleiche Bedeutung: „Gott ist die Rettung!" oder auch „Gott hilft!"

→ Mose, Ägypten, Kanaan, Kaleb

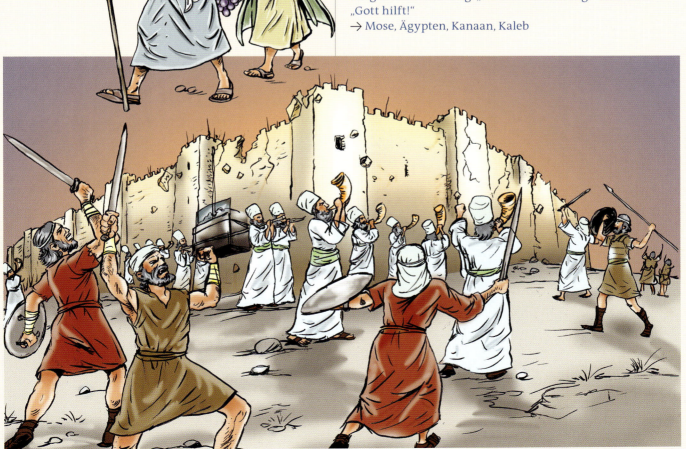

Jotam – Juden

 Jotam → Sonderseite Könige Israels, Seite 168-171

 Juda
Gebiet, in dem die Nachkommen von Juda, einem Sohn von Jakob, wohnen; nach der Teilung des Reiches Israel Name für das Südreich
Salomo ist König in Israel. Als er stirbt, wird sein Sohn Rehabeam König. Er verlangt viel zu hohe Steuern und harte Arbeit von den Israeliten. Darum sagen sich die zehn nördlichen Stämme Israels vom König los. Nur der Stamm Juda bleibt dem König treu. So wird das Königreich Israel in ein Nordreich „Israel" und ein Südreich „Juda" aufgeteilt. Jerusalem wird die Hauptstadt von Juda. Hier steht auch der Tempel. Juda wird immer wieder von anderen Ländern erobert. Zu der Zeit von Jesus steht Juda unter der Herrschaft der Römer und heißt Judäa.
- Wissenswert: Rehabeam wollte Israel wieder zurückerobern, Gott hinderte ihn aber daran.
📖 1 Könige 12,1-20; **1 Könige 12,21-24**; Psalm 97,8
→ Israel, Judäa, Salomo; Sonderseite Stämme Israels, Seite 256+257

Juda („lobpreisen")
vierter Sohn von Jakob und Lea, Bruder von Josef
Juda ist einer von den zwölf Söhnen von Jakob, aus denen die zwölf Stämme Israels hervorgehen. Als die Söhne von Jakob beschließen, ihren Bruder Josef zu töten, verhindert Juda das und schlägt vor, Josef lieber zu verkaufen. Später setzt Juda sich für seinen jüngsten Bruder Benjamin ein und bietet an, an seiner Stelle als Sklave in Ägypten zu bleiben.
- Wissenswert: Lea nannte ihren Sohn Juda, weil sie Gott für ihre Kinder danken wollte.
📖 **1 Mose 29,35**; 1 Mose 37,26-27; 1 Mose 44,30-34
→ Jakob, Josef, Sonderseite Stämme Israels, Seite 256+257

Landschaft in Judäa

 Judäa
Gebiet in Israel, südlich von Samaria, westlich vom Fluss Jordan
Juda wird lange Zeit von Königen aus der Dynastie Davids regiert. Herodes der Große erobert Jerusalem und wird König von Judäa. Nach seinem Tod wird Judäa römische Provinz und kommt unter die Herrschaft der Römer. Jesus ist manchmal in Judäa unterwegs, erzählt den Menschen von Gott und heilt Kranke. Zu dieser Zeit ist Pontius Pilatus Statthalter in Judäa.
- Finde heraus, ob Jesus in einer Stadt in Judäa geboren wurde.
📖 **Lukas 2,4-7**; Lukas 5,17; Johannes 4,1-2
→ Jesus, Statthalter; siehe Karte Seite 134

 Judas
Schreiber des Judasbriefes im Neuen Testament
Viel spricht dafür, dass dieser Judas der jüngere Bruder von Jesus ist. Beide haben nämlich noch einen Bruder mit Namen Jakobus. Die Brüder von Jesus sind auch unterwegs, um von Gottes guter Botschaft weiterzuerzählen. Im Judasbrief wird berichtet, wie die Leute, die erst Juden sind und dann Christen werden (Judenchristen), leben und denken. Damit kennt Judas sich aus.
- Schaffst du es, den Brief in einer Zeit von unter drei Minuten laut vorzulesen? Stoppuhr in die Hand und los geht´s!
📖 **Judas 1**; Matthäus 13,55-56; Markus 6,3
→ Judas (Iskariot), Judas Barsabbas, Apostel

 Judas
jüngerer Bruder von Jesus
Neben Judas sind Jakobus, Josef und Simon als Brüder von Jesus mit Namen in der Bibel genannt. Jeder der Brüder von Jesus ist mit einer Frau verheiratet, die auch Christin ist. Zur Zeit des römischen Kaisers Domitian (Regierungszeit 81–96 n. Chr.) werden zwei der Enkelsöhne von Judas kurzzeitig ins Verhör genommen, weil Domitian Angst um seine Macht hat und die Christen ihm bedrohlich vorkommen.
- Finde heraus, ob Jesus auch Schwestern hatte. Und wer sind die vielen Brüder, die Jesus auf der ganzen Welt hat?
📖 **Matthäus 13,54-56**; **Matthäus 12,46-50**; Markus 6,3; 1 Korinther 9,5
→ Jakobus, Josef, Simon

 Judas
Sohn von Jakobus, wird auch Thaddäus genannt, einer von den zwölf Jüngern von Jesus
Judas gehört zu den zwölf Freunden, die Jesus ausgewählt hat. Nachdem Jesus in den Himmel zurückgekehrt ist, treffen sich die Jünger in Jerusalem jeden Tag zum Beten. Judas gehört auch dazu.
- Finde heraus, welche Frage Judas Jesus zum Heiligen Geist stellte.
📖 Markus 3,18; Lukas 6,16; **Johannes 14,22.29**; Apostelgeschichte 1,13
→ Jünger

Judas
Sohn von Simon Iskariot, wird auch Judas Iskariot genannt, einer von den zwölf Jüngern von Jesus

In dem Kreis der zwölf Jünger ist Judas dafür zuständig, die gemeinsame Kasse zu verwalten. Vielleicht, weil ihm das Geld so wichtig ist, beschließt Judas, Jesus an die führenden Priester zu verraten. Dafür bekommt er 30 Silberstücke als Belohnung. Im Garten Getsemani gibt Judas Jesus einen Kuss. Das ist das Zeichen, das er mit den Soldaten ausgemacht hat. Als Judas erfährt, dass Jesus zum Tod verurteilt wird, bereut er seinen Verrat, bringt das Geld zurück und begeht Selbstmord.
- Finde heraus, was Judas vorher schon immer wieder als Kassenverwalter tat.

Matthäus 26,14-16; Matthäus 27,3-5; Markus 14,43-46; **Johannes 12,4-6**
→ Oberster Priester, Abendmahl, Getsemani

Judas Makkabäus (A)
Sohn von Mattatias, um 165 v. Chr. Anführer des jüdischen Aufstandes gegen die Syrer

Die Juden in Israel kämpfen gegen den herrschenden syrischen König Antiochus IV. Epiphanes. Er will die Juden zwingen, ihren Glauben an Gott aufzugeben. Nach dem Tod seines Vaters Mattatias wird Judas der Anführer des Aufstandes. Ihm gelingt es, Jerusalem zurückzuerobern und den Tempel neu in Gebrauch zu nehmen. Wegen dieser sogenannten Tempelweihe feiern die Juden bis heute ein siebentägiges Fest, das Chanukka genannt wird.
- Wissenswert: In den „Spätschriften" (Apokryphen) gibt es zwei Makkabäerbücher. Dort findest du die ganze Geschichte von Judas und seiner Familie.

1 Makkabäer 3,1-26; Johannes 10,22
→ Tempel, Feste, Mattatias (A), Apollonius (A), Antiochus IV. Epiphanes (A), Apokryphen, Makkabäer (A)

Judas Barsabbas
angesehener Mann in der Gemeinde in Jerusalem, Lehrer und Prophet

Judas wird zusammen mit Silas von den Aposteln ausgewählt, um mit Paulus und Barnabas nach Antiochia zu reisen. Sie sollen dort der Gemeinde den Beschluss des Apostelkonzils mitteilen. Judas bleibt eine Weile in Antiochia.
- Es kann sein, dass Judas Barsabbas der Bruder von Josef Barsabbas ist. Finde heraus, wer dieser Josef Barsabbas ist.

Apostelgeschichte 1,23; Apostelgeschichte 15,22.27.32-33
→ Apostelkonzil, Beschneidung, Josef Barsabbas, Silas

Juden
Nachkommen von Abraham, Isaak und Jakob, Angehörige des Stammes Juda, Bewohner des Südreiches Juda

Das Wort Juden kommt von dem Namen Juda. Juda ist ein Sohn von Jakob. Von den Nachkommen der zwölf Söhne Jakobs entstehen die zwölf Stämme Israels. Schon während der Wüstenwanderung ist Juda der größte Stamm. König David gehört auch zum Stamm Juda. Als Davids Sohn Salomo stirbt und sein Enkel Rehabeam König wird, trennen sich alle Stämme vom König außer der Stamm Juda. Das Königreich Israel wird aufgeteilt in das Nordreich Israel und das Südreich Juda. Die Bewohner vom Nordreich heißen Israeliten und die Bewohner vom Südreich Juda heißen Judäer. Viele Jahre später wird Juda von den Babyloniern erobert. Die Bewohner von Juda werden nach Babylonien in die Gefangenschaft gebracht. Seit dieser Zeit nennt man sie auch Juden. Die Perserkönige Kyrus und Artaxerxes erlauben den Juden später, nach Jerusalem zurückzukehren. Aber nicht alle machen das. Viele Juden leben seit dieser Zeit in anderen Ländern. Jesus ist Jude. Er ist in die Welt gekommen, um zu erzählen, dass Gott die Menschen liebt und für immer mit ihnen zusammen leben möchte. Das hat er zuerst nur den Juden gesagt. Viele von ihnen haben ihm aber nicht geglaubt, dass er der Sohn von Gott ist. Darum hat Jesus seinen Jüngern den Auftrag gegeben, auch allen Nichtjuden, man nennt sie Heiden, seine Gute Nachricht zu erzählen. Jeder Mensch, der an Jesus glaubt, wird seit dieser Zeit als Christ bezeichnet, egal, ob er vorher Jude oder Heide gewesen ist.
- Wissenswert: Die Juden leben bis heute in vielen Ländern der Erde verstreut.

1 Mose 35,22b-23; 1 Könige 12,19; Esra 1,2-3; Esra 5,1; Esra 7,12-13; Ester 3,4
→ Heiden, Israel, Juda, Sabbat, Stämme Israels, Wüstenwanderung, Sonderseite Stämme Israels, Seite 256+257

Symbole des Judentums

Judenchristen – Kaiphas

  Judenchristen
Juden, die Christen geworden sind

Die Gute Nachricht von Jesus breitet sich zuerst unter den Juden aus. Viele von denen, die diese Nachricht hören, werden Christen und bilden zum Beispiel in Jerusalem erste Christengemeinden. Sie halten sich weiterhin an die jüdischen Gesetze und Vorschriften, wie zum Beispiel die Beschneidung von Jungen. Dadurch kommt es zum Streit mit den Heiden, die Christen geworden sind. Sie kennen die jüdischen Gesetze und Vorschriften nicht und müssen sie auch nicht befolgen.

Finde heraus, was Judenchristen und Heidenchristen vereinte.

Apostelgeschichte 10,44-48; Apostelgeschichte 15,1-29; Galater 5,1-6

→ Heidenchristen, Heiliger Geist, Petrus, Paulus

  Jüdischer Rat
höchste Behörde für Entscheidungen, auch Hoher Rat oder Ratsversammlung

Vor allem zur Zeit von Jesus hat der Jüdische Rat eine besonders wichtige Rolle. Er besteht aus 70 Männern und dem Obersten Priester. Die Mitglieder sind Priester, Schriftgelehrte und Ratsälteste aus angesehenen Familien. Besonders in religiösen Fragen trifft der Jüdische Rat Entscheidungen, aber auch wenn es z. B. Streit zwischen Leuten aus dem jüdischen Volk gibt. Auch Jesus muss sich vor dem Jüdischen Rat verantworten. Ihm wird vorgeworfen, Gott gelästert zu haben. Deshalb fordern die Männer vom Jüdischen Rat seinen Tod. Diesen dürfen sie jedoch nicht selbst beschließen. Deshalb wird Jesus dem römischen Beauftragten Pontius Pilatus vorgeführt. Er gibt schließlich nach und lässt Jesus am Kreuz hinrichten.

Finde heraus, wie es Petrus und Johannes erging, als sie vor den Jüdischen Rat treten mussten.

Markus 14,53-64; Markus 15,1-15; **Apostelgeschichte 4,1-31**

→ Oberster Priester, Priester, Ältester, Pilatus

 Judit (A)
junge, gut aussehende Witwe, die auch in aussichtsloser Lage auf Gott vertraut

Judit lebt in der von den Assyrern belagerten Stadt Betulia, an deren Schicksal auch das von ganz Israel hängt. Judit verführt den assyrischen Feldherrn Holofernes in seinem eigenen Lager und tötet ihn. Durch ihr Gottvertrauen und ihren Mut befreit sie ihre Stadt.

Finde heraus, was Judit durch den Tod von Holofernes im Krieg der Assyrer gegen die Israeliten bewirkte.

Judit 8,1-22; Judit 9,1-14; Judit 13,1-11; Judit 14,1-5; **Judit 15,1-14**; Judit 16,20-25

→ Holofernes (A), Assyrien, Nebukadnezzar, Betulia (A)

 Jugend
Zeitspanne im Leben eines Menschen zwischen Kindheit und Erwachsenenalter

Auch zur Zeit der Bibel ist die Jugend die Zeit der Veränderung und der Reife. Körperlich legt der Jugendliche an Stärke zu, der Körper „blüht" auf und ist auf der Höhe seiner Lebenskraft. Der jugendliche Übermut ist dabei manchmal gefährlich. Auch die Persönlichkeit entwickelt sich weiter. Der Jugendliche wird vernünftiger und übernimmt mehr Verantwortung. Hochzeit und Familiengründung finden in der Zeit der Jugend statt. Erst wenn die Persönlichkeit gefestigt ist, wird aus dem Jugendlichen ein Erwachsener. Josef wird noch kurz vor seinem 30. Lebensjahr als junger Mann bezeichnet.

Finde heraus, wer trotz seiner Jugend bereits große Verantwortung übernahm.

Psalm 144,12; Prediger 11,9; Sprichwörter 1,4-9; 1 Mose 41,12.46; **1 Timotheus 4,12-16**

→ Kind, Familie

Timotheus bei Paulus

 Julius
römischer Hauptmann, der Paulus und einige andere Gefangene bewachen und nach Rom bringen soll

Während der Reise über das Meer vertraut er dem Urteil der Schiffsbesatzung mehr als dem von Paulus. Deshalb gerät das Schiff in schwere Seenot. Dann erlebt er aber Gottes Macht, während Paulus alle Mitreisenden ermutigt.

? Finde heraus, was Julius für Paulus tat.

Apostelgeschichte 27,30-44

→ Paulus, Rom, Hauptmann

 Jünger
Schüler von einem Rabbi oder Propheten

Ein Jünger begleitet seinen Lehrmeister einige Jahre, um von ihm zu lernen. In der Bibel geht es hauptsächlich um die Jünger von Jesus. Jesus hat zwölf Jünger, die etwa drei Jahre mit ihm leben. Nach dieser Lehrzeit kehrt Jesus zu seinem Vater in den Himmel zurück. Die Jünger berichten nun als Apostel in der ganzen Welt von ihren Erlebnissen

mit Jesus. Im Unterschied zu anderen Rabbis wählt Jesus seine Jünger aus. Sie kommen nicht von sich aus zu ihm.
💡 Finde heraus, welche Arbeit die Jünger von Jesus ursprünglich machten.
📖 **Matthäus 4,18-22**; **Matthäus 9,9**; Johannes 1,35-51; Apostelgeschichte 2,14
→ Rabbi, Jesus, Apostel, Himmelfahrt, Prophet, Nachfolger

Kadesch
auch Kadesch-Barnea oder En-Mischpat, Oase im Süden von Kanaan

In Kadesch lagert das Volk Israel nach dem Auszug aus Ägypten. Die Menschen aus dem Volk Israel murren und vertrauen Gott nicht mehr, deshalb müssen sie 40 weitere Jahre durch die Wüste ziehen. Dabei sterben die meisten Israeliten hier, auch Mirjam, die Schwester von Mose.
💡 Finde heraus, wie Gott dem Volk Israel in Kadesch seine Macht zeigte.
📖 Josua 15,1-4; **4 Mose 20,1-13**
→ Volk Gottes, Auszug, Wüstenwanderung, Mirjam, Mose, Massa; siehe Karte Seite 30

Landschaft bei Kadesch

Kafarnaum („Nahums Dorf")
Fischerdorf am Nordufer des Sees Gennesaret in Galiläa

Einige der Jünger von Jesus kommen aus diesem Ort: Simon Petrus, Andreas, Jakobus, Johannes und Matthäus. Jesus lebt und lehrt einige Zeit in Kafarnaum und wohnt im Haus von Petrus. Ganz in der Nähe hält Jesus auch die Bergpredigt. Kafarnaum gehört neben Chorazin und Betsaida zu den Orten, in denen Jesus häufig gepredigt und Wunder getan hat. Trotzdem haben die Leute dort seine Botschaft nicht hören wollen.
💡 Finde heraus, welche Arbeit die Jünger hatten, die aus Kafarnaum stammten.
📖 **Matthäus 4,18-22**; **Matthäus 9,9**; Matthäus 4,12-17; Matthäus 11,23; Markus 1,21; Markus 2,1; Johannes 2,12
→ Andreas, Petrus, Jakobus, Johannes, Matthäus, Betsaida, See Gennesaret; siehe Karte Seite 134

Ausgrabungen in Karfanaum

Kain
erster Sohn von Adam und Eva

Kain ist nicht nur das erste Kind in der Bibel, er ist auch der erste Mörder. Weil Gott das Opfer von seinem Bruder Abel annimmt, das Opfer von Kain aber nicht, wird Kain eifersüchtig. Er erschlägt seinen Bruder. Gott verbannt Kain und macht ein Zeichen auf seine Stirn. So kann jeder erkennen, dass er ein Mörder ist. Zugleich schützt das Zeichen ihn vor der Rache der Menschen.
💡 Wissenswert: Der Name des Landes Nod, in dem Kain schließlich wohnte, bedeutet „Flucht".
📖 **1 Mose 4,1-16**; 1 Mose 4,17
→ Abel, Adam, Eva, Mord

Kaiphas → Kajaphas

Arbeit für einen Herrn, Herrscher oder den Staat

Hochgestellte Personen, Könige und auch ein Staat brauchen Menschen, die Geschäfte und Finanzen überwachen und regeln.

Verwalter/Haushalter

Sie gibt es bereits in Ägypten und in Mesopotamien. Sie sind für die Führung eines Haushaltes oder Betriebes zuständig, wachen über Diener, Sklaven und das Vieh, treiben Geld von Pächtern ein und führen die Kasse ihres Herrn. Ein Verwalter hat Freiheiten, doch muss er dabei weitsichtig und zuverlässig sein. Im Neuen Testament werden Verantwortliche der frühen Christen „Verwalter" genannt.

📖 1 Mose 43,19; Ester 1,8; Matthäus 20,8; Lukas 16,1-8; 1 Korinther 4,1; Epheser 3,2
→ Josef

Schreiber

Sie sind notwendig, da viele Menschen nicht schreiben können, aber Verträge brauchen – beispielsweise beim Kauf eines Ackers. Hohe Staatsbeamte werden gelegentlich auch Schreiber genannt. Auch gibt es das Amt eines Stadtschreibers (in Apostelgeschichte 19,35 fälschlicherweise als „Kanzler" übersetzt).

📖 2 Samuel 8,17; 1 Korinther 1,20
→ Schebna

Knecht

Das hebräische Wort für Knecht bedeutet: Sklave, Diener, Untertan, Beamter, aber auch Verehrer Gottes. Knechte sind Männer, die für jemand anderen arbeiten müssen, dem sie gehören. Ist ein Israelit in seiner Heimat in Knechtschaft geraten, muss er im siebten Jahr wieder freigelassen werden. Als Knechte bezeichnet man auch Menschen, die anderen untergeordnet und von ihnen abhängig, jedoch keine Sklaven sind. Zum Beispiel ein König gegenüber einem anderen König, ein Mensch und das ganze Volk Israel gegenüber Gott.

📖 2 Mose 21,2; 2 Könige 16,7; 1 Samuel 3,9; Jesaja 44,1

Verwaltungs- und Hofbeamte

Sie sind königliche Verwalter, die für den König über alles, was in einem Staat anliegt, wachen – besonders über Einnahmen und Ausgaben von Steuern, die Wirtschaft im Land und die Vorräte von Korn, damit bei einer Not auch Reserven vorhanden sind. Bereits David soll Beamte um sich geschart haben.
Da aber erst König Salomo einen Palast und eine königliche Verwaltung errichtet, gibt es einige Ämter erst seit dieser Zeit in Israel (um 950 v. Chr.). Dazu zählen der Palastvorsteher, Minister und der Schatzmeister. Er überwacht auch die Schatzkammer im Palast, in der Einnahmen, kostbare Gewänder und Geräte aufbewahrt werden. Salomo setzt zusätzlich einen Oberbeamten ein, der mit Amtleuten das Gebiet der zwölf Stämme überwacht. Der Kanzler ist einer der höchsten Beamten des Königs, der wohl als „Sprecher" des Königs dient und ihn über wichtige Ereignisse informiert.

📖 1 Könige 4,1-19; 2 Samuel 8,16-18; 2 Könige 20,13; 1 Könige 4,2-6; 2 Könige 18,18.37; Jesaja 36,3.22
→ Josef, Daniel

Soldaten/Waffenträger/Heerführer

Sie gibt es vor der Zeit der Könige zur Zeit des Alten Testaments nur im Kriegsfall, wobei sich die israelitischen Männer dem Kriegsdienst auch entziehen können. Sogenannte Richter übernehmen die Aufgabe der Heerführer. Unter Saul und David entsteht eine Truppe aus Leibwache und Söldnern. Seit Salomo wird ein Heer aufgebaut mit einem festen Heerführer und Soldaten. In der Zeit von Jesus ist der Sold eines Soldaten niedrig. Das führt dazu, dass diese die Bevölkerung erpressen und berauben.

📖 1 Samuel 14,52; 1 Samuel 22,17; 2 Samuel 15,18; Lukas 3,14
→ Soldaten, Heerführer, Heer

Richter
Richter sprechen vor der Zeit der Könige in Israel nicht nur Recht, sondern regieren auch – manche über einen Stamm, andere wie Ehud, Debora, Gideon, Jefta oder Simson regieren über ganz Israel. Sie sind auch Heerführer.
→ Debora, Gideon, Simson

Statthalter
Der Statthalter ist ein Würdenträger, der für einen anderen Herrscher das Land regiert. Statthalter gibt es bereits vor den Römern. In der Zeit von Jesus ist der Statthalter des römischen Kaisers für die Einnahmen der Abgaben und Steuern sowie für die Verhängung von Todesurteilen zuständig.
📖 2 Könige 25,22-26
→ Rom, Römer, Quirinius, Pilatus

Fronaufseher/Fronvogt
Diese Beauftragten des Königs wachen über den Frondienst, den freie Israeliten leisten müssen. König Salomo hat Aufseher eingesetzt, als er das Volk verpflichtet, am Tempel, an der Stadtmauer von Jerusalem und anderen Städten mitzubauen.
📖 1 Könige 9,15; 1 Könige 4,6

Henker
Im Alten Testament gibt es sie nicht, da die Todesstrafe durch Steinigung von vielen oder durch einen Soldaten vollzogen wird. Im Neuen Testament gibt es das Amt wohl. König Herodes kommt einer Bitte seiner Stieftochter nach und lässt Johannes den Täufer enthaupten.
📖 Markus 6,17-29

Wächter/Aufseher
Sie gibt es an wichtigen Orten wie an einem Stadttor, am Palast oder dem Tempel. Aufseher wachen über Felder, über Wälder des Königs und über dessen Harem. Im Neuen Testament wird das Amt des Gefängniswächters erwähnt.
📖 2 Samuel 18,24-26, 1 Könige 14,27; 1 Chronik 9,23, Jeremia 4,17; Nehemia 2,8; Ester 2,8; Apostelgeschichte 5,23
→ Paulus, Silas, Gefangenschaft

Zolleinnehmer/Zöllner
Zolleinnehmer nehmen meist an einer Grenze oder an einem Stadttor von Händlern und Bauern, die etwas verkaufen wollen, Geld ein. Wegzoll gibt es zur Zeit der Bibel erst seit der Zeit der Perser (etwa 450 v. Chr.). In der Römerzeit nehmen Zöllner für Landesherren Abgaben ein. Steuern dagegen fließen direkt dem römischen Kaiser zu. Zöllner sind keine staatlichen Beamten, sondern Pächter eines Zollgebietes oder einer Zollstation. Man zahlt dem Herrn im Voraus eine Summe und muss das Geld von den Händlern eintreiben. Da es über die Höhe des Zolls keine Bestimmungen gibt und Zöllner mit Menschen umgehen, die Juden als „unrein" halten, sind sie nicht geachtet. Dass Jesus Zöllner nicht verachtet, erregt Missfallen.

Der bekannte Zöllner Zachäus

📖 Esra 4,13; Matthäus 9,11; Matthäus 11,19; Markus 2,14-17; Lukas 19,1-10
→ Zachäus, Matthäus (Levi)

Kajaphas – Kerit

Kajaphas
Oberster Priester in Jerusalem zu der Zeit, als Jesus verurteilt und gekreuzigt wird

Kajaphas leitet im Jüdischen Rat das Gerichtsverfahren gegen Jesus und sucht nach falschen Zeugen, die ihn anklagen sollen. Schließlich fordert er das Todesurteil wegen Gotteslästerung und liefert Jesus an die Römer aus.

💡 Wissenswert: Ausgerechnet dieser Mann sagte etwas Richtiges über Jesus: „Es ist besser für euch, ein Mensch sterbe für das Volk, als dass das ganze Volk verderbe."

📖 **Johannes 11,45-52**; Matthäus 26,57-68

→ Priester, Oberster Priester

 Kalb → Sonderseite Opfer, Seite 210+211

 ### Kaleb
Mann aus dem Volk Israel, Kundschafter mit Josua

Kaleb überlebt mit Josua die 40-jährige Wüstenwanderung vom Volk Israel. Kaleb hat Gott mehr vertraut als dem Urteil der Menschen und ihm treu gedient. Später bekommt er im Land Kanaan viel Landbesitz und wird ein mächtiger Mann.

💡 Wissenswert: Kaleb riskierte sein Leben, um dem Volk Israel Mut zu machen.

📖 **4 Mose 13,25-30**; 4 Mose 14,5-10

→ Josua, Volk Gottes, Wüstenwanderung, Auszug

 ### Kamel
großes Tier, das Hitze verträgt und lange ohne Wasser und Futter auskommt

Das Kamel wird zum Reiten und zum Transport von Gegenständen und Waren genutzt. Wer viele Kamele besitzt, gilt als reich und von Gott gesegnet. Viele Kamele sind auch ein Zeichen von Macht: Die Israeliten werden nach der Besiedelung von Kanaan immer wieder von den feindlichen Midianitern überfallen, die so zahlreich sind, dass niemand sie und ihre Kamele zählen kann.

💡 Wissenswert: Kamele können in 15 Minuten bis zu 200 Liter Wasser trinken.

📖 **1 Mose 24,35**; 1 Mose 24,61; 1 Mose 37,25; Richter 6,5

→ Segen, Kanaan, Midian, Midianiter

 Kamelhaare → Sonderseite Kleidung, Seite 164+165

 ### Kana
Stadt in Galiläa, in der Jesus sein erstes Wunder tut

Im Johannes-Evangelium wird berichtet, dass Jesus auf einer Hochzeit Wasser in Wein verwandelt. Es ist das erste Wunder, das Jesus tut. Seine Jünger merken, dass er kein gewöhnlicher Mensch ist und kommen zum Glauben an ihn.

❓ Rate mal: Wie viel Liter Wasser verwandelte Jesus in Wein? a. 6 Liter b. 60 Liter c. 600 Liter

📖 **Johannes 2,1-11**

→ Jesus, Galiläa, Wein, Hochzeit; siehe Karte Seite 134

Weinkrüge aus Ton

 ### Kanaan, Kanaaniter
Land, das Gott seinem Volk Israel verspricht und gibt

Gott fordert Abram (später Abraham) auf, seine Heimat zu verlassen und in das Land Kanaan zu ziehen. Abram gehorcht. Er lebt als Nomade in Kanaan und kauft schließlich für 400 Silberstücke ein Feld mit einer Grabhöhle östlich der Stadt Mamre. Abrahams Enkel Jakob wandert mit seiner ganzen Familie wegen einer großen Hungersnot in Kanaan nach Ägypten aus. Hier wird aus der Familie das Volk Israel, das schließlich zur Sklavenarbeit gezwungen und unterdrückt wird. Gott befreit sein Volk durch Mose. Josua erobert das Land Kanaan und verteilt das Land an die zwölf Stämme Israels. Die Kanaaniter, die im Land leben, werden vertrieben oder sogar in Kriegen getötet. Einige machen dem Volk Israel auch freiwillig Platz.

💡 Wissenswert: Die Nachkommen von Abraham, das Volk Israel, leben heute wieder im verheißenen Land. Das Land heißt jetzt Israel und ein Teil davon ist Palästina. Es gibt wieder Kämpfe um das Land.

📖 **1 Mose 12,1-9**; 1 Mose 23,12-20; 1 Mose 46,1-7; 2 Mose 12,31-42; Josua 11,16-23

→ Abraham, Jakob, Mose, Josua, Israel, Ägpyten, Sonderseite Stämme Israels, Seite 256+257; siehe Karte Seite 7

 Kanzler → Sonderseite Arbeit für einen Herrscher, Seite 158+159

 Kapernaum → Kafarnaum

Karawane
eine Gruppe von Reisenden oder Händlern

Das Reisen in biblischen Zeiten ist manchmal mit Gefahren verbunden. Wilde Tiere, Wüsten und Räuber gefährden die Reisenden. Um für solche Gefahren besser gerüstet zu sein, schließen sie sich zu kleinen Gruppen zusammen. Als Lasttiere werden zunächst Esel, später Kamele eingesetzt.

💡 Wissenswert: Josef wird von seinen Brüdern an eine Karawane verkauft.

📖 **1 Mose 37,12-36**; Jesaja 21,7
→ Josef, Kamel, Esel

Karawane in der Wüste

Karmel („Weingarten Gottes")
bewaldeter Höhenzug in Israel, etwa 23 km lang, 8–10 km breit und bis zu 546 m hoch

Der Karmel erhebt sich an der Mittelmeerküste südlich von Akko und erstreckt sich in südöstlicher Richtung. Das Gebiet ist sehr fruchtbar. Der Karmel wird im Alten Testament bei Elija und Elischa erwähnt. An diesem Berg verehren die Kanaaniter den Gott Baal. Elija fordert die Baalspropheten heraus und Gott zeigt seine Macht.

💡 Finde heraus, wie Gott auf dem Karmel seine Macht zeigte.

📖 **1 Könige 18,21-39**; 2 Könige 2,25; 2 Könige 4,23-25
→ Baal, Elija, Elischa; siehe Karte Seite 132

Karfreitag → Kreuzigung

Kauf, Kaufleute
Erwerb von Ware; Personen, die kaufen und verkaufen, sie schätzen auch den Wert von Tauschgütern

Kaufleuten wird oft misstraut. Sie werden verdächtigt, dass sie betrügen. Josef wird von seinen Brüdern an Kaufleute verkauft, die ihn nach Ägypten bringen und dort als Sklaven an den reichen Potifar verkaufen. Jesus vertreibt die Kaufleute und Händler aus dem Tempel, die im Haus Gottes Geschäfte machen.

❓ Rate mal: Mit was vergleicht Jesus die Suche der Menschen nach dem Reich Gottes? a. Mit einem Kaufmann, der gute Pilze sucht. b. Mit einem Kaufmann, der gute Perlen sucht. c. Mit einem Kaufmann, der gute Pferde sucht.

📖 **Matthäus 13,45**; 1 Mose 37,12-36; Markus 11,15-16
→ Geld, Handel, Händler

Kedesch („Heiligtum")
Freistadt, Geburtsort von Barak

Kedesch in Galiläa im Gebiet des Stammes Naftali ist eine „Freistadt" (Asylstadt), in der Menschen Zuflucht finden, die Blutrache zu befürchten haben. Barak, ein bedeutender Heerführer unter der Richterin Debora, stammt aus diesem Ort.

💡 Finde heraus, was „Freistädte" sind.

📖 **Josua 20**; Richter 4,6
→ Asylrecht, Leviten; siehe Karte Seite 132

Kelch → Abendmahl

Kemosch → Sonderseite Götter, Seite 104+105

Kendebäus (A)
syrischer Hauptmann unter König Antiochus VII. Sidetes

Die Juden kämpfen gegen den herrschenden syrischen König Antiochus VII. Sidetes. Hauptmann Kendebäus schlägt sein Lager in der Stadt Kidron an der Grenze Judäas auf und fällt von dort in das Land ein. Er unterliegt dem israelitischen Heer unter der Führung von Johannes und Judas, den Söhnen von Simon, in einer Schlacht und flieht nach Aschdod.

💡 Finde heraus, wie groß das israelitische Heer war.

📖 **1 Makkabäer 15,38–16,10**
→ Antiochus VII. Sidetes (A), Simon (A), Kidron, Aschdod (A), Apokryphen, Makkabäer

Kerit („der vom Jordan ist")
Bach östlich vom Jordan

Während in Israel eine Hungersnot herrscht, versteckt Elija sich am Bach Kerit. Er wird dort von Raben mit Essen versorgt. Als der Bach nach einiger Zeit austrocknet, muss Elija weiterziehen.

💡 Wissenswert: Elija aß anschließend das letzte Brot einer Witwe auf.

📖 1 Könige 17,3-7; **1 Könige 17,8-16**
→ Elija, Jordan; siehe Karte Seite 133

Würdest du gerne mal auf einem Kamel reiten?

Kerubim – Klaudius Lysias

 Kerubim → Cherubim

 Kiljon („der Schwächliche")
wie Machlon ein Sohn von Noomi und Elimelech
Wegen einer Hungersnot wandert die Familie aus Betlehem in Juda nach Moab aus. Dort heiraten die Söhne die Moabiterinnen Rut und Orpa. Elimelech, Kiljon und Machlon sterben in Moab. Noomi geht zurück nach Israel und Rut begleitet sie, obwohl sie eine Moabiterin und damit eine Ausländerin in Israel ist. Orpa bleibt im Land Moab.
💡 Finde heraus, ob Kiljon der jüngere oder ältere Sohn von Elimelech und Noomi war.
📖 **Rut 1,2**
→ Boas, David, Rut

Kindheit, Kind
auch Säugling, Zeitspanne im Leben eines Menschen zwischen Geburt und Jugendzeit; Mensch, der sich in dieser Lebensphase befindet
Mit Kind wird in der Bibel der direkte Nachkomme von Eltern bezeichnet. Aber auch Enkel oder Urenkel können damit gemeint sein. Bildlich wird von einem Kind gesprochen, wenn es um Hilflosigkeit, Unwissenheit oder Abhängigkeit geht. Das Kind wird bis zu drei Jahre lang an der Brust der Mutter ernährt und in den ersten Lebensjahren von ihr begleitet. Die Erziehung (der Jungen) ist überwiegend die Sache des Vaters. Er erzählt von den Taten und Worten Gottes. Jesus lädt die Kinder ein, zu ihm zu kommen, damit er sie segnen kann. Wer wie ein Kind auf Gott vertraut, macht es richtig.
💡 Finde heraus, was Jesus noch über die Kinder sagte.
📖 **Lukas 9,46-48**; 1 Korinther 14,20; Sprichwörter 6,20; 5 Mose 4,9; Lukas 18,15-17
→ Vater, Mutter, Erziehung, Jugend

Kindersegnung
Kindern wird Gottes Segen ausgesprochen
In der Bibel wird berichtet, dass Eltern ihre Kindern zu Jesus bringen wollen. Als seine Jünger die Kinder von ihm fernhalten, weist sie Jesus zurecht: „Lasst die Kinder doch zu mir kommen und hindert sie nicht daran; denn für Menschen wie sie steht Gottes neue Welt offen." (GNB) Jesus umarmt die Kinder und segnet sie. Bei der Kindersegnung heute wird um Gottes Segen und Schutz für das einzelne Kind gebetet. Natürlich kann man Kinder öfter segnen, z. B. auch beim Schulanfang.
❓ Rate mal: Wie wird die Bibelstelle Markus 10,13-16 genannt? a. Kleines Evangelium, b. Kluges Evangelium, c. Kinderevangelium
📖 **Markus 10,13-16**; Matthäus 19,13-15; Lukas 18,15-17
→ Segen

Kindersegnung
Ich bin gesegnet worden, als ich neun Jahre alt war. Christian, das ist ein Pastor, hat mir seine Hand auf den Kopf gelegt und gebetet, dass Gott mich segnet. Das hat sich gut angefühlt. Auch die anderen, die dabei waren, haben für mich gebetet. Das war schön. Ich glaube, dass Gott bei mir ist.
Jule, 10 Jahre

 Kinneret → Gennesaret

 Kir
Landschaft im Süden Babyloniens, Stammland der Assyrer, heute im Süden vom Irak
König Ahas regiert in Juda und wird von den Königen aus Israel und Syrien angegriffen. Er schließt einen Pakt mit dem Assyrerkönig Tiglat-Pileser. Das assyrische Heer erobert daraufhin Damaskus und bringt die syrische Bevölkerung nach Kir.
💡 Finde heraus, was König Ahas für den Pakt mit dem Assyrerkönig zahlen musste.
📖 **2 Könige 16,5-9**
→ Babylonien, Ahas, Assyrer

 Kisch
reicher Mann aus dem Stamm Benjamin, Vater von Saul
Auf der Suche nach entlaufenen Eseln trifft Saul auf den Propheten Samuel und wird von ihm zum König gesalbt.
❓ Rate mal: Woher kam Kisch? a. aus Gibea b. aus Jerusalem c. aus Betlehem
📖 1 Samuel 9,1–10,1; **1 Samuel 11,4**
→ Benjamin, Samuel, Saul, Gibea

 Kischon
Fluss im Norden von Israel, mündet bei Haifa ins Mittelmeer
Unter der Richterin Debora und ihrem Feldherrn Barak findet hier eine große Schlacht zwischen den Israeliten und den Kanaanitern statt. Die Streitwagen der Kanaaniter bleiben im Schlamm stecken, die Israeliten siegen. Am Kischon tötet Elija die Baalspriester.
❓ Rate mal: Mit wie vielen Streitwagen zogen die Kanaaniter den Israeliten entgegen? a. mit 60 b. mit 900 c. mit 6.000
📖 **Richter 4,13**; 1 Könige 18,40; Psalm 83,10
→ Barak, Debora, Elija, Karmel

 Kislew (A) („dick")
neunter Monat des Jahres im jüdischen Kalender, bei uns etwa Mitte November bis Mitte Dezember
Am 25. Tag des Monats Kislew beginnt das Chanukkafest. Mit diesem Fest erinnern sich die Juden an die Wiedereinweihung des zweiten Tempels im Jahr 164 v. Chr. Der

Name Kislew bedeutet „dick" und erinnert an die dicken Regenwolken, die im November den Winterregen bringen.
- Finde heraus, ob das Chanukkafest genauso lang dauert wie das Laubhüttenfest.
- 1 Makkabäer 1,59; 1 Makkabäer 4,52-56; **2 Makkabäer 10,1-6**
→ Monat, Sonderseite Biblische Feste, Seite 76+77

Klage, Klagen
Ausdruck von Trauer und Schmerz

In orientalischen Ländern ist es üblich, dass die Menschen bei Unglück oder bei Tod eines Angehörigen ihre Gefühle laut zeigen. Es gibt sogar sogenannte Klagebräuche. Die Klagenden hoffen, dass sich Unglück durch Klagen noch abwenden lässt. Wenn Menschen Gott ihr Leid klagen, kann er trösten und neue Hoffnung geben.
- Wissenswert: Das Wort „Karfreitag" wird vom althochdeutschen Kara abgeleitet. Kara bedeutet Klage, Kummer, Trauer.
- 1 Mose 50,10-11; Ijob 10,1; Psalm 64
→ Sonderseite Tod, Seite 274

Klage

Es gibt in meinem Leben immer wieder Situationen, in denen ich sehr unglücklich, verletzt oder enttäuscht bin oder die ich als ausweglos und festgefahren erlebe.
Dann klage ich Gott und Menschen, denen ich vertraue, mein Leid: mal kann ich in Ruhe darüber reden, ein anderes Mal muss ich weinen und manchmal werde ich auch sehr wütend und schreie meinen Schmerz und Frust ziemlich laut heraus. Die anderen können mich dann trösten, nehmen mich in den Arm und geben mir das Gefühl, dass ich das alles nicht alleine bewältigen muss. Dabei - oder auch wenn ich bete - kriege ich dann oft ganz neue Gedanken, wie ich aus dem „Loch", in dem ich gerade stecke, herauskommen kann. Dadurch gewinne ich neuen Mut und werde wieder froh!
Hanna Steidle, Schauspielerin

Klaudius (voller Name: Tiberius Claudius Caesar Augustus Germanicus)
römischer Kaiser von 41–54 n. Chr.

Klaudius interessiert sich besonders für die Rechtsprechung. Göttliche Verehrung lehnt er ab. Den Juden in Rom soll er Versammlungen verboten, sie ansonsten aber in Ruhe gelassen haben. Klaudius wird vergiftet, sein Nachfolger ist sein Stiefsohn Nero. Paulus trifft in Korinth Aquila und Priszilla. Diese hatten Rom verlassen müssen, weil es dort zu Unruhen gekommen war, für die ein gewisser „Chrestus" (Christus) verantwortlich gemacht wurde.
- Finde heraus, welches schlimme Ereignis während der Regierungszeit von Kaiser Klaudius passierte.
- **Apostelgeschichte 11,28**; 18,2
→ Aquila, Priszilla

Klaudius Lysias
römischer Befehlshaber über 1.000 Mann, in Griechenland geboren, vermögend und gebildet

Klaudius Lysias nimmt Paulus gefangen und rettet ihn so vor mehr als vierzig Juden, die sich geschworen hatten, Paulus umzubringen. Er erfährt, dass Paulus kein Aufrührer ist und die römische Staatsbürgerschaft besitzt. Unter militärischem Schutz schickt Klaudius Lysias Paulus zum Statthalter Felix nach Cäsarea.
- Finde heraus, warum eine Gruppe von Menschen Paulus nach dem Leben trachtete.
- **Apostelgeschichte 23,1-11**; 23,12-33
→ Statthalter, Cäsarea, Felix, Paulus

Rezept
Gefüllte Datteln

Du brauchst:
250 g Datteln
100 g Marzipan-Rohmasse
halbe Walnusskerne

So gehts:
Die Datteln aufschneiden und entsteinen. Das Marzipan in dattelsteingroße Röllchen formen. Je ein Röllchen in eine Dattel stecken. In jede Dattel einen halben Walnusskern geben und so weit wie möglich wieder verschließen. Die Datteln lassen sich im Kühlschrank gut verwahren. Es können auch Mandeln statt Walnüsse genommen werden.

„Tamar" oder „Tamara" ist das hebräische Wort für Dattelpalme. In der Bibel tragen drei Frauen den Namen Tamar. Die bekannteste ist die Schwiegertochter von Juda, eines Sohnes von Jakob und Lea.

📦 Kleidung

Die erste Kleidung, von der in der Bibel berichtet wird, besteht aus Feigenblättern. Damit bedecken sich Adam und Eva im Garten Eden. Als sie den Garten Eden verlassen müssen, macht Gott ihnen Kleider aus Fellen, damit sie etwas anzuziehen haben.

Fellkleider wie Mäntel und Gewänder werden meistens aus Ziegen- und Kamelhaaren gemacht. Die dunklen Haare der Ziege werden zu grobem Garn verarbeitet und für die Herstellung von Säcken, Zeltstoffen, Hirten- und Prophetenmänteln verwendet. Das Material ist bei heißtrockenem Wetter winddurchlässig und bei nassfeuchtem Wetter wasserdicht. Das gelblich bis braune Kamelfell wird für die gleichen Zwecke benutzt wie Ziegenhaar. Das grobe Deckhaar ist wasserabweisend, während das feine Unterhaar vor Hitze und Kälte schützt.

Neben den Tierhaaren (Garn, Wolle) wird auch Leinen zur Kleiderherstellung verwendet. Leinen ist ein Stoff, der aus der Lein- oder Flachspflanze, einer Faserpflanze, hergestellt wird. Daraus werden Schnüre, Decken, Teppiche und Kleider gemacht.

📖 1 Mose 3,1-7; 1 Mose 3,21; 2 Könige 1,7-9; Matthäus 3,1-6; 2 Mose 26,1-2

Untergewand

langes Gewand aus einer gefalteten Stoffbahn, ähnlich wie das Hemdgewand

Darüber trägt man ein weiteres Gewand oder einen Mantel. Es kann aber auch nur mit einem Gürtel kombiniert werden. Bei der Kreuzigung von Jesus teilen die Soldaten seine Kleider in Stücke. Weil sein Untergewand keinen Wert hat, wenn es zerteilt wird, losen sie darum.

📖 Johannes 19,23-24; Psalm 22,19

Hemdgewand

knöchellanges Gewand aus einer gefalteten Stoffbahn, die seitlich bis zu den Armöffnungen zugenäht ist; wird auch Leibrock genannt

Das Hemdgewand lässt sich durch Ärmel, Säume und verschiedene Nähte verändern und in mehreren Varianten tragen. Aus feinem Leinen und mit Ärmeln versehen, ist es Bestandteil der Priesterbekleidung. Es wird auch in einer knielangen Form getragen. Jakob schenkt seinem Sohn Josef ein besonderes Gewand aus buntem Stoff, das seine Brüder neidisch macht.

💡 Wissenswert: Bunte Kleider waren zur Zeit der Bibel etwas Außergewöhnliches.

📖 1 Mose 37,1-11

Obergewand

langes Kleid ohne Ärmel, über dem Untergewand angezogen

Priester, Könige, Prinzen und andere Hochrangige tragen Gewänder, die aufwändig bestickt und teuer verziert sind. Das Obergewand der Priester ist aus Purpur gemacht, damit jeder sehen kann, dass sie ein hohes Amt ausüben. Am Saum ist es mit kleinen Schellen versehen.

📖 2 Mose 39,1-8

→ Purpur, Oberster Priester

Mantel

quadratisches Kleidungsstück zum Überwerfen über die Schultern

Es wird auch als Decke benutzt, in die man sich nachts zum Schutz vor Kälte einwickelt. Ärmere Menschen besitzen Mäntel aus Ziegen- oder Kamelhaaren. Als einen Umhang aus Purpur tragen ihn reichere Leute. Um Jesus zu verspotten, legen ihm die Soldaten ein solches Purpurgewand um.

📖 Johannes 19,1-5; 2 Mose 22,25-26

Festgewand
verziertes Gewand aus besonders feinem Stoff, getragen zu feierlichen Anlässen

Festgewänder gibt es in verschiedenen Schnittmustern und Farben. Das Wickelgewand ist ein Modell des Festkleides. Ein feierlicher Anlass, an dem ein Festgewand angezogen wird, ist die Segnung des ältesten Sohnes. Jakob zieht sich das Gewand seines Bruders an, um an seiner Stelle den Erstgeburtssegen des Vaters zu bekommen.

📖 1 Mose 27,1-24

Wickelgewand
festliches Kleid aus einer Stoffbahn, die mit Fransen, Borten und Quasten besetzt ist

Es wird vier Mal um den Körper gewickelt, wobei der rechte Arm frei bleibt. Wickelgewänder werden im 2. Jahrtausend v. Chr. getragen und sind fast 1.000 Jahre lang in Mode.

Sack
grober Stoff für Futtersäcke, der in Fasten- und Trauerzeiten als Kleidung benutzt wird

Der Sack wird mit einem Gürtel am Körper befestigt oder mit hineingeschnittenen Arm- und Kopflöchern übergezogen. Als Jakob vom angeblichen Tod seines Sohnes Josef erfährt, bindet er sich Sack um den Körper, um zu trauern.

📖 1 Mose 37,26-36

Schleier
Umhang oder Kopftuch für Frauen, das bis zum Boden reichen kann

Der Schleier erfüllt verschiedene Zwecke. Er kann genutzt werden, um Lasten zu tragen und auch, um sich damit zu verhüllen. Die Verschleierung des Gesichtes gibt es aber nur zu bestimmten Anlässen. Als Rebekka zu Isaak kommt, um seine Frau zu werden, verhüllt sie ihr Gesicht, weil das so Sitte ist.

📖 1 Mose 24,62-67
→ Rebekka, Rut

Lendenschurz
eine Art kurzer Unterrock, meist aus Leinen oder Leder

Um die Lenden gebunden wird er von Menschen aller sozialen Schichten getragen. Er kann als Unterwäsche oder als Rock benutzt werden. Für das Anfertigen von Priesterschurzen gibt es genaue Anweisungen. Dabei werden die teuersten Stoffe und Materialien verwendet.

📖 2 Mose 28,6-14

Schuhe
bestehen meist aus Leder und haben die Form von offenen Sandalen mit Riemen

Je feiner das Leder der Schuhe ist, desto wertvoller und teurer sind sie. Füße werden auf den staubigen Wegen in solchen Sandalen schnell schmutzig, sodass sie oft gewaschen werden müssen.

💡 Wissenswert: Schuhe werden in der Bibel nur von freien Menschen getragen.

📖 Johannes 13,1-5

Gürtel
Riemen, der üblicherweise aus Leder oder Leinen gefertigt ist

Um den Bauch oder um die Lenden geschnürt, dient er dazu, weite Kleidung am Körper zu halten. Reiche und angesehene Leute tragen ihn auch als Schmuckstück mit aufwändigen und teuren Verzierungen. Die Gürtel der Obersten Priester waren kunstvoll bestickt und aus Gold, Purpur und feinem Leinen gemacht.

❓ Rate mal: Was war auf dem Gürtel des Obersten Priesters eingraviert? a. der Name des Obersten Priesters b. die Namen der zwölf Stämme Israels c. der Name des Königs

📖 2 Mose 28,8

Kopfbund
Kopfbedeckung aus feinem Leinen, die Bestandteil der oberpriesterlichen Kleidung ist

Der Kopfbund trägt eine Blüte mit der Aufschrift „Heilig dem Herrn", die an die Heiligkeit Gottes erinnern soll.

📖 2 Mose 28,36-37

Klemens – Kornelius

Klemens
Mitarbeiter von Paulus, der im Philipperbrief erwähnt wird

Ein anderer Mann namens Klemens (Clemens) ist der Verfasser der sogenannten Clemensbriefe (ca. 93 – 97 n. Chr.). Er leitet eine Gemeinde von Christen in Rom.

💡 Finde heraus, welcher Mitarbeiter von Paulus an gleicher Stelle erwähnt wird.

📖 **Philipper 4,3**
→ Philippi

Kleopas („berühmt")
einer der beiden Jünger, die Jesus nach seiner Auferstehung auf dem Weg nach Emmaus begegnen

Kleopas und der andere Jünger erkennen Jesus erst, als er mit ihnen in Emmaus zu Abend isst. Nachdem Jesus wieder verschwunden ist, eilen die Jünger nach Jerusalem zurück und erzählen den anderen, was sie erlebt haben.

💡 Finde heraus, wie weit Emmaus von Jerusalem ungefähr entfernt ist.

📖 **Lukas 24,13**; 24,18
→ Emmaus

Klippdachs
auch Felsenkaninchen, Säugetier, lebt in Gruppen

Ein Klippdachs wird etwa 30 cm groß und wiegt etwa 4 kg. Er kann auf Bäume klettern und ernährt sich von Pflanzen und Wurzeln. In Israel leben Klippdachse z. B. auf dem Karmel. Nach den jüdischen Speisegesetzen gilt der Klippdachs als unreines Tier und darf nicht gegessen werden.

💡 Finde heraus, wo Klippdachse ihre Wohnungen einrichten.

📖 3 Mose 11,5; Psalm 104,18; Sprichwörter 30,26
→ Karmel

Klippdachsfamilie

Knecht → Sonderseite Arbeit für einen Herrscher, Seite 158+159

Kochen → Sonderseite Küche, Seite 176+177

König → Sonderseite Könige Israels, Seite 168-171

Kreatives

Die kreative Krempel-Kiste

Hast du auch eine Krempel-Kiste? Darin befinden sich meistens wild und durcheinander alle Spielzeuge, mit denen man gerade nicht spielt.
Wir haben eine Idee für dich: Spiele biblische Geschichten mit den Spielsachen und den Gegenständen nach, die du in dieser bunten Kiste findest. Auf dem Bild haben wir die Geschichte mit Jona und dem Fisch nachgespielt. Es macht nichts, wenn Jona ein Bär ist und der Fisch ein Krokodil.

Königin von Saba
auch Königin des Südens oder Königin von Äthiopien

Die Königin kann nicht glauben, was man über den reichen und weisen König Salomo von Israel erzählt. Sie besucht Salomo in Jerusalem und bringt viele wertvolle Geschenke mit. Mit verschiedenen Rätseln stellt sie Salomos Weisheit und Verstand auf die Probe. Die Königin ist überwältigt von der Weisheit und dem Reichtum Salomos.

Finde heraus, was die Königin von Saba Salomo schenkte.

📖 **1 Könige 10,1-13**
→ Salomo, Weisheit

Königspalast
für den König erbautes Wohn- und Regierungshaus, das dessen Macht und Reichtum zeigt

Kennzeichen von Palästen in Israel zur Zeit der Bibel ist eine spezielle Bauweise: Eine Anzahl von Räumen ist um einen Innenhof herum angelegt. Das Alte Testament liefert einige Informationen zum Palast von König David (um 1.000 v. Chr.). Sein Sohn und Nachfolger Salomo baut auch Königshäuser, von denen er eines „Libanon-Waldhaus" nennt.

Salomo baute lange an seinen Königshäusern. Wie viele Jahre waren das?

📖 **1 Könige 7,1-12**; 2 Samuel 5,10-11
→ David, Salomo, Tempel

 Korach, Korachiter („kleiner Kahlkopf")
Sohn von Jizhar, Levit; Nachkommen von Korach, sie dienen im Tempel

Korach lehnt sich gemeinsam mit Datan, Abiram und 250 anderen gegen Mose und Aaron auf. Gott straft ihn, seine Anhänger und ihre Familien, indem die Erde sich öffnet und sie verschlingt. In den Psalmen werden die Nachkommen von Korach als Dichter einiger Lieder erwähnt. Die Korachiter arbeiten als Sänger und Wächter im Tempel.

Wissenswert: Die Psalmen sind eigentlich aufgeschriebene Lieder.

📖 **4 Mose 16**; 4 Mose 26,11; Psalm 47,1
→ Aaron, Abiram, Datan, Mose, Leviten

Korb
geflochtener Behälter, in dem Lebensmittel oder Gegenstände transportiert oder aufbewahrt werden

Zu biblischen Zeiten gibt es Körbe aus Ruten, Zweigen oder Schilf. Da Körbe geflochten werden, muss das Material sehr biegsam sein. Wenn die Körbe wasserdicht sein sollen, werden sie mit Lehm, Erdharz oder Pech abgedichtet. Weil der Pharao alle männlichen Babys töten lässt, legt die Mutter von Mose ihren neugeborenen Sohn in einen Korb und setzt ihn auf dem Nil aus. So wird Mose gerettet.

Wissenswert: Paulus entging dem Tod, weil seine Freunde ihn in einem Korb an der Stadtmauer herunterließen.

📖 1 Mose 40,16; 2 Mose 2,1-10; 5 Mose 28,5; **Apostelgeschichte 9,23-25**
→ Mose, Paulus

 Koriander → Sonderseite Gewürze, Seite 99

 Korinth
Hauptstadt der römischen Provinz Achaia, reiche Hafenstadt, wichtiges Handelszentrum

Paulus ist zweimal in Korinth. Bei seinem ersten Besuch während der zweiten Missionsreise begegnet er dem christlichen Ehepaar Aquila und Priszilla. Er wohnt bei ihnen, arbeitet in dieser Zeit als Zeltmacher und gründet eine christliche Gemeinde. Nach mehr als eineinhalb Jahren verlässt Paulus Korinth. Während Paulus auf seiner dritten Missionsreise in Ephesus ist, sendet die Gemeinde aus Korinth Boten zu ihm, weil die Christen viele Fragen zum Glauben haben. Paulus antwortet ihnen in einem Brief und besucht sie später noch einmal. Von Korinth aus schreibt Paulus seinen Brief an die Römer.

Wissenswert: Das alte Korinth wurde 1858 durch ein Erdbeben zerstört. Das heutige Korinth liegt ungefähr 6 km nordöstlich der Ruinen des alten Korinth.

📖 **Apostelgeschichte 18,1-18**; 1 Korinther 1,1; 2 Korinther 1,1
→ Aquila, Priszilla, Paulus; siehe Karte Seite 306

Ausgrabungen in Korinth

 Korn → Brot

 Kornelius („der Gehörnte")
römischer Hauptmann aus Cäsarea

Obwohl Kornelius ein Römer ist, glaubt er an Gott und gehört mit seiner Familie zur jüdischen Gemeinde. Er tut viel Gutes für die Armen. Gott sendet zuerst einen Engel und anschließend Petrus zu ihm. Als Petrus das Evangelium erklärt, kommt der Heilige Geist zu Kornelius und er lässt sich taufen. Damit ist Kornelius einer der ersten Nichtjuden, die an Jesus glauben, den Heiligen Geist empfangen und sich taufen lassen.

Finde heraus, wer außer Kornelius noch das Evangelium hörte und sich taufen ließ.

📖 **Apostelgeschichte 10,1-48**
→ Heiliger Geist, Petrus

Könige Israels

Ein König ist der höchste Chef eines Volkes. In Israel regiert er nicht nur das Land, sondern ist auch dessen Richter. Am Anfang hat Gott selbst die Könige bestimmt. Später ging das Amt vom Vater auf den Sohn über.

Vor der Teilung Israels gab es drei Könige: Saul (→ Seite 235), David (→ Seite 58) und Salomo (→ Seite 233). In dieser Übersicht findest du die Könige im Nordreich Israel und im Südreich Juda. Wenn sich die Regierungszeiten überschneiden, haben die Könige gleichzeitig regiert. Wundere dich nicht, wenn du in anderen Büchern andere Angaben zu den Regierungszeiten findest. Es gibt unterschiedliche Erkenntnisse dazu. Du kannst auch entdecken, welche Propheten zu welcher Regierungszeit gewirkt haben.

Könige im Nordreich Israel

931–910 v. Chr.
Jerobeam I. („es mehre sich das Volk")
Vater: Nebat, Mutter: Zeruga
Bei Arbeiten an der Stadtmauer Jerusalems fällt er König Salomo als tüchtiger Mann auf. Salomo überträgt ihm die Bauleitung. Jerobeams Palastrevolution scheitert und er flieht nach Ägypten. Nach Salomos Tod kehrt er zurück und wird vom Volk als König eingesetzt. In Dan und Bet-El baut er Tempel, in denen goldene Stiere angebetet werden und aus allen Stämmen dienen dort Priester.
📖 1 Könige 11,26-40; 1 Könige 12,20

910–909 v. Chr.
Nadab (Kurzform von Nadabja „großzügig ist (Jahwe)")
Vater: Jerobeam I., Mutter: nicht benannt
Er verehrt die Stiere in Dan und Bet-El, führt Krieg mit dem Südreich und wird bei der Belagerung von Gibbeton von einem seiner Heerführer ermordet. Seine ganze Familie wird ausgerottet.
📖 1 Könige 15,25-31

909–886 v. Chr.
Baesa (möglicherweise „schlimm", „Kühnheit")
Vater: Ahia, Mutter: nicht benannt
Aus einfacher Herkunft macht er eine „Bilderbuch-Karriere" am Königshof. Ehrgeizig ermordet er dann den König und rottet dessen ganze Familie aus. Auch er gibt sich dem Götzenkult in Dan und Bet-El hin. Er hat zeitlebens kriegerische Auseinandersetzungen mit König Asa (Südreich Juda). Die Syrer fallen ein und erobern Städte in Israel.
📖 1 Könige 15,27-34; 1 Könige 16,1-7

886–885 v. Chr.
Ela („starker Baum, Eiche")
Vater: Baesa, Mutter: nicht benannt
Er dient den Götzen wie sein Vater und wird bei einem Zechgelage beim Palastverwalter in betrunkenem Zustand von seinem Heerführer Simri hinterhältig ermordet. Elas ganze Familie wird ausgerottet.
📖 1 Könige 16,8-13

885 v. Chr.
Simri (von Simrija: „Jahwe hat geholfen")
Eltern: nicht benannt
Machtgierig ermordet er bei einem Zechgelage König Ela und später die ganze Familie. Die andere Hälfte des Heeres lehnt ihn ab und stellt den zweiten General, Omri, als Gegenkönig auf. Sie marschieren nach Tirza und belagern es. Simri schätzt die Lage für sich als aussichtslos ein und verbrennt sich verzweifelt in seinem Palast.
📖 1 Könige 16,8-20

885–874 v. Chr.
Omri
Eltern: nicht benannt
Bei der Belagerung von Gibbeton wählt ihn ein Teil des Volkes als Gegenkönig zu Simri. Sie marschieren nach Tirza um ihn zu stürzen. In dieser Notlage tötet sich Simri selbst. Die goldenen Stiere betet auch Omri an. Anstatt Krieg zu führen hat er eine andere Taktik: Er verheiratet seine Kinder mit anderen Königshäusern.
📖 1 Könige 16,16-27

885–880 v. Chr.
Tibni
Vater: Ginat, Mutter: nicht benannt
Tibni ist ein unscheinbarer König und wird in der Königsreihe selten mit aufgeführt und gezählt. Nach König Simris Selbstmord wird er von der Hälfte des Heeres als Gegenkönig gewählt. Omri bekommt immer mehr Anhänger und Macht. Tibnis Todesart nach sechs Jahren Herrschaft ist unklar.
📖 1 Könige 16,21-22

874–853 v. Chr.
Ahab („Bruder des Vaters")
Vater: Omri, Mutter: nicht benannt
Ahabs Frau Isebel verleitet ihn zu Götzendienst und anderen schlimmen Taten. Dagegen wendet sich der Prophet Elija, der Ahab Gottes Gericht ankündigt. So bringt Gott zum Beispiel eine Hungersnot über Israel. Ahab gilt trotz seiner großen militärischen Erfolge als schlechtes Beispiel eines israelitischen Königs.
📖 1 Könige 16,28–22,40

853–852 v. Chr.
Ahasja („Jahwe hat (bei der Hand) ergriffen")
Vater: Ahab, Mutter: Isebel
Er lebt den Stierkult wie sein Vater und den Baalskult seiner Mutter. Mit König Joschafat von Juda ist er kurz befreundet. Nach einem Geländersturz befragt er den Götzen Baal Sebub von Ekron nach seiner Aussicht auf Genesung und nicht den Gottespropheten Elija. Elija kündigt ihm dafür seinen frühen Tod an.
📖 1 König 22,40-52 ; 2 Könige 1,3-6b.16-18

852–841 v. Chr.
Joram („Jahwe ist erhaben")
Vater: Ahab, Mutter: Isebel
Er folgt seinem Bruder Ahasja auf den Thron. Der Stierkult bleibt, jedoch die ,Baalssäule' entfernt er. Mit König Joschafat von Juda und dem König von Edom siegt er über Moab. Deren König opfert wegen der Niederlage seinen ältesten Sohn. Die Aramäer greifen an und hungern Samaria aus. Hauptmann Jehu wird als zukünftiger König gesalbt. Machthungrig eilt er nach Jesreel und tötet Joram mit einem Pfeilschuss.
📖 2 Könige 1,17; 5 Mose 12,31

845–818 v. Chr.
Jehu („er ist der Herr")
Vater: Joschafat, Mutter: nicht benannt
Jehu ist Heerführer von König Joram, bevor er durch den Propheten Elischa selbst zum König gesalbt wird. Verbunden damit ist ein besonderer Auftrag: Jehu soll alle Nachkommen des ehemaligen Königs Ahab und dessen Frau Isebel töten. Diese hatten die Propheten und Diener Gottes umbringen lassen. Jehu führt diesen herausfordernden Auftrag aus.
📖 1 Könige 21,24-29; 2 Könige 9,1-3

814–798 v. Chr.
Joahas („Jahwe ergreift")
Vater: Jehu, Mutter: nicht benannt
Unter König Joahas geht der Götzendienst weiter und die Göttin Aschera wird in Samaria verehrt. Der König betet aber zu Jahwe, dem Gott Israels, besonders als das Volk erneut durch Aram bedrängt wird und durch Kleinkriege sehr entmutigt ist. Gott erhört Joahas Bitte. Jedoch erlangt Assyrien jetzt die Oberherrschaft über das Land.
📖 2 Könige 13,1-9

798–782 v. Chr.
Joas („Jahwe hat gegeben")
Vater: Joahas, Mutter: nicht benannt
Der Prophet Elischa prüft sein Vertrauen auf Gott. Später trauert Joas um seinen Ratgeber, „Glaubensvater" und „Lebenscoach" Elischa. Die Moabiter fallen in Israel ein. Joas siegt mehrmals über Aram. Mit König Amazja aus Juda kämpft er heftig und erbeutet dessen Tempelschatz.
📖 2 Könige 13,10-25; 2 Könige 2,12

793–753 v. Chr.
Jerobeam II. („Jahwe ergreift")
Vater: Joas, Mutter: nicht benannt
Israel erblüht wie zur Zeit Davids in Wohlstand und Macht. Zeitgleich wächst die Kluft zwischen Armen und Reichen und auch die Unterdrückung. Dagegen ,wettern' die Propheten, denn Glaube sei auch Tat und soziale Verantwortung. Assyrien fällt in Israel ein und die Oberschicht des Volkes wird nach Assyrien weggeführt.
📖 2 Könige 14,23-29

753–752 v. Chr.
Secharja („Jahwe hat sich erinnert")
Vater: Jerobeam II., Mutter: nicht benannt
Secharja tut, was Gott missfällt. Er muss ein riesiges Staatsgebiet gegen die Nachbarn Syrien, Aram und Ägypten sichern. Diese Schwächung nutzt Schallum aus, zettelt eine Verschwörung an und tötet ihn.
📖 2 Könige 15,8-12

752 v. Chr.
Schallum („wiedererstattet")
Vater: Jabesch, Mutter: nicht benannt
Schallum beendet durch Königsmord die längste Familienfolge von Königen in Israel (89 Jahre). Seit Jehus Regierungszeit bezahlt Israel Abgaben an Assyrien. Diese Steuerlast wird auf das Volk abgewälzt. Unrecht und Bestechlichkeit wachsen. Kaum auf dem Thron, wird Schallum nach einem Monat Regierungszeit durch Menahem in Samaria ermordet.
📖 2 Könige 15,13-16

752–742 v.Chr.
Menahem („Tröster")
Vater: Gadi, Mutter: nicht benannt
In einem grausamen Feldzug zieht Menahem nach Samaria, um Schallum, der gerade 30 Tage König ist, von dessen Thron zu stürzen. Als König setzt er den Stierkult fort. Der assyrische König Tiglat-Pileser fällt in Israel ein. Menahem kauft sich frei und belastet die Reichen mit einer Kopfsteuer.
📖 2 Könige 15,17-22

742–740 v. Chr.
Pekachja („der Herr hat (die Augen) geöffnet")
Vater: Menahem, Mutter: nicht benannt
Er regiert nur zwei Jahre in Samaria über Israel. Er huldigt dem Stierkult und tut nichts Gutes in den Augen Gottes. Pekach, sein Leibwächter, ermordet ihn und wird an seiner Stelle König.
📖 2 Könige 15,22-26

752–732 v. Chr.
Pekach („er (gemeint ist Gott) hat die Augen geöffnet", Kurzform von Pekachja)
Vater: Remalja, Mutter: nicht benannt
Er ist der vorletzte König im Nordreich Israel und regiert zwanzig Jahre in Samaria. Er ermordet Pekachja und eroberte so seinen Thron. Mit König Aram führt er grausamen Krieg gegen das Südreich Juda. Samaria mitsamt Umgebung wird von Assyrien eingenommen und die Gefangenen werden in ganz Assyrien angesiedelt. Pekach selber wird von seinem Nachfolger Hoschea ermordet.
📖 2 Könige 15,22-37

732–722 v. Chr.
Hoschea („Jahwe hat gerettet")
Vater: Ela, Mutter: nicht benannt
Gewaltsam reißt Hoschea den Königsthron an sich. Er unterwirft sich der assyrischen Besatzungsmacht. Die drückende Steuerlast an Assyrien zahlt er aber nach einem Herrscherwechsel nicht mehr. Erneut ziehen die Assyrer gegen das Nordreich Israel (Samaria) und belagern es drei Jahre lang. Gefangene aus der israelitischen Oberschicht werden in Assyrien angesiedelt und Assyrer im Gegenzug in israelitischen Städten. Wie, wo und wann der letzte König des Nordreiches stirbt, ist unklar.
📖 2 Könige 17,1-6

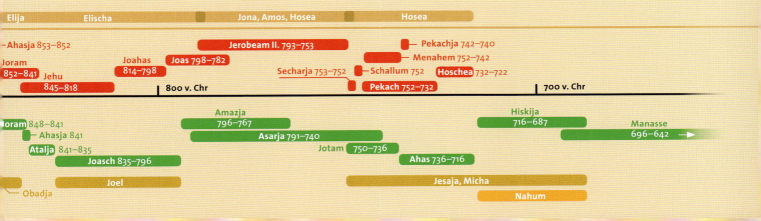

Könige im Südreich Juda

931/30–913 v. Chr.
Rehabeam („das Volk hat sich ausgebreitet")
Vater: Salomo, Mutter: Naama (Ammoniterin)
In der Volksversammlung von Sichem hört Rehabeam nicht auf den Rat der Erfahrenen und verliert so zehn Nordstämme. Im fünften Regierungsjahr zieht der ägyptische König Schischak gegen Jerusalem und raubt Tempel- und Palastschätze. Rehabeam unterwirft sich und kann weiter regieren. Mit zunehmender Macht wendet Rehabeam sich von Gott ab und errichtet Höhenheiligtümer, geweihte Steine und Bilder für die Göttin Aschera.
📖 1 Könige 14,21-31

913–911 v.Chr.
Abija („der Herr ist Vater")
Vater: Rehabeam, Mutter: Maacha (Tochter Abschaloms)
Obwohl Abija Gott nicht mit ungeteiltem Herzen dient, ruft er Gott angesichts der Übermacht des israelitischen Heeres um Hilfe an und klagt zugleich Jerobeam an, nur noch Götzen und nicht mehr Gott, dem Herrn, zu dienen. Gott rettet Abija und seine Leute um Davids willen.
📖 1 Könige 15,1-8

911–870 v. Chr.
Asa
Vater: Abija, Mutter: die Stellung der Königsmutter behält zunächst seine Großmutter Maacha (Tochter Abschaloms)
Er tut, was Gott gefällt. Er entzieht seiner Großmutter den Rang der Königsmutter, weil sie ein Ascherabild herstellen lässt. Er erneuert den Bund seiner Vorfahren mit Gott. In seinem 36. Regierungsjahr führt er Krieg gegen den israelitischen König Baesa. Im Alter erkrankt er an einem Fußleiden. Weil er Hilfe bei Ärzten, aber nicht bei Gott sucht, kritisiert ihn der Prophet Hanani.
📖 1 Könige 15,9-24

873–848 v. Chr.
Joschafat („der Herr hat gerichtet")
Vater: Asa, Mutter: Asuba (Tochter von Schilhi)
Joschafat dient Gott nach dem Vorbild von David. Er lässt Opferstätten zerstören, dem Volk Unterricht im Gesetz Gottes erteilen und regelt die Rechtsprechung neu. Nach einer zweijährigen Kriegspause zwischen Israel und Syrien will sich König Ahab von Israel mit Joschafat verbünden, um die Stadt Rama von den Syrern zurückzuerobern. Der Prophet Micha kritisiert das Bündnis und wird für die Dauer des Kampfes gefangen genommen.
📖 1 Könige 22,41-51

848–841 v. Chr.
Joram („der Herr ist erhaben")
Vater: Joschafat, Mutter: nicht bekannt
Joram ist mit der Tochter des israelitischen Königs Ahab verheiratet und folgt dem schlechten Beispiel der Könige von Israel. Bei seinem Machtantritt lässt er seine sechs Brüder und einige der führenden Männer töten. Joram stirbt qualvoll nach schwerer Krankheit.
📖 2 Könige 8,16-24

841 v. Chr.
Ahasja („der Herr hat ergriffen/hält fest")
Vater: Joram, Mutter: Atalja (Tochter des Königs Omri von Israel)
Ahasja wird als jüngster Sohn Jorams König, weil Räuberhorden seine älteren Brüder getötet haben. Er folgt dem schlechten Beispiel Ahabs. Er tut, was Gott missfällt und lässt sich von Joram (Ahabs Sohn) dabei beraten. Gemeinsam mit ihm zieht er gegen Syrien. Joram wird verwundet und Ahasja besucht ihn in Jesreel. Dort tötet Jehu beide Könige.
📖 2 Könige 8,25-29

841–835 v. Chr.
Atalja („der Herr hat seine Erhabenheit bekundet")
Frau des Königs Joram von Juda, Tochter Ahabs und Isebels
Sie tötet alle Mitglieder der königlichen Familie, der jüngste Sohn von Ahasja (Joasch) kann gerettet und im Tempel verborgen werden. Sie treibt den Götzendienst voran und fragt nicht nach Gott. Atalja wird nach Joaschs Ausrufung zum König im Tempel gefangen genommen und im Palast getötet.
📖 2 Könige 11,1-16

835–796 v. Chr.
Joasch
Vater: Ahasja, Mutter: Zibja aus Beerscheba
Er kann König werden, weil seine Tante Joseba und ihr Mann, der Hohepriester Jojada, ihn sechs Jahre vor Königin Atalja im Tempel versteckt halten. Joasch tut, was Gott gefällt, solange der Priester Jojada lebt. Er lässt aber die Opferstätten im Land bestehen. Joasch wendet sich schließlich von Gott ab. Er lässt Jojadas Sohn Secharja töten und wird später von seinen Hofleuten erschlagen.
📖 2 Könige 12

796–767 v. Chr.
Amazja („der Herr ist stark")
Vater: Joasch von Juda, Mutter: Joddan aus Jerusalem
Amazja tut, was Gott gefällt, belässt aber die Opferstätten im Land. Als er seine Herrschaft gefestigt hat, lässt er die Hofleute töten, die seinen Vater ermordet haben. Amazja wird überheblich und zieht gegen Israel. Joasch von Israel lässt einen Teil der Stadtmauer in Jerusalem einreißen und raubt Tempel- und Palastschätze. Amazja wird gefangen genommen und bei einer Verschwörung in Juda getötet.
📖 2 Könige 14,1-22

791–740 v. Chr.
Asarja („der Herr hat geholfen/der Herr ist eine Kraft")
Vater: Amazja, Mutter: Jecholja aus Jerusalem
Er folgt dem Vorbild seines Vaters und tut, was Gott gefällt, lässt aber die Opferstätten im Land bestehen. Er erobert Gad, Jadne und Aschdod im Land der Philister. Gott lässt ihn auch über die Araberstämme aus Gur-Baal und gegen die Meuniter siegen. Seine Macht und sein Ruhm machen ihn überheblich und er dringt in den Tempel ein, um selbst am Altar zu opfern. Er wird aus dem Tempel getrieben und lebt bis zu seinem Tod aussätzig in einem abgesonderten Haus.
📖 2 Könige 14,17-22; 2 Könige 15,1-12

750–736 v. Chr.
Jotam („der Herr ist vollkommen")
Vater: Asarja, Mutter: Jeruscha (Tochter Zadoks)
Er folgt dem Vorbild seines Vaters und tut, was Gott gefällt, lässt aber die Opferstätten im Land bestehen. Jotam setzt die Renovierungsarbeiten am Tempel fort und verstärkt die Mauern am Südosthügel von Jerusalem. Jotam wird so mächtig, weil er sich in allem, was er tut, nach dem Willen Gottes richtet. Das Volk jedoch bleibt bei seinem gottlosen Treiben.
📖 2 Könige 15,32-38

736–716 v. Chr.
Ahas (Abkürzung für Joahas: „der Herr hält bei der Hand")
Vater: Jotam, Mutter: nicht bekannt
Er lässt seinen Sohn opfern,

Propheten Nordreich

Könige des Nordreiches Israel — 700 v. Chr. — 600 v. Chr

Könige des Südreichs Juda
- Manasse 696–642
- Amon 642–640
- Joschija 640–609
- Joahas 609
- Jojakim 609–598
- Jojachin 598–597
- Zidkija 597–586

Propheten Südreich: Zefanja, Nahum, Hulda, Jeremia; Habakuk

Standbilder des Gottes Baal gießen und aufstellen. Er ist beeindruckt vom Götzenkult des assyrischen Königs Tiglat-Pileser und lässt einen Götzenaltar im Tempel Gottes aufstellen. Diesen weiht er persönlich ein.
📖 2 Könige 16

716–687 v. Chr.
Hiskija („der Herr ist Stärke")
Vater: Ahas, Mutter: Abi (Tochter von Secharja)
Er zerstört sämtliche Opferstätten, Götzenbilder und Götzenaltäre. Der Tempel wird wieder in seinen ursprünglichen Zustand versetzt und renoviert. Mit einem Opferfest wird der Beginn der regelmäßigen Gottesdienste gefeiert. Das Passafest und der Tempeldienst bekommen wieder Geltung. Hiskija besiegt mit Gottes Hilfe die feindlichen Assyrer. Später wird Hiskija todkrank und der Prophet Jesaja sagt sein Ende voraus. Da fleht Hiskija zu Gott und dieser schenkt ihm noch 15 Lebensjahre.
📖 2 Könige 18,1-8; 1 Könige 19,32-37; 1 Könige 20,1-12

696–642 v. Chr.
Manasse („vergessen machend")
Vater: Hiskija, Mutter: Hefzi-Bah
Manasse stellt im Tempel Götzenbilder auf, verbrennt einen seiner Söhne als Opfer, gibt sich mit Zauberern und Wahrsagern ab und hält sich Totenbeschwörer und Zeichendeuter. Damit unterscheidet er sich durch nichts von der assyrischen Besatzungsmacht und verführt das Volk zum Götzendienst.
📖 2 Könige 21,1-18

642–640 v. Chr.
Amon („zuverlässig, treu")
Vater: Manasse, Mutter: Meschullemet (Tochter von Haruz aus Jotba)
Er tut, was Gott missfällt. Einige Hofbeamten verschwören sich gegen ihn und töten ihn in seinem Palast. Die Männer von Juda töten die, die sich an der Verschwörung beteiligt haben.
📖 2 Könige 21,19-26

640–609 v. Chr.
Joschija („der Herr möge heilen")
Vater: Amon, Mutter: Jedida (Tochter von Adaja aus Bozkat)
Joschija richtet sich streng nach Gottes Geboten und Weisungen. Bei Renovierungsarbeiten am Tempel wird eine Buchrolle mit dem Gesetz Gottes gefunden. Joschija lässt der gesamten Bevölkerung das Gesetz vorlesen und verpflichtet alle zum Gehorsam gegenüber dem Gesetz. Der Tempel in Jerusalem wird von allen Götzen gereinigt, die Götzentempel im Land werden zerstört, die Götzenpriester getötet und dann wird wieder das Passafest gefeiert. Pharao Necho aus Ägypten verbündet sich mit dem assyrischen König gegen Babylon. Dabei stirbt Joschija im Kampf bei Megiddo.
📖 2 Könige 23,1-3; 2 Könige 23,4-30

609 v. Chr.
Joahas („der Herr hat bei der Hand ergriffen/hält fest")
Vater: Joschija, Mutter: Hamutal (Tochter von Jirmeja aus Libna)
Joahas tut, was Gott missfällt. Pharao Necho setzt ihn ab und hält ihn in Ribla gefangen. Das Volk Israel muss an die Ägypter Tribut zahlen. Joahas wird mit nach Ägypten verschleppt und stirbt dort.
📖 2 Könige 23,31-34

609–598 v. Chr.
Jojakim („der Herr möge aufrichten")
Vater: Joahas, Mutter: Sebuda (Tochter von Pedaja aus Ruma)
Eljakim wird von Pharao Necho als König eingesetzt und sein Name wird in Jojakim geändert. Er tut, was Gott missfällt. Der babylonische König Nebukadnezzar zieht mit seinem Heer heran und Jojakim unterwirft sich ihm. Später lehnt er sich jedoch gegen ihn auf und umherstreifende Truppen des babylonischen Königs fallen in Juda ein und verwüsten es.
📖 2 Könige 23,35-37; 2 Könige 24,1-7

598–597 v. Chr.
Jojachin („der Herr möge fest machen")
Vater: Jojakim, Mutter: Nehuschta (Tochter Elnatans aus Jerusalem)
Kurz nach Jojachins Regierungsantritt belagert der babylonische König Nebukadnezzar die Stadt. Als der König selbst erscheint, ergibt sich Jojachin mit seiner Familie und seinem Gefolge. Alle Tempel- und Palastschätze werden verschleppt und zerschlagen. Die maßgeblichen und wohlhabenden Israeliten, alle Handwerker und Waffenkundigen werden in die Verbannung (Babylonisches Exil) geführt.
📖 2 Könige 24,8-20a

597–586 v. Chr.
Zidkija („der Herr ist meine Gerechtigkeit")
Vater: Joschija, Mutter: Hamutal (Tochter von Jirmeja aus Libna)
Zidkija ist ein Onkel von Jojachin und heißt zuerst Mattanja. Er tut, was dem Herrn missfällt. Als sich Zidkija gegen Nebukadnezzar auflehnt, obwohl er ihm den Treueeid geschworen hat, belagert Nebukadnezzar Jerusalem. Zidkija versucht nach mehrjähriger Belagerung im Schutz der Dunkelheit zu fliehen, er wird aber gefangen und verurteilt: Seine Söhne werden vor seinen Augen getötet und ihm werden die Augen ausgestochen. In Ketten gefangen wird er nach Babylon geführt. Nebukadnezzar lässt den Tempel und andere wichtige Bauwerke zerstören und verschleppt große Teile des Volkes. Sämtliche Schätze werden mitgenommen. Damit endet die Zeit der Könige des Südreichs.
📖 2 Könige 25

500 v. Chr

Haggai, Sacharja — Maleachi

Krankheit
Störung der Gesundheit

Ebenso wie Leid und Tod hat Krankheit einen Platz auf dieser Welt. Zur Zeit der Bibel gibt es neben Verletzungen wie Knochenbrüchen zum Beispiel die Krankheiten Aussatz, Blattern, Fieber, Geschwüre, Krätze, Pest, Ruhr, Wahnsinn, Wassersucht oder Wurmbefall. Jesus heilt kranke Menschen. Er zeigt damit auch: In Gottes zukünftiger, neuer Welt haben Krankheiten keinen Platz mehr.

Finde heraus, woran der Priester Eli starb.
1 Samuel 4,18; Matthäus 15,30; Lukas 4,38-40; 2 Mose 4,6; Offenbarung 21,3-4
→ Arzt, Medizin, Heilung

Krankheit
Ich fühlte mich gut und es sollte nur eine kurze Kontrolle beim Arzt werden. Doch der schickte mich direkt ins Krankenhaus. Da sich sein Verdacht auf Krebs bestätigte, wurde ich zwei Mal operiert und musste einige Behandlungen über mich ergehen lassen. In dieser Zeit habe ich viel mit Gott geredet. Es tat gut zu wissen, dass er da ist und alles unter Kontrolle hat. Heute bin ich auf dem Weg der Besserung und werde nur noch bei Kontrolluntersuchungen an diese Zeit erinnert. Rückblickend hat die Krankheit meine Beziehung zu Gott sehr gestärkt. **Stefan Trunk**

Kreszenz („wachsend")
Mitarbeiter von Paulus

Im zweiten Brief an Timotheus erwähnt Paulus einige Mitarbeiter, die ihn in Rom verlassen haben. Darunter ist auch Kreszens, der in die Provinz Galatien zieht. Er wird aber nur an dieser Stelle in der Bibel genannt.

Finde heraus, wer Paulus noch verlassen hat.
2 Timotheus 4,10
→ Paulus, Timotheus

Kreta
größte Insel von Griechenland, fünftgrößte Insel im Mittelmeer

Auf seiner Schiffsreise nach Rom kommt Paulus auch an der Insel Kreta vorbei. Bald darauf gerät das Schiff in einen Sturm. Vermutlich hat Paulus später auf Kreta Gemeinden gegründet. Er lässt seinen Mitarbeiter Titus auf Kreta zurück, um in den Gemeinden dort Älteste einzusetzen.

Wissenswert: Ein Bewohner von Kreta sagt über die Kreter, sie seien verlogen und faul.
Apostelgeschichte 27,7-12; Titus 1,5; **Titus 1,12-13**
→ Älteste, Titus, Paulus; siehe Karte Seite 307

Kreuz
Gerät zur Hinrichtung

Ein Kreuz besteht aus einem Längs- und einem Querbalken, die miteinander verbunden werden. Der zum Tode Verurteilte bekommt den Querbalken auf die Schultern gebunden und muss ihn zur Hinrichtungsstätte tragen. Dort wird der Querbalken an dem Längsbalken angebracht. Der Verurteilte wird dann an das Kreuz angebunden oder angenagelt, anschließend wird es aufgerichtet. Da Jesus auf diese Weise hingerichtet wird, wird das Kreuz zum Symbol für den christlichen Glauben.

Wissenswert: Die Verurteilten bekamen bei der Kreuzigung manchmal ein betäubendes Getränk.
Markus 15,21-23; Johannes 19,17-18
→ Jesus, Kreuzigung

Holzkreuz

Kreuzigung
Form der Todesstrafe

Am Kreuz hingerichtet zu werden gilt als außerordentlich grausam und erniedrigend. Die Römer bestrafen besonders schwere Straftaten so. Sie wollen durch die Hinrichtung die Leute davon abschrecken, Verbrechen zu begehen. Die Verurteilten sterben meist nach qualvollen Stunden an Herzversagen. Auch Jesus wird auf diese Weise hingerichtet. Als Gerechter stirbt er diesen erniedrigenden Tod und nimmt so die Schuld der Menschen auf sich. Daran denken wir an Karfreitag. Er wird vom Tod auferweckt und bestätigt dadurch, dass er wirklich Gottes Sohn ist. Deshalb wird die Botschaft von der Kreuzigung und der Auferstehung zur Guten Nachricht für alle Menschen.

Wissenswert: In der Bibel gibt es Lieder, die den Leidensweg von Jesus besingen.
1 Korinther 1,17b-19; Galater 2,20; **Philipper 2,6-11**
→ Auferstehung, Kreuz, Jesus, Ostern

Krieg
organisierter und mit Waffen und Gewalt ausgetragener Streit zwischen mindestens zwei gegnerischen Parteien

In der Bibel wird berichtet, dass Gott selbst Kriege führt. Er tritt für sein erwähltes Volk Israel ein, damit es nicht von anderen Völkern ausgerottet wird. Gott vernichtet das Heer des Pharaos, damit das Volk Israel nach dem Auszug aus Ägypten nicht wieder in die Sklaverei zurückgeholt wird. David besiegt im Zweikampf den Riesen Goliat, das Heer der Israeliten schlägt das Heer der Philister. Die Propheten künden Gottes Zorn und Rache an, da sich sein Volk immer wieder von ihm abwendet. Die ersten Christen in Jerusalem werden von Juden verfolgt, die Jesus nicht folgen wollen.

In den Zehn Geboten heißt es: „Du sollst nicht töten." Trotzdem schaffen es die Menschen auch heute nicht, ohne Krieg auszukommen. Gott hat die Menschen für ein friedliches Zusammenleben geschaffen, aber sie haben diesen Plan durchbrochen. Gott möchte Frieden und Versöhnung für die Menschen – deshalb hat er durch Jesus die Welt ein für alle Mal mit sich selbst versöhnt.

Krieg beginnt oft mit einem kleinen Streit. Überleg mal: Wo kannst du in der nächsten Woche Streit schlichten?

Matthäus 5,5-9; 2 Mose 20,13; 2 Mose 14; 1 Samuel 17; Johannes 3,16; 2 Korinther 5,19; Apostelgeschichte 7,54–8,3
→ Streit, Frieden, Versöhnung, Volk Gottes, Erwählung, Rache, David, Philister, Goliat

Krippe
Futtertrog für Vieh

Jesus wird nach seiner Geburt in eine Krippe gelegt, weil es kein Bett für ihn gibt.

Wissenswert: Schon die ersten Christen haben Krippen (nur den Futtertrog) aufgestellt, um an das Jesuskind zu erinnern. Heute stellt die Weihnachtskrippe meistens die ganze Szene um die Geburt von Jesus dar.

Lukas 2,1-20
→ Vieh

Futterkrippe (mit Dornenkrone und Tüchern)

Krispus („Krauskopf")
Vorsteher der Synagoge in Korinth

Krispus ist ein Jude. Als Paulus in Korinth von Jesus erzählt, kommt Krispus zum Glauben und lässt sich zusammen mit seiner ganzen Hausgemeinschaft von Paulus taufen. In der Bibel wird Krispus nur zweimal erwähnt.

Finde heraus, wie viele Personen Paulus in Korinth außer Krispus noch getauft hat.

Apostelgeschichte 18,8; **1 Korinther 1,14-16**
→ Korinth, Paulus, Synagoge, Taufe

Krit → Kerit

Krone
Kranz oder Stirnreif (Diadem) aus Gold

Die Krone ist das sichtbare Zeichen der Würde der israelitischen Könige, die ihnen von Gott verliehen wird. Saul trägt die Krone im Krieg. Auch die Obersten Priester tragen ein Diadem, auf dem die Worte „Heilig dem Herrn" eingraviert sind.

Wissenswert: Sogar Götzenbilder trugen Kronen.

2 Mose 28,36; 2 Samuel 1,1-16; **2 Samuel 12,30**; Psalm 21,4
→ König, Dornenkrone

Krug → Sonderseite Küche, Seite 176+177

Kuchen → Sonderseite Brot und Gebäck, Seite 50+51

Kuh
weibliches Rind

Wenn in der Bibel von „Kühen" gesprochen wird, geht es nicht immer um eine weibliche Kuh, sondern es kann auch ein Stier, Kalb oder Ochse damit gemeint sein. Kühe gehören schon im Alten Testament zum Alltag. Man bekommt von ihnen die Milch und das Fleisch. Man braucht sie als Zugtiere vor dem Pflug oder als Opfertiere im Tempel. Viele Rinder zu besitzen ist, zu biblischen Zeiten, immer ein Zeichen von Reichtum.

Finde heraus, wie viele Kühe Jakob seinem Bruder Esau schenkte.

1 Mose 32,14-16; 3 Mose 3,1; 5 Mose 22,10; Matthäus 22,4
→ Esau, Jakob, Sonderseite Opfer, Seite 210+211

Kuh

Kupfer – Lebenshauch

 Kupfer → Erz

 Kupfermünze → Geld

Kuss
Körperkontakt mit dem Mund zwischen zwei Personen
Im Orient begrüßt man sich heute, wie auch zur Zeit der Bibel, mit einem Kuss, entweder auf die Hand oder die Wange. Der Kuss ist auch ein Zeichen, dass man den anderen mag. Er ist außerdem in der Bibel ein Ausdruck von großer Ehre. So küsst eine Frau Jesus eine ganze Zeit lang immer wieder die Füße, um ihm zu danken und ihn zu ehren. Auch Mann und Frau zeigen sich ihre Liebe, indem sie sich küssen. Der „Friedenskuss" drückt die Liebe unter den Christen in der Gemeinde aus, zum Beispiel beim Abendmahl.
💡 Wissenswert: Jesus wurde vor seiner Festnahme durch einen Kuss an die Soldaten verraten.
📖 2 Mose 18,7; Hohelied 1,2; **Markus 14,43-46**; Lukas 7,45; 2 Korinther 13,12
→ Getsemani, Judas

 Kyrene → Zyrene

Kyrus
Persischer König, regiert 559–530 v. Chr.
Kyrus ist der Begründer des persischen Großreiches, das vom heutigen Griechenland bis Indien reicht. Er besiegt die Babylonier und erlaubt den verschleppten Judäern, in ihre Heimat zurückzukehren und Jerusalem wieder aufzubauen. Er gibt ihnen die kostbaren Geräte für den Tempel zurück, die Nebukadnezzar als Kriegsbeute mitgenommen hat. Archäologen haben einen großen Stein („Kyrus-Zylinder") ausgegraben, auf dem der König beschrieben wird: „... er renovierte zerfallene Tempel, er betete den Gott Marduk an, er erlaubte jedem Volk, die Götter anzubeten, die es wollte, er erlaubte jedem Volk, in seine Heimat zurückzukehren und gab ihnen das nötige Geld dazu."
💡 Finde heraus, was Gott mit Kyrus vorhatte.
📖 **Jesaja 45,1-5**; 2 Chronik 36,22-23; Daniel 1,21; Esra 6,1-5
→ Esra, Nehemia, Nebukadnezzar, Persien

 Laban („weiß")
Bruder von Rebekka, Vater von Lea und Rahel
Laban wohnt in Haran und hat große Viehherden. Er nimmt seinen Neffen Jakob auf, als dieser flüchten muss, nachdem er seinem Bruder Esau das Erstgeburtsrecht gestohlen hat. Laban dient Götzen und scheint habsüchtig und betrügerisch zu sein.
❓ Stimmt es, dass Laban Jakob umsonst für sich arbeiten lassen wollte?
📖 **1 Mose 29,14-19**
→ Haran, Jakob, Lea, Rahel, Rebekka

Lachisch
seit dem 3. Jahrtausend v. Chr. besiedelter Ort im Hügelland von Juda
Josua erobert diese kanaanitische Königsstadt und teilt sie Juda zu. Später wird dort König Amazja ermordet. 701 v. Chr. wird die Stadt durch den assyrischen König Sanherib erobert.
💡 Wissenswert: In Lachisch wurden zahlreiche Tonscherben ausgegraben; auf einer steht: „Ich bin nicht doof, ich kann wirklich lesen."
📖 2 Könige 18,13-17
→ Assyrer, Assyrien, Sanherib; siehe Karte Seite 57

 Lager
der Platz, an dem Zelte aufgestellt werden, z. B. während einer Wüstenwanderung
Viele Menschen in der Bibel wohnen nicht in Häusern aus Stein oder Lehm, sondern in Zelten, besonders wenn sie mit ihren Viehherden unterwegs sind. Auf seinem Zug durch die Wüste wohnt das ganze Volk Israel in Zelten.
💡 Finde heraus, was nach dem Auszug aus Ägypten in der Mitte des Lagers stehen sollte. Warum wohl?
📖 **4 Mose 2,2**
→ Stiftshütte

 Lahai-Roi → Beer-Lahai-Roi

Lamech
Nachkomme von Adam und Eva
Lamech hat zwei Frauen, Ada und Zilla, deren Söhne Viehzüchter, Musiker und Schmied werden. Er schreibt ein Lied, in dem er sehr überheblich klingt. Dieses Lied ist die älteste Dichtung in der Bibel.
💡 Wissenswert: Es gibt noch einen anderen Lamech in der Bibel. Er war der Vater von Noach und wird sogar im Stammbaum von Jesus genannt.
📖 1 Mose 4,19-24; **1 Mose 5,28-31**; Lukas 3,36
→ Adam, Eva

 Lamm → Sonderseite Opfer, Seite 210+211

 Lampe → Sonderseite Zimmer, Seite 300+301

Kupfer – Lebenshauch

Laodizea
bekannte und wohlhabende Stadt in der römischen Provinz Asia, westlich von Kolossä am Fluss Lykos gelegen, im Gebiet der heutigen Türkei

In Laodizea wird schwarze Wolle hergestellt und es gibt eine medizinische Schule, die für ihre besondere Augensalbe bekannt ist. Das Wasser für Laodizea kommt von heißen Quellen im nahen Hierapolis, ist aber lauwarm, bis es die Stadt erreicht. Johannes schreibt einen Brief an die Gemeinde in Laodizea.

Wissenswert: Lauwarmes Wasser wurde als Brechmittel benutzt.

Offenbarung 3,14-22; Kolosser 2,1; 4,13-16
→ Johannes; siehe Karte Seite 214+215

Zeichnung von Laodizea

Lästern
über jemanden herziehen und Schlechtes sagen

Der Name Gottes (Jahwe) ist heilig wie Gott selbst. Wer Gottes Namen lästert, missachtet oder verflucht, soll sterben. Dieses Gebot hat eine ermahnende Funktion. Im Judentum wird der Gottesname deswegen fast nicht mehr ausgesprochen.

Wissenswert: Für Jesus wurde die Todesstrafe wegen angeblicher Gotteslästerung gefordert.

3 Mose 24,15-16; **Markus 14,60-64**
→ Verleumden

Laubhüttenfest → Sonderseite Biblische Feste, Seite 76+77

Laute → Sonderseite Instrumente und Musik, Seite 126+127

Lazarus („Gott hat geholfen")
Bruder von Marta und Maria, ein guter Freund von Jesus

Lazarus ist schwer krank und stirbt. Nachdem Lazarus bereits vier Tage im Grab gelegen hat, weckt ihn Jesus von den Toten auf.

Welches der berühmten „Ich-bin-Worte" von Jesus kannst du in dieser Geschichte entdecken?

Johannes 11,17-44
→ Maria, Marta

Lazarus („Gott hat geholfen")
Person aus einem Gleichnis von Jesus

Jesus erzählt eine Geschichte, in der Lazarus erwähnt wird, der hilflos und krank vor der Haustür eines reichen Mannes liegt und nach seinem Tod von Engeln ins Paradies getragen wird.

Wissenswert: Dies ist das einzige Gleichnis, das Jesus erzählt, in der eine Person mit ihrem Namen genannt wird.

Lukas 16,19-31
→ Gleichnis

Mögliches Lazarusgrab in Eizariya (Betanien)

Lea („Wildkuh")
Tochter von Laban, ältere Schwester von Rahel

Durch Betrug ihres Vaters wird sie die erste Frau von Jakob, der danach noch ihre Schwester Rahel heiratet. Jakob hat die hübschere Rahel lieber als Lea mit ihren glanzlosen Augen. Lea bekommt fünf Söhne (Ruben, Levi, Juda, Issachar, Sebulon) und eine Tochter (Dina). Lea wird im Familiengrab von Abraham, in der Höhle Machpela, begraben.

Finde heraus, was aus Leas Sohn Juda geworden ist.

1 Mose 29,31-35; Matthäus 1,3
→ Jakob, Juda, Laban, Rahel

Lebenshauch
Gottes Atem, der dem Menschen das Leben schenkt, auch Odem des Lebens oder Lebenshauch genannt

Gott selbst ist Anfang und Ursprung allen Lebens. Deshalb wird in der Bibel davon erzählt, dass Gott seinen Lebensatem allen seinen Geschöpfen gibt. Als Gott den Menschen schafft, bläst er ihm seinen Lebenshauch in die Nase. Nur dadurch wird er zu einem lebendigen Wesen und bekommt seine Seele.

Lass dich begeistern vom Loblied, das der Psalmdichter über Gottes wunderbare Schöpfung singt!

1 Mose 2,4b-7; **Psalm 104,24-35**
→ Schöpfung, Seele, Psalm

🏺 Küche

Brot backen unter freiem Himmel – so machen es die meisten Leute in der Zeit, als Jesus lebt. Fürs Kochen und Backen sind meistens die Frauen zuständig: Sie dreschen und mahlen das Getreide, kneten den Teig und backen Brotfladen, das Hauptnahrungsmittel. Das alles passiert normalerweise im Hof vor dem Haus oder in einem Innenhof. Dort stehen nicht bloß Getreidemühle, Brotbackofen und große Vorratskrüge, hier treffen sich die Frauen auch gern, um ihre Arbeit gemeinsam zu tun.
📖 Lukas 17,35

Backofen.

Im unteren Teil des Hauses, in dem nachts die Tiere untergebracht werden, gibt es eine Kochstelle, wo über offenem Feuer meist Eintöpfe gekocht werden und wo – bei reichen Leuten oder an Festtagen – Fleisch gebraten wird. Im oberen Bereich des Hauses findet das Familienleben statt, und dort wird auch gegessen. Töpfe, Becher, Vorratskrüge und Pfannen werden hier aufbewahrt – zum Beispiel in Mauernischen oder mit Nägeln an der Wand aufgehängt.
💡 Wissenswert: Eine Frau war jeden Tag vier bis fünf Stunden beschäftigt, um genug Brot für eine normal große Familie zu backen.

Backofen

Kleiner Getreidetopf

Grube im Boden, über die ein Kegel aus Ton mit einer Öffnung nach oben gestülpt ist
Ein Feuer in der Grube erhitzt den Kegel, die Teigfladen werden an die Wand des Kegels „geklebt" und dort gebacken. Waren Menschen unterwegs, bereiteten sie sich eine Mahlzeit in einem Reisekochtopf.
💡 Finde heraus, welche Tiere im Zusammenhang mit Backöfen genannt werden.
📖 2 Mose 7,26-29

Schüssel

flache Schale, meistens aus Ton hergestellt, in der unter anderem Essen serviert wird
Jesus sagt seinen Freunden, dass einer von denen, die mit ihm „seinen Bissen in die Schüssel tauchen", ihn verraten wird – also einer, mit dem er zusammen isst!
💡 Kannst du herausfinden, wer das ist?
📖 **Markus 14,12-25**; Markus 14,43-44; Sprüche 19,24

Becher

Gefäß zum Trinken, meistens aus Ton, manchmal auch aus Stein, Holz, Leder, Gold, Silber, Eisen, Bronze oder Glas
Reiche Leute haben einen eigenen, meistens sehr kostbaren Becher, aus dem nur sie trinken. Wird der Becher nicht gebraucht, hängt man ihn einfach an einen Nagel an der Wand.
💡 Finde heraus, wer den silbernen Becher vom höchsten Beamten des Pharao im Gepäck hatte.
📖 1 Mose 40,11; **1 Mose 44,1-17**; Jesaja 22,23-24

Krug

Gefäß zum Aufbewahren oder Transportieren von Lebensmitteln wie Mehl, Olivenöl, Getreide oder getrockneten Früchten

Es gibt Krüge in verschiedenen Größen und Formen. In großen Steinkrügen am Hauseingang befindet sich Wasser zum Waschen.

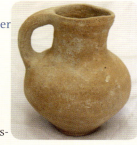

Krug, 8. Jahrhundert v. Chr.

💡 **Wissenswert:** Rebekka holt mit einem Krug Wasser am Brunnen; Jesus macht bei einer Hochzeit das Wasser in den Steinkrügen zu Wein.

📖 1 Mose 24,10-16; Johannes 2,1-12

Rezept

Ägyptischer Gurkensalat

„Wie schön war es doch in Ägypten! (...) Wir hatten Gurken und Melonen, Lauch, Zwiebeln und Knoblauch. Aber hier gibt es tagaus, tagein nichts als Manna. Das bleibt einem ja allmählich im Hals stecken." 4 Mose 11,5+6

Du brauchst:
- 1 Salatgurke
- 1 gepresste Knoblauchzehe
- etwas Salz
- 1 Teelöffel frische gehackte Minze

So geht's:
Die Gurke in ganz feine Streifen schneiden. Alle Zutaten in einer Schüssel vermischen. Dieser Salat schmeckt gut im Sommer, weil er so erfrischend ist. Probier ihn mal mit frischem Fladenbrot.

Essmanieren

Zur Zeit von Jesus gibt es zwar schon längst Messer und Gabeln – aber die werden nicht zum Essen benutzt. Gegessen wird stattdessen mit den Fingern: Die ganze Familie sitzt abends zur Hauptmahlzeit auf dem Boden um einen großen Topf mit Gemüse-, Linsen- oder Gersteneintopf, tunkt Brotstücke hinein und nimmt mit dem Brot den Eintopf auf.

Zu dieser Zeit herrschen die Römer in Israel und die römischen Essmanieren verbreiten sich auch dort. Zu festlichen Gelegenheiten sitzt man in reichen Familien nicht am Tisch, sondern liegt auf speziellen gepolsterten Sofas! Der linke Ellbogen wird aufgestützt, damit die rechte Hand zum Essen frei bleibt. Manchmal werden Löffel benutzt, aber meistens wird auch hier mit den Händen gegessen. Und nach jedem Gang reichen Diener Wasserschalen, damit man sich die Hände waschen kann.

Und wofür gibt es dann Messer und Gabeln? Na klar: Messer sind Waffen und werden zum Zerteilen von Fleisch benutzt. Mit Gabeln holt man zum Beispiel gekochtes Fleisch aus dem Kessel – sie werden in der Bibel nur in Zusammenhang mit dem Tempel und dem Opferfleisch erwähnt.

📖 1 Samuel 2,13; 2 Mose 38,3

Leder — Licht

 Leder
bearbeitete Tierhaut

Aus leicht verderblicher Tierhaut und Fell wird durch Gerben haltbares Leder, das zu vielen Dingen des Alltags verarbeitet wird: zu Zelten, zum Bespannen von Schilden, zu Wasser-, Wein- und Milchschläuchen, zu Kleidung, Schuhen und Gürteln. Die Arbeit wird meist außerhalb der Stadt ausgeübt und gilt als unrein wegen des unangenehmen Geruchs, der in die Haut eindringt und sich nicht abwaschen lässt.

💡 Finde heraus, was mit altem Leder passieren kann.

📖 **Markus 2,22**; Apostelgeschichte 9,43; Apostelgeschichte 10,6
→ Zelt, Kuh

 Lehre, Lehrer → Sonderseite Arbeit für Gott, Seite 305

 Leib
Körper von Menschen und Tieren

Gott erschafft den Menschen mit einem sehr schönen Körper. Trotzdem sind die innere Einstellung und der Glaube an Gott wichtiger. Denn der Leib wird alt und stirbt. Paulus nennt den Leib von Menschen, die an Jesus glauben, „einen Tempel des Heiligen Geistes". Er meint damit, dass wir mit unserem Körper verantwortlich umgehen sollen, um Gott zu ehren. Jesus hat, wenn er den Menschen von Gott erzählt hat, oft auch den Leib gesund gemacht, indem er Kranke geheilt hat. In Gottes neuer Welt werden Christen einen unsterblichen Körper bekommen. Dort gibt es keine Schmerzen und Krankheiten mehr.

💡 Wusstest du, dass Jesus beim Abendmahl das Brot als seinen Leib bezeichnete?

📖 Psalm 73,26; **Lukas 22,19**; 1 Korinther 15,35-53; Offenbarung 21,4
→ Abendmahl, Schöpfung, Krankheit, Auferstehung

 Leibwache
auch Leibgarde, Leibwächter sollen das Leben von bestimmten Personen beschützen

Pharaonen, assyrische und babylonische Könige, aber auch israelitische Herrscher, z. B. David, besitzen Leibwächter. Sie bewachen den Palast und begleiten mit der Waffe in der Hand den jeweiligen Herrscher. Heute würden wir sie „Bodyguards" nennen.

💡 Wissenswert: Abschalom hatte eine Leibwache von 50 Mann. Manche Perserkönige sollen bis zu 10.000 Leibwächter gehabt haben!

📖 **2 Samuel 15,1**; 1 Könige 14,25-28; 2 Könige 25,8-9
→ David, Abschalom

 **Leichnam** → Sonderseite Tod, Seite 274

 Leid
Zeit der Not, z. B. Krankheit, Tod, Krieg, Armut, Hunger

Auch das Leben der Menschen der Bibel verläuft nicht ohne Leid. Als Jakob erfährt, dass sein Sohn Josef von einem wilden Tier getötet worden sein soll, zerreißt er seine Kleider als Zeichen des Leides und der Trauer. Paulus merkt, dass das Leben als Christ auch nicht ohne Leiden abläuft. Jesus verspricht, dass diejenigen, die Leid tragen, getröstet werden sollen. Christen wissen, dass es in der neuen Welt Gottes kein Leid mehr geben wird. Diese Hoffnung hilft im Leid.

💡 Schau doch mal nach, wie Ijob mit seinem Leid zurechtkam.

📖 **Ijob 1,20-22**; 1 Mose 37,31-35; Matthäus 5,4; Römer 8,17
→ Trauer

Leid
Leid habe ich erlebt, als mein Opa einen Herzstillstand hatte und dann aus dem Koma nicht mehr aufgewacht ist. Diese Zeit war für mich und meine Familie schwierig und wir beteten. Vor dem Herzstillstand meinte Opa, dass Jesus bei ihm ist. Das war für uns ein Trost. Opa ist gestorben und ich glaube, dass er jetzt im Himmel ist. **Linda, 13 Jahre**

Leid
Jeder muss im Leben leiden. Leiden ist aber nicht immer körperlich gemeint. Wichtig ist, dass wir Gott dabei nicht vergessen. Hilfen finden wir auch in der Bibel, zum Beispiel in der Geschichte vom barmherzigen Samariter oder der Ostergeschichte. **Lisa, 13 Jahre**

 Leier → Sonderseite Instrumente und Musik, Seite 126+127

 Leinen → Sonderseite Kleidung, Seite 164+165

 Lenden
Teil von Rücken und Seite zwischen Hüfte und den unteren Rippen

Zur Zeit der Bibel ist es üblich, vor Arbeits-, Kampf- oder Reisebeginn das lange Gewand mit einem Gürtel um die Lenden zu binden. Daran werden Werkzeuge und Waffen befestigt. Die Menschen aus dem Volk Israel sollen beim Aufbruch aus Ägypten in die Freiheit die Lenden umgürtet haben. Besonders die Kraft, Nachkommen zu zeugen, liegt in den Lenden.

💡 Wissenswert: Jesus lädt zur Nachfolge mit gegürteten Lenden ein.

📖 2 Mose 12,1-11; **Lukas 12,35**
→ Hüfte, Lendenschurz

 Lendenschurz → Sonderseite Kleidung, Seite 164+165

 Leopard
große, gefährliche Raubkatze, deren helles Fell dunkel gefleckt ist

Leoparden können sehr gut hören und riechen; ihre Augen sind auch bei Dunkelheit sehr leistungsfähig. Leoparden legen sich auf die Lauer, um ihre Beute im geeigneten Moment anzuspringen, sie schleichen sich aber auch möglichst nah an das Opfer heran, um es mit wenigen schnellen und weiten Sprüngen zu erlegen. In der Bibel wird der Leopard durchweg mit dem Panther gleichgesetzt und gilt als äußerst gefährlich.
- Wissenswert: Leoparden sind heute vom Aussterben bedroht, weil sie wegen ihres Fells von den Menschen gejagt werden.
  Jeremia 5,6; Jeremia 13,23; Hosea 13,7; Hoheslied 4,8; Daniel 7,6; Offenbarung 13,2
→ Panther

Leopard

Leuchter → Sonderseite Zimmer, Seite 300+301

Levi
dritter Sohn Jakobs von Lea
Levi zieht mit Jakob nach Ägypten, wo er im Alter von 137 Jahren stirbt. Er hat drei Söhne. Aus seiner Familie entsteht einer der zwölf Stämme in Israel.
- Finde heraus, welcher Anführer des Volkes Israel ein Nachkomme von Levi war.
  1 Mose 29,34; 2 Mose 6,14-27
→ Leviten

Levi → Matthäus

Leviatan („der sich Windende")
Ungeheuer mit den Eigenschaften von Krokodil, Drache, Schlange und Wal
Der Leviatan taucht an fünf Stellen im Alten Testament auf. Er wird als gewaltiges Ungeheuer beschrieben. Wahrscheinlich handelt es sich hierbei nicht nur um ein echtes Tier, sondern auch um ein Bild für einen mächtigen Feind.
- Finde heraus, wie der Leviatan besiegt wird.
  Jesaja 27,1; Psalm 74,14; Psalm 104,25-26; Ijob 40,25–41,1
→ Drache, Schlange, Wal

Leviten
Nachkommen des Stammvaters Levi
Allen Stämmen Israels – außer dem Stamm Levi – wird Land zugewiesen, wo sie leben sollen. Die Leviten aber wählt Gott als sein besonderes Eigentum aus. Sie sollen ihm im Heiligtum dienen. Die Leviten unterstützen die Priester bei ihrem Dienst im Tempel. Sie sind Sänger, Musiker, Torhüter, Schatzmeister und Richter. Sie schlachten Opfertiere, übernehmen Verwaltungsaufgaben und sorgen für religiöse Unterweisung. Die Leviten sollen ihren Dienst mit 25 Jahren aufnehmen und mit 50 Jahren beenden.
- Finde heraus, wie die Leviten versorgt wurden.
  4 Mose 18,20-24
→ Levi

Libanon
ein über 3.000 m hohes Gebirge, das sich 170 km längs der Mittelmeerküste erstreckt
Es ist das ganze Jahr über schneebedeckt. Es gibt dort viel Wild, Wälder und Quellen. Berühmt sind seine Zedern. Das heutige Land Libanon grenzt an Israel und Syrien.
- Finde heraus, woher Salomo Bauholz für den Tempel holen ließ.
  1 Könige 5,15-24; Josua 1,4
→ Zeder, Salomo; siehe Karte Seite 134

Libna („weißer Ort")
Kanaaniterstadt
Josua nimmt Libna mit seinem Heer ein, bevor er Lachisch angreift. Libna dürfte etwa 25 km nordwestlich von Hebron zu suchen sein.
- Stimmt es, dass Libna eine „Levitenstadt" war?
  Josua 21,13; Josua 12,15; 15,42; 2 Könige 19,8
→ Josua, Lachisch, Hebron

Licht
Gegenteil von Finsternis, meint in der Bibel mehr als Helligkeit
Licht ist das Erste, was Gott schafft. Licht und Leben gehören zusammen. Licht steht auch für Gottes gute Lebensordnung und Gerechtigkeit. Menschen können sich an diesem Licht orientieren. Dem Licht entgegen steht die Finsternis. Mit Jesus kommt Gottes Licht zu allen Menschen. Er ist das Licht in der Welt. Die Menschen können an ihm entdecken, wie Gott wirklich ist. Christen werden als Kinder des Lichts bezeichnet und können Gottes Licht zu den Menschen bringen.
- Kennst du die Aktion „Friedenslicht aus Betlehem"? Finde heraus, worum es dabei geht.
  1 Mose 1,3; Psalm 27,1; Jesaja 9,1; Matthäus 5,14; Johannes 1,4-9; Johannes 8,12; 1 Thessalonicher 5,4-6
→ Jesus, Schöpfung, Finsternis

Liebe – Lüge

Liebe
starkes Gefühl tiefer Verbundenheit, stärkste Zuneigung, die ein Mensch für einen anderen Menschen empfinden kann

In der Bibel finden wir drei unterschiedliche Arten von Liebe. Dafür gibt es auch verschiedene Begriffe. Es gibt zum Beispiel die Liebe zwischen Eltern und Kindern und zwischen Freunden. Sie nennt man Philia. Dann gibt es die körperliche Liebe zwischen einem Mann und einer Frau. Diese Liebe wird Eros genannt. Und es gibt die Liebe Gottes zu uns Menschen und unsere Liebe zu Gott. Außerdem die Nächstenliebe und Feindesliebe. All das nennt man Agape. Sie ist die stärkste Liebe. Sie achtet immer darauf, dass es dem anderen gut geht.

Wissenswert: Paulus sieht die Liebe als das Allerwichtigste an.

1 Mose 29,20; Matthäus 5,44; Matthäus 22,37-39; Johannes 3,16; Johannes 21,15; **1 Korinther 13,13**
→ Feind, Nächster

Liebe
Für mich bedeutet Liebe, dass man einen Menschen sehr gerne hat. Beim Glauben ist das ähnlich: Wir haben einen Vater im Himmel und der liebt jeden Menschen auf dieser Welt. Und wenn wir an Gott glauben, lieben wir ihn auch. Wie Gott uns Menschen liebt, kann man aber nicht mit der Liebe zwischen Menschen vergleichen. Gottes Liebe ist viel größer und anders! Gott liebt uns mit all unseren Fehlern. Ich weiß nicht, ob ich jeden Menschen so lieben könnte wie Gott ihn liebt. Lea Sophie, 12 Jahre

Liebesapfel → Sonderseite Gemüse und Obst, Seite 94

Lilie
Blume

Die Lilie selbst wächst in Israel selten, aber es gibt verschiedene Liliengewächse, wie zum Beispiel die Anemone, die im Frühling überall in Israel blüht. Jesus erzählt von der Lilie. Er sagt, dass Christen sich keine Sorgen machen müssen. Gott kümmert sich um uns, viel mehr als er sich um die unbedeutenden Lilien kümmert.

Wissenswert: König David kannte eine Melodie, die den Namen „Lilien" hat.

Psalm 69,1; Lukas 12,22-31
→ Sorge

Linsen → Sonderseite Gemüse und Obst, Seite 94

Lob, Lobpreis („bekennen", „bejahen", „preisen", „ehren")
Anerkennung für etwas, das jemand gut gemacht hat; Gott ehren

In der Bibel finden wir viele Verse, in denen Gott gelobt wird für das, was er für uns tut. Menschen sagen Gott, dass sie ihn verehren, ihn lieben und ihm danken für seine Schöpfung und seine Liebe zu uns. Das tun sie beim Beten, aber auch durch Singen. Der Lobpreis gehört zu jedem Gottesdienst dazu. Gott wird übrigens nicht nur von den Menschen, sondern auch von den Engeln im Himmel gelobt.

Wissenswert: In den Psalmen gibt es auch Lobgesänge für Gott.

2 Mose 15,1-2; **Psalm 34**; **Psalm 95**; **Psalm 148**
→ Psalmen

Lohn
bekommt ein Mensch für seine Arbeit oder für etwas anderes, was er geleistet hat

In der Bibel gibt es zwei Arten von Lohn. Einerseits ist damit das Gehalt eines Arbeiters gemeint, das er für seine getane Arbeit bekommt. Andererseits belohnt Gott unseren Glauben an ihn. Christen werden nach ihrem Tod für immer bei Gott sein.

Finde heraus, ob Gott uns belohnt, wenn wir für andere etwas gespendet haben.

1 Mose 29,15; **Matthäus 6,3**; Matthäus 10,40-42; 1 Korinther 3,8
→ Glaube

Lorbeer
immergrüner Strauch oder Baum mit ledrigen, oben glänzenden Blättern und blauschwarzen Beeren

Lorbeerzweig

In der Bibel wird der Lorbeerbaum nur an einer Stelle erwähnt. Das Lorbeer-Holz dient dort als Brennholz und zum Schnitzen von Götzenbildern. Bis heute werden aus den Beeren Öle und Salben hergestellt. Einen besonderen Geschmack bekommt man, wenn man Lorbeerblätter in Soßen und Suppen mitkocht.

Wissenswert: Römischen Siegern wurde früher ein geflochtener Lorbeerkranz aufgesetzt. Das „Silberne Lorbeerblatt" ist heute die höchste Sportlerauszeichnung in Deutschland.

Jesaja 44,14-17
→ Götze, Sieg, Pflanzen

Losen, Los
Methode, um nach Gottes Willen zu fragen; das Los ist der bei dieser Methode verwendete Gegenstand

In Israel und bei den anderen Völkern in der Bibel dient das Losen dazu, den Willen Gottes zu erkennen. Als Lose werden zum Beispiel Steinchen oder Stäbchen mit unterschiedlichen Mustern unter der Kleidung versteckt geschüttelt und anschließend mit den Händen geworfen. Vorher wird festgelegt, welches Muster welches Ergebnis bedeuten soll. Die Seeleute auf dem Schiff, mit dem Jona unterwegs ist, losen, weil sie herausfinden wollen, wer an dem Sturm schuld ist.

💡 Auch im Neuen Testament wurde eine Entscheidung durch Losen getroffen. Finde heraus, welche.

📖 4 Mose 26,53-56; 4 Mose 27,21; 1 Samuel 10,20-21; Jona 1,7; **Apostelgeschichte 1,16-26**
→ Jona, Saul

  Löser
jemand, der verantwortlich ist, für die Rechte eines Angehörigen einzutreten

Wenn ein Israelit aus Not seinen Besitz oder sogar sich selbst als Sklaven verkaufen muss, soll ein Verwandter von ihm den verkauften Besitz oder Menschen wieder zurückkaufen und ihn so auslösen. Einen solchen Verwandten nennt man Löser. Im Alten Testament muss ein Mann auch die Witwe seines verstorbenen Bruders heiraten, wenn der keine Kinder hat.

💡 Wissenswert: Auch Gott ist ein Löser. Weil er uns Menschen liebt, hat er uns von unserer Schuld befreit. Jesus ist damit unser Erlöser.

📖 3 Mose 25,25; 5 Mose 25,5-6; Rut 2,20; **Matthäus 1,5-16**
→ Boas, Rut

 Lot
Neffe von Abraham

Lot ist der Sohn von Abrahams Bruder Haran. Gemeinsam mit seinem Onkel verlässt er seine Heimatstadt Ur in Chaldäa, um nach Kanaan auszuwandern. Beide nehmen ihren ganzen Besitz mit. Doch nach einiger Zeit kommt es zum Streit: Weil beide große Viehherden haben, gibt es nicht genug Futter. Lot entscheidet sich dafür, in das fruchtbare Land im Jordantal zu ziehen. Er lässt sich in der Stadt Sodom nieder. Doch die Bewohner von Sodom sind so böse, dass Gott die Stadt vernichten möchte. Auf Abrahams Bitten hin schickt Gott zwei Engel zu Lot, um ihn und seine Familie zu retten.

💡 Finde heraus, was passierte, als Lots Frau bei ihrer Flucht aus Sodom nicht auf die warnenden Worte Gottes hörte.

📖 1 Mose 11,27; 1 Mose 12,4-5; 1 Mose 13,2-13; **1 Mose 19,1-26**
→ Abraham, Ur, Engel

 Löwe
Tier, gehört zu den Großkatzen, Fleischfresser

In der Bibel wird der Löwe meist als gefährliches Raubtier beschrieben. Die Hirten haben gegen ihn zu kämpfen, weil Löwen die Schafherden überfallen. Das Bild des Löwen dient auch dazu, um Mut, Kraft, die Gewalt der Feinde und die Macht Satans zu beschreiben. In Gottes neuer Welt wird der Löwe friedlich sein.

💡 Finde heraus, wer noch mit einem Löwen verglichen wird.

📖 Jesaja 31,4; **Jesaja 38,13**; Sprichwörter 28,1; 2 Samuel 1,23; Psalm 22,14; 1 Petrus 5,8
→ Daniel

Löwe

Lüge
absichtlich nicht die Wahrheit sagen

Im Alten Testament wird manchmal von Menschen erzählt, die lügen und trotzdem nicht dafür bestraft werden. Abraham belügt zum Beispiel den Pharao in Ägypten, weil er Angst um sein Leben hat. Gott hat in den Zehn Geboten gesagt, dass Menschen nicht lügen sollen. Er bestraft zum Beispiel Priester und Propheten, die falsche Dinge über Gott erzählen und andere betrügen. Im Neuen Testament warnt Paulus sogar vor solchen „falschen Propheten". Der schlimmste Lügner ist der Teufel. Er kann gar nicht die Wahrheit sagen.

💡 Wissenswert: In der Bibel steht: „Alle Menschen sind Lügner." (LUT)

📖 1 Mose 12,11-13; 2 Mose 1,17-21; 2 Mose 20,16; **Psalm 116,11**; Jeremia 8,8-9; Sprichwörter 13,5; Ezechiël 13,6-9; Johannes 8,44; Apostelgeschichte 5,1-11
→ Verleumden, Schifra, Pua

Lüge
Einer meiner Freunde hat mich einige Zeit lang ständig angelogen. Zum Beispiel habe ich mir vor ein paar Monaten zwei Schildkröten gekauft. Als ich ihm das erzählt habe, sagte er sofort: „Ich hatte auch mal Schildkröten." Aus Erfahrung habe ich ihm erst mal nicht geglaubt und hatte leider damit Recht. Er hatte noch nie welche. Das Problem beim Lügen ist, man überlegt dann bei allem, was derjenige sagt, ob er wirklich die Wahrheit sagt, oder ob er vielleicht doch lügt. Man hat einfach kein Vertrauen mehr und das finde ich schlimm. **Finn Lucas, 12 Jahre**

Lukas – Makkabäer

 Lukas (Kurzform von „Lucius" oder „Lucianus")
Arzt und Schriftsteller, stammt vermutlich aus Antiochien in Syrien

Lukas begleitet Paulus auf drei seiner Reisen und wird von ihm als treuer Mitarbeiter sehr geschätzt. Vermutlich bleibt Lukas während der zweiten Missionsreise zunächst in der neu entstandenen Christengemeinde in Philippi. Später geht er mit Paulus nach Jerusalem und Rom und ist auch im Gefängnis bei ihm.

💡 Finde heraus, welche beiden biblischen Bücher aus seiner Feder stammen.

📖 **Lukas 1,1-4**; **Apostelgeschichte 1,1**; Kolosser 4,14; 2 Timotheus 4,11

→ Paulus, Philippi, Rom

 Lus → Bet-El

 Luzius von Kyrene → Luzius von Zyrene

 Luzius von Zyrene
Prophet und Lehrer aus Antiochia

Luzius von Zyrene gehört zu der Christengemeinde in Antiochia. Von dort brechen Barnabas und Paulus zu ihrer ersten Missionsreise auf.

💡 Finde heraus, wer in der Bibel noch aus Zyrene kam.

📖 Apostelgeschichte 13,1-2; **Matthäus 27,32**

→ Barnabas, Paulus, Simeon („der Schwarze")

 Lydda
Stadt in Israel, vom Stamm Benjamin gegründet, heißt heute Lod; in der Nähe befindet sich der große Ben-Gurion-Flughafen

Zur Zeit des Neuen Testaments heißt die Stadt Lydda. Dort gibt es eine christliche Gemeinde. Petrus heilt in Lydda einen Mann, der Äneas heißt.

💡 Finde heraus, welche Krankheit der Mann hatte, den Petrus gesund machte.

📖 1 Chronik 8,12; **Apostelgeschichte 9,32-35**

→ Äneas, Petrus; siehe Karte Seite 134

 Lydia
reiche Händlerin, die in Philippi lebt

Lydia kommt ursprünglich aus einer Stadt mit Namen Thyatira. Später lebt sie in Philippi und ist eine wohlhabende Purpurhändlerin. Purpur ist zu dieser Zeit der kostbarste Farbstoff, den es gibt. Lydia wendet sich auf eine Begegnung mit Paulus hin dem christlichen Glauben zu. Ihre ganze Familie und alle, die dazu gehören, lassen sich taufen. So entsteht die erste Christengemeinde in Europa.

💡 Wissenswert: Manche Christen redeten sich damals mit „Bruder" und „Schwester" an.

📖 Apostelgeschichte 16,11-15; **Römer 16,17**

→ Purpur, Hausgemeinde, Philippi

 **Lykaonien** → Lystra, Derbe, Ikonion

 Lysanias („der den Schmerz löst")
Fürst in Abilene (römische Provinz in Syrien), Sohn von Herodes dem Großen

Nach dem Tod von König Herodes teilt Kaiser Augustus dessen Reich auf seine drei Söhne auf. Später gelangt ein Teil des Gebietes an die römische Provinz Syrien. Dort wird Lysanias Fürst. Er herrscht über Abilene und lebt zur gleichen Zeit wie Johannes der Täufer.

💡 Finde heraus, wer zur gleichen Zeit Statthalter in der römischen Provinz Judäa war.

📖 **Lukas 3,1**

→ Johannes der Täufer

 Lysias (A)
syrischer Statthalter und Heerführer unter König Antiochus IV. Epiphanes

Die Juden in Israel kämpfen gegen den herrschenden syrischen König Antiochus IV. Epiphanes. Weil die Kriegskasse von König Antiochus leer ist, zieht er sich nach Persien zurück, um dort von den Provinzen Steuern zu erheben. Er macht Lysias zum Statthalter über das Gebiet vom Eufrat bis nach Ägypten. Lysias setzt den Krieg gegen die Israeliten fort, unterliegt aber dem israelitischen Heer unter dem Heerführer Judas Makkabäus und flieht nach Antiochia.

💡 Finde heraus, was Lysias an den israelitischen Kriegern beeindruckte.

📖 1 Makkabäer 3,27-41; **1 Makkabäer 4,26-35**

→ Antiochus IV. Epiphanes (A), Judas Makkabäus (A), Apokryphen, Makkabäer (A)

 Lystra
Stadt in der kleinasiatischen Landschaft Lykaonien; gehört heute zur Türkei und besteht nur noch aus Ruinen

In Lystra erzählt Paulus auf seiner ersten Missionsreise mit Barnabas den Menschen von Jesus. Später kommt

Paulus noch einmal nach Lystra. Er begegnet Timotheus, den er als Mitarbeiter auf seinen Reisen mitnehmen will.
💡 Finde heraus, wie Paulus in Lystra beinahe gestorben wäre.
📖 **Apostelgeschichte 14,8-20**, Apostelgeschichte 16,1-3
→ Paulus, Barnabas, Timotheus; siehe Karte Seite 214+215

 Machlon („der Kränkliche")
Sohn von Elimelech und Noomi

Als eine Hungersnot in Betlehem ausbricht, zieht Machlon mit seinen Eltern und seinem Bruder Kiljon in das Land der Moabiter. Dort stirbt sein Vater Elimelech. Machlon und Kiljon heiraten die moabitischen Frauen, Orpa und Rut. Nach zehn Jahren sterben auch Machlon und sein Bruder.
💡 Finde heraus, ob es einen Zusammenhang zwischen dem Namen von Machlon und seiner Geschichte gibt.
📖 Rut 1,1-5
→ Rut

 Machpela („Höhle der Doppelgräber")
Grabhöhle in Hebron im heutigen Westjordanland

Nachdem seine Frau Sara gestorben ist, kauft Abraham in der Nähe seines Wohnortes Mamre das Feld und die Höhle Machpela als Familiengrabstätte. Hier werden Abraham, Isaak und Jakob und ihre Ehefrauen Sara, Rebekka und Lea begraben.
💡 Wissenswert: Heute steht neben den Gräbern eine Moschee, die früher mal eine Kirche war.
📖 1 Mose 23,1-20
→ Abraham, Sara

 Macht
Fähigkeit, seine Absichten durchzusetzen

In der Bibel meint Macht besonders die Herrschermacht Gottes und die Macht von Jesus Christus. Diese Macht zeigt sich in Gottes Schöpferkraft und in der Fähigkeit, Wunder zu tun. Jesus ist mächtig, weil Gott ihm alle Macht gegeben hat. Aber auch den Menschen wird Macht verliehen: z. B. Macht, über die Schöpfung zu herrschen.
💡 Finde heraus, wie Menschen auf Gottes Macht reagieren.
📖 Matthäus 28,18; Johannes 17,2; **Psalm 62,12**; **Psalm 77,15-21**; **Psalm 105,1-5**; 1 Mose 1,1–2,4; Markus 2,1-12
→ Allmächtig

  Magd
weibliche Hausangestellte, oft eine Sklavin, die zum Besitz ihres Herrn gehört

Mägde sind für alle Aufgaben im Haus zuständig, manchmal auch für die Kinderbetreuung. Oft dienen sie der Frau des Besitzers. Maria, die Mutter von Jesus, bezeichnet sich selber als Magd Gottes, als der Engel Gabriel ihr ankündigt, dass sie schwanger werden und Gottes Sohn Jesus zur Welt bringen wird. In manchen Bibelübersetzungen steht dort nicht Magd, sondern: „Ich gehöre dem Herrn."
💡 Finde heraus, wer Bilha und Silpa waren.
📖 Ijob 1,3; 3 Mose 25,44; Lukas 1,26-38; **1 Mose 30,1-12**
→ Knecht, Maria

  Magier → Zauberei, Zauberer

 Mahanajim („Lager", „Doppellager")
Ort in der Nähe von dem Gebirge Gilead

In Mahanajim begegnen Engel Jakob bei seiner Rückkehr aus Haran nach Hause. Deshalb nennt er den Ort „Doppellager". Später versteckt sich König David hier auf der Flucht vor seinem Sohn Abschalom.
💡 Finde heraus, wo Mahanajim liegt.
📖 1 Mose 32,3; 1 Mose 28,12; 2 Samuel 17,24
→ Jakob; **siehe Karte Seite 137**

 Mahlopfer → Sonderseite Opfer, Seite 210+211

Makkabäer (A) („Hammer")
jüdische Freiheitskämpfer gegen die Herrschaft der Seleuziden

Der seleuzidische Herrscher Antiochus IV. Epiphanes erobert Jerusalem und verbietet dort die jüdische Religion. Deshalb kommt es zu einem Aufstand gegen Antiochus, den der jüdische Priester Mattatias anführt. Als Mattatias stirbt, übernimmt sein Sohn Judas mit dem Beinamen Makkabäus die Führung des Aufstandes. Alle, die auf der Seite von Judas stehen und mit ihm gegen die Seleuziden kämpfen, nennt man deshalb Makkabäer.
💡 Finde heraus, ob die Makkabäer Jerusalem wieder zurückerobern konnten.
📖 1 Makkabäer 2,1-4; 1 Makkabäer 2,66; 1 Makkabäer 3,1-2; **2 Makkabäer 10,1**
→ Antiochus IV. (A), Mattatias (A), Judas (A), Jonatan (A), Simeon (A)

Macht
Wer Macht hat, hat das Sagen. Gott, die Eltern, die Präsidenten, Lehrer, der Direktor haben Macht. Auch die, die beliebt sind, haben Macht. Ohne Macht würde es ein Durcheinander geben. Jeder würde das machen, was er will. Macht hat gute und schlechte Seiten. **Isabelle, 10 Jahre**

Macht
Wer Macht hat, muss etwas bestimmen. Meine Eltern, der Präsident, Gott, meine Lehrer, der Rektor und die Polizei haben Macht. Bei uns in der Klasse scheuchen die, die Macht haben, die Außenseiter rum. Macht ist gut und schlecht. Ohne Bürgermeister wäre es chaotisch. **Sophie, 12 Jahre**

Makkabäus – Maria

 Makkabäus (A) ("Hammer")
Beiname von Judas, Sohn von Mattatias, um 165 v. Chr. Anführer des jüdischen Aufstandes gegen die Syrer
Die Juden kämpfen gegen den herrschenden syrischen König. Er will die Juden zwingen, ihren Glauben an Gott aufzugeben. Nach dem Tod seines Vaters wird Judas der Anführer des Aufstandes. Ihm gelingt es, Jerusalem zurückzuerobern und den Tempel neu in Gebrauch zu nehmen. Wegen dieser sogenannten Tempelweihe feiern die Juden bis heute ein siebentägiges Fest, das Chanukka genannt wird.
Wissenswert: In den „Spätschriften" gibt es zwei Makkabäerbücher. Darin findest du die ganze Geschichte von Judas und seiner Familie.
📖 **1 Makkabäer 3,1-26**; Johannes 10,22
→ Tempel, Feste, Mattatias (A), Apollonius (A)

 Malchus
Diener des Obersten Priesters in Jerusalem
Malchus ist bei der Festnahme von Jesus dabei. Petrus schlägt ihm mit dem Schwert ein Ohr ab, das Jesus dann wieder heilt.
Finde heraus, warum Jesus sich ohne Gegenwehr festnehmen ließ.
📖 Lukas 22,47-53; **Johannes 18,11**
→ Oberster Priester, Ohr

 Maleachi
Prophet in Israel, lebt etwa 500 Jahre v. Chr.
Maleachi ist der letzte Prophet im Alten Testament. Er ruft das Volk Israel zur Umkehr zu Gott auf. Er bildet mit seiner Botschaft die Brücke zwischen dem Alten und dem Neuen Testament.
Finde heraus, welchen Propheten Maleachi ankündigte.
📖 **Maleachi 3,23**; **Matthäus 11,14**
→ Prophet, Elija, Johannes der Täufer

 **Malta**
kleine Insel südlich von Italien, vor Sizilien im Mittelmeer gelegen
Als Paulus als Gefangener von Jerusalem nach Rom transportiert wird, erleidet das Schiff nach zwei Wochen Herbststurm kurz vor Malta Schiffbruch. Die gesamte Besatzung kann sich aber schwimmend oder auf Wrackteilen paddelnd an Land retten und wird dort freundlich aufgenommen.
Finde heraus, wie viele Leute auf dem Schiff waren und gerettet wurden.
📖 Apostelgeschichte 28,1-10; **Apostelgeschichte 27,33-44**
→ Italien, Paulus, Rom

Mammon → Geld

 Mamre
Ort in Hebron mit großen Bäumen
Abraham lebt in Mamre, nachdem er sich von seinem Neffen Lot getrennt hat. Er baut Gott dort einen Altar. Später bekommt er hier Besuch von drei Männern, die ihm die Geburt seines langersehnten Sohnes ankündigen.
Finde heraus, warum Abraham sich von Lot trennte.
📖 **1 Mose 13,1-18**; 1 Mose 18,1-15
→ Abraham, Lot

 Manaën ("Tröster")
gehört zur Gemeinde in Antiochia
Als Manaën gemeinsam mit den anderen Propheten und Lehrern in der Gemeinde fastet und betet, fordert der Heilige Geist sie auf, Barnabas und Saulus auf die erste Missionsreise zu schicken. So geschieht es.
Finde heraus, mit wem Manaën gemeinsam erzogen wurde.
📖 **Apostelgeschichte 13,1-3**
→ Paulus

 Manasse → Sonderseite Könige Israels, Seite 168-171

 Manasse ("der mich vergessen lässt")
erstgeborener Sohn von Josef, wird ebenso wie Efraïm von seinem Großvater Jakob wie dessen eigener Sohn behandelt
Manasses Vater Josef hatte viel Schlimmes erlebt, bis er es in Ägypten zum Stellvertreter des Pharaos gebracht hatte. Deshalb gibt er seinem Sohn diesen Namen. Die Nachkommen von Manasse zählen zu den zwölf Stämmen Israels.
Wissenswert: Es gab später noch einen König Manasse.
📖 1 Mose 41,51; **2 Könige 21,1-18**
→ Josef, Jakob, Sonderseite Stämme Israels, Seite 256+257

 Mandeln → Sonderseite Gemüse und Obst, Seite 94

Blühender Mandelbaum

Mann
männlicher Mensch, erster Mann: Adam

Gleich zu Beginn der Bibel wird erzählt, wie der erste Mensch geschaffen wird. Damit er nicht allein ist, bildet Gott aus seiner Rippe die Frau. Nur weil sie da ist, kann der Mensch zum Mann werden. Umgekehrt gilt: Nur weil der Mann da ist, hat die Frau ihr Gegenüber. So wird zum Ausdruck gebracht: Mann und Frau haben eine einzigartige Beziehung, sie sind von Gott füreinander geschaffen. Doch dann geschieht das Unglück: Durch den Sündenfall zerbricht die enge Beziehung zwischen Gott und Mensch. Darunter leidet auch die Beziehung zwischen Mann und Frau. Besonders zur Zeit des Alten Testaments trifft nur der Mann in Ehe und Familie wichtige Entscheidungen. Auch in der Gemeinde und im öffentlichen Leben hat er die führende Rolle. In der Bibel wird von vielen Männern berichtet, mit denen Gott seine Geschichte geschrieben hat, z. B. Mose, Josua, David, Salomo, Jesaja und Jeremia. Auch im Neuen Testament wird meist über die Erlebnisse von Männern berichtet. Mit ihnen baut Jesus Christus seine Gemeinde, für ihn sind sie bereit, sich mit ihrer ganzen Kraft – manchmal sogar mit ihrem Leben – einzusetzen.

Finde heraus, wie die einzige Königin in Israel hieß.

1 Mose 2,7; 1 Mose 2,21-22; Epheser 5,25; **2 Könige 11,1-3**
→ Ebenbild Gottes, Ehe, Frau, Paulus

Mann
Gott hat mich als Mann geschaffen, und das ist gut so. Im ersten Buch Mose lesen wir, dass Gott den Menschen als Mann und als Frau geschaffen hat. Ein richtiger Mann zu sein, heißt für mich, so zu sein wie Jesus: Er setzte sich für die Schwachen und die Verachteten ein. Er hatte den Mut, anderen die Stirn zu bieten – z. B. den angesehenen Pharisäern und dem mächtigen Pilatus. Jesus war nicht einfach nur nett, er konnte sogar ganz schön wütend und ungemütlich werden, wenn es um Gottes Ehre ging (z. B. bei der sogenannten Tempelreinigung). Und er liebte Kinder. So ein Mann will ich auch sein!
Emmerich Adam, Diplom-Theologe, ist Chefredakteur von Adam online, einem christlichen Männermagazin

Manna („Brot vom Himmel")
Nahrung, mit der Gott sein Volk während der Wüstenwanderung versorgt

Manna ist weiß wie Koriandersamen und schmeckt wie Honigkuchen. An jedem Tag soll jeder der Israeliten nur so viel sammeln, wie er an diesem Tag braucht. Nur freitags, am Tag vor dem Sabbat, darf mehr Manna gesammelt werden, um am Sabbat nicht sammeln zu müssen.

Finde heraus, was mit dem Manna geschah, das nach einem Tag übrig blieb.

2 Mose 16,13-21
→ Wüstenwanderung, Sabbat

 Mantel → Sonderseite Kleidung, Seite 164+165

 Maon („Zuflucht, Schutz")
Ort etwa 15 km südlich von Hebron

In der Wüste Maon versteckt sich David vor Saul. Der Ort ist das Heimatdorf vom reichen Nabal und seiner klugen Frau Abigajil. Nabal will David nichts zu essen geben, obwohl der ihm so viel geholfen hat. David wird wütend und greift mit seinen Leuten an. Nach Nabals Tod heiratet David Abigajil.

Finde heraus, ob es wirklich zum Kampf zwischen David und Nabal kam.

1 Samuel 23,24-28; **1 Samuel 25**
→ David, Abigajil, Saul

 Mara („bitter")
Oase auf der Halbinsel Sinai

Mara ist der erste Ort, an dem die Israeliten nach dem Durchzug durch das Meer Rast machen. Dort gibt es nach drei Tagen endlich Wasser. Aber es ist so bitter, dass man es nicht trinken kann. Erst als Gott Mose sagt, er soll ein Stück Holz ins Wasser werfen, wird es süß.

Wissenswert: Auch Noomi nannte sich „Mara".

2 Mose 15,22-25; **Rut 1,20**
→ Sinai, Mose, Noomi

 Maria (von Mirjam, „bitteres Wasser")
Schwester von Marta und Lazarus

Maria ist eine gute Freundin von Jesus und wohnt in Betanien. Sie hört ihm zu, während Marta arbeitet. Sie salbt die Füße von Jesus mit Öl und trocknet sie mit ihren Haaren.

Finde heraus, was Jesus sagte, als Marta sich über Maria beschwerte.

Lukas 10,38-42; Johannes 12,1-8
→ Lazarus, Marta, Betanien

Maria – Massa

 Maria

Info

Name: Maria (von Mirjam = „bitteres Wasser")
Eltern: nicht bekannt
Geschwister: Schwester Salome, die Mutter von Johannes und Jakobus
Familie: die Söhne Jesus, Jakobus, Josef, Simon, Juda und mehrere Töchter
Geboren: um etwa 20 v. Chr.
Geburtsort: nicht bekannt
Sterbeort: nicht bekannt
Nationalität: Israelitin
Arbeit: Hausfrau und Mutter

Maria
Maria ist ein junges Mädchen, das mit dem Zimmermann Josef verlobt ist. Sie erhält vom Engel Gabriel die Botschaft, dass sie die Mutter von Gottes Sohn, Jesus, werden soll. Sie bringt Jesus im Stall in Betlehem zur Welt. Maria ist ein gutes Vorbild, da sie ihr Leben ganz Gott zur Verfügung stellt.
Maria, 13 Jahre

Das Leben von Maria

● Als junges Mädchen ist Maria mit Josef verlobt und wird durch das Wirken Gottes schwanger. Josef will sie zunächst verlassen, bleibt aber dann doch bei ihr (Matthäus 1,18-20; Lukas 1,26-38).
● In Betlehem bringt sie Jesus als ihr erstes Kind zur Welt. Die Weisen und die Hirten beten Jesus an (Lukas 2,1-20).
● Die junge Familie muss nach Ägypten fliehen, weil König Herodes alle neugeborenen Kinder in Betlehem töten lässt. Nachdem Herodes gestorben ist, kehrt die Familie nach Nazaret zurück (Matthäus 2,13-23).
● Als Jesus zwölf Jahre alt ist, reisen Maria und Josef mit ihm zum Passafest nach Jerusalem. Auf der Rückreise ist Jesus plötzlich verschwunden. Er ist im Tempel geblieben. Maria muss lernen, dass Jesus nicht ihr allein gehört (Lukas 2,41-52).
● Josef ist wahrscheinlich schon bald gestorben. Auf einer Hochzeit ist Maria mit Jesus jedenfalls alleine. Dort weist Jesus seine Mutter zurecht. Doch sie lässt sich das gefallen (Johannes 2,1-5).
● In der Bibel wird eine Weile nichts mehr von Maria berichtet. Aber sie ist da, als Jesus gekreuzigt wird. Johannes soll sich nun um sie kümmern (Johannes 19,25-27).
● Nachdem Jesus auferstanden ist, ist Maria mit den Jüngern zusammen. Wahrscheinlich hat sie auch den auferstandenen Jesus gesehen (Apostelgeschichte 1,14).
● Maria hat vor allem in der katholischen Kirche und den orthodoxen Kirchen eine viel größere Bedeutung als in den evangelischen Kirchen und Freikirchen.

Finde heraus, wie Maria reagiert hat, als der Engel ihr sagte, dass sie durch Gottes Willen schwanger ist.

Lukas 1,26-56

→ Jesus, Josef, Mutter

Nazaret heute

Maria (von Mirjam = „bitteres Wasser")
auch „die andere Maria" oder „Mutter des Joses", Mutter von Jakobus und Josef, Ehefrau von Klopas
Maria begleitet Jesus nach Jerusalem und ist bei der Kreuzigung anwesend. Auch am Morgen der Auferstehung von Jesus ist sie da. Sonst kommt sie aber im Neuen Testament nicht vor.
💡 Wissenswert: Auch Frauen wie Maria sind Jesus nachgefolgt.
📖 **Matthäus 27,55-61**
→ Jakobus, Kreuzigung, Auferstehung, Kleopas

Maria aus Magdala (von Mirjam = „bitteres Wasser") auch Maria Magdalena, eine der Frauen, die am Kreuz und am Grab von Jesus sind
Maria taucht erst am Ende des Lebens von Jesus auf. Aber sie ist Jesus offenbar schon von Anfang an gefolgt. Sie stammt nämlich auch aus Galiläa, dort liegt die Ortschaft Magdala. Jesus hat bei ihr sieben böse Geister ausgetrieben. Ihr begegnet Jesus zuerst als der Auferstandene. Mit der guten Nachricht läuft sie sofort zu den Jüngern, aber die glauben ihr nicht. Trotzdem ist Maria der erste Mensch, der den auferstandenen Jesus verkündigt.
💡 Wissenswert: Es gibt Magdala (Migdal) am See Gennesaret heute noch.
📖 Johannes 20,1-18; Lukas 8,2
→ Kreuzigung, Grab, Auferstehung, Galiläa, See Gennesaret, Besessenheit

 Marktplatz → Sonderseite Stadt, Seite 254+255

 Markus → Johannes Markus

 Marta
Jüdin aus dem Dorf Betanien, hat zwei Geschwister
Marta ist eine Freundin von Jesus und eine tatkräftige Hausfrau. Dabei übersieht sie, dass es manchmal wichtiger ist, einfach nur Jesus zuzuhören. Marta ist dabei, als Jesus ihren Bruder von den Toten auferweckt.
💡 Finde heraus, wie die Geschwister von Marta hießen.
📖 **Johannes 11,17-44**; Lukas 10,38-42; Johannes 12,1-2
→ Maria, Lazarus, Auferweckung

 Märtyrer
Menschen, die für ihre Überzeugung sterben
Märtyrer in der Bibel sind Menschen, die sich zu Jesus bekennen und deshalb getötet werden. Stephanus ist der erste christliche Märtyrer. Er wird gesteinigt, weil er unter anderem behauptet, dass Jesus der Sohn Gottes ist.
💡 Wissenswert: Auch Petrus und Paulus waren solche Märtyrer.
📖 Apostelgeschichte 7,51-60
→ Stephanus

 Masora („Überlieferung")
Überlieferung des Alten Testaments in hebräischer Sprache
Die biblischen Texte aus dem Alten Testament sind von jüdischen Gelehrten sorgfältig überliefert und mit Hinweisen zur genauen Aussprache versehen worden. Viele der heutigen Bibelübersetzungen gehen auf die Masora von Ben Asher zurück, der im 10. Jahrhundert n. Chr. in Tiberias lebte.
💡 Wissenswert: Der aufgeschriebene hebräische Bibeltext hatte zuerst keine Vokale. Diese wurden später eingefügt.
→ Septuaginta, Vulgata

Massa („Versuchung", auch „verzagen" oder „Haderwasser") Ort in der Wüste Sin auf der Sinaihalbinsel, oft zusammen mit Meriba genannt
In Massa schimpfen die Israeliten über Gott und Mose, weil sie kein Wasser haben. Mose muss sogar um sein Leben fürchten. Mit ihrem Geschimpfe fordern die Leute Gott heraus. Daher kommt der Name des Ortes.
💡 Finde heraus, was Mose tun musste, um Wasser zu bekommen.
📖 **2 Mose 17,1-7**
→ Wüstenwanderung, Mose, Kadesch

So könnte die Landschaft um Massa ausgesehen haben

Maße – Mehl

Maße
Größenordnungen zur Berechnung von Entfernungen, Mengen usw.

Die Bibel kennt andere Maße als wir heute. Die sind gar nicht so leicht zu berechnen. Unterschiedliche Bibelwissenschaftler kommen zu unterschiedlichen Ergebnissen. Darum findest du woanders wahrscheinlich auch noch andere Angaben als die in diesem Lexikon.

Längenmaße (Altes Testament)
1 Fingerbreit	= 1,85 cm
4 Finger	= 1 Handbreit (7,5 cm)
3 Handbreit	= 1 Spanne (22,5 cm)
2 Spannen	= 1 Elle (ca. 45 cm)
6 Ellen	= 1 Rute (ca. 2,7 m)

Wegemaße (Neues Testament)
1 Elle	= ca. 45 cm
4 Ellen	= 1 Faden (1,85 m)
100 Faden	= 1 Stadion (185 m)
8 Stadien	= 1 Meile (1480 m)

Hohlmaße für Flüssigkeiten
1 Log (Becher)	= 0,3 l
12 Log	= 1 Hin (Kanne, 3,6 l)
2 Hin	= 1 Sea (Maß, 7,2 l)
3 Sea	= 1 Bat (Eimer, 22 l)
10 Bat	= 1 Homer (Fass, 220 l)

Hohlmaße für trockene Stoffe (z. B. Getreide)
1 Kab (handvoll)	= 1,2 l
5 Kab	= 1 Sea (Maß, 7,3 l)
3 Sea	= 1 Efa (Scheffel, 22 l)
5 Efa	= halber Kor (halber Sack, 110 l)
10 Efa	= 1 Kor (Sack, 220 l)

Daneben gibt es in der Bibel noch das Gomer:
1 Gomer	= 2,4 l
10 Gomer	= 1 Efa (22 l)
100 Gomer	= 1 Homer oder Kor (220 l)

1 Spanne (22,5 cm) | 1 Handbreite (7,5 cm) | 1 Fingerbreite (1,85 cm)

- Kannst du ausrechnen, wie viel Finger oder wie viel Handbreit die Arche groß war, die Noach bauen sollte?
- **1 Mose 6,15**; Ezechiël 40,5-16
- → Gewichte

Mattatias (A)
kämpferischer Priester in Judäa zur Zeit der syrischen Besatzung

Die Juden in Israel leiden unter dem herrschenden syrischen König Antiochus IV. Epiphanes. Er will die Juden zwingen, ihren Glauben an Gott aufzugeben. Mattatias und seine fünf Söhne lehnen sich auf und führen den Aufstand gegen die syrische Besatzungsmacht an. Als Mattatias stirbt, übernimmt sein Sohn Judas (Makkabäus) seinen Platz als Anführer.

- Finde heraus, wozu Mattatias und die israelitischen Kämpfer sogar bereit waren.
- 1 Makkabäer 2,1-14; **1 Makkabäer 2,31-48**; 1 Makkabäer 2,49–3,1
- → Antiochus IV. Epiphanes (A), Judas Makkabäus (A), Apokryphen, Makkabäer (A)

Matte → Sonderseite Zimmer, Seite 300+301

Matthäus („Gabe des Herrn")
auch Levi, Sohn des Alphäus, Jünger von Jesus

Der Name Levi zeigt, dass Matthäus ein Levit ist. Er ist von Beruf Zolleinnehmer, wahrscheinlich also wohlhabend. Als Jesus ihn ruft, steht er sofort auf und kommt mit. Viel wird sonst nicht von ihm erzählt. Aber wir verdanken ihm ein Evangelium, das er als Jude für Juden schreibt. Darum gibt es im Matthäus-Evangelium so viele Hinweise auf das Alte Testament.

- Wissenswert: Matthäus konnte Hebräisch, Aramäisch und Griechisch sprechen.
- Matthäus 9,9; Lukas 5,27-32
- → Zöllner, Levit, Evangelium

Matthias (Kurzform von Mattatias = „Gabe Gottes")
einer der zwölf Jünger

Weil Judas Iskariot nicht mehr lebt, gibt es nur noch elf Jünger. Darum soll jemand nachgewählt werden. Die Jünger haben die Wahl zwischen Josef, Justus und Matthias. Schließlich wird Matthias der Nachfolger.

- Finde heraus, wie die Jünger herausbekamen, wer der Richtige ist.
- **Apostelgeschichte 1,23-26**
- → Judas Iskariot, Jünger

Maulbeerbaum
auch Maulbeerfeigenbaum, stammt aus Ägypten, wird zunächst im Hügelland zwischen Judäa und dem Mittelmeer und rund um Jericho angepflanzt

Zachäus klettert auf einen bis zu 16 Meter hohen Maulbeerbaum und sitzt in der gewaltigen Krone, bis Jesus ihn anspricht. Von den Maulbeerfeigen wird Zachäus nicht gegessen haben. Die schmecken nicht gut.

- Wissenswert: König David hatte einen Verwalter, der für die Pflanzungen von Maulbeerfeigenbäumen verantwortlich war.
- Lukas 19,1-10; **1 Chronik 27,28**
- → Zachäus, Jericho

Maße – Mehl

Maulbeerbäume

Maultier
Reit- und Lasttier, Kreuzung zwischen Eselhengst und Pferdestute, beim Maulesel ist es umgekehrt

Das Maultier wird von Königen benutzt. Abschalom, der Sohn von König David, bleibt mit seinen langen Haaren in einem Baum hängen, als er auf einem Maultier flieht. Salomo wird als Zeichen seines Königtums auf ein Maultier gesetzt.

💡 Wissenswert: Die Israeliten durften keine Maultiere züchten.

📖 **3 Mose 19,19**; 1 Könige 1,32-40; 2 Samuel 18,9
→ Abschalom, David

Maurer → Sonderseite Handwerkliche Arbeit, Seite 110+111

Mazedonien
auch Makedonien, Staat nördlich von Griechenland, der sich von der Ägäis bis zur Adria erstreckt

Paulus sieht in einer Vision von Gott einen Mann aus Mazedonien, der ihn ruft. Das ist der Anfang der Mission in Europa.

💡 Finde heraus, was Gott in den Gemeinden in Mazedonien bewirkte.

📖 Apostelgeschichte 16,9-10; **2 Korinther 8,1-6**
→ Paulus, Vision; siehe Karte Seite 307

Medien, Meder
Gegend im heutigen Kurdistan, zwischen 915 und 1525 m über dem Meeresspiegel; Bewohner der Gegend

Zur Zeit der Bibel ist Medien ein mächtiges Land. Die Hauptstadt ist Ekbatana. Meder sind die Bewohner des Landes Medien. Sie werden oft mit den Persern zusammen genannt. Es ist aber ein eigenes Volk, das sogar mit den Persern Krieg führt, schließlich aber von ihnen besiegt wird. Seitdem gehören die Meder und Perser zusammen. Sie lösen die Babylonier als die Herrscher über Israel ab. Sie erlauben den gefangenen Israeliten, wieder nach Jerusalem zu gehen. Diese dürfen die Stadtmauern und den Tempel wieder aufbauen.

💡 Finde heraus, was das Besondere am „Gesetz der Meder und Perser" ist.

📖 **Daniel 6,6-10**; Esra 6,1-5
→ Perser, Persien, Darius, Kyrus, Esra, Nehemia, Ekbatana (A); siehe Karte Seite 57

Medizin
Gesundheitslehre, die in Israel nicht sehr entwickelt ist

Um ein Medikament zu bekommen, geht man zur Zeit der Bibel nicht in eine Apotheke, sondern zu einem Arzt oder bereitet sie selber zu. Wunden werden gereinigt, mit Wein desinfiziert, mit Salben oder Balsam eingestrichen und verbunden. Gegen Geschwüre helfen Pflaster aus Feigen, Wein mit Myrrhe vermischt wirkt betäubend. Sogar Musiktherapie ist bekannt.

💡 Finde heraus, welche Salbe es gab.

📖 Jesaja 1,6; **Offenbarung 3,18**; Jesaja 38,21; Markus 15,23; Lukas 10,30-35; 1 Samuel 16,16
→ Krankheiten, Arzt

Megiddo
Stadt am Südwest-Rand der Jesreel-Ebene, etwa 30 km südöstlich vom heutigen Haifa

Megiddo gehört zur Zeit des Alten Testaments zum Stamm Manasse. Salomo hat dort einen Stützpunkt für seine Streitwagen. In Megiddo fallen zwei Könige Judas: Ahasja und Joschija.

💡 Wissenswert: Megiddo kommt auch in der Ortsbezeichnung „Harmagedon" (Berg von Megiddo) im Neuen Testament vor.

📖 2 Chronik 35,22-24; **Offenbarung 16,16**
→ Manasse, Ahasja, Joschija; siehe Karte Seite 30

Mehl → Brot

Mehl mahlen

> Hast du dich schon mal auf einem Baum versteckt?

Meineid – Micha

 Meineid → Eid

Melchisedek („König der Gerechtigkeit")
König der Stadt Salem (später Jerusalem), Priester, lebt zur Zeit von Abraham
Melchisedek ist der erste Priester Gottes, der in der Bibel genannt wird. Über seine Herkunft und seine Geschichte wird nicht berichtet. Melchisedek segnet Abram (später Abraham), nachdem Abram seinen Neffen Lot gerettet hat.
? Rate mal: Wer wurde als ein Nachfolger im Priesteramt von Melchisedek bezeichnet? a. Mose b. Josua c. Jesus
 1 Mose 14,5-20; **Hebräer 6,20**
→ Priester, Jerusalem, Abraham

Menahem → Sonderseite Könige Israels, Seite 168-171

Menelaus (A)
Oberster Priester in Jerusalem von 172-163 v. Chr.
Menelaus besticht König Antiochus IV. Epiphanes und erhält dadurch sein Amt. Beim Volk ist er unbeliebt. Zahlreiche Skandale geschehen in seiner Amtszeit. Menelaus wird in Beröa hingerichtet, indem man ihn in einen 25 m hohen Turm voll glühender Asche stößt.
💡 Wissenswert: Menelaus bediente sich ziemlich häufig am Tempelschatz.
 2 Makkabäer 4,23-50; **2 Makkabäer 4,32**; 2 Makkabäer 5,5.15.23; 2 Makkabäer 13,4-8
→ Antiochus IV. Epiphanes (A), Oberster Priester

Mensch (hebräisch: „Adam" = „der Erdgeborene", von „Adama" = „Erde")
Geschöpf Gottes
Der Mensch wird als Gottes Ebenbild geschaffen. Das unterscheidet ihn von den Tieren. Er steht in besonderer Beziehung zu Gott. Der Mensch hat besondere Fähigkeiten und Verantwortung. Immer wieder missachten die Menschen diese einzigartige Beziehung zu Gott und werden ihrer Verantwortung nicht gerecht. Sie wollen sein wie Gott. Dadurch entfernt sich der Mensch von Gott und von seinen Mitmenschen. Das meint das Wort „Sünde".
Gott wird selber Mensch in Jesus Christus. Er überwindet so die Trennung durch seine liebende Nähe. Durch Jesus lernt der Mensch Gott als einen liebenden Vater kennen. Der Mensch soll ganz neu werden und im Vertrauen auf Gott wirklich als Ebenbild Gottes leben können. Jesus zeigt uns, dass Gott wie ein Vater zu uns ist und wir als Kinder Gottes leben dürfen.
💡 Wissenswert: Ein Mensch besteht aus viel Wasser, zudem Kohlenstoff, Wasserstoff, Sauerstoff, Stickstoff, etwas Calcium, ein bisschen Schwefel und noch ein paar anderen Stoffen. Alles das kann man in einer normalen Apotheke kaufen. Zusammen aber bilden diese Stoffe das Wunder des Lebens.
 1 Mose 1; 1 Mose 2; 1 Mose 3; Psalm 8; Psalm 139; Johannes 3,16; 2 Korinther 4,4; 2 Korinther 5,17; Kolosser 1,15; Galater 3,25-29; Epheser 5; 1 Johannes 3,1
→ Schöpfung, Adam, Mann, Frau, Ebenbild Gottes, Gott

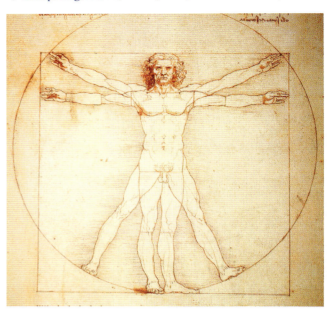

Zeichnung von Leonardo da Vinci

Menschenfischer
Bezeichnung für einen Menschen, der andere Menschen zu Gott einlädt
Die ersten vier Jünger von Jesus sind Fischer. Petrus, Andreas, Jakobus und Johannes lassen ihre Netze liegen und gehen mit Jesus. Jesus sagt: „Ich mache euch zu Menschenfischern." Sie „fischen", indem sie von Jesus erzählen. Ihr „Fang" sind nicht Fische, sondern Menschen, die Jesus kennenlernen und ihr Vertrauen auf ihn setzen.
💡 Denk mal! Findest du die Bezeichnung Menschenfischer komisch?
 Matthäus 4,18-22
→ Fischer, Jesus

Menschensohn → Jesus

Mephiboseth → Merib-Baal

Meriba → Massa

Merib-Baal („Streitgegener Baals")
auch Mefi-Boschet, Sohn von Davids Freund Jonatan, Enkel von König Saul
Merib-Baal ist seit einem Unfall im Alter von fünf Jahren gelähmt. Nachdem David König ist, holt er Merib-Baal an seinen Hof und gibt ihm den Landbesitz von Saul. Später wird Merib-Baal beschuldigt, an einem Aufstand gegen David beteiligt zu sein.
💡 Finde heraus, ob die Beschuldigungen wahr waren.
 1 Chronik 8,34; 2 Samuel 4,4; 2 Samuel 16,1-4; **2 Samuel 19,25-31**
→ Jonatan, David, Saul

Merodach-Baladan
König von Babylon, Sohn von Baladan

Nachdem der todkranke Hiskija, der König von Juda, wieder gesund geworden ist, schickt Merodach-Baladan Boten zu ihm. Sie bringen Glückwünsche und Geschenke mit. Vermutlich will Merodach-Baladan damit erreichen, dass Hiskija sich mit ihm gegen den assyrischen König verbündet.

💡 Finde heraus, welche Nachricht von Gott der Prophet Jesaja anschließend an Hiskija weitergab.

📖 **2 Könige 20,12-18**; Jesaja 39
→ Babylon, Hiskija

 Meschach → Mischaël

 Meschech
Volk in Kleinasien

Dieses Volk wird in der Bibel immer zusammen mit anderen Völkern genannt, nämlich mit Tubal und Jawan. So heißen auch die Brüder von Meschech. Der Prophet Ezechiël kündigt dem Fürsten von Meschech den Untergang an.

💡 Finde heraus, wer der Großvater von Meschech war.

📖 **1 Mose 10,1-2**; Jesaja 66,19; Ezechiël 32,26; Ezechiël 38,2-3
→ Jafet

 Mesopotamien („Land zwischen den Strömen")
Landschaft zwischen den Flüssen Eufrat und Tigris, heute im Irak

In Mesopotamien haben sich die Menschen, die bis dahin mit Zelten unterwegs waren, zum ersten Mal angesiedelt. Sie haben dort Häuser gebaut und Ackerbau und Viehzucht betrieben. Abraham stammt aus Mesopotamien, aus der Stadt Ur.

💡 Finde heraus, was ein Knecht von Abraham in Mesopotamien machen sollte.

📖 **1 Mose 24,1-10**; 1 Mose 25,19-20; Apostelgeschichte 2,9
→ Eufrat, Tigris, Ur, Kanaan, Nahor, Abraham; siehe Karte Seite 7

  Messias → Jesus

 **Micha** („Wer ist wie Gott?")
Sohn von Jimla, Prophet zur Zeit von König Ahab

Ahab, der König von Israel, will gegen die Assyrer Krieg führen. Der Prophet Micha sagt ihm im Auftrag von Gott, dass Gott diesen Krieg nicht möchte und Ahab sterben wird. Aus Wut darüber wirft König Ahab Micha ins Gefängnis. Aber Micha hat recht, Ahab verliert den Kampf und wird getötet.

💡 Finde heraus, wie Micha erkannte, was Gott über Ahab zu sagen hatte.

📖 1 Könige 22,8; **1 Könige 22,14-28**
→ Ahab, Assyrer, Prophet

Meineid – Micha

Spiel

Bibel-Geschichtenkoffer

Ihr braucht:
● einen Koffer oder eine Kiste

So geht's:
Der erste Spieler legt den Koffer vor sich auf den Boden und denkt sich eine biblische Geschichte aus, ohne diese laut zu sagen.
Die Mitspieler müssen diese Geschichte nun erraten. Dazu gibt der Kofferbesitzer den anderen einen Gegenstand aus der Geschichte preis, indem er z. B. sagt: „Ich packe meinen Koffer und lege einen „Stein" hinein". Nun haben die Mitspieler die Gelegenheit, die Geschichte zu erraten. Wenn nicht, bekommen sie den zweiten Hinweis des Kofferbesitzers: „Ich packe meinen Koffer und lege einen „Stein" und eine „Steinschleuder" hinein." Vielleicht errät ein Mitspieler nun, dass es sich um die Geschichte von David und Goliat handelt. Dann bekommt er den Koffer und darf sich eine Geschichte ausdenken.

Zusatz:
Wenn ihr wollt, könnt ihr auch Punkte aufschreiben. Eine Geschichte zu erraten gibt 10 Punkte und für jeden genannten Gegenstand erhält der Kofferbesitzer jeweils 5 Punkte.

Micha – Mischaël

 Micha („Wer ist wie Gott?")
Prophet aus Moreschet in Juda
Micha ist ein Prophet. Während seiner Wirkungszeit gibt es drei Könige in Juda: Jotam, Ahas und Hiskija. Diese Könige und auch die Menschen in Israel und Juda halten Gottes Gesetze nicht ein. Deshalb muss Micha ihnen Gottes Strafe ankündigen. Danach wird es für Gottes Volk wieder eine gute und friedliche Zeit geben.
💡 Finde heraus, was Micha über die Stadt Betlehem ankündigte.
📖 Jeremia 26,18; Micha 1,1; Micha 4,1-4; **Micha 5,1**
→ Ahas, Hiskija, Jotam, Prophet, Israel, Juda, Betlehem

 Michael („Wer ist wie Gott?")
Engel, sogar Engelfürst
Michael ist ein mächtiger Engel und hilft zum Beispiel einem anderen Engel, der dem Juden Daniel eine Botschaft von Gott überbringen soll. In der Offenbarung wird erzählt, dass Michael mit dem Teufel kämpft und ihn besiegt.
❓ Rate mal: Als was kämpfte der Teufel gegen den Engel Michael? a. als Schlange b. als Mensch c. als Drache
📖 Daniel 10,13.20-21; Daniel 12,1; **Offenbarung 12,7-9**
→ Daniel, Engel, Offenbarung

 Michal („Wer ist wie Gott?")
Tochter von König Saul, Ehefrau von David
König Saul verspricht, dass derjenige, der den Philister Goliat tötet, eine von seinen Töchtern heiraten darf. So wird Michal die Ehefrau von David. Weil Saul neidisch auf Davids Kriegserfolge ist, beschließt er, ihn zu töten. Michal hilft ihrem Mann zu fliehen. Später tut sie etwas, was nicht gut ist: Sie macht sich über David lustig und verspottet ihn.
💡 Finde heraus, wie Michal David zur Flucht verhalf.
📖 1 Samuel 17,25; 1 Samuel 18,20-30; **1 Samuel 19,1.11-17**; 2 Samuel 6,16.20-23
→ David, Goliat, Saul

 Michmas („verborgener Ort")
Ort in der Nähe von Jerusalem, an der Grenze zwischen Israel und Juda
Die Israeliten sind im Krieg gegen die Philister. Beide Heere haben in Michmas ihr Lager aufgeschlagen. Obwohl die Israeliten viel weniger Soldaten haben, besiegen sie die Philister mit Gottes Hilfe. Nachdem die Israeliten aus der Gefangenschaft in Babylon zurückkommen, wohnen sie auch in Michmas.
💡 Finde heraus, wie Gott den Israeliten half, die Philister zu besiegen.
📖 1 Samuel 13,2-5; **1 Samuel 14,11-23**; Nehemia 11,31
→ Philister; siehe Karte Seite 57

 Midian, Midianiter („Streit", „Zank")
Sohn von Abraham; Land in der arabischen Wüste; Volk
Midian ist ein Sohn von Abraham und seiner zweiten Ehefrau Ketura. Er bekommt von seinem Vater ein wenig Geld und wird dann nach Osten in die Wüste geschickt. Das Land, in dem er und seine Nachkommen seitdem leben, nennt man Midian. Die Bewohner sind die Midianiter. Als Mose einen ägyptischen Sklavenaufseher tötet, flieht er nach Midian.
💡 Finde heraus, was Mose in Midian erlebte.
📖 1 Mose 25,1-6; 2 Mose 2,15-22; **2 Mose 3**; Jesaja 60,6
→ Abraham, Mose

✖ **Milch** → Sonderseite Getränke, Seite 96

 Milet
blühende Hafenstadt im westlichen Kleinasien, ca. 60 km südlich von Ephesus; heute in der Türkei
Paulus besucht die bedeutende Stadt auf seiner dritten Missionsreise und lädt die Gemeindeältesten aus Ephesus dorthin ein, um sich von ihnen zu verabschieden.
💡 Wissenswert: Milet ist heute nur noch ein Dorf und liegt gar nicht mehr am Meer.
📖 Apostelgeschichte 20,15-38
→ Paulus, Ephesus; siehe Karte Seite 307

Altes Theater in Milet

 Milka („die Königliche")
Tochter von Abrahams Bruder Haran und Frau von Abrahams Bruder Nahor
Milka und Nahor bekommen acht Söhne. Darunter befindet sich auch Betuël, der Vater von Rebekka, der Frau von Isaak.
💡 Denk mal! Wie kann es sein, dass Milka gleichzeitig die Oma und die Tante von Rebekka war?
📖 1 Mose 22,20-23; **1 Mose 24,15**
→ Abraham, Haran, Nahor, Rebekka, Betuël

 Milkom → Sonderseite Götter, Seite 104+105

Micha – Mischaël

Millo („Aufschüttung")
Teil der Stadtanlage von Jerusalem, wahrscheinlich erstellt in der Zeit von König Salomo
Salomo schließt eine ungeschützte Stelle zwischen Tempelberg und Königspalast in Jerusalem mit einer Aufschüttung. Diese wird als Millo bezeichnet. Darauf steht vermutlich ein Verwaltungsgebäude.
Wissenswert: In dem Haus am Millo wurde König Joasch erschlagen.
1 Könige 9,15; **2 Könige 12,21**
→ Salomo, Jerusalem, Joasch

Zeichnung von der Aufschüttung

Mine (A) → Geld

Minister
auch Beamter oder Verwalter, Person, die von einem Herrscher eingesetzt wird, um über einen bestimmten Bereich mitzuregieren
Als die Brüder von Josef nach Ägypten kommen, freuen sich der Pharao und seine Minister darüber. Auch die Könige von Israel und Juda haben Minister. Im Neuen Testament wird von einem Minister aus Afrika erzählt, der in seinem Land die Finanzen verwaltet. Auf seiner Rückreise von Jerusalem wird er Christ.
Finde heraus, was König Jojakim mit der Buchrolle machte, die seine Minister ihm brachten.
1 Mose 45,16; **Jeremia 36,12-23**; Apostelgeschichte 8,27
→ Jojakim, König

Mirjam („bitteres Wasser", auch „Beleibte")
ältere Schwester von Mose und Aaron, Tochter von Amram und Jochebed, Prophetin
Als Mose auf dem Nil ausgesetzt wird, bleibt Mirjam bei ihm, bis die Tochter des Pharao ihren Bruder findet. Sie sorgt dafür, dass die eigene Mutter Jochebed die Pflegemutter für Mose wird. Nach dem Durchzug durch das Meer singt sie ein Loblied für Gott für die Rettung vor den Soldaten des Pharao. Während der Wanderung durch die Wüste wird sie mit der Krankheit Aussatz dafür bestraft, dass sie ihren Bruder Mose zu Unrecht ermahnt. Nach sieben Tagen wird sie aber wieder geheilt. Sie stirbt in Kadesch, noch bevor das Volk Israel die neue Heimat Kanaan erreicht.
? Rate mal: Welches Instrument spielte Mirjam?
a. Flöte b. Handpauke c. Harfe
2 Mose 2,1-10; **2 Mose 15,19-21**; 4 Mose 12,1-15; 4 Mose 20,1
→ Mose, Aaron, Musik

Mischaël („Wer gehört zu Gott?")
in Babylonien „Meschach" genannt, wird mit seinen Freunden Daniel, Hananja und Asarja im Jahr 605 v. Chr. nach Babylonien verschleppt
Mischaël verwaltet die Landschaft Babel. Er weigert sich, ein Götzenbild anzubeten und wird zusammen mit Hananja und Asarja in einen Feuerofen geworfen. Ein Engel Gottes rettet sie.
Wissenswert: Mischaël wurde drei Jahre lang am Hof des Königs Nebukadnezzar ausgebildet.
Daniel 1,5-7; **Daniel 3,1-30**
→ Daniel, Babylon

Rätsel

Wie gut kennst du König David?

Auf dem Bild sind viele unterschiedliche Gegenstände zu sehen. Weißt du, welche zu König David gehören?

Mitleid
das Leid von einem anderen Menschen fühlen und teilen
Salomo verschont seinen Feind, den Priester Abjatar, weil dieser ein Kampf- und Leidensgefährte seines Vaters David gewesen ist. Paulus ermutigt die Christen in Rom, die unter einer Verfolgung leiden: Wer aufgrund seines Glaubens leidet, leidet mit Jesus, der am Kreuz gestorben ist.
- Denk mal! Soll man mit jedem Bettler Mitleid haben und ihm Geld geben?
- 1 Könige 2,26; Römer 8,14-18
→ Barmherzigkeit, Salomo, Abjatar, Kreuzigung

Mittelmeer
Meer, das die westliche Grenze von Israel bildet
Von den Israeliten wird es nicht befahren, weil die Phönizier die gesamte Schifffahrt beherrschen. Der Prophet Jesaja kündigt an, dass Gottes Botschaft über dieses Meer in andere Länder kommen wird.
- Wissenswert: Paulus erlitt auf dem Mittelmeer Schiffbruch.
- 4 Mose 34,6; Jesaja 42,4; **Apostelgeschichte 27,39-44**; 2 Korinther 11,25
→ Schiff, Phönizier, Jesaja, Paulus

Mittelmeerküste in Cäsarea

Mizpa („Warte", „Beobachtungsposten")
Ort im Gebiet Benjamin, etwa 12 km nördlich von Jerusalem, auch Mizpe genannt
In Mizpa versammelt der Prophet Samuel das Volk, um Recht zu sprechen. Dort ernennt er auch Saul zum ersten König des Volkes.
- Wissenswert: Mizpa war zum Schutz gegen Feinde des Landes Israel von einer 600 Meter langen, bis zu 6 Meter dicken und 6 Meter hohen Mauer umgeben.
- **Josua 18,21.26**; 1 Samuel 10,17-25
→ Samuel, Josua, Recht, Saul

 Mnason
Christ von der Insel Zypern, der schon lange ein Nachfolger von Jesus ist
Auf dem Rückweg von Cäsarea nach Jerusalem machen Paulus und seine Reisebegleiter bei Mnason Rast. Er wird ehrenvoll als „Jünger aus der Anfangszeit" bezeichnet. Damit ist gemeint, dass Mnason zu den ersten Christen gehört.
- Wissenswert: Auch Barnabas, ein bekannter Reisebegleiter von Paulus, stammte von der Insel Zypern.
- **Apostelgeschichte 4,36**; Apostelgeschichte 21,15-16
→ Nachfolger, Cäsarea, Paulus, Zypern

 Moab, Moabiter
Land östlich des Toten Meeres und dessen Bewohner
Im Süden wird Moab durch den Fluss Sered (Weidenbach) begrenzt, im Norden gibt es unterschiedliche Grenzziehungen. Zunächst reicht Moab nördlich nur bis zum Fluss Arnon, im 9. Jahrhundert v. Chr. dehnen die Moabiter die Grenze bis zur oberen Spitze des Toten Meeres aus. Die Moabiter sind Nachkommen von Abrahams Neffen Lot. Lot zeugt mit seiner älteren Tochter einen Sohn, Moab. Dieser gilt als Stammvater der Moabiter. Zwischen den Moabitern und den Israeliten gibt es immer wieder Streitereien. Der moabitische Herrscher Balak will die Israeliten durch den Magier Bileam verfluchen lassen. Doch Gott sorgt dafür, dass Bileam die Israeliten segnet.
- Wissenswert: Rut, die Urgroßmutter Davids, war Moabiterin.
- 1 Mose 19,31-37; 4 Mose 22,1-20; **Rut 1,1-17**
→ Lot, Bileam; siehe Karte Seite 132

 Möbelschreiner → Sonderseite Handwerkliche Arbeit, Seite 110+111

 Mohrenland, Mohr
Land in Afrika, auch Kusch oder Äthiopien genannt, und dessen Bewohner
Die Bewohner dieses Landes sind die Kuschiten. Sie haben eine dunkle Hautfarbe, sind sehr groß und gefürchtete Krieger. Als der Prophet Jeremia in eine Zisterne geworfen wird, wo er verhungern soll, rettet ihn Ebed-Melech, ein Mann aus Äthiopien. Zu der Zeit des Neuen Testaments wird das Land von Königinnen regiert. Sie tragen den Titel Kandake. Der Finanzverwalter der äthiopischen Königin reist nach Jerusalem, um Gott kennenzulernen. Er wird Christ und lässt sich taufen, bevor er in seine Heimat zurückkehrt.
- Finde heraus, wer dem äthiopischen Finanzverwalter half, Christ zu werden.
- 1 Mose 2,13; 2 Könige 19,9; Jesaja 18,1-2; Jeremia 38,6-13; **Apostelgeschichte 8,26-40**
→ Jeremia, Philippus

Mitleid – Modechai

Moloch → Sonderseite Götter, Seite 104+105

Monat
Einteilung des Jahres

Die Israeliten haben einen Kalender, der sich nach dem Mond richtet. Es gibt 12 Monate zu 29 bzw. 30 Tagen. Insgesamt hat ein Jahr 354 Tage. Von den alten Monatsnamen wie Abib, Siv, Ethanim oder Bul bleiben in der Verbannung in Babylonien nur vier erhalten.

Wissenswert: Der erste Tag eines neuen Jahres wurde zunächst im Monat Nisan (März/April unserer Zeitrechnung) gefeiert, heute aber im Monat Tischri (September/Oktober unserer Zeitrechnung).

2 Mose 12,1-2; 4 Mose 29,1
→ Tag, Jahr, Zeit, Zeitrechnung

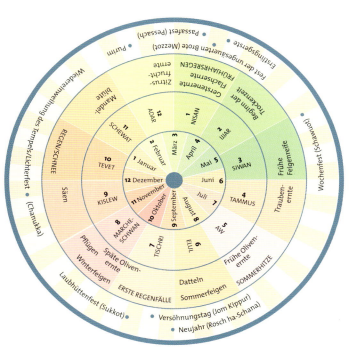

Jüdischer Jahreskreis mit Monatseinteilungen, Festzeiten und Erntejahr

→ Sonderseite Biblische Feste, Seite 76+77

Hast du einen Lieblingsmonat?

Mord
schwerstes Vergehen gegen das von Gott geschenkte Leben

In der Geschichte von Kain und Abel wird erzählt, wie es dazu kommen kann, dass ein Mensch einen anderen tötet. Kain ermordet seinen Bruder aus Neid, weil er sich von Gott missachtet fühlt. Obwohl Kain wie jeder Mensch zwischen Gut und Böse unterscheiden kann, hindert es ihn nicht an dieser Tat. In den Geboten schützt Gott das menschliche Leben vor dem Mord. Jesus verschärft das Tötungsgebot. Er warnt die Menschen, dass schon in einem bösen Gedanken über einen Mitmenschen die Gefahr des „Mordes" lauert.

Denk mal! Durfte Judit Holofernes töten? War das nicht auch ein Mord?

1 Mose 4; 2 Mose 20,13; 2 Mose 21,12-14; Matthäus 5,21-22; Judit 13,1-11 (A)
→ Kain, Abel, Gebote, Judit (A), Holofernes (A)

Mordechai (könnte von der Gottheit Marduk abgeleitet sein, „Anhänger von Marduk") Jude aus dem Stamm Benjamin, nimmt seine Cousine Ester als seine Tochter an

Nachdem Ester Königin an der Seite des persischen Königs Xerxes geworden ist, verhindert Mordechai den Plan des königlichen Ministers Haman, alle Juden umbringen zu lassen. Haman wird daraufhin selber zum Tode verurteilt und gehängt. Mordechai nimmt anstelle von Haman den Posten des höchsten Regierungsbeamten ein.

Wissenswert: Haman war deshalb wütend auf alle Juden, weil Mordechai sich nicht vor ihm verbeugen wollte.

Ester 2,5-7; **Ester 3,1-6**; Ester 7,8-10; Ester 8,1-2
→ Ester, Haman

Morgenland
Gebiet der syrisch-arabischen Wüste, auch die Eufratländer (z. B. Babylonien)

Abraham schickt seine Söhne von den Nebenfrauen kurz vor seinem Tod in das „Land im Osten". Damit ist vermutlich das Gebiet der syrisch-arabischen Wüste gemeint. Die Sterndeuter kommen aus dem Osten, einem der Länder am Eufrat, zu Jesus an die Krippe. Sie könnten aus Babylonien stammen.

💡 Wissenswert: Von Salomo wird gesagt, seine Weisheit sei größer gewesen als die von allen, die im Osten wohnten.

📖 1 Mose 25,6; Matthäus 2,1; **1 Könige 5,10**

→ Eufrat, Sterndeuter, Babylon, Krippe, Salomo

Morgenstern
Gestirn, das kurz vor Sonnenaufgang am hellsten leuchtet; Planet Venus

Dem Morgenstern wird schon früh eine besondere Bedeutung zugeordnet, denn wenn er aufgeht, ist der Beginn des Tages nicht mehr weit und damit die Hoffnung auf etwas Neues. Beim Morgen- und Abendstern handelt es sich übrigens um denselben Planeten.

💡 Finde heraus, wer als Morgenstern bezeichnet wird.

📖 2 Petrus 1,19; Offenbarung 2,28; **Offenbarung 22,16**

→ Hoffnung

Morgenstern am Himmel

Morija
Land zur Zeit der Bibel

Gott schickt Abraham mit seinem Sohn Isaak in das Land Morija, damit er ihn dort auf einem Berg opfern soll. Wo dieses Land Morija liegt, weiß man heute nicht mehr. An anderer Stelle ist mit Morija der Berg in Jerusalem gemeint, auf dem der Tempel gebaut wird. Heute stehen dort der Felsendom und die El-Aksa-Moschee.

💡 Finde heraus, wie die Geschichte mit Abraham und Isaak ausging.

📖 **1 Mose 22,1-14**; 2 Chronik 3,1

→ Abraham, Isaak

Kreatives
Bastle dir dein eigenes Koffer-Theater

Du brauchst:
- einen alten Pappkoffer vom Dachboden, aus dem Keller oder vom Flohmarkt
- Werkzeug, um ein Loch in den Pappkoffer zu schneiden
- Holzstäbe
- Papier oder Pappe
- Buntstifte, Schere und Kleber

So geht's:
Schneide ein möglichst großes Loch als Fenster in den Pappkoffer hinein. Oben braucht das Koffer-Theater einen breiten Schlitz, durch den später die einfachen Stabfiguren gespielt werden können. Wenn du willst, kannst du an der vorderen Innenseite seitlich zwei kleine Schrauben eindrehen und eine Leine daran befestigen. Hänge an beiden Seiten ein Tuch auf, dann hast du sogar einen Vorhang.

Male die Figuren und das Bühnenbild auf das Papier und schneide alles aus. Das Bühnenbild kann in den Koffer geklebt werden. Die Figuren werden unten an die Holzstäbe geklebt. Durch den oberen Schlitz können diese nun gespielt werden.

Mit diesem Koffer-Theater kannst du alleine oder mit deinen Freunden spannende Geschichten aus der Bibel nachspielen!

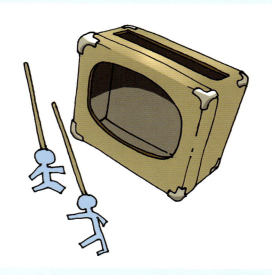

Mose

Info

Name: Mose („Herausgezogener")
Eltern: Vater Amram und Mutter Jochebed
Geschwister: Bruder Aaron und Schwester Mirjam
Familie: Frau Zippora und die Söhne Gerschom und Eliëser
Geboren: zu der Zeit, als der ägyptische Herrscher Pharao alle neugeborenen hebräischen Jungen in den Nil werfen lässt
Geburtsort: Ägypten, in der Provinz Goschen
Sterbeort: auf dem Berg Nebo im Land Moab
Nationalität: Israelit aus dem Stamm Levi
Arbeit: Schafhirte, später Anführer der Israeliten

Das Leben von Mose

- Nach seiner Geburt verstecken ihn seine Eltern drei Monate lang (2 Mose 2,2). Danach wird er in einem Schilfkörbchen ausgesetzt. Die Tochter des Pharao findet ihn und nimmt ihn wie einen Sohn bei sich auf (2 Mose 2,3-10).
- Mose flieht wegen eines Mordes, den er begangen hat, nach Midian (2 Mose 2,11-15). Er lebt als Viehhirte im Land Midian bei dem Priester Jitro (Reguël), heiratet dessen Tochter Zippora und bekommt einen Sohn Gerschom (2 Mose 2, 16-21).
- Gott begegnet Mose am Berg Sinai in einem brennenden Dornbusch und beauftragt ihn, das Volk Israel aus Ägypten herauszuführen (2 Mose 3,1-12). Der Pharao ist starrsinnig und will das Volk nicht gehen lassen (2 Mose 5,1-5). Plagen brechen über die Ägypter herein (2 Mose 7,14-24; 8,1-20; 9,1-26; 10,12-23; 12,29-30). Schließlich führt Mose das Volk aus Ägypten in die Freiheit (2 Mose 12).
- Mose begegnet Gott auf dem Berg Sinai (2 Mose 19) und empfängt die Zehn Gebote (2 Mose 20).
- Das Volk lehnt sich gegen Gott und Mose auf, als die Kundschafter aus Kanaan zurückkehren. Es folgen 40 Jahre Wanderung in der Wüste (4 Mose 13–14).
- An der Quelle Meriba vertraut Mose Gott nicht (4 Mose 20), deshalb darf er nicht in das Land Kanaan einziehen. Gott zeigt Mose am Ende von dessen Leben vom Berg Nebo im Land Moab aus das versprochene Land. Als er stirbt, begräbt Gott ihn selbst. Josua wird Nachfolger von Mose (5 Mose 34).

Wissenswert: Mose zerschmetterte aus Zorn über den Ungehorsam des Volkes Israel die Steintafeln mit den Zehn Geboten und musste später neue Tafeln von Gott bekommen.

📖 2 Mose 32,15-24

→ Pharao, Jitro, Sinai, Zehn Gebote

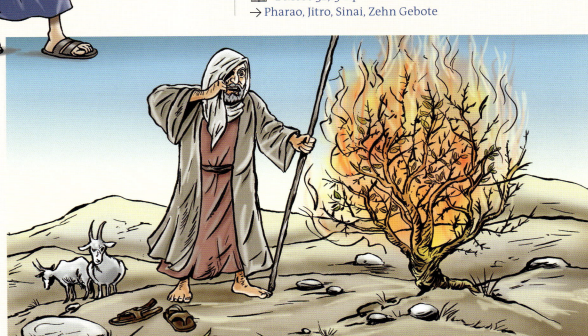

Mose am brennenden Dornbusch

Most – Nabot

 Most → Sonderseite Getränke, Seite 96

 Mühle
Gerät, mit dem man Korn zu feinem Mehl zerkleinert
Die Handmühle besteht zur Zeit der Bibel aus einem flachen Stein und einem runden Reibstein. Auf dem flachen Stein wird das Korn verteilt und mit dem Reibstein gemahlen. Große Drehmühlen werden von Tieren oder Sklaven angetrieben.
Wissenswert: Das Mahlen gehörte zu den Aufgaben der Frauen.
Matthäus 24,41; 2 Mose 11,5; 5 Mose 24,6; Jesaja 47,1-2
→ Brot, Mehl, Weizen

Römische Ölmühle in Kafarnaum

 Mundschenk
ehrenvolles Amt am königlichen Hof
Der Mundschenk ist für die Versorgung des Herrschers mit Getränken verantwortlich und vereitelt nicht selten Mordanschläge mit Gift.
Wissenswert: Der Prophet Nehemia war Mundschenk am Hofe des Perserkönigs Artaxerxes.
1 Mose 40,1-15; **Nehemia 1,11**
→ Nehemia

Mundschenk

Mundschenk
Wenn ich das Wort Mundschenk höre, denke ich an Josef. Er war im Gefängnis gemeinsam mit einem Mundschenk, deswegen fällt mir auch noch Träumedeuten ein. Außerdem erinnert es mich an die Könige im Mittelalter. Bevor ein König etwas zu sich genommen hat, kam immer ein Mundschenk und hat probiert, ob es gut ist.
Marie-Jacline, 13 Jahre

 Murren
Äußerung von Unzufriedenheit, oft mit Auflehnung gegen Menschen und Gott
Kurz nach dem Auszug aus der Sklaverei in Ägypten rottet sich das Volk Israel gegen Mose zusammen und murrt: „Was sollen wir trinken?" Wenig später rottet sich das Volk wieder gegen Mose zusammen und murrt vor Hunger: „Hätte Gott uns doch getötet, als wir noch in Ägypten waren!" Gott hilft zwar durch Wunder, bestraft später aber auch Israeliten, die murren.
Finde heraus, was mit dem murrenden Korach und seinen Leuten geschah.
2 Mose 16,1-21; **4 Mose 16**; 4 Mose 17,6-15
→ Auszug, Mose, Korach

 Musikinstrument → Sonderseite Instrumente und Musik, Seite 126+127

Mutter → Familie

 Myrrhe
ein bis zu 3 m hoher Baum oder Busch
Wenn seine Rinde verletzt wird, tritt Harz aus, das man trocknet und zum Beispiel zu Öl weiterverarbeitet. Schon vor über 2.000 Jahren werden aus Myrrhe Salben hergestellt, die so teuer sind, dass sich diese nur

Myrrhe-Harz

sehr reiche Leute leisten können. Als Jesus geboren wird, kommen weise Männer, die neben Gold und Weihrauch auch Myrrhe als Geschenk mitbringen.
Wissenswert: Es gibt in der Bibel ein Rezept für Salböl.
2 Mose 30,23-25; Matthäus 2,9-11; Johannes 19,39
→ Weihrauch

 Mysien
im Neuen Testament Landschaft im Nordwesten Kleinasiens, heute in der Türkei unterhalb des Marmarameeres
Paulus will auf der zweiten Missionsreise durch Mysien in Richtung Europa ziehen. Gott lässt dies aber nicht zu. Paulus reist daraufhin in die Hafenstadt Troas und besteigt dort ein Schiff in Richtung Mazedonien.
Wissenswert: Paulus sah in einer Vision einen Mann, der ihn bat, nach Mazedonien (Europa) zu kommen.
Apostelgeschichte 16,6-15
→ Paulus, Mazedonien, Mysien; siehe Karte Seite 307

Rätsel
Die geheimnisvolle Labyrinthgeschichte

Findest du den richtigen Weg durch die Labyrinthgeschichte? Lies ab Start und suche das nächste richtige Feld. Aber Vorsicht: Manchmal geht die Geschichte in eine falsche Richtung.

Ob du den richtigen Weg gefunden hast, kannst du in Markus 2,1-12 nachlesen.
Tipp: siehe auch Seite 287

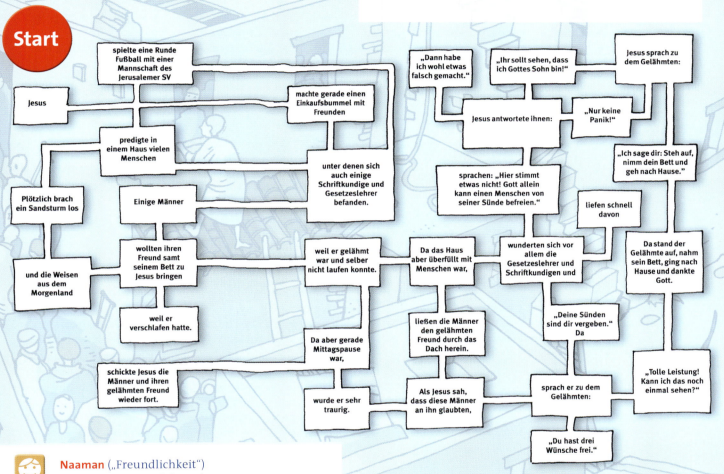

 Naaman („Freundlichkeit") angesehener Heerführer des Königs von Aram (Syrien)

Naaman leidet an einer Hautkrankheit („Aussatz"), die nicht heilbar ist. Eine Sklavin in Naamans Haus ist sich sicher, dass der Prophet Elischa in ihrer Heimat Israel Naaman heilen kann. Naaman macht sich auf die Reise und ist empört, dass der Prophet Elischa ihn nicht persönlich empfängt, sondern ihm nur ausrichten lässt, er solle sich sieben Mal im Jordan waschen. Auf Drängen seiner Diener befolgt Naaman den Rat des Propheten, wird von seiner Krankheit geheilt und erkennt, dass der Gott Israels der einzige Gott ist.

💡 Hättest du in der Haut von Elischas Diener Gehasi stecken wollen?

📖 **2 Könige 5,1-27**; Lukas 4,27; 5,12-16
→ Elischa

Nabot
Eigentümer eines Weinbergs in Jesreel, der direkt neben dem Palast des Königs Ahab liegt

Der König will den Weinberg unbedingt haben, um daraus einen Gemüsegarten zu machen. Doch Nabot will weder verkaufen noch tauschen. Ahabs Frau, die Königin Isebel, bringt zwei Männer dazu zu behaupten, Nabot habe gegen Gott und den König gelästert. Obwohl dieser Vorwurf nicht stimmt, wird Nabot gesteinigt und Ahab gelangt so in den Besitz von Nabots Weinberg.

💡 Weißt du, wer für dieses Unrecht bestraft wurde?

📖 **1 Könige 21**
→ Ahab, Isebel

Nachfolge – Nazaret

  Nachfolger, Nachfolge
Mensch, der seinem Vorbild folgt, weil er von ihm lernen will, Nachahmung einer Lebensweise
Mit Nachfolger sind in der Bibel meist Menschen gemeint, die Jesus folgen. Auch kluge, studierte Männer haben ihre Anhänger, also Menschen, die ihnen nachfolgen. Jesus beruft seine zwölf Nachfolger (Jünger), indem er sie auffordert, mit ihm zu kommen. Er meint mit „Nachfolge" aber noch mehr: Er möchte, dass die Jünger ihn nachahmen. Das heißt, sie sollen so glauben und handeln wie er selbst. Das gilt auch für Christen heute. Christen sollen andere Menschen einladen, auch Nachfolger von Jesus zu werden.
 Finde heraus, wie die zwölf Jünger von Jesus hießen.
 Matthäus 4,18-22; Matthäus 9,9; Matthäus 16,24; **Markus 3,13-19**; Johannes 1,43-45; Hebräer 6,12
→ Jünger

Nachmittagsgebet → Sonderseite Gebet, Seite 88+89

  Nächster
Mitmensch
Ein Nächster ist jemand, der einem nahe steht, z. B. ein Verwandter, Nachbar oder enger Freund. Nächste sind auch alle Mitmenschen, die man sieht oder trifft. In Gottes Geboten für das Volk Israel wird über den richtigen Umgang mit dem Nächsten gesagt: „Liebe deinen Mitmenschen wie dich selbst!" Jesus sagt dies ebenso und meint damit nicht nur einen Freund, sondern jeglichen Mitmenschen, sogar den Feind.
 Denk mal! Jesus forderte Christen auf, für die Mitmenschen zum Freund (Nächsten) zu werden.
 3 Mose 19,18; Matthäus 5,43-48; Lukas 10,29-37
→ Bergpredigt

 Nadab → Sonderseite Könige Israels, Seite 168-171

 Nadab („freigebig sein")
erstgeborener Sohn von Aaron und Elischeba
Er wird wie seine Brüder zum Priester geweiht. Nadab stirbt zusammen mit seinem Bruder Abihu, weil sie Gott ein falsches Opfer bringen.
 Finde heraus, wie viele Geschwister Nadab, der Sohn Aarons, hatte.
 2 Mose 6,23; 4 Mose 3,1-4
→ Aaron

 Naftali
Stammesgebiet in Kanaan
Die zwölf Stämme Israels teilen sich das Land Kanaan auf. Naftali zieht mit seiner Familie in den Nordosten des Landes. Das Land ist bergig und fruchtbar. Später nennt man diesen Teil des Landes Galiläa. Als der König von Assyrien dort einfällt, werden die Menschen aus Naftali gefangen genommen und weggeführt.
 Finde heraus, wie viele wehrfähige Männer der Stamm Naftali zu Beginn und am Ende von Israels Zug durch die Wüste hatte.
 4 Mose 1,43; 4 Mose 26,50
→ Israel, Galiläa, Assyrien; Sonderseite Stämme Israels, Seite 256+257

 Naftali („erkämpft")
einer der Söhne von Jakob und Bilha, der Magd von Rahel
Naftali reist zusammen mit seinen vier Söhnen und seinem Vater Jakob nach Ägypten. Naftali ist Ahnherr einer der zwölf Stämme Israels.
 Finde heraus, wie die anderen elf Stämme Israels hießen.
 2 Mose 1,1-4; 1 Mose 29,7-8; 1 Mose 49,21
→ Jakob, Rahel, Sonderseite Stämme Israels, Seite 256+257

 Nahor („Prophet des Lichts")
Großvater von Abraham
Der Großvater von Abraham hieß Nahor, er wurde 148 Jahre alt. Ein Bruder von Abraham hieß auch Nahor.
? Rate mal: Wie hieß die Frau von Nahor, die die Schwägerin von Abraham wurde? a. Rut b. Tarah c. Milka
 1 Mose 11,29; 1 Mose 11,24-25; 1 Mose 24,10; 1 Mose 31,53
→ Abraham

 Nahum („Tröster" oder „Jahwe tröstet")
Prophet aus Elkosch
Nahum wird als Prophet von Gott nach Ninive geschickt. Die Menschen dort haben sich Götzen zugewendet. Nahum kündigt den Menschen von Ninive an, dass die Stadt zerstört werden wird. So geschieht es. Man nimmt an, dass Nahum um 650 v. Chr. seine Prophezeiung aufgeschrieben hat.
? Rate mal: Gott hatte schon einmal einen Propheten nach Ninive geschickt. Weißt du, wer das war? a. Elija b. Jona c. Johannes der Täufer
 Jona 1,1-2; Nahum 1,1
→ Ninive, Götze, Prophet

 Nain („lieblich")
Ort in Galiläa, ca. 20 km südwestlich vom See Gennesaret und 10 km nordwestlich von Nazaret; hat heute ca. 1.650 Einwohner
Jesus kommt in diese Stadt auf seinem Weg nach Nazaret. Ihm begegnet ein Trauerzug, bei dem eine Witwe ihren einzigen Sohn zu Grabe trägt. Jesus erweckt den jungen Mann wieder zum Leben.
 Wissenswert: Franziskaner errichteten im Jahr 1880 eine Kirche zum Andenken an die Totenerweckung in Nain.
 Lukas 7,11-17
→ Auferweckung, Nazaret

 Narde, Nardenöl
Heilpflanze und aus ihr gewonnenes sehr wertvolles Öl

Auch schon vor 2.000 Jahren war die Narde sehr wertvoll. Besonders die Wurzel riecht sehr gut. Da indische Narde nicht in Israel wächst, muss sie von dort importiert werden. In Betanien salbt eine Frau die Füße von Jesus mit Nardenöl.
- Finde heraus, wie viel das Öl gekostet hat.
- Markus 14,3-9; Johannes 12,3
→ Betanien

 Nasiräer (auch „Gottgeweihter", „Geweihter", „Abgesonderter")
Nasiräer wird ein Mensch zur Zeit der Bibel genannt, der das Gelübde (den Schwur) ablegt, sich für eine bestimmte Zeit Gott zu weihen. Er gehört Gott in besonderer Weise und dient ihm. Der Richter Simson ist ein Nasiräer von Geburt an. Sein Gelübde ist zeitlich unbegrenzt. Ebenso scheint es beim Propheten Samuel zu sein.
- Finde heraus, was für einen Nasiräer verboten war.
- 4 Mose 6,1-21; Richter 13,2-5; 1 Samuel 1,21-28
→ Simson, Samuel, Schwur

 Natan („Er/Gott hat gegeben")
Kurzform von Jonatan und Natanaël, Prophet zur Zeit von König David und König Salomo in Israel
Natan hat die Aufgabe, David zu sagen, dass er sich schuldig gemacht hat. David hat mit Batseba geschlafen, obwohl diese mit dem Hetiter Urija verheiratet ist. Urija hat er wenig später umbringen lassen.
- Finde heraus, in welchen Plan David den Propheten Natan einweihte.
- 2 Samuel 7,2; 2 Samuel 12,1-25; 2 Samuel 5,13-16
→ Batseba, David, Urija, Hetiter

 Natanaël („Er/Gott hat gegeben")
Jünger von Jesus
Philippus aus Betsaida, auch ein Jünger von Jesus, berichtet Natanaël davon, Jesus begegnet zu sein, den die Propheten angekündigt haben. Natanaël kann sich nicht vorstellen, dass der Messias aus dem unbedeutenden Ort Nazaret kommen soll. Als Natanaël dann aber Jesus begegnet, ist er von ihm so begeistert, dass er sein Jünger wird.
- Finde heraus, wer das gesagt hat: „Was kann aus Nazaret Gutes kommen!".
- Johannes 1,43-49; Johannes 21,2
→ Nazaret, Philippus

 Nathan → Natan

 Nathanael → Natanaël

 Nazarener
Menschen, die in Nazaret leben; auch Bezeichnung für Nachfolger von Jesus aus Nazaret
Paulus wird vorgeworfen, Anführer der Nazarener zu sein und Unruhe zu stiften. Offensichtlich werden die Anhänger von Jesus als Nazarener bezeichnet. Da Jesus in Nazaret aufgewachsen ist, bringt man seine Nachfolger so mit ihm in Verbindung. Allerdings ist das eine abfällige Bezeichnung.
- Finde heraus, wer die Bezeichnung „Nazarener-Sekte" verwendete.
- Apostelgeschichte 24,1-6
→ Nazaret

 Nazaret
Stadt in Galiläa in einem Hochtal auf einem Ausläufer des Libanon-Gebirges
Josef, der Vater von Jesus, lebt als Bauhandwerker (Zimmermann) in Nazaret. Maria, der Mutter von Jesus, wird in Nazaret die Geburt des Erlösers angekündigt. Jesus wächst dort auf und verlässt erst als Erwachsener die Stadt. Daher kommt auch die Bezeichnung „Jesus von Nazaret". Nazaret ist zur Zeit der Bibel eine kleine, unbedeutende Stadt. Heute leben ca. 65.000 Menschen in Nazaret, darunter viele Araber. Bei Ausgrabungen hat man einen Friedhof aus dem 13. Jahrhundert v. Chr. gefunden.
- Finde heraus, woher die Bemerkung stammte: „Was kann aus Nazaret Gutes kommen!".
- Johannes 1,43-49; Matthäus 2,19-23; Matthäus 21,11; Markus 1,9; Lukas 1,26; Lukas 2,39.51
→ Josef, Maria, Galiläa, Libanon; siehe Karte Seite 134

Nazaret heute

Hier siehst du, wo Nazaret liegt

Nazareth – Neumondfest

 Nazareth → Nazaret

Neapolis
Hafenstadt in Mazedonien nahe Philippi, heute Kavala in Nordgriechenland
Paulus legt auf seiner zweiten Missionsreise in diesem Hafen an. Von dort aus zieht er weiter nach Philippi.
Wissenswert: Paulus segelte nach Neapolis, weil er in einer Vision von einem mazedonischen Mann um Hilfe gebeten wurde.
📖 **Apostelgeschichte 16,6-12**
→ Mazedonien, Philippi; siehe Karte Seite 307

 Nebenfrauen
Frauen, die ein Mann neben seiner Ehefrau hat
Im Alten Testament wird an einigen Stellen von Nebenfrauen berichtet. Manchmal sind es die Mägde der Ehefrau. Wenn diese selbst keine Kinder bekommen kann, bringt die Magd Kinder zur Welt. Weil Kinder sehr wichtig sind, gibt es sogar einen Wettstreit darum, welche der Frauen dem Mann mehr Kinder schenken kann.
Wusstest du, dass König Salomo neben seinen 700 Ehefrauen noch 300 Nebenfrauen hatte?
📖 1 Mose 29,31–30,24; **1 Könige 11,3**
→ Frau, Mann, Familie, Salomo

Nebo
Berg auf der Ostseite des Jordan im heutigen Jordanien, gegenüber von Jericho
Von seinem Gipfel auf über 800 m Höhe darf Mose das verheißene Land sehen bevor er stirbt. Er selber darf Kanaan nicht betreten.
Finde heraus, wer Mose begrub.
📖 5 Mose 32,49-52; **5 Mose 34,1-6**
→ Mose, Kanaan

 Nebukadnezar → Nebukadnezzar

Nebukadnezzar („Gott Nebo beschütze das Reich")
Großkönig des Babylonischen Reiches, regierte von 605–562 v. Chr.
Nebukadnezzar erobert Jerusalem und führt die Juden in die 70-jährige Babylonische Gefangenschaft. Unter den Gefangenen sind auch Daniel und seine Freunde. Gott lässt Nebukadnezzar zweimal durch Träume in die Zukunft schauen. Doch dieser will Gottes Größe nicht anerkennen.
Wissenswert: Nebukadnezzar lebte sieben Jahre lang wie eine Kuh und fraß Gras, bevor er seinen Verstand und das Königreich zurückbekam.
📖 Daniel 2,26-49; **Daniel 4,25-34**
→ Daniel, Babylonien

Negev („trockenes Land")
südlicher Teil vom Gebiet, das dem Stamm Juda zugeteilt wird, in dem auch die Siedlungen des Stammes Simeon liegen
Die Wüste Negev macht fast die Hälfte der Fläche von Israel aus. Sie grenzt im Norden an das Gaza-Gebiet und das Tote Meer, im Süden an das Rote Meer. Um von Israel nach Ägypten zu gelangen, muss man die Wüsten Negev und Sinai durchqueren. So sind z. B. Abraham, die Brüder Josefs und auch das Volk Israel in dieser Wüste unterwegs.
Finde heraus, welche bekannte Stadt in diesem Gebiet liegt.
📖 Josua 15,21-32; Josua 19,1-8; **1 Mose 21,22-34**
→ Beerscheba, Wüste; siehe Karte Seite 134

Blick in die Wüste Negev

Nehemia („der Herr hat getröstet")
Mundschenk am persischen Königshof in Susa, später verantwortlich für den Wiederaufbau der Jerusalemer Stadtmauer
Nehemia, Sohn von Hachalja, stammt von Judäern ab, die nach Babylonien ins Exil verschleppt werden. Am persischen Hof in Susa macht er Karriere und wird königlicher Mundschenk. Von König Artaxerxes wird er mit einem Empfehlungsschreiben sowie mit militärischem Begleitschutz ausgestattet. Er kommt 445 v. Chr. als persischer Verantwortlicher für den Wiederaufbau nach Jerusalem und lässt die zerstörte Stadtmauer in nur 52 Tagen wieder aufbauen. Später siedelt er zehn Prozent der Bewohner von Juda in der Stadt an. Nehemia bezeichnet sich selbst als „Statthalter in Juda". Neben dem Mauerbau sorgt er für

gerechtere Zustände in Juda und verschärft die religiösen Ordnungen (strenge Einhaltung der Sabbatruhe; Auflösung aller Ehen zwischen Juden und Nichtjuden). Seine Erlebnisse erzählt er in der Ich-Form.

💡 Wissenswert: Nehemia war ein vorsichtiger Mensch, der sich auf seine eigenen Beobachtungen und Argumente verließ.

📖 **Nehemia 2,12-16**; Nehemia 1,1; Nehemia 6,15
→ Susa, Artaxerxes, Jerusalem, Sabbat

abc **Neid**
auch Missgunst; einem anderen etwas nicht gönnen
Weil die Brüder neidisch auf Josef sind, wollen sie ihn umbringen. Stattdessen werfen sie ihn in einen Brunnen und verkaufen ihn als Sklaven nach Ägypten. In der Bibel wird Neid als eine schlechte Eigenschaft bezeichnet.

💡 Finde heraus, warum die Brüder neidisch auf Josef waren.

📖 **1 Mose 37,1-11**; Sprichwörter 24,1; Matthäus 6,23; Matthäus 27,18; Markus 7,22; Galater 5,19-21
→ Kain, Josef

Neid
Eigentlich geht es mir gut, trotzdem kommt ab und zu Neid in mir auf. Zum Beispiel bin ich neidisch auf meinen älteren Bruder, wenn er länger aufbleiben darf als ich. Oder auch auf meinen jüngeren Bruder, weil er viel mehr Sachen machen darf, die ich in seinem Alter noch nicht durfte. Neid kann so schnell zu Streit führen, aber nicht neidisch zu sein, fällt mir schwer. Neid lässt sich auch manchmal vermeiden, wenn ich mir überlege, was ich alles selber Schönes habe und wie gut es mir geht. **Luca, 12 Jahre**

Netz
engmaschiges Gewebe aus verknoteten Fäden, das zum Fang von Fischen, Vögeln und Raubtieren benutzt wird
In der Bibel kommt das Wort auch in symbolischer Bedeutung vor. Es weist dann auf Fallen von/für Menschen hin, die gestellt werden und oft nicht zu erkennen sind.

💡 Finde heraus, warum sich ein Mensch freut, der einem Netz entkommen ist.

📖 **Psalm 124,7**; Psalm 9,16; Psalm 140,5-7; Sprichwörter 1,17; Jesaja 51,20; Lukas 5,1-11
→ Fisch, Fischer

 Neujahrstag, Neujahrsfest → Sonderseite Biblische Feste, Seite 76+77

 Neumondfest, Neumondstag → Sonderseite Biblische Feste, Seite 76+77

Rezept

Linsengericht (Mjaddara)

 Für 4 Personen

Zutaten:
- 1 Tasse Linsen
- 1 Tasse grobes Burghul*
- 4 Tassen Wasser
- ½ TL Pfeffer
- 1 TL Cumin (Kreuzkümmel)*
- 1 EL Fleischbrühe
- Öl zum Braten

*gibt es in türkischen Geschäften zu kaufen

Beilagen:
- 3 Becher Joghurt

So geht's:
Die Linsen müssen zunächst gewaschen und mit Wasser über Nacht eingeweicht werden. Alternativ kann man die Linsen auch zwei Stunden in warmem Wasser quellen lassen. Danach Salz, Pfeffer, Cumin und Fleischbrühe zu den Linsen geben. Die Mischung zum Kochen bringen. Ungefähr zehn Minuten später den Burghul hinzugeben. Alles gut verrühren und mit Deckel erneut zum Kochen bringen. Auf kleinster Stufe ca. 25 Minuten ohne Umrühren garen lassen. Das Gericht mit Joghurt servieren.

Nikanor – Noach

 Nikanor (A)
syrischer Heerführer unter Statthalter Lysias

Die Juden in Israel kämpfen gegen den herrschenden syrischen König Antiochus IV. Epiphanes. Sein Statthalter Lysias setzt Nikanor, Ptolemäus und Gorgias als Heerführer ein. Sie sollen mit einem Heer aus 40.000 Soldaten und 7.000 Reitern im Land Juda einfallen. In der Schlacht gegen das israelische Volk unter dem Heerführer Judas Makkabäus stirbt Nikanor als Allererster.

Finde heraus, an welchem Datum die Schlacht stattfand.

1 Makkabäer 3,37-41; **1 Makkabäer 7,26-50**

→ Antiochus IV. Epiphanes (A), Judas Makkabäus (A), Apokryphen, Makkabäer (A)

Nikodemus („Besieger des Volkes")
führender Pharisäer und Mitglied im Jüdischen Rat in Jerusalem

Nikodemus besucht Jesus bei Nacht, um mehr über ihn zu erfahren. Von Jesus hört er, dass er nicht durch Kenntnis des Gesetzes, sondern nur durch eine Neugeburt (Bekehrung) ins Reich Gottes kommen kann. Später verteidigt er Jesus vor dem Jüdischen Rat und versucht, ihm ein ordentliches Gerichtsverfahren zu verschaffen.

Wissenswert: Nikodemus stellte nach der Kreuzigung eine große Menge Salböl zur Einbalsamierung des Körpers von Jesus bereit.

Johannes 3,1-21; Johannes 7,50-51; **Johannes 19,39**

→ Bekehrung, Pharisäer, Jüdischer Rat

 Nil
mit mehr als 6.600 km einer der längsten Flüsse der Welt; entspringt im Gebirge von Ruanda und Burundi, durchfließt Tansania, Uganda und den Sudan, bis er in Ägypten ins Mittelmeer mündet

Die jährlichen Überflutungen lassen an seinen Ufern fruchtbares Land entstehen. Der Nil spielt eine wichtige Rolle in der Geschichte des Volkes Israel. In der Zeit von Josef bleiben die Überflutungen sieben Jahre lang aus, was eine Hungersnot zur Folge hat. Mose wird als Säugling in einem Korb auf dem Nil ausgesetzt.

Finde heraus, was Jesaja für den Nil prophezeite.

1 Mose 41,1-36; 2 Mose 2,1-10; 2 Mose 7,14-24; **Jesaja 19,5-10**

→ Josef, Mose; siehe Karte Seite 152

Nil

 Nimrod („der Widerstreitende/der sich Empörende")
Sohn von Kusch, Enkel von Ham

Nimrod ist ein heldenhafter Krieger und großer Jäger. Bedeutende Städte wie Babylon und Ninive werden von ihm gegründet.

Finde heraus, mit wem Nimrod verwandt war.

1 Mose 10,8-12; **1 Chronik 1,10**

→ Babylon, Ninive

 Ninive
Hauptstadt des assyrischen Reiches, wird von Nimrod gegründet, liegt im heutigen Irak

Jona kündigt ca. 1.300 Jahre nach der Gründung die Zerstörung der inzwischen sehr großen Stadt als Strafe Gottes an. Der König ruft daraufhin zur Umkehr auf. Die Einwohner bereuen ihre bösen Taten und Gott verschont die Stadt zunächst.

Wissenswert: Die Söhne von König Sanherib wurden in Ninive getötet.

1 Mose 10,11-12; **2 Könige 19,36-37**; Jona 3,3-10; Jona 4,11; Jesaja 37,37-38

→ Jona, Assyrer, Sanherib; siehe Karte Seite 57

Jona vor der Stadt Ninive

 Ninive
Ich finde es gut, dass Gott die Menschen in Ninive verschont hat, weil sie sich sofort geändert haben, nachdem Jona ihnen die Strafe angekündigt hatte. Ich frage mich nur, warum Jona sich darüber geärgert hat? Vielleicht, weil Gott ihn erst auf diese weite Reise geschickt hat, um Ninive zu warnen und dann passierte nichts.
Jakob, 9 Jahre

 Nisroch → Sonderseite Götter, Seite 104+105

 Noah → Noach

Noach

Info

Name: Noach („Trost", „Ruhe")
Eltern: Vater Lamech, Mutter nicht bekannt
Geschwister: nicht bekannt
Familie: die Söhne Sem, Ham und Jafet
Geboren: nicht bekannt
Geburtsort: nicht bekannt
Sterbeort: wurde 950 Jahre alt, der Sterbeort ist nicht bekannt
Nationalität: nicht bekannt
Arbeit: Schiffsbauer, Landwirt, Weinbauer

Das Leben von Noach

- Gott will alle Menschen wegen ihrer Verstrickung in Gewalt auslöschen: „Jede Umsetzung der Planungen des menschlichen Herzens war durch und durch böse Tag für Tag" (1 Mose 6,9-13, Bibel in gerechter Sprache).
- Gott erbarmt sich aber über Noachs Familie, weil Noach „in enger Verbindung mit Gott lebte". Er fordert ihn auf, eine Arche zu bauen. In der Arche kann Noach sich, seine Frau, seine Söhne und deren Frauen sowie viele Tiere vor einer Vernichtung retten und sichert so den Fortbestand der Menschen und Tiere auf der Erde (1 Mose 8,13-19).
- Nach der Flut schließt Gott einen Bund mit Noach und mit allen Lebewesen (1 Mose 9,12): „Solange die Erde steht, soll nicht aufhören Saat und Ernte, Frost und Hitze, Sommer und Winter, Tag und Nacht" und setzt den Regenbogen als Bundeszeichen in die Wolken. Noach erhält außerdem die Erlaubnis, Fleisch zu essen, jedoch ohne Blut (1 Mose 8,20-22; 1 Mose 9,3-4; 1 Mose 9,8-17).
- Noach ist wie Kain ein Landwirt und in der Bibel der erste Weinberg-Pflanzer. Nach hohem Alkoholkonsum schläft Noach ein und wird von seinen Söhnen nackt im Zelt entdeckt (1 Mose 9,20-27).
- Im ersten Petrusbrief wird Noachs Rettung aus der Flut mit der Rettung aus dem Wasser der Taufe verglichen (1 Petrus 3,20-21).
- Mit Noach endet die Ära der ersten Patriarchen, deren Lebensdauer mit Ausnahme von Henoch weit über 700 Jahre ist.

💡 Wissenswert: Die Noachgeschichte ist kein wissenschaftlicher Bericht. Noach ist sich sicher: Die Rettung vor der großen Flut hat mit Gott zu tun. Oder?

→ Arche, Bund, Sintflut

Die Tiere kommen in die Arche

Weinstöcke

Nob – Ohr

 Nob → Ahimelech

 Nod („Wanderschaft")
unbekannter Landstrich, vermutlich in Mesopotamien östlich von Eden

Kain flieht nach dem Mord an seinem Bruder Abel dorthin – weg von Gott. Nod bedeutet „Wanderschaft". Das zugehörige hebräische Verb heißt „ruhelos". Es beschreibt die nomadische Lebensweise von Kain und den nach ihm benannten Kenitern.

Wissenswert: Kain benannte die erste Stadt, die er gründete, nach seinem Sohn.

 1 Mose 4,16-17
→ Kain, Abel, Eden

 Nomaden („mit Herden umherziehen")
Wanderhirten

Nomaden haben keine festen Häuser, sondern ziehen mit ihren Herden von Ort zu Ort. Ihre Wohnungen sind Zelte. Die Nomaden bauen ihre Zelte dort auf, wo es frisches Futter für ihre Tiere gibt. Abraham, Isaak und Jakob sind Nomaden.

Wissenswert: Auch heute noch gibt es in Europa Nomaden (z. B. das Volk der Samen – Rentierhirten).

 1 Mose 4,20
→ Zelt, Vieh, Abraham, Isaak, Jakob

Nomaden in Petra, Jordanien

 Noomi („die Liebliche")
Frau von Elimelech, Mutter von Machlon und Kiljon, Schwiegermutter von Rut

Noomi lebt wegen einer Hungersnot in Moab und kehrt nach dem Tod der Männer nach Betlehem als „Mara" (Bittere, Betrübte) zurück. Durch ihren klugen Rat kommen sich Rut und Boas näher und heiraten schließlich. Sie wird Pflegemutter ihres Enkelkindes Obed.

Finde heraus, wie Noomi mit König David und Jesus verwandt war.

 Rut 1–4; **Matthäus 1,1-17**
→ Rut, Boas

 Nordreich Israels → Israel

 Obadja („Diener des Herrn")
Verfasser der kürzesten Schrift des Alten Testaments

Obadja wird nur in der kleinen Überschrift zu Beginn seines Buches genannt. Weder der Name seines Vaters noch der Herkunftsort noch eine zeitliche Einordnung sind in den 21 Versen zu finden. Alles, was man über diesen Menschen erfahren kann, ist nur aus dem ihm zugeschriebenen Buch zu erschließen.

Wissenswert: Die jüdische Tradition hält den gottesfürchtigen Palastvorsteher von Ahab für den Autor der Obadja-Schrift.

 Obadja 1,1
→ Sonderseite Biblische Bücher, Seite 41-44

 Obadja („Diener des Herrn")
gottesfürchtiger Palastvorsteher von König Ahab

Durch sein mutiges Handeln schützt Obadja 100 Propheten vor der Ermordung durch Königin Isebel. Auf der Suche nach Viehfutter trifft Obadja im dritten Jahr einer Dürre den Propheten Elija und berichtet Ahab davon.

Wissenswert: Der Name Obadja wird in der Bibel für zwölf verschiedene Personen verwendet.

 1 Könige 18,1-16
→ Elija, Ahab, Isebel

 Obed („Diener/Knecht")
Sohn der Moabiterin Rut und ihres zweiten israelitischen Ehemanns Boas

Er wird von Noomi, der verwitweten israelitischen Schwiegermutter Ruts, betreut. Obed ist der Vater von Isai und damit der Großvater von König David.

Wissenswert: Obed wird im Stammbaum von Jesus und Josef erwähnt.

 Rut 4,17-22; **Matthäus 1,5;** Lukas 3,32
→ Rut, Boas, Noomi

 Obergemach → Sonderseite Stadt, Seite 254+255

 Obergewand → Sonderseite Kleidung, Seite 164+165

 Oberster Priester
hat die Aufsicht über alle Priester und ihre Aufgaben

Zur Zeit des Alten Testaments gibt es am Tempel in Jerusalem den Obersten Priester. Er hat darauf zu achten, dass die Gottesdienste richtig ablaufen und die Priester ihre Aufgaben erfüllen. Der Oberste Priester trägt ein besonders prachtvolles Gewand. Ein Mal im Jahr, am Großen Versöhnungstag, betritt er den heiligsten Ort im Tempel, das Allerheiligste. Dort bittet er Gott um die Vergebung von Schuld, die die Menschen auf sich geladen haben. Zur Zeit des Neuen Testaments bringt er im Tempel von Jerusalem bei großen Festen die Opfer dar. Zugleich spricht er

für das jüdische Volk, wenn es um politische Fragen geht. Und schließlich hat er die Aufsicht über den Jüdischen Rat. Somit ist er der wichtigste Mann, wenn es um politische oder religiöse Entscheidungen sowie Gerichtsurteile geht. Jesus wird als Oberster Priester bezeichnet. Er ermöglicht selbst die Vergebung von Schuld.

Finde heraus, wer der erste Oberste Priester war.

📖 **2 Mose 28,1-3**; Markus 14,53-64; Hebräer 9,11-14
→ Aaron, Jüdischer Rat, Leviten, Priester

Odem des Lebens → Lebenshauch

Offenbarung
etwas Verborgenes aufdecken, auch Buch in der Bibel

In der Bibel stellt Gott sich selbst auf unterschiedliche Weise den Menschen vor: Er begegnet ihnen wie ein Mensch oder durch Boten, er spricht in Träumen. Im brennenden Dornbusch offenbart Gott Mose seinen Namen: Jahwe = „Ich bin für dich da". Gottes Herrlichkeit und Schönheit zeigt sich über der Bundeslade, im Heiligen Zelt (Stiftshütte) und im Tempel. Auch in den Lobliedern Israels wohnt Gott. Im Neuen Testament offenbart sich Gott in Jesus von Nazaret. Schließlich offenbart Gott sich in der Auferweckung des gekreuzigten Jesus und in der Sendung des Heiligen Geistes.

Finde heraus, welchen Auftrag Gott Mose aus dem brennenden Dornbusch gab.

📖 **2 Mose 3**; 1 Samuel 9,6; 1 Mose 28,10-17; Matthäus 11,25-27; 1 Samuel 3,15; 2 Samuel 7,17; Jesaja 1,1; 1 Korinther 2,13; Kolosser 1,26; 1 Johannes 1,2; Offenbarung 1,19; Psalm 22,4
→ Mose, Bundeslade, Stiftshütte, Jesus, Auferweckung, Heiliger Geist

Offizier
auch Hauptmann, Oberster, militärischer Rang, Übersetzung von unterschiedlichen militärischen Bezeichnungen

Mit Offizier wird im Neuen Testament der römische Hauptmann (Centurio) bezeichnet, der 100 Soldaten befehligt. Paulus wird von einem Hauptmann der kaiserlichen Abteilung, Julius, nach Rom begleitet.

Wissenswert: Ein Hauptmann bat Jesus, seinem erkrankten Knecht zu helfen.

📖 **Matthäus 8,5-13**; Apostelgeschichte 27
→ Julius, Paulus, Rom

Ofra
Ort, in dem Gideon lebt; liegt im Stammesgebiet Manasse

In Ofra bekommt Gideon von einem Engel Gottes den Auftrag, die Israeliten vor den Midianitern zu retten. Als der Engel Gideon durch ein Zeichen beweist, dass wirklich Gott sein Auftraggeber ist, baut Gideon Gott aus Dankbarkeit in Ofra einen Altar.

Finde heraus, was der Engel tat, um Gideon zu beweisen, dass er von Gott kam.

📖 **Richter 6,11-24**
→ Gideon, Midianiter; siehe Karte Seite 132

Og („Mensch")
sagenhafter König von Baschan, lebt zur Zeit von Mose

Og ist einer der letzten „riesenhaften" Herrscher aus dem Volk der Amoriter. In der Bibel steht, dass Mose sein Gebiet mit sechzig stark befestigten Ansiedlungen einnimmt. Ogs Land kommt zum Besitz vom Stamm Manasse.

Wissenswert: Der Sarg von Og soll etwa 4,15 m x 1,85 m groß gewesen sein.

📖 **5 Mose 3,1-11**; Josua 2,10
→ Amoriter, Mose

Ohr
Organ zum Hören

Wenn in der Bibel vom Ohr die Rede ist, ist damit oft eine Aufforderung verknüpft: Die Menschen sollen auf Gott hören. Sie sollen beachten und ernst nehmen, was Gott sagt. Gott hört, was die Menschen sagen. Er beachtet ihre Gedanken und Worte und hört, wenn sie um Hilfe schreien.

Wissenswert: Ein durchbohrtes Ohrläppchen war im Alten Testament das Zeichen für jemanden, der freiwillig ein Sklave blieb.

📖 **2 Mose 21,1-6**; Sprichwörter 20,12; 1 Chronik 28,8
→ Sklave

Hast du schon mal einen Ohrwurm gehabt?

Ölbaum – Palast

Ölbaum
auch Olivenbaum; mittelgroßer, im Alter oft knorriger Baum

Das Öl aus den Oliven ist zur Zeit der Bibel ein wichtiges und gesundes Grundnahrungsmittel. Man benutzt das Öl für Speisen, aber auch bei Opfergaben, als Brennöl und zum Salben des Haars und des Körpers. Dem Volk Israel wird die Frucht des Ölbaums im Gelobten Land verheißen. Der Ölbaum ist ein Zeichen für Wohlstand, aber auch für den Frieden.

💡 Finde heraus, welche Bedeutung ein Blatt vom Ölbaum für Noach hatte.

📖 **1 Mose 8,1-12**
→ Feigenbaum, Weinstock

Alter Olivenbaum / Ölbaum

Ölberg
Erhebung nordöstlich der Jerusalemer Altstadt

Der Ölberg mit der Himmelfahrtskuppe ist 809 m hoch und liegt damit 120 m über dem Kidrontal und etwa 65 m über dem Tempelberg. Jesus zieht vom Ölberg aus nach Jerusalem ein. Wenig später wird er im Garten Getsemani am Fuß des Ölbergs gefangen genommen.

💡 Kannst du dir denken, warum der Ölberg Ölberg heißt?

📖 **Lukas 19,28-40; Lukas 22,39-53; Apostelgeschichte 1,9-12**
→ Jerusalem

Blick auf den Ölberg heute

Ölberg
Ich war schon in Jerusalem und auch auf dem Ölberg. Von hier aus gibt es einen super Blick auf die Stadt. Beeindruckend fand ich auch zu wissen, wer hier schon alles vor Ort war, durchlief und was hier alles passiert ist. Schließlich wird im Neuen Testament viel darüber berichtet. Außerdem sieht man von dort aus auch sehr gut die Mauer, die die Altstadt umgibt. Auf der kann man teilweise sogar spazieren gehen!
Melanie Burmeister

Oliven → Sonderseite Gemüse und Obst, Seite 94

Öllampe → Sonderseite Zimmer, Seite 300+301

Sehr alte Öllampen aus Ton

Omri → Sonderseite Könige Israels, Seite 168-171

Onan („Zeugungskraft", „voll Lebenskraft")
Sohn von Juda

Onan soll Tamar, die Witwe seines verstorbenen Bruders, heiraten, um mit ihr Nachkommen zu zeugen. So ist es zur Zeit des Alten Testaments üblich. Er weigert sich jedoch, mit ihr Kinder zu zeugen. Da Gott nicht gefällt, dass sich Onan seiner Verantwortung entzieht, lässt er ihn sterben.

💡 Finde heraus, warum es sinnvoll war, dass Onan der Witwe seines verstorbenen Bruders Kinder zeugen sollte.

📖 **1 Mose 38,4-10; 5 Mose 25,5-10**
→ Tamar, Juda

Onesimus („der Nützliche")
Sklave von Philemon

Onesimus läuft Philemon weg und bleibt einige Zeit bei Paulus. Dort lässt er sich taufen. Paulus schickt Onesimus zurück und schreibt Philemon einen Brief mit der Bitte um milde Bestrafung im Umgang mit dem Entlaufenen. Später ist Onesimus Mitarbeiter von Paulus.

Wissenswert: Onesimus wurde später vielleicht sogar Bischof von Ephesus.
📖 Philemon 8-22; Kolosser 4,9
→ Philemon, Paulus

Onias (A)
Oberster Priester in Israel, Bruder von Jason

Gottes Gebote sind Onias wichtig und er hasst das Böse. Weil ein Mann dem König eine Lüge über Onias erzählt, kann sich sein Bruder Jason das Amt des Obersten Priesters erkaufen. Später wird Onias ermordet, weil er den Diebstahl von Tempelgeräten verurteilt.
Wissenswert: Onias erlebte, wie Gott einen Tempelraub verhinderte.
📖 2 Makkabäer 3,1-3; **2 Makkabäer 3,22-36**; 2 Makkabäer 4,30-35
→ Jason (A), Oberster Priester

Opfer → Sonderseite Opfer, Seite 210+211

Opferfeuer → Sonderseite Opfer, Seite 210+211

Opferlamm Gottes → Jesus, Sonderseite Opfer, Seite 210+211

Opferstätten → Sonderseite Opfer, Seite 210+211

Ornat
festliche Amtstracht eines Geistlichen, Herrschers oder hohen Beamten

Der Ornat wird bei großen Festen oder im Gottesdienst getragen. Bei der Krönung eines Königs wird zum Beispiel der Königsornat getragen.
Wissenswert: Schon im Alten Testament trugen die Könige in Israel einen Ornat, also königliche Kleider.
📖 **1 Könige 22,10**
→ Priester

Orpa („sich Abkehrende" oder „Widerspenstige")
Schwiegertochter von Noomi, Schwägerin von Rut

Das Buch Rut erzählt von einer israelitischen Familie, die wegen einer Hungersnot nach Moab auswandert. Die Söhne heiraten dort Rut und Orpa. Nachdem beide Söhne gestorben sind, bleibt Orpa in Moab, Rut zieht mit Noomi zurück nach Israel.
Finde heraus, wozu Noomi ihre Schwiegertöchter drängte.
📖 **Rut 1,1-17**
→ Rut, Noomi, Moab

Ostern
an diesem Tag feiern Christen, dass Jesus von den Toten auferstanden ist

Am dritten Tag nach der Kreuzigung kommen Frauen zum Grab von Jesus und finden es leer. Engel sagen ihnen, dass Jesus auferstanden ist. Sie erzählen es sofort den Jüngern. Später erscheint ihnen Jesus sogar selbst. Da verstehen sie, dass er auferstanden ist und lebt. Weil Jesus an einem Sonntag auferstanden ist, feiern wir an diesem Tag Gottesdienst. Ostern wird immer am Sonntag nach dem ersten Frühlingsvollmond gefeiert. Wir verschenken Eier, weil sie das Symbol für neues Leben sind.
Wissenswert: Hast du schon gewusst, dass das Wort „Ostern" in der Bibel gar nicht vorkommt?
📖 Lukas 24,1-12; 1 Korinther 15,1-8
→ Jesus, Auferstehung

Otniël
Bruder von Kaleb, Richter im Volk Israel nach der Besiedelung Kanaans

Otniël ist der erste Richter, der von Gott über das Volk Israel eingesetzt wird. Wie die anderen Richter schafft er Einheit unter den zwölf Stämmen Israels, verteidigt das Volk Israel gegen Feinde, spricht Recht in Streitfällen und sorgt dafür, dass sich die Israeliten an Gottes Gesetze und Regeln halten. Dadurch rettet er sie vor der Strafe Gottes.
Wissenswert: Es gibt zwölf Richter im Richterbuch.
📖 Richter 3,7-11
→ Richter, Debora, Gideon

Otter
Schlangenart

In der Bibel wird der hebräische Begriff „pätän" für diese Schlange mit Otter übersetzt. Damit könnten die giftige Hornviper oder die Uräusschlange gemeint sein. In Israel gibt es aber auch die Levanteotter und die Sandrasselotter.
Wissenswert: Die Schlangenbeschwörer in Ägypten arbeiteten zur Zeit der Bibel mit der Uräusschlange.
📖 Psalm 58,5; Jesaja 11,8; Jesaja 59,5
→ Schlange

Hornviper

Palast
Wohnort eines Herrschers, auch Amtssitz des römischen Befehlshabers

Könige in Israel, wie David oder Salomo, wohnen und regieren zur Zeit des Alten Testaments in einem Palast. Im Neuen Testament wird Jesus vor seiner Verurteilung zu Pilatus, dem römischen Statthalter von Judäa, gebracht.

🕎 Opfer

Opfer (abgeleitet vom Lateinischen: ob = entgegen, ferre = bringen)
eine Gabe, die Gott (oder Göttern) dargebracht wird
In Israel (und in vielen anderen Völkern) opfern die Menschen Schmuck, Waffen, Gefäße, Speisen oder Tiere. Die Opfertiere (Rinder, Schafe, Ziegen und Tauben) müssen gesund und fehlerlos sein.
Es gibt verschiedene Anlässe für ein Opfer wie zum Beispiel Dankbarkeit, Bitte um Frieden oder Bitte um Vergebung von Schuld. Auch unterschiedliche Opferarten gibt es: Tieropfer, Speiseopfer, Trankopfer, Schlachtopfer, Brandopfer und Räucheropfer.
Meistens wird an einem Heiligtum geopfert und ein Priester übernimmt den wichtigsten religiösen Teil der Opferhandlung. Dazu hat Gott genaue Regeln festgelegt.
💡 Wissenswert: Es gibt sogar regelmäßige tägliche Opfer, die morgens und abends stattfinden.
📖 3 Mose 4,3-12; 2 Mose 29,38-45
→ Schuld, Vergebung, Blut

Opferstätten
Orte, an denen Opfer für Gott (oder auch für fremde Götter) dargebracht werden
Meist befinden sich Opferstätten an heiligen Orten. Das sind im Alten Testament z. B. das Heiligtum in Silo oder der Tempel in Jerusalem. Es gibt auch besondere Hügel, auf denen Opfer dargebracht werden.
💡 Wissenswert: Das Volk Israel hatte während seiner Wüstenwanderung ein Heiliges Zelt (Stiftshütte) dabei und brachte davor Gott Opfer.
📖 2 Mose 40,1-15
→ Stiftshütte

Stiftshütte

Altar
(vom Lateinischen „adolere" = „verbrennen")
Platz, an dem ein Opfer dargebracht wird, besteht meist aus Stein oder Lehm und kann mehrere Meter lang und hoch sein
Auf Brandopferaltären werden die ganzen Opfertiere oder auch nur Teile von ihnen im Opferfeuer verbrannt. Spezielle Räucheraltäre werden für das Fett der Tiere, Backwaren oder Kräuter benutzt. Auch der Schaubrottisch, auf dem Brote für Gott liegen, ist ein Altar.
💡 Wissenswert: Ein Mensch, der mit dem Tod bedroht wurde, war geschützt, wenn er die Hörner des Altars anfasste.
📖 2 Mose 21,12-14; 1 Könige 1,50

Antiker griechischer Altar

→ Brandopfer, Räucheropfer, Speiseopfer

Schlachtbank
ein Tisch, auf dem Kleintiere geschlachtet werden bzw. Fleisch zerteilt wird
Dies geschieht unter freiem Himmel, auf einem Markt oder an einer Opferstätte. Martin Luther hat in seiner Bibelübersetzung dieses Wort verwendet. In anderen Bibelübersetzungen wird hier von „Schlachtung" gesprochen.
📖 Jesaja 53,7

Opferlamm Gottes
Name für Jesus Christus, Gottes Sohn
So wie ein Lamm oder Schaf von jemandem geopfert wird, der gegen Gottes Gebote verstoßen hat, hat Gott selbst seinen eigenen Sohn geopfert. Weil Menschen Gott oft ablehnen, sind sie vor ihm schuldig. Jesus hat diese Schuld bezahlt. Im Gegensatz zu den Opfern der Israeliten muss dieses Opfer nicht immer wieder neu gebracht werden. Jesus ist einmal für alle gestorben und hat damit alle Menschen mit Gott versöhnt.
💡 Wissenswert: Jesus hat damit den Karfreitag zu unserem Versöhnungstag gemacht.
📖 Hebräer 9,15; Hebräer 10,1-4.8-10
→ Jesus

Schuld- und Sühneopfer
Tieropfer, um begangenes Unrecht gegen Gottes Gebote wieder in Ordnung zu bringen

Das Wichtigste an diesem Opfer ist, dass die Schuld des Menschen auf das Tier übertragen wird. Als Zeichen dafür legt der Mann, der opfert, seine Hand auf den Kopf des Tieres. Beim Schlachten wird das Blut aufgefangen und damit ein Horn am Altar bestrichen. Der Rest wird am Sockel des Altars ausgegossen. Das Tier wird zerlegt und auf dem Altar verbrannt.

💡 Wissenswert: Dieses Opfer ist auch bei unabsichtlich begangenem Unrecht nötig.

📖 3 Mose 4,27-35
→ Blut

Versöhnungstag Jom Kippur („Tag der Entsühnungen")
wichtiger jüdischer Feiertag, wird im September/Oktober gefeiert

Am Versöhnungstag opfert der Oberste Priester für die Sünden des Volkes einen Ziegenbock. Danach überträgt der Oberste Priester symbolisch die Sünden des ganzen Volkes auf einen zweiten Ziegenbock. Dieser wird dann in die Wüste geschickt, damit er sie wegträgt.

💡 Wissenswert: Die Menschen sollten an diesem Tag nicht arbeiten, sondern Gott ihre Schuld sagen und fasten.

📖 3 Mose 23,26-32; 3 Mose 16,1-34
→ Sonderseite Biblische Feste, Seite 76+77

Brandopfer
Opfer, bei dem ein Tier komplett auf dem Altar verbrannt wird

Das Opfertier kann ein Rind, ein Schaf oder eine Ziege sein. Bei einem Brandopfer ist der Gedanke der Versöhnung wichtig. Das Brandopfer macht aber auch die gänzliche Hingabe eines Menschen an Gott sichtbar. Das Opfertier wird geschlachtet. Die Priester fangen das Blut auf und besprengen den Altar damit. Dann wird das Tier ganz und gar verbrannt. So steigt das Opfer in Flammen und Rauch zu Gott empor.

💡 Wissenswert: Arme Leute durften statt Rind, Schaf oder Ziege auch Tauben opfern.

📖 3 Mose 1

Dankopfer
Opfer, um sich bei Gott besonders zu bedanken, besteht aus einem Tieropfer und Backwaren

„Dankopfer" ist auch ein anderer Name für Heils- oder Friedensopfer. Bei dem Dankopfer wird nicht das gesamte Tier, sondern nur das Fett verbrannt. Das Fleisch des Tieres wird gekocht und von der Familie und Freunden des Gastgebers gegessen. Es ist ein fröhliches Festessen. Deshalb nennt man es auch Gemeinschaftsopfer.

💡 Wissenswert: Die Backwaren bei einem Dankopfer enthielten im Gegensatz zum Speiseopfer teilweise auch Sauerteig.

📖 3 Mose 7,11-13

Speiseopfer und Trankopfer
unblutiges Opfer aus pflanzlichen Lebensmitteln

Meist werden Mehl, Getreide oder gegarte Speisen geopfert. Sie dürfen weder Sauerteig noch Honig enthalten. Dagegen ist Salz eine Zutat, die auf keinen Fall fehlen darf. Man übergibt dem Priester die Opfergabe. Dieser begießt sie mit Öl und bestreut sie manchmal mit Weihrauch. Dann verbrennt er einen Teil davon auf dem Brandopferaltar. Das Trankopfer (Wasser, Wein, Öl) wird am Altar ausgegossen, um Gott einen Teil der Gaben, die er den Menschen schenkt, zurückzugeben.

💡 Wissenswert: Auch der Teil des Opfers, der den Priestern gehört, ist heilig.

📖 3 Mose 2; 2 Mose 28,38-40

Reinigungsopfer
Opfer, das am Ende eines Reinigungsritus dargebracht wird

Nur die Juden, die rein sind, dürfen sich Gott nähern und an den Gottesdiensten teilnehmen. „Unrein" ist alles, was gegen Gottes Gebote verstößt, aber auch bestimmte Tiere, Krankheiten und Verstorbene. Durch festgelegte Handlungen, wie Reinigungsriten, Opfer und Buße, können sich Menschen, die „unrein" geworden sind, reinigen.

📖 3 Mose 11; 3 Mose 14,1-32; Ijob 18,13

Räucheropfer
Opfer, das durch Verbrennen Gott dargebracht wird

Ursprünglich ist dies das Fett eines Schlachtopfers oder auch Brot oder Kuchen eines Speiseopfers. Später werden auch Kräuter verbrannt.

💡 Wissenswert: Die Menschen verbrannten in ihrem Haus Kräuter als Räucheropfer. Sie benutzten dazu kleine Räuchergeräte, die wie Tassen oder Würfel aussahen.

📖 2 Mose 30, 34-38

Er hält sich in seinem Palast (Prätorium) in Jerusalem auf.
 Finde heraus, was der „Libanonwald" in der Palastanlage von König Salomo war.
 1 Könige 7,1-12; Johannes 18,28-38
→ Salomo, Pilatus

Ruinen eines Palastes des König Herodes in Judäa

  Palastvorsteher → Sonderseite Arbeit für einen Herrscher, Seite 158+159

 Palästina („Philisterland")
Bezeichnung für das „Heilige" oder „Gelobte Land"
Palästina liegt zwischen dem Libanon im Norden, der Wüste Negev im Süden, dem Mittelmeer im Westen und der syrisch-arabischen Wüste im Osten. In der Bibel heißt dieses Gebiet Kanaan und wird Abraham und seinen Nachkommen von Gott versprochen. Das Volk Israel siedelt sich dort an. Der um 450 v. Chr. auftauchende Name „Palästina" bezeichnet das Wohngebiet der Philister im Westen Israels, zur Küste hin. Als im 2. Jahrhundert n. Chr. die Region Judäa von den Römern in „Syria Palaestina" umbenannt wird, fügen die Römer die Gebiete von Israel und Westjordanien hinzu. Seitdem ist Palästina der Name einer großen Region mit mehreren Staaten, die sich immer wieder um das Recht an dem Land oder an Teilen des Landes streiten.
 Wissenswert: Der Staat Israel in Palästina wurde am 14. Mai 1948 gegründet.
 1 Mose 12,1-9; Josua 11,16-23; 1 Könige 5,4
→ Philister, Judäa, Kanaan

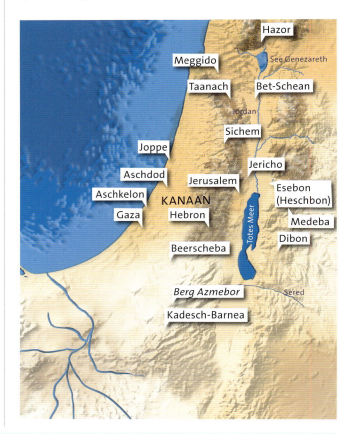

Rezept

Horoset

Ihr braucht:
- 5 kleine Äpfel, gerieben
- Saft und Schale einer halben Zitrone
- 15 Datteln
- 125g Mandeln, gemahlen
- 2 Feigen
- getrocknete Aprikosen nach Geschmack
- 1 Tl. Zimt
- Honig nach Geschmack
- 1/8 l roter Traubensaft

So geht's:
Alle Früchte reiben, pressen oder klein schneiden und untereinander vermengen, dann vermischen mit Zimt, Honig und Traubensaft. Die Masse zu kleinen Bällchen formen und zu Matzen oder Knäckebrot essen.

Zutaten

Horoset gibt es auch als Brei

Palastvorsteher – Patmos

Palmen

Palme
großer Baum, in Israel zur Zeit der Bibel oft Dattelpalme

Die Dattelpalme hat keine seitlichen Äste, aber an der Spitze große Büschel von meterlangen belaubten Zweigen. Diese werden zum Erbauen von Hütten beim Laubhüttenfest gebraucht. In den Psalmen wird ein gerechter Mensch mit einer Palme verglichen.

Finde heraus, was die Menschen auf den Weg legten, als Jesus in Jerusalem einzog.
 Matthäus 21,6-8; 3 Mose 23,39-43; Psalm 92,13-16
→ Laubhüttenfest, Dattel, Jerusalem

Palme Deboras → Deborapalme

Panther
Raubkatze in Israel

Manchmal stimmt die Bezeichnung von Tieren in der Bibel nicht mit unserer heutigen überein. Wir denken heute an eine schwarze Raubkatze. Zur Zeit der Bibel wird mit einem Panther eine Raubkatze bezeichnet, die auf dem helleren Fell dunkle Punkte hat. Gelegentlich wird diese Raubkatze in der Bibel Leopard genannt.

Finde heraus, in welcher Prophezeiung der Panther eine Rolle spielt.
 Jesaja 11,1-8; Jeremia 13,23
→ Leopard, Löwe

Papyrus
Schreibmaterial aus dem Mark der Papyruspflanze

Das Mark aus dem Stängel der Pflanze wird in lange Streifen zerteilt. Diese werden kreuzweise übereinandergelegt und zu Platten gepresst. Dabei wirkt der stärkehaltige Saft der Pflanze wie Kleber. Die so entstandenen „Blätter" können aneinandergeklebt werden und Rollen bilden. Das Material wird nur auf einer Seite beschrieben, sodass der Text durch Anfeuchten und Abwischen wieder gelöscht werden kann. Aus den Stängeln dieser Sumpfpflanze ließen sich auch Körbe flechten und Boote bauen.

Wissenswert: Das Kästchen, in dem Mose lag, wurde aus Binsen gefertigt.
 2 Mose 2,1-10
→ Pergament

Papyrusrollen

Paradies
auch „Garten Eden", von Gott geschaffener Garten

Nachdem Gott die Welt geschaffen hat, legt er einen Garten an, in dem Adam und Eva mit Gott leben. Später müssen sie diesen Garten verlassen. Dieser Garten trägt auch den Namen Paradies. Mit Paradies ist aber auch ein Ort bei Gott gemeint, an dem Christen nach ihrem Tod sind. Als Jesus am Kreuz stirbt, verspricht er dem neben ihm gekreuzigten Verbrecher: „Du wirst noch heute mit mir im Paradies sein." (GNB)

Finde heraus, welchen besonderen Edelstein es im Paradies gibt.
 1 Mose 2,8-14; 1 Mose 3,20-24; Lukas 23,39-43
→ Eden, Schöpfung, Adam, Eva

Parmenas
Diakon in der ersten Christengemeinde

Parmenas gehört zu den sieben Diakonen, die in der ersten Christengemeinde in Jerusalem gewählt werden, um den Witwen zu helfen und die Gemeindeleiter zu unterstützen.

Finde heraus, welcher der Diakone gesteinigt wurde.
 Apostelgeschichte 6,1-7; **Apostelgeschichte 7,54-60**
→ Diakon, Stephanus

Passa → Sonderseite Biblische Feste, Seite 76+77

Passalamm → Sonderseite Biblische Feste, Seite 76+77

Passamahl → Sonderseite Biblische Feste, Seite 76+77

Patmos
Insel vor der Küste der heutigen Türkei, sehr felsig, liegt im Ägäischen Meer

Auf diese Insel wird Johannes vom römischen Kaiser verbannt. Dort zeigt Jesus ihm in Visionen, wie es mit der Welt weitergehen wird.

Wissenswert: Auf Patmos gibt es ein Kloster. An dem Weg zum Kloster liegt eine Höhle, von der gesagt wird, dass Johannes dort die Offenbarung geschrieben habe.
 Offenbarung 1,1-2; Offenbarung 1,9
→ Johannes, Offenbarung

Blick auf die Insel Patmos heute

1. Missionsreise von Paulus

Reise von Paulus

1. Paulus, Barnabas und Johannes Markus bekommen von der Gemeinde in Antiochia den Auftrag, umherzureisen und anderen Menschen von Gott zu erzählen (Apostelgeschichte 13,1-3).

2. In Zypern gehen sie in viele Synagogen und der römische Statthalter Sergius Paulus bekehrt sich (Apostelgeschichte 13,4-12).

3. Mit dem Schiff fahren sie nach Perge. Johannes Markus trennt sich von dem Rest der Gruppe und kehrt zurück nach Jerusalem (Apostelgeschichte 13,13).

4. In Antiochia predigt Paulus in der Synagoge. Barnabas und er werden aus der Stadt vertrieben (Apostelgeschichte 14,1-5).

5. Sie bleiben für einige Zeit in Ikonion, wo viele Leute gläubig werden. Doch als ihr Leben in Gefahr ist, müssen sie wieder fliehen (Apostelgeschichte 14,1-5).

6. In Lystra sind Barnabas und Paulus in Gefahr. Paulus wird mit Steinen fast getötet (Apostelgeschichte 14,7-20).

7. In Derbe können Paulus und Barnabas Menschen für das Christentum gewinnen (Apostelgeschichte 14,21). Sie gehen später den gleichen Weg zurück, den sie gekommen sind, und bauen Gemeinden auf (Apostelgeschichte 14,21-23).

8. Sie kehren über Perge und Attalia schließlich nach Antiochia zurück (Apostelgeschichte 14,24-28).

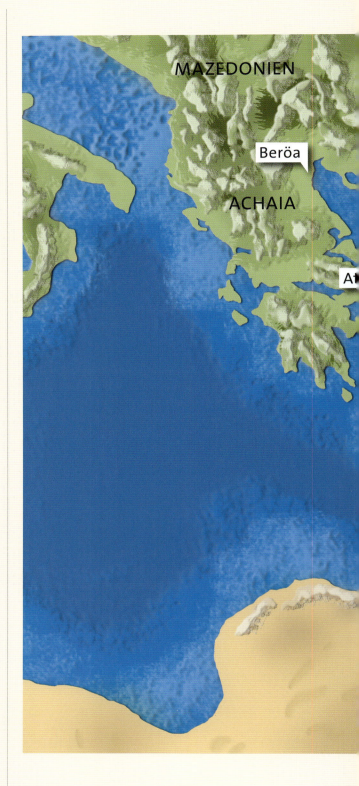

→ 2. und 3. Missionsreise von Paulus, Seite 306+307

1. Missionsreise von Paulus

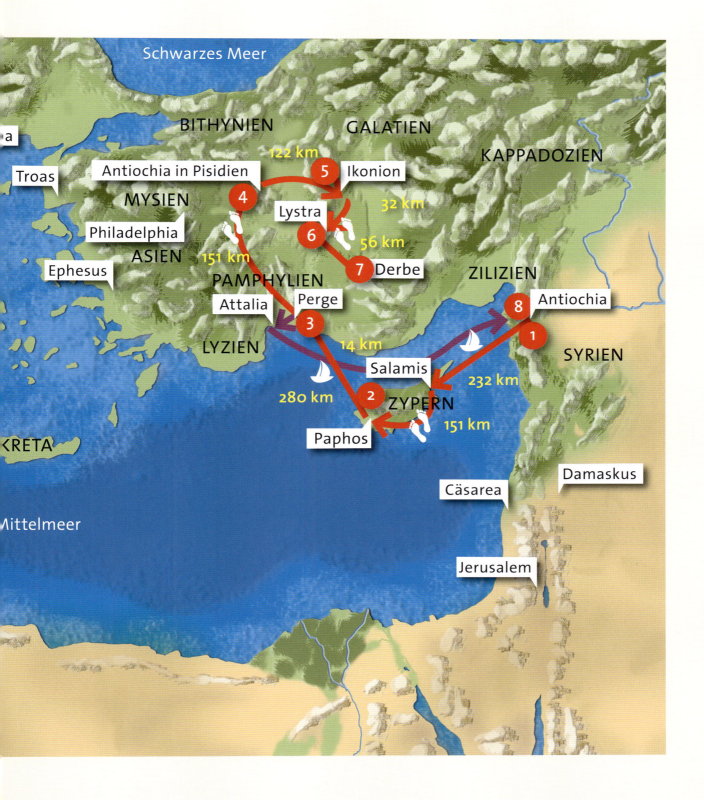

Paulus

Info

Name: Paulus (latainisch = „der Kleine" oder „der Geringe"), hebräisch = Saul (Saulus)
Eltern: Vater ist Zeltmacher in Tarsus
Geschwister: nicht bekannt
Familie: vermutlich war Paulus unverheiratet
Geboren: etwa zur selben Zeit, als Jesus geboren wurde
Geburtsort: wahrscheinlich Tarsus in Zilizien im Römischen Reich
Sterbeort: vielleicht Rom
Nationalität: Jude aus dem Stamm Benjamin und römischer Staatsbürger
Arbeit: Zeltmacher, jüdischer Gelehrter, später Missionar und Gemeindegründer, als solcher wird er auch Apostel genannt

Paulus
Paulus war ein Christ. Er glaubte an Gott und Jesus. Er ging mit Freunden überall hin, um von Gott und Jesus zu erzählen. Mehrmals passierte es Paulus, dass er deswegen ins Gefängnis geworfen wurde. Aber Paulus verlor nicht den Mut. Er betete weiter zu Gott und schrieb seinen Freunden und vielen anderen Briefe. **Philomena, 10 Jahre**

Das Leben von Paulus

● Als jüdischer Gelehrter verfolgt Paulus die Christen. Doch dann wird er selbst Christ. Jesus möchte, dass Paulus besonders Nichtjuden und ihren Herrschern, aber auch Juden, von ihm erzählt (Apostelgeschichte 9, 1-18). Das tut Paulus. Doch nun wird er selbst verfolgt und flieht.
● Bei einem Besuch in Jerusalem lernt Paulus Petrus kennen (Galater 1,18). Paulus wird erneut verfolgt und flieht in seine Heimatstadt Tarsus, wo er einige Jahre bleibt. Dann wird er nach Antiochia im römischen Regierungsbezirk Syrien geholt, wo er in der Gemeinde mitarbeitet.
● Die Gemeinde in Antiochia segnet Paulus für seinen Einsatz als Missionar. Den Christen in dieser Gemeinde ist klar: Das ist der Auftrag, den Paulus erfüllen muss. Der Heilige Geist sendet Paulus aus (Apostelgeschichte 13,1-4a).

● Paulus macht insgesamt drei Missionsreisen, die ihn bis nach Athen führen (Apostelgeschichte 17,15). So hilft Paulus, dass sich der Glaube an Jesus in Europa verbreitet. Auf seinen Missionsreisen arbeitet Paulus eng mit anderen Christen zusammen. Auch Barnabas, Silas, Lukas und zeitweise Markus gehören zu seinem Team.
● Nach seiner dritten Missionsreise wird Paulus in Jerusalem gefangen genommen und vor Gericht gestellt (Apostelgeschichte 21,33-34). Paulus beruft sich auf sein römisches Bürgerrecht. Deshalb wird er nach Rom gebracht, um als Römer vor dem Kaiser auszusagen (Apostelgeschichte 25, 10-12). Dort bleibt er zwei Jahre lang. Die Bibel berichtet nicht, was danach geschieht.
● Paulus wird zuerst Saulus genannt. Auf seiner ersten Missionsreise begegnet er dem römischen Statthalter von Zypern, der Sergius Paulus heißt (Apostelgeschichte 13,4-12). Von da an wird er mit seinem römischen Namen Paulus genannt.
● In der Apostelgeschichte wird von den Erlebnissen von Paulus erzählt. Paulus hat außerdem einige Briefe geschrieben, die im Neuen Testament zu finden sind.

💡 Finde heraus, wie oft Paulus Schiffbruch erlitten hat.
📖 **2 Korinther 11,25**
→ Apostel, Bibel, siehe Karten Seite 214+215 und 306+307

So können beschriebene Seiten zur Zeit von Paulus ausgesehen haben

Pekach → Sonderseite Könige Israels, Seite 168-171

 Pekachja → Sonderseite Könige Israels, Seite 168-171

 Peninna („Koralle")
Frau von Elkana, lebt zur Zeit der Richter in Israel

Peninna ist Mutter mehrerer Töchter und Söhne. Sie macht sich lustig über Hanna, die andere Ehefrau von Elkana, die kinderlos geblieben ist.

- Finde heraus, welche besondere Zuwendung Elkana seiner Frau Hanna gab, die er Peninna aber vorenthielt.

📖 **1 Samuel 1,2-6**
→ Elkana, Hanna, Richter

 Penuël („Angesicht Gottes")
Ort am Fluss Jabbok

Der Ort Penuël liegt unmittelbar am Jabbok, der ein Nebenfluss des Jordan ist. Bedeutsam ist dieser Ort, weil Jakob an dieser Stelle eine ganze Nacht mit Gott bzw. seinem Engel kämpft. Obwohl Jakob verletzt wird, lässt er sich nicht von seinem Gegner abschütteln. Erst als der ihn segnet, lässt Jakob los. Jakob erhält daraufhin den Namen Israel. König Jerobeam macht Penuël später für einige Zeit zu seinem Regierungssitz.

- Finde heraus, welche Verletzung Jakob in diesem Kampf erlitt.

📖 **1 Mose 32,23-32**; Hosea 12,3-5; 1 Könige 12,25
→ Jakob, Jabbok, Jerobeam; siehe Karte Seite 137

 Perez („Riss")
Sohn von Juda und Tamar, Zwillingsbruder von Serach

Perez ist ein Vorfahre von David und Jesus. Eigentlich ist sein Bruder der Erstgeborene, aber der zieht seine Hand bei der Geburt wieder zurück und so wird Perez zuerst geboren.

- Zähl doch mal nach, der wievielte Vorfahre er von Jesus war.

📖 1 Mose 38,27-30; Rut 4,18-22; **Lukas 3,23-33**; Matthäus 1,3
→ Juda, David

Altes Pergament

 Pergament
teures, widerstandsfähiges Schreibmaterial aus behandelten Tierhäuten

Zur Herstellung von Pergament werden die Tierhäute in einer Kalklösung aufgeweicht und abgeschabt. Danach werden die Häute gewaschen, getrocknet, gespannt und geschmeidig gemacht. Für die Herstellung von Gesetzesrollen dürfen nur Häute von makellosen Tieren verwendet werden.

- Wissenswert: Der Apostel Paulus hatte auf Pergament geschriebene Bücher.

📖 **2 Timotheus 4,13**
→ Papyrus

 Pergamon
zu biblischer Zeit große Stadt an der Westküste von Kleinasien; heute Türkei

An Pergamon ist eins von sieben Sendschreiben der Offenbarung gerichtet. Heute heißt die Stadt Bergama.

- Wissenswert: Es gibt in Berlin ein Pergamon-Museum. Dort ist der Nachbau des babylonischen Ischtar-Tores zu sehen, durch das König Nebukadnezzar mit dem versklavten Volk Israel im Jahre 586 v. Chr. gezogen ist.

📖 Offenbarung 1,11; Offenbarung 2,12
→ Offenbarung, Nebukadnezzar, Babylon

Perge
Hauptstadt der Landschaft Pamphylien in Kleinasien; heute Stadt in der Türkei

Der Apostel Paulus fährt auf seiner ersten Missionsreise mit dem Schiff von der Insel Zypern nach Kleinasien. Dort ist Perge seine erste Station. Auf der Rückreise predigt er hier.

- Wissenswert: Bei Perge gab es einen Tempel für die Göttin Artemis.

📖 Apostelgeschichte 13,13-14; Apostelgeschichte 14,25
→ Paulus; siehe Karte Seite 214+215

Perisiter – Petrus

Perisiter („Abgesonderte", „Außenbevölkerung") zählen neben den Kanaanitern und anderen Volksgruppen zur ursprünglichen Bevölkerung von Israel, leben im Hügel- und Bergland außerhalb der Städte
Abraham lebt mit seiner Familie im Land Kanaan. Später kommen die Israeliten nach ihrem Auszug aus Ägypten und der Wanderung durch die Wüste dorthin, um auch das Land der Perisiter zu erobern.

💡 Finde heraus, welcher Stamm der Israeliten als erster das Land der Kanaaniter und Perisiter eroberte.
📖 1 Mose 13,7; 2 Mose 3,17; **Richter 1,1-5**
→ Abraham, Auszug

Perle entsteht durch kleine Fremdkörper, die im Inneren einer Perl-Auster (Muschel) eingekapselt werden
Im Vorderen Orient kommt die Perl-Auster im Persischen Golf und im Roten Meer vor. Perlen sind auf dem Handelsmarkt sehr beliebt, denn sie dienen als kostbarer, wertvoller Schmuck.

💡 Finde heraus, woher die Redewendung „Perlen vor die Säue werfen" kommt.
📖 **Matthäus 7,6**; Matthäus 13,44-46
→ Rotes Meer

Perle in einer Perl-Auster

Persien, Perser großes Königreich im heutigen Iran, der Name kommt von dem Gebiet „Persis"; Perser sind die Bewohner von Persien
Der Gründer von Persien ist Kyros II. (auch Kyrus). Er ist König in Anschan, das ist ein Gebiet in Persis. Ganz Persis wird von den Medern beherrscht. Kyros erobert das Mederreich und gründet aus Persis und dem Mederreich das Großreich Persien. Kyros erobert noch viele andere Länder in der Umgebung, auch Babylonien. In Babylonien sind zu dieser Zeit die Israeliten in der Gefangenschaft. König Kyros lässt sie wieder nach Jerusalem zurückkehren. Nachfolger von Kyros sind unter anderem die Könige Darius, Xerxes und Artaxerxes.

💡 Finde heraus, wo Gott nach der Meinung von Kyros wohnte.
📖 **Esra 1,1-3**; Esra 4,24; Ester 1,1
→ Babylonien, Esra, Nehemia, Kyrus

Petra → Jokteel

Spiel

Leuchtturmspiel

Achtung: nur mit einem Erwachsenen spielen!

Ihr braucht:
- Pappe
- Teelichter
- Schere
- Kleber
- Würfel
- Streichhölzer
- Feuerzeug

So geht's:
Baut entsprechend der Vorlage einen Leuchtturm. Er muss groß genug sein, dass ein Teelicht hineinpasst, ohne dass der Leuchtturm anbrennt. Vergesst den Schlitz am Leuchtturm nicht. Malt ein Spielfeld entsprechend der Vorlage auf. Stellt den Leuchtturm in die Mitte, den Schlitz auf eines der Felder gerichtet. Wenn es dunkel im Zimmer ist, leuchtet das Teelicht im Leuchtturm durch den Schlitz auf das Feld. Stellt nun für jeden Mitspieler ein Teelicht auf das Feld, das dem erleuchteten Feld gegenüberliegt. Würfelt reihum.
Zeigt der Würfel eins oder zwei, könnt ihr euer Teelicht ein Feld nach links oder rechts bewegen.
Zeigt der Würfel drei oder vier, wird der Leuchtturm ein Feld weiter nach rechts oder links gedreht.
Zeigt der Würfel fünf oder sechs, darf nicht gedreht oder geschoben werden.
Wenn ein Teelicht in den Schein des Leuchtturms kommt, darf es angezündet werden. Es spielt weiter mit. Kommt es nun auf ein Feld, auf dem ein Teelicht steht, das noch nicht entzündet ist, darf es das andere Licht entzünden.

Petrus

Info

Name: Simon, später nennt Jesus ihn Petrus (auch Kephas = „Fels" oder „Stein")
Eltern: Vater Johannes, Mutter nicht bekannt
Geschwister: Bruder Andreas
Familie: Petrus ist verheiratet
Geboren: nicht bekannt
Geburtsort: Betsaida, am Nordufer des Sees Gennesaret
Sterbeort: nicht bekannt
Nationalität: Israelit
Arbeit: Fischer, später Jünger und Prediger

Das Leben von Petrus

● Jesus beruft Petrus zu einem seiner ersten Jünger und „Menschenfischer" (Markus 1,16-18; Lukas 5,10). Im Kreis der Jünger hat Petrus eine besondere Stellung. Er ist ihr Sprecher und darf bei besonderen Ereignissen im Leben von Jesus dabei sein: Zum Beispiel ist er (zusammen mit Johannes und Jakobus) bei der Verklärung von Jesus (Markus 9,2-13), der Auferstehung eines 12-jährigen Mädchens (Markus 5,35-43) und beim Gebet von Jesus im Garten Getsemani dabei (Markus 14,32-42).

● Petrus wird als ein Mensch mit Stärken und Schwächen beschrieben. Er bekennt sich einerseits eindeutig zu Jesus (Markus 8,27-29; Lukas 22,33), verleugnet ihn aber später (Markus 14,66-72). Nach seiner Auferstehung trifft Jesus Petrus am See Gennesaret und gibt ihm den Auftrag, die Gemeinde von Jesus zu bauen (Johannes 21,1-19).

● In Jerusalem empfängt Petrus an Pfingsten den Heiligen Geist (Apostelgeschichte 2,1-13) und hält eine Predigt (Apostelgeschichte 2,14-36). Er ist Apostel und wird einer der Leiter der Jerusalemer Christengemeinde (Apostelgeschichte 5,1-15). Später unternimmt er Reisen, um von Jesus zu erzählen (Apostelgeschichte 8,14-25; Apostelgeschichte 10,5-48). Petrus kennt den Apostel Paulus und nimmt am sogenannten Apostelkonzil teil (Apostelgeschichte 15,6-12).

● Seine letzten Jahre verbringt Petrus in Rom, wo er vermutlich als Märtyrer einen gewaltsamen Tod durch Kaiser Nero erleidet. Es ist nicht sicher, ob Petrus auch der erste Bischof von Rom ist.

💡 Finde heraus, ob Petrus wie Jesus auf dem Wasser gehen konnte.

📖 **Matthäus 14,22-33**

→ Apostel, Apostelkonzil, Fischer, Jünger

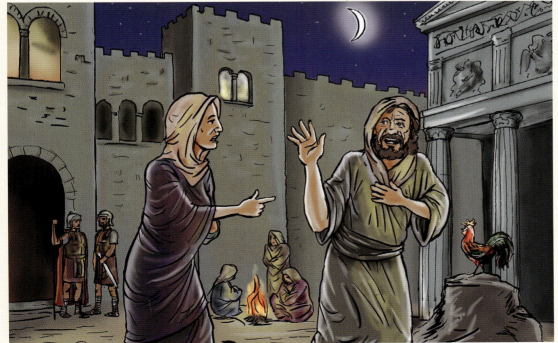

Petrus verleugnet Jesus

Pferd

wird über die Nachbarvölker in Israel als Nutz-, Zug- oder Reittier eingeführt

Im Alten Testament werden Pferde als Zeichen von Macht und Reichtum beschrieben. Die israelitischen Könige sollen sich aber nicht auf die „Pferdestärke" verlassen, sondern allein der Kraft Gottes vertrauen. Als die Israeliten vor den Ägyptern fliehen, sorgt Gott dafür, dass das ganze Heer der Ägypter mit allen Pferden und Streitwagen im Meer untergeht.

- Finde heraus, warum der Jude Mordechai auf dem Pferd des persischen Königs reiten durfte.
- 2 Mose 14,21-28; 1 Könige 5,6; **Ester 6,1-11**
- → Auszug, König, Mordechai, Salomo

Pfingsten/Pfingsttag („der 50. Tag")
eins der drei Hauptfeste in Israel, das 50 Tage nach dem Passafest (hebräisch: „Wochenfest") gefeiert wird

Neben dem Passafest und dem Laubhüttenfest ist Pfingsten ein wichtiges Fest in Israel. Das Pfingstfest wird 50 Tage nach dem Passafest gefeiert, wenn die Getreideernte beendet ist. Später denken die Israeliten zu Pfingsten auch daran, dass Gott ihnen am Berg Sinai die Zehn Gebote gegeben hat. Im Neuen Testament feiern die Apostel von Jesus gerade Pfingsten, als der Heilige Geist zu ihnen kommt. Jesus hatte ihnen versprochen, dass ein Tröster kommen wird. Auch heute feiern wir jedes Jahr Pfingsten. Dabei denken wir daran, dass damals mit dem Geschenk des Heiligen Geistes die christliche Kirche entstanden ist.

- Wissenswert: Im Alten Testament waren das Aufbrausen des Windes und Feuer Zeichen dafür, dass Gott da war.
- 2 Mose 19,16-19; 5 Mose 16,9-12; Lukas 24,49; Apostelgeschichte 2,1-13
- → Apostel, Heiliger Geist, Laubhüttenfest, Passa, Opfer, Sonderseite Biblische Feste, Seite 76+77

Pflanzen

in Israel gibt es eine große Vielfalt an Pflanzen

Auch wenn Israel im Vergleich zu Deutschland recht klein ist, so gibt es dort eine große Pflanzenvielfalt. Die Bibel nennt insgesamt über hundert Pflanzenarten und damit sind noch längst nicht alle erfasst. Das liegt daran, dass manche Teile des Landes sehr karg und trocken, andere feucht und fruchtbar sind. Typisch sind Olivenbäume, Dattelpalmen, Feigen- und Maulbeerbäume. In den trockeneren Gegenden wachsen vornehmlich Gräser, Büsche und Dornen.

- Finde heraus, wie aus etwas ganz Kleinem etwas ganz Großes werden kann.
- Matthäus 13,1-9; **Markus 4,30-33**
- → Wein, Getreide, Ölbaum, Feigen

Pflegemutter

Frau, die ein fremdes Kind bei sich aufnimmt und versorgt

Da die israelitische Mutter ihre Kinder normalerweise selbst ernährt, findet man in der Bibel nicht viele Pflegemütter. In Königsfamilien gibt es sie manchmal. Als die Tochter des Pharao Mose im Binsenkörbchen auf dem Nil entdeckt, lässt sie eine Pflegemutter für ihn suchen. Dabei findet sie die eigene Mutter von Mose, ohne es zu wissen.

- Wissenswert: Die Tochter des Pharao gab dem Kind im Bastkorb den Namen Mose, weil sie es aus dem Wasser gezogen hatte.
- **2 Mose 2,1-10**; Rut 4,16; 2 Chronik 22,11
- → Amme, Auszug, Mose

Pflegevater

Mann, der ein fremdes Kind wie sein eigenes aufnimmt und versorgt

Der Jude Mordechai, der später ein Mitarbeiter des Perserkönigs Xerxes wird, nimmt seine Cousine Ester als Tochter zu sich, weil ihre Eltern früh sterben. Ester wird Königin über Persien. Auch Josef kann als Pflegevater von Jesus betrachtet werden.

- Finde heraus, was Mordechai von König Xerxes bekam, als dieser erfuhr, dass er der Pflegevater von Ester ist.
- Ester 2,7; **Ester 8,1**; Matthäus 1,18-21
- → Ester, Mordechai, Maria

Pflugschar

unterer, spitzer Teil am Pflug, das Schneideblatt, aus Eisen, wird beim Ackerbau gebraucht

Der Pflug besteht zur Zeit der Bibel aus einem Holzgestell, das von Rindern oder Eseln über den Acker gezogen wird. Am unteren Ende dieses Holzgestells ist die Pflugschar, ein Schneideblatt aus Metall, das den Ackerboden umdreht und auflockert.

- Finde heraus, warum die Pflugschar auch ein Zeichen für Frieden ist.
- **Jesaja 2,2-4**; Micha 4,1-4
- → Ackerbau, Bauer

Alter Handpflug

 Pforte → Sonderseite Stadt, Seite 254+255

  Pförtner → Sonderseite Arbeit für Gott, Seite 268+305

Pferd – Philippus

Büste des Pharao

 Pharao („großes Haus")
ursprünglich Name für den königlichen Palast, dann für den König von Ägypten, wird als Sohn und Vermittler der ägyptischen Götter angesehen
In der Bibel werden mit dem Wort Pharao alle Könige von Ägypten bezeichnet. Zum Beispiel begegnet Abraham mit seiner Frau Sara in Ägypten dem Pharao. Josef wird Stellvertreter des Pharao. Mose muss sehr lange mit dem Pharao verhandeln, bevor der das Volk Israel aus Ägypten weggehen lässt.
💡 Finde heraus, wie der König Salomo mit dem Pharao verwandt war.
📖 1 Mose 12,14-20; 1 Mose 41,37-41.45; 2 Mose 5,1-5; **1 Könige 3,1**
→ Abraham, Ägypten, Auszug, Josef

 Pharisäer → Gesetzeslehrer

 Philadelphia („Bruderliebe")
Stadt in der Landschaft Lydien in Kleinasien, heute in der Türkei, wird mehrmals durch Erdbeben zerstört, aber immer wieder aufgebaut
In Philadelphia gründet sich eine christliche Gemeinde. In der Offenbarung an Johannes ist Philadelphia eine von sieben Gemeinden, für die ein Brief bestimmt ist.
💡 Finde heraus, wofür die Gemeinde in Philadelphia in diesem Brief gelobt wurde.
📖 Offenbarung 1,11; **Offenbarung 3,7-13**
→ Offenbarung; siehe Karte Seite 307

Philemon („der Freundliche")
wohlhabender Christ in Kolossä
In Philemons Haus trifft sich eine Hausgemeinde. Sein Sklave Onesimus ist ihm davongelaufen und zu Paulus geflohen. Dort ist er Christ geworden. Deshalb bittet Paulus Philemon in einem sehr persönlichen Brief, Onesimus wieder aufzunehmen. Er soll ihn nicht mehr als Sklaven, sondern als seinen Bruder im Glauben an Jesus Christus ansehen.
💡 Finde heraus, wer den Brief des Paulus an Philemon überbrachte.
📖 Philemon 1,2; **Philemon 1,10-16**; Kolosser 4,7-9
→ Onesimus, Gemeinde, Sklave

 Philippi
Stadt in Mazedonien
Auf seiner zweiten Missionsreise kommt Paulus mit seinem Mitarbeiter Silas nach Philippi. Sie knüpfen Kontakt zu einigen Juden, die dort leben, auch zu einer Frau mit Namen Lydia. Durch die Begegnung mit Paulus wird sie Christin. In Philippi entsteht durch Paulus die erste Christengemeinde auf europäischem Boden. Da Philippi an einer großen Handelsstraße liegt, kommt Paulus später immer wieder hier vorbei. Der Philipperbrief ist an die Gemeinde in Philippi gerichtet.
💡 Finde heraus, warum Paulus und Silas in Philippi ins Gefängnis mussten.
📖 **Apostelgeschichte 16,16-34**; Philipper 1,1
→ Mazedonien, Lydia, Paulus, Silas; siehe Karte Seite 306

 Philippus („der Pferdefreund")
Jünger von Jesus
Philippus stammt ebenso wie die beiden Jünger Petrus und Andreas aus Betsaida. Nach seiner Begegnung mit Jesus bringt er seinen Freund Natanaël (Bartholomäus) zu ihm, der ebenfalls ein Jünger wird. Am häufigsten wird Philippus im Johannes-Evangelium erwähnt.
💡 Finde heraus, in welch besonderer Situation Jesus den Glauben von Philippus herausforderte.
📖 Johannes 1,43-46; **Johannes 6,3-14**; Johannes 12,20-28; Johannes 14,8-11
→ Petrus, Andreas, Natanaël, Bartholomäus, Betsaida, Jünger

 Philippus („der Pferdefreund")
einer der sieben Diakone der Jerusalemer Christengemeinde
In Jerusalem setzt sich Philippus sehr für die Armen ein. Später verkündet er in Samaria das Evangelium und vollbringt dort große Wunder. Als er von Gott an die Wüstenstraße geschickt wird, die von Jerusalem nach Gaza führt, begegnet ihm der Finanzverwalter der Königin von Äthiopien. Dieser studiert eine Schriftrolle des Propheten Jesaja. Philippus erklärt ihm, was diese Worte bedeuten und der Hofbeamte lässt sich taufen. Später lebt Philippus mit seiner Familie in Cäsarea, wo ihn Paulus bei der Rückkehr von seiner dritten Missionsreise besucht.
💡 Finde heraus, welche besondere Gabe die Töchter des Philippus hatten.
📖 Apostelgeschichte 6,1-7; Apostelgeschichte 8,4-13; Apostelgeschichte 8,26-40; **Apostelgeschichte 21,8-9**
→ Diakon, Samaria, Cäsarea

Philippus – Potifera von On

Philippus (A) („Pferdefreund")
enger Freund von König Antiochus IV. Epiphanes
Antiochus IV. Epiphanes ist König der Seleuziden in Asien. Als er krank und schwermütig wird, übergibt er seinem Freund Philippus Krone, Königsmantel und Siegelring und setzt ihn so als König ein.
Finde heraus, was Philippus für Antiochus noch tun sollte.
📖 **1 Makkabäer 6,14-15**
→ Antiochus IV. Epiphanes (A), Lysias (A)

Zeichnung von einem Philister

Philister
feindliches Nachbarvolk vom Volk Israel im Alten Testament
Als Seevolk kommen die Philister ab 1400 v. Chr. vermutlich über Kreta und Zypern in den Vorderen Orient. Vermutlich im 12. Jahrhundert dringen sie nach Kanaan ein. Lange hat Israel unter ihrer Übermacht zu leiden. Erst König David gelingt es, sich dauerhaft gegen sie durchzusetzen. Von dem hebräischen Namen für die Philister "pelischtim" leitet sich der Name der gesamten Landschaft ab: Palästina.
Wissenswert: Der junge David trat gegen einen riesenhaften Philisterkrieger an.
📖 1 Samuel 5–7; 1 Samuel 13,19-22; **1 Samuel 17,12-54**
→ Kanaan, Gaza, Richter, Simson, David, Goliat

Philosophie, Philosophen („Liebe zur Weisheit")
Lehre von der Weisheit und dem Leben
Die Philosophie versucht, gute Antworten auf Fragen des Lebens zu geben, zum Beispiel auf die Frage: „Was ist der Sinn des Lebens?". Es gibt verschiedene philosophische Lehrer, die in sogenannten Schulen Jünger ausbilden (z. B. Epikureer, Stoiker). Paulus warnt in seinen Briefen jedoch davor, Gott nur mit dem Verstand erkennen zu wollen.
Finde heraus, woran sich die griechischen Philosophen störten, als Paulus seine Rede in Athen hielt.
📖 **Apostelgeschichte 17,22-34**; 1 Korinther 1,21-25; Kolosser 2,8
→ Weisheit, Epikureer, Stoiker, Areopag

 Phöbe („die Leuchtende", „Reine")
griechische Christin aus Kenchreä, einer Hafenstadt nahe der Stadt Korinth
Phöbe ist Diakonin und setzt sich besonders für andere Menschen ein. Sie versorgt zum Beispiel die Armen und Kranken, teilt Essen aus, hilft beim Gottesdienst und mehr. Für Paulus überbringt sie vermutlich einen wichtigen Brief an die Gemeinde in Rom.
Finde heraus, welche Voraussetzungen ein Gemeindediakon mitbringen sollte.
📖 Apostelgeschichte 6,1-7; Römer 16,1-2; **1 Timotheus 3,8-13**
→ Korinth, Diakone, Paulus

 Phönizien, Phönizier (vielleicht „Purpur")
Küstenstreifen und, dessen Bewohner, die berühmte Händler und Seefahrer sind
Mit Phönizien wird ein bestimmter Küstenstreifen bezeichnet, der am Mittelmeer nördlich des Karmelgebirges liegt. In diesem Gebiet befinden sich die beiden berühmten Städte Sidon und Tyrus. Ihre Bewohner sind als erfolgreiche Händler bekannt. Mit ihren Schiffen reisen sie bis nach Spanien. Sie gelten als Erfinder des Alphabets.
Finde heraus, warum der Prophet Ezechiël der phönizischen Stadt Tyrus den Untergang ankündigen musste.
📖 Jesaja 23,1-18; **Ezechiël 26,1-5**; **Ezechiël 28,1-10**
→ Karmel, Sidon, Tyrus, Alphabet; siehe Karte Seite 133

 Pilatus (voller Name: Pontius Pilatus)
römischer Regierungsbeamter

In der Zeit von 26 bis 36 n. Chr. verwaltet Pilatus die Provinz Judäa mit ihrer Hauptstadt Jerusalem im Auftrag der Weltmacht Rom. Dabei wird er bekannt für seine Grausamkeit und Brutalität. Bei der Gerichtsverhandlung von Jesus zweifelt er jedoch an dessen Schuld. Er ist bereit, Jesus freizulassen. Als das fehlschlägt, willigt Pilatus ein, Jesus am Kreuz hinzurichten. Als Zeichen für seine Unschuld wäscht er sich die Hände.
Finde heraus, wovor Pilatus von seiner Frau während des Prozesses gewarnt wurde.
📖 Lukas 13,1-2; **Matthäus 27,11-26**; Lukas 23,1-25; Joh 18,28–19,16
→ Kreuzigung, Jesus, Herodes, Judäa

 Pilger („in der Fremde sein")
jemand, der eine Reise zu einem heiligen Ort unternimmt
Zur Zeit des Alten und des Neuen Testaments ist es üblich, zu Festen wie zum Beispiel dem Passafest nach Jerusalem zu reisen. Dort bringt man Gott im Tempel die vorge-

schriebenen Opfer dar. Auch Jesus pilgert mit seinen Eltern von Nazaret nach Jerusalem.
- Finde heraus, zu welchen Festen Juden nach Jerusalem pilgerten.
- Lukas 2,41-51; **2 Mose 23,14-17**
→ Jerusalem, Opfer, Passa, Tempel, Nazaret

Pilger heute

Pinehas → Pinhas

Pinhas
ungehorsamer Priester
Zusammen mit seinem Bruder Hofni arbeitet Pinhas als Priester am Heiligtum von Schilo. Sie sind dafür zuständig, die Opfertiere darzubringen. Doch anstatt das Fleisch für Gott zu opfern, nehmen sie sich die besten Stücke, um sie selbst zu essen. Weil ihr alt gewordener Vater Eli sie dafür nicht bestraft, muss Gott es tun. Er kündigt Eli an, dass beide Söhne am selben Tag sterben werden.
- Finde heraus, wer König Saul als Priester diente.
- 1 Samuel 2,12-17.22-36; 1 Samuel 3,10-18; **1 Samuel 14,3**
→ Hofni, Eli, Bundeslade, Samuel

Frosch

Plage
Not oder Leiden als Strafe von Gott
Gott lässt manchmal Plagen über Menschen oder Völker der Bibel kommen, wenn sie sich nicht an seine Gebote halten. Durch die Not sollen sie dahin geführt werden, ihr Handeln zu bedenken und das Leben zu ändern. Plagen können Krankheiten, Naturkatastrophen oder Kriege sein. Am bekanntesten sind die zehn Plagen, die Gott den Ägyptern schickt. Ihr Pharao will Gottes Volk, die Israeliten, nicht freilassen, obwohl Gott es befiehlt.
- Finde heraus, welche zehn Plagen über die Ägypter hereinbrachen.
- **2 Mose 7,14–12,30**; 2 Samuel 24,11-13; Psalm 89,31-33
→ Mose, Pharao, Ägypten

Pnuël → Penuël

Porcius Festus → Festus

Potifar („der, den der Sonnengott Re gegeben hat")
Befehlshaber der königlichen Leibwache in Ägypten
Josef, der Sohn von Jakob, wird von seinen Brüdern als Sklave verkauft und kommt in Ägypten in das Haus von Potifar. Da Gott Josef alles gelingen lässt, macht Potifar ihn zu seinem obersten Verwalter. Potifars Frau will Sex mit Josef. Weil er sich weigert, beschuldigt sie Josef, er habe sie vergewaltigen wollen. Potifar glaubt seiner Frau und lässt Josef ins Gefängnis werfen.
- Finde heraus, wie Josef reagierte, als Potifars Frau versuchte, ihn zu verführen.
- 1 Mose 37,36; **1 Mose 39,1-20**
→ Josef, Ägypten

Potifera von On („der, den der Sonnengott Re gegeben hat")
Priester in der Stadt On in Ägypten
Der oberste Gott der Ägypter mit Namen Re wird zur Zeit der Pharaonen in der Stadt On verehrt. Potifera ist der Oberste Priester am Heiligtum des sogenannten Sonnengottes. Auf Befehl des Pharaos heiratet Potiferas Tochter Asenat Josef, der zum Berater des Pharao aufgestiegen ist und den ägyptischen Namen Zafenat-Paneach erhält.
- Finde heraus, wie viele Enkelkinder Potifera von Asenat und Josef bekam und wie diese hießen.
- 1 Mose 41,45; **1 Mose 41,50-52**
→ Josef, Jakob, Ägypten

Jesus predigt auf dem Berg; siehe Seite 224 → Predigt

Predigt, Predigen
Verkündigung, Vortragen der Guten Nachricht

Im Alten Testament geht es bei der Predigt oft darum, Gott zu rühmen, ihn zu preisen und von seinen Taten und Wahrheiten öffentlich zu sprechen. Es geht auch darum, mitzuteilen, was Gott will und was ihm missfällt. Im Neuen Testament bekommt die Predigt einen neuen Schwerpunkt. Der Inhalt ist viel stärker auf Jesus ausgerichtet. Predigen meint: „etwas laut und öffentlich bekannt machen", „die Frohe Botschaft verkünden", „evangelisieren", „lehren" und „Gotteserfahrungen bezeugen ".

Finde heraus, bei welcher Predigt ein Zuhörer eingeschlafen ist.

Apostelgeschichte 20,7-12
→ Evangelium, Wahrheit

Priester
leiten den Gottesdienst, bringen die Opfer dar und unterweisen das Volk in den Heiligen Schriften

Zur Zeit des Alten und Neuen Testaments können nur Männer Priester werden, die Nachfahren von Aaron, dem Bruder von Mose, sind. Sie kümmern sich um die Durchführung der religiösen Handlungen. Dazu gehören Aufgaben wie die Leitung des Gottesdienstes, das Darbringen der Opfer auf dem Altar, Segnung des Volkes, Lehre in den Heiligen Schriften, Rechtsprechung, Festlegen, ob jemand z. B. wegen Krankheit eine Zeit lang nicht am Gottesdienst teilnehmen darf. Die Priester tragen während ihres Dienstes eine spezielle Kleidung (Leibrock, Kopfbedeckung, Gürtel und Beinkleider). Zudem müssen sie sich für ihren Dienst in besonderer Weise die Hände und Füße waschen. Darüber hinaus dürfen sie in der Zeit vor ihrem Dienst keinen Wein oder andere berauschende Getränke zu sich nehmen. So wie Gott heilig ist, sollen auch die Priester heilig sein. Deshalb dürfen sie nicht in Kontakt mit etwas kommen, was unheilig oder unrein ist, wie z. B. toten Tieren. Nur den Priestern ist es erlaubt, die heiligen Gegenstände anzufassen, die für den Gottesdienst gebraucht werden. Die meisten Priester dienen nur für eine bestimmte Zeit im Jahr (z. B. zwei Wochen) im Tempel. Den Rest des Jahres gehen sie einer ganz normalen Arbeit nach.

Wissenswert: Auch Priester schlossen sich der ersten christlichen Gemeinde in Jerusalem an.

2 Mose 39,1-31; 3 Mose 7,28-36; 3 Mose 8,1-13; 3 Mose 10,8-11; 3 Mose 21,16-23; **Apostelgeschichte 6,7**
→ Aaron, Oberster Priester, Tempel, Bundeslade, Reinheit

Priszilla („Ehrwürdige", auch Priska)
Frau von Aquila; sie leben in Korinth und sind gute Freunde von Paulus

Priszilla, die oft Priska genannt wird, und ihr Mann Aquila leben eigentlich in Rom. Doch weil Christen dort verfolgt werden und sie um ihr Leben fürchten müssen, ziehen sie um 49 n. Chr. nach Korinth. Dort arbeiten sie als Zeltmacher. Als Paulus auf seiner zweiten Missionsreise nach Korinth kommt, werden sie gute Freunde und helfen ihm beim Aufbau der Gemeinde.

Wissenswert: Paulus ließ Priska und ihren Mann Aquila in zwei seiner Briefe grüßen.

Apostelgeschichte 18,1-3; Apostelgeschichte 18,24-26; **Römer 16,3; 2 Timotheus 4,19**
→ Aquila, Korinth, Paulus

Prophet
erhält eine Offenbarung von Gott und gibt diese weiter, auch Verkünder oder Sprecher

Der Prophet erklärt Gottes Willen für eine Situation. Er bezieht sich entweder auf zukünftige Ereignisse, einen aktuellen Umstand oder Warnungen vor Gefahren. Das Ziel von Prophetie ist es, Gottes Volk zum Glauben und Gehorsam zu bewegen. Im Alten Testament spricht Gott durch Propheten, um seinem Volk zu zeigen, was die Folge ihrer Lebensweise ist. Dies sind drohendes Gericht oder auch Verheißungen von Wohltaten. Im Neuen Testament sind die Propheten gemeinsam mit den Aposteln wichtiger Teil der Gemeinde. Prophetie wird als ein Dienst zur Stärkung der Gemeinde verstanden.

Finde heraus, wer der größte Prophet im Alten Testament war und wer im Neuen Testament.

5 Mose 34,10; Apostelgeschichte 3,22-23; Epheser 2,20; Epheser 4,11-16; Apostelgeschichte 11,28; Apostelgeschichte 21,10-14
→ Offenbarung, Samuel, Elija, Elischa

Prostituierte
Frauen, die für Geld Sex mit Männern haben

In den Religionen der anderen Völker um Israel herum gibt es Prostituierte, die nur für die Besucher des Tempels da sind. So etwas hat Gott seinem Volk verboten. Kurz bevor die Israeliten in das Land kommen, das Gott ihnen versprochen hat, schickt Josua zwei Kundschafter aus. Sie kommen zu der Prostituierten Rahab, die ihnen hilft.

Wissenswert: Eine Prostituierte salbte Jesus die Füße.

1 Mose 38,15-18; 3 Mose 19,29; 4 Mose 25,1-2; Josua 2,1-7; 1 Könige 3,16-27; **Lukas 7,36-38**
→ Rahab

Psalmen → Sonderseite Gebet, Seite 88+89

 Ptolemaïs → Akko

 Ptolemäus (A) („kriegerisch")
Freund von König Antiochus IV. Epiphanes, Soldat im seleuzidischen Großreich

Ptolomäus ist Soldat im Krieg der Seleuziden gegen Judäa. Der König Antiochus Epiphanes befiehlt ihm und seinen Soldaten, das Land zu verwüsten und das Volk Israel zu vernichten.

💡 Finde heraus, wie viele Soldaten Ptolemäus begleiteten.

📖 **1 Makkabäer 3,38-39**

→ Antiochus Epiphanes (A), Gorgias (A), Lysias (A), Nikanor (A)

 Pua („Glanz")
Hebamme aus dem Volk Israel in Ägypten

Pua ist wie Schifra eine Hebamme. Sie kümmert sich um schwangere Frauen und hilft ihnen bei der Geburt des Kindes. Weil das Volk Israel immer größer wird, befiehlt der Pharao von Ägypten den beiden Hebammen, alle Jungen, die die Israelitinnen zur Welt bringen, zu töten. Aber Pua gehorcht dem Pharao nicht. Sie lässt alle Söhne leben. Als der Pharao sie zur Rede stellt, erfindet sie eine Ausrede.

💡 Finde heraus, womit Gott die beiden Hebammen belohnte, weil sie nicht auf den Pharao gehört hatten.

📖 **2 Mose 1,15-21**

→ Schifra, Pharao

 Publius („Volk")
höchster Beamter auf der Insel Malta, vermutlich Römer

Publius ist der oberste Verwaltungsbeamte auf der Insel Malta. Nachdem der Apostel Paulus in einen Seesturm geraten und auf Malta gestrandet ist, nimmt Publius ihn als Gast in seinem Haus auf. Der Vater von Publius ist krank und wird von Paulus gesund gemacht.

💡 Finde heraus, was passierte, nachdem Paulus den Vater von Publius gesund gemacht hatte.

📖 **Apostelgeschichte 28,7-9**

→ Paulus

 Purimfest → Sonderseite Biblische Feste, Seite 76+77

 Purpur
lila-roter Farbstoff, der aus der Purpurschnecke gewonnen wird; Stoff, der mit Purpur gefärbt wurde

Die Purpurschnecke sondert eine Flüssigkeit ab, die zuerst weißlich ist und in Verbindung mit dem Sonnenlicht lila oder rot wird. Mit diesem Farbstoff werden dann Stoffe gefärbt, aus denen teure Kleidungsstücke, Teppiche, Vorhänge und Königsmäntel gemacht werden. In Israel findet man Purpur auch bei den Vorhängen und Teppichen in der Stiftshütte und im Tempel. Auch die Priester tragen Purpur. Im Neuen Testament wird von Lydia, einer Purpurhändlerin, erzählt. Sie ist die erste Christin in Europa.

💡 Wissenswert: Man braucht ca. 10.000 Schnecken, um den Umhang eines Herrschers zu färben.

📖 2 Mose 26,1; 2 Mose 28,5; Daniel 5,7; Ester 8,15; Apostelgeschichte 16,14-15

→ Lydia, Stiftshütte, Tempel

Haus einer Purpurschnecke

 Quirinius
römischer Beamter, Statthalter von Syrien, geboren 45 v. Chr., gestorben 21 n. Chr.

Die Römer haben viele Länder erobert und sind zu einem großen Reich geworden. Deshalb setzt der römische Kaiser Augustus in den eroberten Ländern Statthalter ein. Sie sollen sich dort um die Regierung kümmern. Quirinius ist für die Provinz Syrien zuständig. Judäa, das Land, in dem Jesus lebt, gehört in dieser Zeit zu Syrien.

💡 Finde heraus, was Quirinius mit Maria und Josef zu tun hatte.

📖 **Lukas 2,1-7**

→ Statthalter, Schätzung; siehe auch Karte Seite 135

 Rabbi → Lehrer → Sonderseite Arbeit für Gott, Seite 305

 Rabe
großer schwarzer und sehr intelligenter Vogel, der besonders gut fliegen kann

Noach lässt nach Ende der Sintflut einen Raben aus der Arche fliegen, um herauszufinden, ob das Wasser der Sintflut gesunken ist. Dieser kommt ersst zurück, als die Erde ganz trocken ist. Als der Prophet Elija sich verstecken muss, wird er von Raben mit Brot und Fleisch versorgt.

💡 Wissenswert: Der Rabe kann als einziger Vogel auf dem Rücken fliegen.

📖 1 Mose 8,6-7; 1 Könige 17,2-6

→ Noach, Sintflut, Elija

> Hast du schon mal ein schönes Schneckenhaus gefunden?

Rache – Rebekka

Rache
erlittenes Unrecht wird heimgezahlt, um sich Genugtuung zu verschaffen

Im Alten Testament gilt für Israel das Gesetz der Vergeltung: „Auge um Auge, Zahn um Zahn ..." Die Rache hat somit eine Grenze: Gleiches wird mit Gleichem vergolten, nicht mit ungleich Schlimmerem: „Wer Menschenblut vergießt, dessen Blut soll auch durch Menschen vergossen werden." Zuflucht für Totschläger und Schutz vor dem Bluträcher bieten die „Freistädte" in Israel. Letztlich muss Gott die Rache überlassen werden. Jesus ruft seine Nachfolger auf, Vergebung statt Vergeltung zu praktizieren. Und der Apostel Paulus rät dazu, eigene Rachepläne aufzugeben und auf Gottes Eingreifen zu warten.

Finde heraus, woher der Satz kommt: „Die Rache ist mein".

5 Mose 32,35; 1 Mose 4,23-24; 1 Mose 9,6; 2 Mose 21,24-25; 4 Mose 35,10-29; Matthäus 5,38-48; Matthäus 6,12.14; Lukas 9,52-55; Römer 12,17-21

→ Freistadt, Vergebung

Rache
Rache ist, wenn jemand mir etwas angetan hat und ich ihm das heimzahlen möchte. Der andere soll sich dann genauso verletzt fühlen, wie ich mich gefühlt habe. Rache kann auch in Gedanken stattfinden. **Lea, 11 Jahre**

Rafael (A)
Engel in den Apokryphen, der eine entscheidende Rolle im Buch Tobit spielt

Er erhört das Gebet von Tobias und begleitet ihn auf seiner gefährlichen Reise nach Medien. Er heilt dessen Vater Tobit von seiner Blindheit. Rafael wird zum Zeichen für Gottes begleitende, schützende und heilende Macht.

Finde heraus, wie Tobias den Engel begrüßte.

Tobit 5,1-10; Tobit 8,2; Tobit 12,15

→ Apokryphen, Engel, Erzengel, Gabriel, Michael, Tobit (A), Tobias (A)

Rages (A)
älteste Hauptstadt und „heiliges" Zentrum Mediens, heutige Stadt im Iran, ca. 13 km südöstlich der Hauptstadt Teheran

Die Stadt wird im 8. Jahrhundert v. Chr. von den Assyrern erobert. Neue Hauptstadt der Meder nach dem Sieg über die Assyrer wird Ekbatana (Hamadan).

Finde heraus, wo Rages lag.

Tobit 5,6

→ Meder, Medien, Ekbatana, Tobit

Raguël (A)
Vetter von Tobit, Vater von Sara, Mann von Edna, lebt in Ekbatana, der Hauptstadt von Medien

Raguël gibt Tobias, Tobits Sohn, seine Tochter zur Frau und setzt den Ehevertrag auf. Als die Eltern von Tobias sterben, zieht dieser mit Sara zu Raguël.

Wissenswert: Raguël gab für seine Tochter und seinen Schwiegersohn eine Hochzeitsfeier, die zwei Wochen lang dauerte.

Tobit 7,1-8; **Tobit 8,20-22**

→ Tobit, Sara, Tobias, Ekbatana

Rahab („weit machen", „öffnen")
Prostituierte in der Stadt Jericho

Zwei israelitische Männer kommen nach Jericho. Sie sollen das Land Kanaan und die Stadt Jericho auskundschaften. Die Kundschafter wohnen im Haus von Rahab. Weil der König von Jericho davon erfährt und die beiden Israeliten verhaften will, versteckt Rahab sie auf ihrem Dach und hilft ihnen zu fliehen. Die beiden Männer versprechen ihr, sie bei der Eroberung der Stadt zu verschonen. Im Neuen Testament wird Rahab als großes Vorbild für den Glauben genannt und sie erscheint im Stammbaum von Jesus.

Finde heraus, was das Erkennungszeichen für die Israeliten bei der Eroberung von Jericho war, damit sie Rahab nicht töteten.

Josua 2,1-7; **Josua 2,17-21**; Matthäus 1,5; Hebräer 11,31

→ Jericho

Rahel („Mutterschaf")
jüngere Tochter von Laban, Ehefrau von Jakob, Schwester von Lea

Nachdem Jakob von zu Hause geflohen ist, wohnt er bei seinem Onkel Laban. Dort verliebt er sich in Rahel und will sie heiraten. Aber ihr Vater Laban trickst Jakob aus. Er muss zuerst Rahels Schwester Lea heiraten. Eine Woche später wird dann auch Rahel seine Frau. Rahel leidet sehr darunter, dass sie viele Jahre lang keine Kinder bekommen kann. Später, als sie mit Jakob in Kanaan wohnt, bekommt sie zwei Söhne: Josef und Benjamin. Aber Rahel stirbt bei der Geburt ihres zweiten Kindes. Sie wird auf dem Weg zu der Stadt Betlehem begraben.

Finde heraus, welche Arbeit Rahel tat.

1 Mose 29,9; 1 Mose 29,16-30; 1 Mose 30,1.22-24; 1 Mose 35,16-20

→ Jakob, Laban, Lea

Rache – Rebekka

Rama („Anhöhe")
Stadt im Gebiet Benjamin, etwa acht Kilometer nördlich von Jerusalem, an der Grenze zwischen Israel und Juda
Zwischen Israel und Juda herrscht Krieg. Deshalb baut König Baesa von Israel aus der Stadt Rama eine Festung, um von dort die Wege nach Juda zu kontrollieren. Später wird Rama zuerst von den Assyrern und dann von den Babyloniern erobert.
- Finde heraus, warum man in Rama Klagerufe und bitteres Weinen hörte.
📖 Josua 18,21-25; 1 Könige 15,16-17; Jesaja 10,28-29; Jeremia 31,15; Jeremia 40,1; **Matthäus 2,16-18**
→ Israel, Juda, Jeremia; siehe Karte Seite 57

Ramatajim-Zofim („Doppelhöhe")
Stadt im Gebiet Efraïm, auch Rama genannt
In Ramatajim-Zofim wird der Prophet Samuel geboren. Zu Samuel nach Rama kommen die Familienoberhäupter der Israeliten und fordern einen König. Saul wird in Rama zum ersten König von Israel ernannt. Als Saul später David töten will, flieht David zu Samuel nach Rama. Samuel stirbt in Rama und wird dort begraben. Im Neuen Testament wird der Ort Arimathäa genannt.
- Finde heraus, wer nach Ramatajim-Zofim floh.
📖 1 Samuel 1,1; 1 Samuel 7,17; 1 Samuel 8,4; 1 Samuel 10,1; **1 Samuel 19,18**; 1 Samuel 25,1
→ Richter, Samuel, Arimathäa

Ramses
Stadt und Gebiet in Ägypten
Nachdem Josef sich mit seinen Brüdern wieder versöhnt hat, kommen sein Vater Jakob und die Brüder mit ihren Familien nach Ägypten. Sie wohnen ab dann in der Gegend von Ramses, weil das Land dort gut für ihre Viehherden ist. Später müssen die Israeliten als Sklaven in Ägypten arbeiten.
- Finde heraus, wie viele Israeliten sich beim Auszug aus Ägypten auf den Weg machten.
📖 1 Mose 47,11; 2 Mose 1,11; **2 Mose 12,37**
→ Ägypten, Pharao; siehe Karte Seite 152

Ramses („Sohn des Ra")
Name von insgesamt elf ägyptischen Königen
Den König von Ägypten nennt man Pharao. Einer der wichtigsten Pharaonen ist Ramses II., der auch Ramses der Große genannt wird. Er ist der Sohn von Pharao Sethos und seiner Frau Tuja. Er regiert in Ägypten zu der Zeit, in der das Volk Israel nach seiner Wüstenwanderung das Land Kanaan einnimmt. Unter der Herrschaft von Ramses II. geht es dem Land gut. Fast 50 Jahre lang lebt Ägypten in Frieden mit seinen Nachbarländern.
- Wissenswert: Ramses II. hatte 45 Söhne und 40 Töchter.
→ Ägypten, Pharao

Rasi (A)
einflussreicher Mann in Jerusalem
Er ist Ältester und liebt das jüdische Volk. Als Rasi von Feinden gefangen genommen werden soll, tötet er sich selbst. Er will nicht in die Hände der Feinde geraten.
? Rate mal: Wie wurde Rasi auch genannt? a. Retter der Juden b. Vater der Juden c. Helfer der Juden
📖 **2 Makkabäer 14,37-46**
→ Apokryphen, Ältester

Rat, Ratgeber
Tipp, Empfehlung; Mensch, der einen Rat gibt
Wer eine Entscheidung treffen muss und nicht genau weiß, was richtig ist, holt sich Rat von einem anderen Menschen. Der ist der Ratgeber. Ein Rat ist nicht unbedingt die Lösung eines Problems, kann aber mögliche Lösungen zeigen und die Entscheidung erleichtern. Auch die Könige in der Bibel haben Ratgeber, die ihnen bei schwierigen Entscheidungen helfen sollen.
? Rate mal: Von welchem König wurde Daniel zum Ratgeber ernannt? a. Herodes b. Belschazzar c. Nebukadnezzar
📖 **Daniel 2,46-48**; Sprichwörter 12,15
→ Daniel

 Ratsälteste → Jüdischer Rat

 Ratsmitglied → Jüdischer Rat

 Ratsversammlung → Jüdischer Rat

 Räucheropfer → Sonderseite Opfer, Seite 210+211

Rebe → Wein

Rebekka („Verbindung", „Band")
Ehefrau von Isaak, Tochter von Betuël, Schwester von Laban, aus Mesopotamien, hat Zwillingssöhne: Jakob und Esau
Rebekka wird erst schwanger, nachdem Isaak Gott darum gebeten hat. Als die Zwillinge sich in ihrem Bauch gegenseitig stoßen, fragt Rebekka Gott um Rat. Gott antwortet: „Deine Söhne werden zwei Völker gründen, die sich streiten werden. Der eine wird den anderen unterwerfen. Der Erstgeborene wird dem anderen dienen." (GNB) Deshalb hilft sie Jakob, sich den Segen seines Vaters zu erschleichen, der eigentlich für Esau bestimmt ist.

- Am Ende musste Rebekka ohne Jakob sein. Finde heraus, warum.
📖 1 Mose 25,19-26; 1 Mose 27,5-17; **1 Mose 27,41-45**
→ Esau, Isaak, Jakob

Recht – Rizinusstaude

Recht, Rechtsordnung
Gesetz, Sammlung von Gesetzen in einem Staat
Gesetze braucht man, damit viele Menschen friedlich miteinander leben können. Gott möchte Gerechtigkeit. Darum gibt er seinem Volk Gesetze, wie zum Beispiel die Zehn Gebote. Im Alten Testament achten Richter und Älteste darauf, dass die Gesetze eingehalten werden.
- Finde heraus, was man in Israel als Ersatz zahlen musste, wenn man ein Rind gestohlen hatte.
- **2 Mose 21,37**; 5 Mose 16,18-20; Josua 24,25
→ Gebot, Richter

Rechtfertigung
jemanden als gerecht hinstellen, durch ein Urteil jemandem recht geben
Wenn jemand beschuldigt wird, etwas Schlimmes getan zu haben, und er war es nicht, verteidigt er sich. Wenn man ihm nicht glaubt, aber ein anderer die Unschuld bestätigen kann, bekommt derjenige keine Strafe. Das ist Rechtfertigung. Eigentlich müssten alle Menschen für ihre Schuld von Gott bestraft werden. Aber Jesus hat für alle Menschen die Strafe auf sich genommen, als er am Kreuz gestorben ist. Wer an ihn glaubt, wird nicht bestraft und ist vor Gott gerechtfertigt.
- Denk mal! Hast du schon mal versucht, dich zu rechtfertigen, als du etwas ausgefressen hattest?
- Römer 4,25; Römer 5,18-19
→ Vergebung

Refidim
Ort in der Nähe vom Berg Sinai
Auf seiner Wanderung durch die Wüste macht das Volk Israel in Refidim Rast. Sie sind wütend auf Mose, weil sie kein Wasser zum Trinken finden. Mose schlägt in Gottes Auftrag mit seinem Stock an einen Felsen, dann kommt Wasser aus dem Stein. Daraufhin wird der Ort Massa und Meriba genannt.
- Finde heraus, welchen Angriff die Israeliten in Refidim überstehen müssen.
- 2 Mose 17,1-7; **2 Mose 17,8-13**
→ Amalek, Amalekiter, Massa, Meriba

Regenbogen über dem Dorf Kana in Galiläa

Regenbogen
bogenförmiges Lichtband, entsteht, wenn die Sonne scheint und es regnet
Beim Regenbogen bricht sich das Licht der Sonne in den Regentropfen. Dadurch entstehen verschiedene Farben. Nach der Sintflut gibt Gott Noach das Versprechen, nie mehr die ganze Welt zu überfluten. Als Erinnerung daran setzt Gott den Regenbogen in die Wolken.
- Wissenswert: Der Regenbogen ist in der Bibel auch ein Bild für die Herrlichkeit Gottes.
- 1 Mose 9,11-17; **Ezechiël 1,27-28**; **Offenbarung 4,2-3**
→ Arche, Bund, Noach, Sintflut

Reguël → Jitro

Rehabeam → Sonderseite Könige Israels, Seite 168-171

Reich Gottes
auch Königsherrschaft Gottes oder Himmelreich, bezeichnet die Herrschaft Gottes und seinen Herrschaftsbereich
Bereits im Alten Testament führt Gott sein Volk Israel wie ein König. Später setzt Gott David als König ein und verspricht ihm, dass sein Königtum ewig sein wird. Dieses zukünftige Reich wird voller Gerechtigkeit, Frieden und Freude sein und sich nicht mehr nur auf das Volk Israel beschränken. Im Neuen Testament zeigt sich: Durch Jesus ist Gottes Reich schon da. Es beginnt ganz klein und unscheinbar. Es wächst und ist auf dieser Erde nicht vollkommen. Erst wenn Jesus wiederkommt, wird das Reich Gottes für jeden Menschen sichtbar. Dann wird Gott sein Reich vollenden.
- Wissenswert: Im Vaterunser bitten wir, dass Gottes Reich kommt.
- Jesaja 2,1-5; Johannes 18,36-37; Lukas 17,20-21; Römer 14,17; **Matthäus 6,10**
→ Wiederkunft, Jesus

Reichtum
viel mehr besitzen, als man zum Leben überhaupt braucht; Gegenteil von Armut
Wer reich ist, hat von allen Dingen mehr, als er eigentlich braucht. Reichtum wird in der Bibel nicht als falsch bezeichnet. Aber wenn ein Mensch verbotene Dinge tut, um reich zu werden, oder wenn der Reichtum Menschen so sehr beschäftigt, dass sie deswegen alles andere und auch Gott vergessen, dann ist Reichtum nicht gut.
- Finde heraus, was der Zolleinnehmer Zachäus mit seinem Reichtum machte.
- Jeremia 9,22; Matthäus 19,16-26; **Lukas 19,1-9**
→ Armut, Schatz

Recht – Rizinusstaude

 Reinheit
Sauberkeit, Freiheit von Flecken; Gegenteil von Unreinheit
Nur wer rein ist, kann zu Gott kommen. Die Israeliten reinigen sich durch festgeschriebene Waschungen, bevor sie im Gottesdienst Gott begegnen. Wer sich allerdings von Sünde reinigen will, muss zur Zeit des Alten Testament Opfer bringen.
💡 Finde heraus, was heute rein macht vor Gott.
📖 3 Mose 4,1-4; **3 Mose 11**; Jesaja 64,5; Ezechiël 36,25; **Hebräer 9,11-14**; Offenbarung 22,14
→ Opfer, Heilig, Sünde

Reinigung → Waschen

> Was hast du schon mal bitter bereut?

 Reue
Gefühl, dass einem leid tut, etwas Falsches getan zu haben
Manchmal tut man etwas, was man nicht machen sollte. Wenn es einem leid tut, spürt man Reue. Dann sollte man um Verzeihung bitten und versuchen, es wieder in Ordnung zu bringen. Gott möchte, dass Menschen ihre schlechten Taten bereuen, zugeben, was sie getan haben, und es nicht wieder tun.
❓ Rate mal: Was soll ein Mensch tun, wenn ihm jemand siebenmal am Tag etwas Gemeines antut? a. siebenmal beleidigt sein b. einmal vergeben c. siebenmal vergeben
📖 Matthäus 27,3; **Lukas 17,3-4**; 2 Korinther 7,8-10
→ Vergebung

Reue
Das ist ein komisches, unbekanntes Wort. Reue gehört zu bereuen. Reue bedeutet, wenn ich etwas getan habe, was ich eigentlich nicht wollte. Und dann tut es mir leid. Reue ist ein schlechtes Gefühl, weil man sich schlecht fühlt. Und man ist traurig. **Anna Lena, 12 Jahre, und Leonie 10 Jahre**

Rezin („Gott gefällig", auch „Quelle")
letzter König von Syrien, gestorben 732 v. Chr.
Rezin verbündet sich mit Pekach, dem König von Israel, um gegen König Ahas von Juda zu kämpfen. Damit will er erreichen, dass sich Juda mit ihm gegen Assyrien verbündet. Aber Ahas ruft den König von Assyrien zu Hilfe. Der greift die Hauptstadt von Syrien an und tötet Rezin.
💡 Finde heraus, was Ahas dem König von Assyrien gab, damit er ihm half.
📖 **2 Könige 16,5-18**
→ Ahas, Pekach

 Rhode („Rose")
Magd von Maria, der Mutter von Johannes mit dem Beinamen Markus
Petrus sitzt im Gefängnis. Bei Maria versammeln sich Christen aus der Gemeinde, um für Petrus zu beten. Als es dort an der Tür klopft, erkennt Rhode die Stimme von Petrus. Vor lauter Freude vergisst sie, die Tür zu öffnen.
💡 Finde heraus, warum es so unglaublich ist, dass ausgerechnet Petrus klopfte.
📖 **Apostelgeschichte 12,4-17**
→ Petrus, Johannes Markus

 Richter → Sonderseite Arbeit für einen Herrscher, Seite 158+159

 Rimmon → Sonderseite Götter, Seite 104+105

 Rind → Kuh

 Ringbrot → Brot

 Rizinusstaude
Pflanze aus der Gattung der Wolfsmilchgewächse
Der Rizinus wächst in Afrika als Baum (bis 13 m hoch) und im Mittelmeerraum als Strauch (bis 3 m hoch). Die Form seiner Blätter ähnelt der von Rosskastanien, die Früchte sind stachelige Kapseln mit bunt gefleckten Samen. Daraus wird Öl gewonnen, z. B. für medizinische Zwecke oder zur Herstellung von Seife.
💡 Finde heraus, was der Prophet Jona mit einer Rizinusstaude zu tun hatte.
📖 **Jona 4,6-10**
→ Jona

Rizinusstaude

Rom, Römer

Info

Name: Rom, auch Name für das Römische Reich
Bauart: Stadt
Lage: Stadt in Italien; siehe Karte Seite 135
Gründungsdatum: im Jahr 753 v. Chr. am Fluss Tiber im heutigen Italien
Größe: nicht bekannt
Geschichte: Rom, die Hauptstadt des Römischen Reiches. Dort regieren zunächst Könige, später Kaiser. Durch viele Kriege erobern die Römer nicht nur Italien und alle Länder, die am Mittelmeer liegen, sondern auch sehr viele Länder in Nordeuropa, Afrika und Asien. Die eroberten Länder werden in Provinzen eingeteilt, die jeweils von einem Statthalter im Auftrag des Kaisers regiert werden. Die Bewohner der Provinzen müssen an den römischen Kaiser Steuern zahlen.

Rom in der Bibel

- Im Jahr 63 v. Chr. erobert der römische Heerführer Pompeius Syrien und Judäa, die damit auch Provinzen des Römischen Reiches werden.
- Als Jesus geboren wird, ist Augustus Kaiser von Rom, Quirinius ist der Statthalter in Syrien. Augustus führt zu dieser Zeit eine Volkszählung durch. Er will nicht nur die Zahl der römischen Bürger erfassen, sondern auch die Bewohner aller Provinzen zählen (Lukas 2,1-2).
- Zweimal versuchen die Juden, sich gegen die Römer zur Wehr zu setzen, aber ihre Aufstände werden von den römischen Soldaten niedergeschlagen. Jesus wird einmal von den Pharisäern gefragt, ob es nach Gottes Gesetz richtig ist, dem Kaiser Steuern zu zahlen (Matthäus 22,17).
- In der Zeit, in der Johannes der Täufer die Menschen tauft und Jesus in Judäa unterwegs ist, ist Tiberius römischer Kaiser und Pilatus Statthalter. Das ist auch noch so, als Jesus gekreuzigt wird (Lukas 3,1; Matthäus 27,1-2).
- Auch in Rom gibt es eine christliche Gemeinde. Die Juden Aquila und Priszilla sind Christen geworden und gehören zu dieser Gemeinde. Aber sie müssen Rom verlassen, weil Kaiser Klaudius alle Juden aus der Stadt vertreibt (Apostelgeschichte 18,2). An die Gemeinde in Rom schreibt der Apostel Paulus einen Brief (Römer 1,1.7).
- Da Paulus von den jüdischen Priestern angeklagt wird, beschließt er, nach Rom zu reisen. Er will sich vor dem römischen Kaiser verteidigen (Apostelgeschichte 25,11). Zu dieser Zeit ist Nero Kaiser. In Rom wird Paulus gefangen genommen, kann aber den Menschen dort von Jesus erzählen (Apostelgeschichte 28,16-31). Von hier aus schreibt er auch seine Briefe an die Gemeinden in Ephesus, Kolossä, Philippi und an seinen Freund Philemon.

Wissenswert: Unter Kaiser Nero werden in Rom viele Christen verfolgt und getötet.

→ Judäa, Paulus, Statthalter, Steuern, Syrien

Römische Soldaten

Kolosseum in Rom heute

Rosinen
→ Sonderseite Gemüse und Obst, Seite 94

Rotes Meer
auch Schilfmeer, Teil des Indischen Ozeans, reicht vom Golf von Suez und vom Golf von Akaba im Norden bis zur Südspitze der Arabischen Halbinsel (Bab-al-Mandab, Saudi-Arabien)

Man nimmt an, dass das Volk Israel bei seinem Auszug aus Ägypten auf der Flucht vor dem Heer des Pharaos durch das Rote Meer gezogen ist. Das Rote Meer hat einen hohen Salzgehalt, weil es keinen Zufluss von Süßwasser hat. Der Name kommt vermutlich davon, dass die angrenzenden Berge bei Sonnenaufgang rot leuchten und sich rote Erde im Umkreis des Meeres findet.

Finde heraus, was die Israeliten am Schilfmeer erlebten.
2 Mose 14; Hebräer 11,29
→ Auszug

Ruben
ältester Sohn von Jakob und Lea; nach ihm wird auch einer der zwölf Stämme Israels benannt

Als die Söhne Jakobs ihren Bruder Josef töten wollen, bewegt Ruben die Brüder dazu, Josef in eine Zisterne zu werfen. Später, als Jakob seinen jüngsten Sohn Benjamin nicht mit nach Ägypten ziehen lassen will, bietet Ruben an, seine Söhne bei Jakob zu lassen.

Finde heraus, was Rubens Vorschlag war, als er verhindern wollte, dass Josef getötet wird.
1 Mose 37,18-22
→ Jakob, Lea, Zisterne

Ruhe/Ruhen
Zustand der Erholung und der Entspannung

Das Wort Ruhe taucht in der Bibel schon ganz am Anfang auf. Nachdem Gott die ganze Welt geschaffen hat, „ruhte er von seiner Arbeit aus." Nach einer Arbeitsphase folgt normalerweise eine Ruhezeit. Manchmal, meist außerhalb der Bibel, wird Ruhe für die Abwesenheit von Lärm, als Ausdruck der Gelassenheit oder als Zustand im Frieden gebraucht. Ruhe meint noch etwas anderes: Ruhe ohne Sorgen und Nöte, ohne Angst und Leid, ohne Belastungen ist nur bei Gott möglich.

Finde heraus, wann Christen für alle Zeit Ruhe finden.
Jesaja 32,18; **Hebräer 4,9-11**
→ Reich Gottes

Ruhe
Ich finde es gut, wenn es ruhig ist, weil man dann keinen Stress hat und die Ruhe genießen kann. Manchmal brauche ich nach der Schule Ruhe. Wenn ich nicht allein sein will, stört mich Ruhe aber auch. **Miriam, 9 Jahre**

Ruhm
Ehre, Anerkennung und Lob; gerühmt werden sollen keine Menschen, sondern Gott allein

Im Alten Testament werden an manchen Stellen Menschen für ihr Verhalten von anderen gerühmt, zum Beispiel in den Sprichwörtern. Im Neuen Testament wird davor gewarnt, sich oder andere zu rühmen: „Wer sich mit etwas rühmen will, soll sich mit dem rühmen, was der Herr getan hat."

Finde heraus, wofür eine Frau gerühmt werden soll.
Sprichwörter 16,21; **Sprichwörter 31,30**; 1 Korinther 1,29-31; Epheser 2,9
→ Ehre

Rut („die Freundin")
Moabiterin, verheiratet mit einem Sohn von Elimelech und Noomi

Elimelech und Noomi ziehen mit ihren Söhnen in das Land Moab, weil in Israel eine Hungersnot ist. Als ihr Mann und ihre Söhne gestorben sind, kehrt Noomi nach Betlehem zurück. Rut folgt der Mutter ihres gestorbenen Mannes in das fremde Land. Sie will da sein, wo Noomi ist und auch an den gleichen Gott glauben wie ihre Schwiegermutter. Die beiden sind arm und haben nichts zu essen. Rut geht auf ein Feld, um Ähren aufzusammeln, die die Arbeiter liegen gelassen haben. Der Mann, dem das Feld gehört, heißt Boas. Er ist erstaunt darüber, dass eine Frau aus einem fremden Land so fleißig auf seinem Feld arbeitet. Boas ist freundlich zu Rut, weil sie freundlich zu seiner Verwandten Noomi ist. Er gibt Rut zu essen und zu trinken. Während der Erntezeit sammelt Rut jeden Tag auf Boas Feld Ähren. Er sorgt dafür, dass seine Arbeiter immer genug für sie liegen lassen. Boas heiratet Rut. Sie bekommt einen Sohn: Obed. Rut ist übrigens eine von vier Frauen, die im Stammbaum von Jesus erwähnt werden.

Finde heraus, wie der berühmte Urenkel von Rut hieß.
Rut 4,21-22; Matthäus 1,5-16
→ Boas, Noomi

Sabbat – Samaria

 Sabbat → Sonderseite Biblische Feste, Seite 76+77

Sabbattisch

 Sabbatjahr
Ruhejahr für das Land
Alle sieben Jahre dürfen die Israeliten nicht säen oder ernten. Das Land soll sich ausruhen. Wer sich Geld geliehen hat, dem muss man seine Schuld erlassen, und Sklaven sollen freigelassen werden. Damit will Gott verhindern, dass es in Israel arme Menschen gibt. Niemand muss sich Sorgen machen. Im sechsten Jahr schenkt Gott eine so reiche Ernte, dass es für das Sabbatjahr mit reicht.
💡 Finde heraus, für wen das Sabbatjahr nicht galt?
📖 3 Mose 25,1-7; 5 Mose 15,1-18; **5 Mose 15,3**
→ Erlassjahr

 Sacharja („der Herr hat sich erinnert")
Prophet zu der Zeit des persischen Königs Darius, Sohn von Berechja, stammt aus einer Priesterfamilie
Sacharja bekommt von Gott Botschaften für das Volk Israel. Diese Botschaften sind manchmal schwer zu verstehen, deshalb erklärt ein Engel Sacharja, was gemeint ist. Die Israeliten sind in Gefangenschaft. Sacharja sagt ihnen, dass Gott schon handelt, auch wenn sie noch nichts davon sehen. Zum richtigen Zeitpunkt wird Gott eingreifen. Dann wird Jerusalem wieder aufgebaut. Die Feinde werden ihre Macht verlieren. Das Volk soll umkehren und sich wieder an Gottes Gesetze halten.
❓ Rate mal: Wenn die Israeliten Jerusalem wieder aufgebaut haben, aus was soll dann die Mauer bestehen? a. aus Glas b. aus Steinen c. aus Feuer
📖 Sacharja 1,7; **Sacharja 2,7-9**; Sacharja 9,9
→ Darius, Verbannung

 Sack → Sonderseite Kleidung, Seite 164+165

 Sadduzäer → Sonderseite Arbeit für Gott, Seite 268+305

 Sadrach → Schadrach → Hananja

 Salbenbereiter → Sonderseite Handwerkliche Arbeit, Seite 110+111

 Salböl
Öl, das zur Reinigung und Salbung benutzt wird
Salböl besteht aus Olivenöl, in das Duftstoffe gemischt werden, zum Beispiel Myrrhe oder Zimt. Es wird zur Zeit der Bibel benutzt, um sich selbst zu reinigen, so wie wir heute Seife benutzen. Man braucht Salböl für die Medizin und um Leichen einzureiben. Mit Salböl werden auch Gäste geehrt und Könige gekrönt.
💡 Finde heraus, welches Rezept es in der Bibel für Salböl gibt.
📖 **2 Mose 30,22-25**; Rut 3,3; Matthäus 26,7-12; Lukas 10,34; Lukas 7,46
→ Salbung

Fläschchen für Salböl oder Balsam

 Salbung („fett machen")
Auftragen von Salben oder Öl auf den Kopf oder den ganzen Körper
Bei einer Salbung wird ein Gegenstand oder Mensch mit Salböl eingerieben. In der Bibel gibt es unterschiedliche Gründe für eine Salbung: Kranke werden gesalbt, damit sie wieder gesund werden, aber auch die Körper von Verstorbenen. Um einem anderen Menschen zu zeigen, dass er sehr wertvoll ist, salbt man ihm den Kopf oder die Füße. Priester, Propheten und Könige werden gesalbt. Damit werden sie in ihre besondere Aufgabe eingeführt, sozusagen gekrönt und gesegnet.
💡 Finde heraus, von wem David zum König gesalbt wurde.
📖 2 Mose 28,41; **1 Samuel 16,12-13**; Matthäus 26,6-13; Markus 6,13; Lukas 7,37-47
→ David

Salem → Jerusalem

 Salmanassar
assyrischer König, regiert in den Jahren 727–722 v. Chr.
Salmanassar führt Krieg gegen König Hoschea von Israel und nimmt nach dreijähriger Belagerung die Stadt Samaria ein. Unter seinem Nachfolger Sargon (722–705 v. Chr.) wird die Bevölkerung des Nordreichs Israel nach Assyrien weggeführt.

Finde heraus, warum Salmanassar gegen Hoschea Krieg führte.

2 Könige 17,1-6; 2 Könige 18,9-12
→ Samaria

 Salome („Gedeihen", „Wohlergehen" oder „Frieden")
Frau von Zebedäus, Mutter von Jakobus und Johannes
Salome ist vermutlich die Schwester von Maria, der Mutter von Jesus. Sie spielt am Ostermorgen eine wichtige Rolle.

Finde heraus, was Salome und ein paar andere Frauen vorhatten.

Markus 16,1-4; Markus 15,40; Matthäus 27,56; Johannes 19,25
→ Zebedäus, Jakobus, Johannes, Herodes

 Salomo
Sohn von David und Batseba, König in Israel
Salomo wird ca. 990 v. Chr. geboren und folgt seinem Vater auf den Thron, so wie Gott es schon vor Salomos Geburt bestimmt hat. Er wird auch als Friedenskönig bezeichnet, da er voller Weisheit und Gottvertrauen regiert. Salomos Weisheit zeigt sich z. B. in seinem Verhalten gegenüber zwei Frauen, die um ein Baby streiten. Salomo heiratet eine ägyptische Prinzessin und bekommt den Sohn Rehabeam, der nach ihm König wird. Salomo schreibt die meisten der Sprichwörter, sowie zwei Psalmen in der Bibel. Außerdem sorgt er dafür, dass der Tempel in Jerusalem gebaut wird und während seiner Regierungszeit viele Bauvorhaben umgesetzt werden. So werden der Palast umgebaut und Versorgungsstädte gegründet. Gegen Ende seiner 40-jährigen Herrschaft hält sich Salomo – trotz einer Warnung Gottes – nicht mehr an die Gesetze Gottes und fordert das Gericht heraus.

Finde heraus, ob David noch lebte, als Salomo König wurde.

1 Könige 2,1-12; 1 Könige 3,16-28; 1 Könige 6; 1 Könige 7,1-12
→ Batseba, David, Weisheit, Psalmen

Salz
lebensnotwendig, wird zum Würzen und zur Konservierung von Fleisch eingesetzt
Man benötigt Salz auch bei bestimmten Opferarten. Der Prophet Elischa verwendet Salz, um Unfruchtbarkeit vorzubeugen. Auch Jesus gebraucht das Bild von der Wirkung des Salzes: Er ermahnt die Menschen, nicht „salzlos" zu werden, sondern kraftvoll an Gott festzuhalten und von ihm zu erzählen.

Finde heraus, was Elischa mit dem Salz machte.

2 Könige 2,19-22; 2 Mose 30,34-35; Matthäus 5,13; Markus 9,50
→ Elischa

Meersalz

  Samaria, Samariter/Samaritaner
im Alten Testament Hauptstadt des Nordreiches Israel; im Neuen Testament hügeliger Landstrich nördlich von Judäa; Bewohner dieser Landschaft
Als Samariter oder Samaritaner werden die Nachkommen der Israeliten im Nordreich bezeichnet, die sich im Laufe der Jahre mit anderen Völkern, vor allem mit den Assyrern, vermischt haben. Die jüdischen Heimkehrer aus der Babylonischen Gefangenschaft erlauben den Samaritern nicht, mit am Tempel in Jerusalem zu bauen. Daraufhin bauen die Samariter ihren eigenen Tempel auf dem Berg Garizim. Juden und Samariter können sich danach nicht einigen, an welchem Ort man Gott anbeten soll: in Jerusalem oder auf dem Berg Garizim. Deshalb sind sie verfeindet und die Juden meiden die Samariter. Doch Jesus hat das nicht abgehalten, durch Samarien zu ziehen und mit den Menschen dort zu reden.

Wissenswert: Jesus erzählte ein Gleichnis von einem barmherzigen Samariter.

Lukas 10,25-37; Lukas 17,11; Johannes 4,1-42; 2 Könige 17,29
→ Gefangenschaft; siehe Karte Seite 134

Samuel – Saul

Gegend in Samaria

 Samuel („erhört von Gott")
Sohn von Elkana und Hanna, aus dem Stamm Levi
Seine Mutter verspricht, Samuel Gott zu weihen und gibt ihn unter die Obhut des Obersten Priesters Eli, dem er dient. Dort redet Gott mit ihm und kündigt das Gericht über Elis Haus an, weil dessen Söhne gottlos leben. Samuel ist ein Richter und befreit Israel von der Herrschaft der Philister. Samuel will, dass seine Söhne das Richteramt übernehmen. So geschieht es, doch die beiden sind bestechlich. Das Volk will nun unbedingt einen König, obwohl es damit Gott als seinen eigentlichen König missachtet. Gott befiehlt Samuel, Saul als ersten König über Israel einzusetzen. Das tut er, doch da Saul Gott ungehorsam ist, bekommt Samuel den Auftrag, heimlich David als neuen König zu salben.
💡 Finde heraus, wann Samuel starb.
📖 1 Samuel 16,1-13; 1 Samuel 1–3; 1 Samuel 7,2-17; 1 Samuel 8; 1 Samuel 9,15–10,27; **1 Samuel 25,1**
→ Eli, Elkana, Hanna, Oberster Priester, Richter, David, Saul, Richter

 Sanballat („Sin [der Mondgott] gibt Leben")
persischer Statthalter der Provinz Samaria zur Zeit von Nehemia
Sanballat ist ein Gegner von Nehemia. Nehemia baut die Mauer in Jerusalem wieder auf. Sanballat will das verhindern. Er plant einen Angriff auf Jerusalem, den Nehemia aber mit Gottes Hilfe abwenden kann.
💡 Finde heraus, wie Nehemia den Angriff abwehren konnte.
📖 Nehemia 2,10; **Nehemia 4,1-17**; Nehemia 13,28
→ Nehemia, Tobija

 Sänger
Beruf im Tempel von Jerusalem
Im Tempel in Jerusalem gibt es das Amt der Tempelsänger. Sie gestalten die Gottesdienste musikalisch und singen vor allem Psalmen, um für Gottes Wunder und seine Begleitung zu danken. Oft werden sie auch von Instrumenten begleitet.
💡 Wissenswert: Man kann zu Beginn der Psalmen oft lesen, wie sich der Autor des Liedes (= des Psalms) die musikalische Gestaltung vorstellt.
📖 Psalm 5; Psalm 6; Psalm 9; Psalm 75
→ Musikinstrumente, Lob, Tempel

 Sanherib („Sin [der Mondgott] vermehre die Brüder")
assyrischer Herrscher, Sohn von Sargon
Sanherib überfällt das Land Juda zur Zeit von König Hiskija. Hiskija muss an Sanherib viel Gold und Silber zahlen. Sanherib spottet über Gott. Hiskija betet, dass Gott Jerusalem beschützen soll. Und Gott schickt einen Engel in das Heer von Sanherib. Der tötet 185.000 Soldaten von den Assyrern. Sanherib kehrt daraufhin in seine Heimat zurück.
❓ Rate mal: Wie starb Sanherib? a. an Aussatz b. an Altersschwäche c. zwei seiner Söhne ermordeten ihn
📖 2 Könige 18,13-37; 2 Könige 19,1-19; **2 Könige 19,35-37**
→ Hiskija, Jesaja

 Saphira („die Schöne")
Frau von Hananias
In der ersten Gemeinde teilen die Christen alles miteinander. Wer viel hat, verkauft etwas davon und gibt es denen, die arm sind. Auch Saphira und ihr Mann Hananias verkaufen einen Acker. Aber sie geben nur einen Teil des Geldes an die Gemeinde ab und behalten den Rest für sich. Saphira behauptet, sie hätten das ganze Geld abgegeben.
💡 Finde heraus, was mit Saphira und Hananias geschah.
📖 Apostelgeschichte 4,32-37; **Apostelgeschichte 5,1-11**
→ Hananias

 Sara („Prinzessin, Herrin")
Tochter von Terach, Frau von Abraham
Sara heißt bis zu ihrem 90. Lebensjahr „Sarai". Erst dann wird sie von Gott Sara genannt. Sara ist eine schöne Frau, aber sie kann keine Kinder bekommen. Als Sara etwa 90 Jahre alt ist, verspricht Gott ihrem Mann, dass sie in einem Jahr einen Sohn haben werden. Sara belauscht das Gespräch und muss lachen, denn sie glaubt nicht, dass sie in ihrem Alter noch Kinder bekommen kann. Aber

Samuel – Saul

ein Jahr später hält sie ihren Sohn Isaak im Arm. Von Isaak stammt das Volk Israel ab.
- Finde heraus, ob Sara tatsächlich auch Abrahams Halbschwester war.
- 1 Mose 12,4-5; 1 Mose 17,15; 1 Mose 18,1-15; **1 Mose 20,11-13**
→ Abraham, Isaak

 Sara (A) („Fürstin")
einzige Tochter von Raguël und Edna, Frau von Tobias

Sieben Männer, die mit Sara verheiratet werden sollen, sind in der Hochzeitsnacht umgekommen. Aus Kummer darüber will Sara sich das Leben nehmen. Doch anders als diese sieben bleibt Tobias in der Hochzeitsnacht am Leben und die Hochzeit kann gefeiert werden.
- Finde heraus, ob Raguël tatsächlich schon ein Grab für seinen achten Schwiegersohn ausheben ließ, weil er dessen Tod befürchtete.
- Tobit 3,7-10; Tobit 8,1-18; **Tobit 8,10-12**
→ Sarai, Apokryphen, Raguël, Tobias

 Sardes
Hauptstadt des Königreichs Lydien; heute Ruinenfeld in der Türkei

In biblischer Zeit ist Sardes eine reiche Stadt. Sardes ist eine von sieben Gemeinden in Kleinasien, an die das Buch Offenbarung gerichtet ist. Gott sagt zu dieser Gemeinde, dass es zwar so aussieht, als sei sie lebendig. Aber in Wirklichkeit ist sie tot.
- Finde heraus, was es auch noch Gutes über einige Christen in der Gemeinde zu sagen gab.
- Offenbarung 1,11; **Offenbarung 3,1-6**
→ Offenbarung

 Sarepta („Schmelztiegel")
Stadt in der Nähe von Sidon in Phönizien, auch Zarpat

Der Prophet Elija wohnt in Sarepta (Zarpat) bei einer Witwe in der Zeit, als Trockenheit und Hungersnot herrschen. Heute heißt die Stadt Sarafend und liegt etwa 10 km südlich von Sidon im Libanon.
- Finde heraus, wie Elija die Witwe vor dem Hungertod rettete.
- **1 Könige 17,8-16**
→ Phönizien, Elija, Hungersnot; siehe Karte Seite 133

 Satan („anklagen, anfeinden")
Teufel, Feind von Gott und den Menschen

Der Satan versucht mit aller Macht, Gottes Werke zu zerstören. Vom Satan geht Böses aus. Als die ersten Menschen auf Satan hereinfallen und von dem verbotenen Baum essen, bekommt der Teufel – so wird Satan auch genannt – Macht über sie. Seitdem möchte Satan die Menschen von Gott trennen. Das versucht er, indem er sie zur Sünde verleitet. Satan will, dass die Menschen „gottlos" werden. Die Menschen sollen nach ihrem Tod nicht für immer bei Gott sein. Jesus hat den Teufel besiegt, als er am Kreuz gestorben und wieder auferstanden ist.
- Wissenswert: Gott gibt den Menschen eine ganze Waffenrüstung, damit sie sich gegen Satan verteidigen können.
- 1 Mose 3,1-6; Ijob 1,6-12; Markus 4,15; Lukas 4,1-13; **Epheser 6,10-17**
→ Sünde, Waffenrüstung

 Sauerteig → Brot

 Saul („von Gott erbeten")
erster König von Israel, Sohn von Kisch, aus dem Stamm Benjamin

Weil Israel sich einen König wünscht, lässt Gott Saul zum König salben. Aber Saul ist kein guter König, denn er tut nicht, was Gott möchte. An seiner Stelle wird David zum König gesalbt. Saul ist eifersüchtig auf David. Er verfolgt ihn viele Jahre und will ihn töten. Nachdem drei Söhne von Saul in einer Schlacht getötet werden, stürzt er sich in sein eigenes Schwert und stirbt.

- Wissenswert: Sauls Sohn Jonatan war mit David befreundet.
- 1 Samuel 9,1-2; 1 Samuel 10,1; **1 Samuel 18,1-3**; 1 Samuel 18,6-9
→ David, Jonatan, Samuel

Ruinenfeld der Stadt Sardes heute

Saulus – Scherebja

 Saulus → Paulus

Schaarajim („Tor", vielleicht „Doppeltor")
Ort im Hügelland zwischen Judäa und dem Mittelmeer

Nachdem David den Riesen Goliat besiegt hat, fliehen die feindlichen Philister. Die Israeliten verfolgen sie und töten viele. Die Toten liegen auf dem ganzen Weg zwischen Schaarajim und den Städten der Philister an der Küste.

💡 Finde heraus, mit welcher Waffe David Goliat getötet hat.

📖 **1 Samuel 17,48-52**; Josua 15,36; 1 Chronik 4,31
→ David, Goliat, Philister

 Schabbetai („am Sabbat geboren")
Mann vom Stamm Levi

Die Israeliten sind aus der Gefangenschaft in Babylonien zurückgekehrt. Der Priester Esra liest ihnen aus dem Gesetzbuch vor. Der Levit Schabbetai und andere helfen ihm dabei, das Gesetz zu erklären.

Die Israeliten haben gegen Gottes Willen babylonische Frauen geheiratet. Esra macht sie auf ihr Unrecht aufmerksam.

💡 Finde heraus, ob Schabbetai ihm hier auch half.

📖 **Esra 10,10-15**; Nehemia 8,7-8; Nehemia 11,16
→ Esra, Leviten

 Schädelplatz, Schädelstätte → Golgota

 Schadrach → Hananja

 Schaf, Schafbock
Säugetier, Pflanzenfresser

Das Schaf ist für die Israeliten ein wichtiges Nutztier. Es liefert ihnen Milch, Fleisch, Wolle und Felle, außerdem Hörner als Ölgefäße oder Instrumente und Knochen, aus denen Werkzeuge gemacht werden. Das männliche Schaf heißt Schafbock oder Widder. Wer große Schafherden besitzt, ist reich. Das Schaf wird auch als Opfertier gebraucht. In der Bibel ist das Schaf oft ein Bild für den Menschen: Wie die Schafe ihren Hirten zum Leben brauchen, brauchen die Menschen Gott.

💡 Wissenswert: Jesus verglich sich mit einem guten Hirten, der bereit ist, für seine Schafe zu sterben.

📖 1 Mose 22,13; 1 Mose 24,35; Psalm 23; Markus 6,34; Lukas 15,1-7; Johannes 2,14; **Johannes 10,11**
→ Sonderseite Opfer, Seite 210+211, Hirte

 Schafan („Klippdachs")
Staatsschreiber von König Joschija, Sohn von Azalja

Als Schreiber von König Joschija ist Schafan einer der höchsten Staatsmänner. Als bei Renovierungsarbeiten im Tempel der Oberste Priester Hilkija ein Buch mit Gottes Gesetzen für sein Volk findet, liest Schafan es dem König vor. Joschija befiehlt daraufhin dem Volk Israel, die Gebote Gottes einzuhalten und keine anderen Götter anzubeten.

💡 Finde heraus, warum Joschija Schafan zu der Prophetin Hulda schickte.

📖 2 Könige 22,3-10; **2 Könige 22,11-14**
→ Hilkija, Hulda, Joschija

 Schakal
kleiner, wolfsähnlicher Wildhund

Der Schakal ist ein Raubtier und Aasfresser. Typisch für ihn ist, dass er in Wüsten und Trümmerhaufen lebt. Wenn es ums Fressen geht, kann der Schakal ein großes Geheul machen. In der Bibel ist sein Heulen ein Bild für Trauer und Klage. Wo er lebt, ist es einsam.

💡 An nur zwei Stellen in der Bibel wird etwas Gutes über den Schakal gesagt. Was ist es?

📖 **Klagelieder 4,3**; Jesaja 13,22; Jesaja 35,7; **Jesaja 43,20**; Jeremia 51,37; Micha 1,8
→ Wüste

 Schale → Sonderseite Küche, Seite 176+177

 Schallum → Sonderseite Könige Israels, Seite 168-171

 Schamma → Schima

 Schatz
wertvoller Besitz, häufig Gold, Silber und Edelsteine

Die Könige David und Salomo besitzen viele Schätze. Auch im Tempel Gottes wird ein großer Schatz aufbewahrt, das meiste davon ist Beute aus den Kriegen der Israeliten mit anderen Völkern. Im Neuen Testament ist mit Schatz auch das gemeint, was ein Mensch in seinem Herzen trägt, ihm also sehr wichtig ist. Einen Schatz im Himmel sammelt der, der so lebt, wie es Gott gefällt.

💡 Finde heraus, was mit Schätzen bei Gott nicht passieren kann.

📖 **Matthäus 6,19-21**; Matthäus 12,35; Matthäus 13,44; Matthäus 19,21
→ Reichtum, Tempel

Schäfer mit Herde

Schatz
Zu Schatz fällt mir ein: schöne Gegenstände, zum Beispiel Gold, Perlen, Ketten. Man sagt auch zu jemandem Schatz, wenn man ihn lieb hat. Simon, 8 Jahre

  Schatzmeister → Sonderseite Arbeit für einen Herrscher, Seite 158+159

 Schätzung
 ungefähre Bestimmung eines Wertes oder einer Menge
Schätzung ist auch ein anderes Wort für Volkszählung. Dabei will man herausfinden, wie viele Menschen in einem bestimmten Gebiet leben. Zur Zeit der Bibel haben Schätzungen zum Beispiel das Ziel, herauszufinden, wie viele Männer für das Heer zur Verfügung stehen. Kaiser Augustus will mit seiner Schätzung herausfinden, wie viele Steuern er einnehmen kann. Deswegen müssen Josef und Maria in die Stadt gehen, aus der Josef stammt, und sich dort in Steuerlisten eintragen.
💡 Finde heraus, in welche Stadt Maria und Josef ziehen mussten.
📖 4 Mose 1,1-3; 4 Mose 26,1-2; **Lukas 2,1-5**
→ Steuer

 Schaubrot → Altar → Sonderseite Opfer, Seite 210+211

 Schear-Jaschub („ein Rest wird sich bekehren")
einer der beiden Söhne des Propheten Jesaja
Schear-Jaschub darf mit seinem Vater im Auftrag Gottes zu König Ahas gehen, um ihn zu beruhigen. Er soll keine Angst vor den anrückenden Heeren der Könige von Israel und von Syrien haben, denn Gott wird ihn beschützen.
💡 Finde heraus, wie der andere Sohn von Jesaja hieß und was die Namen der Söhne bedeuteten.
📖 **Jesaja 8,3**; Jesaja 7,1-9
→ Ahas, Jesaja, Prophet, Israel

 Schebna („Stärke")
Schreiber im Dienst von König Hiskija
Als König Sanherib von Assyrien sein Heer gegen Jerusalem ziehen lässt, muss Schebna miterleben, wie der Oberbefehlshaber von Lachisch die Judäer und Gott auf üble Weise verspottet. Schebna muss seinem König diese schlimme Botschaft überbringen. Später wird Schebna im Auftrag Gottes vom Propheten Jesaja aus seinem Amt genommen.
💡 Finde heraus, ob Sanherib den Krieg gegen Juda gewonnen hat.
📖 **2 Könige 19,35-36**; 2 Könige 18,17-37; Jesaja 22,15-22
→ Eljakim, Hiskija, Jesaja, Sanherib, Lachisch

 Scheidung
Trennung einer Ehe
Im Alten Testament hat nur der Mann das Recht, sich von seiner Frau scheiden zu lassen. Er kann dies tun, wenn er etwas findet, das ihm an ihr „zuwider" (GNB) ist. Er stellt ihr eine Scheidungsurkunde aus, mit der sie zurück in ihr Elternhaus geht und wieder verheiratet werden kann. Der Prophet Maleachi mahnt den leichtfertigen Umgang mit der Scheidung an. Im Neuen Testament spricht Jesus sich deutlich gegen Scheidung aus: „Was Gott zusammengefügt hat, sollen Menschen nicht scheiden." (GNB) Ein Grund für eine Scheidung ist der Ehebruch. Der Ehebrecherin begegnet Jesus vergebend und versöhnlich.
💡 Finde heraus, welche Strafe die Ehebrecherin eigentlich erwartete.
📖 **5 Mose 24,1-4**; Maleachi 2,16; Matthäus 19,1-12; Johannes 8,2-11
→ Ehe

 Schelemja („Gott vergilt")
Sohn von Abdeel, lebt zur Zeit von Jeremia
König Jojakim gefällt nicht, was Gott den Propheten Jeremia auf eine Buchrolle schreiben lässt. Er verbrennt die Buchrolle und schickt Schelemja und andere, um Jeremia und seinen Helfer Baruch zu verhaften.
💡 Finde heraus, warum Schelemja weder Jeremia noch Baruch finden konnte.
📖 **Jeremia 36,20-26**
→ Baruch, Jeremia, Jojakim

 Schemaja („Gott hat erhört")
Prophet zur Zeit von König Rehabeam
Schemaja ist ein Prophet unter König Rehabeam, der dem König die Botschaft Gottes überbringt, dass er nicht gegen das Brudervolk Israel kämpfen soll. Die Trennung Judas von Israel war Gottes Wille.
💡 Wissenswert: Schemaja hat ein Buch geschrieben, das nicht in der Bibel zu finden ist.
📖 **2 Chronik 12,15**; 1 Könige 12,22-24
→ Jerobeam, Rehabeam

 Scherebja
Levit, der unter König Artaxerxes mit Esra aus dem Exil von Babel nach Jerusalem zurückkehrt
Seine Aufgabe ist es, mit anderen Priestern und Leviten Gold- und Silbergeschenke des Königs auf einem Weg von über 1.000 km sicher nach Jerusalem zu bringen.
💡 Finde heraus, warum Scherebja keine Soldaten als Geleitschutz bekam.
📖 **Esra 8,22-23**; Esra 8,18.24-30; Nehemia 9,5
→ Artaxerxes, Esra, Verbannung, Levit, Nehemia

Scheschbazzar – Schleuder

 Scheschbazzar → Serubbabel

 Schiff
Wasserfahrzeug
Die Israeliten sind keine Seefahrer, haben aber Verbindung zu seefahrenden Völkern, die Waren und Menschen über das Mittelmeer bringen. Allerdings wird der See Gennesaret in Israel mit Booten befahren. Diese Boote werden aus Holz gebaut und mit Segeln ausgerüstet, oft gibt es auch Ruder, die von Sklaven bedient werden. Jesus ist manchmal mit einem Fischerboot auf dem See unterwegs. Im Neuen Testament spielen Schiffe in der Apostelgeschichte eine große Rolle, da Paulus sie auf seinen Missionsreisen benutzt.
Finde heraus, wie oft Paulus Schiffbruch erlitt.
Jona 1,3; Markus 4,35-41; Lukas 5,1-3; Apostelgeschichte 27,6-44; **2 Korinther 11,25**
→ Boot

 Schifra („Schönheit")
Hebamme aus dem Volk Israel in Ägypten
Schifra hilft als Hebamme den israelitischen Frauen bei der Geburt ihrer Kinder. Der Pharao von Ägypten will nicht, dass das Volk Israel immer größer wird. Deshalb gibt er Schifra den Befehl, alle männlichen Kinder nach der Geburt zu töten. Aber sie gehorcht dem Pharao nicht, sondern lässt alle Jungen leben. Als sie von dem Pharao zur Rede gestellt wird, belügt sie ihn.
? Rate mal: Wie hieß die Hebamme, die immer mit Schifra zusammenarbeitete?
a. Maria b. Eva c. Pua
2 Mose 1,15-21
→ Pua

 Schilf
große, grasartige Pflanze, die am Rand von Gewässern wächst
In Ägypten wurden aus Schilf Papyrus (eine Papierart), Körbe und kleinere Schiffe hergestellt. Mose wird als Baby in einem Schilfkörbchen (Binsenkästchen) am Rand des Nils ausgesetzt, damit die Soldaten des Pharaos ihn nicht finden.
Finde heraus, wer Mose fand.
2 Mose 2,3-5; Hiob 8,11; Jesaja 35,7
→ Mose, Nil, Pharao

Schilf am See Genezaret

 Schilfmeer → Rotes Meer

 Schilo
Ort in Israel, etwa 15 km nördlich von Bet-El, heute Selun
Josua hat dafür gesorgt, dass in Schilo die Stiftshütte aufgebaut wird. Dadurch wird die Stadt zu einem wichtigen religiösen Zentrum. Hier feiern die Israeliten ihre Gottesdienste und die besonderen Feste wie Passafest, Wochenfest und Laubhüttenfest. In Schilo wird Samuel von dem Priester Eli erzogen. Als im Krieg gegen die Philister die Bundeslade verlorengeht, wird vermutlich auch Schilo zerstört.
Wissenswert: Samuel hörte schon als Junge in Schilo Gottes Stimme.
Josua 18,1; 1 Samuel 1,3; **1 Samuel 3,1-21**
→ Eli, Josua, Samuel; siehe Karte Seite 132

 Schiloach („Wasserleitung")
Teich und Kanäle in Jerusalem, die von der Quelle Gihon gespeist werden
Weil die Wasserversorgung von Jerusalem außerhalb der Stadt liegt, lässt König Hiskija einen 512 Meter langen Tunnel durch den Felsen von der Quelle bis zum Teich Schiloach graben. Im Neuen Testament wird berichtet, dass Jesus an diesem Teich einen Blinden heilt.
Finde heraus, wie Jesus den Blinden heilte.
2 Chronik 32,30; **Johannes 9,1-23**
→ Jerusalem, Gihon, Hiskija

 Schima („Verschwendung", „Verwüstung", „Erstaunen") dritter Sohn Isais, Bruder Davids, Vater von Jonadab und Jonatan, aus dem Stamm Juda
Schima ist der dritte Sohn, den Isai dem Propheten Samuel vorstellt, der einen von Isais Söhnen zum neuen König salben soll. Gott hat jedoch David erwählt, nicht Schima.
Finde heraus, was Gott bei Menschen sehen kann.
1 Samuel 16,1-13; 1 Samuel 17,13; 2 Samuel 13,3.32
→ David, Isai, Samuel

 Schinar → Turm von Babel

 Schischak
König von Ägypten
Als Rehabeam König von Juda ist, greift Schischak mit einem großen Heer an, nimmt befestigte Städte in Juda ein und plündert Jerusalem und den Tempel. Dies wird als Strafe Gottes verstanden, weil Juda sich von Gott abgewandt hat.
Finde heraus, mit wie vielen Wagen und Reitern Jerusalem eingenommen wurde.
2 Chronik 12,1-12
→ Rehabeam

Schittim („Akazie")
Ebene östlich des Jordans bei Jericho, Siedlungsgebiet der Moabiter
Bevor das Volk Israel mit Josua durch den Jordan zieht und Jericho einnimmt, lagert es in Schittim. Josua sendet Kundschafter nach Jericho, die dort von Rahab versteckt werden.
Finde heraus, was in Schittim zuvor Schreckliches passiert war.
📖 **4 Mose 25**; 4 Mose 33,49; Josua 2,1; Josua 3,1
→ Jericho, Jordan, Josua, Moab, Rahab

 Schlachtbank → Sonderseite Opfer, Seite 210+211

 Schlachtopfer → Sonderseite Opfer, Seite 210+211

 Schlaf
Zustand der Ruhe bei Mensch und Tier, in der Regel während der Nacht
Im Schlaf bekommt ein Mensch meist nicht mit, was um ihn herum passiert. Mitunter wird Schlaf auch als bedrohlich empfunden wegen seiner Nähe zum Tod. Als König Saul David verfolgt, entwendet David dem schlafenden Saul zwei persönliche Gegenstände mitten aus dem Heerlager, ohne dass Saul und seine Wachen etwas bemerken.
Finde heraus, welche Gegenstände David sich „auslieh".
📖 **1 Samuel 26,11-12**; 1 Mose 2,21; Richter 16,14; Matthäus 26,36-46; Apostelgeschichte 20,8-10
→ Bett, David, Saul, Traum

 Schlange
Schuppenkriechtier ohne Gliedmaßen
Vor allem im Alten Testament werden Schlangen erwähnt und in den Übersetzungen teils mit „Otter", teils mit „Natter" bezeichnet. Allen Schlangen gemeinsam ist die Fortbewegung ohne Gliedmaßen: „auf dem Bauch kriechend". In der Bibel ist die Schlange oft Symbol für Satan und das Böse. Im Paradies überredet die Schlange Eva, vom Baum der Erkenntnis zu essen. Gott hatte das allerdings verboten. Eva isst davon und verführt daraufhin Adam, auch davon zu essen. Das ist die erste Sünde der Menschen gegen Gott. Zur Strafe müssen sie das Paradies verlassen, sich mühsam ernähren und Schmerzen ertragen. Die Schlange aber muss seither auf dem Boden kriechen und Staub schlucken.
Wissenswert: Aaron verwandelte einen Stock in eine Schlange.
📖 **2 Mose 7,8-12**; 1 Mose 3,1; 4 Mose 21,6; Jesaja 65,25; Offenbarung 12,9
→ Paradies, Satan, Sünde

 Schlauch
dient zur Aufbewahrung und zum Transport von Wasser, Milch und Wein
Hergestellt werden Schläuche aus gegerbter Tierhaut (Ziegen). Die für das Abziehen des Fells notwendigen Schnitte werden sorgfältig vernäht. Aufgeblasene Schläuche dienen auch als Schwimmhilfen und werden beim Bau von Flößen benutzt.
Finde heraus, was passiert, wenn man neuen Wein in alte Schläuche füllt.
📖 **Matthäus 9,17**; 1 Mose 21,14; 1 Samuel 16,20
→ Krug, Leder

 Schleier → Sonderseite Kleidung, Seite 164+165

 Schleuder
einfache Waffe, aus Naturmaterialien, z. B. Wolle, Stoff oder Leder, geflochten; damit kann über weite Entfernungen z. B. ein Stein geschleudert werden
Für die Hirten ist die Schleuder zur Zeit der Bibel die wichtigste Waffe. Damit vertreiben sie wilde Tiere, um sich selbst und die Herden zu schützen. Auch als Kriegswaffe wird die Schleuder benutzt. David besiegt mit seiner Schleuder den Philister Goliat.
Finde heraus, welche Munition David verwendete.
📖 **1 Samuel 17,40-49**; 1 Chronik 12,2
→ David, Goliat

So könnte die Schleuder von David ausgesehen haben

 Schleuder
Ich hatte noch keine Schleuder in der Hand, kenne sie aber aus der Bibel. Die Hirten hatten Steinschleudern, um sich und ihre Schafe vor wilden Tieren zu schützen. David war auch ein Hirte und hat den Riesen Goliat mit einer Steinschleuder besiegt. **Theo, 7 Jahre**

Schmied – Schwur

  Schmied → Sonderseite Handwerkliche Arbeit, Seite 110+111

 Schmuck
auch Geschmeide, Verschönerung von Personen, Orten oder Dingen

Schmuck ist in Israel und auch in den anderen Ländern der Bibel sehr wichtig. Nicht nur Frauen, auch Männer und Kinder tragen Schmuck. Besonders bei Festen schmückt sich das Volk, aber auch an normalen Tagen. Nur in der Trauerzeit wird der Schmuck abgelegt. Schmuck gibt es für fast alle Körperteile, zum Beispiel Ringe für Finger, Arme, Ohren und Nase, Halsketten, Stirnreifen und Fußspangen. Meistens ist er aus Gold und Silber. Neben dem äußeren gibt es auch den „inneren" Schmuck. Besonders im Neuen Testament sind gute Eigenschaften der eigentliche Schmuck, der Gott gefällt.

💡 Finde heraus, was in Gottes Augen unvergänglicher Schmuck ist.

📖 2 Mose 33,4; 1 Chronik 16,29; Sprichwörter 1,8-9; 1 Timotheus 2,9-10; **1 Petrus 3,3-4**

→ Gold, Silber

Schmuck aus der Zeit der Bibel

  Schnitter → Sonderseite Arbeit auf dem Land, Seite 11

 Schöpfung
das, was Gott geschaffen hat

Am Anfang der Bibel wird beschrieben, wie Gott die Welt erschafft. An sechs Tagen lässt Gott nacheinander Licht, Tag und Nacht, das Himmelsgewölbe, Land, Meer und Pflanzen, Sonne, Mond und Sterne, Vögel und Wassertiere, Landtiere und schließlich den Menschen entstehen. Weil Gott die Welt erschaffen hat, nennt man ihn auch den Schöpfer.

💡 Wissenswert: Christen bemühen sich bis heute um die „Bewahrung der Schöpfung", weil Gott den Auftrag gegeben hat, die Welt zu schützen.

📖 **1 Mose 1,1-31**

→ Ebenbild Gottes, Mensch

  Schreiber → Sonderseite Arbeit für einen Herrscher, Seite 158+159

 Schrift
Zeichen, mit denen man eine Sprache aufschreiben kann

Vor ungefähr 5.000 Jahren wird in Mesopotamien und Ägypten das Schreiben erfunden. Die ältesten Schriften bestehen aus lauter kleinen Bildern. Jedes Bild steht für ein bestimmtes Wort und es gibt etwa 2.000 Zeichen. Das ist unpraktisch, darum wird das Alphabet erfunden. Weil zur Zeit der Bibel nur wenige Menschen lesen und schreiben können, ist Schreiber ein eigener Beruf. Man schreibt auf Schreibtafeln, Tierhaut oder Papyrus.
Im Neuen Testament steht manchmal der Ausdruck „die Schrift" oder „die Heiligen Schriften". Damit sind die Bücher des Alten Testaments gemeint.

💡 Stimmt es, dass Jesus nicht lesen konnte?

📖 **Lukas 4,16-20**

→ Alphabet, Testament, Papyrus

Tafel mit Keilschrift

  Schriftgelehrter
jemand, der sich gut in den Heiligen Schriften auskennt

Zur Zeit der Bibel gibt es nur wenige Menschen, die schreiben können. Schriftgelehrter zu sein ist also ein wichtiger Beruf mit viel Einfluss. Dies gilt vor allem zur Zeit des Neuen Testaments. Zu den Aufgaben zählt die Erforschung und Auslegung der Heiligen Schriften, die heute im Alten Testament zu finden sind. Außerdem beraten sie Richter, weil sie sich gut im Gesetz auskennen. Einige unterrichten auch als Lehrer. Innerhalb der Schriftgelehrten bilden sich im Laufe der Zeit verschiedene Gruppen. Hierzu zählen die Pharisäer, die Sadduzäer und die Essener.

💡 Wissenswert: Die Schriftgelehrten stritten sich häufig mit Jesus, weil sie seine Lehre und sein Auftreten als Gottes Sohn nicht akzeptieren wollten.

📖 Matthäus 23,1-36; Matthäus 2,3-4; Matthäus 9,2-4; Matthäus 16,21; Matthäus 27,41-43; **Markus 7,5-15**

→ Pharisäer, Sadduzäer

 Schuh → Sonderseite Kleidung, Seite 164+165

Schuld
so leben, als ob Gott nicht da wäre, handeln gegen Gottes Willen, Gegensatz von Unschuld

Gott möchte in enger Gemeinschaft mit dem Menschen leben. Doch der Mensch nutzt die Freiheit, die Gott ihm schenkt, um sich gegen Gott zu stellen: Er nimmt sich selbst wichtiger als alles andere. Das führt z. B. dazu, dass er Gott und den Menschen nicht die notwendige Liebe erweist. Die Bibel nennt ein solches Verhalten „Sünde". In den meisten Bibelübersetzungen wird auch der Begriff „Schuld" benutzt. Wer gegen Gottes Willen handelt, macht sich schuldig. Beide Begriffe liegen nah beieinander. Wichtig ist: Der Mensch kann aus eigener Kraft nichts dafür tun, dass seine Fehler wieder in Ordnung kommen. Die Gute Nachricht ist: Genau deshalb ist Jesus Christus am Kreuz gestorben. Er hat alle Schuld dieser Welt am Kreuz getragen.

Wissenswert: Wer Gott um Vergebung bittet, wird von seiner Schuld befreit.

1 Mose 3,1-24; **Apostelgeschichte 2,37-39**; Kolosser 2,14
→ Sünde, Gnade, Vergebung

Schuld
Man ist schuldig, wenn man etwas gemacht hat, was nicht gut ist. Man sagt dann auch, dass man gesündigt hat.
Sara, 14 Jahre

 Schuldopfer → Sonderseite Opfer, Seite 210+211

 Schule → Erziehung

 Schunem
eine Stadt im Umland vom See Gennesaret

Genauer genommen liegt Schunem im Gebiet vom Stamm Issachar. Diese Region befindet sich im weiteren Umland vom See Gennesaret und wird nach einem der zwölf Söhne des Stammvaters Jakob benannt. Hier findet eine besondere Begebenheit statt: Der Prophet Elischa begegnet einer kinderlosen Frau und verspricht ihr, dass sie einmal einen Sohn haben wird.

Finde heraus, wie es für die Frau weiterging und was sie noch Wundersames erlebte.

1 Samuel 28,4; **2 Könige 4,8-37**
→ Issachar, Elischa, Gennesaret, Prophet

 Schur
Bezeichnung für ein Wüstengebiet, auch Etam

Die Lage des Wüstengebiets Schur ist nicht ganz sicher. Vermutet wird, dass es sich im Gebiet zwischen Kanaan/Israel und der Ostgrenze von Ägypten befindet. Sicher ist, dass Mose mit dem Volk Israel durch dieses Wüstengebiet zieht, nachdem sie das Rote Meer durchquert haben.

Wissenswert: Abraham wohnte für einige Zeit in der Wüste Schur.

1 Mose 20,1; 2 Mose 15,22
→ Abraham, Mose

 Schwein
Haustier, nur nicht bei den Juden

Schweine kommen in der Bibel nicht gut weg. Sie zählen zu den „unreinen" Tieren. Deshalb finden sich nur in heidnischen Gebieten Schweineherden. Die können aus bis zu 2.000 Tieren bestehen. Ein Jude, der Schweine hüten muss, dem geht es wirklich „dreckig". Zur Zeit des Alten Testaments will Gott nicht, dass Juden Schweinefleisch essen. Menschen, die an Jesus glauben, ist das aber erlaubt. In einem übertragenen Sinn werden böse Menschen als Schweine bezeichnet. Also ähnlich wie bei uns heute.

Finde heraus, womit eine schöne Frau verglichen wird, die sich nicht benehmen kann.

3 Mose 11,7; **Sprichwörter 11,22**; Matthäus 7,6; Markus 5,13; Apostelgeschichte 10,9-16; 1 Timotheus 4,3
→ Reinheit, Heiden, Glaube

 Schwester
Mädchen, das mit anderen Kindern zur selben Familie gehört

Haben Eltern mehrere Kinder, so sind diese untereinander Bruder oder Schwester. Der Begriff wird aber nicht nur in der Familie gebraucht. Menschen, die zur selben Gemeinschaft gehören, nennen sich auch „Schwester" oder „Bruder". Damit sagen sie: Wir gehören zusammen. Im Alten Testament werden die Frauen vom Volk Israel mit „Schwester" angesprochen. Im Neuen Testament redet Paulus die Leser seiner Briefe mit „Brüder" an. Damit meint er oft nicht nur die Männer, sondern auch die Frauen. Sie sind für ihn wie Geschwister, denn sie alle haben Gott zum Vater.

Finde heraus, wen Jesus als seine Brüder und Schwestern bezeichnete.

1 Mose 4,8; Matthäus 12,50; **Markus 3,35**; 1 Korinther 1,10
→ Bruder, Gemeinde

Schwur
eine Bestätigung, um einer Aussage mehr Gewicht zu verleihen

Zur Zeit der Bibel ist es üblich, einer Aussage durch einen Schwur eine besondere Bedeutung zu geben. Dazu wird z. B. die Hand gehoben und ein Satz gesagt wie: „Ich schwöre bei Gott!" So soll klargestellt werden, dass die Aussage auf jeden Fall wahr ist. Jesus findet ein solches Verhalten nicht richtig. Er will, dass die Menschen immer die Wahrheit sagen. Wer so lebt, braucht keinen Schwur.

Finde heraus, was Jesus zum Schwören sagte.

Matthäus 5,34-37
→ Eid, Wahrheit

Arbeit auf dem Wasser/Handel

Fischer

In Israel betreibt man in biblischer Zeit Fischfang vor allem am See Gennesaret. Dort gibt es Fischerdörfer (Betsaida heißt „Fischhausen" oder „Haus der Fischerei"). Die Menschen arbeiten zunächst in der Landwirtschaft und fischen mit Netzen, Angeln und Harpunen am Ufer oder mit kleinen Booten. Zur Zeit des Neuen Testaments entwickeln sich am See Gennesaret Verbände von Fischern, die wohl hauptberuflich dieser Arbeit nachgehen. Aus diesen Kreisen stammen einige der Jünger von Jesus.

📖 Lukas 5,2-9; Jesaja 19,8; Amos 4,2; Markus 1,16.19
→ See Gennesaret, Betsaida, Boot, Fischfang

Seeleute/Steuermann

Die Israeliten haben als ehemalige Nomaden Angst vor den Ungeheuern des Meeres und meiden die See. Seefahrt ist eher Sache der Phönizier, Griechen und Römer. Daher geht Jona in Joppe/Jaffa auf ein fremdländisches Schiff. Auch Paulus nutzt für seine Reisen am liebsten den Landweg. Als er nach Rom gebracht wird, geschieht dies auf Geheiß der Römer mit einem Schiff – und er erleidet dabei mehrfach Schiffbruch.

📖 Jona 1; Apostelgeschichte 27
→ Phönizier, Boot, Schiff, Jona, Paulus

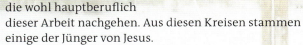

Händler/Kaufleute

Handel kann großen Gewinn bringen, ist aber immer mit dem Risiko verbunden, dass Räuber die Handelsware rauben, dass die Ware verdirbt oder ein Schiff untergeht. Händler bringen Edelholz (Zedern), Metall (Eisen, Zinn), Weihrauch und Luxusgüter ins Land. Ausgeführt werden Getreide und Olivenöl. Wichtige Handelsstraßen führen durch das Land, die Ägypten und das Zweistromland verbinden und auf die arabische Halbinsel führen. Zur Zeit des Alten Testaments ist der Handel Sache der Kanaanäer (ihr Name war gleichbedeutend mit „Händler"). Der Seehandel ist in der Hand der Phönizier. Allein über König Salomo und spätere Könige wird berichtet, dass sie Handel treiben. Nach dem Exil in Babylon gibt es auch jüdische Händler. Grundregel für jüdische Händler soll Ehrlichkeit sein.

📖 1 Könige 5,20-24; 1 Könige 9,10-12; Nehemia 3,32; Matthäus 13,45; 3 Mose 19,35-36
→ Handel, Händler, Karawane, Phönizier

Fischhändler

Der Handel mit Fischen, zum Beispiel am Jerusalemer „Fischtor", hat große Bedeutung. Fleisch ist zu biblischen Zeiten für die Menschen zu teuer. Verkauft wird frischer und gepökelter, also in Salz getrockneter und haltbarer Fisch.

📖 2 Chronik 33,14

Sebulon
ein Sohn von Jakob

Jakob hat zwölf Söhne. Einer von ihnen ist Sebulon. Seine Mutter heißt Lea. Ein Stammesgebiet ist nach ihm benannt. Sebulon hat drei Söhne: Sered, Elon und Jachleel. Zusammen mit seinem Vater Jakob zieht er nach Ägypten, als eine Hungersnot ausbricht. Sebulon wird mit seiner Nachkommenschaft zu einem der zwölf Stämme Israels, als diese nach dem Auszug aus Ägypten Kanaan einnehmen.

💡 Finde heraus, aus wie vielen Männern der Stamm Sebulon am Ende der Wüstenwanderung bestand.

📖 1 Mose 46,14; **4 Mose 26,27**

→ Jakob, Lea, Auszug, Wüstenwanderung

 Secharja → Sonderseite Könige Israels, Seite 168-171

See Genezareth → See Gennesaret

See Gennesaret mit Umgebung

See Gennesaret
auch See Kinneret, See von Galiläa, See von Tiberias, harfenförmiger See im Norden Israels

Wegen seiner äußeren Form trägt dieser See im Alten Testament auch den Namen „See Kinneret", das bedeutet übersetzt „Harfe". Der See ist etwa 21 km lang, 12 km breit und an der tiefsten Stelle ungefähr 42–48 Meter tief. Seine Oberfläche beträgt ungefähr 170 km² und er ist sehr fischreich. Da der See ziemlich tief liegt, ist es dort im Sommer sehr heiß. Eine Übernachtung im Freien ist in dieser Gegend problemlos möglich. Da der See von höheren Bergen umgegeben ist, kann es zu tückischen Fallwinden kommen. Sie sorgen in wenigen Minuten dafür, dass das Wasser gefährliche Wellen schlägt. Die kleineren Fischerboote müssen dann schnell an Land, um nicht zu kentern. Am westlichen Ufer liegen die Orte Kafarnaum und Magdala, der Ort Betsaida ist ganz im Norden zu finden. In diesen Orten hält sich Jesus mehrfach auf und es ereignen sich viele der Geschichten, von denen im Neuen Testament berichtet wird. Heute sind die Städte und Gebiete rund um den See nicht mehr so dicht bewohnt.

💡 Finde heraus, wie abenteuerlich eine Reise auf dem See Gennesaret werden kann.

📖 Matthäus 4,13-16; Markus 2,1; **Markus 4,35-41**

→ Kafarnaum, Betsaida, Boot, Fischer; siehe Karte Seite 134

 See von Galiläa → See Gennesaret

 See von Tiberias → See Gennesaret

 Seele
durch sie ist der Mensch, was er ist

Als Gott den Menschen aus Erde erschafft, bläst er ihm seinen Lebensatem in die Nase. So wird der Mensch eine lebendige Seele. Er bekommt die Seele also nicht nur, sondern er wird Seele. Gott ist verantwortlich für die Seele von allen Lebewesen: Er erschafft sie, ruft sie ins Leben und nur er kann sie auch wieder nehmen. Aus der Seele kommen alle Gefühle und Empfindungen. Sie ist das Kostbarste, was ein Mensch besitzt.

💡 Wissenswert: Körper, Seele und Geist eines Menschen gehören untrennbar zusammen.

📖 1 Mose 2,7; Ijob 12,10; **Matthäus 10,28**; Matthäus 16,26; 1 Thessalonicher 5,23

→ Schöpfung, Odem des Lebens

 Seeleute/Steuermann → Sonderseite Arbeit auf dem Wasser, Seite 242

 Seeungeheuer → Leviatan

 Segen
vom lateinischen Wort „signare", das bedeutet: mit einem Zeichen versehen

Mit seinem Segen sagt Gott Ja zu allen Menschen, Tieren und Pflanzen. Im Alten Testament ist der Segen oft mit Gesundheit, vielen Kindern, Erfolg und Reichtum verbunden. Im Neuen Testament wird aber mehr betont, dass der Segen auch ohne sichtbaren Erfolg gilt: Den Menschen wird versprochen, dass sie zu Gott gehören. Gott sagt: Ich habe dich lieb und bin immer für dich da. Der Segen kommt immer von Gott. Aber auch Menschen können anderen Gottes Segen zusprechen. Beim Segnen kann man auch dem anderen die Hände auf den Kopf legen oder das Kreuzzeichen machen.

💡 Wissenswert: Der Segen, der am Ende des Gottesdienstes gesprochen wird, kommt aus dem Alten Testament und ist etwa 3.400 Jahre alt.

📖 1 Mose 12,2; **4 Mose 6,22-26**; Römer 12,14; Galater 3,14

→ Kindersegnung

Seïr ("kleiner, reich bewaldeter Bezirk")
Gebirge im Süden von Palästina

Das Gebirge wird zuerst von den Horitern, später von den Nachkommen Esaus bewohnt und erhält den Namen Edom.

💡 Wissenswert: Die Israeliten mussten auf ihrem Weg in das versprochene Land um das gesamte Gebirge Seïr herumziehen.

📖 1 Mose 14,6; 1 Mose 36,8; **5 Mose 2,1**; 5 Mose 2,12
→ Esau

Seleukiden/Seleuziden
Volk, das in der Nachkommenschaft von Alexander dem Großen entsteht

Bevor Alexander der Große stirbt, teilt er sein Reich unter seine Fürsten auf. So bekommt Seleukus I. Nikator einen Teil davon und lässt sich dort zum König ausrufen. Bald vergrößert er sein Reich weit über Syrien und Israel hinaus. Die Menschen in Israel leiden sehr unter den Seleukiden. Die plündern den Tempel und verbrennen die Stadt Jerusalem. Sie befehlen, fremde Götter anzubeten und vieles Schlimme mehr.

💡 Rechne nach: Die Seleukiden waren von ca. 320–63 v. Chr. an der Macht. Wie lange war das?

📖 1 Makkabäer 1
→ Syrien, Israel, Tempel Salomos, Jerusalem

Selig/Seligkeit (althochdeutsch: „sälig" = glücklich)
Glückseligkeit

Mit dem Wort „selig" wird ein Begriff übersetzt, der in der biblischen Sprache so viel bedeutet wie glücklich preisen: Wenn zum Beispiel in der Bibel eine Frau ein Kind bekommt, dann werden andere sie von Herzen dazu beglückwünschen, sie glücklich preisen. Seligkeit meint aber auch das Gefühl, das einen Menschen erfasst, der zu Gott gehört: Er fühlt sich geborgen, gut aufgehoben und beschützt. Im Neuen Testament hängt die Seligkeit damit zusammen, dass durch Jesus Gottes neue Welt zu den Menschen gekommen ist. Schließlich meint Seligkeit manchmal auch das ewige Leben. In manchen Bibelübersetzungen steht anstelle von selig „freuen dürfen sich alle".

💡 Finde heraus, wen Jesus in der Bibel selig nennt.

📖 Psalm 1,1-2; Sprichwörter 3,13; **Lukas 11,28**; Lukas 14,15

Seligpreisungen
Aufforderung zur Freude am Anfang der Bergpredigt

Jesus redet auf einem Berg zu den Leuten. Dabei beschreibt er Menschen, die sich freuen dürfen. Aber das sind vor allem die, die eigentlich keinen Grund zur Freude haben: Menschen, die arm sind, die ungerecht behandelt werden, die Hunger haben, die verfolgt werden. Außerdem preist Jesus auch die, die anderen eher schwach vorkommen: die Sanftmütigen, Barmherzigen und Friedfertigen. Gott möchte gerade die belohnen, die leiden müssen, und die, die sich für Frieden und Gerechtigkeit einsetzen.

❓ Rate mal: Jesus stieg bei den Seligpreisungen auf einen Berg, damit a. er mit den Jüngern allein war. b. die vielen Menschen ihn besser hören konnten. c. er den Sonnenuntergang besser sehen konnte.

📖 **Matthäus 5,1-12**
→ Selig, Bergpredigt

Auszug aus den Seligpreisungen

»Freuen dürfen sich alle, die danach hungern und dürsten, dass sich auf der Erde Gottes gerechter Wille durchsetzt – Gott wird ihren Hunger stillen.
Freuen dürfen sich alle, die barmherzig sind – Gott wird auch mit ihnen barmherzig sein.
Freuen dürfen sich alle, die im Herzen rein sind – sie werden Gott sehen.
Freuen dürfen sich alle, die Frieden stiften – Gott wird sie als seine Söhne und Töchter annehmen. Freuen dürfen sich alle, die verfolgt werden, weil sie tun, was Gott will – mit Gott werden sie leben in seiner neuen Welt.«
Matthäus 5,6-10 (GNB)

Sem
ältester Sohn von Noach

Sem ist mit seiner Frau, den Brüdern und seinen Eltern auf der Arche und überlebt so die Sintflut. Nach den biblischen Texten stammen alle Menschen nach der Sintflut von Sem und seinen beiden Brüdern ab. Die Völker, die von Sem herkommen und in den Ländern der biblischen Geschichten leben, heißen auch heute noch semitische Völker. Das Gebiet nennt man heute Naher Osten.

💡 Finde heraus, wie alt Sem war, als er zum ersten Mal Vater wurde.

📖 1 Mose 6,9-10; **1 Mose 11,10**
→ Arche, Noach, Sintflut

Senden/Sendung
Nachrichten oder Botschaften überbringen, beauftragen

Wenn in biblischen Geschichten Menschen weit voneinander entfernt sind, schicken sie sich gegenseitig Boten, die schriftliche oder mündliche Nachrichten überbringen. Gott selbst benutzt auch solche Boten, die den Menschen seinen Willen oder eine Nachricht von ihm ausrichten sollen: Manchmal schickt er Engel zu den Menschen, manchmal Propheten. Gott sendet seinen Sohn Jesus, damit seine Botschaft alle Menschen erreicht.

❓ Rate mal: Wie reagieren manche Boten auf Gottes Auftrag? a. Sie freuen sich und sind stolz. b. Sie feiern ein Fest. c. Sie sagen: „Ich kann, das nicht" und laufen weg.

📖 **2 Mose 3,9-11**; Jeremia 1,4-6; Jona 1,1-3; Lukas 1,26-38
→ Bote, Engel, Prophet

Senfkorn
winziger Same der Senfpflanze, wächst sehr schnell zu einem großen Baum

Jesus vergleicht Gottes Reich mit einem Senfkorn: Auch wenn die Welt oft ungerecht ist, wird sich Gottes guter Wille doch durchsetzen. Zuerst vielleicht kaum sichtbar wie ein Senfkorn, aber irgendwann für alle klar und deutlich zu sehen wie ein großer Baum. Auch der Glaube kann wie ein Senfkorn sein. Er fängt klein an, kann aber ganz große Dinge bei einem Menschen verändern.

Wissenswert: Ein Senfbaum kann bis zu 3 Meter hoch sein.

📖 Matthäus 13,31-32; Matthäus 17,20
→ Glaube, Reich Gottes

Senfkörner

Septuaginta (lateinisch: „siebzig")
wichtigste griechische Übersetzung des Alten Testaments, abgekürzt LXX

Eine Legende erzählt, dass 72 Israeliten an 72 Tagen für den König Ptolemäus die fünf Bücher Mose ins Griechische übersetzt haben. Das geschieht etwa im 3. bis 2. Jahrhundert v. Chr. in Ägypten und Alexandria. Nach und nach werden dann die übrigen Bücher des Alten Testaments in Ägypten übersetzt.

Wissenswert: In der Septuaginta wurde das hebräische Wort für „junge Frau" bei Jesaja mit „Jungfrau" übersetzt.

📖 **Jesaja 7,14**
→ Masora, Vulgata

Serafim → Engel

Seraja („der Herr hat gekämpft")
hoher Beamter von König Jojakim, Sohn von Asriël

Im Alten Testament heißen viele Menschen so. Zum Beispiel auch ein Mann, den König Jojakim schickt, um den Propheten Jeremia zu verhaften. Denn Jeremia sagt dem König Dinge von Gott, die der König nicht hören will.

Finde heraus, wer dafür sorgte, dass Jeremia nicht gefunden wurde.

📖 **Jeremia 36,24-26**
→ Jeremia, Jojakim

Sered
Bach, fließt in der südlichen Gegend vom Toten Meer (Land Moab)

Die Israeliten schlagen gegen Ende ihrer Wüstenwanderung an diesem Bach ein Lager auf. Heute heißt er „Wadi el-Hesa". In manchen Bibelübersetzungen wird er auch „Weidenbach" oder „Pappelbach" genannt.

Wissenswert: Das Tote Meer ist der tiefste Punkt der Erdoberfläche.

📖 **5 Mose 2,13-14**
→ Totes Meer; siehe Karte Seite 30

Sergius Paulus
römischer Statthalter von Zypern

Paulus und Barnabas sind auf ihrer ersten Missionsreise auf der Insel Zypern. Sergius Paulus lässt die beiden zu sich kommen, damit sie ihm von Jesus erzählen. Der Zauberer Elymas will das verhindern und wird auf ein Wort von Paulus hin blind. Der Statthalter Sergius Paulus aber wird Christ.

Was denkst du: Ließ Sergius Paulus den Apostel Paulus rufen, weil er es lustig fand, den gleichen Vornamen zu haben?

📖 **Apostelgeschichte 13,4-12**
→ Barnabas, Bar-Jesus, Paulus, Zypern

Serubbabel („Nachkomme Babylons")
Sohn von Scheathiël, jüdischer Fürst, in Persien „Noach" genannt

Im Jahr 587 v. Chr. wird Israel von den Babyloniern erobert. Die Israeliten werden nach Babylon in die Gefangenschaft gebracht. Als der Perserkönig Kyrus viele Jahre später Babylon erobert, dürfen die Israeliten 538 v. Chr. wieder nach Hause. Serubbabel führt die Gruppe nach Jerusalem und wird von Kyrus als Statthalter in Judäa eingesetzt. Er beginnt mit dem Neubau des Tempels, hat aber mit vielen Problemen zu kämpfen.

Finde heraus, wie viel Gold und Silber Serubbabel mit nach Jerusalem nahm.

📖 **Esra 1,8-11**; Esra 5,14-16
→ Babylon, Kyrus

Set („Ersatz", „Stellvertreter")
Sohn von Adam und Eva

Nachdem Kain seinen Bruder Abel ermordet hat, wird Eva ein weiteres Mal schwanger. Für sie ist Set der Ersatz für ihren getöteten Sohn. In der Bibel werden die Nachfahren von Set bis Noach genannt.

Finde heraus, wie alt Set wurde.

📖 1 Mose 4,25-26; **1 Mose 5,8**
→ Abel, Adam, Eva, Kain

Seufzen/Seufzer
Laut, mit dem menschliches Klagen ausgedrückt wird

Wenn Menschen unterdrückt werden oder Frauen ein Kind bekommen, dann seufzen (stöhnen) sie, denn sie leiden, sie haben Schmerzen oder sind in Not. In der Bibel wird oft erzählt: Gottes Ohren hören das Seufzen seiner Kinder.

💡 Wissenswert: In der Bibel seufzt sogar die ganze Schöpfung. Sie leidet unter ihrer Vergänglichkeit und möchte endlich die Herrlichkeit der Welt Gottes sehen.

📖 2 Mose 2,23; **Römer 8,22**
→ Leid, Schöpfung

Sichem ("Bergrücken")
Stadt zwischen zwei Bergen im heutigen Gebiet der Palästinenser

Abraham erreicht als erste Stadt in Kanaan Sichem. Dort verspricht Gott Abraham, seinen Nachkommen das Land Kanaan zu geben. Immer wieder taucht die Stadt im Alten Testament auf. Das Grab von Josef befindet sich auch in Sichem.

💡 Wissenswert: Die Reste der alten Stadt Sichem sind in der modernen Stadt Nablus im heutigen Gebiet der Palästinenser ausgegraben worden. Dort wohnen heute noch Nachkommen der Samariter.

📖 1 Mose 12,4-7
→ Abraham, Josef, Kanaan, Samariter; siehe Karte Seite 7

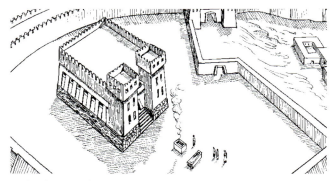
Stadtanlage in Sichem

Siddim ("Grenzfurchen")
Tal in der Nähe des Toten Meeres

In diesem Tal kommt es zu einem Kampf zwischen neun Königen. Es geht darum, wer über die anderen zu bestimmen hat. Auch die Könige von Sodom und Gomorra sind dabei. Sie verlieren, weil sie in Asphaltgruben fallen. Die Sieger plündern daraufhin Sodom und Gomorra.

💡 Finde heraus, wie der entführte Mann und sein Retter hießen, von denen in der Geschichte berichtet wird.

📖 **1 Mose 14,1-16**
→ Abraham, Lot, Gomorra, Sodom

Sidon ("Fischereiplatz")
große Stadt in Phönizien, heißt heute Saida und liegt im Libanon

Die Stadt Sidon ist in der Bibel für seine Handwerker und Künstler berühmt. Im Neuen Testament wird sie oft zusammen mit der Stadt Tyrus genannt. In diesem Gebiet ist Jesus unterwegs. Er erzählt dort von Gott und macht Kranke gesund. Paulus besucht auf dem Weg nach Rom seine Freunde in Sidon.

💡 Wissenswert: Saida ist heute die viertgrößte Stadt des Libanon. Dort sind viele Ruinen zu finden.

📖 Matthäus 15,21; Markus 3,7-8; Apostelgeschichte 27,3
→ Phönizien, Tyrus; siehe Karte Seite 134

Sieg
Erfolg in einem Kampf

Wenn in der Bibel vom Siegen die Rede ist, liegt die Betonung auf Gottes Eingreifen. Im Alten Testament wird davon berichtet, dass Gottes Volk Israel seine Feinde besiegt, wenn es sich auf Gottes Hilfe verlässt. Gott bezwingt seine Feinde und die Feinde seines Volkes: „Herr, deine Hand erringt den Sieg". Im Neuen Testament steht der Sieg Gottes über den Tod und die Macht Satans im Mittelpunkt. Jesus nimmt Gottes Strafe für alle Menschen auf sich und stirbt. Aber der Tod hat nicht das letzte Wort. Gott weckt Jesus von den Toten auf und besiegt damit die Macht Satans. Wer dies glaubt, ist ebenfalls ein Sieger: In dem Leben auf der Erde ist Gott auf seiner Seite. Nach dem Tod gibt es ein neues Leben für ihn bei Gott selbst.

💡 Wissenswert: In der Bibel gibt es sogar Siegeslieder.

📖 **2 Mose 15,1-21**; 2 Mose 17,8-16; Psalm 118,15; 2 Könige 17,1-6; 1 Johannes 5,4-5
→ Volk Gottes, Satan, Macht, Jesus, Auferstehung

Siegel

Altes Rollsiegel

eine Art Stempel, oft in Rollen- oder Ringform, der als Unterschrift genutzt wird

Wichtige Urkunden, Verträge oder Briefe werden zur Zeit der Bibel versiegelt. Das Siegel wird auf diesen Papieren in warmes, weiches Wachs gedrückt. So wird die Botschaft darin unterschrieben und bestätigt. Nur wichtige Leute wie Kaiser, Könige, Priester oder Minister haben ein Siegel. „Versiegeln" wird auch im übertragenen Sinn benutzt: Gott versiegelt Menschen, die an ihn glauben, mit dem Heiligen Geist. Damit versichert er ihnen: Ihr gehört ganz zu Gott.

💡 Wissenswert: Es wurden Rollsiegel gefunden, die über 5.000 Jahre alt sind.

📖 Epheser 1,13-14
→ Heiliger Geist

Seufzen – Simeon

 Sihon („Kehricht wegfegend")
König der Amoriter zur Zeit von Mose

Das Volk Israel ist unterwegs zu dem Land, das Gott ihnen versprochen hat. Auf dem Weg bitten die Israeliten den König Sihon, durch sein Land ziehen zu dürfen. Sihon erlaubt es ihnen nicht und greift sie mit seinem Heer an. Israel besiegt die Amoriter und nimmt das Land ein.
💡 Finde heraus, an welche israelitischen Stämme das Land von Sihon verteilt wurde.
📖 4 Mose 21,21-25; **4 Mose 32,1-4.33**; Richter 11,19-22
→ Amoriter

 Silas (lateinisch: Silvanus = „Wald")
Mitarbeiter von Paulus

Silas ist einer der besten Mitarbeiter von Paulus. Er gehört zur Gemeinde in Jerusalem und ist Lehrer und Prophet. Silas begleitet Paulus auf verschiedenen Reisen und unterstützt ihn in Korinth. Zusammen mit Paulus sitzt er in Philippi im Gefängnis. Mitten in der Nacht loben die beiden Gott, dann gibt es ein Erdbeben. Die Türen des Kerkers öffnen sich und die beiden sind frei. Später hilft Silas auch dem Apostel Petrus.
💡 Finde heraus, ob römische Bürger damals besonderen Schutz genossen.
📖 Apostelgeschichte 16,19-34; **Apostelgeschichte 16,37-39**
→ Paulus, Lehrer, Prophet, Jerusalem, Philippi

 Silber
wertvolles Metall

Zur Zeit der Bibel ist Silber das wertvollste Edelmetall nach dem Gold. Mit Silbermünzen kann man bezahlen. Wer viele davon hat, ist reich. Aus Silber werden Schmuck, Tafelgeschirr, aber auch Götterbilder angefertigt. Der Tempel wird mit Gold verziert, es gibt aber einen Kasten, in den die Gläubigen Silbermünzen als Spende einlegen können.
💡 Finde heraus, was der Gelähmte von Petrus und Johannes anstelle von Silber und Gold bekommen hat.
📖 **Apostelgeschichte 3,1-6**; 1 Mose 23, 15-18; 1 Mose 37,25-28; Richter 17,1-4; Apostelgeschichte 19,23-24
→ Demetrius, Ephesus, Gold, Silberschmied

 **Silberschekel** (A) → Geld

 Silberschmied → Sonderseite Handwerkliche Arbeit, Seite 110+111

 Silberstücke → Geld

 Silo → Schilo

 Siloah → Schiloach

 Silpa (vielleicht „klein sein", „eine kleine Nase haben")
Sklavin von Jakobs Frau Lea

Laban schenkt seiner Tochter Lea zur Hochzeit mit Jakob Silpa als Sklavin. Sie wird eine Nebenfrau von Jakob und bekommt mit ihm die Söhne Gad und Ascher.
❓ Rate mal: Was bedeutet der Name von Silpas Sohn Gad?
a. Erster b. Glück c. Pech d. der Große
📖 1 Mose 30,9-13
→ Jakob, Lea

 **Silvanus** → Silas

 Simei („der Herr hat gehört")
auch Schimi, Sohn von Gera, aus dem Stamm Benjamin, gehört zur Familie von König Saul

Als König David vor Abschalom flieht, trifft er auf Simei, der ihn beschimpft und mit Steinen bewirft. David verzichtet auf Rache, vergisst diese Tat aber sein Leben lang nicht und bittet seinen Sohn Salomo, Simei zu bestrafen.
💡 Finde heraus, in welcher Stadt David auf Simei traf.
📖 **2 Samuel 16,5-13**; 1 Könige 2,8-10
→ David, Saul, Salomo

 Simeon („Erhörung")
frommer Mann aus Jerusalem

Der Heilige Geist hat Simeon versprochen, dass er nicht sterben wird, bevor er den Retter Israels, den Messias, gesehen hat. Als Maria und Josef ihr Baby Jesus in den Tempel bringen, erkennt der alte Simeon, dass Jesus der Messias ist. Er stimmt vor Freude einen Lobgesang an.
💡 Finde heraus, wer im Neuen Testament ebenfalls vor Freude gesungen hat.
📖 Lukas 1,46-55; **Lukas 1,67-79**; **Lukas 2,22-35**
→ Heiliger Geist, Jesus

Wie lang war die längste Zeit, die du auf etwas warten musstest?

Simeon – Sintflut

Simeon („Erhörung")
zweiter Sohn von Jakob und Lea, Bruder von Josef
Simeon reist mit seinen Brüdern nach Ägypten, um Getreide zu kaufen. Dort wird er von Josef gefangen genommen und muss als Geisel zurückbleiben.
Finde heraus, wie viele Söhne Simeon selbst schon hatte, als er mit seinem Vater Jakob nach Ägypten zog.
📖 1 Mose 29,33; 1 Mose 42,17-24; **1 Mose 46,10**
→ Jakob, Josef

Simeon („Erhörung")
Prophet und Lehrer aus Antiochia, trägt den Beinamen Niger, das heißt „der Schwarze"
Simeon gehört zu der Gemeinde in Antiochia, die Paulus und Barnabas zu ihrer ersten Missionsreise aussendet.
Wissenswert: Die ersten Christen in Antiochia haben sich in der St.-Petrus-Grotte versammelt.
📖 Apostelgeschichte 13,1-3
→ Antiochia, Paulus, Barnabas

Simeon (A) („Gott hat gehört")
Bruder von Judas und Jonatan
Simeon kämpft im jüdischen Krieg gegen die Seleukiden an der Seite seines Bruders Jonatan. Später wird er Herrscher und Oberster Priester der Juden. Durch Simeon kehrt wieder Frieden in Jerusalem ein.
Finde heraus, ob Simeon ein beliebter Herrscher war.
📖 1 Makkabäer 9,19; 1 Makkabäer 13,41-42; **1 Makkabäer 14,4-15**
→ Judas (A), Jonatan (A)

Simon („Erhörung")
gehört zu den Pharisäern
Simon lädt Jesus zu sich nach Hause zum Essen ein. Eine Frau mit schlechtem Ruf kommt dazu und gießt Jesus wertvolles Öl über die Füße. Simon kann nicht verstehen, warum Jesus das so geschehen lässt. Deshalb erzählt Jesus ihm ein Gleichnis.
Finde heraus, warum es Simon nicht gefiel, was die Frau in der Geschichte tat.
📖 **Lukas 7,36-50**
→ Gleichnis, Pharisäer, Salböl

Simon („Erhörung")
Sohn von Maria und Josef und Bruder von Jesus
Simon ist nicht der einzige Bruder von Jesus. Die anderen Brüder heißen Jakobus, Josef (oder Joses) und Judas. Mehr erfährt man nicht über Simon. Nur Jakobus kommt im Neuen Testament vor.
? Rate mal: Hatte Jesus auch Schwestern?
📖 **Matthäus 13,55-56**; **Markus 6,3**; Galater 1,19
→ Jakobus, Jesus

Simon („Erhörung")
Zauberer aus Samaria, beeindruckt viele Leute mit seiner Zauberkunst
Als Simon von Jesus hört, lässt er sich taufen und wird ein Nachfolger von Jesus. Aber dann gibt es ein Problem: Simon will Petrus und Johannes Geld geben, weil er denkt, dass er so die Macht bekommt, anderen den Heiligen Geist zu schenken. Daraufhin wird er von den beiden sehr heftig zurechtgewiesen.
Finde heraus, wer Simon von Jesus erzählte.
📖 **Apostelgeschichte 8,9-25**
→ Heiliger Geist, Nachfolger, Samaria, Zauberer, Zauberei

Simon aus Zyrene („Erhörung")
Mann aus Zyrene, Vater von Alexander und Rufus
Jesus muss den Querbalken seines Kreuzes selbst bis nach Golgota tragen. Als er auf dem Weg zu schwach wird, muss Simon, der gerade am Wegrand steht, das Kreuz für Jesus weiter tragen.
Wissenswert: Golgota heisst übersetzt „Schädelplatz". Wahrscheinlich, weil der Hügel ähnlich aussieht wie ein Schädel.
📖 **Matthäus 27,32-33**; **Markus 15,21-22**; Lukas 23,26; **Johannes 19,16b-17**
→ Golgota, Kreuzigung

Simon aus Kyrene → Simon aus Zyrene

Simon Petrus → Petrus

Simri → Sonderseite Könige Israels, Seite 168+171

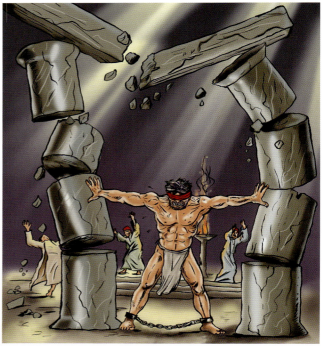

Simson

Simson ("kleine Sonne")
Sohn von Manoach, Richter in Israel

Simson hat seit seiner Geburt eine ganz besondere Kraft von Gott. Als Zeichen dafür dürfen seine Haare nie geschnitten werden. Simson soll die Israeliten von den Philistern befreien. Er gewinnt im Kampf gegen die Philister. Delila, eine Philisterin, findet heraus, dass Simsons Kraft mit der Länge seiner Haare zusammenhängt. Während Simson schläft, schneiden die Philister ihm die Haare ab. Simson verliert seine Kraft. Aber nach einiger Zeit erhält er noch einmal von Gott seine Kraft zurück. Er lässt den Tempel der Philister einstürzen. Dabei tötet er 3.000 Philister und stirbt selbst.

💡 Finde heraus, welche süße Speise Simson in dem Löwen fand, den er getötet hatte.

📖 Richter 13–16
→ Richter, Philister

Sinai
Berg, in einer Wüste mit gleichem Namen, ragt in das Rote Meer hinein, manchmal auch Berg Horeb genannt

Nachdem das Volk Israel aus Ägypten ausgezogen ist, durchquert es die Wüste Sinai. Die Israeliten sind auf dem Weg in das Land, das Gott ihnen versprochen hat. 40 Jahre verbringen sie auf der Wüstenwanderung und erleben immer wieder, wie Gott sie versorgt. Auf dem Berg Sinai bekommt Mose von Gott zwei Steintafeln, auf denen die Zehn Gebote stehen.

💡 Finde heraus, wie die Israeliten sich auf die Begegnung mit Gott vorbereiten sollten.

📖 2 Mose 19,1–20,21; 5 Mose 1,6; Apostelgeschichte 7,30-38
→ Israel, Mose, Wüstenwanderung, Horeb, Bund; siehe Karte Seite 30

Wüste Sinai

Sinn
Gedanken und Absichten von Menschen und von Gott

Wenn in der Bibel Gott oder Menschen „etwas im Sinn haben", meint dies ihre Gedanken und Absichten: das, was sie fühlen, denken und planen. Gott hat den Menschen so geschaffen, dass sein „Sinnen und Trachten" sich an Gott festmacht. Aber seit dem Sündenfall denken und planen die Menschen ihr Leben an Gott vorbei, ohne Gott und gegen Gott. Paulus spricht deshalb im Neuen Testament davon, dass der Sinn der Menschen (ihr Fühlen, Denken und Planen) neu werden muss. Er beschreibt, dass Gott dies dadurch schafft, dass der Heilige Geist den Sinn der Menschen so macht, wie er ursprünglich von Gott geschaffen worden ist. Erst dann ist der Mensch in der Lage, gut und böse zu unterscheiden, die Wahrheit von Gott zu erkennen und so zu leben, wie Jesus es vorgemacht hat.

💡 Wissenswert: Gott strafte die Menschen mit der Sintflut, weil ihr „Sinnen und Trachten" böse war.

📖 Jesaja 14,24; Jeremia 23,20; **Römer 12,2.16**; Epheser 4,17; Kolosser 2,18-19; Lukas 24,45; Hebräer 4,12
→ Sünde/Sündenfall, Heiliger Geist

Sinne
mit ihnen nimmt der Mensch seine Umwelt wahr

Wenn man von den fünf Sinnen des Menschen spricht, ist damit das Sehen, Hören, Riechen, Schmecken und Tasten gemeint. Durch diese fünf Sinne erschließt sich der Mensch seine Umwelt.

💡 Finde heraus, was der blinde Bartimäus tat, um seinen Sehsinn zu bekommen.

📖 Markus 10,46-52; 1 Johannes 2,16; 1 Johannes 1,1
→ Bartimäus, Sinn

Sintflut
große Überschwemmung zur Zeit von Noach

Gott sieht, dass die Menschen auf der Erde verdorben sind. Alles, was aus ihrem Herzen kommt, ihr ganzes Denken und Planen, ist böse. Gott bereut, dass er die Menschen geschaffen hat. Er schickt eine Sintflut, um das Leben auf der Erde zu vernichten. Nur Noach und seine Familie leben so, wie Gott es will und werden gerettet. Dazu baut Noach die Arche, in der er mit seiner Familie und den Tieren überleben kann. Nach der Sintflut schließt Gott einen Bund mit Noach und verspricht, das Leben auf der Erde nicht ein weiteres Mal zu vernichten. Als Zeichen für diesen Bund gilt der Regenbogen.

💡 Finde heraus, wie lange die Sintflut gedauert hat.

📖 1 Mose 6–9
→ Noach, Bund

Sintflut
Gott hat Noach vorgewarnt, dass ein ganz doller und langer Regen kommt, weil Gott böse auf die Menschen war. Noach musste ein Schiff bauen. Von jedem Tier mussten ein Männchen und ein Weibchen in die Arche gehen. Auch Noach und seine Familie und die Frauen seiner Söhne. Dann hat es ganz lange geregnet. Nach langer Zeit schickte Noach ein Taube los. Die kam mit Blättern im Schnabel zurück. Dann konnten die Menschen und Tiere wieder raus aus der Arche.
Dorina, 8 Jahre

Sippe – Sorge

Sippe
besteht aus mehreren miteinander verwandten Großfamilien, manchmal in der Bibel auch als „Geschlecht" oder „Verwandtschaft" bezeichnet
Jede Sippe hat einen Anführer. Mehrere Sippen zusammen bilden einen Stamm, und alle Stämme zusammen das ganze Volk Israel. Die Zugehörigkeit zu ihrer Sippe ist für die Israeliten wichtig. Hier finden sie Schutz und Hilfe.
💡 Wissenswert: In Israel musste manchmal für das Handeln eines einzelnen Sippenmitglieds die gesamte Sippe geradestehen.
📖 1 Mose 12,1; 2 Mose 6,14; **3 Mose 20,4-5**
→ Familie, Volk Gottes, Sonderseite Stämme Israels, Seite 256+257

Zeichnung von Smyrna

Sisera
Heerführer der Kanaaniter unter König Jabin
Jabin, der König von Kanaan, unterdrückt mit seinem Heerführer Sisera seit 20 Jahren das Volk Israel. Die Israeliten suchen Hilfe bei der Richterin Debora. Debora und Barak, der Heerführer von Israel, besiegen Sisera und sein ganzes Heer schließlich. Sisera flieht und sucht Schutz im Zelt von einer Frau mit Namen Jaël. Als Sisera einschläft, tötet Jaël ihn.
💡 Finde heraus, wie viele Streitwagen Sisera hatte und wie viele Männer mit Barak kämpften.
📖 **Richter 41-24**; 1 Samuel 12,9; Psalm 83,10
→ Barak, Debora, Jabin, Kanaaniter, Richter

Sistrum → Sonderseite Instrumente und Musik, Seite 126+127

Sitzpolster → Sonderseite Zimmer, Seite 300+301

Siwan
dritter Monat im jüdischen Kalender
Mordechai, der Pflegevater von Ester, verfasst in diesem Monat einen Erlass, um die Juden vor der Vernichtung zu retten. Im Monat Siwan wird das Pfingstfest gefeiert.
💡 Wissenswert: Dem Monat Siwan würden nach unserer Jahreseinteilung Teile der Monate Mai und Juni entsprechen.
📖 Ester 8,9
→ Jahr, Monat, Ester, Mordechai

Sklave
Mensch, der nicht selbst über sein Leben bestimmen kann, sondern einem anderen Menschen gehört
Ein Sklave wird wie ein Gegenstand auf dem Markt gekauft. Oder er ist von Geburt an Sklave, wenn die Eltern auch schon Sklaven sind. Sklaven müssen im Haus oder Garten verschiedene Arbeiten für ihre Herren verrichten und bekommen kein Geld dafür.
💡 Finde heraus, was es mit dem Sklaven Onesimus auf sich hatte.
📖 1 Mose 37,12-36; 2 Mose 21,2-11; Epheser 6,7-9; **Philemon 8-19**
→ Knecht, Fronarbeiter

Smyrna
Stadt in Kleinasien, heute in der Türkei
Smyrna ist eine wichtige Handelsstadt, die unter römischer Herrschaft steht und zu den reichsten Städten in Kleinasien gehört. Smyrna liegt etwa 70 km nördlich von Ephesus. In der römischen Zeit leben in Smyrna viele Juden. Wahrscheinlich hat Paulus dort von Jesus erzählt, als er auch in Ephesus unterwegs ist. In der Bibel wird Smyrna aber nur in der Offenbarung erwähnt.
💡 Finde heraus, an welche Gemeinden in der Offenbarung noch geschrieben wurde.
📖 **Offenbarung 1,11**; Offenbarung 2,8-11
→ Offenbarung; siehe Karte Seite 306

Socho
Stadt im Hügelland von Juda
Socho liegt in einem fruchtbaren Tal mit vielen Äckern und Wäldern an der Grenze zum Land der Philister. König Rehabeam baut Socho zu einer Festung aus. Später wird Socho dann wieder von den Philistern erobert.
💡 Finde heraus, wer König von Juda in der Zeit war, als Socho von den Philistern erobert wurde.
📖 Josua 15,20-21.33-35; 1 Samuel 17,1; 2 Chronik 11,5-12; **2 Chronik 28,16-19**
→ Ahas, Juda, Rehabeam, Philister; siehe Karte Seite 133

Sodom
Stadt im Tal Siddim, dort liegen auch Gomorra und drei weitere Städte
Die Stadt Sodom wird von Gott vernichtet, weil die Schuld, die die Menschen in dieser Stadt auf sich geladen haben, so groß ist.

Wissenswert: Jesus hat über manche Städte gesagt, dass sie noch schlimmer sind als Sodom.
📖 1 Mose 13,1-13; 1 Mose 19,1-29; **Matthäus 11,20-24**; **Lukas 10,8-12**
→ Gomorra; siehe Karte Seite 7

Sohn
männliches Kind
Im Hebräischen heißt Sohn „ben". Der Name Benjamin bedeutet zum Beispiel „Sohn des Glücks". Im Aramäischen heißt Sohn „bar", also steht Bartimäus für „Sohn von Timäus". Die Bezeichnung „Sohn" meint aber nicht nur leibliche Kinder. In der Bibel werden die Menschen, die zur selben Gemeinschaft gehören, „Söhne" und „Töchter" genannt. Wer zum Beispiel zum Volk Israel gehört, ist „Sohn" oder „Tochter" von Stammvater Abraham. Der Apostel Paulus bezeichnet seinen Schüler Timotheus als seinen „Sohn", weil er ihm viel über den Glauben an Jesus Christus beigebracht hat.
Wissenswert: Gott selbst bezeichnete Jesus als seinen Sohn.
📖 1 Mose 16,1-2; 1 Mose 17,4-5; **Matthäus 3,17**; 1 Timotheus 1,2
→ Erstgeborener, Erziehung, Familie, Tochter

Sohn Gottes
Bezeichnung für eine Beziehung
„Sohn" bedeutet in der Bibel nicht nur eine leibliche Abstammung, es kann auch einfach eine enge Beziehung ausdrücken. So wird sogar das Volk Israel „Sohn Gottes" genannt und die Engel können als „Söhne Gottes" bezeichnet werden. Gemeint ist in diesen Fällen: Sie haben eng mit Gott zu tun. Der wahre, unvergleichliche Sohn Gottes aber ist Jesus Christus.
Finde heraus, bei welcher Gelegenheit Gott Jesus seinen Sohn nannte.
📖 1 Mose 6,2; Hosea 11,1-2; **Matthäus 3,16-17**; Markus 1,1; Lukas 1,35
→ Jesus, Sohn, Taufe

Soldaten
Personen, die zu einer Armee gehören, bewaffnet sind und im Auftrag des höchsten Befehlshabers unterwegs sind
Zur Zeit von Jesus sind vor allem römische Soldaten in Israel, die das Land besetzt haben und überall für Recht und Ordnung sorgen. Oberster Befehlshaber der Soldaten ist der römische Kaiser. Jesus wird vor seiner Kreuzigung von Soldaten abgeführt und verspottet.
Finde heraus, wer in Rom in seinem Haus von einem Soldaten bewacht wurde.
📖 Johannes 18,1-11; Johannes 19,1-3.16b-24; **Apostelgeschichte 28,14-16**
→ Heer, Krieg, Römer, Waffen

Römische Soldaten

Sonne
Stern in der Mitte unseres Sonnensystems; alle Planeten drehen sich um sie
Laut der Schöpfungsgeschichte wird die Sonne am vierten Tag geschaffen. Gott lässt zwei Lichter am Himmel entstehen: die Sonne als Licht für den Tag und den Mond als Licht für die Nacht, dazu die unzähligen Sterne. Somit können Tag und Nacht unterschieden werden.
Finde heraus, was Gott an den Tagen vorher und nachher schuf.
📖 **1 Mose 1**
→ Schöpfung

Sopater („Heil des Vaters")
Christ aus Beröa, Sohn von Pyrrhus
Zusammen mit einigen anderen Männern begleitet Sopater Paulus auf seiner dritten Missionsreise durch Mazedonien und Griechenland.
Finde heraus, warum Paulus und seine Begleiter nicht mit dem Schiff reisen konnten.
📖 **Apostelgeschichte 20,1-5**
→ Paulus, Beröa; siehe Karte Seite 307

Sorge
Angst, dass etwas Schlechtes oder Schlimmes passieren könnte
Gott hat versprochen, dass wir ihm alle unsere Ängste und Sorgen sagen können. Er will sich um uns kümmern und uns helfen. Darum möchte Gott, dass wir uns selbst keine Sorgen machen. Sorgen halten uns davon ab, Gott zu vertrauen. Es gibt aber auch eine gute Sorge. Dann nämlich, wenn wir uns um Menschen sorgen, die krank, einsam oder hilflos sind und ihnen helfen. Über diese Sorge für andere freut Gott sich.
? Rate mal: Für wen sorgt Gott noch? a. für die Vögel b. für die Blumen c. für die Sterne
📖 Sprichwörter 1,33; **Matthäus 6,25-34**; 1 Petrus 5,7
→ Vertrauen

Sparta – Stadie

Sorge
Ich will dir von meinem Sorgen-Experiment erzählen. Einen Monat lang habe ich alles, was mir Sorge bereitete, auf Zettel geschrieben. Diese Zettel kamen dann in ein kleines „Sorgendöschen" (das kannst du selbst basteln). Am Ende des Monats habe ich dann alle Zettel herausgeholt und sie noch einmal gelesen. Dann habe ich sie auf zwei Stapel sortiert. Auf den einen Stapel kamen die Zettel mit den Sorgen, die ich mir umsonst gemacht habe. Auf den anderen kamen die mit den Sorgen, die wirklich begründet waren. Ich war überrascht zu sehen, wie viele unnötige Sorgen ich mir gemacht habe. Und ich bin froh zu wissen, dass Gott für mich sorgt und ich ihm alle meine Sorgen sagen kann.
Carolin Widmaier

Sparta (A)
Stadt in der griechischen Landschaft Lakonien auf der Halbinsel Peloponnes, die Bewohner nennt man Spartaner oder Spartiaten
In der Zeit der Makkabäeraufstände verbünden sich die Makkabäer mit den Spartanern. Sparta ist vor allen Dingen für seine strenge Erziehung und große Militärmacht berühmt.
💡 Finde heraus, von wem nach Aussage im Buch Makkabäer die Spartaner und die Juden abstammen.
📖 **1 Makkabäer 12,1-23**; 1 Makkabäer 14,16-18
→ Makkabäer (A), Jonatan (A), Simeon (A), Onias (A)

Spatzen → Sperling

Speisegesetze
eine Auflistung im Alten Testament, die regelt, welche Tiere von Menschen gegessen werden dürfen und welche nicht
Bei den Israeliten gelten Tiere wie Kamele, Schweine, Geier oder Hasen als unrein. Es ist verboten, diese Tiere zu essen, weil man rein sein muss, um in Verbindung mit Gott zu treten. Jesus hebt diese Verbote im Neuen Testament auf. Menschen werden nicht durch das unrein, was sie essen, sondern durch die Worte und Taten, die aus ihnen herauskommen.
💡 Wissenswert: Viele Juden halten sich bis heute an die Speisegesetze.
📖 3 Mose 11; Markus 7,14-23; Kolosser 2,16
→ Brot, Gebot, Verbot

Speiseopfer → Sonderseite Opfer, Seite 210+211

Hast du ein Lieblingsspiel?

Sperling
auch Spatz, kleiner Vogel, gibt es in verschiedenen Arten, am meisten als Haussperling
In der Bibel wird deutlich gemacht, dass Sperlinge viel weniger wert sind als wir Menschen. Trotzdem sorgt Gott für sie. Wenn Gott sich sogar um die kleinen Sperlinge kümmert, wird er auch für uns sorgen.
💡 Wusstest du, dass Gott genau weiß, wie viele Haare du auf dem Kopf hast?
📖 Matthäus 6,25-26; **Matthäus 10,29-31**; Lukas 12,6-7
→ Vogel

Sperling

Spiegel → Sonderseite Zimmer, Seite 300+301

Rundmühle, Würfel, Murmeln, Knochenwürfel

Spiel
kreative Tätigkeit, die Spaß macht
In der Bibel werden nur selten Kinderspiele erwähnt. Die Kinder spielen vermutlich Fang- und Laufspiele auf den Straßen. Sie spielen mit lebenden Tieren und messen sich in Wett- und Kampfspielen miteinander. Manchmal wird aus dem spielerischen Kräftemessen aber blutiger Ernst. Ballspiele sind zur Zeit der Bibel bekannt und werden am Königshof gespielt. Im Neuen Testament erzählt Jesus in einem Gleichnis von Kindern, die „Hochzeit" und „Begräbnis" nachspielen. Auch Würfel- und Brettspiele gibt es. Sie werden oft von Erwachsenen gespielt.
Bei Ausgrabungen sind Puppen, Spieltiere aus Holz, Ton und Stein mit Rädern zum Ziehen und sogar ein Holzkrokodil mit beweglichem Unterkiefer gefunden worden. Sie stammen aus der Zeit der Bibel.
💡 Wissenswert: Es gab sogar Würfel aus Knochen, mit denen gespielt wurde.
📖 Sacharja 8,5; Matthäus 11,16-17; 2 Samuel 2,14-16; Ijob 40,29; Jesaja 22,17-18a
→ Tanz, Musikinstrumente, Gottes neue Welt

Spott

schlecht oder böse über eine Person reden, sie lächerlich machen und ihr die Würde nehmen

Oft spotten Menschen, wenn sie sich auf Kosten von anderen stark fühlen wollen. Im Alten Testament werden Propheten immer wieder verspottet, weil sie den Menschen die Wahrheit zumuten. Im Neuen Testament wird Jesus bei seiner Kreuzigung verspottet.

Finde heraus, warum der Prophet Elischa verspottet wurde und welche schrecklichen Folgen dieser Spott hatte.

2 Könige 2,23-24; Markus 15,16-20.29-32
→ Kreuzigung, Elischa

Spott

Spott bedeutet, dass jemand einen anderen z. B. auslacht oder sich freut, wenn ein anderer sich verletzt hat. Ich habe schon einmal erlebt, dass ein Mädchen aus unserer Klasse verspottet wurde, weil sie eine komische Angewohnheit hat. Ich fand das nicht schön, denn es ist nicht nett und in der Bibel steht ja: „Liebe deinen Nächsten wie dich selbst." Deshalb tat sie mir leid und ich hatte Mitleid mit ihr.

Tabea, 13 Jahre

Spreu

alles, was übrig bleibt, wenn man aus einer Getreidepflanze die Körner herausgelöst hat

Die Getreidekörner werden beim Dreschen herausgelöst. Dann wird alles grob gesiebt und anschließend hochgeworfen. Der Wind weht die leichte Spreu weg und die schwereren Körner fallen wieder ins Sieb.

Finde heraus, was Jesus meint, wenn er sagt, dass er die Spreu vom Weizen trennen will.

Matthäus 3,12
→ Getreide, Dreschen, Jesus

Getreidekörner und Spreu

 Staatsschreiber → Sonderseite Arbeit für einen Herrscher, Seite 158+159

Stadie (A) → Maße

Spiel

Ägyptische Ballspiele für Mädchen

Abbildungen zeigen, dass hauptsächlich Mädchen und junge Frauen mit Bällen spielen. Der Ball besteht aus einem Kern aus Stroh, Schilf, Haaren oder Spreu, der mit zwölf Lederstreifen umnäht wird.

So geht's:
Jeweils drei Mädchen stehen sich hintereinander gegenüber. Die beiden hinten stehenden Mädchen geben durch ihr Klatschen die Geschwindigkeit des Abwerfens an. Wenn ein Mädchen in die Hände klatscht, darf der Ball geworfen werden. Danach macht das vorne stehende Mädchen dem nächsten Platz.

Rundmühle

Eine Rundmühle ist ein Spiel, das die Römer oft spielten. Es ist dem bekannteren Mühlespiel sehr ähnlich und wird mit zwei Spielern gespielt.

Du brauchst:
- einen Stock oder Kreide
- pro Spieler drei Spielsteine (z. B. Steine in zwei unterschiedlichen Farben)

So geht's:
Male das Spielfeld, wie es auf dem Stück Leder auf dem Bild aufgezeichnet ist, mit dem Stock oder der Kreide auf den Boden. Nun legt jeder Spieler abwechselnd seine Spielsteine auf die Punkte der Rundmühle. Wenn alle Steine auf dem Spielfeld liegen, können die Steine vorwärts, rückwärts oder seitwärts zum nächsten Punkt gezogen werden. Es gewinnt derjenige, der als erster drei Steine in einer Reihe und der Mitte stehen hat. Ein Spieler kann den anderen dazu zwingen, seinen Stein aus der Mitte zu nehmen, indem er ihn mit seinen eigenen Steinen einschließt.

🏠 Stadt

Die Stadt (hebräisch „Wurzel") beschreibt einen festen Wohnsitz im Vergleich zu den wandernden Menschen in ihren Zelten zur Zeit der Bibel. Für die Gründung einer Stadt sind Brunnen zur Wasserversorgung, fruchtbares Land im Umkreis für die Lebensmittel und ein sicherer Ort notwendig. Enge Täler, Felsen oder Mauern schützen die Stadt. Wichtig sind auch Verkehrs- und Handelsstraßen in Stadtnähe, sodass verschiedenste Waren auf den Märkten verkauft werden können. Die Namen der Städte haben mit der Umgebung (Betlehem = „Stadt des Brotes", wegen des Getreideanbaus), Verheißungen oder Göttern zu tun. In der Zeit des Neuen Testaments haben viele Städte, aber auch einige Dörfer eine Synagoge und andere Einrichtungen für das gemeinsame Leben.
💡 Finde heraus, wer in der Bibel als erster Stadtgründer erwähnt wird.
📖 1 Mose 4,17

Turm
Von den Türmen der Stadtmauer wird die Stadt bewacht. Zusätzlich gibt es besondere Türme, sogenannte Zitadellen, mit einem großen Raum im Inneren. Dieser dient als letzte Fluchtmöglichkeit bei einem Angriff.
💡 Wissenswert: Auch Weinberge werden mit Hilfe von Türmen bewacht.
📖 Matthäus 21,33

Wasserstelle
Das Wasser kommt zur Zeit der Bibel in den allermeisten Fällen nicht aus einer Leitung. Frauen und Kinder holen es von Brunnen, Wasserspeichern (Zisternen) oder aus Flüssen. Meist wird morgens Wasser geholt. An diesen Wasserstellen treffen sich die Frauen und erzählen sich das Neueste, tratschen und lachen.
💡 Wissenswert: Jesus traf eine Frau, die lieber mittags allein zum Brunnen kam.
📖 Johannes 4,6-8

Stadtmauer
Der Standort einer Stadt muss sicher sein. Häufig gibt es Krieg unter den vielen Völkern. Die Stadt muss deshalb gut geschützt sein. Die Stadtmauer ist dafür besonders wichtig. Hinein kommt man nur durch die Tore.
💡 Finde heraus, welches Erlebnis Paulus mit einer Stadtmauer hatte.
📖 Apostelgeschichte 9,23-25

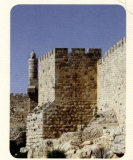

Haus

Das israelitische Haus auf dem Land und in kleineren Städten besteht meistens aus einem Raum. Ein Teil dieses Raumes liegt tiefer und dient als Stall für die Tiere. Kommen weitere Räume hinzu, werden sie um den Innenhof herum gebaut. Dort stehen auch der Backofen und der Wasserspeicher. Durch eine Treppe gelangt man auf das Dach. Von einer Mauer umrandet wird es wie eine große Terrasse genutzt. Das Leben findet draußen statt. Das Hausinnere dient zum Schlafen und Aufbewahren von Kleidung und Lebensmitteln.
- Wissenswert: Jesus wird in einem solchen Einraumhaus im Bereich der Tiere geboren.
- Lukas 1,7

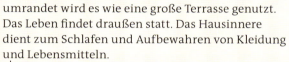

Tür

Die Eingangstür ins Haus ist klein und niedrig. Gebückt soll man eintreten, als Zeichen der Unterordnung. Durch ein festes Tuch oder durch eine Holztür wird sie verschlossen. In den Beispielgeschichten von Jesus kommt die Tür auch als Einlass für Gottes Worte in das Herz von Menschen vor.
- Wusstest du, dass die Christen von der Tür zum Glauben sprechen?
- Apostelgeschichte 14,27

Pforte

Die Pforte ist eine große Eingangstür. In der Bibel wird der Begriff „Pforte" häufig als Bildbeispiel verwendet. Es wird von der Pforte zum Himmel und zur Hölle gesprochen. Ezechiël bezeichnet die Stadt Jerusalem als die Pforte der Völker.
- Wissenswert: Jesus warnte, der Weg (die Pforte) in den Himmel sei der engere und beschwerlichere, aber der beste.
- Matthäus 7,13, Ezechiël 26,2

Dach/Obergemach

Das Hausdach wird als weiterer Wohnraum genutzt. Es ist von einem Geländer oder einer Mauer umgeben. Hier hält man sich gerne auf, da das Leben meist im Freien stattfindet. Hierhin zieht man sich auch zurück, um zu beten oder zur Ruhe zu kommen. Auch Gäste werden hier untergebracht. Das Dach wird auch als Obergemach oder Obergeschoss bezeichnet.
- Finde heraus, was vier Freunde mit einem Dach anstellten.
- Lukas 5,17-26

Tor

Das Tor ist der Eingang zur Stadt, der bei Nacht und bei Angriffen verschlossen werden kann. Am Tor wird gerichtet und bestraft. Bevor der Marktplatz in der Mitte der Stadt entsteht, wird am Tor Markt gehalten.
- Wissenswert: Ansteckende Kranke, wie zum Beispiel Aussätzige, mussten vor dem Stadttor bleiben.
- 2 Könige 7,3

Marktplatz

Der Marktplatz ist ein freier Platz, zuerst am Stadttor, später in der Mitte der Stadt. Hier werden Waren verkauft. Es wird Gericht gehalten und Zoll erhoben. Neuigkeiten erfährt man auf dem Marktplatz. Die Leute treffen sich zum Reden und die Kinder spielen in der Menge.
- Wissenswert: Der Markt funktionierte wie ein Arbeitsamt. Die Arbeitslosen versammelten sich dort und wer einen Job zu vergeben hatte, kam dort vorbei.
- Matthäus 20,3

Stämme Israels

Stamm, Stämme Israels
Jakob hat zwölf Söhne. Sie heißen Ruben, Simeon, Levi, Juda, Dan, Naftali, Gad, Ascher, Issachar, Sebulon, Josef und Benjamin. Nach jedem ist ein Stamm benannt. Mit einer Ausnahme: Josef. Jakob adoptiert Josefs älteste Söhne Efraïm und Manasse, also seine Enkel. Sie bilden jeder einen eigenen Stamm. Zu einem Stamm gehört der Sohn, nach dem der Stamm benannt ist, und seine Familie. Als sie in Kanaan ankommen, bekommt jeder Stamm ein bestimmtes Gebiet zugeteilt, in dem sie leben können. Nur die Leviten bekommen kein eigenes Land.
- Finde heraus, welchen neuen Namen Jakob von Gott bekam.
- **1 Mose 32,23-29**; 1 Mose 49,28
→ Geschlecht, Israel, Jakob, Kanaan

Stamm Manasse
benannt nach dem ersten Sohn von Josef und seiner Frau Asenat
Der Stamm bekommt zwei große Siedlungsgebiete zugewiesen. Das eine befindet sich westlich, das andere östlich vom Jordan.
? Rate mal: Weil der Stamm so groß war, bekam er ein Gebiet zugewiesen, in dem es besonders viel a. Wald b. Wasser c. Obstbäume gab.
- Josua 13,29-33; Josua 17,14-18
→ Efraim, Josef, Manasse

Stamm Issachar
benannt nach dem fünften Sohn von Jakob und seiner ersten Frau Lea
Sein Siedlungsgebiet befindet sich westlich vom Jordan in der Jesreel-Ebene. Umgeben ist er von den Stämmen Naftali, Sebulon und einem Teil des Stammes Manasse.
- Finde heraus, wie Issachar von seinem Vater Jakob bezeichnet wurde.
- **1 Mose 49,14-15**; Josua 19,17-23
→ Issachar

Stamm Benjamin
benannt nach dem zweiten Sohn von Jakob und seiner zweiten Frau Rahel
Sein Siedlungsgebiet ist recht klein. Es befindet sich mittig an der Westseite des Jordan. Der Stamm ist bekannt für seine Bogenschützen und Schleuderer. Der erste König, König Saul, gehört zu diesem Stamm.
- Finde heraus, welche Städte zum Stamm Benjamin gehörten.
- **Josua 18,11-28**; 1 Samuel 9-10
→ Benjamin, Gibeon, Jericho, Jerusalem, Rama, Bet-El

Stamm Simeon
benannt nach dem zweiten Sohn von Jakob und seiner ersten Frau Lea
Sein Siedlungsgebiet befindet sich im südwestlichen Teil des Landes. Es handelt sich dabei um ein Gebiet, das innerhalb des Siedlungsgebietes vom Stamm Juda liegt. Jakob sagt kurz vor seinem Tod bereits die Zerstreuung des Stammes voraus.
Finde heraus, welcher Stamm in Israel noch zerstreut werden sollte.
- **1 Mose 49,5-7**; Josua 19,1-9
→ Simeon

Stamm Levi
benannt nach dem dritten Sohn von Jakob und seiner ersten Frau Lea
Der Stamm Levi ist für den Tempeldienst verantwortlich. Als einziger Stamm erhält er keinen Landbesitz. Stattdessen gibt ihm jeder Stamm vier Städte ab, insgesamt also 48. Dort können sie wohnen und haben genügend Weideland für ihre Herden.
- Finde heraus, wie Jakob seine Söhne Simeon und Levi beurteilte.
- **1 Mose 49,5-7**; Josua 21,1-42
→ Levi, Leviten

Stamm Juda
benannt nach dem vierten Sohn von Jakob und seiner ersten Frau Lea
Sein Siedlungsgebiet liegt ganz im Süden, westlich vom Toten Meer. Es ist das größte Gebiet, das vergeben wird. Aus diesem Stamm kommen bekannte Personen wie König David und Jesus.
- Wissenswert: Das Wort „Jude" wird vom Wort „Juda" abgeleitet.
- **1 Mose 49,8-12**; Josua 15,1-12.20-63; 1 Samuel 16,1-13
→ Juda, Juden

Stamm Efraïm

benannt nach dem zweiten Sohn von Josef und seiner Frau Asenat

Sein Siedlungsgebiet liegt in der Mitte des Landes, westlich vom Jordan. Er gehört zu den kleinsten Stämmen. In der Stadt Schilo wird die Stiftshütte aufgestellt.

💡 Wissenswert: Efraïm wurde von seinem Opa Jakob adoptiert, obwohl sein Vater Josef noch am Leben war.

📖 **1 Mose 48,1-20**; Josua 16,5-10; Josua 18,1

→ Efraïm, Josef, Manasse, Stiftshütte

Stamm Ascher

benannt nach dem zweiten Sohn Jakobs und Silpa, der Sklavin seiner ersten Frau Lea

Sein Siedlungsgebiet befindet sich im Norden. Es liegt direkt am Mittelmeer. Da er aber die Kanaaniter aus etlichen Städten in der Nähe der Küste nicht vertreiben kann, bewohnt er vor allem das Bergland.

💡 Für wen oder was eignete sich das Essen, das im Siedlungsgebiet vom Stamm Ascher wuchs? a. Könige b. Mülltonne c. Kranke

📖 **1 Mose 49,20**; Josua 19,24-31; Richter 1,31-32

→ Ascher, Kanaaniter

Stamm Gad

benannt nach dem ersten Sohn von Jakob und Silpa, der Sklavin seiner ersten Frau Lea

Sein Siedlungsgebiet liegt östlich vom Jordan. Als Gegenleistung für das fruchtbare Land hilft er anderen Stämmen bei der Eroberung ihrer Gebiete. Die Grenzlage macht das Gebiet oft zum Schauplatz kriegerischer Auseinandersetzungen.

💡 Finde heraus, warum es zwischen den Stämmen Ruben, Gad und Manasse beinahe zu einem Krieg gekommen wäre.

📖 1 Mose 49,19; Josua 13,24-28; **Josua 22,9-34**

→ Gad

Stamm Naftali

benannt nach dem zweiten Sohn von Jakob und Bilha, der Sklavin seiner zweiten Frau Rahel

Sein Siedlungsgebiet liegt ganz im Norden. Es grenzt an den See Gennesaret und hat besonders fruchtbaren Boden.

💡 Der Prophet Jesaja sagte dem Stamm voraus, dass etwas Großartiges passieren wird, nämlich a. kostenloses Brot für Arme b. Cola für Durstige c. Licht im Dunkeln

📖 Josua 19,32-39; **Jesaja 8,23-9,1**

→ Naftali

Stamm Dan

benannt nach dem ersten Sohn von Jakob und Bilha, der Sklavin seiner zweiten Frau Rahel

Sein Siedlungsgebiet sollte sich direkt am Mittelmeer befinden. Der Stamm kann das Gebiet aber nicht verteidigen und siedelt in den Norden um. Dort erobert er die Stadt Lajisch und benennt die Stadt in Dan um. Der Stamm ist bekannt für seine Richter und Krieger.

💡 Finde heraus, wie der bekannteste Richter aus dem Stamm Dan hieß.

📖 **1 Mose 49,16-17**; Josua 19,40-48; **Richter 13-16**

→ Dan, Simson

Stamm Sebulon

benannt nach dem sechsten Sohn von Jakob und seiner erster Frau Lea

Sein Siedlungsgebiet ist ziemlich klein und befindet sich im Norden des Landes. Umgeben ist es von den Stämmen Ascher, Naftali, Issaschar sowie einem Teil des Stammes Manasse.

💡 Wo sollte sich der Stamm Sebulon laut Jakobs Vorhersage eigentlich ansiedeln? a. im Süden b. am Meer c. ohne eigenes Gebiet

📖 **1 Mose 49,13**; Josua 19,10-16

→ Sebulon

Stamm Ruben

benannt nach dem erstgeborenen Sohn von Jakob und seiner ersten Frau Lea

Sein Siedlungsgebiet befindet sich östlich vom Toten Meer, einer Gegend mit gutem Weideland. Das kann er gut gebrauchen, denn er hat große Viehherden. Im Gegenzug hilft er anderen Stämmen, ihre Gebiete zu erobern.

💡 Finde heraus, warum die Männer aus dem Stamm eine wichtige Schlacht an der Seite der Richterin Debora verpassten.

📖 4 Mose 32,1-32; Josua 13,15-23; **Richter 5,13-16**

→ Ruben, Debora

Starrsinn – Stimme

 Starrsinn → Verstockung

 Statthalter
Stellvertreter eines Herrschers in einem besetzten Land
Wenn ein Herrscher ein anderes Land erobert hat, setzt er dort einen Statthalter ein. Dieser verwaltet das Land und die Menschen im Auftrag des Herrschers. Der Statthalter ist auch der Befehlshaber der Soldaten, die in dem eroberten Land eingesetzt sind. Weil Judäa von den Römern besetzt ist, gibt es zur Zeit von Jesus in Jerusalem einen römischen Statthalter.
Finde heraus, wer zur Zeit von Jesus Statthalter in Jerusalem war.
Markus 15,1; Lukas 2,2; **Lukas 3,1**; Apostelgeschichte 13,7
→ Rom, Römer, Pilatus, Judäa

 Staub
feine Erde, feiner Ackerboden
In der Schöpfungsgeschichte wird beschrieben, dass Gott den Menschen aus Staub macht. Wenn Menschen sterben, werden sie wieder zu Staub. Staub gibt es in so großen Mengen, dass er als wertlos gilt. Wer sich in den Staub setzt, sich Staub über den Kopf streut oder Staub leckt, erniedrigt sich damit als Zeichen für seine Trauer, seine Buße oder das eigene Versagen.
Finde heraus: Was machen Menschen als Zeichen ihres Versagens noch, außer dass sie sich mit Staub bestreuen?
Josua 7,6; 1 Mose 2,7
→ Adam

 Stechmücke
kleines Insekt, kommt im Orient in großen Schwärmen vor
In Israel gibt es viele Stechmücken, besonders an der Küste und in der Nähe vom See Gennesaret. Sie stechen Menschen und Tiere, saugen Blut aus und verursachen heftige Schmerzen. Stechmücken können schlimme Krankheiten übertragen.
Finde heraus, was die Stechmücken mit dem mächtigen Herrscher von Ägypten zu tun hatten.
2 Mose 8,12-13
→ Insekten, Plage, Pharao, Ägypten

Stechmücke

 Stecken/Stab
ein Stock mit einem dicken Ende und ein Hirtenstab
Beim Stecken handelt es sich um einen kürzeren Stock. An seinem Ende ist das Holz dicker, manchmal ist das Ende mit Eisen verstärkt. Mit dieser Waffe wehrt der Hirte wilde Tiere oder Räuber ab. Der Stab ist lang, dünn und am oberen Ende gebogen. Mit ihm leitet der Hirte die Schafe oder er stützt sich darauf, um auszuruhen.
Wissenswert: Die Jünger von Jesus durften nur einen Stab mitnehmen, als Jesus sie zu den Menschen schickte.
1 Samuel 17,40; Psalm 23,4; Markus 6,8
→ Hirte, Zepter

 Steinmal
aufgerichteter Stein, eine Art Gedenkstein oder Altar
Steinmale werden aufgebaut, um an eine Gottheit zu erinnern oder um sie dort anzubeten. Könige aus Israel, die Gott ernst nehmen, zerstören die Steinmale der fremden Götter. In der Geschichte vom Volk Israel erinnern die Steinmale an ein besonderes Ereignis mit Gott. Im Traum sieht Jakob eine Himmelsleiter und hört Gottes Stimme. Darum errichtet er den Stein, auf dem er geschlafen hat, als Steinmal.
Finde heraus, was Jakob versprach, als er das Steinmal errichtete.
1 Mose 28,10-22; Josua 4,4-7; 2 Könige 18,4; 2 Könige 23,14
→ Jakob, Joschija, Altar

 Steinmetz, Steinschneider → Sonderseite Handwerkliche Arbeit, Seite 110+111

 Stephanus („Kranz", „Krone")
Diakon in Jerusalem
Stephanus und sechs andere Männer werden von der Gemeinde in Jerusalem ausgewählt, damit sie sich um die Witwen in der Gemeinde kümmern und diese mit Lebensmitteln versorgen. Außerdem erzählt er den Menschen von Gottes Liebe. Weil die Juden sich darüber ärgern, nehmen sie

ihn gefangen und klagen ihn vor dem Jüdischen Rat an. Stephanus bekennt sich mutig zu seinem Glauben. Alle Anwesenden stürzen sich wütend auf Stephanus und schleppen ihn vor die Stadt. Dort wird er so lange mit Steinen beworfen, bis er tot ist.
Wissenswert: Stephanus bat Gott vor seinem Tod, seinen Feinden zu vergeben.
Apostelgeschichte 6,1-6; Apostelgeschichte 6,8-15; **Apostelgeschichte 7,59-60**
→ Diakone, Jüdischer Rat

Stern, Sterndeuter
leuchtender Himmelskörper; Menschen, die Sterne am Himmel beobachten und ihre Anordnung erforschen; auch Wahrsager

In der Bibel wird Sterndeuten oft von Wahrsagern benutzt. Sie versuchen, aus den Sternbildern Botschaften herauszulesen. Der König von Babylonien lässt seine Sterndeuter kommen, damit sie ihm einen Traum erklären. Im Neuen Testament erkennen Sterndeuter an einem Stern, dass ein großer König geboren worden ist, nämlich Jesus.

? Rate mal: Wie viele Sterndeuter kamen zu Jesus an die Krippe? a. zwei b. drei c. zwölf d. die Zahl wird in der Bibel nicht genannt

📖 Daniel 2,1-3; Jesaja 47,13; **Matthäus 2,1-12**
→ Wahrsager

Sterne am Himmel und eine Galaxie

Steuer
Geld, das die Bewohner eines Landes an den Herrscher zahlen müssen

Da Israel in der Zeit von Jesus von den Römern regiert wird, müssen die Israeliten an den römischen Kaiser Steuern bezahlen. Auch die Zolleinnehmer sind dafür zuständig, das Geld einzukassieren. Die Pharisäer stellen Jesus die Fangfrage, ob Gott wirklich möchte, dass die Menschen an den römischen Kaiser Steuern zahlen müssen.

💡 Finde heraus, was Jesus auf die Frage nach den Steuern für den Kaiser antwortete.

📖 Lukas 19,2; **Markus 12,14-17**
→ Zöllner, Zoll

Stier → Kuh

Stiftshütte
auch Heiliges Zelt, großes, prächtiges Zelt, in dem die Israeliten Gott anbeten

Als das Volk Israel aus Ägypten ausgezogen ist und Mose von Gott die Zehn Gebote bekommen hat, gibt Gott Mose den Auftrag, die Stiftshütte zu bauen. Gott möchte mit seinem Volk zusammen sein. Daher wird die Stiftshütte auch „Zelt der Begegnung" oder „Wohnung von Gott" genannt. Denn hier können die Israeliten Gott begegnen und zu ihm beten. Das Heilige Zelt ist ungefähr 15 Meter lang und 5 Meter breit und von einem Vorhof umgeben, der etwa 50 Meter lang und 25 Meter breit ist. Der Vorhof ist von einem Zaun umgeben. Tritt man durch das Tor in den Vorhof, steht dort ein Brandopferaltar. Hier können die Israeliten Gott Tieropfer bringen. Dahinter steht ein Waschbecken, in dem die Priester sich Hände und Füße waschen müssen, bevor sie das Zelt betreten. Im Inneren des Zeltes ist ein Raum, der „Heiliges" heißt. Hier stehen ein Räucheraltar für die Priester, ein glodener Leuchter sowie ein goldener Tisch mit geweihten Broten. Dahinter kommt ein weiterer Raum, der „Allerheiligstes" genannt wird. Hier befindet sich die Bundeslade. Das ist eine Truhe, in der die Tafeln mit den Zehn Geboten aufbewahrt werden. Während ihrer ganzen Wüstenwanderung nehmen die Israeliten die Stiftshütte mit. So können sie jederzeit Gottesdienst feiern.

💡 Wissenswert: Die Gegenstände aus dem Heiligen Zelt wurden von König Salomo in den Tempel gebracht.

📖 2 Mose 25,8-9; 2 Mose 29,42-45; 2 Mose 40,16-33a; **1 Könige 8,1-4**
→ Bundeslade, Mose, Opfer

Stiftshütte im Timna Park, Israel, Nachbau

Stimme
drückt sich in Tönen und Lauten aus

Das griechische bzw. hebräische Wort steht nicht nur für die menschliche Stimme, sondern auch für Donner, das Tosen des Wassers, den Klang der Musikinstrumente oder für den brüllenden Löwen. Mit „großer Stimme" reden und singen die Engel und Menschen, die von Gottes Geist ergriffen sind. Auch Gott selbst offenbart sich mit seiner Stimme. Wer auf Gottes Stimme hört und ihr gehorcht, der lebt mit Gottes Segen.

💡 Finde heraus, warum die Stimme des Hirten für seine Herde sehr wichtig ist.

📖 5 Mose 28,2; 2 Mose 19,19; Matthäus 3,17; **Johannes 10,3-5**; Hebräer 4,7
→ Donner, Hirte, Löwe

Kannst du Tierstimmen nachmachen?

Stoiker – Susanna

 Stoiker
Gruppe von Lehrern und Schülern, die auf der Suche nach Weisheit sind
Zur Zeit der Bibel sind die Stoiker eine wichtige Gruppe. Ihr Gründer heißt Zenon von Kition. Um 300 v. Chr., also schon lange vor Jesus, lebt er in Athen. Dort denkt er mit vielen anderen klugen Männern über die Frage nach: Wie kann der Mensch gut und im Einklang mit der Welt leben? Dazu treffen sie sich in einer buntbemalten Säulenhalle. Das griechische Wort für Säulenhalle lautet „Stoa". Die Männer werden deshalb „Stoiker" genannt.
💡 Wissenswert: Die Stoiker werden nur einmal in der Bibel erwähnt.
📖 **Apostelgeschichte 17,16-34**
→ Philosophie

Strafe
bekommt man, wenn man gegen ein Gebot oder Gesetz verstoßen hat
Weil Adam und Eva von dem Baum der Erkenntnis essen, obwohl Gott es ihnen ausdrücklich verboten hat, müssen sie zur Strafe das Paradies verlassen. Immer wieder wird das Volk Israel von Gott bestraft, weil es Schuld auf sich lädt und nicht tut, was Gott möchte. Auch die Feinde von Israel, wie die Ägypter oder Babylonier, werden von Gott bestraft. In der Bibel steht: Die Strafe für unsere Schuld ist der Tod. Eigentlich müssten wir Menschen für immer von Gott getrennt sein, weil wir seine Gebote übertreten. Aber Jesus hat diese Strafe, den Tod, auf sich genommen, damit wir für immer bei Gott leben können.
💡 Finde heraus, womit Adam und Eva noch bestraft wurden.
📖 **1 Mose 3,16-19**; 2 Mose 12,12; 2 Mose 32,25-35; Jesaja 53,5; Jeremia 51,54-58; Römer 6,23
→ Schuld, Vergebung

Strauß
Laufvogel, größter lebender Vogel der Erde
Der Strauß hat zwar große Flügel, kann aber nicht fliegen. Dafür rennt er sehr schnell. Er lebt in der Wüste und frisst hauptsächlich Körner, Gräser, Kräuter, Blätter, Blüten und Früchte, manchmal auch Insekten wie Raupen und Heuschrecken.
💡 Finde heraus, warum der Strauß lange ohne Wasser auskommen kann.

Strauß

📖 Jesaja 13,21; Jesaja 43,20; Ijob 39,13-18; Klagelieder 4,3
→ Vogel

 Stuhl → Sonderseite Zimmer, Seite 300+301

 Stummheit, Stummer
Behinderung, die einen am Sprechen hindert; Mensch, der nicht sprechen kann
Stummheit kann mit anderen Behinderungen wie zum Beispiel Taubheit zusammen auftreten. Jesus trifft einen taubstummen Menschen. Er legt ihm die Finger in die Ohren und berührt mit Spucke die Zunge des Mannes. Der Mann wird gesund. Diese Heilung spricht sich herum wie ein Lauffeuer.
💡 Kannst du von den Lippen ablesen, wenn Worte lautlos gesprochen werden?
📖 Markus 7,32-37
→ Krankheit, Arzt, Medizin

 Südreich Israels → Juda

 Sühneopfer → Sonderseite Opfer, Seite 210+211

 Sukkot
Ort im Niltal von Ägypten
Dieser Ort liegt im östlichen Teil der Mündungsregion vom Nil, dem sogenannten Nil-Delta. Bei Sukkot schlägt das Volk Israel zum ersten Mal sein Lager auf, als es unter der Führung von Mose aus Ägypten auszieht.
💡 Wissenswert: Sukkot ist auch der hebräische Name für das Laubhüttenfest.
📖 2 Mose 12,37; **5 Mose 16,13-17**
→ Ägypten, Auszug, Laubhüttenfest; siehe Karte Seite 30

Sünde, Sündenfall
getrennt sein von Gott; Ereignis im Garten Eden
In der deutschen Sprache wird das Wort „Sünde" oft gebraucht, wenn jemand etwas falsch macht. In der Bibel hingegen meint „Sünde" an erster Stelle das, was der Mensch ist. Er ist und lebt getrennt von Gott, deshalb ist er ein Sünder. Gleich zu Anfang der Bibel wird davon erzählt, wie Sünde den Menschen von Gott trennt. Die Folge ist, dass weitere Sünden entstehen: So lebt der Mensch so, als ob Gott gar nicht da wäre. Hinzu kommt, dass die Menschen aneinander schuldig werden: Sie lügen, betrügen, stehlen und töten, verletzen andere mit Worten und vieles mehr. Die Strafe für die Sünde ist der Tod, die ewige Trennung von Gott. Diese ewige Trennung kann nur Gott überwinden. Er liebt jeden Menschen über alles. Deshalb kommt sein Sohn Jesus Christus in diese Welt. Er trägt die Sünde der ganzen Welt am Kreuz, als er stirbt. Und durch seine Auferstehung zeigt er: Die Sünde und der Tod haben nicht mehr das letzte Wort. Deshalb glauben Christen, dass sie – auch wenn sie einmal sterben müssen – ewig in Gemeinschaft mit Gott leben werden.
💡 Finde heraus, was der Apostel Paulus zu den Folgen der Sünde im Leben schrieb.
📖 **1 Mose 3,1-24**; Römer 1,21-32; Römer 6,23;

Philipper 2,6-11; 1 Johannes 1,9
→ Vergebung, Schuld, Ewiges Leben, Gnade

 Sunem → Schunem

 Susa
Stadt im Südwesten des heutigen Iran

Das alte Susa ist fast ohne Unterbrechung bewohnt. König Darius von Persien regiert von hier aus die meiste Zeit des Jahres sein Reich. Dadurch bekommt die Stadt einen besonderen Wert. Bei dem Ausbau der Stadt müssen jüdische Arbeiter mithelfen. In dieser Stadt lebt auch das jüdische Mädchen mit Namen Ester, das schließlich zur Königin aufsteigt. Ihre Geschichte ist im Buch Ester nachzulesen.
💡 Wissenswert: Ester wird nicht nur Königin, sie rettet sogar ihr ganzes Volk.
📖 Nehemia 1,1; **Ester 1,2**
→ Darius, Ester, Mordechai; siehe Karte Seite 57

Blick auf Susa heute

 Susanna („Lilie")
Jüngerin von Jesus

Zu den Jüngerinnen von Jesus gehören auch Frauen. Eine von ihnen ist Susanna. Im Lukas-Evangelium wird erzählt, wie sie zusammen mit Maria aus Magdala, Johanna und weiteren Frauen Jesus folgt, nachdem er sie geheilt hat.
💡 Finde heraus, wann von Susanna noch einmal die Rede ist.
📖 Lukas 8,1-3; **Lukas 24,1-10**
→ Johanna, Maria, Jünger, Frau

> Welche Geschichten fallen dir ein, wenn du an die Bibel denkst?

Spiel
Wer ist der beste Bibelkenner?

Ab 2 Personen

Ihr braucht:
- Papier
- Stifte

So geht's:
Alle Mitspieler bekommen ein Blatt Papier und einen Stift. Darauf malt jeder eine Tabelle, wie ihr sie unten seht. Nun beginnt ein Mitspieler in Gedanken das ABC aufzusagen. Ein anderer sagt irgendwann „Stopp". Der Buchstabe an dieser Stelle wird laut gesagt: z. B. „D". Nun hat jeder Mitspieler die Aufgabe, eine Stadt/Land/Fluss, einen Namen, ein Tier/Pflanze und ein Essen aus der Bibel mit dem Buchstaben „D" auf seinen Zettel zu schreiben (z. B. Damaskus, David, Distel und Dattel). Wenn der erste Spieler fertig ist und „Stopp" ruft, ist die erste Spielrunde beendet und die Punkte werden verteilt.
Zehn Punkte gibt es für Stichworte, die kein anderer Spieler hat und fünf Punkte für Stichworte, die mehrmals vorkommen. Dann wird der nächste Buchstabe bestimmt. Gewonnen hat der Mitspieler, der am Ende die meisten Punkte hat.

Tipp:
Vor dem Spiel bekommt jeder Mitspieler das Bibellexikon für zwei Minuten, um sich so viele Stichworte wie möglich einzuprägen.

Spielvariante:
Jeder Mitspieler hat sein eigenes Bibellexikon und darf es während des Spiels zum Nachschlagen benutzen. Hier geht es um Schnelligkeit und darum, möglichst Stichworte zu finden, die kein anderer Mitspieler hat.

Stadt/Land/Fluss	Name	Tier/Pflanze	Essen

Synagoge

Info

Name: Synagoge („Versammlung")
Besucher: die jüdische Gemeinde
Bedeutung: Die Synagoge ist ein Versammlungsort, an dem am Sabbat der Gottesdienst stattfindet oder man sich zum Gebet versammelt, wenn es keinen Tempel gibt.
Bauweise: Die Bauweise ist unterschiedlich. Auf jeden Fall gehört aber ein Schrein, also ein Schrank, zur Einrichtung, in dem die Thora-Rolle aufbewahrt wird. Außerdem gibt es ein Lesepult, auf das die Thora-Rolle gelegt wird, wenn daraus vorgelesen wird.
Gottesdienstablauf: Während eines Gottesdienstes wird gebetet und man singt Lieder (Psalmen). Im Mittelpunkt steht die Lesung eines Textes aus den Heiligen Schriften. Dazu wird eine große Schriftrolle hervorgeholt, auf der sich z. B. Texte aus den fünf Büchern Mose befinden – das sind die ersten Bücher der Bibel. Jeder erwachsene Jude, der sich in der Schrift auskennt, kann gebeten werden: „Lies uns aus der Schrift vor und lege uns die Worte aus!" (Apostelgeschichte 13,15).
Größe: unterschiedlich

Gebäude, in dem sich die jüdische Gemeinde trifft

● Im Lukas-Evangelium wird berichtet, wie Jesus die Synagoge in Nazaret besucht. Er liest aus der Schriftrolle des Propheten Jesaja vor. Neben den Gottesdiensten wird in den Synagogen auch über Streitfälle in der Gemeinde beraten und gegebenenfalls ein Urteil gesprochen (Lukas 4,16-30).
● Als sich die ersten christlichen Gemeinden gründen, treffen sie sich zunächst in den Synagogen. Weil es dabei aber immer wieder zu Meinungsverschiedenheiten zwischen Juden und Christen kommt, versammeln sich die Christen später in Privathäusern.
● Bis heute ist die Synagoge das Gotteshaus der jüdischen Gemeinde. Dort feiern die Menschen am Sabbat Gottesdienst und die Kinder bekommen Unterricht in den Heiligen Schriften.

Finde heraus, was Jesus sagt, nachdem er aus dem Propheten Jesaja vorgelesen hat.

📖 **Lukas 4,16-21**

→ Sabbat, Gebet, Gottesdienst

Innenraum einer Synagoge heute

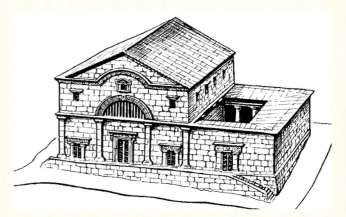

Synagoge

Syntyche („Glück", „Zufall")
eine Frau, die zur christlichen Gemeinde in Philippi gehört

Syntyche wird in dem Brief erwähnt, den der Apostel Paulus an die Gemeinde in Philippi schreibt. Hier fordert er Syntyche und eine Frau mit Namen Evodia dazu auf, sich wieder zu vertragen. Offensichtlich hat es Streit zwischen ihnen gegeben. Beide Frauen sind Paulus sehr wichtig, denn sie haben sich mit ihm für Jesus Christus eingesetzt.

Finde heraus, wozu Streit in der Gemeinde führen und wie man ihn lösen kann.

Apostelgeschichte 6,1-7; Philipper 4,2
→ Philippi, Evodia, Paulus

 Syrien, Syrer
Region nordöstlich von Israel und dessen Bewohner

Der Name Syrer bezeichnet eine Gruppe von einzelnen Stämmen, die im Gebiet nördlich von Israel beheimatet sind. Zu den bekanntesten syrischen Städten gehört Damaskus. In manchen Bibelausgaben (z. B. Luther-Bibel) werden die Syrer auch als „Aramäer" bezeichnet, weil ihr Stammvater den Namen Aram trägt. Er wird im ersten Buch Mose als Enkel von Noach erwähnt. Von diesem Namen leitet sich auch ihre Sprache (Aramäisch) ab. Sie ist weit verbreitet und wird auch in Israel gesprochen. Auch Jesus spricht aramäisch. Seit den Königen Saul und David wird in der Bibel davon berichtet, dass es zwischen den benachbarten Völkern immer zu Kriegen kommt.

Finde heraus, welche Rolle die Provinz Syrien auch in der Weihnachtsgeschichte spielt.

2 Samuel 8,3-5; Lukas 2,1-7
→ Assyrien, Aram; siehe Karte Seite 133

 Syzygus („treuer Gefährte")
ein Freund von Paulus aus der christlichen Gemeinde in Philippi

Mit diesem Namen hat es etwas Besonderes auf sich: Er bedeutet so viel wie „treuer Gefährte" – und offensichtlich war Syzygus tatsächlich ein echter Freund. Deshalb bittet Paulus ihn, einen Streit zu schlichten. Weil sich sein Name so passend übersetzen lässt, findet sich in manchen Bibelübersetzungen nicht der Eigenname, sondern die Übersetzung.

Finde heraus, ob in deiner Bibel der griechische Name Syzygus als Eigenname steht oder ob er ins Deutsche übertragen wurde.

Philipper 4,3
→ Philippi, Evodia, Syntyche

 Tabita („Gazelle")
eine Christin aus der Hafenstadt Joppe

Tabita ist eine bemerkenswerte Frau. In der christlichen Gemeinde in Joppe kümmert sie sich besonders um die Versorgung der Witwen. Dabei gibt sie auch von ihrem Geld ab, um anderen zu helfen. Als sie stirbt, befindet sich Petrus in der Nähe von Joppe. Er wird um Hilfe gebeten und das Wunder geschieht: Er betet für sie und sie wird vom Tod auferweckt.

Finde heraus, wie sich die ganze Geschichte zugetragen hat.

Apostelgeschichte 9,36-42
→ Joppe, Petrus

 Tabor
ein Berg in der Nähe von Nazaret

An sich ist der Berg Tabor mit einer Höhe von nur 588 m nicht besonders hoch. Da er sich jedoch als einzelner Berg in der Jesreël-Ebene erhebt, ist er auch von Weitem besonders gut zu sehen. Es ist überliefert, dass Jesus seinen Jüngern nach seiner Auferstehung auf dem Berg Tabor erscheint. Dort gibt er ihnen den Auftrag, der ganzen Welt die Gute Nachricht zu verkünden.

Finde heraus, was Jesus seinen Jüngern damals gesagt hat.

Psalm 89,12-13; Matthäus 28,16-20
→ Jesreel, Himmelfahrt

 Tag
bezeichnet den Zeitraum von 24 Stunden oder die helle Tageszeit

Im Alten Testament beginnt ein neuer Tag in der Regel dann, wenn die Sonne untergeht. Dieser Tag dauert dann bis zum nächsten Sonnenuntergang. Zugleich meint Tag aber auch die helle Tageszeit. Als Gott die Welt macht, nennt er die helle Tageszeit „Tag" und die dunkle Zeit „Nacht". Im Neuen Testament werden die Stunden meist ab dem Sonnenaufgang (6 Uhr) gezählt.

Finde heraus, welche unterschiedlichen Uhrzeiten im Gleichnis von den Arbeitern im Weinberg genannt werden.

1 Mose 1,1–2,4; Josua 6,1-20; Matthäus 20,1-16
→ Jahr, Monat

 Tagelöhner → Sonderseite Arbeit und Beruf, Seite 23

 Talent (A) → Geld

 Tamar
Schwiegertochter von Juda

Tamar hat kein leichtes Leben: Als ihr Mann stirbt, möchte sie – wie es üblich war – dessen Bruder heiraten, um doch noch Kinder zu bekommen. Doch ihr Schwiegervater Juda (Sohn von Jakob) lässt das nicht zu. Verkleidet gelingt es ihr, von Juda schwanger zu werden. Weil keiner weiß, wer der Vater ihrer Kinder ist, soll sie wegen Ehebruchs sterben. Tamar kann schließlich beweisen, dass es sich um Juda handelt. Er erkennt sein Unrecht und hebt das Urteil auf.

Wissenswert: Tamar ist eine von vier mutigen Frauen, die im Stammbaum von Jesus erwähnt werden.

1 Mose 38; Matthäus 1,3
→ Juda, Jakob, Ehe, Onan

Tamariske – Teig

Tamariske
Baum mit kleinen nadelförmigen Blättern

In Israel sind diese Bäume sehr häufig zu finden. Da sie lange Wurzeln ausbilden, bekommen sie auch in den Steppen- und Wüstengebieten genügend Wasser. Die größte Art erreicht etwa die Höhe einer Eiche. Von Abraham wird erzählt, dass er in der Wüste Negev am Ort Beerscheba einen Tamariskenbaum pflanzt. König Saul und seine Söhne werden unter einem Tamariskenbaum begraben.

Finde heraus, was Abraham erlebt hat, bevor er den Baum pflanzte.

1 Mose 21,29-33; 1 Samuel 31,11-13
→ Abraham, Saul, David

Tanz
kreative Äußerung der Lebensfreude

In der Bibel wird immer wieder berichtet, dass Menschen aus Freude über Gottes Rettung und seine Taten tanzen und singen. Im Alten Testament wird erzählt, wie das Volk Israel aus der Sklaverei in Ägypten flieht und mit Gottes Hilfe dem Pharao und seinen Soldaten entkommt. Als dies gelungen ist, nimmt Mirjam, die Schwester von Mose, eine Pauke in die Hand, tanzt zusammen mit anderen Frauen und singt zur Musik. Im Neuen Testament erzählt Jesus das Gleichnis vom Vater und seinen zwei Söhnen. Als der zweite Sohn nach Hause zurückkehrt, gibt es ein großes Fest mit Gesang und Tanz.

Finde heraus, warum Michal es peinlich fand, dass ihr Mann, der König David, öffentlich vor Freude tanzte.

2 Samuel 6,13-16; 2 Mose 15,20-21; Lukas 15,25; Jeremia 31,4
→ Mirjam, Ägypten, Rotes Meer, Spiel, Bundeslade

Tarschisch
Stadt oder Gebiet, vermutlich im Süden Spaniens

Leider ist nicht genau bekannt, wo Tarschisch liegt. Vermutet wird, dass es sich um eine Stadt an der Küste im Süden Spaniens handelt. Als Gott den Propheten Jona beauftragt, in Ninive zu predigen, flieht er. Er macht sich an Bord eines Schiffes auf in Richtung Tarschisch. Doch Gott bringt Jona auf Umwegen doch noch nach Ninive.

Wissenswert: Ein bestimmter Schiffstyp heißt auch „Tarschisch".

Jona 1,3; **Jesaja 2,16**
→ Ninive, Jona, Prophet

Tarsis → Tarschisch

Tarsus
Hafenstadt am Mittelmeer, heute in der Türkei

Zur Zeit des Neuen Testaments liegt Tarsus direkt am Meer und ist eine bedeutende Hafenstadt. Von hier aus fahren die Schiffe nach Phönizien und Ägypten. Tarsus ist der Geburtsort vom Apostel Paulus.

Wissenswert: Paulus hieß auch Saulus.

Apostelgeschichte 9,1-9; Apostelgeschichte 21,39
→ Paulus, Phönizien

Tattenai
regiert im Auftrag von König Darius auch über Judäa und Jerusalem

Im Jahr 520 v. Chr. gehören Judäa und Jerusalem zum Großreich des persischen Königs Darius. In diese Zeit fällt der Wiederaufbau des von den Babyloniern zerstörten Tempels in Jerusalem. Tattenai kommt nach Jerusalem und besichtigt die Baustelle. Weil man ihm keine Baugenehmigung vorlegen kann, bittet er Darius in einem Brief um genauere Anweisungen.

? Rate mal: Was antwortete König Darius? a. Bestraft die Arbeiter wegen Schwarzarbeit! b. Genehmigt und unterstützt das Bauvorhaben! c. Das geht mich nichts an!

Esra 5,1-13; Esra 6,1-18
→ Tempel, Jerusalem, Haggai, Sacharja, Babylonier, Perser, Darius

Taube
in Israel weit verbreiteter Vogel

Die Taube kommt in allen Teilen von Israel vor. Zur Zeit des Alten und Neuen Testaments sind verschiedene Arten bekannt: unter anderem eine gezüchtete zahme Turteltaube und die wilde Felsentaube. Die Taube gilt als Symbol für Sanftmut und Arglosigkeit. Noach schickt eine Taube aus, um zu sehen, ob die Flut zurückgegangen ist. Sie wird als Opfertier verwendet, später besonders als Opfer der Armen vorgeschrieben. Bei der Taufe von Jesus kommt der Heilige Geist wie eine Taube auf ihn herab.

Wissenswert: Verliebte nannten sich zur Zeit des Alten

Tamariske – Teig

Testaments gerne „mein Täubchen".
📖 1 Mose 8,11; 3 Mose 14,21-22; **Hohelied 2,14**; Johannes 1,32
→ Heiliger Geist, Pfingsten, Sonderseite Opfer, Seite 210+211

 Taubenverkäufer → Sonderseite Arbeit für Gott, Seite 305

Taube

Taufe („eintauchen")
untertauchen in Wasser oder begießen mit Wasser, Zeichen für das Abwaschen von Schuld
Im Neuen Testament werden erwachsene Menschen getauft. Manchmal lassen sich auch ganze Familien samt Kindern und Angestellten taufen. Die Taufe macht deutlich: Dieser Mensch glaubt an Jesus Christus und gehört ganz zu ihm. In der Taufe wird sichtbar, dass alle Schuld vergeben wird und ein versöhntes Leben mit Gott möglich ist. Durch die Taufe wird ein Mensch in die christliche Gemeinschaft aufgenommen.
Der erste, der tauft, ist Johannes der Täufer. Er fordert die Menschen dazu auf, von falschen Wegen umzukehren und nach Gottes Geboten zu leben. Als Zeichen für den Anfang eines neuen Lebens tauft er die Menschen im Jordan. Auch Jesus lässt sich von Johannes taufen. Jesus selbst tauft nicht, fordert aber zur Taufe auf. In seinem Brief an die Gemeinde in Rom (Römerbrief) wählt der Apostel Paulus einen eindrücklichen Vergleich, um die Bedeutung der Taufe zu beschreiben: Wer sich taufen lässt, dessen altes Leben wird beerdigt und er bekommt ein neues Leben geschenkt.
💡 Finde heraus, wie Menschen zur Zeit des Neuen Testaments getauft wurden.
📖 Apostelgeschichte 2,38; **Apostelgeschichte 8,26-40**; Römer 6,3-11
→ Heiliger Geist, Wasser, Johannes der Täufer

Kindertaufe

Tausendjähriges Reich
eine besondere Zeit, in der Jesus Christus regiert
Im Buch Offenbarung wird beschrieben, wie Gott einmal einen neuen Himmel und eine neue Erde schaffen wird. Bevor das passiert, wird Jesus Christus die Welt für tausend Jahre regieren. Der Satan möchte das verhindern. Aber er wird keine Gelegenheit dazu haben, denn er wird gefangen gesetzt werden. Dieser besondere Zeitraum der Herrschaft von Jesus Christus wird als „Tausendjähriges Reich" bezeichnet.
💡 Finde heraus, wie lange tausend Jahre für Gott sind.
📖 **Psalm 90,4**; Offenbarung 20,1-6
→ Himmel, Satan

 Teig → Brot

Taufe von Erwachsenen

> Warst du schon mal bei einer Taufe dabei?

Tempel Salomos – Tempel Herodes des Großen

🏠 Tempel Salomos

Entstehungsgeschichte

- Bevor das Volk Israel das Land Kanaan erobert und in Städten wohnt, zieht es viele Jahre in der Wüste umher. Während dieser Zeit hat es ein „Heiliges Zelt". Darin befindet sich die Bundeslade mit den Zehn Geboten (2 Mose 25,1-22).
- Später wird das Volk Israel in Kanaan sesshaft. König David bringt die Bundeslade nach Jerusalem. Sein Sohn Salomo baut dort um 960 v. Chr. den ersten Tempel. Dabei handelte es sich um einen langgezogenen Bau, der aus drei Teilen besteht: Vorhalle, das Heilige und das Allerheiligstes (1 Könige 6).
- Der Innenraum, das Heilige, ist 30 m lang und 10 m breit. Dort befindet sich abgetrennt das Allerheiligste. Es darf nur einmal im Jahr vom Obersten Priester betreten werden. In ihm befinden sich die Bundeslade und zwei große Engelsfiguren (Cheruben) (1 Könige 6).
- Außen gibt es verschiedene Vorhöfe. In einem befindet sich der Altar zum Darbringen der Opfer.
- Der Tempel hat ohne Anbauten etwa die Größe einer Dorfkirche. Da es damals kein vergleichbares Gebäude gibt, kommt es den Menschen ungleich größer vor. Der Tempel steht etwa 400 Jahre. Er wird im Jahr 587 v. Chr. zerstört, als die Babylonier das Land und die Stadt Jerusalem erobern (2 Könige 25,1-21).

💡 Finde heraus, wie Gott selbst beim Einweihungsfest im Tempel Wohnung nahm.

📖 **1 Könige 8,6-13**

→ Oberster Priester, Bundeslade, Zehn Gebote, Cherubim, Salomo

Info

Name: Tempel Salomos
Besucher: ins Hauptgebäude dürfen nur Priester und Oberste Priester
Erbauer: König Salomo
Standort: Jerusalem
Baubeginn: um 950 v. Chr.
Bauzeit: gut sieben Jahre
Bauweise: Der Tempel wird aus Stein, Holz und Bronze gebaut. Er besteht aus drei Hauptteilen. Am Eingang stehen zwei Säulen aus Bronze. Er ist 30 m lang, 10 m breit und 15 m hoch.
Geschichte: Der Tempel ist das wichtigstes Heiligtum der Juden. Er ist auch Wohnort Gottes auf Erden. Im Laufe der Geschichte wird er zerstört und neu aufgebaut und dann immer wieder verändert.

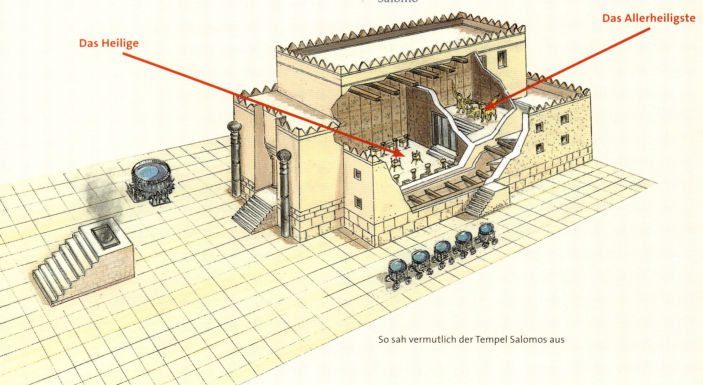

Das Heilige — Das Allerheiligste

So sah vermutlich der Tempel Salomos aus

Tempel Salomos – Tempel Herodes des Großen

🏠 Tempel Herodes des Großen

Info

Name: Tempel Herodes des Großen
Besucher: Die unterschiedlichen Bereiche des Tempels dürfen nur von bestimmten Personengruppen betreten werden.
Erbauer: Herodes der Große
Standort: Jerusalem
Baubeginn: ab 20 v. Chr.
Bauzeit: Es wurde noch lange über die Lebenszeit des Herodes hinaus am Tempel gebaut (Johannes 2,20).
Bauweise: Der Tempel wird aus Steinen, Holz und Bronze gebaut. Das ursprüngliche Hauptgebäude ist 30 m lang, 10 m breit und 45 m hoch.
Geschichte: Der Tempel ist das wichtigstes Heiligtum der Juden. Er ist auch „Wohnort Gottes" auf Erden. Im Jahr 70 n. Chr. wird der Tempel wieder zerstört.

Entstehungsgeschichte

- König Herodes der Große lässt ab dem Jahr 20 v. Chr. den Tempel völlig umbauen und erweitern. Die Bereiche „das Heilige" und das daran anschließende „das Allerheiligste" bleiben jedoch unverändert.
- „Das Heilige" darf ausschließlich von Priestern betreten werden, „das Allerheiligste" nur vom Obersten Priester – und das nur einmal im Jahr.
- „Das Heilige" ist umgeben von dem sogenannten Inneren Vorhof. Dieser wird durch den Umbau erweitert und neu eingeteilt: Für jeden gibt es eigene Bereiche: die Priester, die Männer und die Frauen. Der äußere Vorhof (auch „Vorhof der Heiden" genannt) darf von allen betreten werden.
- In einem abgetrennten Bereich dieses großen Platzes gibt es sogar Händler, die z. B. Tiere für das Opfer verkaufen.
- Dieser prachtvoll erweiterte Tempel wird im Jahr 70 n. Chr. zerstört, als die Römer die Stadt Jerusalem erobern.
- Ein großer Mauerrest ist heute noch da: An ihm beten und klagen die Juden bis heute, er wird „Klagemauer" genannt.

💡 Finde heraus, zu welchem Anlass und in welchem Alter Jesus den Tempel in Jerusalem besuchte.

📖 **Lukas 2,41-51**; Matthäus 21,12-14; Matthäus 24,1-2
→ Stiftshütte

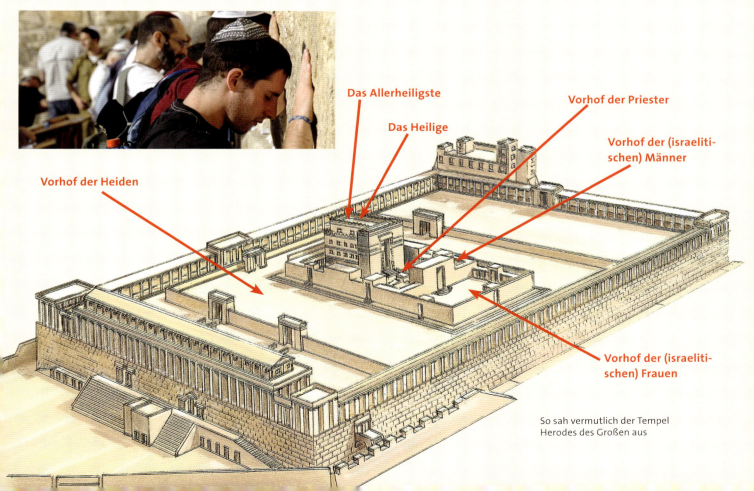

So sah vermutlich der Tempel Herodes des Großen aus

Arbeit für Gott und die Religionen (Teil 1)

Pharisäer
Sie sind fromme Gelehrte, zu denen das jüdische Volk aufsieht. Sie befolgen nicht nur die Gebote der Thora, sondern auch die Überlieferungen ihrer Vorfahren. Für alles haben sie Regeln. So machen sie den Menschen das Leben unnötig schwer. Jesus wirft ihnen vor, dass sie trotz aller Regeln nicht verstehen, worum es Gott wirklich geht. Pharisäer glauben an Engel und eine Auferstehung nach dem Tod.
📖 Matthäus 5,20; Matthäus 15,1-9
→ Sadduzäer, Thora, Gebot

Sadduzäer
Sie sind Mitglieder einer religiösen Gruppe. Für sie ist von allen Heiligen Schriften nur die Thora Gottes Wort, an das sie sich halten müssen. Sie glauben, dass der Mensch frei entscheiden kann, ohne dass Gott sich einmischt. An Engel und ein Leben nach dem Tod glauben sie nicht.
📖 Matthäus 22,23-32; Apostelgeschichte 23,8
→ Pharisäer, Thora, Auferstehung

Priester + Leviten
Sie haben die Aufgabe, Opfer darzubringen, zu beurteilen, was rein und unrein ist, und das Volk in der Thora (Heilige Schrift) zu unterweisen. Sie stammen meist aus dem Stamm Levi und sind Nachkommen von Aaron. Das Wort Levit spielt auf Levi an, den Sohn Jakobs. Seine Nachkommen gelten als Menschen, die am Heiligtum arbeiten und sich im Gottesrecht auskennen sollen. Leviten unterstützen bei den großen Wallfahrtsfesten im Tempel die Priester bei den Opfern und können die Funktion als Tempeldiener, Sänger, Torhüter und Prediger innehaben.
Zur Zeit der ersten Könige Israels gibt es im Land mehrere Heiligtümer, in denen Priester arbeiten. Seit der Zeit von König Joschia (um 622 v. Chr.) und in der Zeit von Jesus dürfen Opfer nur noch am Tempel in Jerusalem dargebracht werden. Damit können Priester nur dort ihren Dienst tun. Der Lohn der Priester besteht aus Opfergaben, später aus der Abgabe des „Zehnten". Oder sie arbeiten nur noch zeitweise am Tempel und bewirtschaften stattdessen ihr Land. Der Oberste Priester ist der höchste Vertreter der jüdischen Religion. Wenn es keinen König gibt, hat er auch die Funktion eines Herrschers. In der Zeit von Jesus ist er auch Richter, der jedoch kein Todesurteil aussprechen darf.
📖 Amos 7,10; 5 Mose 18,3; Lukas 1,8; 5 Mose 18,6-8; 2 Chronik 17,7; Nehemia 8,7-8
→ Oberster Priester, Priester, Aaron, Zehnter, Zacharias, Kajaphas, Asaf, Sonderseite Opfer, Seite 210+211

Tempelknecht/Tempeldiener
An den Heiligtümern in Israel gibt es Tempeldiener oder sogar Tempelsklaven. Im Tempel von Jerusalem unterstützen Tempeldiener einen Priester bei seiner Arbeit. Es können auch Menschen sein, die aufgrund eines Gelübdes im Tempel arbeiten. Zu den Tempeldienern gehören auch Schwellenhüter/Pförtner, die das Tempelgelände überwachen. Dies dürfen nämlich nur Juden betreten.
📖 Ezechiel 44,6-8; 1 Samuel 2; Apostelgeschichte 21,27-35
→ Gelübde, Hanna

Geldwechsler
Im Tempel von Jerusalem kann man zur Zeit der Bibel nur mit einer besonderen Währung bezahlen und die Tempelsteuer entrichten. Daher braucht man im Vorhof des Tempels Geldwechsler.
📖 Nehemia 10,33-34; Matthäus 17,24-27
→ Geld, Steuer

→ Arbeit für Gott und die Religionen (Teil 2) Seite 305

Tempel Serubbabels
das wichtigste Heiligtum der Juden

Der von König Salomo erbaute Tempel steht etwa 400 Jahre. Er wird im Jahr 587 v. Chr. zerstört, als die Babylonier das Land und die Stadt Jerusalem erobern. Ein Teil des Volkes wird nach Babylon verschleppt. Mit dem Untergang des babylonischen Reiches werden die Gefangenen vom Perserkönig Kyrus freigelassen. Sie ziehen mit dem Regierungsbeauftragten Serubbabel und dem Obersten Priester Jeschua nach Jerusalem zurück. Um das Jahr 537 v. Chr. wird damit begonnen, den Tempel wieder aufzubauen. Von manchen Schwierigkeiten begleitet wird er nach rund zwanzig Jahren Bauzeit fertiggestellt.

Finde heraus, was den Wiederaufbau des Tempels zunächst erschwerte.
Esra 1; **Esra 4,1-5**; Esra 6,16; Haggai 1,1.14; Sacharja 4,6-10
→ Stiftshütte, Allerheiligstes, Salomo, Oberster Priester, Kyrus

Tempelknecht/Tempeldiener
→ Sonderseite Arbeit für Gott, Seite 268

Tempelsteuer
Jahresbeitrag für den Tempel in Jerusalem

Jeder Mann ab zwanzig Jahren muss einmal im Jahr einen Beitrag für den Unterhalt des Tempels in Jerusalem bezahlen. Dieser Beitrag wird „Tempelsteuer" genannt. Das eingenommene Geld dient dazu, die laufenden Kosten des Tempeldienstes zu begleichen und die Tempeldiener (z. B. Musiker) zu bezahlen.

Finde heraus, ob Jesus die Tempelsteuer bezahlen musste.
2 Mose 30,13-16; **Matthäus 17,24-27**
→ Tempel, Tempelknecht, Steuer

Terach (vermutlich „Steinbock")
Vater von Abram (später Abraham)

Terach ist der Vater von Abraham. Insgesamt hat er drei Söhne: Abram, Nahor und Haran. Mit ihnen lebt er in der altbabylonischen Königsstadt Ur. Mit Abraham und dessen Neffen Lot zieht Terach in die Stadt Haran, wo er schließlich stirbt.

Finde heraus, wie Terachs Lebensweg aussah und wie alt er geworden ist.
1 Mose 11,27-32; Josua 24,2
→ Haran, Ur, Abraham

Teresch („streng, hart")
Kammerdiener am Hof von Perserkönig Xerxes

Teresch und sein Kollege Bigtan arbeiten am Hof des Perserkönigs Xerxes in der Stadt Susa als Torhüter. Doch sie werden zornig über den König und planen dessen Ermordung. Der Jude Mordechai hört zufällig dieses Gespräch und informiert Xerxes mithilfe der Königin Ester. Daraufhin werden beide Diener gefangengenommen und mit dem Tod bestraft.

Finde heraus, was Mordechai als Belohnung für den vereitelten Mordanschlag erhielt.
Ester 2,21-23; **Ester 6**
→ Ester, Mordechai, Perser

Tertullus (Verkleinerungsform von Tertius = „der Dritte")
Anwalt, der Paulus anklagt

Tertullus wird vom Obersten Priester Hananias und den Vertretern vom Jüdischen Rat mit nach Cäsarea gebracht, um Paulus vor dem Statthalter Felix anzuklagen. Mit schmeichelnden Worten will er Felix gegen Paulus aufbringen. Felix verschleppt den Prozess und überlässt den Fall schließlich seinem Nachfolger Festus.

Finde heraus, wie Tertullus die Nachfolger von Jesus bezeichnete.
Apostelgeschichte 24,1-9; Apostelgeschichte 24,22-27
→ Paulus, Felix, Festus

Testament → Bibel

Teufel → Satan

Thaddäus
hieß auch Judas, Jünger von Jesus, Sohn von Jakobus

Thaddäus wird in den biblischen Berichten kaum erwähnt. Er stellt eine wichtige Frage an Jesus, als dieser seinen Jüngern kurz vor seinem Tod den Heiligen Geist verspricht.

Finde heraus, wie der andere Name von Thaddäus lautete.
Lukas 6,16; Markus 3,18; **Johannes 14,22**
→ Heiliger Geist, Jünger

Theater
auch Amphitheater, Bauwerk für Vorführungen und Volksversammlungen

Zur Zeit der römischen Weltherrschaft werden im Theater Schauspiele aufgeführt und Wettkämpfe von Gladiatoren durchgeführt. Auch Volksversammlungen werden im Theater abgehalten. In einem Theater in Rom oder Athen haben in dieser Zeit über 30.000 Menschen Platz.

Finde heraus, warum zwei Reisegefährten von Paulus in Ephesus ins Theater gehen mussten.
Apostelgeschichte 19,23-40
→ Spiel, Gaius, Aristarch, Ephesus

Theater von Epidauros

Theophilus – Timotheus

Theophilus („Freund Gottes")
Empfänger von Lukas-Evangelium und Apostelgeschichte
Offensichtlich ist Theophilus ein angesehener Mann, denn er wird von Lukas mit der besonderen Anrede „Verehrter Theophilus" angesprochen. Es ist möglich, dass Theophilus zu einer Gemeinde von Christen gehört.
? Rate mal: In welcher Lehre wurde Theophilus unterrichtet? a. Lehre von Jesus b. Mathematik c. Lehre von den Sternen
📖 **Lukas 1,1-4**; Apostelgeschichte 1,1-3
→ Lukas, Apostel

Thessalonich
zur Zeit der Bibel wichtige Handelsstadt in Mazedonien am Ägäischen Meer; heute gehört Thessaloniki zu Griechenland
Als Paulus Thessalonich auf seiner zweiten Missionsreise besucht, hat die Stadt etwa 100.000 Einwohner. Paulus predigt in der Synagoge und findet hauptsächlich bei der griechischen Bevölkerung Anhänger für Jesus. Die Juden können sich nicht mit der Lehre von Paulus anfreunden und so entsteht bald eine gefährliche Unruhe. Paulus verlässt die Stadt und schreibt später zwei Briefe an die von ihm gegründete Gemeinde von Christen in Thessalonich.
💡 Finde heraus, was geschah, bevor Paulus die Stadt verließ.
📖 **Apostelgeschichte 17,1-10**; 1 Thessalonicher 1,1-7; 2 Thessalonicher 1,1-4
→ Paulus, Silas; siehe Karte Seite 307

Blick auf Thessaloniki heute

Thomas
einer der zwölf Jünger von Jesus, auch „Zwilling" genannt
Von Thomas wird nicht viel in der Bibel berichtet. Die anderen Jünger erzählen ihm, dass sie Jesus nach seiner Auferstehung begegnet sind. Thomas kann nicht glauben, dass Jesus wirklich lebt. Als Jesus ihm schließlich auch begegnet, darf Thomas mit seinen Fingern die Wunden von Jesus berühren und sich davon überzeugen, dass Jesus tatsächlich auferstanden ist.
💡 Finde heraus, in welcher biblischen Begebenheit Thomas nicht zweifelte, sondern mutig war.
📖 **Johannes 11,1-16**; Johannes 14,1-7; Johannes 20,24-29
→ Auferstehung, Jünger

Thora (hebräisch: „Unterweisung")
erster Teil der Heiligen Schrift der Juden
Die Thora umfasst im engeren Sinn die fünf Bücher Mose, kann aber auch weitere Texte aus dem Alten Testament beinhalten. Die Thora wird als Pergamentrolle aufbewahrt. Aus diesem Text wird während des jüdischen Gottesdienstes vorgelesen (vorgesungen). Das Pergament darf nicht mit bloßen Händen berührt werden und man liest mit Hilfe eines Zeigestabes.
💡 Wissenswert: Die Thorarolle wird in der Synagoge in einem speziellen Schrein (Schrank) aufbewahrt.
→ Mose, Pergament, Gottesdienst

Thora-Rolle mit Zeigestab

Thron
prächtiger Ehrensitz für Herrscher, auch für Gott
Ein Thron ist nicht nur ein Ehrensitz für Herrscher und für Gott selbst, sondern auch ein Zeichen für eine Herrschaft. Gott gibt König David das Versprechen, dass sein Thron (seine Herrschaft) für immer bestehen bleiben wird. Viele Jahre später geht dieses Versprechen durch Jesus, Gottes Sohn, in Erfüllung. Er führt die Herrschaft, die David begonnen hat, für immer weiter.
💡 Finde heraus, wie viele Stufen zum Sitz von dem Thron hinaufführten, den sich König Salomo bauen ließ.
📖 2 Samuel 7,8-16; **1 Könige 10,18-20**; Psalm 103,19; Hebräer 1,8
→ David, Salomo

Thyatira
zur Zeit der Bibel bedeutende Handelsstadt in der Landschaft Lydien; Ort in der heutigen Türkei
Paulus begegnet auf seiner zweiten Missionsreise in Philippi einer Frau namens Lydia, die aus Thyatira stammt. Dort entsteht eine Christengemeinde, denn eines der

Schreiben aus der Offenbarung richtet sich an diese Stadt. Zur Zeit des Neuen Testaments ist Thyatira bekannt für die Purpurfärbereien.

💡 Finde heraus, wo die Stadt Akhisar liegt. Das ist der heutige Name von Thyatira.

📖 Apostelgeschichte 16,14; Offenbarung 1,10-11; Offenbarung 2,18-29

→ Lydia, Paulus; siehe Karte Seite 306

Tiberias
Stadt im Tal des Flusses Jordan, am Westufer des Sees Gennesaret

Die Stadt wird von König Herodes ab 17 n. Chr. erbaut und bekommt ihren Namen nach dem römischen Kaiser Tiberius. Nach der Zerstörung von Jerusalem im Jahr 70 n. Chr. wird Tiberias zu einem religiösen Zentrum für die Juden.

💡 Finde heraus, wer in Tiberias seinen Tod fand.

📖 Johannes 6,1; Johannes 6,23; **Markus 6,17-29**

→ Tiberius, Johannes der Täufer, Bergpredigt; siehe Karte Seite 134

Blick auf Tiberias bei Nacht

Tiberius
römischer Kaiser in der Zeit von Jesus; regiert von 14 bis 37 n. Chr.

Tiberius wird 42 v. Chr. in Rom geboren und früh an das Regieren gewöhnt. Schon als 9-Jähriger hält er die Rede bei der Trauerfeier seines Vaters. Als junger Mann plant er erfolgreich Kriege. Er regiert gut. Mit zunehmendem Alter wird er jedoch immer grausamer und es gibt viele Verleumdungen und Hinrichtungen.

💡 Wissenswert: Tiberius war der römische Kaiser, der am längsten alleine regierte.

📖 Lukas 3,1

→ Tiberias

Tibni → Sonderseite Könige Israels, Seite 168-171

Tiere
in Israel gibt es eine große Vielfalt an Tieren

Auch wenn Israel im Vergleich zu Deutschland recht klein ist, so gibt es dort eine große Artenvielfalt. Das liegt an den sehr unterschiedlichen Regionen, von denen manche sehr karg und trocken, andere feucht und fruchtbar sind. Zur Zeit des Alten und Neuen Testaments ist die Vielfalt noch größer. Manche Tiere aus der Zeit der Bibel, wie z. B. Löwe, Leopard, Wolf, Bär, Hyäne, Antilope, gibt es dort heute leider nicht mehr.

💡 Finde heraus, gegen welche Tiere der Hirtenjunge David kämpfen musste, um seine Schafe zu schützen.

📖 Richter 14,5; **1 Samuel 17,32-37**; Hohelied 2,9

→ Bär, Hirsch, Leopard, Löwe

Tigris → Eufrat

Timnat-Heres („Heiligtum der Sonne")
auch Timnat-Serach genannt, Stadt im Gebirge Efraïm, Erbbesitz und Begräbnisstätte von Josua

Timnat-Heres ist eine zerstörte Stadt, die Josua wieder aufbauen lässt und in der er sich niederlässt. Dort wird er auch begraben. Heute heißt die Stadt Kifl Hareth.

💡 Wissenswert: Gott selbst befahl, Josua die Stadt zu geben.

📖 Richter 2,9; **Josua 19,50**; Josua 24,30

→ Josua

Timotheus
(„ehre Gott")
Schüler des Apostels Paulus

Timotheus wächst in Lystra auf, einer Stadt, die im Gebiet der heutigen Türkei liegt. Seine jüdische Mutter heißt Eunike, die Großmutter Lois. Als Kind sind ihm beide wichtige Vorbilder im Glauben an Jesus Christus. Später lernt er den Apostel Paulus kennen und begleitet ihn als Mitarbeiter auf seinen Missionsreisen. Für Paulus ist Timotheus wie ein Sohn. Der Geschichtsschreiber Eusebius schreibt, Timotheus wurde der erste Gemeindeleiter von Ephesus. Im Neuen Testament finden wir zwei Briefe, die Paulus an Timotheus schreibt.

❓ Rate mal: Was riet Paulus dem Timotheus? a. Probiere mal etwas Neues aus! b. Bleibe bei dem, was du gelernt hast! c. Wenn andere gemein zu dir sind, räche dich an ihnen!

📖 Apostelgeschichte 16,1; Apostelgeschichte 18,5; Apostelgeschichte 20,4; **2 Timotheus 3,14**

→ Lystra, Galatien, Sohn, Apostel, Diakone, Paulus

> Was können Kinder und Jugendliche besser als Erwachsene?

Timotheus – Tobit

Timotheus (A) („einer, der Gott liebt")
Bruder von Chäreas

Timotheus führt ein großes, starkes Heer der Ammoniter an. Die Ammoniter sind Feinde von Judäa. Timotheus hat den Juden viel Böses angetan. Im Krieg wird er zweimal von ihnen besiegt und am Ende getötet.

💡 Finde heraus, was den Juden neben ihrer Tapferkeit noch zum Sieg half.

📖 1 Makkabäer 5,6; 2 Makkabäer 10,24; **2 Makkabäer 10,28-32**

→ Makkabäer (A)

Tirhaka
König von Äthiopien (Kusch), Sohn von Pije, dem nubischen König, der als Erster Ägypten erobert

Von 689–663 v. Chr. herrscht Tirhaka als König bzw. Pharao über Ägypten und Äthiopien (früher auch Nubien, heute Sudan). Er kämpft mit Kleinfürsten gegen Assyrien, einen damaligen mächtigen Staat, und verliert den Kampf.

💡 Finde heraus, wie lange Tirhaka regierte.

📖 **2 Könige 19,9-19**; Jesaja 37,9

→ Ägypten, Äthiopien

 Tirza
ein besonders schöner Ort in der Nähe des Flusses Jordan

Heute gibt es die Stadt Tirza nicht mehr. Zur Zeit des Alten Testaments muss sie jedoch besonders schön gewesen sein, denn im Buch „Hohelied" wird die Schönheit einer Frau mit dieser Stadt verglichen. Für eine gewisse Zeit ist Tirza sogar der Regierungssitz für die Könige des Nordreiches Israel.

💡 Finde auf der Karte auf Seite 133 heraus, wo Tirza liegt.

📖 Hohelied 6,4; 1 Könige 15,21.33

→ Nordreich Israels, Jordan; siehe Karte Seite 133

 Tisbe → Tischbe

 Tisbe (A) → Tischbe (A)

 Tisch → Sonderseite Zimmer, Seite 300+301

Ist schon mal ein Haustier von dir gestorben?

Basteln

Bastle dir ein Bibel-Geschichten-Mobile

Du brauchst:
- Pappe
- Schere
- Klebeband
- Holzstäbchen
- Kordel oder ein anderer Faden

So geht's:
Male Gegenstände aus einer biblischen Geschichte auf Pappe und schneide diese aus. Binde nun einen Faden an die rechte Seite eines Holzstäbchens und einen an die linke Seite. An den Fadenenden kannst du jeweils einen weiteren Stab anknoten und weitere Fäden rechts und links festbinden. Die Bilder klebst du mit einem Streifen Klebeband an die Fäden. Und fertig ist dein Mobile.

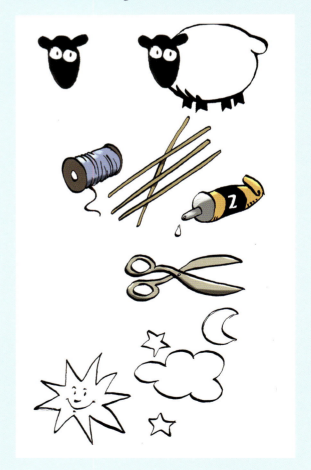

Tischbe
Heimatort des Propheten Elija

Der Prophet Elija gehört zu den bedeutendsten Männern des Alten Testaments. Sein Geburtsort ist ein kleines, unscheinbares Dorf mit Namen Tischbe. Es liegt östlich vom Jordan auf halber Strecke zwischen dem See Gennesaret und dem Toten Meer, in Gilead.

💡 Finde heraus, wie Gott Elija versorgte, als dieser sich für eine Zeit verstecken musste.

📖 1 Könige 17,1; **1 Könige 17,2-6**

→ Elija, Jordan, See Gennesaret; siehe Karte Seite 133

Tischbe (A)
Dorf in Obergaliläa, Heimatort von Tobit

Von hier wird Tobit zur Zeit des Assyrerkönigs Salmanassar nach Assyrien verschleppt.

💡 Finde heraus, welcher bekannte Prophet ebenfalls in Tischbe geboren wurde.

📖 Tobit 1,2; **1 Könige 17,1**

→ Tobit, Salmanassar, Assyrien

Titius Justus
Christ in Korinth zur Zeit von Paulus

Paulus erzählt in Korinth von Jesus und wird von den Menschen verspottet. Er geht in das Haus des Christen Titius Justus und wohnt bei ihm.

💡 Finde heraus, welcher Nationalität Titius Justus angehörte.

📖 **Apostelgeschichte 18,1-11**

→ Korinth, Paulus

Titus („der Geehrte"),
griechischer Christ, Begleiter von Paulus, erster Bischof von Kreta

Paulus schickt Titus nach Korinth, um dort bei Streitigkeiten zu vermitteln und übergibt ihm die Leitung der Gemeinde in Kreta. Titus ist der Empfänger eines drei Kapitel langen Briefes aus dem Neuen Testament, der seinen Namen trägt. Der Brief wurde ungefähr 63/64 n. Chr. von Paulus geschrieben. Er beschäftigt sich mit der Gemeindeleitung, Irrlehren, dem Verhalten der Menschen und der rettenden Liebe Gottes.

💡 Finde heraus, ob Titus sich beschneiden lassen musste, weil er Grieche war.

📖 2 Korinther 2,12-13; 2 Korinther 7,5-7; 2 Korinther 7,13-15; **Galater 2,1-4**; Titus 1-3

→ Paulus, Beschneidung, Kreta, Bischof

Tobias (A) („Gott ist gut")
Sohn von Tobit und seiner Frau Hanna aus dem Stamm Naftali

Tobit hält in der babylonischen Gefangenschaft in der Stadt Ninive Gott die Treue und ist bekannt für seine Nächstenliebe. Auch in schweren Zeiten verliert er nicht sein Gottvertrauen. Sein Sohn Tobias wird auf einer Reise von Rafael begleitet, beschützt und seiner zukünftigen Ehefrau Sara vorgestellt. Vater Tobit und Sohn Tobias werden sehr alt und haben ein von Gott gesegnetes Leben.

💡 Tobias lernt zu Beginn seiner Reise Rafael kennen. Was ist besonders an ihm?

📖 Tobit 1,9-10; **Tobit 5,5-23**

→ Tobit, Apokryphen, Naftali

Tobija
Statthalter über Ammon, erbitterter Feind von Nehemia

Tobija verbündet sich mit Sanballat, dem Statthalter von Samaria, und Geschar, dem König von Kedar, gegen Nehemia, weil dieser die Mauer von Jerusalem wieder aufbauen will.

💡 Finde heraus, welches Zimmer Tobija räumen musste.

📖 **Nehemia 13,4-9**; Nehemia 2,10.19

→ Ammoniter, Nehemia, Jerusalem

Tobit (A)
Jude aus dem Stamm Naftali, lebt mit seiner Frau Hanna um 700 v. Chr. in der babylonischen Verbannung in der Stadt Ninive

Im Buch „Tobit" wird berichtet, wie Gott das Leben der Familie des Tobit bewahrt und führt. Tobit ist ein hilfsbereiter und gesegneter Mann, der Gott auch in der Verbannung fest vertraut. Er gibt den anderen Juden in der Gefangenschaft Almosen und begräbt die vom assyrischen König getöteten Juden.

💡 Finde heraus, wo Tobit geboren wurde.

📖 **Tobit 1,1-3**

→ Tobias, Apokryphen

Tod

Was fällt dir ein, wenn du an Tod denkst?
Jule: Trauer, Friedhof, Sarg, Grab und Blumen. Wenn man stirbt, geht man durch einen schwarzen Tunnel und am Ende ist Licht. Dann kommt man in einen wunderschönen Park mit Blumen. Dort trifft man die Menschen und Tiere wieder, die gestorben sind. Und hinten im Park ist ein großer Thron und darauf sitzt Gott.
Carlotta: Traurigkeit, Angst, eine neue Welt. Nach dem Leben auf der Erde geht das Leben im Himmel bei Gott weiter.

Hast du schon mit dem Tod zu tun gehabt?
Carlotta: Unsere Haustiere sind aufgrund von Krankheit oder Alter gestorben. Da habe ich geweint. Wir haben einen kleinen Sarg aus einer Pappschachtel gemacht und die Tiere im Garten beerdigt. Wir haben eine Kerze auf das Grab gestellt.
Jule, 10 Jahre, und Carlotta, 13 Jahre

Tod

Menschen sterben. Das heißt, sie hören auf zu atmen, zu leben und sind tot. Freunde und Familienangehörige nehmen Abschied und trauern. Vom Umgang mit Verstorbenen finden wir Hinweise in biblischen Erzählungen (Umgang mit den Toten: Totenkult) genauso wie von den Gefühlen, die ihren Ausdruck, Zeit und Orte finden (Trauer, Trauerrituale, Trauergebärden: Trauerkultur). Der Tod führt zu Fragen: Warum? Warum müssen Menschen sterben? Warum lässt Gott Leid und Tod zu? Was folgt dem Tod und wohin kommen die Toten? Werden sich Tote und Lebendige wiedersehen?
Lieder, Klagen, Träume und Gebete in den biblischen Texten erzählen in Bildern von Trost, Zukunft mit Gott und der Hoffnung auf ewiges Leben. Menschen stimmen ein in den Psalm 23: „ ... in deinem Haus bleibe ich immerdar."
  Psalm 23

Umgang mit den Toten

Wenn ein Mensch stirbt, dann wird bei dem Toten Wache gehalten. Nach dem letzten Atemzug verändert sich der Körper, das braucht Zeit. Wer die Totenwache hält, der beobachtet, dass der Körper kalt wird, Leichenflecken bekommt, starr wird. Dies alles sind Zeichen für den tatsächlichen Tod.
Dem Toten wird die sogenannte letzte Ehre erwiesen. Der Leichnam (toter Körper) wird gewaschen, mit Duftstoffen (wie Aloë) in Leinenbinden gewickelt und bestattet. Dies ist so wichtig, dass Rizpa, die Frau von König Saul, mit großer Beharrlichkeit für das Recht auf die Bestattung ihrer Söhne und Enkel eintritt. Höhlen dienen als Grabstätten. In der Steppe werden die Toten mit Erde oder Steinen bedeckt, um vor wilden  Tieren geschützt zu sein. Außerdem ist der Ort dadurch als Grabstätte erkennbar.
💡 Wissenswert: Bei Aloë handelt es sich nicht um die bei uns bekannte Aloe-vera-Pflanze, sondern um den als „Aderholz" bezeichneten Aromastoff des indischen Baumes Aquilaria Agallocha.
  2 Samuel 21,10-14; Johannes 19,39-40

Trauer

Trauern ist das, was man tut, um seine Traurigkeit sichtbar zu machen. Zur Zeit der Bibel gibt es dafür übliche Handlungen, die wie Rituale sind. Trauern geschieht in aller Öffentlichkeit und gehört zum alltäglichen Leben dazu. Das sieht man auch daran, dass Kinder „Begräbnis" und „Totenklage" nachspielen. Die öffentliche Trauerzeit dauert mehrere Tage oder sogar Wochen. Das heißt aber nicht, dass die Menschen danach nicht mehr traurig sind.
  Matthäus 11,17

Trauerrituale und Trauergebärden

Die Trauer wird zum Beispiel in Klagefeiern sichtbar gemacht. Diese werden im Trauerhaus abgehalten. Das ist das Haus, in dem der tote Mensch liegt. Zur Zeit des Alten Testaments sind dies Trauerzelte. Bei der Klagefeier werden Klagelieder über den Verstorbenen gesungen. Flötenspieler sorgen für Musik. Manchmal werden Klageleute (meistens Frauen) gemietet, die mit Klageliedern den Toten betrauern. Geklagt wird auch mit lauten Schreien, Rufen, kläglichem Jammern und lautem Weinen. Trauernde Menschen tragen manchmal einen Trauerschurz. Dies ist ein Tuch, das um die Hüften geschlungen wird. Bis auf dieses Tuch ist der Mensch nackt, legt alle Kleidung und allen Schmuck ab. Menschen, die trauern, verzichten auch auf Nahrung. Als Zeichen für ihre Trauer setzen sie sich in die Asche und streuen sich Staub auf den Kopf. Sie verhüllen ihren Mund, schneiden sich die Kopfhaare ab, schlagen sich auf die Brust und zerreißen ihre Kleidung. Diese Trauergebärden verleihen der Traurigkeit eine sichtbare Form. Es wird erwähnt, dass trauernde Menschen den Trauerbecher und das Trauerbrot gereicht bekommen.

Asche

  1 Mose 23,2; 2 Samuel 1,17-27; Lukas 23,27; Matthäus 9,18-26; 1 Mose 27,41; Jesaja 25,6-9
→ Asche, Staub

Totenbeschwörer/Totenbeschwörerei
besondere Form der Wahrsagerei

Durch Menschen, die „Herr" oder „Herrin eines Totengeistes" genannt werden, werden Tote angerufen. Die Beschwörung geschieht durch das Murmeln von Zaubersprüchen in den Gräbern der Toten, die gerufen werden sollen. Die Toten werden nach zukünftigen Dingen befragt und antworten in gedämpftem, flüsterndem Ton. König Saul lässt eine Totenbeschwörerin den toten Propheten Samuel über den Ausgang eines bevorstehenden Kampfes fragen. Die Totenbeschwörerei ist den Israeliten durch Gott verboten und Totenbeschwörer sollen ausgerottet werden.
  1 Chronik 10,13; 1 Samuel 28,4-25

Tochter
weibliches Kind

Auf Hebräisch heißt Tochter „bat". Der Name Bat-seba bedeutet zum Beispiel „Tochter der Vollkommenheit". Mit Tochter wird das eigene Kind, ein Enkelkind, aber auch ein adoptiertes Mädchen bezeichnet. In der Bibel werden die Menschen, die zur selben Gemeinschaft gehören, „Söhne" und „Töchter" genannt. Wer zum Beispiel zum Volk Israel gehört, ist „Sohn" oder „Tochter" von Stammvater Abraham.

💡 Finde heraus, welche besonderen Namen Ijob seinen drei Töchtern gab.
📖 **Ijob 42,14**; Apostelgeschichte 21,8-9
→ Sohn, Familie

Tochter Zion → Jerusalem

Tod → Sonderseite Tod, Seite 274

Tola („Würmchen")
Richter, Sohn von Pua, aus dem Stamm Issachar

Bevor Könige über Land und Volk regieren, bestimmen die Richter über das Volk Israel. Sie treten immer dann in Erscheinung, wenn es besondere Herausforderungen zu bewältigen gilt. Tola gehört zu den sogenannten „Kleinen Richtern", von denen ganz wenig berichtet wird. Dreiundzwanzig Jahre lang ist es seine Aufgabe, in Streitfällen Recht zu sprechen.

💡 Finde heraus, wie der erste König hieß, der nach der Richterzeit regierte.
📖 Richter 10,1-2; **1 Samuel 10,17-27**
→ Richter, Simson

Topf → Sonderseite Küche, Seite 176+177

Töpfer → Sonderseite Handwerkliche Arbeit, Seite 110+111

Töpferacker → Blutacker

Tor → Sonderseite Stadt, Seite 254+255

Tor, Torheit
jemand, der kein Interesse an Gott und seinen Gedanken hat

Vor Torheit wird an vielen Stellen der Bibel gewarnt. Ein Tor handelt töricht, das heißt unvernünftig und unweise. Im Neuen Testament erzählt Jesus ein Gleichnis von einem törichten Mann, der sein Haus auf Sand baut. Der kluge Mann baut sein Haus auf festen Untergrund.

💡 Finde heraus, was ein Tor behauptet.
📖 **Psalm 14,1 1**; Timotheus 6,9
→ Gleichnis

Torwächter → Sonderseite Arbeit für einen Herrscher, Seite 158+159

Totenbeschwörer → Sonderseite Tod, Seite 274

Totenklage → Sonderseite Tod, Seite 274

Trankopfer → Sonderseite Opfer, Seite 210+211

Traube → Wein

Trauer
starkes Gefühl von Traurigkeit, Gegenteil von Freude

Menschen werden durch Enttäuschungen, Krankheit und Leid, Verlust und Versagen traurig. Zur Zeit der Bibel drücken Menschen ihre Trauer dadurch aus, dass sie ihre Kleidung zerreißen, sich Asche oder Staub auf den Kopf streuen oder ihre Trauer und ihre Klage herausschreien. Wer mit seiner Trauer zu Gott kommt, kann erleben, dass aus der Trauer wieder Freude wird.

💡 Finde heraus, wie Hanna mit ihrer Trauer umging.
📖 **1 Samuel 1,1-10**; Nehemia 8, 1-12
→ Tod

> Was hilft dir, wenn du sehr traurig bist?

Trauerhaus → Sonderseite Tod, Seite 274

Trauerschurz → Sonderseite Tod, Seite 274

Trauerzeit → Sonderseite Tod, Seite 274

Traum
phantasievolle Geschichten aus Gedanken und Gefühlen, die im Schlaf erlebt werden

Menschen sehen und hören in einem Traum Dinge, die nicht tatsächlich stattfinden. In der Bibel wird aber von Menschen berichtet, denen Gott seine Gedanken durch einen Traum mitteilt. Die Träume von Josef im Alten Testament dienen dazu, die Menschen in Ägypten und Israel am Leben zu erhalten. Nebukadnezzar und Daniel erfahren durch Träume Gottes Willen.

💡 Finde heraus, warum Josef den Traum des Pharao deuten konnte.
📖 **1 Mose 41,1-36**; 1 Mose 37,1-11; Daniel 2,1-3.19-23
→ Vision

Treue – Unbefleckt

Treue
wichtige menschliche Eigenschaft, Frucht des Heiligen Geistes, Eigenschaft Gottes

Treue bezeichnet eine innere Haltung. Wer treu ist, hält seine Zusage ein oder erfüllt sein Versprechen. Wer treu ist, ist zuverlässig. Er tut in kleinen wie in großen Dingen, was er zugesagt hat. Treue ist die Grundlage für Glaube und Vertrauen. Gott selber ist treu. Daher ist auf ihn absolut Verlass. Christen werden aufgefordert, treu zu sein in allen Dingen.

Rate mal: Wen sucht Gott? a. treue Versicherer b. treue Verwalter c. treue Verkäufer d. treue Vertreter

Lukas 12,42; Lukas 16,10; Galater 5,22; Offenbarung 2,10

→ Wahrheit, Gerechtigkeit, Glaube, Vertrauen

Troas
auch Alexandria Troas, wichtige Hafenstadt am Mittelmeer, römische Ansiedlung, ca. 30 km südlich des antiken Troja, in der heutigen Türkei

Paulus kommt auf seiner zweiten und dritten Missionsreise durch Troas. Hier sieht er in einer Vision einen Mann, der ihn bittet, nach Mazedonien zu kommen. Paulus fährt daraufhin nach Philippi. So wird Troas ein wichtiger Ausgangspunkt für die Verbreitung des Evangeliums in Europa.

Finde heraus, welches Unglück bei einer Predigt von Paulus in Troas passierte.

Apostelgeschichte 20,5-12; Apostelgeschichte 16,9-12; 2 Korinther 2,12; 2 Timotheus 4,13

→ Eutychus, Paulus, Philippi, Vision; siehe Karte Seite 306

Blick auf Troas heute

Trommel → Sonderseite Instrumente und Musik, Seite 126+127

Trophimus („ernährt", „aufgezogen")
stammt aus Ephesus und kommt wahrscheinlich durch Paulus zum christlichen Glauben

Trophimus begleitet Paulus nach Jerusalem. Einige Juden sehen Paulus im Tempel und verdächtigen ihn, auch Trophimus mit hinein genommen zu haben. Weil Trophimus kein Jude ist, wäre dies verboten gewesen. Paulus wird festgenommen. Später ist Trophimus noch einmal Begleiter von Paulus.

Finde heraus, warum Paulus Trophimus in Milet zurücklassen musste.

2 Timotheus 4,20; Apostelgeschichte 20,4; Apostelgeschichte 21,27-30

→ Paulus, Ephesus, Jerusalem, Milet

Trost
mitfühlende Worte und liebevolle Zuwendungen, die bei Traurigkeit helfen

Menschen, die traurig sind und leiden, brauchen Ermutigung und Hilfe, damit sie ihre Situation ertragen können. Im Alten Testament macht der Prophet Jesaja dem Volk Israel deutlich, dass nur Gott echten und vollkommenen Trost schenken kann. Im Neuen Testament darf der greise und gottesfürchtige Simeon den „Trost Israels" (Rettung Israels) sehen: das Baby Jesus.

Wissenswert: Auch der Heilige Geist wird als Tröster bezeichnet.

Johannes 14,16.26; Jesaja 66,13; 2 Korinther 1,3-7; Lukas 2,25

→ Erlöser, Heiliger Geist

Trübsal
notvolle Bedrängnis, leidvolle Erlebnisse

Bedrängnisse wie Krankheit, Armut, Verfolgung, Spott, Traurigkeit und Furcht sind Nöte, die einen Menschen einengen und erkennen lassen, dass er nicht alles im Leben selbst bestimmen kann. Im Alten Testament wird beschrieben, dass Trübsal eine Folge von Sünde sein kann. Weil Adam und Eva nicht auf Gott hören, haben sie Mühe und Schmerzen. Im Neuen Testament schreibt Paulus davon, dass Trübsal den Glauben an Gott auf die Probe stellen kann.

Finde heraus, was Gott einmal mit der Trübsal machen wird.

Römer 5,3; Römer 12,12; 2 Korinther 4,17-18; **Offenbarung 7,13-17**

→ Sünde, Bekehrung, Glaube, Gericht, Gerechtigkeit

Trunken, Trunkenheit
Rauschzustand durch Alkohol

Ein Betrunkener benimmt sich unordentlich und ungehorsam, redet undeutlich und unsinnig. Vor diesem Verhalten warnt die Bibel. Trunkenheit ist auch eine Beschreibung für gottlose Menschen, die sich stark fühlen

und doch schwach und hilfsbedürftig sind. Trunkenheit wird Götzendienst und Diebstahl gleichgesetzt.
💡 Finde heraus, wie Noach sich und seine Söhne nach dem Genuss von zu viel Wein in eine peinliche Situation brachte.
📖 **1 Mose 9,18-27**; Sprichwörter 23,20-21; Sprichwörter 23,29-35; Galater 5,18-21; 1 Petrus 4,3
→ Wein

 Tryphon (A) („Luxus")
König im Reich der Seleukiden
Weil er selbst König werden will, tötet Tryphon den jungen König Antiochus VI. Dionysus. Vorher lässt er den Juden Jonatan umbringen. Später wird Tryphon von Antiochus VII. Sidetes und Simeon angegriffen. Deshalb muss er fliehen.
💡 Finde heraus, wie Tryphon entkam.
📖 1 Makkabäer 12,39; 1 Makkabäer 13,23.31; **1 Makkabäer 15,37**
→ Antiochus VI. Dionysus (A), Antiochus VII. Sidetes (A), Jonatan (A), Simeon (A)

 Tuchmacher → Sonderseite Handwerkliche Arbeit, Seite 110+111

 Tugend
gutes, vorbildliches Benehmen
Das Denken und Handeln eines Christen soll so sein, dass es Gottes Güte widerspiegelt. Das geschieht nicht aus eigener Kraft, sondern indem Christen ihr Vertrauen auf Gott setzen und nach Gottes Wort leben. So ein Mensch wird tüchtig (tugendsam) genannt.
💡 Finde heraus, welche Frau in der Bibel tugendsam genannt wurde.
📖 Galater 5,22-23a; Epheser 4,1-3; Kolosser 3,12-14; **Rut 3,11**; 2 Korinther 3,5-6; Philipper 4,8; 2 Petrus 1,5-7

 Tür → Sonderseite Stadt, Seite 254+255

 Turm → Sonderseite Stadt, Seite 254+255

 Turm von Babel
mächtiges Bauwerk in einer der ersten Städte der Menschheit
Die Menschen in der frühen Zeit der Bibel beschließen, einen hohen Turm zu bauen, um zu zeigen, wie großartig sie sind. Gott gefällt die Angeberei nicht. Er gibt den Menschen unterschiedliche Sprachen, sodass sie sich nicht mehr verstehen können. Sie müssen den Bau des Turms aufgeben und verteilen sich in alle Länder der Erde.
💡 Wissenswert: „Babel" kann mit „verwirren" übersetzt werden.
📖 1 Mose 11,1-9
→ Babel

Turm von Babel

 Tychikus („glücklich, Glückskind")
Reisebegleiter von Apostel Paulus, stammt aus der Provinz Asien
Tychikus begleitet Paulus auf seiner dritten Missionsreise von Mazedonien nach Troas und gründet mit ihm Christengemeinden. Später bekommt er die Aufgabe, zur Gemeinde in die Stadt Ephesus zu gehen.
💡 Finde heraus, wohin Tychikus noch reiste und dabei Briefe von Paulus aus Rom überbrachte.
📖 Apostelgeschichte 20,4-7; **Epheser 6,21-22**; **Kolosser 4,7-8**; 2 Timotheus 4,12
→ Paulus, Asien, Ephesus

 Tyrus („Fels")
zur Zeit der Bibel wichtige Handelsstadt in Phönizien am Mittelmeer, heute Sur im Libanon
König David ist ebenso wie sein Sohn Salomo gut mit König Hiram von Tyrus befreundet. Der Prophet Ezechiël sagt den Untergang der Stadt als Strafe Gottes voraus. Jesus hält sich eine Zeit lang in der wiedererrichteten Stadt auf und heilt dort ein Mädchen.
💡 Finde heraus, warum Gott die Stadt Tyrus zerstörte.
📖 2 Samuel 5,10-11; 1 Könige 5,15-26; **Ezechiël 26,1-21**; Matthäus 15,21-28
→ Sidon, Hiram; siehe Karte Seite 133

 Unbefleckt → Reinheit

Unglück – Verführung

Unglück
jemandem passiert etwas Schlimmes

Wenn plötzlich etwas Schlimmes geschieht, spricht man von einem Unglück. In der Bibel steht „Unglück" aber auch für eine Situation, die sich über einen längeren Zeitraum erstreckt. So bedeutet es beispielsweise für eine Frau ein großes Unglück, kinderlos zu sein. Ein Unglück kann von Menschen verursacht sein oder durch Gott bewirkt werden.

💡 Finde heraus, wie Gott der unglücklichen Hanna half.
📖 1 Mose 18,1-15; **1 Samuel 1,1-20**; Ijob 1,6-19; Ijob 2,1-13
→ Hanna, Segen

Unkraut → Distel

Unreinheit → Reinheit

Unschuld, Unschuldig → Schuld

Untergewand → Sonderseite Kleidung, Seite 164+165

Unterricht → Erziehung

Unzucht → Zucht

Ur
Heimatstadt von Abram (später „Abraham"), zur Zeit der Bibel im Land Sumer/Mesopotamien; heute Tell el-Muqejjir im Irak nah am Fluss Eufrat

Abram stammt aus Ur. Sein Vater Terach siedelt bereits mit der Familie von Ur nach Haran um. Gott fordert Abram auf, von Haran in das Land Kanaan zu ziehen.

💡 Wissenswert: Ur ist heute eine bedeutende Ausgrabungsstätte.
📖 1 Mose 11,27-32; 1 Mose 12,1-9
→ Abraham, Haran; siehe Karte Seite 7

 Uria → Urija

 Urija („mein Licht ist der Herr")
Soldat im Heer von König David, Mann von Batseba

König David verliebt sich in Batseba und will sie zur Frau. Weil sie bereits mit Urija verheiratet ist, sorgt König David für den Tod von Urija und heiratet Batseba anschließend. Als Strafe für dieses Handeln lässt Gott den ersten Sohn der beiden sterben.

💡 Finde heraus, mit welchem gemeinen Plan David für den Tod von Urija sorgt.
📖 **2 Samuel 11,14-27**
→ David, Batseba

 Usa (Kurzform von Usija, „der Herr ist eine Kraft")
Sohn von Abinadab

Usa lenkt den Karren, mit dem König David die kostbare Bundeslade mit den Zehn Geboten in die Hauptstadt Jerusalem bringen lässt. Als der Wagen umzustürzen droht, hält Usa die Bundeslade fest. Weil kein Mensch die Bundeslade berühren darf, muss Usa sterben.

💡 Finde heraus, wie König David auf diesen Vorfall reagierte. Wie hättest du reagiert?
📖 2 Samuel 6,3-10
→ Bundeslade, David

 Usija → Asarja

 Usija (A) („meine Kraft ist der Herr")
Stadtoberst von Betulia und Sohn von Micha

Als die Stadt vom assyrischen Heer belagert und die Wasserversorgung abgeschnitten wird, wollen die Israeliten die Stadt kampflos übergeben. Der Stadtoberste Usija will weitere fünf Tage auf Gottes Hilfe warten. Durch Judit lernt er, auf Gottes Hilfe zu vertrauen.

💡 Finde heraus, was Usija Judit und ihrer Magd für die Begegnung mit Holofernes wünschte.
📖 Judit 6,10; Judit 8,8-24; **Judit 10,7-10**
→ Betulia (A), Judit (A), Holofernes (A), Assyrer

 Vater → Familie

 Vaterunser → Sonderseite Gebet, Seite 88+89

Meine persönlichen Erfahrungen mit dem Vaterunser:
Wenn ich das Vaterunser im Gottesdienst mit anderen zusammen bete, erschrecke ich manchmal. Ich spreche die Worte, aber meine Gedanken sind woanders. Darum bete ich immer wieder nur einen Satz aus dem Vaterunser. Dieser Satz öffnet eine große Tür, und dahinter sehe ich eine lange Straße, auf der ich weiterbeten kann. Jesus legt mir mit dem Vaterunser Worte in den Mund, die ich von mir aus gar nicht beten würde. Jesus zeigt mir damit, was wirklich wichtig für uns ist. Jesus hat auch dafür gesorgt, dass unser Beten nicht ohne Folgen bleibt. Ich darf dafür beten, dass der Vater im Himmel mir meine Schuld vergibt. Aber ich soll von dem Geschenk der Vergebung dann auch an die Menschen etwas weitergeben, die an mir schuldig geworden sind. Das ist spannend.
Ulrich Parzany, ehemaliger Leiter des CVJM

 Verbannung
auch Exil, Wegführen von Gefangenen in das Land des Siegers

Wird ein Krieg gewonnen, fällt das Land des Besiegten an den Sieger. Um die Bevölkerung besser kontrollieren zu können, werden größere Gruppen weggeführt. Teile des Volkes Israel müssen z. B. im Jahr 722 v. Chr. die Reise in die Verbannung (Exil) antreten, als das Nordreich von den

Unglück – Verführung

Assyrern erobert wird. Besonders einschneidend sind in der Geschichte des Volkes Israel die Jahre 597 und 587 v. Chr. In diesen Jahren werden das Land Juda und die Stadt Jerusalem von den Babyloniern erobert. Sie bringen Teile der Bevölkerung (Handwerker, Priester, Königsfamilie) nach Babylon. Diese Zeit wird das „Babylonische Exil" genannt, es dauert rund 70 Jahre.

Wissenswert: Das Buch Daniel erzählt von Ereignissen aus dieser Zeit der Verbannung.

2 Könige 24,8-20; **Daniel 6,1-29**
→ Babylon, Daniel, Nebukadnezzar

Verbot
Anweisung von Gott, die ausdrückt, was Menschen nicht tun sollen; Gegenteil von Erlaubnis

Ein biblisches Verbot hilft, ein Leben zu führen, wie Gott es sich vorstellt. Wer Gottes Gebote übertritt, muss die angekündigten Folgen tragen. Im Garten Eden dürfen Adam und Eva so leben, wie es ihnen gefällt. Sie dürfen essen, was ihnen schmeckt, und gehen, wohin sie wollen. Gott gibt ihnen nur ein einziges Verbot: Sie dürfen nicht vom Baum der Erkenntnis des Guten und Bösen essen. Weil Adam und Eva dieses Verbot Gottes missachten und eine Frucht vom Baum essen, müssen sie das Paradies für immer verlassen.

Finde heraus, ob die verbotene Frucht ein Apfel war.

1 Mose 2,16-17; **1 Mose 3,6**
→ Gebot, Zehn Gebote

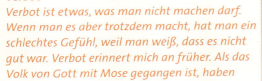

Verbot
Verbot ist etwas, was man nicht machen darf. Wenn man es aber trotzdem macht, hat man ein schlechtes Gefühl, weil man weiß, dass es nicht gut war. Verbot erinnert mich an früher. Als das Volk von Gott mit Mose gegangen ist, haben die nämlich auch verbotene Sachen gemacht. Sie haben ein Kalb gebaut und angebetet. Manche haben sich nicht auf Gott verlassen und so viel Manna gesammelt, dass es für eine Woche reicht. **Leonie, 10 Jahre**

Verdammnis
Ort der ewigen Strafe und Verlorenheit, auch Verderben

Im Neuen Testament ist mehrmals davon die Rede, dass zu einem von Gott festgesetzten Zeitpunkt die Welt, wie wir sie kennen, ein Ende findet. Dann wird Gott in einem Gericht darüber entscheiden, wer zu ihm gehört und wer nicht. Ausschlaggebend wird dabei sein, wie die Haltung zu Jesus Christus ist. Der Ort, an dem die Menschen sein werden, die von Gott und Jesus Christus nichts wissen wollten, wird Verdammnis genannt. Die Bibel schildert ihn als einen Ort der ewigen Strafe und Verlorenheit.

Wissenswert: Jesus ist es besonders wichtig, dass niemand die Kinder vom Glauben an ihn abbringt.

Markus 9,42; Markus 13; Markus 16,16; Matthäus 7,13; Römer 8,1; Jakobus 4,12
→ Himmel, Hölle, Gericht, A und O

Verderben
ein Schaden, der über jemanden kommt oder den jemand hervorbringt

Im Alten und im Neuen Testament wird dieser Begriff unterschiedlich verwandt. Im Alten Testament meint er schlimme Folgen für falsches Handeln. Wenn jemand etwas tut, was gegen Gott ist, dann ruft das Verderben hervor. Im Neuen Testament meint er einen Vorgang: Wie Speisen durch falschen Umgang schlecht werden, so werden Menschen durch falsche Freunde verdorben.

Wissenswert: Das Sprichwort „Schlechter Umgang verdirbt gute Sitten" kommt aus der Bibel.

5 Mose 30,1; Johannes 10,10; **1 Korinther 15,33**
→ Unglück, Verdammnis

Verfolgung
jemand wird gejagt

Wer verfolgt wird, steht in der Gefahr, gefangen genommen zu werden oder sogar sein Leben zu verlieren. So verfolgt z. B. König Saul seinen Heerführer David, weil er befürchtet, dass David ihm den Königsthron streitig machen will. Im Neuen Testament wird berichtet, dass die ersten Christen wegen ihres Glaubens verfolgt werden.

Wissenswert: Einer der bekanntesten Christenverfolger war ein Mann mit Namen Saulus. Finde heraus, was aus ihm wurde.

1 Samuel 24,1-22; **Apostelgeschichte 9,1-19a**; Apostelgeschichte 14,22
→ Glaube, Saul, Trübsal

Verführung
jemanden von Gott abbringen

Menschen stehen immer in der Gefahr, etwas zu tun, was Gott nicht möchte. Davon wird gleich zu Anfang in der Bibel berichtet: Der Mensch wird dazu verführt, gegen Gottes Willen zu handeln. Verführung kann aus dem Innern eines Menschen kommen oder von außen. Wer der Verführung zum Bösen nachgibt, erlebt, wie ihn das von Gott trennt. Aber auch Beziehungen zwischen Menschen gehen durch Verführung kaputt.

Finde heraus, wie Josef reagierte, als er verführt werden soll, das Falsche zu tun.

1 Mose 3,1-6; **1 Mose 39,1-12**
→ Versuchung, Versöhnung

> Bist du schon einmal zu etwas überredet worden, was du eigentlich nicht wolltest?

Vergebung – Versuchung

abc Vergebung
Befreiung von Schuld
Wann immer der Mensch etwas tut, was Gottes Willen nicht entspricht, lädt er Schuld auf sich. Von dieser Schuld kann er sich nicht selbst befreien. Es ist die Botschaft des Neuen Testaments, dass Jesus Christus in diese Welt gekommen ist, um Vergebung möglich zu machen. Gott nimmt allen Menschen ihre Schuld weg, wenn sie ihn darum bitten. Deshalb können sich die Menschen auch gegenseitig vergeben, wenn sie aneinander schuldig werden.

Wissenswert: Die Bitte um Vergebung gehört zum wichtigsten Gebet, das Jesus seine Jünger gelehrt hat.

Sprichwörter 28,13; **Matthäus 6,12**; 1 Johannes 1,9

→ Sünde, Schuld, Versöhnung, Gnade

abc Verheißung
eine Zusage oder ein Versprechen, das Gott gibt
Die Bibel steckt voller Versprechen, die Gott gibt. Er sagt dem Menschen zu, ihm zu helfen, beizustehen und ihn nicht zu verlassen. Manche dieser Versprechen gelten bestimmten Personen in besonderen Situationen. Andere sind für alle Menschen gedacht. Manchmal sind Verheißungen an bestimmte Bedingungen geknüpft. So verspricht Gott den Menschen aus dem Volk Israel z. B., dass er sie segnen wird, wenn sie sich an seine Gebote halten. Gott sagt den Menschen zur Zeit des Alten Testaments zu, dass er einmal einen Retter schicken wird, der Gottes Herrschaft in dieser Welt sichtbar aufbauen wird. Die Christen sehen diese Zusage Gottes darin erfüllt, dass Jesus Christus in diese Welt gekommen ist. Er hat als Sohn Gottes den Menschen gezeigt, wer Gott ist. Alle, die an ihn glauben, können in Frieden mit Gott leben – jetzt und in alle Ewigkeit.

Finde heraus, welche wichtige Verheißung Jesus seinen Jüngern gegeben hat.

1 Mose 8,22; 1 Mose 18,10; 3 Mose 26,1-13; Jesaja 9,1-6; **Matthäus 28,20**

→ Sohn Gottes, Jesus

abc Verhör
Befragung von Kläger, Angeklagtem und Zeugen
Nachdem Jesus im Garten Getsemani festgenommen worden ist, muss er sich einem Verhör durch den Obersten Priester unterziehen. Die Vorwürfe gegen ihn sind nicht gerechtfertigt. Aber Jesus wird das Wort im Mund herumgedreht und er wird zu Unrecht verurteilt.

Finde heraus, zu welchem Urteil der römische Statthalter Pontius Pilatus zuerst kam.

Matthäus 26,59-66; **Lukas 23,13-25**

→ Oberster Priester, Getsemani, Pilatus, Barabbas

abc Verklärung
Jesus zeigt sich in seiner göttlichen Herrlichkeit
Jesus ist ganz Mensch und ganz Gott. Das zeigt sich besonders in einem Ereignis, das in den Evangelien von Matthäus, Markus und Lukas berichtet wird. Jesus geht mit den drei Jüngern Petrus, Johannes und Jakobus auf einen Berg. Dort verwandelt sich sein Aussehen. Helles Licht umgibt ihn und er erscheint weiß gekleidet. Dieses Ereignis wird „Verklärung" genannt. Es erinnert an die Worte aus dem Buch des Propheten Daniel im Alten Testament. Dort schildert er, wie es sein wird, wenn Gott am Ende der Zeit sein Reich aufrichtet.

Wissenswert: Petrus erzählte später in einem Brief von diesem Erlebnis.

Daniel 12,3; Matthäus 17,1-9; Markus 9,2-10; Lukas 9,28-36; **2 Petrus 1,17-18**

→ Herrlichkeit, Jünger

abc Verleugnen
so tun, als ob man jemanden nicht kennt
Freunde stehen zueinander – besonders dann, wenn es schwierig wird. Jesus muss erleben, wie einer seiner besten Freunde so tut, als ob er ihn nicht kennt. Während Jesus von den Römern gefangen genommen und verhört wird, behauptete sein Freund Petrus aus Angst, ihn nicht zu kennen: Er „verleugnet" Jesus.

Wissenswert: Jesus gab Petrus trotz dieses Ereignisses später einen großen Auftrag.

Lukas 22,54-62; **Johannes 21,15-17**

→ Petrus, Hahn

abc Verleumden
eine Lüge über jemanden erzählen
Manche Menschen versuchen, anderen zu schaden, indem sie Unwahrheiten über sie erzählen. Meist geschieht das heimlich und der andere kann sich nicht wehren. Auch Jesus und seine Jünger müssen das erleben.

Wissenswert: Paulus wäre wegen einer Falschaussage fast getötet worden.

Markus 14,53-59; **Apostelgeschichte 19,23-40**

→ Lüge

Verlobung, Verlobte
verbindliches Versprechen an einen anderen Menschen, ihn zu heiraten; Personen, die sich dieses Versprechen gegeben haben
Wenn ein Bräutigam oder dessen Vater dem Vater der zukünftigen Ehefrau den Brautpreis bezahlt, gelten der Mann und die Frau als verlobt. Verlobte dürfen noch nicht miteinander schlafen. Der Brautpreis besteht zum Beispiel aus Geld, Tieren oder Arbeit wie bei Jakob.

? Rate mal: Wie hieß der Verlobte von Maria, der Mutter von Jesus? a. Mose b. Jakob c. Josef

1 Mose 19,14; 1 Mose 29,18; 1 Mose 34,12; 5 Mose 22,28-29; **Lukas 1,27**

→ Jakob

Vergebung – Versuchung

abc Vernunft
sie gehört zum Wesen von Gott und Mensch

Vernunft und Verstand ermöglichen das Verstehen. Ihnen gegenüber stehen sinnliche Erfahrungen wie z. B. Fühlen. Vernunft und Verstand sind von Gott geschenkt. Durch sie kann der Mensch z. B. etwas Besonderes bauen. Wer vernünftig denkt, kann gut oder gerecht urteilen. Besonders wichtig sind Vernunft und Verstand, weil der Mensch durch sie Gottes Handeln und Liebe erkennen kann. Darin sind ihm aber auch Grenzen gesetzt, denn niemand kann Gott ganz verstehen. Er ist größer als alles, was der Mensch sich vorstellen kann.

💡 Finde heraus, worum Salomo Gott bat, als er König wurde.

📖 Jesaja 55,8-9; 2 Mose 31,1-5; **1 Könige 3,1-15**; Psalm 139,1-6; Philipper 4,7

→ Erkenntnis, Liebe, Sinne, Weisheit

abc Versöhnung
Ende von Feindschaft und Beginn eines Lebens in Frieden

Die Beziehung zwischen Gott und Mensch ist durch Schuld belastet. Durch sie wird der Mensch zum Feind von Gott. Und doch sehnt sich Gott danach, eine enge Beziehung zu jedem Menschen zu haben. Deshalb hat er durch seinen Sohn Jesus dafür gesorgt, dass jeder Mensch in Frieden mit ihm leben kann. Um diesen Frieden zu schaffen, ist Jesus am Kreuz gestorben und vom Tod auferstanden. Durch Jesus Christus macht Gott jedem Menschen ein Versöhnungsangebot.

💡 Denk mal! Wie versöhnst du dich mit jemandem, mit dem du Streit hast?

📖 Römer 5,10-11; 2 Korinther 5,17-20; Kolosser 1,20

→ Vergebung, Schuld, Versöhnungstag

Wie geht Versöhnung?
Wenn du Streit mit deiner Freundin/deinem Freund hast, sind die folgenden Tipps hilfreich, damit ihr den Streit beenden und euch wieder versöhnen könnt.

Streit ist nicht schlimm. Er gehört auch zu einer Freundschaft. Am einfachsten ist es, einen Streit zu beenden, wenn dir leid tut, was geschehen ist.

Damit Versöhnung gelingt, ist es wichtig, dass du bereit bist, deinen Anteil am Streit einzugestehen und deiner Freundin/deinem Freund zu vergeben.

Es ist nicht wichtig, wer einen Streit zuerst angefangen hat. Es ist wichtig, wer einen Streit zuerst beendet.

Es ist nicht gut, wenn ihr euch Vorwürfe macht. Es ist gut, wenn ihr über den Streit sprecht, euren Teil eingesteht und sagt, was euch verletzt hat. Versprecht euch, dass es nun wieder gut ist.

Damit Versöhnung anhält, soll der Streit ganz und gar vergessen werden.

Versöhnungstag
→ Sonderseite Biblische Feste, Seite 76+77

abc Verstockung
ein Zustand, in dem jemand Gott und seinen Willen vollständig ablehnt; auch Starrsinn

Im Alten Testament wird z. B. der Pharao als verstockt bezeichnet. Er will verhindern, dass Gott sein Volk aus Ägypten befreit. Auch Jesus erlebt, wie sich Leute gegenüber seiner Botschaft verschließen. Wenn Menschen Gott so ablehnen, lässt er es zu, dass die Herzen der Menschen hart bleiben.

💡 Finde heraus, wie verstockte Menschen für Gottes Wort doch wieder offen werden können.

📖 2 Mose 7–11; Markus 4,12; **Römer 11,25-27**

→ Auszug, Pharao, Prophet, Israel, Volk Gottes

abc Verstoßen
Ende von Beziehung und Ausschluss von Gemeinschaft

Einige biblische Erzählungen berichten, wie Beziehungen zerbrechen: Eltern streiten mit ihren Kindern, Geschwister geraten aneinander oder Ehepartner trennen sich. Wenn der Stärkere den Schwächeren „verstößt", stößt er ihn sozusagen von sich weg. Damit drückt er aus: Mit dem will ich nichts mehr zu tun haben. Manchmal muss auch Gott Menschen verstoßen, weil sie z. B. etwas Schlimmes getan haben und das nicht einsehen wollen.

💡 Finde heraus, bei wem David Trost fand, als er sich wie ein Verstoßener fühlte.

📖 1 Samuel 16,1; 2 Könige 17,20; **Psalm 27,9-10**

→ Versöhnung, Verwerfen

abc Versuchung
der Glaube an Gott wird auf die Probe gestellt

Vieles kann den Glauben auf die Probe stellen und einen Menschen von Gott abbringen. Versuchung kann von innen kommen, z. B. aus dem Zweifel daran, dass Gott da ist und den Menschen liebt. Versuchung kann aber auch von außen kommen. Der Satan als der Gegenspieler Gottes möchte die Menschen von Gott wegtreiben. Wer Versuchung erlebt, kann z. B. beten, Bibel lesen oder auch das Gespräch mit anderen Christen suchen und dadurch Hilfe erfahren.

💡 Finde heraus, welche Versuchung Jesus erlebt hat.

📖 **Matthäus 4,1-11**

→ Sünde, Verführung, Versöhnung

> Hat schon mal jemand eine Lüge über dich erzählt?

Vertrauen — Vulgata

Vertrauen
bedeutet, sich auf jemanden ohne Einschränkung zu verlassen

Menschen vertrauen anderen Menschen. Im Glauben vertrauen Menschen Gott und seinem Sohn Jesus Christus. Im Alten und Neuen Testament wird dieses Vertrauen als das tragende Fundament fürs Leben beschrieben. Wer dagegen sich selbst oder z. B. seinem Reichtum vertraut, muss damit rechnen, enttäuscht zu werden. Gott verspricht, dass Menschen sich auf seine Zusagen verlassen können.

Wissenswert: Die drei Freunde von Daniel vertrauten ganz besonders fest auf Gott und erlebten dabei Außergewöhnliches.

Daniel 3; Markus 10,17-27; 2 Korinther 1,8-11
→ Glaube, Jesus

Vertrauen
Vertrauen ist, wenn man sich auf jemanden verlassen kann und diese Person hält, was sie verspricht. Es dauert ein bisschen, bis ich weiß, ob ich jemandem vertrauen kann oder nicht. Als ich etwas in der Schule vergessen hatte, hat mein Freund Denis mir versprochen, auf mich zu warten. Als ich zurückkam, war er noch da und ich weiß deshalb, dass ich ihm vertrauen kann. Am meisten vertraue ich meinen Eltern und meinen besten Freunden. **Henri, 8 Jahre**

Verurteilen → Verdammnis

Verwalter → Sonderseite Arbeit für einen Herrscher, Seite 158+159

Verwerfen
etwas verachten, was wertvoll ist; mit jemandem nichts mehr zu tun haben wollen, auch verstoßen

Die Menschen stehen immer wieder in der Gefahr, das Gute, das Gott möchte, zu verachten. Manchmal führt dieser Entschluss dazu, dass auch Gott Menschen verwirft. König Saul z. B. widersetzt sich nach einem großen Sieg Gottes Willen. Er verwirft das Wort Gottes, das er zuvor durch den Propheten Samuel gehört hatte. Die Folge ist, dass auch Gott Saul verwerfen muss.

Rate mal: Was kann Gott aus einem Stein machen, den die Bauleute verworfen haben?

1 Samuel 15,13-23; Psalm 51,12-14; Psalm 66,20; **Matthäus 21,42**
→ Prophet, Samuel, Saul

Verzagen
das Gefühl, vor lauter Angst nicht mehr zu wissen, was zu tun ist

Verzagt zu sein bedeutet, voller Angst und Unsicherheit zu sein. Es gibt viele Situationen, die dieses Gefühl hervorrufen können. Gott fordert die Menschen immer wieder dazu auf, ihm zu vertrauen und nicht verzagt zu sein. Das gilt z. B. auch für Josua. Er bekommt als Nachfolger von Mose den Auftrag, das Volk Israel ins versprochene Land zu führen – eine große Aufgabe.

Finde heraus, wie Gott Josua bei seiner großen Aufgabe half.

5 Mose 20,8; **Josua 1,1-9**; 2 Korinther 4,8
→ Josua, Mose

Vieh
Lebensgrundlage, liefert Nahrung und Felle; hilft beim Ackerbau und Lastentransport

Zur Zeit der Bibel haben viele Familien Tiere: Kühe, Rinder, Schafe, Ziegen, Tauben, Hühner und Esel. Abraham, Isaak und Jakob kommen durch ihre Viehherden zu großem Reichtum. Oft lebt das Vieh mit den Menschen unter einem Dach.

Finde heraus, mit welcher List Jakob eine große Herde bekam.

1 Mose 13,1-6; **1 Mose 30,25-43**
→ Jakob, Abraham

Viehzüchter → Sonderseite Arbeit auf dem Land, Seite 11

Vision
eine Art Traum, ein Blick in die Zukunft, kommt von Gott

In den meisten Fällen sind es Propheten in der Bibel, denen Gott durch eine Vision zeigt, was er geschehen lassen wird. Johannes sieht in einer Vision, was am Ende der Zeit mit der Welt geschehen wird und wie es im Himmel bei Gott sein wird. Dies schreibt er im Buch Offenbarung auf.

Finde heraus, mit welcher Vision Gott durch den Propheten Jeremia Strafe für das Volk Israel ankündigte.

Jeremia 1,13-16; Offenbarung 21,1-4
→ Prophet, Offenbarung, Daniel

Vogel
Tier der Luft, am fünften Tag der Schöpfung von Gott geschaffen

In der Bibel werden zum Beispiel folgende fliegende Tiere genannt: Adler, Geier, Eulen, Krähen, Strauße, Schwalben, Möwen, Störche, Reiher, Wiedehopfe, Fledermäuse, Wachteln und Sperlinge. Vögel werden mit Schlingen und Netzen gefangen und als Haustiere gehalten. Auf der Wanderung durch die Wüste ernähren sich die Israeliten auch von Wachteln. Jesus erwähnt Vögel in mehreren Gleichnissen, so im Gleichnis von der Aussaat.

Finde heraus, welche gute Regel beim Vogelfang galt.

1 Mose 1,20-23; 2 Mose 16,1-14; **5 Mose 22,6-7**; Ijob 40,29; Matthäus 13,3b-9
→ Gleichnis, Wüstenwanderung

Vertrauen – Vulgata

Tristamstar

 Volk Gottes → Israeliten

 Volkszählung → Schätzung

 Vollendung
endgültige und fehlerlose Fertigstellung einer Sache

Gott hat die Welt erschaffen, um mit den Menschen in perfekter Gemeinschaft zu leben. Doch die ersten Menschen haben sich für ein Leben ohne Gott entschieden. Traurigkeit, Tränen, Krankheit, Streit, Krieg, Leid und Tod gehören seitdem zum Leben dazu. Wenn Jesus wiederkommt, wird es einen neuen Himmel und eine neue Erde geben. Gott wird seinen Plan vollenden und für immer mit den Menschen, die zu ihm gehören, in perfekter Gemeinschaft leben.

Finde heraus, was es dann nicht mehr geben wird.
Matthäus 24,29-31; 2 Petrus 3,10-13; **Offenbarung 21,4**
→ Schöpfung, Jesus, Sündenfall

Vollkommenheit
etwas, das komplett fertig und ohne Fehler ist; alles, was von Gott kommt

Gott hat die Welt und die Menschen perfekt geschaffen. Doch die ersten Menschen haben sich für ein Leben ohne Gott entschieden. Seitdem sind die Welt und die Menschen fehlerhaft und unvollkommen. Weil Jesus stirbt und aufersteht, können Menschen in Gottes Augen wieder vollkommen sein. Endgültig vollkommen werden die Welt und die Menschen, die zu Gott gehören, wenn Gott den Himmel und die Erde neu machen wird.

Finde heraus, was der Liederdichter David für vollkommen hielt.
1 Mose 1,27.31; Hebräer 7,26-28; **Psalm 19,8**; Philipper 2,12-16
→ Vollendung, Schöpfung, Jesus, Sündenfall

Vollmacht
Gottes Macht, die durch einen Menschen wirkt

Wenn Gott durch einen Menschen wirkt, dann ist das für die Menschen erkennbar. Sie verstehen: Nicht der Mensch wirkt und handelt, sondern Gott selbst ist es. Das kommt in Worten oder Taten zum Ausdruck. Von Jesus wird berichtet, dass er in der Vollmacht Gottes seine Botschaft verkündet, Menschen von Krankheiten heilt oder von bösen Mächten befreit.

Wissenswert: Jesus gab auch seinen Jüngern Vollmacht.
Matthäus 21,23; **Matthäus 28,20**; Markus 1,22
→ Dämon, Krankheit

 Vorbild
jemand, den man gerne nachahmen und dem man ähnlicher werden möchte

König David ist ein Vorbild für den späteren König Joschija: „Joschija folgte dem Vorbild seines Ahnherrn David. Er tat, was Gott gefällt und richtete sich streng nach dessen Weisungen und Geboten." (GNB)

Finde heraus, wer das genialste Vorbild ist.
2 Könige 22,2; **Epheser 5,1**
→ David, Joschija, Jesus

Vorbild
Ein Vorbild ist, wenn man genau so sein will wie diese Person. Zum Beispiel ist Rihanna ein Vorbild. Weil sie so gut singt und man möchte auch so gut singen können. Aber auch Jesus ist ein Vorbild! Er hat Menschen geholfen und das möchte ich auch. **Veronique, 11 Jahre**

 Vorfahre
Eltern, Großeltern, Urgroßeltern; Menschen aus der Familie, die früher geboren wurden

In der Bibel sind die Vorfahren wichtig. Ihr Leben und Handeln wirkt bis in die nachfolgenden Generationen. Gottes Versprechen, aber auch seine Strafen, gelten nicht nur dem Menschen zu seiner Lebenszeit, sondern auch seinen Nachkommen.

Finde heraus, welche wichtige Aufgabe die Vorfahren hatten.
Josua 21,43-45; **Psalm 78,5-7**
→ David, Rut

 Vorhang → Tempel Herodes des Großen

  Vorhaut → Beschneidung

 Vulgata („die Verbreitete")
lateinische Übersetzung der Bibel

Die Vulgata ist die für die römisch-katholische Kirche maßgebliche lateinische Übersetzung der Bibel. Hieronymus wird von Papst Damasus I. beauftragt, die altlateinische Übersetzung zu überarbeiten und beginnt dies um das Jahr 384 n. Chr. Der heute gültige Text der Vulgata geht auf das Jahr 1592 zurück und wird Sixto-Clementina genannt.

? Rate mal: Wo arbeitete Hieronymus an der Vulgata? a. Betlehem b. New York c. Moskau
→ Septuaginta, Masora

Wacholder – Waschti

Wacholder
ginsterähnlicher Strauch, wächst in der Wüste und der Steppe

Nach dem blutigen Wettstreit mit den Priestern des Götzen Baal flieht der Prophet Elija vor der Todesdrohung von Königin Isebel. In der Steppe südlich von Beerscheba legt er sich unter einen mannshohen Wacholderbusch und will sterben. Die vielen blätterlosen Zweige spenden ihm etwas Schatten. Gott schickt einen Engel, der Elija versorgt.

Wissenswert: Die Blüten des Wacholders duften nach Mandeln.

1 Könige 19,1-18

→ Elija, Baal, Isebel, Beerscheba

Wacholderbeeren

Wachtel
etwa 20 cm langer, brauner Vogel mit braungelben Streifen

Wachteln sind Zugvögel, die im März aus dem Süden eintreffen und im September wieder abziehen. Nach dem Flug über das Rote Meer kommen die Wachteln erschöpft auf der Sinaihalbinsel an und lassen sich leicht fangen.

Wissenswert: Das Volk Israel ernährte sich nach dem Auszug aus Ägypten auch von Wachteln.

2 Mose 16,1-21; 4 Mose 11,30-35

→ Rotes Meer

Wachteln

Wächter → Sonderseite Arbeit für einen Herrscher, Seite 158+159

Waffen
schützen den Träger oder schädigen den Gegner

Krieger zur Zeit der Bibel schützen sich meist mit einem Schild, einem Panzer und einem Helm. Der Panzer ist ursprünglich eine Jacke aus Leder, wird aber später durch Metall verstärkt und schützt Brust und Arme (Harnisch). Auch Beinschienen gehören zum Panzer. In der Angriffshand trägt der Krieger ein Schwert oder eine Lanze. Auch der Dolch wird zum Angriff benutzt. Der Dolch hat eine kürzere Klinge als das Schwert und wird ebenso wie das Schwert in einer Lederscheide am Gürtel getragen. Als David gegen Goliat kämpft, ist der Riese von Davids Angriff so überrascht, dass er noch nicht mal sein Schwert ziehen kann. Die kurze Lanze (ca. 1,25 m) wird geworfen, mit der längeren Lanze (ca. 1,80 m) wird zugestoßen. König Saul schleudert seine Lanze wutentbrannt auf seinen Sohn Jonatan, weil dieser David in Schutz nimmt. Steinschleuder, Bogen und Pfeile finden beim Distanzkampf Verwendung. David ist ein Meister der Steinschleuder. Er schleudert einen Stein, der Goliat´s Stirn durchschlägt, und den Riesen zu Boden fallen lässt.

Wissenswert: Zur Zeit der Bibel kamen zur Eroberung von Festungen und Städten auch Rammböcke und Sturmleitern zum Einsatz.

1 Samuel 17,4-7; 2 Samuel 20,7-10; 1 Samuel 17,41-51; 1 Samuel 20,24-34

→ David, Goliat, Saul, Jonatan, Bogen

Helm und Schwert

Waffenrüstung, geistliche
Waffen von Gott zum Kampf gegen die Angriffe von Satan

Satan, der Feind von Gott, will die Christen dazu bringen, gegen Gottes Willen zu handeln. Mit den Waffen Gottes können Christen sich wehren. Der Panzer besteht aus Gerechtigkeit, der Gürtel aus Wahrheit. An den Füßen tragen Christen die Bereitschaft, den Frieden Gottes zu verbreiten.

Krieger in voller Rüstung

Der Schild ist das Vertrauen auf Gott und der Helm besteht aus Gewissheit, von Gott errettet zu sein. Das Schwert ist Gottes Wort. Wer gerecht lebt, die Wahrheit sagt, Gottes Frieden verbreitet, auf Gott vertraut, sich von Gott errettet weiß und sich mit dem Wort Gottes verteidigt, ist vor allen Angriffen geschützt.

💡 Mal doch mal einen Menschen, der eine solche Waffenrüstung trägt.

📖 Epheser 6,10-18

→ Gerechtigkeit, Wahrheit, Frieden, Vertrauen

 Waffenträger → Sonderseite Arbeit für einen Herrscher, Seite 158+159

 Wagen
nicht gefedertes Fortbewegungs- und Transportmittel

Zum Transport von Lasten, als Streitwagen im Krieg und zur Beförderung von Menschen sind Wagen zur Zeit der Bibel bekannt. Die Wagen sind größtenteils aus Holz und haben bis zu zwei Achsen. Die Lastwagen werden von Rindern, die wendigeren Streit- oder Personenwagen von Pferden gezogen. Das Heilige Zelt der Israeliten wird während der Wüstenwanderung auf sechs Planwagen transportiert.

💡 Wissenswert: Die Wagen der römischen Reichspost erreichten die höchste Reisegeschwindigkeit.

📖 4 Mose 7,2-9; 2 Mose 14,1-9; Josua 17,17-18

→ Heiliges Zelt, Krieg

Streitwagen mit vier Pferden

 Wahrheit
Gottes tragfähige Grundlage für ein Leben als Christ

In der Bibel geht es um die Wahrheit, die nicht von Menschen kommt, sondern von Gott. Das, was Gott sagt und tut, ist die Wahrheit, auf die sich Christen fest verlassen können. Mit Jesus wird die Wahrheit deutlich: Er kommt in die Welt und stirbt am Kreuz für die Schuld aller Menschen, damit die Menschen für alle Zeit mit Gott leben können. Durch den Heiligen Geist können Menschen dies begreifen.

💡 Finde heraus, ob auf Gottes Worte Verlass ist.

📖 Johannes 3,16; 2 Korinther 1,19-20; **2 Samuel 7,28**; Johannes 14,17

→ Gott, Jesus, Heiliger Geist

 Wahrsagegeister → Wahrsagerei

  Wahrsager → Sonderseite Arbeit für Gott, Seite 305

 Wahrsagerei
auf geheimnisvolle Weise Zukunft vorhersagen

Wahrsager scheinen dazu in der Lage zu sein, zukünftige Ereignisse vorherzusagen. Das tun sie mit Hilfe von Ritualen wie zum Beispiel der Leberschau, dem Pfeilorakel oder der Totenbeschwörung. Auch Wahrsagegeister werden erwähnt. Gott verbietet den Israeliten die Wahrsagerei.

💡 Finde heraus, welcher König vor einem anstehenden Kampf eine Wahrsagerin aufsuchte.

📖 3 Mose 19,26.31; **1 Samuel 28,3-25**

→ Saul

 Waise
Kind ohne Eltern

Ein Kind ohne Eltern ist zur Zeit der Bibel schutzlos. Es hat niemanden, der es versorgt. Gott trägt den Israeliten auf, für die Waisen zu sorgen. In jedem dritten Jahr sollen sie den zehnten Teil von ihrer Ernte an die Waisen geben.

💡 Finde heraus, woran die Israeliten denken sollten, wenn sie die Hilfebedürftigen versorgten.

📖 5 Mose 10,18; **5 Mose 26,12-15**

→ Zehnten, Mitleid, Ernte

 Wal → Leviatan

 Waschen
Reinigung des Körpers im Alltag; wichtiger aber für religiöse Handlungen

Waschen bedeutet in der Bibel mehr als nur das Entfernen von Schmutz. Bei religiösen Waschungen reinigt man sein Äußeres und bereitet sich innerlich auf die Begegnung mit Gott vor. Auch die Kleidung oder bestimmte Gegenstände sind immer wieder zu reinigen. Dies gilt vor allem für die Priester, aber später auch für jeden, der z. B. den Tempel in Jerusalem besuchen möchte. Zu diesem Zweck werden so genannte Ritualbäder eingerichtet. Das sind bestimmte Becken, in die man hinabsteigen und sich im Stehen untertauchen kann. Auch im Alltag spielt Sauberkeit eine Rolle. Neben dem Waschen ist auch das Baden erwähnt. Wer von einer langen Reise kommt, dem wäscht der Gastgeber als erstes die Füße. Dazu werden keine besonderen Schüsseln verwandt, sondern Töpfe oder Gefäße, die sonst im Haushalt gebraucht werden.

💡 Finde heraus, wie sich Petrus verhielt, als Jesus ihm die Füße waschen wollte.

📖 3 Mose 14,8-9; 4 Mose 31,21-24; Markus 7,1-5; Johannes 2,6; **Johannes 13,1-17**

→ Priester, Reinheit, Wasser

 Waschti → Seite 287

Wasser

Info

Name: Wasser
Bedeutung: lebensnotwendiges Getränk; neben Feuer, Luft und Erde eines der vier Grundelemente
Gewinnung: Grundwasser aus Brunnen oder aus Quellen
Geschmack: vorwiegend neutral, das hängt damit zusammen, welche Mineralien es hat
Verwendung: neben Getränk, wichtige Zutat bei der Zubereitung von Speisen, auch zum Waschen und Baden verwendet
Aufbewahrung: in Tonkrügen im Innenhof des Hauses
Trinkweise: oft mit Wein vermischt

Tonkrüge an einer Mauer in Nazaret

Wasser

- Wasser wird zum Trinken, für die Zubereitung von Lebensmitteln, die körperliche Reinigung, zur Säuberung von Gegenständen und für die Acker- und Viehwirtschaft gebraucht.
- Für die Menschen im Alten und im Neuen Testament ist Wasser etwas Kostbares. In Israel, Ägypten und den anderen Ländern, die in der Bibel genannt werden, gibt es viele sehr trockene Landstriche und Wüstenregionen.
- Gelegentlich kommt es vor, dass Platzregen fällt und in kurzer Zeit große Wassermassen das Land überschwemmen. Meist ist der trockene Boden nicht in der Lage, die Wassermengen aufzunehmen. Dann kann Wasser zur Gefahr werden, weil es den Boden weg- oder das Land überschwemmt.

- Leitungssysteme, wie wir sie heute kennen, gibt es zur Zeit der Bibel meist nicht. Nur in größeren Städten werden Wasserleitungen gelegt, um den Wasserbedarf der Stadtbewohner abzudecken. In der Regel ist die tägliche Wasserversorgung eine wichtige, aber auch mühsame Angelegenheit. Es ist Aufgabe der Frauen, mit Wasserkrügen und Wasserschläuchen das Wasser von Brunnen und Quellen zu ihren Häusern zu tragen.
- In besonders trockenen Gegenden legt man außerdem Gruben, sogenannte Zisternen, an, in denen das Regenwasser gesammelt wird.
- Im Johannes-Evangelium gebraucht Jesus einen eindrücklichen Vergleich, um deutlich zu machen, wer er für die Menschen ist: So wie Wasser den Durst stillt, so kann Jesus den Lebensdurst stillen – ein für allemal.

Finde heraus, wo eine Frau aus Samaria Jesus traf und dabei eine belebende Erfahrung machte.

1 Mose 6,13–8,22; 2 Mose 17,1-7; Joel 1,20; Jesaja 41,17-20; **Johannes 4,3-15**

→ Jordan, Regenbogen, Sintflut, Taufe, Sonderseite Getränke, Seite 96

Brunnen

Wasser – Weihrauch

 Waschti („die Geliebte")
eine für ihre Schönheit berühmte Perserkönigin
Waschti ist die Frau des Perserkönigs Xerxes (auch Ahasveros genannt). Weil Xerxes stolz auf die Schönheit seiner Frau ist, soll sie sich bei einem großen Fest am Königshof seinen Gästen zeigen. Waschti verweigert dem König diesen Wunsch. Ein solches Verhalten steht der Frau des Königs nicht zu. Waschti wird vom König verstoßen.
 Wissenswert: Durch Waschtis Ungehorsam wurde die Jüdin Ester zu ihrer Nachfolgerin und rettete später als Frau des Königs ihr jüdisches Volk.
 Ester 1,9-22; Ester 2,1-18; **Ester 6,14–7,10**
→ Ester, Frau, Xerxes

Wasserstelle → Sonderseite Stadt, Seite 254+255

 Wasti → Waschti

Weg
eine kleine Straße oder ein Symbol für die Lebenszeit
In der Bibel wird das Leben der Menschen auch mit einem Weg verglichen. Gott kennt diesen Weg und weiß um Berge und Täler, also um schöne Erlebnisse und gefährliche Stellen. Er will den Menschen auf seinem Lebensweg begleiten. Jesus sagt von sich: „Ich bin der Weg und die Wahrheit und das Leben. Einen anderen Weg zum Vater gibt es nicht." (GNB)
 Finde heraus, was Gott jedem Menschen an die Hand gegeben hat.
 Psalm 91,11-13; **Psalm 119,105**; Johannes 14,6
→ Jesus

Weib → Frau

 Weihnachtsgeschichte
die Erzählung der Geburt von Jesus
In der Weihnachtsgeschichte aus Lukas 2,1-20 wird erzählt, wie Jesus von seiner Mutter Maria geboren wird und als Sohn Gottes in unsere Welt kommt. Die ersten, die diese gute Nachricht hören, sind Hirten, die nachts ihre Schafe hüten. Sie machen sich gleich auf, um den neugeborenen Jesus mit ihren eigenen Augen zu sehen. In Matthäus 2,1-12 wird berichtet, wie Sterndeuter aus dem Osten kommen, um Jesus anzubeten.
 Hast du gewusst, dass schon im Alten Testament die Geburt eines Friedensbringers und Retters der Welt angekündigt ist?
 Jesaja 9,1-5; Lukas 2,1-20; Matthäus 2,1-12
→ Engel, Jesus, Josef, Maria, Hirte

 Weihrauch
milchig-weißes Harz eines Baums
Weihrauch wird aus dem Stamm und den Ästen des buschartigen Weihrauchbaumes gewonnen. Wird die papierartige Rinde angeritzt, tritt das Harz aus und

Harz vom Weihrauch

trocknet in kleinen Kügelchen. Diese können abgeerntet werden. Auf einem Feuer verglüht Weihrauch knisternd und verströmt dabei einen kräftigen Duft. Es ist Bestandteil des Rauchopfers, das im Tempel zwei Mal täglich von den Priestern auf dem Räucheralter dargebracht wird.
 Finde heraus, was die Sternkundigen dem neugeborenen Jesus als Geschenk mitbrachten.
 2 Mose 30,34-38; Jesaja 60,6; Hohelied 4,14; **Matthäus 2,11**
→ Räucheropfer, Sterndeuter

Rätsel

Welcher Weg führt zum Ziel?

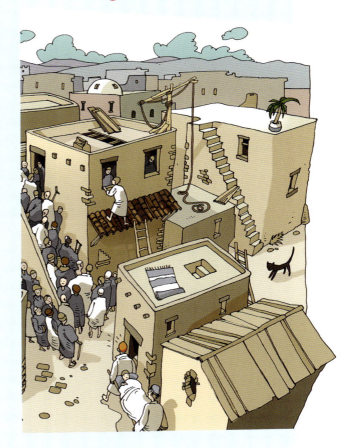

Kennst du die biblische Geschichte, in der vier Männer ihren gelähmten Freund zu Jesus bringen wollen? Welchen Weg wählen sie? Die Lösung findest du in Markus 2,1-12.

Wein

Info

Name: Wein
Bedeutung: beliebtes Getränk
Herstellung: aus Saft von gepressten Weintrauben. Trauben werden an einem Berghang oder auf einem Hügel angebaut und wachsen an Weinstöcken. Weinstöcke sind durch eine Mauer oder einen Zaun vor Füchsen oder Schakalen geschützt. Erntezeit ist im September.
Geschmack: je nach Sorte süß bis sehr bitter
Weinsorten: hauptsächlich Rotwein, manchmal auch mit Rosinen oder Honig gewürzt
Aufbewahrung: in Tonkrügen oder Schläuchen aus Tierhaut
Trinkweise: mit Wasser vermischt, wird selten pur getrunken

Wie Wein entsteht und was er bedeutet

- Ein Weinberg macht Arbeit. Er muss reichlich bewässert, die Erde muss gelockert und Unkraut und Steine müssen entfernt werden.
- Die Trauben wachsen an einem Strauch, dem Weinstock. Die einzelnen Triebe nennt man Weinreben. An ihnen bilden sich Blätter, Blüten und später die Weintrauben. Mit dem Winzermesser werden die Reben abgeschnitten.
- Die Trauben werden entweder frisch gegessen, zu Rosinen getrocknet oder zu Traubensaft, Most und Wein weiterverarbeitet. Dazu müssen die Trauben ausgepresst werden. In manchen Dörfern gibt es dafür Weinpressen, die von allen genutzt werden dürfen.

- An manchen Weinbergen gibt es eine eigene Kelter. Das ist eine Vertiefung im Boden, in die die Trauben hineingeschüttet und mit nackten Füssen zertreten werden. Durch eine Rinne fließt der ausgepresste Saft in Behälter.
- Wein steht für Lebensfreude und Wohlstand. Vor zu viel Weingenuss wird in der Bibel gewarnt (Johannes 2,1-11; Sprichwörter 23,31-35).
- Jesus bezeichnet sich selbst auch als Weinstock und seine Freunde als Reben, die nur in der Verbindung mit ihm leben können (Johannes 15,1-8).
- Jesus spricht vom Wein als Zeichen für sein Blut. Beim Abendmahl wird der Wein getrunken. Er erinnert an das Blut von Jesus, das am Kreuz vergossen wird (Matthäus 26,20-30).

Finde heraus, wer den ersten Weinberg anlegte.
📖 **1 Mose 9,20**

→ Abendmahl, Brot, Ernte, Sonderseite Getränke, Seite 96

Alte Weinpresse

Weinreben

Weinbauer → Wein

 Weinberg → Wein

Weinen
Ausdruck von Schmerz oder Trauer, auch von großer Freude
Wer weint, zeigt dadurch, wie es ihm geht. Weinen kann durch Schmerz, Trauer, Angst, Abschied, aber auch durch große Freude ausgelöst werden. Die Menschen der Bibel zeigen ihre Gefühle stärker, als das in heutiger Zeit üblich ist. Jesus weint zum Beispiel sehr über die traurige Zukunft, die die Stadt Jerusalem mit seinen Einwohnern erwartet. Der Apostel Paulus betont in seinem Schreiben an die Gemeinde in Korinth, dass er diesen Brief „unter Tränen" schreibt.
Wissenswert: Gott wird einmal eine neue Welt schaffen, in der es keine Tränen mehr gibt.
1 Mose 21,16; Matthäus 26,69-75; Lukas 19,41; 2 Korinther 2,4; **Offenbarung 21,4**
→ Klage, Tod, Trauer, Trost

 Weingarten → Wein

 Weinstock → Wein

 Weisheit
etwas im Sinne Gottes tun oder sagen
Alle Weisheit kommt von Gott: In Weisheit hat er die Welt geschaffen und alles geordnet. In Weisheit erhält er sie. Und er schenkt den Menschen Weisheit, damit sie gut und in seinem Sinne handeln können. Weisheit hat nicht der, der viel Wissen hat. Sondern weise ist der, der nach Gottes Willen fragt und nach seinen Geboten handelt. König Salomo gilt als ein Mann, der besonders weise gehandelt hat.
Finde heraus, seit wann die Weisheit da war.
1 Könige 3,16-28; Psalm 111,10; Sprichwörter 3,19-20; **Sprichwörter 8,22-36**
→ Salomo

Weiß, Weiße Kleider
Farbe, Zeichen für Reinheit
Weiß ist nicht nur eine Farbe, sondern hat hier einen übertragenen Sinn: Wer weiße Kleidung trägt, gilt als rein, gerecht und frei von Schuld. Aus diesem Grund tragen z. B. die Priester bei ihrem Dienst im Tempel weiße Gewänder. Darüber hinaus ist Weiß die Farbe der Freude.
Finde heraus, worum David bat, als er an großer Schuld zu verzweifeln drohte.
Psalm 51,9; Jesaja 1,18; Markus 9,2-3; Lukas 23,6-11
→ Priester, Reinheit, Schuld, Tempel

 Weissagung → Gaben des Heiligen Geistes

 Weizen → Getreide

 Welt
geschaffener Lebensraum für alle Lebewesen
Zur Welt gehört alles, was Gott zu einem geordneten Lebensraum für seine Geschöpfe geschaffen hat. Menschen können mit ihren Sinnen die sichtbare Welt wahrnehmen. Christen glauben, dass zu dieser Welt auch Unsichtbares gehört: Gott, der Heilige Geist, Wunder. In der Bibel steht, dass Gottes Reich schon in dieser Welt sichtbar wird.
Finde heraus, wodurch sichtbar wird, dass Gott sein Reich in dieser Welt baut.
Matthäus 11,2-6; Matthäus 28,18-20; Markus 1,14-15
→ Reich Gottes, Himmel

 Werk
das, was Gott oder Menschen tun
Das Werk Gottes umfasst alles, was Gott getan hat. Gott hat die Welt und alles Leben darin geschaffen. Sein Handeln ist gut und gerecht. Es ist von Liebe und Gnade geprägt. Der Mensch gehört zu Gottes Werken. Auch der Mensch bringt Werke hervor, z. B. die Dinge, die er mit seinen eigenen Händen schafft. Das Werk des Menschen ist aber nicht immer gut. Er kann durch sein Tun Leid und Not erzeugen. Er kann sich an Gott und seinen Mitmenschen schuldig machen. Im Neuen Testament wird von dem wichtigsten Werk Gottes berichtet: Weil Gottes Sohn Jesus am Kreuz stirbt, müssen Menschen den Tod als Strafe für ihre schlechten Werke nicht selber tragen. Sie können Vergebung in Anspruch nehmen.
Finde heraus, wie das Werk Gottes zum Staunen bringen kann.
1 Mose 1,27; **Psalm 8**; Johannes 5,17; Johannes 14,12
→ Kreuzigung, Schöpfung, Schuld

  Widder → Schaf, Schafbock

 Wiedergeburt
das Leben neu anfangen durch den Glauben an Jesus Christus
Ein Anfang im Glauben an Jesus Christus ist wie ein Neuanfang: Gott schafft durch den Heiligen Geist etwas ganz Neues. Dieser Anfang ist wie eine zweite Geburt. Ein sichtbares Zeichen für diesen Neuanfang ist, wenn ein Mensch sich taufen lässt. Damit bringt er zum Ausdruck: Jetzt gehöre ich ganz zu Gott, bin ein Kind Gottes.
Finde heraus, wie Jesus einem Mann mit Namen Nikodemus erklärt, was Wiedergeburt ist.
Johannes 3,1-21; Römer 6,4
→ Heiliger Geist, Bekehrung, Taufe, Versöhnung

Wiederkunft – Wunder

Wiederkunft
Ereignis, wenn Jesus wieder auf die Erde zurückkommt

Jesus hat seinen Jüngern versprochen, dass er wiederkommen wird. Alle Menschen werden ihn dann sehen, wenn er auf den Wolken kommt. Wann das sein wird, weiß außer Gott niemand. Wenn Jesus wiederkommt, kennzeichnet dies das Ende dieser Welt. Dann beginnt Gottes neue Welt.

? Rate mal: Wer sagt den Jüngern bei der Himmelfahrt von Jesus, dass er wiederkommen wird? a. zwei Priester b. zwei Engel c. zwei Hirten

Matthäus 24,35-36; Lukas 21,25-28; Johannes 14,1-3; **Apostelgeschichte 1,10-11**
→ Gericht, Zeit, Endzeit

Wille
das, wonach jemand sich mit ganzer Kraft sehnt

Wenn einem Menschen etwas ganz besonders wichtig ist, setzt er sich mit seinem ganzen Willen dafür ein. Er konzentriert all seine Kraft auf das Erreichen des Ziels. Im Neuen Testament fordert Jesus seine Zuhörer dazu auf, Gott von ganzem Herzen, mit ganzem Willen und mit dem ganzen Verstand zu lieben. Er bezeichnet dies als das größte und wichtigste Gebot für die Menschen. Im Vaterunser beten Christen darum, dass Gottes Wille geschieht. Damit meinen sie, dass im Himmel und auf der Erde passieren soll, wonach Gott sich sehnt.

Wissenswert: Es gibt ein zweites Gebot, das Jesus genauso wichtig ist.

Matthäus 6,10; **Matthäus 22,35-40**; Philipper 3,12-14, 1 Timotheus 2,4
→ Zehn Gebote, Vaterunser, Himmel

Wind
eine mit bloßem Auge nicht sichtbare Luftbewegung, deren Auswirkungen man aber hören, sehen und spüren kann

In Israel kommt der Wind zumeist aus westlicher Richtung. Im Winter bringt er den nötigen Regen und in der Sommerhitze sorgt er für Kühlung. In der Bibel gilt der Wind aber auch als Bote und Diener Gottes, manchmal zeigt sich Gott sogar selbst im Wind. Weil er zur Schöpfung gehört, können Gott und Jesus über ihn bestimmen und ihm zum Beispiel befehlen, ruhig zu sein.

? Rate mal: Wie begegnete Gott dem Propheten Elija am Berg Horeb? a. in einem starken Unwetter b. in einem stillen, sanften Wind c. in einem Feuer d. in einem Erdbeben

1 Könige 19,8-13; Markus 4,35-41; Lukas 12,54-55
→ Elija, Horeb

Windeln
viereckiges Stück Tuch zum Wickeln von Babys

Auch zur Zeit der Bibel werden Babys in Windeln gewickelt. Dazu wird das Kind so auf ein viereckiges Tuch gelegt, dass es anschließend von drei Seiten mit dem Tuch eingewickelt werden kann. Danach wird ein breites Band fest um die ausgestreckten Beine und angelegten Arme des Babys gewickelt, sodass fast das ganze Baby eingewickelt ist. Auf diese Weise sollen Arme und Beine gerade wachsen.

Wissenswert: Auch Jesus wurde in Windeln gewickelt.

Lukas 2,1-20
→ Krippe, Maria

Winzermesser → Wein

Witwe
eine Frau, deren Ehemann gestorben ist

Zur Zeit der Bibel wird die Frau normalerweise durch ihren Mann versorgt. Stirbt der Mann, hat sie kaum Geld und Schutz. Oft geraten Witwen deshalb in große Not. Ist die Ehe kinderlos geblieben, kann die Frau in das Haus ihrer Eltern zurückkehren oder noch einmal heiraten. Im Alten Testament ist es üblich, dass der Bruder des Verstorbenen die Witwe zur Frau nimmt – auch wenn er schon verheiratet ist. Hat sie Söhne, so übernimmt der älteste die Aufgabe, sie zu versorgen. Darüber hinaus sind Witwen durch Gottes Gebote geschützt. Im Neuen Testament wird den Christen in besonderer Weise nahegelegt, sich um Witwen und Waisen zu kümmern.

Finde heraus, welche besonderen Kleider Witwen getragen haben.

1 Mose 38,14.19; 5 Mose 24,17-21; 5 Mose 25,5-10; 1 Timotheus 5,3-16
→ Ehe, Hochzeit

Wohlgefallen
Zufriedenheit oder Freude über einen Menschen oder über etwas, was man selbst oder andere getan haben

Gott freut sich über Menschen, die an ihn glauben, ihm vertrauen und die das tun, was Gott möchte. In manchen Übersetzungen der Bibel steht statt „Wohlgefallen", dass Gott diese Menschen erwählt hat und liebt.

Finde heraus, zu wem Gott direkt sagte, dass er ihn erwählt hat und liebt.

Psalm 147,11; **Matthäus 3,16-17**; Lukas 2,14; Hebräer 13,16
→ Nächster, Vertrauen

Wolf
gefürchtetes Raubtier aus der Familie der Hunde mit kurzen Haaren und rauem Fell

Wölfe sind bei den Hirten zur Zeit der Bibel gefürchtet, weil sie Schafe reißen und die Herden auseinander treiben. Die Hirten müssen oft unter Lebensgefahr ihre Herden vor Wölfen verteidigen. In der „Bergpredigt" warnt Jesus vor falschen Propheten und vergleicht sie mit Wölfen.

Finde heraus, warum Jesus sich mit einem guten Hirten vergleicht.

Wiederkunft – Wunder

📖 **Johannes 10,11-15**; Matthäus 7,15
→ Prophet

Wolf

 Wolkensäule
eine von Gott geschickte Säule aus Wolken, Zeichen für Gottes Gegenwart
Die Wolkensäule leitet das Volk Israel durch die Wüste und bestimmt, wann es lagern oder aufbrechen soll. Außerdem beschützt die Säule die Israeliten vor der ägyptischen Armee.
💡 Finde heraus, was die Israeliten nachts leitete.
📖 **2 Mose 13,21-22**; 2 Mose 40,36-38
→ Feuersäule, Israeliten, Wüste

 Wolle
Haare/Vlies vom Schaf und anderen Tieren, wird auch heute noch zur Herstellung von Kleidung verwendet
In der Bibel wird der Zustand des Volkes Gottes mit reiner Wolle verglichen. Nachdem ihre Sünden abgewaschen sind, steht das Volk wieder strahlend rein vor Gott da.
💡 Finde heraus, welchen gewagten Test Gideon mit Wolle machte.
📖 Jesaja 1,18-20; **Richter 6,33-40**
→ Sünde, Schuld, Vergebung, Volk Gottes

Rohwolle

abc Wort
sinnvoll zusammengefügte Buchstaben
Gesprochene oder geschriebene Worte sind eine Grundlage für die Weitergabe von Inhalten. Wenn Gott spricht, zeigt er damit, wer er ist und was er will. Die ganze Macht Gottes steckt in seinem Wort. Was er sagt, geschieht. Was er verspricht, trifft ein. Dieses Wort lässt er auch durch die Propheten sagen. Im Neuen Testament ist Jesus selbst wie ein Wort Gottes, das Mensch geworden ist. Die Bibel ist Gottes Wort für alle Menschen.
💡 Finde heraus, was durch das erste gesprochene Wort Gottes geschah.
📖 **1 Mose 1,3**; Psalm 33,9; Jeremia 23,29; Jesaja 40,8; Johannes 1,14; Apostelgeschichte 6,7
→ Bibel, Gott, Jesus, Evangelium

> Hast du schon einmal ein Wunder erlebt?

 Ein Wunder ist, wenn irgendetwas passiert, was eigentlich nicht geschehen kann. Ein Wunder ist bei Menschen nicht möglich, aber bei Gott. Ein Wunder ist, wenn etwas passiert, womit man nicht gerechnet hat, auf jeden Fall etwas Gutes.
Josia, 11 Jahre, und Elisa, 13 Jahre

abc Wunder
Ereignisse, in denen Menschen Gottes Macht besonders erleben
Im Alten Testament wird vor allem im Zusammenhang mit der Geschichte des Volkes Israel von Wundern und Zeichen berichtet. Gott befreit sein Volk aus der Sklaverei in Ägypten. Als es am Anfang seiner Wüstenwanderung in Gefahr gerät, teilt Gott das Schilfmeer und rettet sein Volk auf wundersame Weise. Aber auch zur Zeit der Propheten wird von vielen Wundern berichtet. Dabei überwindet Gott immer wieder die Naturgesetze, z. B. in den Erzählungen über die Propheten Elija und Elischa. Durch die Wunder, die Jesus im Neuen Testament vollbringt, möchte er zeigen, dass jetzt Gottes Reich in dieser Welt sichtbar wird. Er heilt Kranke, weckt sogar Tote auf. Die Menschen erfahren so seine Liebe und Fürsorge und beginnen, ihm zu vertrauen. Jesus wundert sich aber auch, dass viele trotz der Zeichen nicht an ihn glauben.
💡 Finde heraus, was Jesus tat, um einen Mann zu heilen, der seit der Geburt blind war.
📖 Psalm 78,11-16; **Johannes 9,1-7**; Johannes 11,17-44; Johannes 12,37; Johannes 20,30-31
→ Aussätziger, Gelähmter, Heilung, Tabita, Lazarus, Reich Gottes, Elija, Elischa

W

291

Wurm – Zafenat-Peneach

 Wurm
wirbelloses Tier, lang gestreckter Körper ohne Fühler und Beine, bewegt sich kriechend

Der Wurm wird in der Bibel fast nur im Zusammenhang mit verfaulten Lebensmitteln, Krankheiten oder Leichen genannt. Manchmal findet man auch das Wort „Made" dafür. Beim Propheten Jona benutzt Gott einen Wurm als Helfer, um Jona etwas zu erklären.

💡 Wissenswert: Es gibt in der Bibel sogar Menschen, die sich wie ein Wurm fühlten.

📖 **Psalm 22,7**; 2 Mose 16,15-20; Jona 4,7; Ijob 21,26
→ Jona, Manna

Wüste
Gebiet mit wenig Pflanzen und kaum Wasser, besteht aus Sand, Geröll, Stein, Salz oder Eis

In Israel gibt es meist steinige Wüsten, oft in Gebirgen. Die Israeliten sind 40 Jahre lang in der Wüste unterwegs, bevor sie in das versprochene Land kommen. Gott versorgt sie während der ganzen Zeit. Johannes der Täufer lebt in der Wüste. Und auch Jesus ist 40 Tage lang in der Wüste.

💡 Finde heraus, was mit Jesus in der Wüste passierte.

📖 2 Mose 3,1; 5 Mose 8,2; Matthäus 3,1; **Matthäus 4,1-11**
→ Auszug, Johannes der Täufer, Versuchung, Wasserstelle, Wüstenwanderung

Wüse in Judaä

abc Wüstenwanderung
bezeichnet die Zeit, in der das Volk Israel in der Wüste umherzieht

Von Ägypten aus macht sich das Volk Israel auf den Weg in das von Gott versprochene Land. Unter der Führung von Mose zieht es durch die wüsten Landstriche der Sinaihalbinsel (siehe Karte Seite 30). Gott begleitet sein Volk – tagsüber in einer Wolken-, nachts in einer Feuersäule. Er versorgt die Menschen mit Essen (Manna, Wachteln) und Trinken (Wasser). Am Berg Sinai schließt Gott einen Bund mit ihnen: „Ihr sollt mein Volk und ich will euer Gott sein." Als Grundlage für dieses Bundesversprechen gibt er ihnen die Zehn Gebote. Nach einigen Monaten steht das Volk vor dem versprochenen Land Kanaan. Mose schickt zwölf Kundschafter aus, um das Land zu erkunden. Als sie zurückkommen, schwärmen sie vom Reichtum und der Fruchtbarkeit des Landes, berichten aber auch von seinen gefährlichen Einwohnern. Die Israeliten bekommen Angst und wollen nicht weiter. Weil sie an Gott und seiner Hilfe zweifeln, dürfen sie nicht in das versprochene Land einziehen. Stattdessen müssen sie noch rund 40 Jahre durch die Wüste wandern. Erst nach dieser Zeit dürfen sie unter der Führung von Josua das versprochene Land in Besitz nehmen.

💡 Finde heraus, wie lange Jesus in der Wüste war.

📖 2 Mose 15,22–17,7; 4 Mose 13–14; **Matthäus 4,1-11**
→ Auszug, Bund, Josua, Manna, Mose, Zehn Gebote

 Xerxes („höchster Herrscher")
auch Ahasveros, König von Persien zur Zeit von Ester

Xerxes erwählt die Jüdin Ester als seine Frau und Königin sowie deren Onkel Mordechai als höchsten Beamten Persiens.

💡 Finde heraus, was Xerxes mit den Juden in Persien tat.

📖 Ester 1,1-4; **Ester 8,3.8.11-13**
→ Ester, Mordechai, Susa, Persien

 Ysop
Strauch mit schmalen Blättern und blauen Blüten; die Blätter werden als Gewürz benutzt

Beim Auszug aus Ägypten brauchen die Israeliten Ysop, um damit das Blut des Schafes an die Türpfosten zu streichen. Ysop wird vorschriftsmäßig auch im Tempel bei den Reinigungen benutzt. Als Jesus am Kreuz hängt und Durst hat, bekommt er einen Schwamm an die Lippen gehalten, der auf einem Ysopstängel steckt.

💡 Finde heraus, womit der Schwamm getränkt war.

📖 2 Mose 12,22; 4 Mose 19,6.18; **Johannes 19,29**
→ Auszug

Ysop-Zweig

Basteln
Sandknete selbst gemacht!

Du brauchst:
- Stärkemehl
- Wasser
- Tasse
- Kochlöffel
- Sand (z. B. Vogelsand)
- Lebensmittelfarbe
- Topf

1. Zuerst gibst du das Stärkemehl und zwei Tassen Sand in den Topf. Füge eine Tasse Wasser hinzu. Wenn deine Sandknete farbig sein soll, muss jetzt die Lebensmittelfarbe hinzugefügt werden. Dann verrühre alle Zutaten. Erwärme die Mischung bei mittlerer Hitze.

2. Rühre gut, bis die Masse dick wird und lasse sie danach gut abkühlen.

3. Mit der kalt gewordenen Knete kannst du nun beliebig alle möglichen Figuren formen.

4. Nach einigen Tagen an der Luft sind deine Werke trocken und hart. Vielleicht hast du schon eine Idee, welche biblische Geschichte du nachbauen könntest?

Zacharias
Priester aus der Abteilung Abija, verheiratet mit Elisabet, Vater von Johannes dem Täufer

Zacharias und Elisabet bleiben bis ins hohe Alter kinderlos. Als Zacharias mit dem Dienst im Tempel in Jerusalem an der Reihe ist, begegnet ihm ein Engel Gottes. Dieser verspricht, dass Elisabet einen Sohn bekommen wird. Weil Zacharias zweifelt, bleibt er bis zur Beschneidung seines Sohnes stumm. Als die Freunde dem Kind den Namen Zacharias geben wollen, folgt Zacharias der Anweisung des Engels und schreibt den Namen seines Sohnes auf eine Tafel: Johannes.

💡 Finde heraus, was die „Abteilung Abija" war.
📖 Lukas 1,5-25; **1 Chronik 24,7-19**
→ Elisabet, Johannes der Täufer, Engel

Zachäus („rein")
Zachäus nimmt im Auftrag der römischen Besatzungsmacht in der Stadt Jericho Zoll ein. Als Jesus in die Stadt kommt, will Zachäus ihn sehen. Weil er klein ist, klettert er auf einen Baum. Jesus spricht Zachäus auf dem Baum an und besucht ihn zu Hause. Dieses Treffen mit Jesus bringt Zachäus dazu, sein Leben zu ändern.

💡 Finde heraus, wie Zachäus sein Leben änderte.
📖 **Lukas 19,1-10**
→ Jericho, Jesus, Zoll, Zöllner

Zadok („der Gerechte", auch „Gott erweist sich als gerecht")
Sohn von Baana, lebt zur Zeit von Nehemia

„Die Stadtmauer Jerusalems liegt in Trümmern, die Tore sind durch Feuer zerstört" (GNB). So wird es in Nehemia 1,3 berichtet. Nehemia will die Mauer wieder aufbauen und benötigt dazu viele Arbeiter. Zadok ist einer der Mitarbeiter.

💡 Finde heraus, wer die Israeliten bei dem Bau der Mauer verspottete.
📖 Nehemia 1,3; **Nehemia 2,19**, Nehemia 3,4
→ Nehemia, Sanballat

Zafenat-Paneach → Josef

Zahl – Zehn Gebote

 Zahl
werden verwendet, um eine bestimmte Menge auszudrücken; dienen oft dazu, etwas anschaulich darzustellen

Eine wichtige Zahl zur Zeit der Bibel ist die 10. Das Zehnersystem findet seine Bedeutung, weil der Mensch zwei mal fünf Finger hat. In 1 Mose 18 handelt Abraham mit Gott. Abraham beginnt mit der Zahl 50. Er bittet Gott, die Menschen in der Stadt Sodom zu verschonen, wenn nur 50 Gerechte in der Stadt wohnen. Danach geht Abraham zweimal um je fünf Personen und dann um dreimal je zehn Personen nach unten. Am Ende sind es noch zehn Gerechte (zwei Handvoll), wegen denen Abraham mit Gott handelt.

Zehn Plagen brechen über Pharao und die Ägypter herein und Gott gibt seinem Volk zehn Gebote. Auch der zehnte Teil, also 10%, der Ernte gehört Gott. Zehn junge Frauen warten in einem Gleichnis von Jesus auf den Bräutigam.

Auch andere Zahlen haben Bedeutungen:

1 → Gott ist einer (5 Mose 6,4)
2 → Zwei bilden die kleinste Gemeinschaft (1 Mose 2,20b-24)
3 → Gott ist ein dreieiniger Gott (Matthäus 28,19)
4 → Gesamtheit der geschaffenen Welt (Jesaja 11,12)
5 → keine biblische Bedeutung
6 → Anzahl der Tage in der Arbeitswoche (2 Mose 20,9)
7 → Zahl der Vollkommenheit (1 Mose 2,2-3)
8 → Zahl für einen neuen Anfang (1 Mose 6,18)
9 → keine biblische Bedeutung
12 → Vollzahl des Gottesvolkes und der Apostel (2 Mose 24,4; Matthäus 10,1-4)
40 → Zahl für einen Generationenwechsel (Richter 3,11)
70 → Zahl der Fülle und der Vollkommenheit (2 Mose 24,1.9-11)
1.000 → Zeit der vollkommenen Gottesherrschaft auf der Erde (Offenbarung 20,1-6)

Wissenswert: Die zwölf Stämme Israels machen gleichzeitig die Gesamtheit des Volkes Israels aus.

📖 **1 Mose 18,24-32**
→ Abraham, Sodom, Plagen, Zehn Gebote

 Zarpat → Sarepta

 Zauberer, Zauberei
Mensch, der Dinge tut, die nicht zu erklären sind; auch Wahrsager oder Magier; Zauberkunst

Gott hat den Israeliten Zauberei und Wahrsagen verboten. Wer das tut, wird von Gott bestraft. Zauberei hält die Menschen davon ab, auf Gott zu schauen und ihm zu vertrauen. Oft versuchen Zauberer, Dinge zu tun, die nur Gott allein kann. Die Zauberer des Pharao versuchen, die Wunder, die Mose mit Gottes Hilfe tut, nachzuahmen. Im Neuen Testament gibt es auch Zauberer: Simon und Elymas.

Finde heraus, ob Zauberer König Nebukadnezzar wirklich helfen konnten.

📖 2 Mose 7,11.22; 5 Mose 18,10-14; **Daniel 2,1-28**; Offenbarung 21,8
→ Daniel, Elymas, Simon

 Zebedäus („der Herr schenkt")
Vater von zwei Jüngern von Jesus

Die beiden Söhne von Zebedäus werden namentlich genannt. Vermutlich ist Zebedäus Fischer und lebt in Kafarnaum am See Gennesaret. Von Zebedäus wird ansonsten in der Bibel nichts berichtet.

Finde heraus, wie die beiden Söhne von Zebedäus hießen.

📖 **Matthäus 4,21**
→ Fischer, Kafarnaum, See Gennesaret, Jünger

 Zedekia → Zidkija (Sohn von Hananja)

Zedekia → Zidkija (König) → Sonderderseite Könige Israels, Seite 168-171

Zeder im Libanon

 Zeder
großer, immergrüner Baum

Zedern können bis zu 40 Meter hoch werden und einen bis zu vier Meter dicken Stamm bekommen. Die dunkelgrünen Blätter können bis zu fünf Jahre lang am Baum bleiben. Die Zeder gilt als ein vornehmer Baum und als

Beispiel für Größe, Macht und Stärke. Die Phönizier liefern David für den Palast und Salomo für den Tempel Zedern als Bauholz.
- Finde heraus, wofür die Phönizier das Zedernholz auch verwendeten.
📖 1 Könige 5,13; Psalm 92,13; 2 Samuel 5,11; 1 Könige 5,20-25; **Ezechiël 27,4-5**
→ Phönizier, David, Salomo

Zefanja („Gott hat verborgen", auch „der Herr hat geschützt")
Prophet zur Zeit von König Joschija, Sohn von Kuschi, Nachkomme von Hiskija
Zefanja tritt auf, als König Joschija regiert (etwa 640–610 v. Chr.). Vermutlich hat er in Jerusalem gelebt oder aber in Jerusalem seine Worte gesprochen. Zefanja soll dem Volk Gottes klarmachen, dass es für sie nur eine einzige Hoffnung gibt. Diese Hoffnung heißt: Leben, so wie Gott es möchte. Sonst ist Gottes Strafe unausweichlich.
- Wissenswert: Zefanja wird auch als „kleiner Prophet" bezeichnet.
📖 Zefanja 1,1
→ Prophet, Joschija

Zefanja („Gott hat verborgen", auch „der Herr hat geschützt")
Priester zur Zeit von König Zidkija, Sohn von Maaseja
Zefanja wird mit vielen anderen Israeliten in die Babylonische Gefangenschaft verschleppt. Der Prophet Jeremia warnt vor ihm, weil er die Israeliten in der Verbannung belügt. Später wird Zefanja in der Stadt Ribla erschlagen.
- Finde heraus, wer Zefanja hinrichten ließ.
📖 Jeremia 29,26-29; Jeremia 37,3; **Jeremia 52,24-27**
→ Zidkija, Jeremia

Zehn Gebote
Gottes Anweisungen für das Volk Israel, die das Leben mit Gott und untereinander regeln
Die Zehn Gebote sind der wichtigste Teil des Bundes, den Gott mit den Israeliten schließt. Sie regeln das Leben in Verbindung mit Gott und mit den Mitmenschen. Nachdem das israelitische Volk aus der Gefangenschaft in Ägypten befreit worden ist, steigt Mose auf den Berg Sinai. Dort bekommt er von Gott auf Steintafeln die „Zehn Gebote" überreicht. Daran soll sich das Volk von nun an halten. Die Zehn Gebote sind so wichtig, dass sie die Grundlage für viele Gesetze bilden, die heute gültig sind.
Aus dem Strafgesetzbuch der Bundesrepublik Deutschland:
§ 211. Mord
(1) Der Mörder wird mit lebenslanger Freiheitsstrafe bestraft.
(2) Mörder ist, wer
- aus Mordlust, zur Befriedigung des Geschlechtstriebs, aus Habgier oder sonst aus niedrigen Beweggründen,
- heimtückisch oder grausam oder mit gemeingefährlichen Mitteln oder
- um eine andere Straftat zu ermöglichen oder zu verdecken, einen Menschen tötet.
§ 242. Diebstahl
(1) Wer eine fremde bewegliche Sache einem anderen in der Absicht wegnimmt, die Sache sich oder einem Dritten rechtswidrig zuzueignen, wird mit Freiheitsstrafe bis zu fünf Jahren oder mit Geldstrafe bestraft.
§ 154. Meineid
(1) Wer vor Gericht oder vor einer anderen zur Abnahme von Eiden zuständigen Stelle falsch schwört, wird mit Freiheitsstrafe nicht unter einem Jahr bestraft.

1. Ich bin der Herr, dein Gott. Ich habe dich aus Ägyptenland, aus der Knechtschaft befreit. Du sollst nicht andere Götter haben neben mir.

2. Du sollst den Namen des Herrn, deines Gottes, nicht missbrauchen.

3. Du sollst den Feiertag heiligen.

4. Du sollst deinen Vater und deine Mutter ehren, auf dass es dir wohlgehe und du lange lebest auf Erden.

5. Du sollst nicht töten.

6. Du sollst nicht ehebrechen.

7. Du sollst nicht stehlen.

8. Du sollst nicht falsch Zeugnis reden wider deinen Nächsten.

9. Du sollst nicht begehren deines Nächsten Haus.

10. Du sollst nichts von dem begehren, was deinem Nächsten gehört.

Zählung und Wortlaut nach dem Kleinen Katechismus von Martin Luther
📖 2 Mose 20,1-17

Manchmal werden die Zehn Gebote unterschiedlich gezählt. Deshalb findest du z. B. in der Guten Nachricht Bibel zwei Zahlen vor dem Gebot.
- Stimmt es, dass Gott die Zehn Gebote mit seinen Fingern geschrieben hat?
📖 2 Mose 20,1-17; **2 Mose 31,18**; 2 Mose 32,15-19
→ Mose, Ägypten, Sinai, Gesetzbuch, Bund

Zehn Städte – Zeloten

Rätsel
Die Botschaft im Turm

Dieser Turm enthält eine wichtige Botschaft. Wenn du alle Buchstaben streichst, die drei Mal oder öfter vorkommen, dann bleiben nur noch wenige Buchstaben übrig. Diese kannst du in den folgenden Lückentext einsetzen.

Gott ist dein _____ und deine _____!
Er verteidigt und beschützt dich. Auf ihn kannst du dich verlassen!

 Zehn Städte (griechisch: Dekapolis)
zur Zeit der römischen Weltmacht ein griechisch geprägtes Gebiet südöstlich vom See Gennesaret

Dekapolis ist politisch eigenständig und liegt nicht im Machtbereich von Herodes Antipas. Zu den Städten gehören z. B. Damaskus, Hippos, Gadara, Dion, Pella, Abila, Skythopolis, Gerasa, Philadelphia und Kanatha. Auch Jesus ist in diesem Gebiet unterwegs, predigt und heilt Kranke.
- Wissenswert: Diese Städte entstanden etwa 60 Jahre v. Chr.
- Markus 5,1-20; **Markus 7,31-37**
→ Herodes; siehe Karte Seite 134

abc Zehnten
Abgabe des zehnten Teils von Geld oder Naturalien an Gott oder Menschen

Zur Zeit der Bibel ist es üblich, den zehnten Teil von seinen Einkünften, der Ernte oder Kriegsbeute an den Herrscher abzugeben. Gott gibt den Israeliten das Gesetz, dass sie ihm von ihrer Ernte und dem Vieh den zehnten Teil abgeben sollen. Damit werden auch die Priester und Leviten versorgt.
- Finde heraus, was Jesus den Pharisäern über den Zehnten sagte.
- 1 Mose 14,20; 1 Mose 28,22; 3 Mose 27,30-33; 1 Samuel 8,15-17; **Matthäus 23,23**

abc Zeichen
etwas, das auf etwas anderes hinweist; hat meist eine große Bedeutung

An einem Zeichen kann man zum Beispiel erkennen, ob jemand zu einer bestimmten Gruppe gehört. Beim Auszug aus Ägypten sollen die Israeliten Blut an ihre Türrahmen streichen. Daran erkennt der Engel, wer zum Volk Israel gehört und nicht bestraft werden soll. Ein Zeichen kann auch eine Erinnerung sein. Mit dem Regenbogen am Himmel erinnert Gott daran, dass er mit den Menschen einen Bund geschlossen hat. Manche Ereignisse oder Wunder in der Bibel sind ein Zeichen dafür, dass Gott handelt.
- Denk mal! Kennst du ein christliches Zeichen?
- 1 Mose 9,12-17; 2 Mose 12,13; Matthäus 12,40; Matthäus 16,1
→ Auszug, Bund

 abc Zeit, Endzeit
letzte Zeit dieser Welt

Die Zeit, bevor Jesus wiederkommt, wird als Endzeit bezeichnet. Dann wird alles zu Ende gehen, was jetzt ist. Gott wird einen neuen Himmel und eine neue Erde schaffen. Er wird Gericht über alle Menschen halten. Die ihm nachfolgen, brauchen davor keine Angst zu haben. Er wird alle bösen Mächte samt Satan vernichten.
- Finde heraus, was es dann nicht mehr geben wird.
- **Offenbarung 21,1**; Offenbarung 21,3-5
→ Jesus, Gericht, Böse Geister, Satan, Tod, Himmel

Zeit, Zeitrechnung
Ablauf der Stunden, Tage und Jahre; Organisation der Zeit

Die Zeit besteht aus Gegenwart, Vergangenheit und Zukunft. Gegenwart ist der Moment, den man gerade erlebt. Die Vergangenheit ist alles, was davor liegt. Die Zukunft alles, was danach kommt. Die Zeit ist außerdem eingeteilt in „vor Christus" und „nach Christus". Um es einfacher zu machen wird „vor Christus" mit „v. Chr." und „nach Christus" mit „n. Chr." abgekürzt. Der Mönch Dionysius Exiguus hat vor etwa 1.500 Jahren ausgerechnet, wann Jesus geboren sein muss. Damit legt er fest, was geschehen ist, bevor Jesus geboren wurde oder danach. Leider weiß aber keiner genau, wann Jesus auf die Welt kam. Das ist wohl zwischen sieben und vier Jahren früher gewesen. Trotzdem gilt die Einteilung von Dionysius noch immer. Die Zeit ist bei uns eingeteilt in Sekunden, Minuten, Stunden, Tage, Wochen, Monate, Jahre. Bei Gott ist das anders. Für ihn gibt es diese Einteilung nicht. Petrus hat einmal geschrieben: „Bei Gott gilt ein anderes Zeitmaß als bei uns Menschen. Ein Tag ist für ihn wie tausend Jahre, und tausend Jahre wie ein einziger Tag." (GNB) Das ist so, weil Gott ewig ist, es ihn also immer gegeben hat und immer geben wird.

Wissenswert: Wir richten uns nach dem gregorianischen Kalender. Der heißt so, weil Papst Gregor XIII. den Kalender erneuert hat.

Psalm 90,4; 2 Petrus 3,8
→ Petrus, Gott

Zeloten
jüdische Widerstandsbewegung gegen die römische Besatzungsmacht

Die Zeloten sind in der Zeit von Jesus eine politische Gruppe von Juden, die sich auch mit Gewalt gegen die römischen Besatzer wehren. Zu ihnen gehört auch Simon, ein Jünger von Jesus. Judas, der Jesus verrät, könnte sogar ein Dolchkämpfer bei den Zeloten gewesen sein. Wissenswert: Im Jahr 66 n. Chr. entfesselten die Zeloten den jüdischen Krieg gegen die Römer, der mit der Zerstörung Jerusalems endet.

Apostelgeschichte 5,37; Lukas 6,15; Apostelgeschichte 1,13
→ Judas

Das große Gebote-Quiz

1. **Welches Ereignis kündigt das Erscheinen Gottes am Berg an?** (2 Mose 19,16)
   a. Silvesterböller
   h. Gewitter
   d. Werbeplakate

2. **Auf welchem Berg spricht Gott mit Mose?** (2 Mose 19,18)
   i. Berg Sinai
   j. Berg Horeb
   k. Berg Karmel

3. **Aus welcher Sklaverei hat Gott das Volk Israel befreit?** (2 Mose 20,2)
   k. aus der Sklaverei in Babylon
   l. aus der Sklaverei in Ägypten
   m. aus der Sklaverei in Persien

4. **Was sollten sich die Israeliten auf gar keinen Fall anfertigen?** (2 Mose 20,4)
   j. Wanderstöcke
   k. Panflöten
   f. Götzenstatuen

5. **Wer wird auch bestraft, wenn einer gegen das 1. Gebot verstößt?** (2 Mose 20,5)
   e. seine Kinder, Enkel und Urenkel
   g. sein Vater und seine Mutter
   h. seine Viehherden

6. **Was soll man mit dem Namen Gottes nicht machen?** (2 Mose 20,7)
   s. missbräuchlich verwenden
   x. laut schreien
   z. leise flüstern

7. **Welcher Tag soll geheiligt werden?** (2 Mose 20,8)
   r. Tag der deutschen Einheit
   s. Muttertag
   t. Sonntag (Sabbat)

8. **In wie viel Tagen hat Gott die Erde geschaffen?** (2 Mose 20,11)
   d. sieben   e. sechs   f. fünf

9. **An welchem Tag ruhte Gott aus?** (2 Mose 20,11)
   j. am sechsten Tag
   k. am achten Tag
   l. am siebten Tag

10. **Wie soll man mit seinen Eltern umgehen?** (2 Mose 20,12)
    l. sie ehren
    m. sie belügen
    n. sie aus dem Haus werfen

11. **Wie heißt das 6. Gebot?** (2 Mose 20,13)
    t. Du sollst nicht stehlen!
    u. Du sollst nicht töten!
    v. Du sollst nicht die Unwahrheit sagen!

12. **Was sollen die Menschen nicht brechen?** (2 Mose 20,14)
    l. das Bein   m. den Hals   n. die Ehe

13. **Wie heißt das 8. Gebot?** (2 Mose 20,15)
    f. Du sollst nicht töten!
    g. Du sollst nicht stehlen!
    h. Du sollst nicht die Unwahrheit sagen!

14. **Was soll man über seine Mitmenschen nicht sagen?** (2 Mose 20,16)
    e. die Unwahrheit
    f. etwas Gutes
    g. etwas Witziges

15. **Wovon handelt das 10. Gebot?** (2 Mose 20,17)
    n. vom Neid   o. vom Tod   p. vom Glück

Die Zehn Gebote sind Gottes lebenswichtige

_____

zum Leben mit Gott und mit unseren Mitmenschen. Setze die Buchstaben vor den richtigen Antworten in den Lösungssatz ein.

Zelt – Zimbeln

Zelt
bewegbare Wohnung von Nomaden, auch Schlafplatz von Hirten und Soldaten

Ein Zelt zur Zeit der Bibel besteht normalerweise aus dunklen Tüchern aus Ziegenhaar. Um das Zelt aufzurichten, benötigt man zumeist neun Holzpfähle und Seile, damit alles gespannt werden kann. Das Zelt bietet Schutz vor Wind und auch vor Sonne. Es muss sogar so dicht sein, dass es starkem Regen standhält.

In den Zelten gibt es einen Vorhang. Damit wird das Zelt in zwei Bereiche getrennt. Ein Bereich ist für die Männer und ein Bereich für die Frauen. Familien, die reicher sind, können sich zusätzliche Zelte leisten. Diese sind dann für die Frauen und Kinder und für Knechte und Mägde bestimmt.

Es wird in der Bibel berichtet, dass Abraham, Isaak und Jakob in Zelten wohnen. So können sie einfach immer dann von einem Ort zum nächsten ziehen, wenn die Tierherden frische Weiden brauchen.

Wissenswert: Zur Zeit der Wüstenwanderung war Gottes Wohnung bei seinem Volk Israel ein Zelt.

1 Mose 4,20; Jesaja 38,12; 2 Samuel 11,11; 1 Mose 12,8; **2 Mose 25,8**

→ Nomaden, Stiftshütte

Beduinenzelt heute

Zeltmacher → Sonderseite Handwerkliche Arbeit, Seite 110+111

Zentner → Gewicht

Zepter
bedeutet ursprünglich Stock oder Stab, Zeichen der Macht eines Herrschers

Wenn die Jüdin Ester zu ihrem Mann, König Xerxes, gehen will, darf sie dies nicht unaufgefordert tun. Streckt er ihr sein Zepter entgegen, zeigt er ihr durch diese Geste seine Gnade und erlaubt ihr, zu ihm zu kommen. Das Zepter im Königreich von Christus wird ein Zepter der Gerechtigkeit sein, das heißt: Jesus Christus wird gerecht regieren.

Wissenswert: Die Form des Zepters wurde von einer Keule abgeleitet.

Ester 4,9-11

→ Ester, Xerxes, Gnade, Gerechtigkeit

Goldenes Zepter

Zeuge
Person, die berichtet, was sie gesehen oder gehört hat

Ein Zeuge muss immer die Wahrheit sagen. Er wird zum Beispiel vor Gericht gebraucht, wenn zwei Menschen sich streiten. Ein Zeuge bestätigt auch den Abschluss eines Vertrages. Paulus soll ein Zeuge von Jesus sein und alles erzählen, was er mit ihm erlebt hat.

Finde heraus, was mit einem Zeugen geschah, der mit Absicht gelogen hatte.

1 Mose 31,50; **5 Mose 19,16-19**; Markus 14,55-56.63; Apostelgeschichte 22,15

→ Bekenntnis

Zeus (A) → Sonderseite Götter, Seite 104+105

Ziba („Faser, Zweig, Ast")
Knecht/Diener von König Saul

Ziba berichtet König David, dass Merib-Baal, ein Sohn von Jonatan, noch am Leben ist. David gibt Merib-Baal den Besitz von seinem Großvater Saul zurück. Ziba soll das Land mit seinen 15 Söhnen und 20 Knechten für ihn bewirtschaften. Merib-Baal verliert seinen Besitz an Ziba, weil er König David untreu wird.

Finde heraus, mit wem Ziba später den Besitz teilte.

2 Samuel 9,1-11; 2 Samuel 16,1-4; **2 Samuel 19,25-30**

→ Merib-Baal, David, Saul, Jonatan

Zidkija („der Herr ist meine Gerechtigkeit")
auch Zedekia, hoher Beamter am Hof von König Jojakim, Sohn von Hananja

Zidkija ist dabei, als die Urteilsworte über das Volk Israel, die Gott dem Propheten Jeremia gesagt hat, im Tempel vorgelesen werden. Dies geschieht im neunten Monat des fünften Regierungsjahres von König Jojakim. Dieser vernichtet kurze Zeit später die Buchrolle mit den Worten Gottes.

Finde heraus, wer die Worte Gottes aus der Buchrolle vorlas.

Jeremia 36,1-12

→ Jeremia, Jojakim

Zelt – Zimbeln

 Zidkija → Sonderseite Könige Israels, Seite 171

Ziege, Ziegenbock gilt als das älteste Haustier in Israel und ist neben dem Schaf Teil der Kleinviehherde
Typisch für die Ziege sind die Schlappohren und das schwarzbraune Fell, aus dem Stoff für Zeltbahnen und gröbere Kleidung hergestellt wird. Wichtigstes Produkt ist die Milch. Zu besonderen Anlässen schlachtet man ein Zicklein. Gegerbte Ziegenhäute werden zusammengenäht und dienen als Behälter für Wasser oder Wein („Schläuche"). Zudem dienen Ziegen als Opfertiere. Am Versöhnungstag muss ein Ziegenbock die Sünden des Volkes symbolisch in die Wüste tragen.
Kannst du dir denken, woher unsere Redewendung „jemanden in die Wüste schicken" kommt?
📖 3 Mose 16,5-22
→ Palästina, Opfer

Ziege

Ziegel Baumaterial für Häuser, Mauern und Tempel
Ziegel werden aus Lehm und Stroh hergestellt. Diese Zutaten werden durch „Treten" miteinander vermischt. Danach wird die Masse in Formen gestrichen und in der Sonne oder im Ofen gebrannt. Manche Ziegel werden auch mit Farbglasur oder mit Stempeln der Herrscher verziert.
Wissenswert: Diese schwere Arbeit war zur Zeit von Mose die Sklavenarbeit der Israeliten.

📖 2 Mose 5,6-8
→ Sonderseite Stadt, Seite 254+255

Formen zur Ziegelherstellung

Ziegelmacher → Sonderseite Handwerkliche Arbeit, Seite 110+111

Ziegenhaare → Sonderseite Kleidung, Seite 164+165

Ziklag Stadt im Süden von Israel, 16 km nördlich von Beerscheba
Als David vor König Saul flieht, überlässt ihm der Philisterkönig Achisch die Stadt Ziklag. Während David mit König Achisch in den Krieg zieht, wird Ziklag von dem Volk der Amalekiter ausgeraubt. In Ziklag erfährt David, dass König Saul und sein Sohn Jonatan, der Freund von David, tot sind.
Finde heraus, was David gegen die Amalekiter unternahm.
📖 1 Samuel 27,1-7; **1 Samuel 30,1-20**; 2 Samuel 1,1-4
→ Philister, Saul, Jonatan, Amalekiter; siehe Karte Seite 133

Zimbeln → Sonderseite Instrumente und Musik, Seite 126+127

Antike Zimbel

🏺 Zimmer

Die Häuser zur Zeit der Bibel hatten meist nur ein Zimmer, in dem Menschen und Tiere zusammen lebten. Die Tiere lebten direkt am Eingang, die Menschen in einem etwas höher gelegenen hinteren Teil des Raumes. Lebensmittel und Wasser wurden dort ebenfalls gelagert. Das Dach wurde als zusätzlicher Wohnraum und Schlafstelle genutzt. Häuser von vornehmen und reichen Menschen hatten mehrere Zimmer und eine Art Dachboden, in dem man Kammern einrichten oder Versammlungen abhalten konnte.

Einrichtung

Oft haben die Eingänge keine Türen oder nur einen Vorhang aus Stoff oder Tierfellen. Wenn Türen vorhanden sind, sind diese aus dünnen Ästen geflochten.
In den einfachen Zimmern gibt es kaum Möbel.

Kochstelle

Dafür sind die Häuser zu klein. Alles muss so sein, das man es einfach wegräumen und verstauen kann. Die Kochstelle ist in einer Ecke oder Nische des Raumes eingerichtet.
Oftmals gibt es Regale an den Wänden, die aus Holz oder Lehm hergestellt werden. Dort sind Töpfe, Schalen und Krüge verstaut.
So etwas wie einen Stuhl kennt man meist nicht. Manchmal gibt es so etwas wie einen Hocker. Man hockt auf dem Boden oder auf Strohmatten, Fellen und Teppichen. Ein Stuhl mit Rückenlehne und Armlehne ist den reichen Menschen vorbehalten. Selten lesen wir von Sitzpolstern. Meist waren das mit Stroh gefüllte Stoffe oder Felle. Bei besonderen Festen oder in vornehmen Häusern liegt man auch am Tisch. Der schönste Stuhl ist der Thron des Königs.
Ein Tisch braucht sehr viel Platz. Daher wird meist darauf verzichtet. Gibt es einen Tisch im Zimmer, dann ist dies ein sehr niedriger Tisch, an dem man auf dem Boden sitzend essen kann.

Schlafen

Ein Bett gibt es nur bei den ganz vornehmen Menschen. Die einfachen Leute schlafen auf Strohmatten, Decken oder Fellen. Deshalb kann Jesus zu dem geheilten Gelähmten sagen: „Steh auf, nimm deine Matte und geh umher." (Markus 2,9; GNB). Eine solche Matte ist mit einer Isomatte heute vergleichbar.
Ein Teppich ist im Gegensatz zu heute mehr eine Art Decke. Er wird aus Ziegenhaar gewebt oder geknüpft. Die Teppiche, die zum Bau der Stiftshütte verwendet werden, bestehen aus vier Lagen unterschiedlicher Decken. Unten liegt eine sehr wertvolle Decke aus Byssus. Das ist ein Faden, den Muscheln produzieren. Darüber liegen Ziegenfelle, dann ein rotes Widderfell und außen das Fell oder die Haut von Seekühen. Ein solch kostbarer Teppich wird aber nicht in normalen Wohnhäusern benutzt.
Als Bettdecke dienen Ziegenfelle oder Decken aus Schafwolle. Arme Menschen wickeln sich zum Schlafen in ihren Mantel.

Wissenswert: In einigen Teilen von Süddeutschland sagt man noch heute zu einer Decke Teppich.

Hygiene

Die Menschen waschen sich am Brunnen oder an extra dafür vorgesehenen Waschstellen. In den Häusern gibt es aber meist eine Schüssel, in der man sich die Hände und Füße waschen kann.
Wenn man Gäste hat, gebietet es der Anstand, ihnen die Möglichkeit zum Hände- und Fußwaschen zu geben. Spiegel sind meist glattpolierte Bronze- oder Kupferplatten. Die Platten werden so blank geputzt, dass man sich darin spiegeln kann. Das Bild ist dennoch nicht besonders gut. Die Israeliten kennen Spiegel aus der Zeit in Ägypten, denn dort wurden sie erfunden. Später werden auch Platten aus Silber als Spiegel benutzt. Das Spiegelbild ist viel besser, aber fast niemand kann sich einen solchen Spiegel leisten.

Beleuchtung

Die Zimmer haben meist nur sehr kleine Fenster. Es bringt viele Nachteile mit sich, große Fenster zu bauen. Weil man keine Scheiben aus Glas kennt, käme viel Wärme im Sommer in das Haus und im Winter aus dem Haus. Die kleinen Fenster kann man mit Stroh und Fellen so zustopfen, dass die Temperatur im Haus angenehm bleibt. Allerdings kommt durch die kleinen Löcher nicht so viel Licht ins Zimmer.
Als Lampen dienen kleine Schalen, in denen man Öl verbrennt. Das Licht ist ähnlich wie das einer Kerze. In der mit Öl gefüllten Schale ist ein Docht aus Stoff, den man anzündet. In der Zeit der Bibel hat sich die Lampe von einer offenen zu einer geschlossenen Schale entwickelt, die manchmal sogar mehrere Dochte hat.
Leuchter werden in der Bibel meist im Zusammenhang mit dem Tempel oder dem Palast erwähnt. Es sind Lichtquellen, die sich der einfache Mensch nicht leisten kann. Oft werden sie aus Gold oder Silber gegossen. Das Prinzip ist aber dasselbe wie bei der Öllampe: Es gibt einen Docht und Öl, das verbrannt wird.

Zimmermann – Zwilling

 Zimmermann → Sonderseite Handwerkliche Arbeit, Seite 110+111

 Zimt → Sonderseite Gewürze, Seite 99

 Zinne
oberer Abschluss einer Mauer, höchster Punkt eines Gebäudes
Als der Teufel Jesus auf die Probe stellt, bringt er ihn auf die Zinne des Tempels in Jerusalem. Jesus soll hinunterspringen, wenn er Gottes Sohn ist. Jesus weigert sich: Er lässt sich nicht auf die Probe stellen.
💡 Finde heraus, warum Jesus sich nicht auf die Herausforderung einließ.
📖 **Matthäus 4,5-7**
→ Teufel, Tempel

 Zins
Gebühr für geliehenes Geld oder Eigentum
Leiht sich ein Mensch Geld von einem anderen, muss er dafür Zinsen zahlen. Gott will nicht, dass die Israeliten untereinander Zinsen nehmen.
💡 Finde heraus, in welchem Gleichnis Jesus von Zinsen redete.
📖 5 Mose 23,20-21; **Matthäus 25,14-30**
→ Geld

 Zion, Zionsberg, Zionsstadt → Jerusalem

 Zippora („Vogel")
Tochter des Priesters Jitro (auch Reguël genannt), Ehefrau von Mose
Zippora und ihre sechs Schwestern sind gerade dabei, die Schafe ihres Vaters am Brunnen zu tränken, als sie von anderen Hirten weggedrängt werden. Mose, der auf der Flucht vor dem Pharao ist, nimmt sie in Schutz und hilft ihnen. Er bleibt bei Jitro und heiratet Zippora.
💡 Finde heraus, wie die beiden Söhne von Zippora und Mose hießen und was ihre Namen bedeuten.
📖 2 Mose 2,15-21; **2 Mose 18,1-4**
→ Jitro, Mose

 Zisterne
unterirdischer Wasserspeicher
Eine Zisterne wird in die Erde gegraben oder in Fels gehauen, um darin Regen- oder Quellwasser aufzufangen und zu speichern. Sie kann unten sehr breit sein und hat oben eine kleine Öffnung mit Deckel.
💡 Finde heraus, was Josefs Brüder mit ihm anstellten.
📖 **1 Mose 37,18-28**; Jeremia 38,1-13; 2 Mose 21,33-34
→ Josef, Jeremia

Spiralförmiger Treppenzugang zum Wasserspeicher

 Zither (A) → Sonderseite Instrumente und Musik, Seite 126+127

 Zoar („kleiner Ort")
Stadt am südlichen Ende vom Toten Meer
Lot, der Neffe von Abraham, flieht mit seiner Familie zunächst in diese Stadt, als Gott seine Heimatstadt Sodom und die Stadt Gomorra zerstört. Später zieht er mit seinen beiden Töchtern von Zoar ins Gebirge.
💡 Finde heraus, welchen Namen die Stadt noch hatte.
📖 **1 Mose 14,1-2**; 1 Mose 19,15-30
→ Lot, Sodom, Gomorra

 Zofar
Freund von Ijob, kommt aus der Stadt Naama
Als Zofar von Ijobs Unglück hört, besucht er ihn gemeinsam mit Bildad und Elifas, um ihn zu trösten. Zofar hält zwei Reden, in denen er die Einstellung von Ijob kritisiert. Er muss erleben, dass Gott über seine Reden zornig wird und sich auf die Seite von Ijob stellt.
💡 Finde heraus, wie lange die Freunde von Ijob bei ihm saßen und schwiegen.
📖 **Ijob 2,11-13**; Ijob 11,1-20; Ijob 20,1-29; Ijob 42,7-9
→ Ijob, Bildad, Elifas

Zoll
Geldbetrag, den man an der Grenze eines Landes oder Landesteiles bezahlen muss, wenn man Waren mit hinein- oder herausbringt

Zur Zeit des Neuen Testaments hat der römische Kaiser in seinem Reich Zollstationen an Menschen vergeben, die dort den Zoll für ihn einnehmen. Die Zolleinnehmer müssen jedes Jahr einen bestimmten Betrag an den Kaiser zahlen. Was sie darüber hinaus einnehmen, gehört ihnen. Zachäus ist ein Zolleinnehmer in der Stadt Jericho, der den Menschen zu viel Zoll abnimmt.

- Wissenswert: Jesus ist oft mit Zolleinnehmern zusammen gewesen.
- Lukas 5,27-32; **Lukas 15,1-2**; Lukas 19,1-10
→ Zöllner, Zachäus

 Zöllner → Sonderseite Arbeit für einen Herrscher, Seite 158+159

Zorn
Ausdruck von großem Ärger

In der hebräischen Sprache wird Zorn so umschrieben: Bei einem zornigen Menschen ist es, als ob seine Nasenlöcher dampfen oder rauchen. Ein zorniger Mensch reagiert heftig, ohne auf die Folgen zu achten. So erschlägt Kain im Zorn sogar seinen Bruder Abel. Auch Gott kann zornig werden – vor allem, wenn die Menschen einander Unrecht antun oder so leben, als ob es ihn nicht geben würde.

- Finde heraus, wie man mit Zorn umgehen kann.
- 1 Mose 4,5; 4 Mose 11,1-2; Psalm 27,9; Johannes 3,36; **Epheser 4,26**
→ Hebräisch, Abel, Geduld, Kain, Mord

Zucht
strenge Erziehung, Selbstbeherrschung

Im Alten Testament ist mit Zucht eine sehr strenge Erziehung gemeint. Sie soll helfen, dass der Mensch ein Leben führt, das Gott gefällt. Mit Zucht, also mit Strenge und auch mit Schlägen, erzieht zum Beispiel ein Vater seine Kinder, damit sie lernen, nach Gottes Geboten zu leben. Auch Gott züchtigt sein Volk Israel. Er ermahnt die Israeliten durch Propheten und bestraft sie, wenn sie Schuld auf sich geladen haben. Im Neuen Testament bedeutet Zucht auch Selbstbeherrschung: Was Menschen nicht gut tut und von Gott wegbringt, sollen sie sein lassen.

- Hältst du Schläge für ein gutes Erziehungsmittel?
- Ijob 5,17; Sprichwörter 10,17; **Sprichwörter 23,13-14**; Hebräer 12,4-11
→ Gebot, Erziehung

Zunge
sehr beweglicher Muskel im Mund

Die Zunge ist notwendig, um reden, schmecken und essen zu können. In der Bibel geht es meist nicht um die Zunge selbst, sondern um die Macht der Worte. Es wird beschrieben, welche Macht die Worte haben, die über die Zunge gehen. Mit einem unüberlegten Wort kann viel zerstört werden. Jakobus warnt, mit derselben Zunge Gott zu loben und zu fluchen.

- Finde heraus, womit Jakobus die Zunge verglich.
- **Jakobus 3,5b-6**; Psalm 139,4
→ Lob, Lüge

Zurechtweisung → Ermahnung

Zuversicht
festes Vertrauen; auch Glaube, dass etwas Gutes geschehen wird

Wer Zuversicht hat, der glaubt fest daran, dass in der Zukunft Gutes passieren wird. Zuversicht in der Bibel bedeutet, fest darauf zu vertrauen, dass Gott uns liebt und aus aller Not retten kann. An dieser Zuversicht erkennt man den Glauben an Gott.

? Rate mal: Wer war ganz zuversichtlich, dass Gott alles, was er angefangen hat, auch gut zu Ende bringen wird?
a. Jesus b. Jesaja c. Paulus d. Maria
- **Philipper 1,6**
→ Glaube

Zwilling
Baby, das gleichzeitig mit einem zweiten im Bauch seiner Mutter entsteht und am selben Tag zur Welt kommt

Rebekka bekommt die Zwillinge Jakob und Esau. Von Esau stammt das Volk der Edomiter ab, von Jakob das Volk Israel. Auch zwei von Jakobs Enkelkindern sind Zwillinge.

- Finde heraus, welcher der zwölf Jünger von Jesus auch Zwilling genannt wurde.
- 1 Mose 25,19-26; 1 Mose 38,27-30; **Johannes 20,24**
→ Jakob, Esau, Juda, Thomas

Geschmacks-Experiment

ab 2 Personen

Ihr braucht:
- Tuch oder Schal
- unterschiedlich schmeckende Lebensmittel

Ein Spieler muss sich mit dem Tuch die Augen verbinden. Der andere Spieler legt ihm nun die Lebensmittel in den Mund. Kannst du erraten, was du isst? Noch schwieriger wird es, wenn du dir zusätzlich die Nase zuhältst. Besonders gut geeignet für dieses Spiel sind unterschiedliche Gewürze.

Zypern

große Insel im östlichen Mittelmeer, westlich von Syrien

Zypern ist zur Zeit der Bibel reich an Schiffsbauholz und Kupfer. Paulus und Barnabas besuchen die Insel auf ihrer ersten Missionsreise und geraten mit dem Magier Elymas aneinander. Später besucht Barnabas Zypern noch einmal gemeinsam mit Markus.

💡 Finde heraus, wer auf Zypern geboren wurde.

📖 Ezechiël 27,6; **Apostelgeschichte 4,36**; Apostelgeschichte 13,4-13; Apostelgeschichte 15,39

→ Barnabas, Markus, Paulus; siehe Karten Seite 214+215

Zypresse

Zypressen an einem Weg

Nadelbaum, der das ganze Jahr über grün ist

Zypressen gibt es vor allem im Libanon. Sie haben eine schlanke Kegelform, können bis zu 50 m hoch werden, haben kleine Blätter, eiförmige Zapfen und werden von Insekten gemieden. Das rötlich-gelbe Holz ist sehr hart. Um seinen Palast und die Tempelanlage bauen zu können, lässt König Salomo viele Zypressen aus der Gegend um die Hafenstadt Tyrus anliefern.

💡 Wissenswert: Die Türen und der Fußboden im Tempel Salomos waren aus Zypressenholz.

📖 **1 Könige 6,15.34**; Ezechiël 27,5

→ Hiram, Libanon, Salomo, Tempel, Zeder

Zyrene

Hauptstadt der römischen Provinz Cyrenaica, im heutigen Libyen, ca. 800 km östlich von Tripolis

Zyrene ist zur Zeit der Bibel eine griechische Kolonie. Etwa ein Viertel der Einwohner besteht aus Juden, die dort auch eine Synagoge haben. Leute aus Zyrene sind zum Pfingstfest in Jerusalem und hören Petrus predigen.

💡 Finde heraus, wie der Mann hieß, der gezwungen wurde, das Kreuz von Jesus zu tragen.

📖 **Matthäus 27,32**; Markus 15,21; Lukas 23,26; Apostelgeschichte 2,10; Apostelgeschichte 6,9; Apostelgeschichte 11,20; Apostelgeschichte 13,1

→ Antiochia; siehe Karte Seite 135

Spiele

Spiele mit Nüssen

Das Spielen mit Nüssen gehörte für die römischen Kinder zu ihren Lieblingsbeschäftigungen. Es gibt ganz unterschiedliche Spiele. Hier findest du zwei davon:

Das „Orca-Spiel"

Ihr braucht:
- Tongefäß (Orca)
- fünf Haselnüsse für jeden Mitspieler

So geht's:
Es wird eine Entfernung zur Orca festgelegt, von der aus jeder Spieler versuchen muss, die Nüsse in die Orca zu werfen. Gewonnen hat der, der die meisten Treffer hat.

Das „Nuces Castellatae-Spiel"

Ihr braucht:
- Walnüsse

So geht's:
Nuces Castellatae bedeutet übersetzt „Nüsse und Türme". Es ist ein Geschicklichkeitsspiel. Es werden kleine Häufchen aus jeweils vier Nüssen gebaut. Drei Nüsse liegen nebeneinander auf dem Boden. Die vierte liegt obenauf. Die Spieler müssen nun mit dem Werfen einer weiteren Nuss versuchen, die oben liegende Nuss zum Runterfallen zu bringen.

Arbeit für Gott und die Religionen (Teil 2)

Taubenverkäufer/Tierhändler
Sie verkaufen an ihren Verkaufsständen auf dem großen Tempelvorhof Opfertiere. Es ist eine der wichtigsten Aufgaben der Priester, Tiere, die die Gläubigen mitbringen, für Gott zu opfern. Jesus vertreibt einmal die Geldwechsler und Tierhändler aus dem Tempel.
📖 Markus 11,15-19
→ Taube, Sonderseite Opfer, Seite 210+211

Schriftgelehrter/Gesetzeslehrer
Teilweise im Alten Testament, besonders aber im Neuen Testament, ist damit ein Mann gemeint, der sich in der Thora, der Heiligen Schrift des Judentums, gut auskennt. Bis etwa 200 v. Chr. ist das Studium der Schrift Aufgabe der Priester. Danach entstehen Bewegungen wie die der Pharisäer, die das Studium der Schrift selbst in die Hand nehmen. So muss man nicht mehr Priester sein, um Schriftgelehrter zu werden. In Synagogen und Lehrhäusern unterrichten Schriftgelehrte Schüler (Jünger), die auch mit ihnen umherziehen. Jesus kommt mit unterschiedlichen Schriftgelehrten ins Gespräch – zu Themen wie seiner Vollmacht oder das höchste Gebot. Bei aller Kritik von Jesus an den Schriftgelehrten darf nicht übersehen werden, dass Jesus selbst Lehrer der Schrift ist (Lehrer/ Rabbi). Auch Paulus absolviert eine Ausbildung als Schriftgelehrter, bevor er Christ wird.
📖 Esra 7,6; Nehemia 8,1-12; Lukas 5,17; Apostelgeschichte 5,34; Markus 2,6; Markus 12,28; Lukas 10,25; Lukas 11,37-54; Apostelgeschichte 22,3
→ Thora, Priester, Synagoge

→ Arbeit für Gott und die Religionen (Teil 1) Seite 268

Lehrer (Rabbi)
Den Beruf des fest angestellten Lehrers wie heute gibt es zur Zeit der Bibel nicht. Lehren ist Sache der Eltern. Als Lehrer gelten aber auch die, die anderen Gottes Willen weitergeben – besonders Mose, der als Lehrer Israels bezeichnet wird. Das Neue Testament sieht in Jesus den Lehrer schlechthin und er wird auch so angesprochen. Er gibt mit seiner Lehre nicht nur Wissen weiter, sondern eröffnet die neue Welt Gottes. Die ersten Christen kennen neben Aposteln auch Lehrer. Diese verbinden die Erzählungen des Alten Testamentes mit den Ereignissen um Jesus und geben sie an andere weiter.
📖 Sprüche 4,1; 2 Mose 4,12; Markus 5,35; Markus 14,14; Apostelgeschichte 13,1; 1 Korinther 12,28-30; Epheser 4,11
→ Eltern, Erziehung

Prophet
Neben Propheten, die von Gott berufen sind, gibt es zu biblischen Zeiten auch solche, die ein bezahltes Prophetenamt ausüben. Bekannt sind die Baals-Propheten des Königs Ahasja oder die 400 Propheten des Königs Ahab, die dem König einen Sieg voraussagen, der nicht eintrifft.
📖 1 Könige 18,21; 1 Könige 22,1-12
→ Prophet, Elija, Jeremia, Jesaja

Wahrsager
Auch sie sagen gegen Bezahlung die Zukunft voraus, indem sie ein Los werfen, Sterne oder Träume deuten. Israeliten ist es jedoch verboten, zu Wahrsagern zu gehen oder selbst wahrzusagen. Dies gilt auch noch zur Zeit des Neuen Testamentes.
📖 1 Mose 41,8; Daniel 2,2.27; 5 Mose 18,9-14; 1 Samuel 28,3-15; Apostelgeschichte 16,16-18
→ Losen, Wahrsagerei

2. Missionsreise von Paulus

Reisen von Paulus

1. Paulus und Barnabas kehren nach dem Apostelkonzil in Jerusalem nach Antiochia zurück (Apostelgeschichte 15,1-29).
2. Paulus und Barnabas streiten und trennen sich (Apostelgeschichte 15,36-40).
3. Paulus beruft Silas zu seinem Mitarbeiter und sie reisen durch Syrien und Zilizien (Apostelgeschichte 15,40-41).
4. Paulus fragt Timotheus, ob er mitreisen möchte (Apostelgeschichte 16,1-3).
5. Paulus und seine Begleiter reisen durch Phrygien und Galatien (Apostelgeschichte 16,6).
6. Sie erfahren, dass sie nicht nach Bithynien, sondern nach Neapolis gehen sollen (Apostelgeschichte 16,7).
7. Paulus hat eine Vision von einem Mann aus Mazedonien, der ihn um Hilfe bittet (Apostelgeschichte 16,8-9). Sie setzen über nach Neapolis (Apostelgeschichte 16,11-15).
8. Lydia, eine jüdische Händlerin, wird Christin. Paulus und Silas werden ins Gefängnis geworfen, nachdem Paulus eine Wahrsagerin geheilt hat. Durch ein Erdbeben werden sie wieder befreit (Apostelgeschichte 16,11-40).
9. Wegen Aufruhr in Thessalonich fliehen sie (Apostelgeschichte 17,1-9).
10. Paulus segelt alleine nach Athen, da er in Gefahr ist. Silas und Timotheus bleiben in Beröa (Apostelgeschichte 17,16-34).
11. Paulus spricht auf dem Areopag (Apostelgeschichte 17,16-34).
12. Paulus geht nach Korinth, wo er Priszilla und Aquila trifft. Er wohnt und arbeitet mit ihnen. Silas und Timotheus kommen nach Korinth. Sie bleiben 18 Monate dort (Apostelgeschichte 18,18).
13. Paulus, Priszilla und Aquila segeln nach Ephesus (Apostelgeschichte 18,18-21).
14. Priszilla und Aquila bleiben in Ephesus (Apostelgeschichte 18,18-24). Paulus reist nach Cäsarea und von dort nach Jerusalem (Apostelgeschichte 18,22).

→ 1. Missionsreise von Paulus, Seite 214+215

3. Missionsreise von Paulus

1. Paulus bricht erneut auf, um Menschen in Kleinasien zu bekehren.
2. Paulus redet zu vielen Christen und predigt in der Synagoge (Apostelgeschichte 19,1-10). Außerdem macht er Kranke gesund (Apostelgeschichte 19,11.12). Nach dem Aufstand der Silberschmiede verlässt Paulus Ephesus nach zwei Jahren und geht nach Troas (Apostelgeschichte 20,1; 2 Korinther 2,12-13).
3. Paulus reist durch Mazedonien und andere Regionen (Apostelgeschichte 20,1-3).
4. Paulus verbringt drei Monate in Korinth (Apostelgeschichte 20,2-3a).
5. Paulus und seine Begleiter kommen zum Passafest nach Philippi (Apostelgeschichte 20,6).
6. Seine Begleiter bleiben sieben Tage in Troas (Apostelgeschichte 20,6-12).
7. Paulus wandert über Land und trifft weitere Begleiter in Assos. Sie segeln nach Mitylene weiter (Apostelgeschichte 20,13-14).
8. Das Boot legt in der Nähe von Chios an (Apostelgeschichte 20,15).
9. Sie treffen in Milet ein. Paulus trifft die Ältesten aus der Gemeinde in Ephesus (Apostelgeschichte 20,16-38).
10. Sie setzen nach Tyrus über, eine Reise, die drei oder vier Tage dauert (Apostelgeschichte 21,2-3).
11. In Tyrus bleiben sie sieben Tage bei den „Jüngern", wo sie wahrscheinlich auf ein Schiff warten, das sie nach Süden bringt (Apostelgeschichte 21,4-6).
12. Kurzer Zwischenstopp in Ptolemaïs (Apostelgeschichte 21,7).
13. In Cäsarea treffen sie Philippus, den Evangelisten (Apostelgeschichte 21,8-14).
14. Sie kommen zum Pfingstfest nach Jerusalem (Apostelgeschichte 21,15-16).

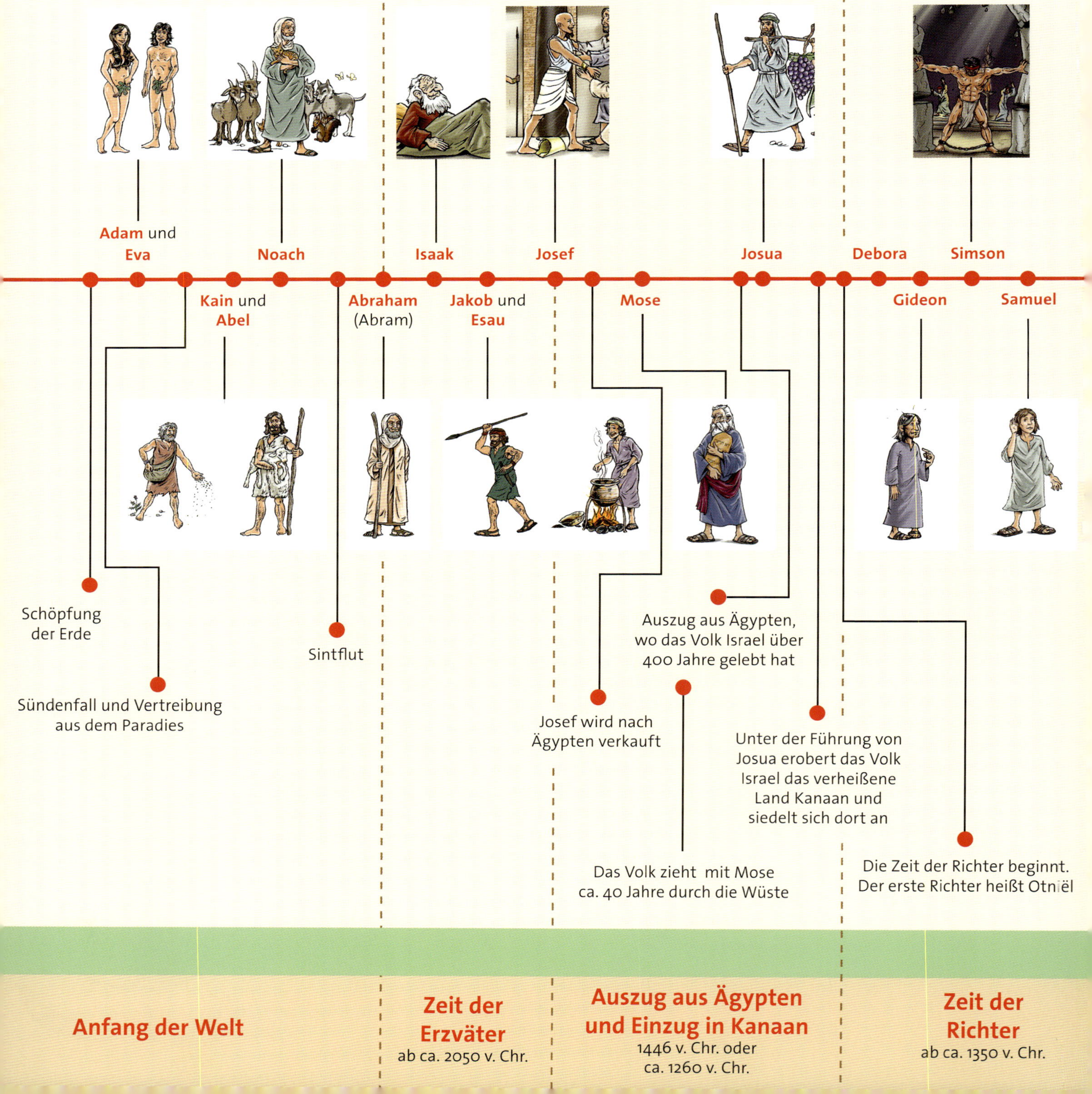

Zeitstrahl

308

Adam und **Eva** — **Noach** — **Isaak** — **Josef** — **Josua** — **Debora** — **Simson**

Kain und **Abel** — **Abraham** (Abram) — **Jakob** und **Esau** — **Mose** — **Gideon** — **Samuel**

Schöpfung der Erde

Sündenfall und Vertreibung aus dem Paradies

Sintflut

Josef wird nach Ägypten verkauft

Auszug aus Ägypten, wo das Volk Israel über 400 Jahre gelebt hat

Das Volk zieht mit Mose ca. 40 Jahre durch die Wüste

Unter der Führung von Josua erobert das Volk Israel das verheißene Land Kanaan und siedelt sich dort an

Die Zeit der Richter beginnt. Der erste Richter heißt Otniël

Anfang der Welt

Zeit der Erzväter
ab ca. 2050 v. Chr.

Auszug aus Ägypten und Einzug in Kanaan
1446 v. Chr. oder ca. 1260 v. Chr.

Zeit der Richter
ab ca. 1350 v. Chr.

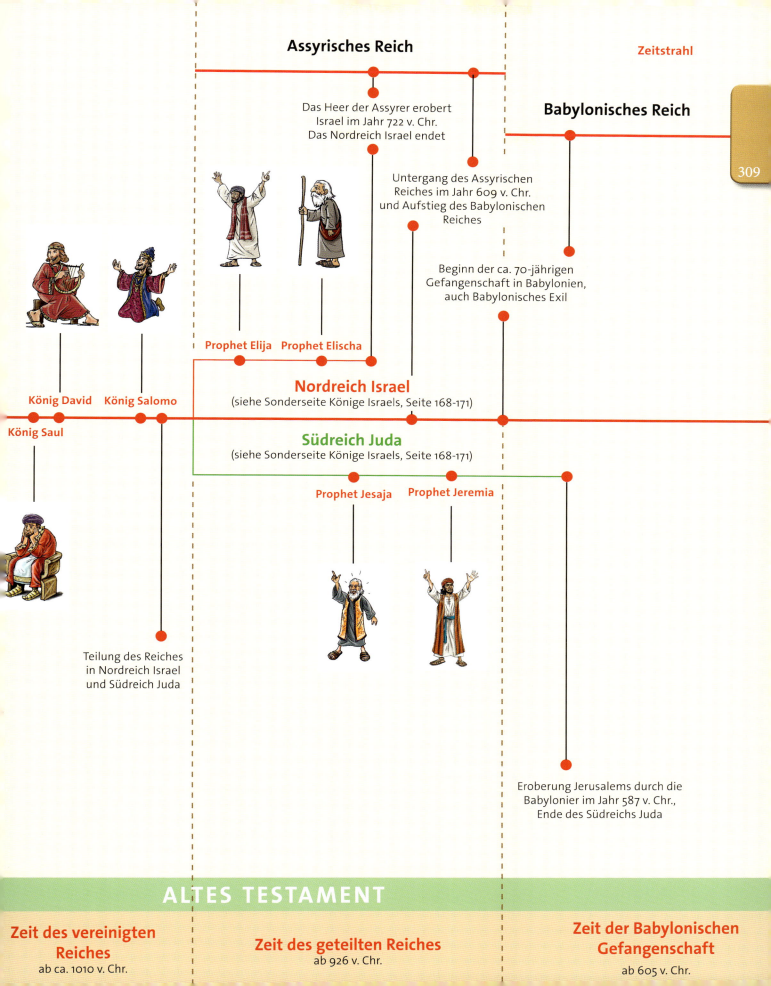

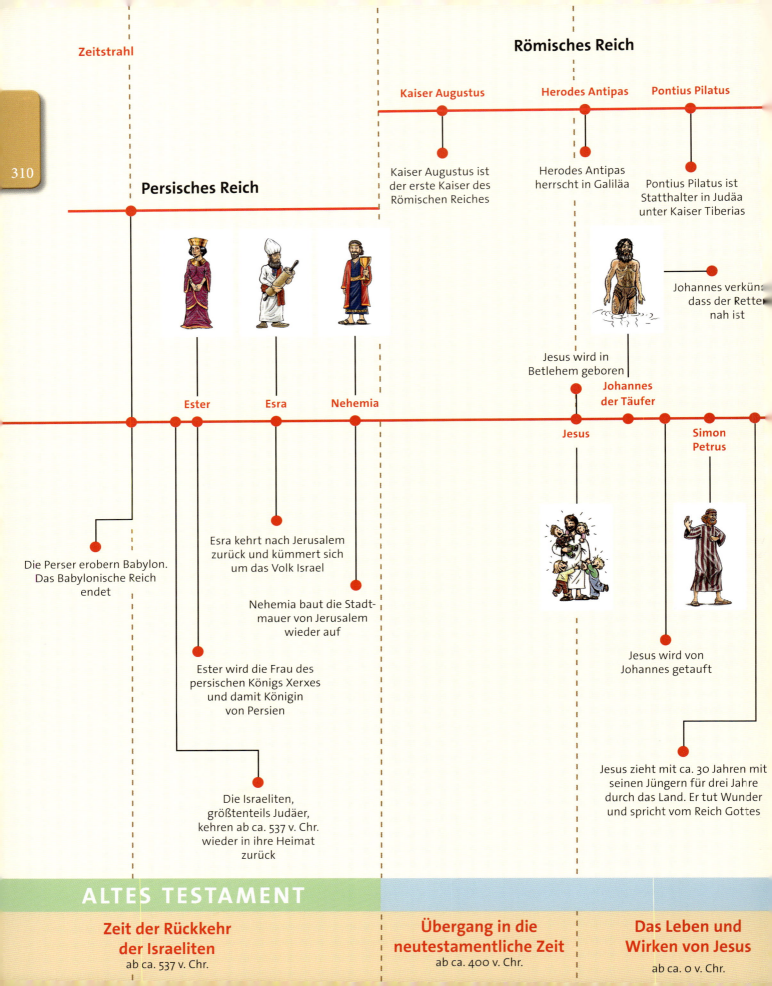

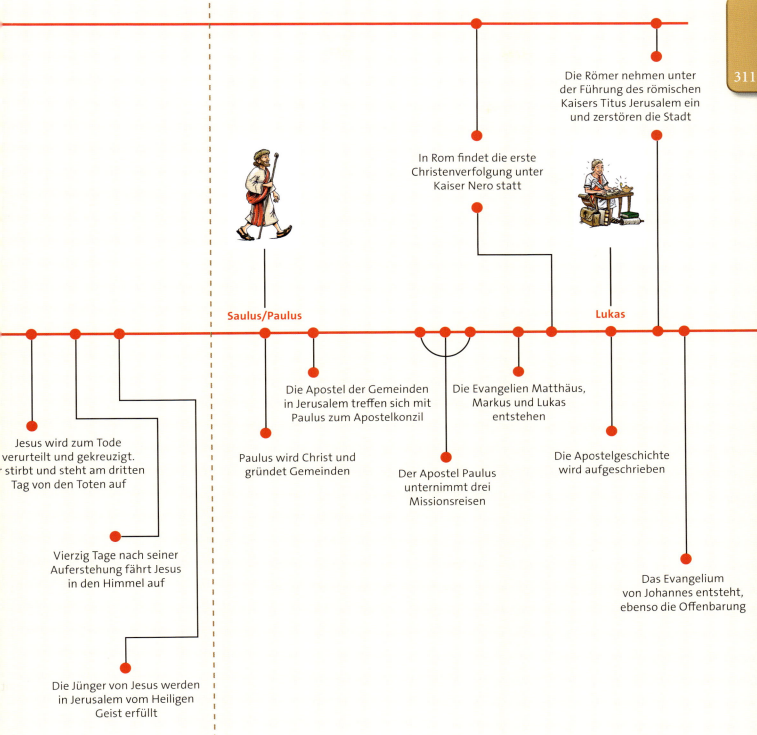

Autorinnen und Autoren

Debora Aziz, Jahrgang 1974, lebt im Schwabenland und ist Mutter von drei Töchtern. Sie ist Physiotherapeutin und arbeitet seit Jahren in der Jungschar und Kinderkirche ihrer Gemeinde mit.

Fabian Backhaus, Jahrgang 1984, war auf dem Marburger Bibelseminar und arbeitet als Jugenddiakon in der Evangelisch-lutherischen Epiphaniasgemeinde. Er lebt in der Lebensgemeinschaft "Hayal Community".

Fritz Baltruweit ist Pfarrer und Liedermacher. Er arbeitet im Evangelischen Zentrum für Gottesdienst und Kirchenmusik im Michaeliskloster Hildesheim und im Haus kirchlicher Dienste in Hannover.

Katrin Baumann ist Pastorenfrau, Mutter von vier Kindern und lebt in Bochum. Die gelernte Verwaltungsfachangestellte und Gemeinschaftsdiakonin liest gerne und denkt sich gerne selbst Geschichten aus. Für die Zeitung ihres Gemeinschaftsverbandes gestaltet sie die Kinderseite.

Johannes Benner, Jahrgang 1985, ist verheiratet mit Johanna und wohnt in Süßen. Er ist Theologe und arbeitet als Koordinator für digitale Medien in einem Verlag. In seiner Freizeit macht er gerne Musik.

Sarah Blatt, Jahrgang 1985, ist verheiratet mit Daniel und Mutter von Joscha-Noél. Sie lebt in Oranienburg und ist Erzieherin in einer Familienwohngruppe. Ehrenamtlich schreibt sie für das Bibelseheft *Guter Start* und engagiert sich im Kinderbereich des Christlichen Jugendzentrums Onanienburg.

Frank Bonkowski lebt mit seiner Frau Loretta und drei Kindern in Bad Segeberg, Schleswig-Holstein. Er war 17 Jahre lang als Jugendpastor und Gemeindegründer in Vancouver, Kanada, tätig. Der Pastor arbeitet nebenbei als Redner, Erlebnispädagoge und Gemeindetrainer.

Ingrid Boller, Jahrgang 1963, hat Geschichte, Evangelische Theologie und Germanistik studiert und arbeitet als freie Autorin. Sie engagiert sich ehrenamtlich in ihrer Kirchengemeinde und schreibt regelmäßig für „klartext".

Andrea Braner ist verheiratet, hat drei Töchter und lebt in Hofgeismar bei Kassel. Sie ist Pfarrerin, Kindergottesdienstbeauftragte und Leiterin der Arbeitsstelle für Kindergottesdienst in der Evangelischen Kirche von Kurhessen-Waldeck.

Dr. Christian Brenner ist verheiratet mit Simone und Vater von vier Kindern. Der promovierte Theologe wurde 2007 zum Generalsekretär des Bibellesebundes berufen. Zudem ist er Pastor des Bundes Freier evangelischer Gemeinden. Er war einige Jahre für das Projekt Basisbibel bei der Deutschen Bibelgesellschaft verantwortlich.

Sina Broksch, Jahrgang 1991, lebt in Marienheide. Sie hat nach ihrem Abitur in England in einem christlichen Ferienzentrum gearbeitet und macht jetzt ein Jahrespraktikum beim Bibellesebund.

Sonja Brocksieper lebt mit ihrem Mann und drei Söhnen in Remscheid. Sie ist Diplom-Pädagogin, engagiert sich in der Familienarbeit und ist als Sprachförderkraft im Kindergarten tätig.

Kirsten Brünjes wohnt mit ihrem Mann und drei Kindern in Kierspe. Die Diplom-Ökotrophologin schreibt und erzählt gerne Geschichten für Kinder.

Monika Büchel wohnt in Gummersbach. Seit 1980 arbeitet sie beim Bibellesebund in Marienheide als Redakteurin und Projektkoordinatorin im Verlag.

Melanie Burmeister, Jahrgang 1987, kommt aus München. Sie ist Kinderkrankenschwester und schreibt für die Bibellese-Zeitschriften *Guter Start* und *pur*.

Catharina Conrad studiert Literatur, Kunst und Medien in Konstanz. Bei der Zeitschrift *kläx* hat sie eine Ausbildung zur Verlagskauffrau gemacht. Sie engagiert sich für Jungscharfreizeiten, mag Bücher und Schokolade.

Julia Cord, Jahrgang 1964, lebt mit ihrem Mann und zwei Kindern in Rastatt. Sie arbeitet als Religionslehrerin an einer Grund- und Realschule und engagiert sich in der Jugendarbeit einer evangelischen Gemeinde.

Kerstin Alexandra Cron, Jahrgang 1983, ist verheiratet und Übersetzerin für Chinesisch und Englisch. Von 2009 bis 2010 hat sie ein Volontariat im Verlagsbereich des Bibellesebundes gemacht. Sie reist gerne und hat eine Vorliebe für Asien.

Stefanie Diekmann ist verheiratet mit Henrik und hat drei Kids. Sie ist Pädagogin und beschäftigt sich gerne mit Kindern. In ihrer Freizeit liest und singt sie gerne.

Christina Dietelbach studiert Sonderpädagogik in Reutlingen. Sie schreibt für die Kinderzeitschrift *kläx* und ist seit Jahren in der Gemeindearbeit mit Kindern aktiv.

Christa und Walter Dross leben in Sechtem und haben vier erwachsene Kinder. Christa Dross leitet die Jungschar "Club der Ringelsocken" in Sechtem. Walter Dross engagiert sich in verschiedenen Gemeindebereichen der Freien evangelischen Gemeinde Brühl.

Natalie Enns, Jahrgang 1987, lebt mit ihrem Mann in Marienheide. Nach ihrem Germanistikstudium hat sie einen Basiskurs an der Theologischen Akademie in Wiedenest absolviert. Sie engagiert sich seit vielen Jahren in der Jungschararbeit.

Serge Enns, Jahrgang 1985, verheiratet mit Natalie. Er hat in Gießen Theologie studiert und arbeitet seit 2010 beim Bibellesebund als Redakteur für die Jugend-Zeitschrift *pur*. Zudem ist er Jugendleiter der Evangelischen Kirche in Marienheide.

Ruth Erichsen ist Referentin für die Arbeit mit Kindern beim Bibellesebund. Zuvor engagierte sie sich hauptamtlich in verschiedenen Gemeinden für Kinder und Jugendliche.

Ralf Fischer, Jahrgang 1966, ist verheiratet und Vater von vier erwachsenen Kindern. Er ist Pfarrer am Pädagogischen Institut der Evangelischen Kirche von Westfalen. Mit Kindern erforscht er gerne biblische Texte.

Karin Goll ist verheiratet und lebt mit ihrem Mann und zwei Töchtern in Hessen. Sie arbeitet als Radiomoderatorin beim ERF in Wetzlar.

Autorinnen und Autoren

Maren Goseberg, Jahrgang 1985, ist seit einem Jahr Gemeindepädagogin in der Evangelischen Auferstehungsgemeinde Mainz mit dem Schwerpunkt Kinder- und Jugendarbeit. Sie hat Soziale Arbeit in Darmstadt studiert und ein Fachstudium Theologie am CVJM-Kolleg in Kassel absolviert.

Anja Günther ist verheiratet, hat vier Kinder und lebt mit ihrer Familie in Remscheid. Sie arbeitet als ehrenamtliche Jugenddiakonin in ihrer Gemeinde mit.

Katrin Hartig, Jahrgang 1975, lebt in Werdohl, ist verheiratet und Mutter von drei Kindern. Die Heilpädagogin leitet eine Wohngruppe für Jugendliche. Sie mag Bücher und Gute-Nacht-Geschichten.

Elke Hartebrodt-Schwier, Jahrgang 1967, ist Diplom-Religions- und Sozialpädagogin sowie Freiwilligen-Managerin. Sie ist Diakonin in der Landeskirche Hannovers.

Katharina Haubold, Jahrgang 1986, wohnt in Gummersbach. Sie ist Referentin für die Arbeit mit Jugendlichen beim Bibellesebund. Sie möchte die biblische Botschaft so weitergeben, dass alle sie verstehen können. In ihrer Freizeit ist sie gerne auf dem Motorrad unterwegs.

Damaris Hecker, Jahrgang 1979, lebt mit ihrem Mann und zwei Kindern in Nürnberg. Sie ist Pastorin der Evangelisch-methodistischen Kirche und arbeitet als Jungscharsekretärin im Kinder- und Jugendwerk Süd.

Christiane Henrich ist studierte Literaturwissenschaftlerin. Sie arbeitet als Redakteurin der Zeitschriften *kläx* und *Kleine Leute – Großer Gott*. Seit vielen Jahren ist sie in der Gemeindearbeit mit Kindern aktiv.

Elke Herrenknecht-Blank, Jahrgang 1968, ist verheiratet und hat drei Kinder. Sie wohnt in Süddeutschland und arbeitet als Krankenschwester.

Christa H. Herold wohnt in Köln und arbeitet als technische Angestellte. Zudem ist sie als Therapeutin, Dozentin und Trainerin tätig. Sie schreibt Bücher und war in der Arbeit mit Kindern und Jugendlichen aktiv. Ihr ist es wichtig, dass diese gute und dem Alter entsprechende angemessene Antworten auf ihre Fragen bekommen.

Kathinka Hertlein, Jahrgang 1983, hat Theologie, Soziologie und Erziehungswissenschaften studiert. Sie lebt in Nürnberg und arbeitet als Kinder- und Jugendreferentin im EC Bayern.

Markus Hildebrandt Rambe, Jahrgang 1964, ist Pfarrer der Evangelisch-Lutherischen Kirche in Bayern. Er unterrichtet praktische Theologie, Mission und Ökumene in Makassar in Indonesien. Seit 2006 ist er Landespfarrer für Kindergottesdienst.

Maike Hofmann, Jahrgang 1988, kommt aus Schorndorf und arbeitet als Kinder- und Jugendreferentin auf der Langensteinbacher Höhe in Karlsbad.

Maik Horstmann, Jahrgang 1978, ist gelernter Bankkaufmann und Lehrer für evangelische Religion und Englisch. Seit vielen Jahren engagiert er sich ehrenamtlich im CVJM Halver.

Michael Jahnke, Jahrgang 1967, ist Diplom-Pädagoge und seit Jahren in der kirchlichen und freikirchlichen Arbeit mit Kindern tätig. Er ist Autor von Kinderbüchern und Arbeitshilfen und arbeitet als Publikationsleiter beim Bibellesebund.

Anette Jarsetz zog mit 20 Jahren von Japan nach Deutschland und wurde Sonderschullehrerin. Seit 2008 arbeiten sie und ihr Mann David als Missionare der Liebenzeller Mission – derzeit unter vernachlässigten Kindern in Port Moresby in Papua-Neuguinea.

Anke Kallauch ist verheiratet und hat drei Kinder. Sie ist Referentin für Kindergottesdienst im Bund freier evangelischer Gemeinden und Herausgeberin von *Kleine Leute – Großer Gott*.

Sybille Kalmbach, Jahrgang 1971, ist Religionspädagogin, Jugendreferentin, Diakonin sowie Spiel- und Theaterpädagogin. Sie lebt mit ihrem Mann und ihren drei Kindern in der Nähe von Stuttgart. Sie liebt Zeltlager, Menschen von Gott zu erzählen und Kinderschokolade.

Bruni Klose lebt mit ihrem Mann und drei Kindern in Wien. Sie arbeitet in der Betreuung von Schülern als Lern-Coach und als freiberufliche Übersetzerin.

Karoline Knöppel, Jahrgang 1981, gelernte Einzelhandelskauffrau, lebt mit ihrem Mann und vier Töchtern zwischen 3 und 9 Jahren in Iserlohn. Sie ist in der Gemeinde aktiv, schreibt die Kinderseite im Gemeindebrief und findet es spannend, mit ihren Kindern über biblische Geschichten zu reden.

Susanne Koch, Jahrgang 1978, ist verheiratet und hat als Medienkauffrau fünf Jahre lang die SCM-Buchhandlung in Holzgerlingen geleitet. Seit 2007 ist sie beim Bibellesebund als Projektkoordinatorin im Verlagsbereich tätig. Sie überlegt sich gerne Kreatives, um Kinder und Erwachsene für die Bibel zu begeistern.

Wolf-Peter Koech, Jahrgang 1956, ist seit 1987 Pastor der Evangelisch-Lutherischen Landeskirche Schaumburg-Lippe. Er engagiert sich für Kirche mit Kindern und schreibt Artikel für *Der Kindergottesdienst* und *Evangelische Kinderkirche*. Mit seinem Kollegium verantwortete er einen Band mit eigenen Krippenspielen.

Irina Kostic, Jahrgang 1979, lebt mit ihrem Mann und drei Kindern in Nordfriesland. Sie arbeitet als Kinderkrankenschwester, malt und schreibt kreativ und bringt Kindergartenkindern christliche Lieder bei.

Bettina Krumm ist verheiratet, Mutter von drei Kindern und wohnt in Owen. Sie hat als Erzieherin und als Jugendreferentin und Diakonin gearbeitet. Zurzeit engagiert sie sich ehrenamtlich.

Michael Landgraf ist Leiter des Religionspädagogischen Zentrums in Neustadt an der Weinstraße. Seit 35 Jahren ist er in der Kinderkirche und in der Arbeit mit Jugendlichen aktiv. Er unterrichtet an Grund- und weiterführenden Schulen und ist Autor vieler Kinderbücher und Arbeitshilfen.

Birte Leemhuis, Jahrgang 1972, ist verheiratet und hat zwei Kinder. Die studierte Religions- und Sozialpädagogin ist als Diakonin einer Kirchengemeinde in Bremen tätig. Außerdem arbeitet sie als Referentin der Evangelischen Jugend und ist Beauftragte für Kindergottesdienst in Bremen.

Autorinnen und Autoren

Hannes Leitlein, Jahrgang 1986, lebt mit seiner Frau Lisa in einer Wohngemeinschaft in Wuppertal. Neben seinem Theologiestudium arbeitet er als Grafiker, Fotograf, Texter und Moderator. Er wünscht sich, Kindern die Bibel näherzubringen.

Burkhard Meißner ist verheiratet und Vater zweier erwachsener Kinder. Er arbeitet als Theologe beim Bibellesebund mit Schwerpunkt Redaktion.

Simone Merkel, Jahrgang 1965, ist Gemeinde- und Religionspädagogin und arbeitet im Amt für kirchliche Dienste der Evangelischen Kirche Berlin-Brandenburg-schlesische Oberlausitz als Studienleiterin für gemeindliche Arbeit mit Kindern.

Martina Merckel-Braun ist verheiratet, hat vier erwachsene Kinder und lebt mit ihrem Mann in Germersheim am Rhein. Sie ist freiberufliche Übersetzerin und Autorin.

Heiko Metz, Jahrgang 1978, ist verheiratet und Einrichtungsleiter der Arche in Düsseldorf. Er ist Leiter von Bärenstark e. V. und Vorsitzender im Netzwerk Christliche Schuljugendarbeit. Er mag Bücher und italienisches Essen.

Kathrin Möller ist verheiratet und hat drei Kinder. Sie arbeitete 13 Jahre lang als Jugendwartin im Kirchenbezirk Kamenz. Seit 2009 wohnt sie mit ihrer Familie in Berlin und ist als Seelsorgerin tätig.

Alex Mörgeli ist verheiratet, Vater von vier erwachsenen Kindern und lebt am Oberen Zürichsee in der Schweiz. Er ist Autor vieler Geschichten und Hörspiele, für die er bereits mehrfach Auszeichnungen erhielt.

Carolin Münch ist CVJM-Sekretärin. Als Praxisbeauftragte für Teilzeitstudiengänge arbeitet sie für die CVJM-Hochschule in Kassel. Sie engagiert sich für Kinderfreizeiten und Sportgruppen. In ihrer Freizeit startet sie gerne beim Triathlon.

Sabine Münch, Jahrgang 1961, ist Pfarrerin in Pretzschendorf in Sachsen und Kinderbuchautorin. Sie studierte evangelische Theologie und Diakoniewissenschaften in Münster, Tübingen, Bonn und Heidelberg.

Mark Nockemann, Jahrgang 1978, ist verheiratet und hat zwei Kinder. Er machte eine theologische Ausbildung an der Evangelistenschule Johanneum in Wuppertal. Als Landessekretär ist er im CVJM Bayern tätig, wo er sich für die Arbeit mit Kindern und Jugendlichen engagiert.

Constanze Nolting, Jahrgang 1967, ist verheiratet und hat zwei Kinder. Die Grundschullehrerin ist Gründerin und Leiterin des Begegnungszentrums Giraffenland für Kinder in Löhne.

Heike Obergfell, Jahrgang 1965, wohnt mit ihrer Familie in Tennenbronn. Sie schreibt für die Zeitschrift *Evangelische Kinderkirche*, arbeitet bei Buchprojekten mit und entwirft Manuskripte und Reden. In ihrer Gemeinde setzt sie sich im Kindergottesdienstteam ein.

Rainer Ollesch, Jahrgang 1942, hat drei erwachsene Kinder und war zuletzt als Pfarrer in Krefeld tätig. Hier wirkte er auch im Kindergottesdienst und in der Kinderbibelwoche mit. Er erzählt gerne biblische Geschichten für Kindergartenkinder und schreibt für Kindergottesdienst-Zeitschriften.

Kerstin Othmer-Haake, Jahrgang 1961, Pfarrerin, Beauftragte für Kindergottesdienst in der Evangelischen Kirche von Westfalen, Dozentin am Institut für Aus-, Fort- und Weiterbildung mit dem Thema Kinder in der Kirche. Sie feiert gerne und regelmäßig Gottesdienste mit Kindern in Dortmund und Umgebung.

Steffen Pfingstag, Jahrgang 1967, ist verheiratet und hat drei Kinder. Er hat ein Diplom in Forstwissenschaft, ist evangelischer Diakon, Gemeindeleiter und christlicher Lebensberater. Außerdem schreibt er Geschichten für Kinder und Erwachsene.

Marion Plag ist Diplom-Sozialpädagogin mit einer theologischen Ausbildung. Sie arbeitet beim Bibellesebund als Redakteurin der Bibellesezeitschrift *Guter Start* und als Referentin für die Arbeit mit Kindern.

Annika Plömacher, Jahrgang 1997, ist Schülerin und wohnt in Marienheide. Beim Bibellesebund hat sie ein zweiwöchiges Schulpraktikum absolviert. In ihrer Freizeit schreibt sie Texte und Gedichte, spielt Gitarre und macht bei TenSing in Marienheide mit.

Ines Raabe ist Referentin für die Arbeit mit Kindern beim Bibellesebund und gestaltet unter anderem Kinderbibeltage und den *kibi-Ferientreff*. Vor ihrem Theologiestudium war sie als Reiseverkehrskauffrau tätig. Privat arbeitet sie seit über zehn Jahren mit Kindern und Jugendlichen, was ihr große Freude macht.

Martina und Jens Reiber, Jahrgänge 1967 und 1992, sind Mutter und Sohn aus Ulm. In ihrer Freizeit sind sie gerne in der Natur und machen Geocaching. Außerdem mögen sie gerne Tiere. Sie mögen neue Herausforderungen.

Stefanie Reusser ist verheiratet und hat zwei Kinder. Mit ihrer Familie lebt sie in der Schweiz. Ihr Interesse gilt Büchern und fremden Ländern und Kulturen.

Mathias Riedel, Jahrgang 1966, ist verheiratet und Vater von vier Kindern. Zurzeit arbeitet er als Leiter des CVJM-Jugendschiffes in Dresden. Als evangelischer Diakon engagiert er sich für die Arbeit mit Kindern.

Simone Schächterle, Jahrgang 1976, lebt mit ihrer Familie in Süddeutschland. Sie ist Leiterin einer Diakonischen Bezirksstelle. Seit vielen Jahren schreibt sie Geschichten für Kinder und Erwachsene.

Naemi Scheerle, Jahrgang 1992, hat Abitur gemacht und befindet sich zurzeit auf einem Missionseinsatz auf der Logos Hope. Sie lernt gerne Kinder aus fremden Kulturen kennen und mag Sonnenuntergänge auf dem Meer.

Dirk Schliephake, Jahrgang 1962, ist Pastor und Beauftragter der Evangelisch-lutherischen Landeskirche Hannovers für Kindergottesdienst. Er leitet zudem den Arbeitsbereich Kindergottesdienst im Michaeliskloster Hildesheim. Zu den Schwerpunkten seiner Arbeit mit Kindern gehört die interaktive Auslegung der Bibel.

Bernd Schlüter, Jahrgang 1956, ist Vater von drei Kindern und lebt in Hamburg. Der Pastor und Seelsorger gibt seit vielen Jahren das Buch *Der Kindergottesdienst* und seit kurzem die Kinderzeitschrift *Meine Welt* heraus. In seiner Freizeit geht er gerne an der Elbe joggen.

Autorinnen und Autoren

Sara Schmidt arbeitet beim Bibellesebund Schweiz als Arbeitszweigleiterin im Bereich Kinder. Zudem ist sie im Redaktionskreis von *Guter Start* tätig und gibt das Kindergottesdienst-Material *kibi-Treff* heraus.

Timo Schmidt, Jahrgang 1981, lebt mit seiner Frau und zwei Kindern in Hessen. Er arbeitet als Gemeinschaftspastor und ist Lehrbeauftragter an der Evangelischen Hochschule Tabor. Außerdem liebt er Nudeln und geht gerne zum Bogenschießen.

Thorsten Schmidt ist verheiratet und hat drei Töchter. Er war für verschiedene Werke in der Kinder- und Jugendarbeit aktiv. Beim Bibellesebund leitet er den Bereich Jugend. Ihm ist es wichtig, die Bibel für heute verständlich zu machen.

Katrin Schneller, Jahrgang 1974, ist Diplom-Sozialpädagogin. Sie hat fünf Jahre lang als Kinder- und Jugendreferentin in der Freien evangelischen Gemeinde Heidelberg gearbeitet und war einige Jahre beim Bibellesebund als Kinderreferentin tätig.

Martin Schoch, Jahrgang 1960, ist verheiratet und hat zwei Kinder. Der Pfarrer wohnt mit seiner Familie in Kirchheim/Teck. 2002-2012 war er Landespfarrer für Kindergottesdienst und Geschäftsführer des Württembergischen Evangelischen Landesverbandes für Kindergottesdienst. Zudem arbeitete er als Schriftleiter der Zeitschrift *Evangelische Kinderkirche*.

Barbara Schöller, Jahrgang 1978, ist verheiratet und hat eine Tochter. Sie arbeitet als Sozialpädagogin und Diakonin. Ihre Zeit verbringt sie gerne mit Kindern.

Andre Schönfeld ist Sozialpädagoge und arbeitet im Christlichen Jugendzentrum Oranienburg. Er engagiert sich dafür, dass Kinder und Jugendliche Gott kennenlernen. In seiner Freizeit macht er gerne Musik.

Anne Schumann wohnt in Mainz und arbeitet als Lehrerin für Englisch und evangelische Religion an einem Gymnasium in Darmstadt. Sie mag Hunde, Bücher und das Meer.

Heike J. Schütz, Jahrgang 1971, lebt mit ihrem Mann und zwei Söhnen in der Nähe von Aurich. Sie studierte Religionspädagogik und veröffentlichte bereits verschiedene Bücher zur praktischen Gemeindearbeit.

Dirk Schütz ist Kinder- und Jugendreferent. Er arbeitet in der Freien evangelischen Gemeinde in Siegen und ist auf Freizeiten und Zeltlagern aktiv. In seiner Freizeit jongliert er gerne und studiert Zaubertricks ein.

Andreas Schwantge, Jahrgang 1953, ist verheiratet und hat vier erwachsene Kinder. Seit über 20 Jahren ist er Referent des Bibellesebundes. Bekannt wurde er vor allem durch seine Rednerpuppe Walter und seine Kinderbücher, wie etwa die *Uli-Serie*.

Michael Schwantge, Jahrgang 1983, wohnt mit seiner Frau Annalena und drei Kindern in Münzenberg. Er ist Gemeinschaftspastor der Chrischona-Gemeinde Gambach.

Daniela Seitz, Jahrgang 1969, in Frankfurt am Main geboren. Von 1991–2007 war sie Missionarin in der Kinder- und Jugendarbeit in Tschechien. Seit 2007 arbeitet sie in Deutschland als Erzieherin.

Jan-Daniel Setzer ist verheiratet und Vater einer kleinen Tochter. Er ist Pfarrer in der Nähe von Kassel und mag Bücher, Fußball und Filme.

Anna-Lena Sichelschmidt lebt in Wuppertal und studiert Germanistik und evangelische Theologie. Nach ihrer Ausbildung zur Verlagskauffrau arbeitete sie zwei Jahre lang in einer Kinder- und Jugendeinrichtung. Sie liest gerne Bücher bei einer Tasse Tee.

Martin Simon, Jahrgang 1966, kommt aus Saarbrücken und ist Vater von drei Kindern. Er ist Pastor der Freien evangelischen Gemeinden in Simmersbach und Oberhörlen und fotografiert, wandert und schreibt gerne.

Gabriele Sonnenschein, Jahrgang 1970, ist verheiratet mit Heiko Sonnenschein und lebt on Halver. Sie ist Grundschullehrerin und seit vielen Jahren in der kirchlichen Arbeit mit Kindern und Jugendlichen tätig. Außerdem setzt sie sich für Schulgottesdienste, Kinderbibelwochen und Freizeiten ein.

Svenja Spille, Jahrgang 1976, ist Jugendreferentin in Wissen. Sie mag Bücher, Pflanzen, Urlaub und Aktivitäten im Freien. Ihr erster Kontakt mit der Bibel war vor fast 30 Jahren in einer Kinderbibelwoche des Bibellesebundes.

Edith Spohn lebt in Freiburg und arbeitet als Pastoralassistentin in der Christengemeinde. Ein großes Anliegen ist ihr das gemeinsame Bibellesen mit Kindern und das gemeinsame Entdecken, wie das Gelesene im Alltag weiterhilft. Auch die persönliche Begleitung von Kindern ist ihr sehr wichtig.

Sarah Strazny ist Erzieherin und evangelische Diakonin. Sie ist stellvertretende Leiterin einer evangelischen Kindertagesstätte und schreibt gerne Geschichten.

Anne Struckmann ist Mutter von vier Söhnen. Die Vollzeitmutter hat als Erzieherin und Diakonin gearbeitet. Sie engagiert sich in der Arbeit mit Kindern und wünscht sich, Kinder in Verbindung mit Gott zu bringen.

Nicole Sturm, Jahrgang 1978, ist verheiratet und hat eine Tochter. Nach dem Theologiestudium hat sie einige Jahre mit Kindern aus einem sozialen Brennpunkt gearbeitet. Seit 2006 ist sie als Redakteurin beim Bibellesebund tätig.

Julia Teschke ist verheiratet, Mutter von zwei Kindern und wohnt in Wetter/Ruhr. Sie arbeitet als Grundschullehrerin und engagiert sich zudem im Kindergottesdienst ihrer Gemeinde.

Hella Thorn, Jahrgang 1986, ist verheiratet und lebt mit ihrem Mann in Dortmund. Sie arbeitet als Redakteurin der Zeitschrift *teensmag*. Zuvor hat sie Theologie und Literaturwissenschaften studiert. Sie wünscht sich, dass jeder die Bibel verstehen lernt.

Esther Trieb, Jahrgang 1977, ist verheiratet mit Christian und Mutter von zwei Töchtern. Die Erzieherin und Theologin lebt mit ihrer Familie in Laichingen auf der Schwäbischen Alb. Zurzeit ist sie Vollzeitmutter.

Autorinnen und Autoren

Christian Trieb, Jahrgang 1982, ist verheiratet mit Esther und Vater von Lara und Anna. Er hat Theologie studiert und arbeitet als Jugendreferent beim CVJM Laichingen. Er liebt seine Familie, seinen Beruf, den Wind, das Meer und die Sonne.

Stefan Trunk lebt mit seiner Frau in Karlsbad. Er ist Diplom-Kaufmann und arbeitet in der Verwaltung der Aloys-Henhöfer-Schule, einer evangelischen Bekenntnisschule, in Pfinztal. Nebenbei studiert er Theologie.

Beate Tumat, Jahrgang 1975, ist Mutter von drei Kindern und wohnt in Teltow bei Berlin. In Mannheim und Lyon (Frankreich) studierte sie Germanistik und Geschichte und ist heute als Lektorin für verschiedene Verlage tätig.

Heidrun Viehweg lebt mit ihrem Mann und ihrer Tochter in Essen. Schwerpunkt ihrer Tätigkeit als Gemeindepfarrerin ist die Kinder- und Jugendarbeit. Zuvor war die ausgebildete Puppenspielerin einige Jahre in der Redaktionsleitung der Kinderzeitschrift *Meine Welt* tätig.

Harry Voß ist verheiratet und wohnt mit seiner Familie in Gummersbach. Er arbeitet als Kinderreferent beim Bibellesebund und hat dort viele Jahre die Bibellese-Zeitschrift *Guter Start* verantwortet. Bekannt und beliebt ist seine siebenbändige Kinderbuchreihe *Der Schlunz*.

Iris Voß, Jahrgang 1967, ist verheiratet und wohnt mit ihrer Familie in Gummersbach. Sie ist Gemeindereferentin und arbeitet zurzeit stundenweise beim Bibellesebund und ehrenamtlich in der Gemeinde. Nebenher schreibt sie für die Bibellese-Zeitschrift *atempause*.

Ulrich Walter ist evangelischer Pfarrer und seit 2002 als Dozent für Religionspädagogik am Pädagogischen Institut der Evangelischen Kirche von Westfalen im Elementarbereich und in der Primarstufe tätig. Zuvor war er unter anderem als Theologischer Sekretär für Kindergottesdienst in der Evangelischen Kirche Deutschland tätig.

Inken Weiand wohnt mit ihrem Mann und ihren drei Kindern bei Bad Münstereifel. Seit vielen Jahren arbeitet sie im Kindergottesdienst ihrer Gemeinde mit. Außerdem schreibt sie Bücher und macht gerne Musik.

Jochem Westhof, Jahrgang 1949, ist verheiratet und hat zwei erwachsene Kinder. Er hat Theologie, Chemie und Pädagogik studiert. Heute ist er Referent für Kindergottesdienst in der Nordelbischen Kirche in Hamburg. Seit vielen Jahren ist er Geschichtenerzähler und seit 2005 Godly Play Teacher.

Carolin Widmaier, Jahrgang 1983, ist Erzieherin und hat in Bad Liebenzell Gemeindepädagogik studiert. Als Kinderreferentin der Liebenzeller Mission engagiert sie sich bei Kinderbibelwochen und Mitarbeiterschulungen.

Christine Wolf, Jahrgang 1962, ist Pfarrerin, Studienleiterin im Religionspädagogischen Institut der Evangelischen Landeskirche Baden und Beauftragte für Kindergottesdienst. Sie war lange Zeit in der landeskirchlichen Kinder- und Jugendarbeit tätig.

Søren Zeine, Jahrgang 1982, wohnt mit seiner Frau und zwei Kindern in Münster. Als Bundessekretär für Jungschararbeit im CVJM-Westbund ist er in mehreren Bundesländern in Deutschland unterwegs. In seiner Freizeit betreibt er die Kampfsportart Judo.

Germo Zimmermann ist mit Ilka verheiratet und wohnt in Budenheim bei Mainz. Er hat Soziale Arbeit und Gemeindepädagogik in Kassel und Bochum studiert und arbeitet als Bundessekretär für Jungschararbeit beim CVJM-Westbund.

Ilka Zimmermann, Jahrgang 1984, ist mit Germo verheiratet. Die Diplom-Sozial- und Religionspädagogin arbeitet mit Kindern und Jugendlichen beim CVJM in Rheinhessen.

Heidi Zoller, Jahrgang 1957, ist verheiratet und hat eine Tochter. Als Religions- und Gemeindepädagogin ist sie in einer Kirchengemeinde und in verschiedenen Grundschulen tätig.

Joachim Zwingelberg, Jahrgang 1981, wohnt in Krefeld. Er ist freiberuflicher Theologe, Geschichtenerzähler und Autor mehrerer Bücher, unter anderem von *Die Schlunz-Kiste* und *Bibelkrimis*.

Danke

Als Kooperationspartner bedanken wir uns für alle Unterstützung bei den vielfältigen Aufgaben zur Erstellung von *Mein Bibellexikon*:

Grundlage Stichwortsammlung: Kerstin Cron

Erklärungen: bei allen Autorinnen und Autoren, siehe Seiten 312-316

Statements von Kindern: Jana, Celina, Marit, Henri, Jakob, Lisa, Leonie, Luca, Dorina, Isabelle, Julia, Annika, Fiona, Tabea, Luise, Simon, Sophie, Kari, Rosalie, Carlotta, Jule, Lea Sophie, Miriam, Hanna, Deborah, Anna Lena, Esther, Finn Lucas, Guido, Marie-Jacline, Richard, Joshua, Maren, Malte, Nelly Leona, Lea, Philomena, Veronique, Linda, Maria, Tom Justin, Josia, Elisa, Till, Theo, Cornelia, Sara

Statements von Erwachsenen: Emmerich Adam, Marga und Dr. Günther Beckstein, Monika Büchel, Melanie Burmeister, Dr. Michael Diener, Dr. Johannes Friedrich, Elke Hartebrodt, Dr. Walter Klaiber, Klaus, Martina Merckel-Braun, Ulrich Parzany, Hanna Steidle, Nicole Sturm, Stefan Trunk, Beate Tumat, Harry Voß, Carolin Widmaier, Peter Schlegert

Textbearbeitung- und Textdurchsicht: Dr. Christian Brenner, Monika Büchel, Klaus Günther, Burkhard Meißner, Iris Voß

Beratung: Michael Landgraf, Prof. Dr. Christoph Rösel

Textkorrektur: Bianca Bellmann, Susanne Hornfischer, Natalie Enns, Karin Mehl, Renate Stahl

Bildbeschaffung und Bilddurchsicht: Markus Hartmann, Ralf und Johanna Mühe, Michael Landgraf, Sibylle Rademacher, Olof Brandt

Projektkoordination: Susanne Koch, Sina Broksch

Illustrationen: Thomas Georg

Layout und Satz: Thomas Georg, Amilcar de Carvalho Fernandes, Dennis Harwardt und Florian Kochinke von georg-design – die marken-manufaktur, Münster

Abraham	Seite 8
Sonderseite: Arbeit auf dem Land	Seite 11
Adam	Seite 12
Sonderseite: Arbeit und Beruf (Einführung)	Seite 23
Arche	Seite 24
Bibel	Seite 40
Sonderseite: Biblische Bücher	Seite 41-44
Brot	Seite 49
Sonderseite: Brot und Gebäck	Seite 50+51
Christen	Seite 54
Daniel	Seite 56
David	Seite 58
Elija (Elia)	Seite 66
Sonderseite: Biblische Feste	Seite 76+77
Eva	Seite 78
Sonderseite: Gebet	Seite 88+89
Sonderseite: Gemüse und Obst	Seite 94
Sonderseite: Getränke	Seite 96
Sonderseite: Arbeit im Haus	Seite 97
Sonderseite: Gewürze	Seite 99
Gott	Seite 103
Sonderseite: Götter und Götzen	Seite 104+105
Sonderseite: Handwerkliche Arbeit	Seite 110+111
Sonderseite: Instrumente und Musik	Seite 126+127
Israel	Seite 130
Israeliten	Seite 131
Karte: Israel zur Zeit der Besiedelung	Seite 132
Karte: Israel zur Zeit Davids	Seite 133
Karte: Israel zur Zeit von Jesus	Seite 134
Karte: Das Römische Reich	Seite 135
Jakob	Seite 138
Jerusalem	Seite 141
Jesus	Seite 143+144
Johannes	Seite 147
Johannes der Täufer	Seite 148
Josef	Seite 151
Josua	Seite 153
Sonderseite: Arbeit für einen Herrn, Herrscher oder den Staat	Seite 158+159
Sonderseite: Kleidung	Seite 164+165
Sonderseite: Könige Israels	Seite 168-171
Sonderseite: Küche	Seite 176+177
Maria	Seite 186
Mose	Seite 197
Noach (Noah)	Seite 205
Sonderseite: Opfer	Seite 210+211
Karte: 1. Reise von Paulus	Seite 214+215
Paulus	Seite 216
Petrus	Seite 219
Rom, Römer	Seite 230
Sonderseite: Arbeit auf dem Wasser/Handel	Seite 242
Sonderseite: Stadt	Seite 254+255
Sonderseite: Stämme Israels	Seite 256+257
Synagoge	Seite 262
Tempel Salomos	Seite 266
Tempel Herodes des Großen	Seite 267
Sonderseite: Arbeit für Gott und die Religion Teil 1	Seite 268
Sonderseite: Tod	Seite 274
Wasser	Seite 286
Wein	Seite 288
Sonderseite: Zimmer	Seite 300+301
Sonderseite: Arbeit für Gott und die Religion Teil 2	Seite 305
Karte: 2. Reise von Paulus	Seite 306
Karte: 3. Reise von Paulus	Seite 307
Sonderseite: Zeitstrahl	Seite 308-311

Quellen

Bildnachweis

Seite	Bild
5	A und O, © M. Schuppich / Fotolia.com
6	Abendmahl, © IngridHS / Fotolia.com
8	Widder, © Eric Isselee/123RF.COM
10	Acker, © Olof Brandt
10	Viehzüchter, © Noel Powell / Fotolia.com
10+11	Feld (Hintergrund), © Kuna George/123RF.COM
11	Jäger, © Wolfgang Zwickel, Deutsche Bibelgesellschaft
11	Ölmühle, © Francisco Lozano Alcobendas/123RF.COM
11	Handpflug, © arogant/123RF.COM
11	Weinpresse, © Vladimir Khirman/123RF.COM
12	Rippen, © paulrommer/123RF.COM
13	Weißkopfseeadler, © AndreasEdelmann / Fotolia.com
14	Pyramiden, © rvc5pogod/123RF.COM
15	Ai, © Wolfgang Zwickel, Deutsche Bibelgesellschaft
15	Akko, © Yuliya Kryzhevska/123RF.COM
16	Alexandria, © Natalia Pavlova / Fotolia.com
17	Altar, © Prof. Dr. Christoph Rösel
19	Antiochia, Straße, © Russische Bibelgesellschaft
20	Antiochia, Theater, © Russische Bibelgesellschaft
22	Aramäisch, Quelle unbekannt
22	Ararat, © iStockphoto.com/photostockam
22	Hagel, © RRF / Fotolia.com
22	Lotussamen, © emer / Fotolia.com
22	Kraken, © openlens / Fotolia.com
22	Fuß, © TwilightArtPictures / Fotolia.com
22	Kürbis, © Gregoire Lenglet/123RF.COM
23	Werkzeug (Hintergrund), © Olof Brandt
24	Olivenzweig, © Maren Wischnewski/123RF.COM
24	Arche, © iStockphoto.com/photostockam
25	Areopag, © Roland Nagy/123RF.COM
27	Ringelblumensalbe, © silencefoto / Fotolia.com
27	Aschdod, © Wolfgang Zwickel, Deutsche Bibelgesellschaft
28	Asche, © iStockphoto.com/Günter Jurczik
28	Aschkelon, © Larisa Pakhtusov/123RF.COM
29	Assyrische Krieger, © Karel Miragaya/123RF.COM
29	Athen, © Cardaf / Fotolia.com
30	Augustus, © iStockphoto.com/Hedda Gjerpen
31	Wüste Negev, © Eve81 / Fotolia.com
31	Turmbau zu Babel, © ruskpp/123RF.COM
31	Ischtar-Tor, Babylon, © Digitale Archäologie, Freiburg
32	Braunbär, © Onkelchen / Fotolia.com
34	Beduinenzelt, © iStockphoto.com/Ermin Gutenberger
34	Beerscheba, Ausgrabungen, © Russische Bibelgesellschaft
37	Betanien, © Patrick Guenette/123RF.COM
38	Betlehem, © inkl / Fotolia.com
39	Dreidel Faltvorlage, Quelle unbekannt
39	Dreidel, © Zee / Fotolia.com
40	Bibel, © Martina Mehl, mit freundlicher Unterstützung von Michael Landgraf, Bibelmuesum, Neustadt
40	Bibelseite, © Martina Mehl, mit freundlicher Unterstützung von Michael Landgraf, Bibelmuseum Neustadt
41–44	Icons Bibelbücher, © Jonas Heidenreich, Düsseldorf
41–44	Thora (Hintergrund), Quelle nicht bekannt
44	Bibel-Entdecker-Würfel, © Claudia Kündig
45	Biene, © Marianne Mayer / Fotolia.com
46	Blitz, © Leonid Tit / Fotolia.com
47	Blut, © Thomas Pajot/123RF.COM
47	Bogenschützen, © Anthony Bagget/123RF.COM
48	Boot, © Sebastian Brenner, Deutsche Bibelgesellschaft
48	Brief, © Martina Mehl, mit freundlicher Unterstützung von Michael Landgraf, Bibelmuesum Neustadt
49	Brotofen, © Kirsten Brünjes
49	Brotfladen, © Birgit Reitz-Hofmann / Fotolia.com
50	Weizen, © Pavel Timofeev/123RF.COM
50	Gerste, © Luis Carlos Jimenez Del Rio/123RF.COM
50	Dreschflegel, © iStockphoto.com/audaxl
50	Spreu, © pholidito / Fotolia.com
50	Handmühle, © Deutsche Bibelgesellschaft
51	Brotofen, © iStockphoto.com/serts
51	Bagels, © Serghei Velusceac/123RF.COM
51	Brote, © raptorcaptor/123RF.COM
51	Honigkuchen, © Noam Armonn/123RF.COM
50+51	Weizenfeld (Hintergrund), © Vaclav Volrab/123RF.COM
52	Brunnen, © Noel Powell / Fotolia.com
52	Schriftrolle, © Roman Sigaev/123RF.COM
53	Bundeslade, © James Steidl/123RF.COM
53	Cäsarea, © Oleg Zaslavsky/123RF.COM
54	Ichtys im Sand, © tupungato/123RF.COM
55	Damaskus, © mg1708 / Fotolia.com
56	Gemüse, © Josef Muellek/123RF.COM
58	Steinschleuder, © James Steidl/123RF.COM
59	Palme, © vicspacewalker/123RF.COM
61	Distel, © Deutsche Bibelgesellschaft
61	Dornbusch, © Deutsche Bibelgesellschaft
61	Dornenkrone, © iStockphoto.com/redmal
62	Dreschflegel, © iStockphoto.com/audaxl
62	Dreschschlitten, © Wolfgang Zwickel, Deutsche Bibelgesellschaft
62	Eckstein, © iStockphoto.com/Nickos
63	Zeichnung Garten Eden, © Jonas Heidenreich, Düsseldorf
64	Eheringe, © Atelier W. / Fotolia.com
66	Rabe, © dule964 / Fotolia.com
67	Elija, Radierung, © iStockphoto.com/John Butterfield
69	Emmaus, © iStockphoto.com/chris willemsen
69	En-Gedi, Tempelruinen, © Russische Bibelgesellschaft
70	Ephesus, © Tatiana Popova/123RF.COM
72	Kresse, © stimmungsvoll / Fotolia.com
74	Esel, Quelle nicht bekannt
75	Eufrat, © iStockphoto.com/Joel Carillet
76	Hamantaschen, © pavelr / Fotolia.com
76	Horoset, © Martina Mehl
76	Dreidel, © czalewski/123RF.COM
77	Mazzen, © iStockphoto.com/Ruslan Dashinsky
77	Gerste, © iStockphoto.com/Pawel Gaul
77	Honig, © iStockphoto.com/Tova Teitelbaum
77	Laubhüttenfest, © iStockphoto.com/ZU_09
76+77	Leuchter (Hintergrund), Quelle nicht bekannt
78	Feigenblatt, © alexeysmirnov / Fotolia.com
78	Schlange, © Radu Borzea/123RF.COM
79	Fackel, © iStockphoto.com/Konstantin Kirillov
80	Familie, © kzenon/123RF.COM
80	Feigenbaum, © Andriy Dykun / Fotolia.com
81	Festung, © Igor Shootov/123RF.COM
81	Fischfang, © Wolfgang Zwickel, Deutsche Bibelgesellschaft
82	Flachs, © Elena Elisseeva/123RF.COM
82	Flachsgarn, © iStockphoto.com/Piotr Kwiatkowski
82	Wachstum der Mungbohne, © Wachstum der Mungbohne, Hermann Kreckeler, Hanstedt
83	Henne, © Stefan Johnigk, PROVIEH
83	Symbol Frau, © Nicemonkey / Fotolia.com
85	Frosch, © Malena und Philipp K / Fotolia.com
85	Rotfuchs, © Ronnie Howard / Fotolia.com
87	Galiläa, © Wee Choon Peng Jeremy/123RF.COM
88	Kind mit gefaltenen Händen, © Mandy Godbehear/123RF.COM
89	Tischgebet, Quelle nicht bekannt
89	Kind betetend am Bett, © Awphotoart/123RF.COM
88+89	Kind (Hintergrund), © Mandy Godbehear/123RF.COM
90	Gebetsriemen, © get4net/123RF.COM
90	Mikado, © VRD / Fotolia.com
91	Warnschild, © Franjo / Fotolia.com
92	Gänsegeier, © Jens Klingebiel / Fotolia.com
93	Geldbeutel, © Martina Mehl, mit freundlicher Unterstützung von Michael Landgraf, Bibelmuseum Neustadt
93	Puzzle-Menschen, © rubysoho / Fotolia.com
94	Linsen, © Andrey Starostin/123RF.COM
94	Oliven, © Hannu Viitanen/123RF.COM
94	Datteln, © Angel Simon / Fotolia.com
94	Granatäpfel (Hintergrund), © Nalin Prutimongkol/123RF.COM
96	Gesetzbuch, © Martina Mehl, mit freundlicher Unterstützung von Michael Landgraf, Bibelmuseum Neustadt
96	Milch, © Lilyana Vynogradova/123RF.COM
96	Weinkrüge (Hintergrund), © Yantra / Fotolia.com
97	Flachs, © Elena Elisseeva/123RF.COM
97	Tonfigur, © Martina Mehl
97	Bäcker (Hintergrund), © Olof Brandt

Quellen

98	Gerste, © Olof Brandt
98	Olivenbaum, © kavram/123RF.COM
99	Gewichte, © Wolfgang Zwickel, Deutsche Bibelgesellschaft
99	Koriander, © Aleksandrs Samuilovs/123RF.COM
99	Zimt, © joseelias/123RF.COM
99	Honig, © Leonid Yastremskiy/123RF.COM
99	Salz (Hintergrund), © HLPhoto / Fotolia.com
100	Schafvlies, © Nadiya Vlashchenko / Fotolia.com
100	Gihonquelle, © Rick Moe
101	Ginsterstrauch, © M. Schuppich / Fotolia.com
102	Goldenes Kalb, © James Steidl/123RF.COM
102	Golgota, © Chris Willemsen/123RF.COM
103	Kreuz, © iStockphoto.com/f11photo
104	Aschera, Quelle nicht bekannt
104	Astarte, Quelle nicht bekannt
104	Baal, Quelle nicht bekannt
105	Nisroch, © iStockphoto.com/Duncan Walker
105	Zeus, © Nikola Stojanovic/123RF.COM
105	Artemis, © rook76/123RF.COM
104+105	Antikes Gebäude (Hintergrund), Quelle unbekannt
106	Grabhöhle, © Diego Barucco/123RF.COM
107	Frisuren, © Wolfgang Zwickel, Deutsche Bibelgesellschaft
107	Frisuren, © Wolfgang Zwickel, Deutsche Bibelgesellschaft
109	Hamantaschen, © pavelr / Fotolia.com
110	Getreidetopf, © Martina Mehl, mit freundlicher Unterstützung von Michael Landgraf, Bibelmuesum Neustadt
110	Krug, © Martina Mehl, mit freundlicher Unterstützung von Michael Landgraf, Bibelmuesum Neustadt
111	Webrahmen, © Olof Brandt
111	Handpflug, © arogant/123RF.COM
111	Balsamfläschchen, © Martina Mehl, mit freundlicher Unterstützung von Michael Landgraf, Bibelmuesum Neustadt
110+111	Werkbank (Hintergrund), © Olof Brandt
112	Haran, © Cenap Refik ONGAN/123RF.COM
113	Haus, © Martina Mehl, mit freundlicher Unterstützung von Michael Landgraf, Bibelmuesum Neustadt
114	Hazor, Ausgrabungen, © Russische Bibelgesellschaft
114	Hebräisch, © iStockphoto.com/noah gubner
115	Hebron, © Leonid Spektor/123RF.COM
116	Taube, © Irina Tischenko/123RF.COM
116	Kirchenfenster, © jorisvo/123RF.COM
117	Herberge, © Leonid Spektor/123RF.COM
118	Hermon, © iStockphoto.com/Boris Katsman
119	Heuschrecke, © VL@D / Fotolia.com
120	Rothirsch, © Matthew Gibson/123RF.COM
121	Hirte, © Noel Powell/123RF.COM
122	Hochzeitskleid, © Wolfgang Zwickel, Deutsche Bibelgesellschaft
123	Horeb, © Vyacheslav Lipatov/123RF.COM
123	Horn, © iStockphoto.com/Tova Teitelbaum
124	Hüfte, © ag visuell / Fotolia.com
125	Kistenkino, © Jens Weber, Duisburg
126	Instrumente, © Martina Mehl, mit freundlicher Unterstützung von Michael Landgraf, Bibelmuesum Neustadt
126	Zeichnung Posaunen, © iStockphoto.com/Ivan Burmistrov
126	Zimbeln, © Martina Mehl, mit freundlicher Unterstützung von Michael Landgraf, Bibelmuseum Neustadt
127	Harfe, © Martina Mehl, mit freundlicher Unterstützung von Michael Landgraf, Bibelmuseum Neustadt
127	Trommler, © designpics/123RF.COM
126+127	Schofar (Hintergrund), © iStockphoto.com/Tova Teitelbaum, iStockphoto
128	INRI, Quelle unbekannt
130	Hügellandschaft, © nyiragongo / Fotolia.com
130	Mittelmeerküste, © Olof Brandt
130	Jordan, © Roman Sigaev/123RF.COM
131	Männer, © Kobby Dagan/123RF.COM
131	Wüste, © kavram/123RF.COM
131	Klagemauer, © iStockphoto.com/Joel Carillet
136	Jafo, © Alexey Protasov / Fotolia.com
137	Jäger, © Wolfgang Zwickel, Deutsche Bibelgesellschaft
138	Linsen, © Marilyn Barbone/123RF.COM
140	Jericho, © Steven Frame/123RF.COM
140	Jerusalem, © Ralf Mühe
142	Jesreel, © Steven Frame/123RF.COM
143	Krippe, © Gino Santa Maria/123RF.COM
144	Fisch und Brot, © anyka/123RF.COM
145	Name Jacob, © Vladimir Nenov/123RF.COM
145	Name Lea, © Vladimir Nenov/123RF.COM
146	Joch und Ochsen, © Deutsche Bibelgesellschaft
146	Joch , © Hilma Anderson/123RF.COM
147	Fischernetze, © Ahmet Ihsan Ariturk/123RF.COM
147	Getsemani, © Michael Landgraf
148	Taufstelle, © Michael Landgraf
149	Johannisbrotbaum, © Odelia Cohen/123RF.COM
149	Jokteel, © rvc5pogod/123RF.COM
150	Jordan, © Sebastian Brenner, Deutsche Bibelgesellschaft
151	Pharao, © denisovd / Fotolia.com
153	Trauben, © Yuri Minaev/123RF.COM
154	Judäa, © Pavel Bernshtam/123RF.COM
155	Symbole Judentum, © Anyka / Fotolia.com
157	Kadesch, © Vojtech Vlk/123RF.COM
157	Kafarnaum, © Noel Powell/123RF.COM
158	Soldaten, © PDU / Fotolia.com
158+159	Herodion (Hintergrund), © Alexandre Makarenko/123RF.COM
160	Weinkrüge, © Yantra / Fotolia.com
161	Karawane, © Mitar Gavric/123RF.COM
163	Datteln, © Angel Simon / Fotolia.com
164+165	Kleidung, © Julia Neudorf, mit freundlicher Unterstützung von Sigrun Bode
164+165	Flachsgarn (Hintergrund), © iStockphoto.com/Piotr Kwiatkowski
166	Klippdachs, © S.Külcü / Fotolia.com
166	Krempel-Kiste, © Jens Weber, Duisburg
167	Korinth, © iStockphoto.com/David H. Seymour
168–171	Krone (Hintergrund), © Milosh Kojadinovich/123RF.COM
172	Kreuz, Quelle unbekannt
173	Krippe, © Gino Santa Maria/123RF.COM
173	Kuh, © iStockphoto.com/Ryan Rodrick Beiler
174	Lamm, © Eric IsselÃƒÂ©e/123RF.COM
175	Laodizea, © Patrick Guenette/123RF.COM
175	Lazarus, © Deutsche Bibelgesellschaft
176	Backofen, © Olof Brandt
176	Getreidetopf, © Martina Mehl, mit freundlicher Unterstützung von Michael Landgraf, Bibelmuseum Neustadt
177	Krug, © Martina Mehl, mit freundlicher Unterstützung von Michael Landgraf, Bibelmuseum Neustadt
177	Gurkensalat, © Martina Mehl
176+177	Küche (Hintergrund), © Olof Brandt
179	Leopard, © naasrautenbach / Fotolia.com
180	Lorbeer, © iStockphoto.com/Floortje
181	Löwe, © clickit / Fotolia.com
184	Mandelbaum, © iStockphoto.com/Niko Guido
185	Symbol Mann, © Nicemonkey / Fotolia.com
186	Nazaret, © Deutsche Bibelgesellschaft
187	Massa, © Jacek Sopotnicki/123RF.COM
189	Maulbeerbäume, © iStockphoto.com/eyeheart2009
189	Tonfigur, Korn, © Martina Mehl, mit freundlicher Unterstützung von Michael Landgraf, Bibelmuseum Neustadt
190	Vitruvian, © Lucian Milasan/123RF.COM
191	Bibel-Geschichtenkoffer, © Jens Weber, Duisburg
192	Milet, © Karsten Thiele / Fotolia.com
193	Millo, © Wolfgang Zwickel, Deutsche Bibelgesellschaft
193	Wie gut kennst du David?, © Jens Weber, Duisburg
194	Mittelmeer, © Olof Brandt
195	Monat, © Jonas Heidenreich, Düsseldorf
196	Morgenstern, © Leung Cho Pan/123RF.COM
196	Koffer-Theater, © Jens Weber, Duisburg
197	Steintafeln, Quelle unbekannt
198	Ölmühle, © Francisco Lozano Alcobendas/123RF.COM
198	Mundschenk, © Wolfgang Zwickel, Deutsche Bibelgesellschaft
198	Myrrhe, © iStockphoto.com/dirkr
199	Labyrinthgeschichte, © Jens Weber, Duisburg
201	Nazaret, © Ralf Mühe
202	Negev, © Leonid Spektor/123RF.COM
203	Linsen, © Marilyn Barbone/123RF.COM
204	Nil, © Stefan Fitzenberger / Fotolia.com
204	Ninive, © iStockphoto.com/ZU_09
205	Weinstöcke, © Noam Armonn/123RF.COM
206	Nomaden, © CBH / Fotolia.com
208	Ölbaum, © Rosamund Parkinson/123RF.COM
208	Ölberg, © Vladimir Blinov/123RF.COM

Quellen

Seite	Quelle
208	Öllampen, © Martina Mehl, mit freundlicher Unterstützung von Michael Landgraf, Bibelmuseum Neustadt
209	Schlange, © Radu Borzea/123RF.COM
209	Palast, © Leonid Spektor/123RF.COM
210	Stiftshütte, © Nachbau der Stiftshütte in Originalgröße im Timna Park/Israel. Erbaut vom Bibel-Center, Freie Theologische Fachschule D-58339 Breckerfeld.
210	Altar, © Sviatoslav Homiakov/123RF.COM
210	Kreuz, Quelle unbekannt
211	Blut, © Thomas Pajot/123RF.COM
211	Rauch, © Daniel Oertelt/123RF.COM
210+211	Altar (Hintergrund), © JOAN COLLJCVSTOCK/123RF.COM
212	Horoset, © Martina Mehl
213	Palmen, © vicspacewalker/123RF.COM
213	Papyrusrollen, © Marén Wischnewski / Fotolia.com
213	Patmos, © stockbksts / Fotolia.com
216	Sandalen, © Martina Mehl, mit freundlicher Unterstützung von Michael Landgraf, Bibelmuseum Neustadt
216	Briefe, © Michael Landgraf
217	Pergament, © Martina Mehl, mit freundlicher Unterstützung von Michael Landgraf, Bibelmuseum Neustadt
218	Muschel, © Josef Muellek/123RF.COM
218	Leuchtturmspiel, © Jens Weber, Duisburg
219	Hahn, © Irina Ukrainets/123RF.COM
220	Handpflug, © arogant/123RF.COM
221	Pharao, © denisovd / Fotolia.com
222	Philister, © ANEP, 341
223	Pilger, © Peter Hilger / Fotolia.com
223	Frosch, © Malena und Philipp K / Fotolia.com
223	Bergpredigt, © ruskpp/123RF.COM
225	Purpurschnecke, © Joop Hoek/123RF.COM
228	Regenbogen, © Alex Postovski/123RF.COM
229	Rizinusstaude, © lianem/123RF.COM
230	Soldaten, © Konstantin Yolshin / Fotolia.com
230	Ansichtskarte Rom, © Timea Cseke/123RF.COM
230	Kolosseum, © Lucian Milasan/123RF.COM
232	Sabbat, © iStockphoto.com/Lisa F. Young
232	Salbölfläschchen, © Martina Mehl, mit freundlicher Unterstützung von Michael Landgraf, Bibelmuseum Neustadt
233	Salz, © HLPhoto / Fotolia.com
234	Samaria, © Kuna George/123RF.COM
235	Sardes, © Valery Shanin/123RF.COM
236	Schäfer, © Noel Powell / Fotolia.com
238	Schilf, © Olof Brandt
239	Steinschleuder, © James Steidl/123RF.COM
240	Schmuck, © Martina Mehl, mit freundlicher Unterstützung von Michael Landgraf, Bibelmuseum Neustadt
240	Keilschrift, © Martina Mehl, mit freundlicher Unterstützung von Michael Landgraf, Bibelmuseum Neustadt
242	Fischer, © Wolfgang Zwickel, Deutsche Bibelgesellschaft
242	Karawane, © Mitar Gavric/123RF.COM
242	Fischernetze, © Ahmet Ihsan Ariturk/123RF.COM
242	Boot (Hintergrund), © Sebastian Brenner, Deutsche Bibelgesellschaft
243	See Gennesaret, © Olof Brandt
245	Senfkorn, © Shawn Hempel/123RF.COM
246	Sichem, © Wolfgang Zwickel, Deutsche Bibelgesellschaft
246	Siegel, © Martina Mehl, mit freundlicher Unterstützung von Michael Landgraf, Bibelmuseum Neustadt
249	Sinai, © kavram/123RF.COM
250	Zeichnung Smyrna, © Patrick Guenette/123RF.COM
251	Soldaten, © PDU / Fotolia.com
252	Sperling, © Eric Issele / Fotolia.com
252	Spiele, © Martina Mehl, mit freundlicher Unterstützung von Michael Landgraf, Bibelmuseum Neustadt
253	Spreu, © pholidito / Fotolia.com
253	Rundmühle, © Martina Mehl, mit freundlicher Unterstützung von Michael Landgraf, Bibelmuseum Neustadt
254	Stadtmauer, © Kirsten Brünjes
255	Haus, © Martina Mehl, mit freundlicher Unterstützung von Michael Landgraf, Bibelmuseum Neustadt
255	Gewürze, Quelle unbekannt
258	Stechmücke, © Kletr / Fotolia.com
259	Galaxie, © Li-Bro / Fotolia.com
259	Stiftshütte, © Nachbau der Stiftshütte in Originalgröße im Timna Park/Israel. Erbaut vom Bibel-Center, Freie Theologische Fachschule D-58339 Breckerfeld.
260	Strauß, © Aaron Amat / Fotolia.com
261	Susa, © photoerick/123RF.COM
262	Innenraum Synagoge, © DBtale / Fotolia.com
262	Davidstern, © Kai Krueger / Fotolia.com
262	Zeichnung Synagoge, © Wolfgang Zwickel, Deutsche Bibelgesellschaft
265	Felstaube, © Christopher Fell/123RF.COM
265	Erwachsenentaufe, © siopw/123RF.COM
265	Kindertaufe, © Vojtech Vlk/123RF.COM
266	Tempel Salomos, Zeichnung: Thomas Zöller, Leonberg, © 2012 Verlag Katholisches Bibelwerk GmbH Stuttgart
267	Klagemauer, © iStockphoto.com/Joel Carillet
267	Tempel Herodes, Zeichnung: Thomas Zöller, Leonberg, © 2012 Verlag Katholisches Bibelwerk GmbH Stuttgart
268	Stadt (Hintergrund), © Michael Landgraf
269	Theater, © Olof Brandt
270	Thessalonich, © Andrey Starostin/123RF.COM
270	Thora, © Martina Mehl, mit freundlicher Unterstützung von Michael Landgraf, Bibelmuseum Neustadt
271	Tiberias, © Vladimir Blinov/123RF.COM
272	Bibel-Geschichten-Mobile, © Jens Weber, Duisburg
274	Grabhöhle, © Diego Barucco/123RF.COM
274	Asche, © iStockphoto.com/Günter Jurczik
274	Grabhöhle (Hintergrund), © Diego Barucco/123RF.COM
276	Troas, © Deutsche Bibelgesellschaft
277	Turm von Babel, © Georgios Kollidas / Fotolia.com
283	Tristam, © Ralf Mühe
284	Wacholder, © photocrew / Fotolia.com
284	Wachteln, © fotomaster / Fotolia.com
284	Waffen, © Martina Mehl, mit freundlicher Unterstützung von Michael Landgraf, Bibelmuseum Neustadt
284	Waffenrüstung, © Wolfgang Zwickel, Deutsche Bibelgesellschaft
285	Wagen, © V. J. Matthew/123RF.COM
286	Tonkrüge, © Olof Brandt
286	Krug, © Martina Mehl, mit freundlicher Unterstützung von Michael Landgraf, Bibelmuseum Neustadt
286	Brunnen, © Olof Brandt
287	Weihrauch, © Joerg Mikus/123RF.COM
287	Welcher Weg führt zum Ziel?, © Jens Weber, Duisburg
288	Weinpresse, © Vladimir Khirman/123RF.COM
288	Tonkrüge, © Yantra / Fotolia.com
288	Traubenreben, © iStockphoto.com/Cristian Baitg
291	Wolf, © iStockphoto.com/Iakov Filimonov
291	Wolle, © moonbloom/123RF.COM
292	Wüste, © Olof Brandt
292	Ysop, © Marilyn Barbone/123RF.COM
293	Sandknete, © Martina Mehl
294	Zeder, © Sybille Yates/123RF.COM
296	Die Botschaft im Turm, © Jens Weber, Duisburg
298	Zelt, © Russische Bibelgesellschaft
298	Zepter, © Dmitry Knorre/123RF.COM
299	Ziege, © Santonius Silaban/123RF.COM
299	Ziegel, © Russische Bibelgesellschaft
299	Zimbel, © Martina Mehl, mit freundlicher Unterstützung von Michael Landgraf, Bibelmuseum Neustadt
300	Haus, © Martina Mehl, mit freundlicher Unterstützung von Michael Landgraf, Bibelmuseum Neustadt
300	Küche, © Deutsche Bibelgesellschaft
301	Ziegenfell, © Pedro Liebana/123RF.COM
301	Schmuck, © Martina Mehl, mit freundlicher Unterstützung von Michael Landgraf, Bibelmuseum Neustadt
301	Öllampen, © Martina Mehl, mit freundlicher Unterstützung von Michael Landgraf, Bibelmuseum Neustadt
300+301	Zimmer (Hintergrund), © Ariy Zimin/123RF.COM
302	Zisterne, © Russische Bibelgesellschaft
303	Zunge, © kzenon/123RF.COM
304	Zypresse, © Kuna George/123RF.COM
304	Haselnüsse, © Anton Ignatenco/123RF.COM
304	Walnüsse, © Giuseppe Lancia/123RF.COM
305	Taube, © Christopher Fell/123RF.COM
305	Thora, © Martina Mehl, mit freundlicher Unterstützung von Michael Landgraf, Bibelmuseum Neustadt
305	Stadt (Hintergrund), © Michael Landgraf